Die Zukunft gehört den Mutigen.

*»Es gibt in dem Ganzen auch politische Grundentscheidungen,
die haben mit Wissenschaft nichts zu tun.«*

BUNDESKANZLERIN ANGELA MERKEL

auf der Bundespressekonferenz vom 21. Januar 2021 in Berlin auf die Frage des Journalisten Boris Reitschuster, warum sie sich »einseitig beraten ließ« und nicht auch kritische Wissenschaftler und Studien berücksichtigte: »Warum tauschen Sie sich nicht mit den expliziten Kritikern offensiver aus, warum wird diese Ioannidis-Studie nicht berücksichtigt, als Wissenschaftlerin müssen Sie doch immer beide Seiten hören, und woher kommt der Glaube, (…) wenn ja auch viele Wissenschaftler andere Meinungen haben?«

FLO OSRAINIK

DAS CORONA DOSSIER

UNTER FALSCHER FLAGGE GEGEN FREIHEIT, MENSCHENRECHTE UND DEMOKRATIE

RUB|KON

Alle unsere Bücher durchlaufen eine umfangreiche Qualitätsprüfung. Sollten Sie in diesem Buch dennoch Tipp- oder Satzfehler finden, freuen wir uns über einen entsprechenden Hinweis an korrekturen@rubikon.news

Die Deutsche Nationalbibliothek verzeichnet diese Publikation in der Deutschen Nationalbibliografie; detaillierte bibliografische Daten sind im Internet über dnb.d-nb.de abrufbar.

Das Werk einschließlich aller seiner Teile ist urheberrechtlich geschützt. Jede Verwertung ist ohne Zustimmung des Verlags unzulässig. Das gilt insbesondere für Vervielfältigungen, Übersetzungen, Mikroverfilmungen und die Einspeicherung und Verarbeitung in elektronischen Systemen.

ISBN 978-3-96789-014-3

1. Auflage 2021 © Rubikon-Betriebsgesellschaft mbH, Neuenkirchen 2021

Lektorat: Annette van Gessel, Korrektorat: Susanne George

Konzept und Gestaltung: Buchgut, Berlin

Druck und Bindung: Friedrich Pustet GmbH & Co. KG, Regensburg

Printed in Germany

INHALT

GELEITWORT
10

VORWORT
24

HINTERGRÜNDE

①
GESTATTEN, NEU HIER
28

②
KURZ VOR AUSBRUCH
34

③
EINE FAST VERGESSENE RISIKOANALYSE
42

④
ZEHN JAHRE VOR CORONA
47

⑤
ZAHLEN VON EINER GANZ BESONDEREN UNIVERSITÄT
54

⑥
DIE STIFTUNG EINES EHEPAARES
61

INHALT

⑦

MISTER G., DIE WHO UND DAS SCHLARAFFENLAND

77

⑧

FÜTTERT DIE REICHSTEN

90

⑨

DIE KLEINE WELT DER GROSSEN ALLIANZEN

97

⑩

TICKETS TO DYSTOPIA

107

VORDERGRÜNDE

⑪

GUINEA PIGS

122

⑫

TESTEN, TESTEN, TESTEN

129

⑬

SUPERSTARS UND QUERTESTER

143

⑭

EIN BISSCHEN SIMSALABIM

153

INHALT

⑮
AN, MIT UND MANCHMAL NOCH GANZ ANDERS
162

⑯
WER EINMAL LÜGT ...
172

⑰
IRREN IST MENSCHLICH
183

⑱
MADE IN CHINA VS. USA
189

⑲
MIT MILLIARDEN IN LICHTGESCHWINDIGKEIT
199

⑳
TEUFELSZEUG AUS HEXENKÜCHEN
209

㉑
TOTAL DIGITAL UND ETWAS DENGUE-DENGUE
229

㉒
IN VACCINES WE TRUST
245

INHALT

ABGRÜNDE

㉓
NEUNZEHNHUNDERTWANN?
254

㉔
JAGD AUF DOKTOR W.
265

㉕
UND ES WURDEN TROTZ ITALIEN IMMER MEHR
281

㉖
DEN RUBIKON ÜBERSCHREITEN
298

㉗
COLLATERAL DAMAGE
310

㉘
JENSEITS VON GUT UND SCHWEDEN
328

㉙
DIE FREIHEIT DOPPELTER STANDARDS
342

㉚
KAMPAGNE »KLIPP UND KLAR«
353

INHALT

③¹
PANIK, MASKE, LOCKDOWN
371

③²
KRITISIEREN, DEMONSTRIEREN UND
VON GIPFEL ZU GIPFEL
395

③³
PAPAGEIEN, POPANZ, PROPAGANDA
430

③⁴
DIE NORMOPATHEN KOMMEN
451

③⁵
UND DIE MORAL?
481

③⁶
DIE CORONA-LEHRE
496

DANKSAGUNG
499

GELEITWORT VON ULLRICH MIES

Um die sogenannte Corona-Krise des Jahres 2020 besser beurteilen zu können, möchte ich zunächst einen kurzen Blick auf den Zustand der »westlichen Wertegemeinschaft« vor Ausbruch der Corona-Plandemie werfen.

Die entscheidende Frage ist: Was könnte die Machtzentren dazu veranlasst haben, Corona-Krise und Lockdowns mit ihren enormen Schäden für das wirtschaftliche und gesellschaftliche Leben auszurufen? Nach fast einem Jahr Corona-Krise steht für den kritischen Zeitbeobachter unzweifelhaft fest: Es ging und geht den Zentren der Macht gar nicht um Corona, vielmehr waren und sind die produzierten Folgeschäden das eigentliche Ziel der Operation und soll der westliche Kapitalismus auf ein völlig neues Profit-Regime eingeschworen werden. Vor allem wurde zum Ende des Jahres 2019 immer deutlicher, dass das sogenannte Zivilisationsmodell und die Politik des Westens auf der Grundlage des weltumspannenden marktradikalen Kapitalismus kurz davor war, den Planeten vollends zu ruinieren.

Die folgende Auflistung gibt nur einen bescheidenen Überblick über den Zustand der Welt zum Ende des Jahres 2019. Auch stellt sich maßgeblich die Frage: Wie war es um die Glaubwürdigkeit und das Vertrauen in die Handlungsfähigkeit der westlichen Politik und ihrer Institutionen bestellt? Ich möchte hier ohne jeden Anspruch auf Vollständigkeit nur einige Faktoren nennen.

GELEITWORT

HERRSCHAFTSPARTEIEN UND MEDIENLANDSCHAFT

Immer mehr Bürgerinnen und Bürgern wurde klar, dass Parteien und Mainstream-Medien nahezu ausschließlich Regierungs- und Konzernpositionen vertraten.

Die Herrschaftsparteien wurden von vielen Menschen als das erkannt, was sie sind: Lobby-finanzierte, korrupte, selbstbezogene Cliquen, die um die Interessen von Großkonzernen rotieren, ihre eigenen Karrieren planen und absichern. Stabile Regierungsbildungen mit eindeutig transatlantischer Ausrichtung waren nicht mehr gewährleistet.

In Deutschland geriet die Merkel-Regierung wegen der schwierigen Regierungsbildung und ihrer Einmischung in Thüringen unter Druck.

Mediale Hetze und Kampagnen gegen Russland erreichten immer neue Eskalationsstufen, hier seien nur die Kampagnen um den Abschuss von MH-17, die Skripal-Affäre und der Syrien-Krieg genannt. Vieles deutete auf Geheimdienstoperationen hin, um Russland immer weiter an den Pranger zu stellen.

Die Außen- und Verteidigungspolitik (Kriegspolitik) der Merkel-Regierung, die sich in Abstimmung mit der NATO immer stärker gegen Russland und China richtete, wurde von Teilen der Bevölkerung als zunehmend friedensgefährdend angesehen. Viele Menschen hatten Angst vor dem dritten Weltkrieg.

Viele erkannten, dass die Flüchtlingsströme das Ergebnis der westlichen Kriegspolitik im Nahen und Mittleren Osten sind; weite Teile der Gesellschaft stellten daher die Flüchtlings- und Migrationspolitik der Merkel-Regierung und der EU infrage.

GELEITWORT

ZUSTAND DER EU

Die EU stand legitimatorisch vor dem Kollaps. Der Glaube, die divergierenden Interessen der Einzelstaaten noch unter das Dach einer alles bestimmenden EU-Zentralorganisation stellen zu können, schwand immer mehr.[1]

Die EU wurde zunehmend als das erkannt, was sie ist: ein Projekt der Herrschafts- und Konzerneliten, unter Führung des Merkel-Regimes, das alle Länder Europas unter seine Knute zwingen will.

Der Brexit sorgte für gigantische Verwerfungen.

Die Sanktionen des Westens/der EU als de facto Kriegshandlungen gegen zahlreiche Länder verschärften die internationale Krisenlage und verursachten unermessliches Leid.

Weite Teile der Bevölkerung begriffen den NATO-Aufmarsch Defender Europe 2020 sowie die zahllosen Militärübungen an der Grenze zu Russland als sich steigernde Provokationen.

Die Gelbwesten-Proteste in Frankreich dauerten seit vielen Monaten an, das Land kam nicht zur Ruhe.

Rechte Bewegungen und Parteien wie in den Niederlanden, Deutschland, Frankreich, Italien und Ungarn erhielten immer mehr Zulauf; die katalanische Befreiungsbewegung drohte die Einheit des spanischen Zentralstaates zu zerreißen.

UMWELT, GEOPOLITISCHE SITUATION UND TRANSATLANTISCHE BEZIEHUNGEN

Die Diskussionen um Klimawandel und Erderwärmung eskalierten, eine breite Umweltdebatte nahm Fahrt auf. Viele Menschen stellten die Frage, ob die Menschheit – so wie sie bisher gelebt hatte – weiter leben könne, ohne die gesamte Mitwelt, ja den Planeten und die Lebensgrundlagen der Menschheit selbst zu zerstören.[2]

Immer häufiger wurde die Gefahr eines dritten Weltkrieges beschworen, der aufgrund wachsender Spannungen der Großmächte ausbrechen könnte. Führende Wissenschaftler warnten auch vor der Gefahr eines großen Atomkrieges, so stellte das »Bulletin of the Atomic Scientists« die Weltuntergangsuhr auf 100 Sekunden vor zwölf.[3] Die Lage könnte dramatischer nicht sein und so schrieb das »Bulletin«: »Die Menschheit sieht sich weiterhin mit zwei gleichzeitigen existenziellen Gefahren konfrontiert – einem Atomkrieg und dem Klimawandel –, die durch einen Bedrohungsmultiplikator, die cybergestützte Informationskriegsführung, noch verstärkt werden, der die Reaktionsfähigkeit der Gesellschaft untergräbt. Die internationale Sicherheitslage ist katastrophal, nicht nur, weil diese Bedrohungen existieren, sondern auch, weil die führenden Politiker der Welt zugelassen haben, dass die internationale politische Infrastruktur zu ihrer Bewältigung erodiert.«[4]

Die USA kündigten mehrere Rüstungskontrollabkommen, den INF-Vertrag, den Open-Skies-Vertrag, das Iran-Atom-Abkommen, und trugen auf diese Weise maßgeblich zur weiteren Eskalation der Spannungen im internationalen Kontext bei. Deutschland und die EU schwenkten nach der Kündigung des Iran-Atom-Abkommens durch die USA immer mehr auf die aggressive US-politische Linie gegen den Iran ein.

Weite Teile Brasiliens, Australiens und anderer Länder standen in Flammen, Horrorszenarien mit Milliarden verbrannter Tiere kursierten in den Medien.

Der Kapitalismus als »einzig denkbares Wirtschaftssystem« geriet zunehmend unter Legitimationsdruck.

Die War-on-terror-Nummer als Folge von 9/11 war nach fast 20 Jahren ideologisch und medial weitestgehend »abgefrühstückt«. Die zahlreichen geheimdienstlich organisierten Terroranschläge (GLADIO 2.0) in Europa – London, Paris, Madrid, Nizza, Berlin, Hameln etc. – versetzten die Gesellschaft nicht in die gewünschte totale Angststarre.

Interessendivergenzen zwischen Deutschland und den USA verdichteten sich und kulminierten in Fragen der deutschen Exportpolitik gegenüber den USA sowie North-Stream 2. Die USA unter Trump wechselten in den Modus des Wirtschaftskrieges unter anderem gegen Deutschland.

Dennoch wurde die US-Statthalterrolle Deutschlands und der EU in der Causa Defender Europe 2020, der Frage der erweiterten Aufrüstung auf 2 Prozent des BIP, der Drohnenkriegsführung über die Relais-Station Ramstein und der Atombewaffnung mit den neuen taktischen Atombomben B61-12 [5] deutlich.

Das internationale Finanzregime stand im Herbst/Winter 2019 vor dem Kollaps. Catherine Austin Fitts ist davon überzeugt, dass die Corona-Krise inszeniert wurde, um den totalen Kollaps des Finanzsystems Ende 2019 abzuwenden. Nach ihrer Auffassung handelt es sich um einen Finanzputsch mit dem Ziel der Einführung eines von den Zentralbanken kontrollierten Krypto-Geldes. Und dies wird, so Fitts, verbunden mit der Installation von Betriebssystemen in unsere Körper, sei es über Impfungen oder Implantate, um letztendlich die absolute Kontrolle über die Menschheit herzustellen. Finales Ziel sei die totale Versklavung einer planvoll reduzierten Menschheit.[6]

NEOLIBERALE KONTERREVOLUTION

Der Blick zurück in die Vor-Corona-Ära wäre unvollständig, ohne zu erwähnen, welche erheblichen Spuren die gut 30-jährige neoliberale Konterrevolution[7] in Politik, Medien, Kultur sowie Bildungswesen und damit im Bewusstsein der Bevölkerung hinterlassen hat.[8] Bis zum heutigen Tage setzen die deutschen Regierungen als Statthalterregime der Transatlantiker maßgeblich die Anweisungen des US-Finanz- und Kriegskomplexes um und fungieren im Wesentlichen als »Außenstellen« von State Department, Pentagon/NATO und CIA. Ziel der Großkoalitionäre ist es, die von der Bevölkerung geschaffenen Werte privaten Großanlegern beziehungsweise den großen Kapitalsammelstellen des 21. Jahrhunderts angeführt von BlackRock zu übereignen, d. h. die Privatisierung des gesamten Staatsvermögens zu betreiben. Doch der Prozess der Kapitalkonzentration und Privatisierung läuft EU-weit und ist letztlich auch die bestimmende Funktion der Europäischen Union. Die Zerstörung des solidarischen Gemeinwohlgedankens ist der ideologische Kern des Neoliberalismus.

Ich behaupte: Die neoliberale Konterrevolution schuf die grundlegenden ideologischen Voraussetzungen der aktuellen Gesundheitsdiktatur im Rahmen des Corona-Regimes. Aber auch die individuellen Effekte dieser Konterrevolution sind von höchster Bedeutung für das kollektive Verhalten der heutigen Massengesellschaft: die Förderung aller perversen Formen des Egoismus, des Geizes (»Geiz ist geil«), der Niedertracht, der Vorteilnahme, des Konkurrenzverhaltens, der Sinnerfüllung im Preisvergleich bis hin zur völligen Entpolitisierung und politischen Paralysierung.

Allen Menschen, die den regimegesteuerten Verführern, den spindocs der Geheimdienste und der Medienindustrie auf den Leim gehen und denen die herrschenden Cliquen die Zukunft ruinieren, sei gesagt: Wer glaubt, sich für die vermeintliche Sicherheit gegen die Herausforderungen der Freiheit entscheiden zu sollen, landet in der Diktatur.

DIE PSYCHOLOGIE DER MASSEN

Massenpsychologisches Verhalten und Herdentrieb setzen sich offenbar über die Jahrhunderte mehr oder weniger kontinuierlich fort. Viele Geistesgrößen haben sich daher zur »Psychologie der Massen« Gedanken gemacht.

So schrieb Étienne de La Boétie um 1560: »Das Volk selbst schlägt sich in Fesseln, schneidet sich die Kehle ab, gibt die Freiheit für das Joch dahin, da es doch ganz in seiner Wahl steht, ein Knecht oder frei zu sein; es willigt in sein Unglück, noch mehr es jagt ihm nach.«[9] »Wenn nun also alle Geschöpfe, welche Empfindungen haben, als solche das Übel der Unterwerfung fühlen und der Freiheit nachjagen, wie man dieses an den Tieren sieht, welche, obschon zum Dienste der Menschen bestimmt, sich doch nicht so daran gewöhnen können, dass nicht immer der entgegengesetzte Trieb nach Freiheit mitten unter der Knechtschaft durchschimmere; durch welchen Unfall ist denn der Mensch so ausgeartet, der Mensch, der von Natur zur Freiheit geboren ist, dass er sogar das Andenken seines Urstandes und die Begierde verloren hat, wieder in selbigen zu treten.«[10]

Im Dezember 1828 schrieb Johann Wolfgang von Goethe: »Und denn, man muß das Wahre immer wiederholen, weil auch der Irrthum um uns her immer wieder gepredigt wird, und zwar nicht von Einzelnen, sondern von der Masse. In Zeitungen und Enzyklopädien, auf Schulen und Universitäten, überall ist der Irrthum oben auf, und es ist ihm wohl und behaglich, im Gefühl der Majorität, die auf seiner Seite ist. – Oft lehrt man auch Wahrheit und Irrthum zugleich und hält sich an letzteren.«[11]

Der konservative Gustave Le Bon bemerkte vor mehr als 100 Jahren: »Es ist überflüssig zu bemerken, dass die Unfähigkeit der Massen, richtig zu urteilen, ihnen jede Möglichkeit kritischen Geistes raubt, das heißt, die Fähigkeit, Wahrheit und Irrtum voneinander zu unterscheiden und ein scharfes Urteil abzugeben. Die Urteile, die die Massen annehmen, sind nur aufgedrängte, niemals geprüfte Urteile. Viele einzelne erheben sich in dieser Beziehung nicht über die Masse. Die Leichtigkeit, mit der gewisse Meinungen allgemein werden, hängt vor allem mit der Unfähigkeit der meisten Menschen zusammen, sich aufgrund ihrer besonderen Schlüsse eine eigene Meinung zu bilden.«[12]

Über die ewige Mehrheit bemerkte Ernst Bloch 1956: »Nur sanft sein heißt noch nicht gut sein. Und die vielen Schwächlinge, die wir haben, sind noch nicht friedlich. Sie sind es nur im billigen, schlechten Sinn dieses Wortes, sind es allzu leicht. Ja, als kleine Kinder ließen sie sich nichts gefallen, diese begehren auf, dass man Wunder meint, was es derart mit uns auf sich habe. Aber danach kamen auf zehn Aufstände tausend Kriege, und die Opfer blieben brav. Daneben überall die vielen Duckmäuser, sagen nicht so und nicht so, damit es nachher nicht heißt, sie hätten so oder so gesagt. Leicht gibt sich bereits als friedlich, was mehr feige und verkrochen ist.«[13]

Um wie viel mehr und umso leichter unterwerfen sich die Massen der Herrschaft der wenigen, wenn sie unter Angst gesetzt werden? Neurowissenschaftler bestätigen, dass beim Menschen im Panik- und Angstmodus das Reptiliengehirn das Steuer übernimmt.[14] Das im Laufe der Evolution entstandene Fronthirn wird so außer Kraft gesetzt, rationales Denken unmöglich. So war es für die Meister der psychologischen Kriegsführung nicht verwunderlich, wie schnell sich große Teile der Bevölkerung in den ihnen zugewiesenen mentalen Laufstall des Untertanen fügten. Die Zentren der Macht dürfen sich ob ihres hervorragend verlaufenen COVID-19-Großexperiments auf die Schenkel klopfen. Der länderübergreifende Feldversuch in Sachen Ausnahmezustand war für sie ein glänzender Erfolg.

»Regierungen lieben Krisen, denn wenn die Menschen Angst haben, sind sie eher bereit, Freiheiten gegen das Versprechen aufzugeben, die Regierung werde sich um sie kümmern. Nach dem 11. September haben die Amerikaner zum Beispiel die fast vollständige Zerstörung ihrer bürgerlichen Freiheiten durch die hohlen Sicherheitsversprechen des PATRIOT-Gesetzes akzeptiert. [...] Der Wahnsinn über das Coronavirus beschränkt sich nicht nur auf Politiker und die medizinische Gemeinschaft.«[15]

GENERELLER VERTRAUENSVERLUST

Unabhängig von ihrem irrationalen Verhalten und ihrer Unterwürfigkeit hatte sich im kollektiven Bewusstsein der breiten Bevölkerungsschichten in den Ländern des Westens – über viele Jahrzehnte aus bitteren Erfahrungen gespeist – ein enormes Misstrauen gegenüber den Institutionen angehäuft.

Und so ergab das jährlich erhobene weltweite Trust-Barometer (Vertrauensbarometer) der Firma Edelman – eine der großen Public-Relations-Agenturen – vom Januar 2020 Rekordwerte eines generellen Vertrauensverlustes aller maßgeblichen Institutionen, Regierungen, Medien, Wirtschaft und Nichtregierungsorganisationen (NGOs). Edelman hierzu: »Seit Edelman vor 20 Jahren mit der Messung von Vertrauen begann, wurde dieses durch wirtschaftliches Wachstum beflügelt. Dies setzt sich in Asien und dem Nahen Osten fort, aber nicht in den entwickelten Märkten, wo die Einkommensungleichheit nun der wichtigere Faktor ist. Eine Mehrheit der Befragten in allen entwickelten Märkten glaubt nicht, dass es ihnen in fünf Jahren besser gehen wird, und mehr als die Hälfte der Befragten weltweit glaubt, dass der Kapitalismus in seiner jetzigen Form der Welt mehr schadet als nützt.«[16]

Edelman untersuchte 28 Länder zwischen Oktober und November 2019.[17] 56 Prozent aller Befragten waren der Ansicht, dass der Kapitalismus der Welt mehr schadet als nützt. In allen westlichen Industrieländern hatte die wachsende Ungleichheit einen enormen Einfluss darauf, ob die breite Bevölkerung noch ihren Institutionen traute. Generell stellte Edelman fest, dass die Mehrheit der breiten Bevölkerungsschichten im Durchschnitt aller untersuchten Länder kein Vertrauen in ihre Institutionen hatte. Danach vertrauten den Regierungen, Medien, Wirtschaft und NGOs in Argentinien und Italien je 49 Prozent; in Australien 47 Prozent; in den USA und Deutschland 46 Prozent; in Frankreich und Spanien 45 Prozent; in Japan und im Vereinigten Königreich 42 Prozent. 83 Prozent der abhängig Beschäftigten machten sich Sorgen über einen Jobverlust. 61 Prozent waren davon überzeugt, dass die Regierungen nicht eingreifen, um unerwünschte technologische Entwicklungen zu unterbinden. 57 Prozent sagten, die Medien seien mit unglaubwürdigen Informationen kontaminiert. 66 Prozent hielten die derzeitigen politischen Führer für unfähig, den Zukunftsherausforderungen ihrer Länder gewachsen zu sein. 57 Prozent sagten, die Regierungen würden nur zum Nutzen einiger weniger arbeiten.

Zum Ende des Jahres 2019 war somit völlig klar, dass sich die Regierungen etwas einfallen lassen mussten, denn so konnte es keinesfalls weitergehen, und es »ereignete« sich seit März 2020 weltweit das, was die Menschheit als Corona-Krise zu gewärtigen hat.

PSYCHOLOGISCHE OPERATION

Die herrschenden Klassen und ihre Regierungshelfer ordnen die Figuren auf dem Schachbrett der Macht und der Weltpolitik neu. Die alte Zivilisation hat ihrer Auffassung nach ausgedient und soll absterben, eine neue Retorten-»Zivilisation«, die 4. industrielle Revolution soll nach dem »Great Reset« entstehen. Wie viele Menschen bei dieser Transformation auf der Strecke bleiben, interessiert die modernen Weltkriegsplaner nicht.

Das bekannte Zitat des amerikanischen Milliardärs Warren Buffett sei nochmals kurz in Erinnerung gerufen. Der Mann sprach im Kern bereits 2006 aus, worum es geht: »Es herrscht Klassenkrieg, richtig, aber es ist meine Klasse, die Klasse der Reichen, die Krieg führt, und wir gewinnen.«[18]

Tatsächlich steht die Welt mitten in einem PSYOP-Krieg, einer psychologischen Operation der Extraklasse, in die alle Erkenntnisse der psychologischen Kriegsführung einfließen, des Mind Control/MKUltra, »Biedermanns Tabelle des Zwangs«[19] und alle Erfahrungen aus Jahrzehnten zahlloser Kriege und

Anti-Guerilla-Kriege.[20] COVID-19 ist eine super psyop-mind-control-counterinsurgency-Operation gegen die Zivilgesellschaften[21], wobei die Medien im Rahmen einer strategischen Kooperation als »Waffe« dienen.

Die transhumanistischen Psycho- und Soziopathen des *World Economic Forum* unter Klaus Schwab arbeiten im Schulterschluss mit Regierungen, Geheimdiensten und Militärs gegen die Völker, um deren Willen zu brechen. Die Zerstörung der menschlichen Psyche, die Zerstörung des Klein- und Mittelstandes, des gesamten Kulturbetriebes, die massive Zensur[22], Bevölkerungsreduktion, soziale Zersetzung der Gesellschaften, Polizeiterror, Psychoterror gegen freie Medien, Bedrohungen, Kontensperrungen, persönliche Anfeindungen und vieles mehr *gehören zu einem Handlungsensemble.*

»PSYOP sind geplante Operationen, die ausgewählte Informationen und Indikatoren an ausländische Zielgruppen vermitteln, um deren Emotionen, Motive, das objektive Denken und letztlich das Verhalten ausländischer Regierungen, Organisationen, Gruppen und Einzelpersonen zu beeinflussen. [...] Auf diese Weise beeinflusst PSYOP nicht nur die Politik und Entscheidungen, sondern auch die Fähigkeit zu regieren, die Fähigkeit zu befehlen, den Willen zu kämpfen, den Willen zu gehorchen und den Willen zu unterstützen.«[23]

Der offizielle Auftrag der 4th Psychological Operations Group lautet: »... überall auf der Welt kurzfristig psychologische Operationen und ›Civil Affairs‹ (mit anderen Worten: Subversion) zur Unterstützung der Koalitionsstreitkräfte und der Regierungsbehörden in Washington zu planen, zu entwickeln und durchzuführen. Zum Personal der 4th Group gehören regionale Experten und Linguisten, die ein tiefes Verständnis für die politischen, kulturellen, ethnischen und religiösen Feinheiten des Zielpublikums haben. Sie sind auch Experten in technischen Bereichen wie Journalismus, Rundfunkbetrieb, Grafikdesign, Zeitungsgeschäft, Illustration und taktischer Fernkommunikation.«[24]

Die Zentren des westlichen Kapitalismus haben den Zivilgesellschaften den Krieg erklärt. Die COVID-Nummer hat diese Tatsache vollends ans Licht der Öffentlichkeit gezerrt. Sie müsste nur noch die Fakten zur Kenntnis nehmen und sie in die oben genannten Zusammenhänge einbauen, genau hinschauen und sich von der Illusion befreien, Herrschaftsparteien und Regierungen hätten etwas mit Gemeinwohlorientierung zu tun. Wie wir aus leidiger Erfahrung seit 1989 wissen, ist das Gegenteil der Fall.

Und obwohl die Mehrheit der Menschen in den entwickelten Industrienationen, die von der PR-Agentur Edelman befragt wurden, insbesondere ihren Regierungen nicht mehr trauen, verhalten sie sich in der inszenierten Corona-Krise völlig irrational. Hier folgen sie den sogenannten Eliten wie Kleinkinder ihren Eltern. Ein Schlüssel zur Erklärung dieses irrationalen Verhaltens liegt offensichtlich in massenpsychologischen Phänomenen, in einer seit Generationen eingeübten Autoritätshörigkeit und darin, dass die Masse dazu neigt, kultischen Narrativen zu folgen.[25] Es ist der Glaube einer Großsekte, die sich allen rationalen Argumenten verschlossen hat und die außerhalb der Großsekte Stehenden als Feinde betrachtet.

Flo Osrainik hat zum Kriminalstück COVID-19 eine Fülle an Material zusammengetragen und ist zu dem Ergebnis gelangt, dass die von der WHO ausgerufene Pandemie ein gigantisches Betrugsmanöver ist, eine Operation unter falscher Flagge. Niemand kann nach der Lektüre dieses spannenden Werkes noch behaupten, er oder sie hätte nichts gewusst. Aus dieser Erkenntnis heraus muss der Widerstand erwachsen.

Ullrich Mies im Januar 2021

GELEITWORT

1 Hannes Hofbauer, Europa – Ein Nachruf, Wien 2020
2 Siehe hierzu: Jens Wernicke, Dirk Pohlmann (Hg.) Die Öko Katastrophe. Den Planeten zu retten, heißt die herrschenden Eliten zu stürzen, Mainz 2019
3 Caitlin Johnstone, Nuclear War, Capitalism, And Other Notes From The Edge Of The Narrative Matrix, 30.12.2021: caitlinjohnstone.com/2020/12/30/nuclear-war-capitalism-and-other-notes-from-the-edge-of-the-narrative-matrix/
4 thebulletin.org/doomsday-clock/
5 Ullrich Mies, Geplanter Völkermord. Die Eliten reden von Frieden und planen den atomaren Krieg, 30.04.2017: www.rubikon.news/artikel/geplanter-volkermord
6 home.solari.com/planet-lockdown-interview/
7 Ullrich Mies, Neoliberaler Faschismus. Hinter der liberalen Fassade lauert die Diktatur: 14. Juli 2018: www.rubikon.news/artikel/neoliberaler-faschismus
8 Siehe hierzu Jochen Krautz, Neoliberale Bildungsreformen als Herrschaftsinstrument, in: Ullrich Mies, Jens Wernicke (Hg.) Fassadendemokratie und Tiefer Staat. Auf dem Weg in ein autoritäres Zeitalter, 6. Aufl. Wien 2017, S. 79-96
9 Étienne de La Boétie in seiner »Abhandlung über die freiwillige Knechtschaft«, Limbus-Verlag, Wien 2019, S. 12f
10 Ebd. S. 22
11 Johann Wolfgang von Goethe bereits am 16. Dezember 1828 in einem Brief an seinen Freund Johann Peter Eckermann: kaltesonne.de/goethe-man-mus-das-wahre-immer-wiederholen-weil-auch-der-irrthum-um-uns-her-immer-wieder-gepredigt-wird/: kaltesonne.de/goethe-man-mus-das-wahre-immer-wiederholen-weil-auch-der-irrthum-um-uns-her-immer-wieder-gepredigt-wird/
12 Gustave Le Bon, Psychologie der Massen, 15. Aufl., Stuttgart 1982, S. 43
13 Ernst Bloch, Widerstand und Friede, in: Arthur Kaufmann/ Leonhard E. Backmann (Hg.) Widerstandsrecht, Wissenschaftliche Buchgesellschaft, Darmstadt 1972, S. 548
14 Christian Beneker, Interview mit Angstforscher Borwin Bandelow, Die Angst vor dem Coronavirus ist weit überzogen, Ärzte-Zeitung, 26.03.2020: www.aerztezeitung.de/Politik/Die-Angst-vor-dem-Coronavirus-ist-weit-ueberzogen-408048.html
15 Ron Paul, Der Coronavirus-Schwindel, antikrieg: antikrieg.com/aktuell/2020_03_17_dercoronavirus.htm; Original: www.ronpaulinstitute.org/archives/featured-articles/2020/march/16/the-coronavirus-hoax/
16 www.edelman.com/trust/2020-trust-barometer
17 cdn2.hubspot.net/hubfs/440941/Trust%20Barometer%202020/2020%20Edelman%20Trust%20Barometer%20Global%20Report.pdf?utm_campaign=Global:%20Trust%20Barometer%202020&utm_source=Website

GELEITWORT

18 Warren Buffett in der New York Times 26.11.2006

19 brynmawrcollections.org/traces/exhibits/show/brainwashing/intro/bidermanchart; www.strath.ac.uk/media/1newwebsite/departmentsubject/socialwork/documents/eshe/Bidermanschartofcoercion.pdf

20 A.M. Nagy, (Ed.) CIA. Manual for Pychological Operations in Guerilla Warfare, Breslau, o.J.;

21 Psyop. Military Psychological Operations Manual. FM 3-05.30, Headquarters, Department of the Army, April 2005

22 www.deutschlandfunk.de/demokratie-aktionsplan-so-will-die-eu-medien-staerken.2907.de.html?dram:article_id=488596

23 U.S. Army, PSYOP, Book 2, Implementing Psychological Operations. Tactics, Techniques an Procedures. FM 3-05.301, Headquarters of the Army, 2019, S. 1-1

24 constantinereport.com/psychological-operations-psyops-against-venezuela-washington-and-its-war-on-the-bolivarian-revolution/

25 C.J. Hopkins, The Covidian Cult, 13.10.2020: consentfactory.org/2020/10/13/the-covidian-cult/

VORWORT
ES WAR EINMAL

»Ich kenne keinen sicheren Weg zum Erfolg, aber einen sicheren Weg zum Misserfolg: Es allen Recht machen zu wollen.«
PLATON

Ja, es war einmal! Wissen Sie noch, was Sie im Jahr 2020 so alles gemacht haben? Oder anders gefragt: Was Sie nicht gemacht haben, weil Sie es nicht konnten, nicht durften oder aus Angst nicht machen wollten? Und können Sie sich an die Zeit davor erinnern? Haben Sie es sich nun schon ein ganzes Jahr lang in der Einheitsmeinung, die quer durch alle Lager, Länder und Kontinente geht, auf dem Sofa, dem Balkon oder im Garten, im »Homeoffice« oder in Ihrem seit der großen Quarantäne bestens verbarrikadierten Laden wenigstens bequem gemacht? Sind auf Abstand gegangen und tun es immer noch? Haben Sie vielleicht ein Visier vor das Gesicht geschnallt und sich der neuen Dauernotlage angepasst, weil alles alternativlos ist? Zeigen Sie öffentlich nun sogar mit dem Finger ungeniert auf Unmaskierte, um ein Massensterben zu verhindern? Mussten Sie vielleicht zum Amt gehen und um finanzielle Unterstützung betteln? Sie sind hoffentlich nicht pleitegegangen, wurden aber psychisch, physisch ramponiert? Oder haben Sie bloß mit dem Kopf geschüttelt? Bald schon rebelliert und Ärger, Hohn und Spott erfahren, weil Sie sich Ihrer Rechte eben nicht so einfach berauben lassen wollten? Sie haben alles ein wenig anders und kritischer gesehen und sind dafür sogar auf die Straße gegangen? Na hoffentlich sind Sie bis heute wenigstens wohlauf.

Ich jedenfalls habe nicht nur den Sommer des Jahres 2020 dem Corona-Irrsinn gewidmet, der zog sich, das war bald klar, bis in den Winter. Und los ging alles sowieso viel früher. Eigentlich hatte ich ganz andere Pläne, aber die Dystopie ist wohl gekommen, um (dauerhaft) zu bleiben. Seitdem wird per Dekret von Notstand zu Notstand regiert und globaler Irrsinn mit Nebelkerzen propagiert. Das alles mindestens so lange, bis der Ausnahmezustand immer und überall nach Belieben abrufbar und zur neuen Realität geworden ist. Zu viele Menschen sind ausreichend indoktriniert und haben sich mit allem womöglich arrangiert. Ich schrieb zunächst Artikel für den Rubikon, über die Corona-Pandemie, die radikalen politischen Maßnahmen, das Fehlverhalten der Medien, die Doppelmoral so vieler Menschen und die gesellschaftlichen Veränderungen nach dieser riesigen globalen Kampagne, die zur Beerdigung der Grund- und Freiheitsrechte führte. Für die meisten Restriktionen gab es keine Evidenzen, also keinerlei Beweise oder Plausibilität und Klarheit, obwohl diese für so weitreichende Einschränkungen notwendig gewesen wären.

Allerdings, so der beliebte Einwand, musste man zu »unserem« Schutz, auf jeden Fall zum Schutz der Schwachen, mit strengsten Maßnahmen reagieren. Immerhin könnte das neuartige Coronavirus ein echtes Killervirus sein. So genau wusste man das am Anfang gar nicht. Zwar hatte man die Gefahr anfangs auch kaum erkannt, doch ab März 2020 ging es Schlag auf Schlag. Seitdem herrscht Corona-Pandemie und auf unbestimmte Zeit ist allergrößte Vorsicht geboten. Vor Fremden, Freunden und der eigenen Familie. Das Leben ist also eingeschränkt oder komplett durchgescannt erlaubt. Dazu passende Gesetze wurden schon erlassen.

Zudem läuft nicht erst seit Corona so einiges grundsätzlich falsch. Spätestens seit 9/11 haben Aufklärung, Vernunft und Meinungsvielfalt einen erheblichen Schaden genommen und stehen im Fadenkreuz des Mainstreams. Um mögliche Missverständnissen klar und deutlich vorzubeugen: Dieses Buch ist kein Verteidigungspamphlet für faschistoide Restriktionen zur globalen Kontrolle unter einem falschen Banner der Besorgnis. Notwendig ist es also viel mehr, Aufklärung zu betreiben, ganz im Sinne der gelobten Meinungsfreiheit, vor allem wenn sie der Macht nicht passt. Was ja immer häufiger der Fall ist. Schließlich treffen auch im Jahr 2020 die Worte des deutschen Philosophen, Ökonomen und Journalisten Karl Marx aus dem vorletzten Jahrhundert zu, der bemerkte, »die Gedanken der herrschenden Klasse« seien schlicht die herrschenden Gedanken jeder Epoche. Wie lange dieses faschistoide Theater weitergeht, wenn es so weitergeht, ist wiederum eine ganz andere Frage. Und seriös ging es noch nie zu, sobald Geld, Macht und Kontrolle irgendwo mitspielen!

Flo Osrainik im Februar 2021

①

GESTATTEN, NEU HIER

»Die Welt ist ein Irrenhaus.«
MARCUS TULLIUS CICERO

Bis zu Beginn des Jahres 2020 war Corona (spanisch: Krone), wenn überhaupt, nur als Importbier aus Mexiko bekannt. Jedenfalls unter Biertrinkern. Das hat sich im März 2020 schlagartig geändert: Seitdem ist Corona für viele Menschen ein Importvirus und Grund zur Panik, denn das Wort erzeugt Angst. Das unsichtbare Coronavirus ist auch der perfekte Grund, um zueinander auf Distanz zu gehen, sich und seine Kinder zu vermummen und wochenlang einzusperren, auf Grund- und Bürgerrechte sowie den kritischen Verstand zu verzichten. Stattdessen beginnen einige Menschen, andere zu reglementieren, zu diffamieren oder zu denunzieren, die nicht die neuesten Erlasse für das Allgemeinwohl befolgen wollen. Schließlich geht es um das Ego, also um die eigene Gesundheit, die es jetzt auch für die anderen zu schützen gilt, denn das Virus lauert überall. Corona wurde auserkoren und zur weltgrößten Bedrohung gekrönt. Seither fliegt der Erreger mit höchster Aufmerksamkeit durch unser Leben. Vergessen sind Klimawandel, Hunger und Atombomben. Dafür ist das Virus besonders tückisch, da man niemandem ansieht, ob er infiziert ist. Das führt zu einer Überdosis Angst. Immerhin kann das Virus zum Tode führen. Damit der Einzelne also nicht kopf- und vernunftlos handelt, wurden weltweit rasch und ohne Rücksicht auf Verluste strenge Corona-Vorschriften erlassen.

Per Diktat von oben sozusagen. Zwar handelt es sich bei Corona um eine ganze Virenfamilie, die schon in den 1960er-Jahren entdeckt wurde, doch diese schafften es über die ganzen Jahre nicht annähernd zu so großer Berühmtheit wie das neueste Coronavirus mit dem etwas komplizierten Namen SARS-Coronavirus 2 oder kurz und knapp: SARS-CoV-2.

Dieses neuartige Virus ist vergleichbar mit dem SARS-Coronavirus (SARS-CoV), das eine atypische Lungenentzündung, SARS, auslöst, die erstmals in Südchina, in der Provinz Guandong, im November 2002 beobachtet wurde.[1] Bis dahin war SARS-CoV ein ebenfalls unbekanntes Coronavirus. SARS-CoV ist die Abkürzung für »Severe acute respiratory syndrome-related coronavirus«, also ein »schweres, mit dem akuten respiratorischen Syndrom zusammenhängendes Coronavirus«. SARS-CoV-2 ist die Bezeichnung für das jüngst identifizierte Coronavirus, das die neue Atemwegserkrankung COVID-19 verursacht. Diese Abkürzung steht für »Coronavirus-Krankheit 2019« – »corona virus disease 2019« –, die sogenannte COVID-19-Pandemie.

Nach offiziellen Angaben soll COVID-19 erstmals im Dezember 2019 im chinesischen Wuhan in der Provinz Hubei ausgebrochen sein. Nach Angaben der *World Health Organization* (WHO) war das WHO-Büro in China seit dem 31. Dezember 2019 über Fälle von Lungenentzündungen unbekannter Ursache informiert. Am 7. Januar 2020 gaben chinesische Behörden ein neuartiges Coronavirus, das sie 2019-nCoV bezeichneten, offiziell als Erreger bekannt. »Am 10. Januar 2020 wurde eine virale Genomsequenz zur sofortigen Unterstützung der öffentlichen Gesundheit« online freigegeben. Am 12. Januar 2020 wurden vier weitere Genome in der *Global Initiative on Sharing All Influenza Data* (GISAID) hinterlegt, wobei die Genomsequenzen auf ein Virus hindeuteten, das eng mit den Mitgliedern der Virusspezies SARS-CoV verwandt ist. Am 20. Januar 2020 hieß es, eine Übertragbarkeit von Mensch zu Mensch sei aufgrund epidemiologischer Daten möglich. Bis dahin wusste die WHO von 282 laborbestätigten Fällen. Unter anderem von Wuhan-Reisenden in Thailand, Japan und Korea.[2] Das veröffentlichte *Eurosurveillance*, ein wissenschaftliches Magazin vom *European Centre for Disease Prevention and Control* (ECDC), dem europäischen Zentrum für die Prävention und Kontrolle von Krankheiten. Am 30. Januar 2020 rief die WHO dann die internationale Gesundheitsnotlage aus und erklärte die bisherige Epidemie rund sechs Wochen später zur COVID-19-Pandemie. In der Öffentlichkeit wird das Virus seitdem meist nur als »Coronavirus« oder schlicht als »Corona« bezeichnet.

Coronaviren gibt es in Hülle und Fülle. Vier davon galten lange als »Klassiker«, die auch beim Menschen zu Erkrankungen führen können. Ihre weniger klangvollen Bezeichnungen lauten: HCoV-HKU1, HCoV-OC43, HCoV-NL63 und HCoV-229E. Dazu kamen MERS-CoV, SARS-CoV und nun SARS-CoV-2, die – wie der Name bereits sagt – die Krankheitsbilder MERS (»Middle East Respiratory Syndrome«), SARS und COVID-19 verursachen.[3] Humanpathogene Coronaviren sind also nicht neu im menschlichen Milieu. Bereits zu Beginn der 1980er-Jahre wurde geschätzt, dass die Erreger HCoV-229E und HCoV-OC43 rund ein Fünftel aller Erkältungen mit milden Verläufen verursachen.

Infektionen mit Coronaviren können zu Erkrankungen der Atemwege, des Magen-Darm-Traktes, der Leber oder des Zentralnervensystems führen.[4] Rückwirkend durchgeführte Tests bei verschiedenen Fällen von Lungenentzündungen auf SARS-CoV-2 legen allerdings nahe, dass erste Erkrankungen schon früher, etwa Mitte November 2019, in der chinesischen Provinz Hubei, aber auch in einigen anderen Ländern aufgetreten sind. In der Regel erfolgt die Ansteckung durch Tröpfchen. Auch eine Übertragung durch Aerosole soll in geschlossenen und schlecht gelüfteten Räumen möglich sein. In den allermeisten Fällen verläuft die Infektion aber symptomlos oder die Erkrankung nimmt einen milden bis moderaten Verlauf.[5/6] Zu den Symptomen von COVID-19 zählen trockener Husten, Müdigkeit und Fieber. Eine verstopfte Nase, Kopf- oder

Halsschmerzen, Durchfall und andere Symptome, wie Geschmacks- oder Geruchsverlust, können ebenfalls auftreten.[7] In seltenen und schweren Fällen kommt es dagegen zu Atemnot sowie Lungen- oder anderem Organversagen durch Schock, sodass eine Intensivbetreuung notwendig wird.

Zur Risikogruppe für schwere Krankheitsverläufe zählen nach aktuellem Kenntnisstand alte Menschen ab dem 70. Lebensjahr und Menschen mit Vorerkrankung, etwa mit chronischen Erkrankungen der Atemwege, Diabetes, Bluthochdruck, Herz-Kreislauf-Erkrankungen und mit Krebs. Am häufigsten versterben Menschen aus der Altersgruppe der über 80-Jährigen an COVID-19, ob nun in China, Italien, Deutschland, in Südkorea oder in der Schweiz.

Am 14. Oktober 2020 veröffentlichte die WHO ein Bulletin von John Ioannidis über die Sterblichkeit von Corona.[8] Ioannidis, Professor für Epidemiologie und Statistik an der *Stanford University* in den USA untersuchte insgesamt 61 weltweit durchgeführte Antikörperstudien, die an zahlreichen Orten gestartet wurden, um zu ermitteln, wie viele Menschen sich mit SARS-CoV-2 infiziert haben. »Denn der Organismus bildet Antikörper gegen das Virus, die zu einem bestimmten Zeitpunkt im Blut nachzuweisen sind.« Man spricht dann von Seroprävalenz. »Anders als mit aktuellen Virusnachweisen lässt sich damit auch rückwirkend ermitteln, wie viele Menschen sich in einer Region infiziert haben.« Unter anderem berücksichtigte Ioannidis auch die sogenannte deutsche Gangelt-Studie des Virologen Hendrik Streeck. Die Metastudie von Ioannidis, eine systematische Übersichtsarbeit, wurde zuvor von weiteren Fachleuten begutachtet. Ioannidis kommt zu dem Ergebnis, »dass die sogenannte Infektionssterblichkeit viel niedriger ist, als offizielle Zahlen zur Sterblichkeit aussagen«, so die *Berliner Zeitung*.[6] »Konkret schätzt der Forscher nach der Auswertung der Studien, dass durchschnittlich 0,23 Prozent der Menschen sterben, die sich mit SARS-CoV-2 infiziert haben. Bei Menschen unter 70 Jahren sollen es sogar nur 0,05 Prozent sein.« Das Problem bei diesen Zahlen:

1

»Offiziell weiß man nur, wie hoch die Todesrate unter den Menschen ist, die sich nachweislich infiziert haben, die also positiv getestet wurden. Das bezeichnet man als Fallsterblichkeit.« Niemand wisse aber, wie viele Menschen sich tatsächlich weltweit infiziert haben. Und, so Ioannidis nach Berücksichtigung aller Unwägbarkeiten und regionalen Unterschiede: »Die meisten Standorte haben wahrscheinlich eine Infektionssterblichkeitsrate von weniger als 0,2 Prozent.« Die WHO selbst ging zu dieser Zeit schon von rund 760 Millionen Infizierten weltweit aus. Dazu schrieb die *Frankfurter Rundschau* am 6. Oktober 2020: »Einer von zehn – das entspricht etwa 760 Millionen Menschen, die seit dem ersten Auftreten des Erregers im vergangenen Winter eine Infektion durchgemacht hätten. Es wäre mehr als das 20-fache der nach den Angaben der US-amerikanischen Johns-Hopkins-Universität bisher genannten Zahl von 35,4 Millionen weltweit.«[9]

Durch die von der WHO veröffentlichten Zahlen wird deutlich, dass Corona-Infizierte größtenteils also weder ernsthaft erkranken und erst recht nicht versterben. Trotzdem wird offiziell die Gefahr, an COVID-19 sterben zu können, als sehr viel größer dargestellt. Die deutsche Seite *Statista*, die internationale Daten und amtliche Statistiken zugänglich macht und zu *Ströer Media* gehört, gibt dessen ungeachtet mit Stand vom 26. Oktober 2020 eine Corona-Fallsterblichkeit von knapp 10 Prozent für Mexiko, 7,1 Prozent für Italien, 5,13 Prozent für Großbritannien, 3,37 Prozent für Belgien, 3,32 Prozent für Spanien, knapp 3 Prozent für Frankreich und Brasilien, 2,61 Prozent für die USA, 2,27 Prozent für Deutschland und 1,51 Prozent für Indien sowie einen weltweiten Durchschnitt von 2,68 Prozent an.[10] »Die Sterblichkeitsrate bei Infektionen ist keine feste physikalische Konstante und kann erheblich variieren«, sagt der *Stanford*-Professor, denn sie sei abhängig von den Standorten, der Bevölkerungsstruktur und anderen lokalen Faktoren. So sieht Ioannidis eine besonders hohe Verbreitung von Infektionen mit überdurchschnittlichen Todesraten in Pflegeheimen, unter Obdachlosen, in Gefängnissen und unter benachteiligten Minderheiten. Und mit gezielten Maßnahmen zum Schutz dieser Risikogruppen könne man die Todesrate sogar noch weiter absenken.

Aber zunächst ein Blick auf einige, sagen wir doch recht bedeutende »Spielereien« besonders elitärer Kreise zu globalen Pandemie-Szenarien. Immerhin wurde bei diesen Planspielen so ziemlich genau das vorausgesagt und eingefordert, was Anfang des Jahres 2020 dann auch eintrat: eine (Corona-)Pandemie mit den unglaublichsten Auswirkungen auf die Gesellschaft, dem Ende von Freiheit, Selbstbestimmung und echter Solidarität, des Zusammengehörigkeitsgefühls und Eintretens füreinander. Und nicht zu vergessen: eine weiter wachsende, schier unermessliche Verschuldung, also Versklavung der Allgemeinheit und künftiger Generationen. So weit, so ziemlich schlecht.

---

1 infekt.ch/2009/05/kleine-influenza-historie/

2 www.eurosurveillance.org/content/10.2807/1560-7917.ES.2020.25.3.2000045#html_fulltext

3 multipolar-magazin.de/artikel/diskussion-pcr-test

4 www.jungewelt.de/artikel/378544.fakten-gegen-panikmache-kleines-corona-kompendium.html?sstr=corona%7Ckompendium

5 jamanetwork.com/journals/jama/fullarticle/2762130

6 www.berliner-zeitung.de/gesundheit-oekologie/forscher-corona-sterblichkeit-betraegt-023-prozent-li.111917

7 www.rki.de/DE/Content/InfAZ/N/Neuartiges_Coronavirus/Steckbrief.html#doc13776792bodyText16

8 www.who.int/bulletin/online_first/BLT.20.265892.pdf

9 www.fr.de/politik/corona-pandemie-einer-von-zehn-menschen-koennte-sich-angesteckt-haben-90062534.html

10 de.statista.com/statistik/daten/studie/1103785/umfrage/mortalitaetsrate-des-coronavirus-nach-laendern/#professional

2

KURZ VOR AUSBRUCH

> »Du siehst also, lieber Coningsby, dass die Welt von ganz anderen Personen regiert wird, als diejenigen es sich vorstellen, die nicht hinter den Kulissen stehen.«
>
> BENJAMIN DISRAELI

Zwar berichten die Medien kaum darüber, doch es dürfte wohl kein Zufall gewesen sein, dass das *Johns Hopkins Center for Health Security – Bloomberg School of Public Health* – in Partnerschaft mit dem *World Economic Forum* (WEF) und der *Bill & Melinda Gates Foundation* (BMGF) am 18. Oktober 2019 in New York das sogenannte »Event 201 – A Global Pandemic Exercise« veranstaltete, also eine globale Pandemie-Übung auf höchster Ebene. Simuliert wurde der weltweite Ausbruch eines Virus mit dem Namen »Coronavirus-assoziiertes Lungensyndrom« oder im Original: »Coronavirus Associated Pulmonary Syndrome«, kurz CAPS. Zweck der Übung war es, »die Bereitschaftsbemühungen, die Entscheidung zur Reaktion und Zusammenarbeit zu veranschaulichen, die von globalen Unternehmen, Regierungen und führenden Persönlichkeiten des Gesundheitswesens gefordert werden, um die groß angelegten wirtschaftlichen und gesellschaftlichen Folgen einer schweren Pandemie zu mindern«.[1]

Auch waren einige »prominente Persönlichkeiten aus der globalen Wirtschaft, der Regierung und dem öffentlichen Gesundheitswesen« als Teilnehmer der privaten Übung »Event 201« geladen, um »die politische Reaktion auf ein fiktives Ausbruchsszenario« leiten zu dürfen, wie es hieß. Etwa der Generaldirektor des *Chinese Center for Disease Control and Prevention* (Chinese CDC), George Gao, Avril Haines, ehemalige stellvertretende Direktorin der *Central Intelligence Agency* (CIA), Stephen Redd vom US-amerikanischen *Center for Disease Control and Prevention* (CDC) sowie Vertreter der Hotelkette *Marriott*, des Logistik-Konzerns *United Parcel Service* (UPS), der *Lufthansa Group Airlines*, der »Public Relation«-Agentur *Edelman*, des Medienkonzerns *National Broadcasting Company* (NBC) mit Sitz im *Rockefeller Center* in New York City sowie des Pharmakonzerns *Johnson & Johnson*.[2]

Im gemeinsam durchgespielten Szenario wurde ein Coronavirus »von Fledermäusen auf Schweine übertragen«. Das Virus brach in der Übung »zunächst ruhig und langsam« auf Schweinefarmen in Brasilien aus, verbreitete sich dann aber immer schneller. »Der Erreger und die von ihm verursachte Krankheit sind weitgehend an SARS angelehnt«, hieß es. Das Virus soll sich zunächst auch »in den einkommensschwachen, dicht besiedelten Vierteln einiger Megastädte Südamerikas effizient von Mensch zu Mensch« verbreitet haben. Per Flugzeug gelangte es dann nach Portugal, in die USA und nach China, bevor es rasch in »viele andere Länder exportiert« wird. »Obwohl einige Länder zunächst in der Lage sind, es zu kontrollieren, breitet es sich weiter aus, und schließlich kann es kein Land unter Kontrolle halten.« Ein Impfstoff steht in der Übung zunächst nicht zur Verfügung, »lediglich ein fiktives antivirales Medikament, das den Kranken helfen kann, aber die Ausbreitung der Krankheit nicht wesentlich« einschränken würde.[3]

Die gesamte menschliche Bevölkerung sei in den ersten Monaten der Pandemie anfällig, weshalb sich die Zahl der Fälle wöchentlich verdoppeln würde. »Und mit der Häufung der Fälle und Todesfälle werden die wirtschaftlichen und gesellschaftlichen Folgen immer gravierender.« In dem Szenario verlangsamte sich die Pandemie aufgrund der sinkenden Zahl anfälliger Personen, geht aber »in einem gewissen Tempo« weiter, »bis es einen wirksamen Impfstoff gibt oder 80 bis 90 Prozent der Weltbevölkerung exponiert« sind. Ab diesem Zeitpunkt wäre die Erkrankung wahrscheinlich nur noch eine endemische Kinderkrankheit. Das Planspiel endet nach 18 Monaten mit 65 Millionen Toten.[3]

Die Initiatoren der Pandemie-Übung »Event 201« forderten im Anschluss an ihre Simulation als Reaktion auf das vorgestellte Szenario eine öffentlich-private Zusammenarbeit zur Pandemie-Vorsorge. Unter dem Titel »A Call To Action« riefen sie in einem Sieben-Punkte-Plan vom 17. Januar 2020 zum weltweiten Handeln auf und appellierten an die Führer globaler Konzerne, internationaler Organisationen und nationaler Regierungen. Die Planspieler mahnten, die nächste schwere Pandemie könnte nicht nur große Verluste an Menschenleben verursachen, sondern auch riesige kaskadenartige wirtschaftliche und gesellschaftliche Folgen, die in hohem Maß zu »globalem Leid« beitragen.[4/5]

Konkret heißt es: Die Bemühungen, solche Folgen zu verhindern oder darauf zu reagieren, erforderten »ein noch nie da gewesenes Maß an Zusammenarbeit zwischen Regierungen, internationalen Organisationen und dem privaten Sektor«. Eine neue und »robuste« Form der öffentlich-privaten Zusammenarbeit sei nötig. Regierungen, Organisationen und Unternehmen sollten planen, wie Fähigkeiten von Unternehmen während einer großen Pandemie genutzt werden könnten, da der öffentliche Sektor mit der Kontrolle des Ausbruchs wahrscheinlich überfordert wäre. Allerdings könnten »die Vermögenswerte der Industrie«, wenn sie schnell genutzt würden, dazu beitragen, »Leben zu retten und wirtschaftliche Verluste zu verringern«. Unter anderem benötige man für die Risikokommunikation Unternehmen, die sich neben Logistik auch auf soziale Medien konzentrieren. Industrie, nationale Regierungen und Organisationen sollten gemeinsam größere internationale Lagerbestände für medizinische Gegenmaßnahmen bereitstellen. Es bestünden Verträge mit Pharmaunternehmen, die sich bereit erklärt haben,

Impfstoffe zu liefern, falls die WHO dies fordert, so die Veranstalter des Planspiels. Dabei wären »auch alle verfügbaren experimentellen Impfstoffvorräte« mit einzubeziehen. Länder müssten sich verpflichten, im Inland hergestellte Produkte zur Lagerung zu spenden, und dafür zusätzliche Mittel bereitstellen.[5]

Regierungsbehörden sollten unter anderem mit Transportunternehmen wie Fluglinien und Schifffahrtsunternehmen kooperieren. Ziel sei es, durch Aufrechterhaltung wichtiger Reise- und Handelswege während einer großen Pandemie den wirtschaftlichen Schaden zu mindern. Dazu wären auch Schutzausrüstungen für Transportarbeiter, staatliche Subventionen für »kritische Handelsrouten« und in bestimmten Fällen ein Haftungsschutz erforderlich. Regierungen müssten zudem mehr Ressourcen für die Entwicklung und Herstellung von Impfstoffen, Therapeutika und Diagnostika zur Verfügung stellen und die Pharmabranche unterstützen. Die Fähigkeit zur raschen Entwicklung, Herstellung, Verteilung und Abgabe großer Mengen sei dabei erforderlich. Auch in diesen Punkten empfehlen die Veranstalter des Szenarios ausdrücklich eine Abstimmung mit der WHO, der Impfallianz GAVI sowie der *Coalition for Epidemic Preparedness Innovations* (CEPI), um »Investitionen in neue Technologien und industrielle Ansätze« zu tätigen. Dies würde unter anderem die Beseitigung rechtlicher und regulatorischer Hindernisse« erfordern.[5]

Globale Konzerne, ihre CEOs sowie Aktionäre sollten sich also mit den Regierungen für mehr Ressourcen zur Pandemie-Vorsorge einsetzen. Das sei bisher wegen mangelnden Bewusstseins für die Geschäftsrisiken einer globalen Pandemie versäumt worden. Dabei müsse man »großen Unternehmen des privaten Sektors« helfen. Schließlich würde eine Pandemie die »Gesundheit der Arbeitskräfte, den Geschäftsbetrieb und den Waren- und Dienstleistungsverkehr« stark beeinträchtigen, hieß es. Und außerdem wären Gesundheitsbehörden in einer Pandemiesituation chronisch unterfinanziert. Kontraproduktives Verhalten von Einzelpersonen, Unternehmen und Ländern könnte Volkswirtschaften bei Pandemien großen Schaden zufügen. Einrichtungen des Gesundheitswesens, wichtige Unternehmen und nationale Regierungen würden finanzielle Unterstützung benötigen. Es wäre auch notwendig, solche kritischen Knotenpunkte des Bankensystems sowie der globalen und nationalen Wirtschaft zu identifizieren, die zu wesentlich sind, um sie scheitern zu lassen. Die *World Bank*, eine Sonderorganisation der *United Nations* (UN), und der *International Monetary Fund* (IMF), beide mit Sitz in Washington, Entwicklungsbanken, Regierungen und Stiftungen müssten dabei mögliche Wege prüfen.[5]

Interessant ist auch der letzte der geforderten Punkte: Regierungen und der Privatsektor sollen der Entwicklung von Methoden zur Bekämpfung von »Fehl- und Desinformation« eine höhere Priorität einräumen. Dies erfordere die Fähigkeit, Medien mit schnellen, präzisen und einheitlichen Informationen zu überfluten. Dafür müssten »vertrauenswürdige« Gemeindeleiter in Gesundheitsbehörden Sachinformationen streuen und »vertrauenswürdige Arbeitgeber« den Umgang mit Gerüchten und Fehlinformationen »managen« sowie »glaubwürdige Informationen« verstärken. In enger Abstimmung mit der WHO sollten die Gesundheitsbehörden einheitliche Informationen vor- und weitergeben und Regierungen mit »traditionellen und sozialen Medienunternehmen (social media) zusammenarbeiten«. Die Medien hätten sich zu verpflichten, »dafür Sorge zu tragen, dass verbindliche Botschaften vorrangig und falsche Botschaften unterdrückt werden, auch durch den Einsatz von Technologien«.[5]

Die verschiedenen Übungsteilnehmer und Gäste aus dem privaten und öffentlichen Sektor diskutierten das Szenario »Event 201« in New York abschließend gemeinsam. In Bezug auf das »Informationsmanagement« fragte Tom Inglesby, der Vertreter der *Johns Hopkins University* (JHU): »Wie viel Kontrolle von Information sollte es geben, und von wem, und wie kann Falschinformation effektiv angegangen werden? Und was, wenn diese Falschinformationen von Unternehmen oder Regierungen kommen?« Nach Matthew Harrington von der PR-Agentur *Edelman* müssten sich soziale Medien auch »aktiv daran beteiligen, korrekte Informationen zu verbreiten«, und »korrekte Informationen« fluten. Denn es sei schlicht unmöglich, »den Geist der Falschinformation wieder in die Flasche zu stecken«. Lavan Thiru, Vertreter der Zentralbank von Singapore, der *Monetary Authority of Singapore*, meinte sogar, man müsse klären, dass Regierungen stärker mit hoheitlicher Gewalt gegen Falschinformationen vorgehen, und Jane Halton von der *Australia and New Zealand Banking Group* sagte zu, die Strategie des Flutens mit sogenannten korrekten Informationen zu stärken und zu unterstützen. Man könne Informationsquellen, die Vertrauen genießen, mit Tatsachen versorgen, damit sie diese dann weitervermitteln, so ihr Vorschlag. Halton verriet aber auch: »Es wird an Algorithmen gearbeitet, die die Information auf diesen sozialen Medienplattformen durchkämmen, und ich weiß, die Gates-Stiftung und andere sponsern Organisationen, um daran zu arbeiten, damit die Leute mehr Zutrauen in die Informationsquellen haben können, die sie in einer Krise nutzen.« George Gao hielt es für das Wichtigste, das medizinische Personal so gut zu informieren und zu instruieren, dass diese die richtigen Antworten auf Fragen und Gerüchte, etwa die Pandemie sei menschengemacht, geben könnten. Und Harrington schlug sogar ein zentrales Depot von Daten, Fakten und Schlüsselbotschaften, eine international zentralisierte obere Instanz vor, die Informationen stufenweise nach unten weiterreicht.[6]

Am 24. Januar 2020 veröffentlichten die Event-201-Macher nach ihrer Übung eine Stellungnahme, in der sie sich vom tatsächlichen Coronavirus-Ausbruch in China distanzierten. Rein vorsorglich gegen mögliche Gerüchte. Darin heißt es, dass man in der »Tischübung keine Prognose abgegeben« und ausdrücklich keine Vorhersage erstellt habe. »Stattdessen diente die Übung dazu, die Bereitschafts- und Reaktionsherausforderung hervorzuheben, die bei einer schweren Pandemie wahrscheinlich auftreten würde.« »Wir sagen jetzt nicht voraus, dass der Ausbruch von nCoV-2019 65 Millionen

Menschen töten wird.« Obwohl in der Tischübung ein neuartiges Coronavirus simuliert wurde, seien die Eingaben für das Modell nicht mit dem ausgebrochenen Coronavirus vergleichbar.[7]

Wie dem auch sei, die Zahlen zur Corona-Pandemie wurden jedenfalls von Anfang an durch einen der Event-201-Veranstalter, das *Johns Hopkins Center for Health Security,* genauer gesagt durch die *Johns Hopkins University,* in die weite Welt hinausposaunt, mit Unterstützung großer Medienhäuser.

Im Übrigen war das *Center for Health Security* der JHU auch am 15. Mai 2018 in Washington Ausrichter der Pandemie-Übung »Clade X«. Zweck dieser Übung war es, »hochrangige strategische Entscheidungen und Politiken zu veranschaulichen, die die Vereinigten Staaten und die Welt verfolgen müssen, um eine Pandemie zu verhindern oder ihre Folgen zu mindern, falls die Prävention fehlschlägt«. Bei »Clade X« übte ein kleiner Zirkel von Regierungsexperten eine Pandemie, die von einer fiktiven Terrorgruppe mit dem Namen »A Brighter Dawn« (»Ein hellerer Morgen«) durch eine Biowaffe ausgelöst wurde, um die Weltbevölkerung zu reduzieren und einen »Reset« oder Paradigmenwechsel zu erreichen. Dieser wäre erforderlich, um das Gleichgewicht grundlegend zu verändern. Paul Schreyer schrieb dazu im *Multipolar*-Magazin: »Das Szenario war anders. Keine Pocken, keine Pest, kein Anthrax, stattdessen eine neuartige Virusmixtur, die laut Drehbuch im Labor einer Biotech-Firma entwickelt worden war: eine genetische Kombination aus einem hochansteckenden Parainfluenza-Virus und dem besonders tödlichen Nipah-Virus. (Das Nipah-Virus brach, nebenbei bemerkt, gleichzeitig mit der Übung real in Indien aus und wurde dort mithilfe eines Forschers des US-Militärs eingedämmt, der einen Impfstoff entwickelt hatte, dessen Herstellerfirmen nach dem Ausbruch Fördermittel in Höhe von 25 Millionen US-Dollar erhielten.)« Dieses Szenario begann in Deutschland und »eines der ersten Ereignisse nach dem Ausbruch war laut Drehbuch die Entwicklung eines PCR-Tests zum Nachweis des Virus«. Man diskutierte

»Reisebeschränkungen und Lockdown (damals noch Quarantäne genannt)« sowie die Schaffung nötiger Rechtsklarheiten. Auch ein zunehmender öffentlicher Widerstand wurde berücksichtigt. Dass es in dieser Übung zu »lediglich« 150 Millionen Toten kam, sei einer extrem beschleunigten Impfstoffherstellung zu verdanken gewesen. Am Ende der Übung stand »die Forderung an die Regierung, umgehend die nötigen Mittel bereitzustellen, um neue Impfstoffe ›innerhalb von Monaten und nicht Jahren‹ entwickeln zu können«. »Insbesondere erwähnte man dabei neuartige RNA-Impfstoffe (wie sie auch von Bill Gates gefördert wurden) – die den Menschen gentechnisch verändern und die in der Corona-Krise eine große Rolle spielen.«[8/9] Weitere Pandemieübungen mit Beteiligung des *Center for Health Security* waren im Jahr 2005 »Atlantic Storm« und im Jahr 2001 »Dark Winter«. In beiden Übungen ging es um bioterroristische Angriffe mit Pocken.[10/11]

1 www.centerforhealthsecurity.org/our-work/events/
2 www.centerforhealthsecurity.org/event201/players/index.html
3 www.centerforhealthsecurity.org/event201/scenario.html
4 www.centerforhealthsecurity.org/newsroom/center-news/2020-01-17-Event201-recommendations.html
5 www.centerforhealthsecurity.org/event201/recommendations.html
6 norberthaering.de/medienversagen/event-201-fake-news/
7 www.centerforhealthsecurity.org/news/center-news/2020-01-24-Statement-of-Clarification-Event201.html
8 www.centerforhealthsecurity.org/our-work/events/2018_clade_x_exercise/
9 multipolar-magazin.de/artikel/clade-x
10 www.centerforhealthsecurity.org/our-work/events-archive/index.html
11 en.wikipedia.org/wiki/Johns_Hopkins_Center_for_Health_Security#Other *(abgerufen am 13. Dezember 2020)*

③
EINE FAST VERGESSENE RISIKOANALYSE

»*Jede Erkenntnis muss ich mir selbst erarbeiten. Alles muss ich neu durchdenken, von Grund auf, ohne Vorurteile.*«
ALBERT EINSTEIN

Eine der Kernaufgaben des *Robert Koch-Instituts* (RKI) ist die Erkennung, Verhütung und Bekämpfung insbesondere von Infektionskrankheiten. So führte diese deutsche Behörde »unter fachlicher Federführung« schon im Jahr 2012 eine Risikoanalyse mit dem Titel »Pandemie durch Virus Modi-SARS« für die Bundesrepublik Deutschland durch. Darin ist der hypothetische Erreger mit dem Namen Modi-SARS »mit dem natürlichen SARS-CoV in fast allen Eigenschaften identisch«. »Die Wahl eines SARS-ähnlichen Virus« erfolgte, da die natürliche Variante aus dem Jahr 2003 »sehr unterschiedliche Gesundheitssysteme schnell an ihr Grenzen gebracht« habe, auch wenn eine Überlastung der Systeme damals wohl ausblieb. Die Letalität, also der »Anteil der Erkrankten, die als Folge der Infektion sterben«, wurde in diesem Planspiel mit 10 Prozent »hoch« und »in verschiedenen Altersgruppen unterschiedlich stark ausgeprägt« angenommen. Parameter wie »menschliche Kontakte und Mobilität in Ballungsräumen« fanden dabei allerdings keine Berücksichtigung.[1]

Die Erkenntnisse und Handlungsempfehlungen aus der Simulation des RKI wurden den Abgeordneten des Deutschen Bundestags Anfang Januar 2013 mit dem »Bericht zur Risikoanalyse im Bevölkerungsschutz 2012« zur Verfügung gestellt. Auch dieses Szenario geht von einem globalen und außergewöhnlichen Seuchengeschehen aus – hauptsächlich in Asien, Europa und Nordamerika – und »beginnt im Februar in Asien«. Wildtiere hätten den neuartigen Erreger auf südostasiatischen Märkten übertragen und er sei durch »zehn Fälle nach Deutschland« gekommen. Die Behörden hätten davon allerdings erst durch eine Warnung der *World Health Organization* (WHO) erfahren.[1]

Die gemäß Infektionsschutzgesetz (IfSG) und Pandemieplänen vorgesehenen Maßnahmen wurden in der Simulation zwar »schnell und effektiv« umgesetzt, hätten in der Bundesrepublik aber nicht ausgereicht, um die rasche Verbreitung »aufgrund des kurzen Intervalls zwischen zwei Infektionen« aufzuhalten. Nach rund 300 Tagen sollen bereits »6 Millionen Menschen in Deutschland an Modi-SARS erkrankt« sein, davon mussten 4,1 Millionen ins Krankenhaus eingewiesen werden und 1,1 Millionen auf deren Intensivstationen. Laut RKI-Simulation könne das Gesundheitssystem die immensen Herausforderungen nicht bewältigen. Bei einer zweiten und dritten Welle sei die Zahl Betroffener geringer, nach drei Jahren gebe es einen Impfstoff. Bemerkenswert ist dabei auch, dass in der Simulation die Gesamtfläche Deutschlands sowie alle Bevölkerungsgruppen betroffen sind, sich die Welle über einen »sehr langen Zeitraum« hinzieht und immens viele Opfer fordert.[1]

Neben der Einhaltung von Hygienemaßnahmen wurden bei dieser Übung Schutzmaßnahmen durch Absonderung Erkrankter und Ansteckungsverdächtiger sowie durch »Einsatz von Schutzausrüstung wie Schutzmasken, Schutzbrillen und Handschuhen getroffen«. Absonderung, Isolierung und Quarantäne seien allerdings nur von begrenzter Wirksamkeit, hieß es rund acht Jahre vor Corona. Die Infektionskrankheit breite sich also sporadisch und in Clustern aus.

(3)

»Eine Übertragung findet insbesondere über Haushaltskontakte und im Krankenhausumfeld, aber auch in öffentlichen Transportmitteln, am Arbeitsplatz und in der Freizeit statt.«[1] Nachdem im Deutschland-Szenario zehn Patienten an der Infektion verstorben seien, würde die Ausbreitung dann »durch den Einsatz antiepidemischer Maßnahmen« verlangsamt und begrenzt. Zu den Maßnahmen zählen Quarantäne für Kontaktpersonen von Infizierten sowie die Behandlung hochinfektiöser Patienten in Isolierstationen. Weitere Mittel zur Eindämmung seien »beispielsweise Schulschließungen und Absagen von Großveranstaltungen«. In der Simulation geht man für den »gesamten zugrunde gelegten Zeitraum von drei Jahren mit mindestens 7,5 Millionen Toten als direkte Folge der Infektion« aus. Da die Kapazitäten des Gesundheitssystems beziehungsweise der medizinischen Betreuung im Szenario »um ein Vielfaches« überlastet seien, wäre eine »umfassende Sichtung (Triage)« erforderlich, ebenso »Entscheidungen, wer noch in eine Klinik aufgenommen« werde. Als Konsequenz sterben viele, »die nicht behandelt werden können«. Ohne antiepidemische Maßnahmen sei jedoch »mit einem noch drastischeren Verlauf zu rechnen« gewesen. Die Krisenkommunikation würde auch deshalb nicht durchgängig angemessen gut gelingen, da man »von einer vielstimmigen Bewertung des Ereignisses« ausgehe, »die nicht widerspruchsfrei ist. Dementsprechend ist mit einer Verunsicherung der Bevölkerung zu rechnen. Zusätzlich wäre ein (mehr oder minder qualifizierter) Austausch über neue Medien (zum Beispiel *Facebook, Twitter*) zu erwarten.« Und schon damals war man überzeugt: »Nur wenn die Bevölkerung von der Sinnhaftigkeit von Maßnahmen (zum Beispiel Quarantäne) überzeugt ist, werden sich diese umsetzen lassen.« Außerdem gelte es »infektionsverdächtige Kontaktpersonen zu identifizieren und zu finden« sowie Maßnahmen nach dem Infektionsschutzgesetz (IfSG) durchzuführen. Das IfSG erlaube »dazu unter anderem Einschränkungen von Grundrechten, wie zum Beispiel das Recht auf die Unverletzlichkeit der

Wohnung« und noch mehr. Im Rahmen von Schutzmaßnahmen könne man zudem das Grundrecht der Freiheit der Person und die Versammlungsfreiheit eingrenzen oder durch das Bundesministerium für Gesundheit »Schutzimpfungen oder andere Maßnahmen der spezifischen Prophylaxe« anordnen, wodurch dann auch das Recht auf körperliche Unversehrtheit eingeschränkt wird.[1]

Das ganze Szenario des RKI wurde als »bedingt wahrscheinlich« klassifiziert – »ein Ereignis, das statistisch in der Regel einmal in einem Zeitraum von 100 bis 1.000 Jahren eintritt«. Es weist zudem auf Auswirkungen für die kritischen »Infrastrukturen« sowie weniger »Schlüsselproduzenten« hin. Die Versorgung mit Wasser, Energie, Informationen sowie Schifffahrt, Finanzwesen und Staat bleiben aufrechterhalten; auf der Schiene, Straße, im Handel und bei der Ernährung käme es allerdings zu Beeinträchtigungen, im Personenverkehr »zur Streichung von Flügen«. Die medizinische Versorgung würde mit einer Kapazität von 500.000 Krankenhausbetten dagegen zusammenbrechen, die Arbeitsfähigkeit von Laboren wäre dennoch gegeben. Die Pharmaindustrie stieße an Produktionsgrenzen und das »Schutzgut Mensch« würde ebenso wie das »Schutzgut Volkswirtschaft« leiden. Gerechnet wird mit 7,5 Millionen Toten, also »Erwerbstätigen«, das »Schutzgut Umwelt« – Wälder, Gewässer und Nutzflächen – bleiben unbelastet. Dafür sei, je nach Kommunikation, mit Auswirkungen auf die öffentliche Ordnung, Politik und Psyche (»einem gesteigerten Misstrauen gegenüber staatlichem Handeln«) zu rechnen. Und das alles nur in Deutschland.[1]

Grundsätzlich könne ein Seuchengeschehen durch zahlreiche Faktoren ausgelöst werden, zum Beispiel das »Wiederauftreten bekannter Krankheitserreger«, durch »Pandemien in Variationen von bekannten Erregern«, »importierte Fälle von Erkrankungen«, das »Auftreten neuartiger Krankheitserreger«, aber auch über einen »Laborunfall«, »wie bei einzelnen Fällen nach der SARS-Pandemie oder die H1N1-Influenza«, durch »Lebensmittelerpressung oder auch mit bioterroristischem Hintergrund«. Ein »aktuelles Beispiel für einen neu auftretenden Erreger« wäre sogar »ein Coronavirus, welches nicht eng mit SARS-CoV verwandt ist«, wie es im RKI-Szenario hieß. Denn, so der Bericht: »Dieses Virus wurde seit Sommer 2012 bei sechs Patienten nachgewiesen, von denen zwei verstorben sind. Im Unterschied zu SARS-CoV scheint dieses Virus aber nicht oder nur sehr schlecht von Mensch zu Mensch übertragbar zu sein, sodass in der aktuellen Risikoeinschätzung davon ausgegangen wird, dass das Risiko einer Erkrankung in Folge einer Übertragung von Mensch zu Mensch gering ist.«[1]

Dass die deutsche Regierung im Anschluss an die Risikoanalyse des *Robert Koch-Instituts* dann keine entsprechenden Vorbereitungen traf, könnte als ein ideologisch, also neoliberal motiviertes Versagen interpretiert werden. Sie hätte die verschiedenen Einrichtungen zur medizinischen Versorgung in Deutschland für den Fall der Fälle – zum Beispiel mit Schutzausrüstungen, Geräten oder mehr und besser bezahltem Personal – stärken und ausbauen können. Stattdessen wurde der Gesundheitssektor weiter kaputtgespart und privatisiert.

---

[1] dip21.bundestag.de/dip21/btd/17/120/1712051.pdf

④ ZEHN JAHRE VOR CORONA

> »Wenn Sie ein Bild von der Zukunft haben wollen, so stellen Sie sich einen Stiefel vor, der auf ein Gesicht tritt. Unaufhörlich.«
> GEORGE ORWELL

Da aller guten Dinge ja drei sein sollen, nun noch der Hinweis auf eine Simulation aus dem Jahr 2010, durchgeführt von der *Rockefeller Foundation* und dem *Global Business Network* (GBN). Der Name dieses Szenarios: »Lock Step«, was so viel wie »im Gleichschritt« bedeutet. Und im Gleichschritt marschieren die Regierungen der meisten Staaten seit dem Corona-Jahr 2020. Bei dieser Übung haben die Autoren polizeistaatliche Kontrollen der Bewegungsfreiheit sowie der Wirtschaft und weiterer gesellschaftlicher Bereiche vorausgesagt oder vielmehr heraufbeschworen. Es wurden verschiedene Szenarien – neben »Lock Step« noch »Clever Together«, »Hack Attack« und »Smart Scramble« – unter dem Titel »Scenarios for the Future of Technology and International Development« (»Szenarien für die Zukunft von Technologien und internationaler Entwicklung«) durchgespielt. Auch »Lock Step« hatte erschreckend erstaunliche Parallelen mit der Corona-Pandemie, eben wie man damit umzugehen hätte und was denn bei einer Pandemie so alles durchzusetzen und zu machen wäre. Der Mitgründer des GBN, Peter Schwartz, der schon für das Pentagon, das *World Economic Forum* (WEF) und das *Center for a new American Security* aktiv war und eine beratende Funktion in Filmen wie *Minority Report, Deep Impact,*

Sneakers und *War Games* hatte, beschreibt das GBN übrigens als ein ziemlich hochrangiges Netzwerk. Und die *Rockefeller Foundation* rief dazu auf, ihren eigenen *Rockefeller-Bericht* über die »Lock-Step-Szenarien« zu verbreiten sowie die Strategien und Empfehlungen entsprechend anzuwenden.[1/2/3]

Über die verschiedenen Simulationen heißt es: »Die folgenden Szenarien sollen nicht erschöpfend sein – sie sind vielmehr so gestaltet, dass sie sowohl plausibel als auch provokativ sind, die Vorstellungskraft anregen und gleichzeitig neue Fragen aufwerfen, wie die Zukunft aussehen und sich anfühlen könnte. Jedes Szenario erzählt eine Geschichte, wie die Welt und insbesondere die Entwicklungsländer in den nächsten 15 bis 20 Jahren voranschreiten könnten, wobei der Schwerpunkt auf jenen Elementen liegt, die mit dem Einsatz verschiedener Technologien und der Interaktion dieser Technologien mit dem Leben der Armen und Schwachen zusammenhängt. Jedes Szenario wird von einer Reihe von Elementen begleitet, die darauf abzielen, das Leben, die Technologie und Philanthropie in dieser Welt weiter zu beleuchten.« Dazu gebe es während des Szenarios eine Zeitleiste mit möglichen Schlagzeilen und sinnbildlichen Ereignissen, kurze Beschreibungen über Technologietrends sowie Beobachtungen zur sich wandelnden Rolle der Philanthropie, also der »Chancen und Herausforderungen philanthropischer Organisationen«. Man solle aber bitte bedenken, dass es sich auch hier nur um »Geschichten« und nicht um »Prognosen« handeln würde.[2]

So beschreiben die Verfasser des Berichts – das Szenario »Lock Step« wird mit Überwachungskameras illustriert – schon fast feiernd eine Welt mit strengerer »Regierungskontrolle von oben nach unten sowie einer autoritäreren Führung, mit eingeschränkter Innovation und zunehmendem Widerstand der Bevölkerung«. Ursächlich für diese Entwicklung sei auch hier ein »extrem virulenter und tödlicher« Grippe-Virenstamm, der von Wildgänsen ausgeht, 20 Prozent der Weltbevölkerung infiziert und die Welt in die Knie zwingt. Die Szenario-Autoren haben ihre Entscheidungen und Visionen, neben einer angenommenen Virus-Pandemie mit hoher Ansteckungsgefahr und Sterblichkeit auf Grundlage folgender Situationen getroffen und entworfen:

Die Gesundheitssysteme vieler Länder sind überfordert, die Wirtschaft liegt am Boden – der Tourismus ist tot, Lieferketten wurden unterbrochen, Einzelhandelsgeschäfte geschlossen –, die Mobilität von Menschen und Gütern ist stark behindert und eine wenig autoritäre Reaktion der US-Regierung gescheitert. Dagegen hat der autoritäre chinesische Ansatz viel besser funktioniert, weshalb Staaten nun Überwachung und den Weg der Chinesen nacheifern, sich eine autoritäre Herrschaftsform nach der Pandemie hält, eine geschockte Bevölkerung noch mehr Überwachung begrüßt, die biometrische Identitätserfassung einen Auftrieb erhält, eine multipolare IT-Welt mit US-Dominanz herrscht und philanthropische Stiftungen Teil der Außen- und Sicherheitspolitik der USA werden sowie der Einfluss großer Stiftungen besonders hervorsticht.

Bei diesem Planspiel sollten in nur sieben Monaten 8 Millionen Menschen sterben, »die Hälfte davon gesunde junge Erwachsene«. Außerdem treffe das Virus Länder Lateinamerikas, Afrikas und Asiens am stärksten und ringe die Weltwirtschaft samt internationalem Handel laut den Autoren nieder, allerdings nicht alle gleichermaßen. Auch die westlichen »Demokratien« würden einen hohen Preis zahlen müssen. »Die internationale Mobilität von Menschen und Gütern kam zum Erliegen, was Industrien wie den Tourismus schwächte und globale Lieferketten zum Erliegen brachte. Normalerweise umtriebige Einzelhandelsgeschäfte und Bürogebäude standen monatelang leer, ohne Angestellte und ohne Kunden.«[2]

Und weiter: »Die anfängliche Strategie der USA, Bürgern ernstlich von Flugreisen abzuraten, erwies sich wegen ihrer Milde als tödlich, beschleunigte sie die Ausbreitung des Virus doch nicht nur in den USA, sondern über deren Grenzen hinweg.« Entferne man dagegen aber hinderliche Individualrechte, so hätte man ein Rezept. Denn schließlich erging es einigen Nationen ja besser. Allen voran eben China. »Die schnelle Auferlegung und Durchsetzung einer Zwangsquarantäne für alle Bürger und die sofortige und fast hermetische Schließung aller Grenzen rettete Millionen von Leben – weil die Ausbreitung des Virus viel schneller als in anderen Ländern beendet und eine Erholung nach der Pandemie rascher ermöglicht wurde.« Chinas Regierung war im Szenario nicht die einzige Regierung, die extreme Maßnahmen ergriffen haben soll, um die Bürger »vor Risiken und Gefährdung zu schützen«. Auch Staaten der Dritten Welt »lassen ihre Autorität spielen«, indem sie »wasserdichte Vorschriften und Restriktionen«, vom »obligatorischen Tragen von Gesichtsmasken bis hin zu Körpertemperaturmessungen an den Eingängen zu öffentlichen Gebäuden wie Bahnhöfen und Supermärkten« erlassen, von denen die meisten auch lange nach der Pandemie aufrechterhalten bleiben. Das Szenario beginnt zwar im Jahr 2012, reicht aber »viel weiter, bis etwa 2025, da der Schwerpunkt der Übung auf langfristigen Entwicklungen liegt«.[1] »Selbst nachdem die Pandemie abgeklungen war, blieb die autoritärere Kontrolle und Beaufsichtigung der Bürger und ihrer Aktivitäten bestehen und wurde sogar weiter intensiviert. Um sich vor der Ausbreitung zunehmend globaler Probleme zu schützen – von Pandemien und transnationalem Terrorismus bis zu Umweltkrisen und wachsender Armut –, haben führende Politiker auf der ganzen Welt die Macht stärker in die Hand genommen. Zunächst fand die Idee einer kontrollierteren Welt breite Akzeptanz und Zustimmung. Die Bürger gaben bereitwillig einen Teil ihrer Souveränität – und ihrer Privatsphäre – an paternalistischere Staaten ab, im Austausch für mehr Sicherheit und Stabilität. Die Bürger waren duldsamer und sogar begierig auf Führung und Aufsicht von oben, und die nationalen Führer hatten mehr Spielraum, um die Ordnung so durchzusetzen, wie sie es für richtig hielten. In den entwickelten Ländern nahm diese verstärkte Aufsicht viele Formen an: biometrische Ausweise für alle Bürger zum Beispiel und eine strengere Regulierung von Schlüsselindustrien, deren Stabilität als lebenswichtig für nationale Interessen angesehen wurde.«¹/²

Eine verängstigte Bevölkerung wäre erpicht auf Lenkung und Kontrolle von oben. Alles, von strenger biometrischer Identifikation bis hin zu strikteren industriellen Vorschriften, wird dankbar angenommen. Die Erfolge autoritärer Regierungen wurden bei »Lock Step« zum Beispiel so gelobt: »In [Entwicklungs-] Ländern mit starken und umsichtigen Führungspersönlichkeiten nahmen der allgemeine wirtschaftliche Status und die Lebensqualität der Bürger zu.« Technologie-Konzerne, also IT-Monopolisten aus den USA, müssten sich außerdem dazu verpflichten, Regierungen und Unternehmen aus konkurrierenden Ländern Zugang zu ihren Innovationen zu verweigern. Man erwartet schließlich auch, dass sich Technologien ausbreiten, die anormales Verhalten oder »antisoziale Absichten« auf öffentlichen Plätzen erkennen können. »Die technologische Innovation im Gleichschritt-Szenario wird [...] vorangetrieben und konzentriert sich auf Fragen der nationalen Sicherheit und des Arbeitsschutzes. Die meisten technologischen Verbesserungen werden von und für entwickelte Länder geschaffen, geprägt vom doppelten Wunsch der Regierungen, ihre Bürger zu kontrollieren und zu überwachen.«¹/²

Es würde etwa zehn Jahre dauern, bis die Menschen der autoritären Kontrollen, die im Zuge der Pandemie eingesetzt wurden, »überdrüssig werden«. Zivile Aufstände gegen die Maßnahmen fänden hauptsächlich in der »entwickelten Welt« statt. Ein Bürgeraufstand in einem technokratischen Polizeistaat, von dem man in der Simulation ausgeht, sei also durchaus denkbar.⁴ Die starke Rolle von Regierungen würde »erhöhte diplomatische Fähigkeiten« der Philanthropie und Effektivität in »extrem unterschiedlichen Umgebungen« erfordern. »Die Beziehungen der Stiftungen zu den Geförderten und zur Zivilgesellschaft werden von der Regierung stark moderiert, und einige Stiftungen könnten sich dafür entscheiden, sich stärker an den nationalen Strategien der offiziellen Entwicklungshilfe und den Zielen der Regierungen auszurichten. Größere philanthropische Organisationen werden einen übergroßen Anteil ihres Einflusses ausüben«, wie es bei »Lock Step« heißt.[1] Auffallend ist bei den Visionen der *Rockefeller Foundation* und des GBN, wie sehr die Stellung von vorgeblich philanthropischen Stiftungen noch einflussreicher gemacht werden soll, und besonders, wie man autoritäre Strukturen positiv hervorhebt.

Was sich die Lock-Step-Autoren schon im Jahr 2010 an schauderhaften Zukunftsfantasien einfallen ließen, sollte acht Jahre nach dem RKI-Planspiel, knapp zwei Jahre nach »Clade X« und im Anschluss an das Szenario »Event 201« dann so oder so ähnlich eintreten: Die Corona-Pandemie und der Abbau der Grundrechte durch totalitäre und antidemokratische Maßnahmen in sämtlichen Staaten der Erde. Diese Dystopie, also die Erzählung einer negativen Zukunft, wurde in den Planspielen nicht nur vorhergesagt und angeleitet, sondern auch noch eingefordert. Die Veranstalter der Szenarien beeinflussten so die Politik und das Leben der gesamten Menschheit, wobei keine dieser Institutionen und Akteure, weder die *Johns Hopkins University* noch die *Bill & Melinda Gates Foundation* noch das *World Economic Forum* noch das *Robert Koch-Institut* noch die *Rockefeller Foundation* oder das GBN einen demokratisch legitimierten Auftrag besitzen. »Lock Step« hat gezeigt, dass man ein Regime bevorzugt, in dem von oben nach unten und nicht andersherum zu entscheiden sei. Wie heißt es doch: »Ein Mal ist ein Vorfall, zwei Mal ist ein Zufall und drei Mal ist ein Muster.«

Und nach monatelanger Dauerberieselung und Indoktrination durch Medien und Politik brauchte man das Volk, den Souverän, so die Theorie, in der Corona-Hysterie dann eigentlich auch gar nicht mehr zu fragen. In einer von Systemmedien, Systemparteien und Systembehörden gut bewachten und wohlgeschmierten Stellvertreterdemokratie ohne Weisungsbindung, Transparenz- und Rechenschaftspflichten politischer Akteure, die in der Regel frei von Haftung handeln und nur dem eigenen Gewissen, also Opportunismus sowie Parteizwang und ein paar Spendern, verpflichtet sind – das fällt wohl auch unter Immunität, das Mitspracherecht des Volkes beschränkt sich im besten Fall ja ohnehin nur darauf, seine »Stimme« im Mehrjahresrhythmus an eine Handvoll Vorsortierter loszuwerden –, geht das eben ganz gut.

---

1 norberthaering.de/die-regenten-der-welt/lock-step-rockefeller-stiftung/
2 www.nommeraadio.ee/meedia/pdf/RRS/Rockefeller%20Foundation.pdf
3 en.wikipedia.org/wiki/Peter_Schwartz_(futurist) (abgerufen am 8. Dezember 2020)
4 www.rubikon.news/artikel/generalprobe-fur-den-polizeistaat

5

ZAHLEN VON EINER GANZ BESONDEREN UNIVERSITÄT

*»Ich stehe Statistiken etwas skeptisch gegenüber.
Denn laut Statistik haben ein Millionär und ein armer Schlucker
je eine halbe Million.«*
FRANKLIN DELANO ROOSEVELT

Einer der Initiatoren des Pandemie-Szenarios »Event 201«, die *Johns Hopkins University* (JHU), konnte vom Planspiel kommend also nahtlos in der Realität weitermachen. Und das als ein besonders eifriger und tonangebender Zahlenlieferant in der Corona-Pandemie. Die JHU gilt immerhin als eine echte »Spitzenuniversität mit hohem Ranking«, die eine führende Rolle in den Bereichen Medizin, Gesundheitswissenschaften und internationaler Politik einnimmt.[1] Der Hauptcampus dieser Spitzenuniversität liegt übrigens nicht weit vom Biowaffenlabor *Fort Detrick* des US-Militärs in Maryland entfernt. Diverse Niederlassungen hat die JHU außerdem in Washington, im norditalienischen Bologna oder im chinesischen Nanjing, dort mit der *Paul Nitze School of Advanced International Studies*.[2] Die Universität hatte also nicht nur beim Planspiel »Event 201« eine Führungsrolle, sondern jetzt auch noch beim Zählen aller Corona-Fälle des Planeten Erde. Und was die JHU da alles an Zahlen zusammensammelte, wurde über sämtliche Kanäle von früh bis spät, Tag für Tag, Woche für Woche, Monat für Monat bis zum Erbrechen zwar nicht überprüft, aber serviert.

Immerhin ist die international bestens aufgestellte Universität ein Mitglied im *Biomedical Informatics Research Network* (BIRN), einem Forschungsnetzwerk für Biomedizin in den USA. Die JHU unterhält auch mehrere Büros. Zum Beispiel ein *European Office* in Berlin oder das *American Institute for Contemporary German Studies*, ein »Zentrum für Politikforschung und Wissenschaft, das sich den wichtigsten politischen, wirtschaftlichen und sicherheitspolitischen Fragen widmet, mit denen Deutschland und die Vereinigten Staaten in der globalen Arena konfrontiert sind«, wie man martialisch formuliert.[3] Zur JHU gehören außerdem die *Bloomberg School of Public Health* und das *Johns Hopkins Hospital* sowie weitere Einrichtungen. Das *Johns Hopkins Center for Health Security* erklärt es sogar ganz offiziell zu seiner Mission, »sich für den Schutz der Gesundheit der Menschen vor Epidemien und Katastrophen« einzusetzen und sicherzustellen, »dass Gemeinden widerstandsfähig gegenüber großen Herausforderungen sind«.[4]

Zu den großzügigen Sponsoren und Partnern der *Johns Hopkins Bloomberg School of Public Health* zählen das *Open Philanthrophy Project*, die *World Health Organization*, die *Bill & Melinda Gates Foundation*, die *Rockefeller Foundation*, die *Robert Wood Johnson Foundation*, die US-Gesundheitsbehörden *Centers for Disease Control and Prevention*, die *Food and Drug Administration*, das *Department of Defense*, die *Homeland Security* samt *National Biodefense Analysis and Countermeasures Center* aus Fort Detrick, die *Defense Threat Reduction Agency*, das *Ministry of Health and Welfare* von Taiwan, die *Tianjin University* in China und andere Stiftungen und Organisationen.[4] Das sollte als Referenz für ein bisschen blindes Vertrauen vorerst reichen.

Dabei entschied der US-Bundesrichter Theodore Chuang erst im Januar 2019, also nur ein Jahr vor dem Ausbruch des neuen Coronavirus, dass sich die Spitzenuniversität – neben dem US-Pharmakonzern *Bristol-Myers Squibb* und der *Rockefeller Foundation* – für Versuche mit Menschen in Guatemala zur Wirksamkeit von Penicillin in den 1940er-Jahren verantworten muss. Die Auswertungen dieser reichlich unethischen Menschenversuche dauerten sogar bis in das Jahr 1953. Der Mediziner John Cutler, der das sogenannte Tuskegee-Syphilis-Experiment von 1932 bis 1972 unter Aufsicht des US-Gesundheitsministeriums an armen Afroamerikanern leitete, führte die Tests zwischen 1940 und 1950 auch in Guatemala durch.[5] Man suchte und infizierte damals absichtlich körperlich gesunde Soldaten niedriger Ränge, psychisch Kranke, Straftäter, Heimkinder oder Prostituierte ohne deren Wissen mit Geschlechtskrankheiten wie Syphilis oder Gonorrhö. 1.500 Menschen wurden heimlich Opfer dieser Experimente. Erst im Jahr 2011 fand eine Untersuchungskommission heraus, dass 83 Menschen unmittelbar nach diesen Versuchen verstarben. Weitere Folgen, auch bei Nachkommen der Opfer, sind nicht genau bekannt. Dabei waren mehrere Ärzte der *Johns Hopkins University* und der *Rockefeller Foundation* sowie Führungskräfte der Vorgängerunternehmen von *Bristol-Myers Squibb* an den Verbrechen beteiligt. Anwälte von insgesamt 774 Opfern, Angehörigen und teilweise geschädigten Nachkommen verlangten im Jahr 2012 erfolglos, da das ja alles außerhalb der USA geschah, Entschädigungen, nachdem der Skandal erst zwei Jahre zuvor aufgedeckt worden war. Die Kläger legten Widerspruch ein. Die JHU, die *Rockefeller Foundation* und *Bristol-Myers Squibb* verlangten dagegen die Einstellung des Verfahrens. Dieser Forderung kam Richter Chuang allerdings nicht nach.[5/6/7]

Über 5.128 Tests sollen damals stattgefunden haben. Der Publizist Werner Rügemer schreibt dazu: »Die hilflosen, armen Versuchs-Objekte wurden mit lächerlichen Geschenken gelockt, etwa mit

Zigaretten. Die Chefs der ärmlichen Institutionen – Gefängnis, von christlichen Nonnen geführtes Kinderheim, psychiatrisches Krankenhaus – bekamen Spenden. Manche Versuchspersonen wurden unter Fantasie-Namen registriert, etwa ›Die Stumme von Sankt Marcos‹. Die zwölf beteiligten US-Mediziner kamen mehrheitlich von der JHU. Sie traten mit weißen Kitteln auf, verletzten massenhaft und nachhaltig den hippokratischen Eid – während gleichzeitig US-Staatsanwälte beim Militärtribunal in Nürnberg und den Folge-Tribunalen die verbrecherischen Experimente von Nazi-Ärzten mit KZ-Häftlingen anprangerten. Die Experimente waren ein Auftrag des US-Militärs. [...] US-Soldaten, für deren sexuelle Bedürfnisse die USA bei allen Einsätzen weltweit sorgen, kamen aus früheren Kriegen oft mit Geschlechtskrankheiten zurück. [...] Es ging um die durch Geschlechtskrankheiten geminderte Einsatzfähigkeit: Wie viele Mann- und Kampftage fallen aus, wenn wir kein wirksames Medikament finden?«[7]

Aufgedeckt wurden die Verbrechen, an denen mehrere Professoren, Doktoren und spätere Führungspersonen der Spitzenuniversität JHU beteiligt waren, übrigens nicht durch die Universität selbst, sondern rein zufällig und ziemlich spät, eben erst im Jahr 2010, von Susan Reverby, einer Professorin vom *Wellesley College*. Reverby entdeckte Aufzeichnungen über die Experimente im Nachlass von John Charles Cutler. Der ehemalige US-Präsident Barack Obama entschuldigte sich damals für die Menschenversuche bei seinem guatemaltekischen Amtskollegen Álvaro Colom, der von »Verbrechen gegen die Menschheit« sprach, und die frühere US-Außenministerin Hillary Clinton nannte das Vorgehen »unethisch« und »verwerflich«.[6]

Es waren auch nicht die ersten Experimente dieser Art mit Beteiligung der JHU. Schon im Zweiten Weltkrieg führte die *JHU School of Medicine* Experimente an US-Häftlingen durch. Gegründet wurde die Spitzenuniversität im Jahr 1876 aus dem hinterlassenen Vermögen des Unternehmers Johns Hopkins. Mit finanzieller

(5)

Unterstützung der *Rockefeller Foundation* wurde im Jahr 1916, also mitten im Ersten Weltkrieg, dann die *School of Public Health* eröffnet, aus der im Jahr 2001 die *Bloomberg School of Public Health* hervorging. Nachdem US-Präsident Woodrow Wilson, ein Absolvent der JHU, die USA in den Ersten Weltkrieg führte, wurde der Gründungspräsident der *School of Public Health* und Präsident des *Rockefeller Institute for Medical Research*, William Welch, zu einem Chefberater der US-Armee.[7]

Auch die ehemalige US-Außenministerin Madeleine Albright, die ja frei von Moral meinte, dass eine halbe Million toter Kinder ein angemessener Preis für die US-Blockade gegen den Irak waren, ist ebenfalls eine JHU-Absolventin. Weitere Abgänger der Universität waren neben Wilson, Albright und zahlreichen Medizinern und diversen Nobelpreisträgern der 39. US-Vizepräsident Spiro Agnew, Chen Chien-jen, ein Epidemiologe und Vizepräsident von Taiwan, John McLaughlin, stellvertretender Direktor und Übergangsdirektor der *Central Intelligence Agency* (CIA), Abdul Zahir, afghanischer Premierminister unter König Sahir Schah, sowie der ehemalige Bürgermeister von New York City, dem »Epizentrum« der Corona-Krise in den USA, Michael Bloomberg.[1]

Jener Oligarch, Milliardär und Philanthrop Bloomberg, der laut *Forbes*-Magazin zu den reichsten Menschen der Erde gehört und eines der weltweit größten Medienunternehmen betreiben lässt, war Mitglied der Demokratischen Partei, wechselte aber zu den Republikanern, um Bürgermeister von New York werden zu können, und trat zuletzt bei der US-Präsidentschaftskandidatur 2020 wieder für die Demokraten an, um sich als Krisenmanager zu inszenieren und den »linken« Mitbewerber Bernie Sanders zu verhindern. Sanders zu verhindern gelang dann erneut, allerdings nicht gerade wegen Bloomberg. Doch wie schreibt die JHU so stolz über ihre »Bloomberg-Professoren«: »[Sie] sind eine Kohorte von Wissenschaftlern mit Weltrang, die in verschiedenen Bereichen arbeiten, um die großen Weltprobleme anzugehen und die nächste Generation von Forschern zu unterrichten. Sie werden durch eine Spende in Höhe von 350 Millionen Dollar an die *Johns Hopkins University* unterstützt, die vom Philanthropen, *Hopkins*-Absolventen und dem dreimaligen Bürgermeister von New York City, Michael Rubens Bloomberg, getätigt wurde.«[8] Und Bloomberg soll mit »Spenden« an die JHU noch ordentlich nachgelegt haben. Um genau zu sein: 1,8 Milliarden US-Dollar, so meldete es jedenfalls *Vox* am 19. November 2019.[9] Also Milliarden, nicht Millionen! Dabei dürfte es sich vermutlich um die größte private Hochschulspende seit Bestehen des Universums gehandelt haben.

Bei der JHU ist man also nicht nur – Mission hin, Mission her – verflucht experimentierfreudig, sondern auch ziemlich offen für Milliarden-Geschenke, äußerst unternehmens-, militär- und regierungsnah und geht sehr wohlwollend mit den Wünschen der großzügigen Sponsoren und Partner um. Partnern wie dem griechischen Reeder und Oligarchen Stavros Niarchos, der einst mit der CIA den Militärputsch in Griechenland unterstützt haben soll. Die Stiftung von Niarchos, die *Stavros Niarchos Foundation* (SNF), zählt ebenfalls zum illustren JHU-Zirkel. So kümmert sich das *SNF Agora Institute* der JHU laut Eigendarstellung um die »Stärkung der globalen Demokratie«.[7/10]

Oder gegenüber Partnern wie der CIA, dem US-amerikanischen Auslandsnachrichtendienst. Immerhin führt die Spitzenuniversität für den Geheimdienst ganz offiziell die eine oder andere Rekrutierungsveranstaltung auf dem Universitätscampus durch – »Hosted by *Johns Hopkins University*: CIA On-Campus Recruiting« heißt das dann.[11] Gegen die finanziellen JHU-Zuwendungen von Bloomberg wirken aber selbst die »Geschenke« der *Bill & Melinda Gates Foundation* (BMGF) über 20 Millionen US-Dollar für die Gründung des *Bill & Melinda Gates Institute for Population and Reproductive Health* an der *Johns Hopkins University School for Public Health* ein wenig jämmerlich.[12] Und das, obwohl William »Bill« Gates laut »Bloomberg

Billionairs Index« (gelegentlich) einer der zwei reichsten Menschen auf diesem Planeten und seine konzerngroße Stiftung, die BMGF, die größte Privatstiftung der Welt ist.

---

1 de.wikipedia.org/wiki/Johns_Hopkins_University *(abgerufen am 6. Dezember 2020)*

2 sais.jhu.edu/hopkins-nanjing-center

3 www.aicgs.org/about-aicgs/

4 www.centerforhealthsecurity.org/who-we-are/

5 amerika21.de/2020/03/220101/guatemala-usa-syphilis-experiment

6 orf.at//stories/3106600/

7 www.nachdenkseiten.de/?p=59825

8 www.jhu.edu/research/bloomberg-professors/

9 www.vox.com/future-perfect/2018/11/19/18102994/michael-bloomberg-johns-hopkins-financial-aid-donation

10 snfagora.jhu.edu

11 sais.jhu.edu/events/cia-campus-recruiting

12 www.gatesfoundation.org/Media-Center/Press-Releases/1999/05/Johns-Hopkins-University-School-of-Public-Health

⑥
DIE STIFTUNG EINES EHEPAARES

»Manche Menschen gelten nur deshalb etwas in dieser Welt, weil ihre Fehler die Fehler der Gesellschaft sind.«
FRANÇOIS DE LA ROCHEFOUCAULD

Der Stiftungs-Konzern *Bill & Melinda Gates Foundation* (BMGF) wurde im Jahr 2000 gegründet und ist in ausgewählten Ländern Afrikas, Asiens und Lateinamerikas um den sozialen Wandel oder die Familienplanung bemüht.[1] Die Organisation zählte zu Beginn des Jahres 2020 über 1.600 Mitarbeiter und verfügt über Niederlassungen in Amerika, Asien, Afrika und Europa.[2] Um die selbstgesteckten Ziele zu erreichen, stattet man hin und wieder auch mal ein paar Wissenschaftler aus den entsprechenden Kontinenten mit einem Stipendium der *Johns Hopkins University* (JHU) aus und schickt sie für den medizinischen Einsatz, etwa im Kampf gegen die Übertragung von AIDS oder Syphilis, in ihre Heimatländer zurück. So weit, so gut. Immerhin wirbt die Stiftung ja mit so netten Sprüchen wie: »Alle Leben haben gleichen Wert. Wir sind ungeduldige Optimisten, die an der Verringerung der Ungleichheit arbeiten.«[3] Und auch die BMGF betreibt, wie die JHU, eine Niederlassung in Berlin – nach London die zweite in Europa –, »um ihre Beziehungen mit der Bundesregierung zu vertiefen«, wenn es um globale Gesundheit und Entwicklung geht.[4] Denn, so Tobias Kahler, Leiter des Berliner Büros im Jahr 2019: »Für unsere Arbeit brauchen wir politische Stabilität.«[5] So nennt das die Stiftung jedenfalls nach außen. Oder anders gesagt, so umschreibt die Stiftung, dass das Ehepaar Gates tatsächlich doch ein wenig gleicher als alle anderen Menschen ist und die ganz besonderen Möglichkeiten gesellschaftlicher Einflussnahme durch ein riesengroßes Vermögen bestmöglich (für sich) ausnutzen möchte. Menschen, die mit wenigen anderen zusammen eine Herrschaft ausüben, etwa weil sie über das nötige Vermögen dafür verfügen, nennt man übrigens Oligarchen oder Milliardäre, auch wenn sich die betroffenen Personen gerne als Philanthropen oder Wohltäter bezeichnen.

Es ist, wenn überhaupt, auch nur eine kleine Randnotiz wert, dass das außerordentlich überprivilegierte Ehepaar Gates über seinen globalen Charity-Konzern auch die Privatschule ihrer Kinder finanziell ein wenig anschob oder Bill Gates sich mehrmals mit dem verurteilten Sexualstraftäter, Lolita-Express-Betreiber und Investmentbanker mit besten Geheimdienstverbindungen Jeffrey Epstein traf, »um über die Zusammenarbeit bei gemeinnützigen Aktivitäten zu diskutieren«. Eine Kooperation der beiden kam allerdings nie wirklich zustande und ist nach dem mysteriösen Selbstmord Epsteins, die Todesumstände beleidigen den Intellekt der Öffentlichkeit, nun auch gar nicht mehr möglich. So ähnlich berichtete das jedenfalls *The Nation* am 17. März 2020. Jegliche Informationen dieser Art würden die »moralischen Gefahren rund um das Wohltätigkeitsunternehmen der Gates-Stiftung, dessen ausgedehnte Aktivitäten in den letzten zwei Jahrzehnten bemerkenswert wenig staatlicher Aufsicht oder öffentlicher Kontrolle unterworfen waren«, zwar verdeutlichen, doch erfährt man eben auch aus genau diesem Grund kaum etwas davon.[6]

Während der Milliardär Bloomberg seinen Reichtum etwa ausnutzt, um den »Ich-wäre-gerne-Milliardär«, zumindest aber Multimillionär Donald Trump als US-Präsidenten abzulösen, dabei jedoch kläglich scheiterte, habe Gates dagegen bewiesen, »dass es einen viel einfacheren Weg gibt. Einen Weg, der es nicht gewählten Milliardären ermöglicht, die öffentliche Politik auf eine Art und Weise zu gestalten, die fast immer positive Schlagzeilen bringt: Wohltätigkeit.« Und Gates verkündete sogar öffentlich, seine philanthropische Karriere mit »kreativem Kapitalismus« angehen zu wollen. »Alle Werkzeuge des Kapitalismus« wolle er dabei nutzen, um »das Versprechen der Philanthropie mit der Macht des privaten Unternehmertums zu verbinden«. Heraus kam ein Charity-Modell,[7] »bei dem die unmittelbaren Nutznießer manchmal nicht die Armen der Welt sind, sondern die Wohlhabendsten der Welt, bei dem das Ziel nicht darin besteht, den Bedürftigen zu helfen, sondern den Reichen zu helfen, den Bedürftigen zu helfen«. So hat die BMGF steuerlich absetzbare Spenden in Milliardenhöhe an Unternehmen vergeben, an denen die Stiftung nicht selten selbst beteiligt ist. Das nicht nur, um Märkte zu erobern, Produkte zu entwickeln und zu verkaufen, sondern auch, um ein wenig Propaganda, Werbung hört sich besser an, für die Stiftung und Herrn Gates persönlich, zum Beispiel mit einer *Netflix*-Dokumentation, zu produzieren und die Nachrichten ein wenig mitzugestalten. Einblicke gewährt die Stiftung der Öffentlichkeit über »ihre Arbeit mit dem Privatsektor« dabei zwar nicht, öffentlich finanzieren lässt sich die BMGF durch die steuerliche Absetzbarkeit dafür aber schon. Ab einem gewissen Punkt scheint der runde Tisch der Philanthropie also in erster Linie den privaten Interessen der Milliardäre zu dienen, »die Wohltätigkeit nutzen, um die öffentliche Politik zu beeinflussen«, wie *The Nation* das ganze Schauspiel zusammenfasst.[6]

Ende des Jahres 2018 hatte das Stiftungsvermögen von Gates einen Wert von circa knapp 47 Milliarden US-Dollar, das schwankt aber ständig, da die BMGF in verschiedene Aktien börsennotierter Unternehmen aus den unterschiedlichsten Branchen investiert. Ein erheblicher Teil dieses Vermögens kommt von Warren Buffett, der Aktien seines Konglomerats *Berkshire Hathway* in die BMGF einbrachte und neben Bill und Melinda Gates einen Vorsitz, also ein gehöriges Wörtchen in der Stiftung mitzusprechen hat. Um den Statuts der Wohltätigkeit beibehalten zu können, müssen übrigens jedes Jahr fünf Prozent des Stiftungsvermögens gespendet werden. Dabei geht das Geld des Charity-Konzerns hauptsächlich in die öffentliche Bildung, die globale Gesundheit und in Wachstums- sowie Entwicklungsprogramme, also in Kernbereiche der Politik.[2/7] *German Foreign Policy* schrieb: »Das vorgeblich philanthropische Engagement der *Bill & Melinda Gates Foundation*, Kooperationspartnerin der Bundesregierung in der Entwicklungspolitik und im Kampf gegen die COVID-19-Pandemie, führt in vielen Fällen zur Stärkung marktradikaler Strukturen im globalen Süden. Die Stiftung [...] arbeitet seit Jahren daran, die Entwicklungs- und Gesundheitspolitik an neoliberale Konzepte zu koppeln und damit westlichen Unternehmen neue Märkte zu verschaffen. Dabei werden der Einsatz gefährlicher Pestizide und die Nutzung genmanipulierter Pflanzen in Ländern des globalen Südens gefördert oder die wenig profitable Entwicklung von Impfstoffen mit hohen Summen unterstützt. Kritiker monieren seit Jahren, von der Gates Foundation unterstützte Projekte zielten vor allem darauf ab, quantitativ messbare Erfolge zu erzielen – ohne Rücksicht auf ökologische Erwägungen. Zudem werden zentrale Felder der Politik demokratischer Kontrolle entzogen.«[8]

Sein erstes Vermögen hatte Gates im Übrigen als Mitgründer von *Microsoft* gemacht. Dabei scheute der Sohn eines wohlhabenden Rechtsanwalts illegale Geschäftspraktiken keineswegs. Noch vor seinem Ausscheiden aus dem operativen Geschäft im Jahr 2008 musste der Konzern so einiges an Geldstrafen begleichen. Schon in den 1990er-Jahren wurde *Microsoft* in den USA vorgeworfen, seine Mitbewerber durch wettbewerbswidrige Praktiken zu verdrängen, und das US-Justizministerium reichte 1998 eine Kartellklage ein.[9/10] *Heise Online* schrieb dazu im Jahr 2000: »Die Vereinigten Staaten von Amerika, neunzehn Bundesstaaten und der Bezirk Columbia hatten *Microsoft* angeklagt, unter Einsatz rechtswidriger Methoden seine Monopolstellung auf dem PC-Markt zu verteidigen und eine Monopolstellung im Browsermarkt anzustreben.

Die Anklage stützte sich auf den Sherman Antitrust Act, der im Sommer 1890 von den US-amerikanischen Gesetzgebungsorganen verabschiedet wurde, um eine rechtliche Handhabe gegen das Öl-Monopol von John D. Rockefellers *Standard Oil Trust* zu erhalten.«[11] Im Jahr 2004 verhängte die Europäische Kommission nach einem langjährigen Verfahren auch ein saftiges Bußgeld von 497 Millionen Euro wegen wettbewerbswidrigen Verhaltens gegen *Microsoft* und erteilte dem US-Konzern diverse Auflagen. Das Wettbewerbsverfahren wurde unter anderem durch Beschwerden von *Sun Microsystems* initiiert.[11/12] Später legte die Kommission mit einem Bußgeld von 899 Millionen Euro nach, da die Auflagen nicht erfüllt wurden. Das Bußgeld wurde dann auf 860 Millionen Euro reduziert.[13] Die *Frankfurter Allgemeine Zeitung* schrieb am 28 Juni 2012 (Nummer 148, Seite 15), dass es sich um die höchste bis dahin verhängte Strafe der Europäischen Kommission gegen ein Unternehmen handelte. Und die Liste der Klagen gegen den US-Konzern ist lang. Allein im Jahr 2003 zahlte *Microsoft* in einem Rechtsstreit 750 Millionen US-Dollar an *AOL Time Warner*, 521 Millionen US-Dollar wegen einer Patentverletzung an *Ecolas Technologies* sowie über 23 Millionen US-Dollar wegen Wettbewerbsverzerrung an einen Hersteller von Betriebssystemen. In den folgenden Jahren hagelte es weitere Strafen für *Microsoft*. So zahlte man im Jahr 2005 etwa 150 Millionen US-Dollar an *Gateway* sowie 761 Millionen US-Dollar an *RealNetworks* wegen kartellrechtlicher Ansprüche oder Verfahren und musste sich im Jahr 2007 einer Sammelklage »wegen Verschwörung und Bildung einer kriminellen Vereinigung mit dem Ziel, Kunden zu betrügen« stellen.[14] *Microsoft* ließ sich in »betrügerischer Absicht« über seinen Handelspartner *Best Buy* (Kreditkarten-)Daten von *Best-Buy*-Käufern schicken und soll daraufhin einen »kostenpflichtigen MSN-Account für den Kunden ohne dessen Wissen und Zustimmung« eingerichtet haben.[15] Gates beschuldigte Computerfreaks (»Hobbyists«), die das erste *Microsoft*-Produkt Altair BASIC in den 1970er-Jahren unautorisiert kopierten, dagegen schon früh des Diebstahls von Software.

Einige »Hobbyists« protestierten damals unter dem Banner der Freien-Software-Bewegung gegen diesen Vorwurf. Nachdem *Microsoft* das unerlaubte Kopieren seiner Software (etwa in China) später zu seinen Gunsten ignorierte, sagte Gates an der Universität von Washington: »Und solange sie es stehlen, wollen wir, dass sie unsere stehlen. Sie werden irgendwie süchtig werden, und dann werden wir irgendwann im nächsten Jahrzehnt irgendwie herausfinden, wie wir sie einsammeln können.«[16] Im Jahr 2019 gab es Proteste gegen *Microsofts* 19,4-Millionen-US-Dollar-Vertrag mit der US-Einwanderungs- und Zollbehörde (ICE) zur Verwendung des Hochsicherheits-Cloud-Produkts Azure Government. Der Konzern kooperiert aber auch mit dem US-Geheimdienst NSA *(National Security Agency)*, um Informationen ausländischer Bürger zu sammeln, was *Microsoft* zunächst bestritt, und *Microsoft*-Mitarbeiter protestierten gegen Kriegsprofite ihres Arbeitgebers, etwa wegen eines 480-Millionen-US-Dollar-Vertrags zur Entwicklung von »augmented reality (AR) headsets« für die US-Armee. Man hätte keine Arbeitsverträge unterschrieben, »um Waffen zu entwickeln«.[17/18/19]

Gates hat sich aber nicht nur wegen seiner monopolistischen Einstellung, die er mit *Microsoft* ausbaute, hervorgetan. Der Konzern verwendete auch jahrelang ein System, das die Mitarbeiter in einem Team nach festen Prozentsätzen in Topleute, Normalsterbliche und sogenannte Minderleister einteilte – und zwar unabhängig davon, wie gut das Team oder die einzelnen Mitarbeiter tatsächlich waren. Das Unternehmen stellte in den 1980er- und 1990er-Jahren Zeitarbeiter (Permatemp-Mitarbeiter) ein, die keinen angemessenen Arbeitnehmerschutz hatten und ohne medizinische Leistungen beschäftigt wurden, oder beutete seine Angestellten aus, was in vielen Fällen zu einem Burn-out führte und dem Konzern intern wie extern die Bezeichnung »Velvet Sweatshop« (»samtweicher Ausbeuterbetrieb«) einbrachte. Nach einer Sammelklage aus den 1990er-Jahren von 8.558 »befristeten« oder »freiberuflichen« *Microsoft*-Mitarbeitern zahlte der Konzern Jahre später 97 Millionen US-Dollar.[17]

Außerdem wurde der Datenschutz durch die flächendeckende Einführung von Kontrolltechnologie für Urheberrechte, das Ausspionieren von Kunden sowie das Sammeln von Benutzerinformationen verletzt. Auf Softwarestandards legte man damals auch kaum Wert. Dafür eroberte *Microsoft* mit massiver Lobbyarbeit Washington und machte sich so einige Regierungsmitarbeiter nützlich, was schlicht Korruption ist und dann auch mal so genannt werden sollte. Millionenzahlungen an Republikaner und Demokraten, gegen Behörden vorgehen, Gesetzesvorlagen blockieren, nützliche Gesetze »einfordern«, Kampagnen starten, etwa um *Wikipedia*-Einträge zu manipulieren, Journalisten klassifizieren und auf schwarze Listen setzen, Kooperation mit der chinesischen Regierung, um das Internet zu zensieren, unter Gates tat *Microsoft* all das.[6/17/20/21/22] So wollte man auch Einfluss auf zahlreiche Verfahren gegen den Konzern nehmen. Und dann wären da ja noch die üblichen, durch Lobbyarbeit legalisierten Konzerntricksereien, um »Gewinne vor den Steuerbehörden in Sicherheit zu bringen«. Etwa mittels der so lustig klingenden Methode »Double Irish With a Dutch Sandwich«, die auch andere US-Konzerne wie *Google, Starbucks, General Electric, Facebook* oder *Forest Laboratories* anwenden.[14/23/24] Dabei werden Gelder über Tochter- und Briefkastenfirmen von Irland in die Niederlande und weiter in Steuerparadiese wie die Bermudas oder auf die Kaimaninseln verschickt. Später wurde *Microsoft* dann auch in den Paradise Papers gelistet. So viel also zu den weit weniger ethischen oder fairen Geschäftspraktiken des in der Regel hochgelobten Multimilliardärs und zweitreichsten Mannes der Erde: William »Bill« Gates.

Man könnte nun fragen, ob Gates und andere Philanthropen mit ihren Stiftungen womöglich nur Almosen von Geldern verteilen, die oft mit Ausbeutung, Steuerhinterziehung und Korruption erbeutet werden. Ob es sich hauptsächlich um staatlich subventionierte Wohltätigkeit, wie manche Steuerexperten meinen, handelt, wenn durch Charity-Spenden Steuerprivilegien gewährt werden, die für Sozialausgaben, etwa in der Armutsbekämpfung, im

Gesundheitssektor oder im Arbeits- und Umweltschutz fehlen, um jene Missstände zu korrigieren, die nicht selten von den Konzernen der Milliardäre selbst verursacht werden? Ob die Milliardäre urplötzlich nicht mehr von rein kommerziellen Interessen und der Gier getrieben von höchstmöglichen Renditen träumen? Ob Schenken und Geben nicht auch bedingungslos und ohne Medien möglich sind und das eigene Vermögen reduzieren, anstatt es, wie bei Philanthropen üblich, beständig zu vermehren? Ob man überhaupt von Wohltätigkeit sprechen kann, wenn Stiftungen gewinnmaximierend handeln und soziale Not nur Mittel zum Zweck ist, wofür man sich bei Hummer und Champagner auf Charity-Empfängen im Blitzlicht feiern lässt? Ob das alles nicht bloß ein philanthropisch-kapitalistisches und makaber-dekadentes Geschäftsmodell ist, das von ideologisch motiviertem Politikversagen lebt und obendrein so ziemlich voyeuristisch auch noch volksverdummend hofiert wird? Ob es sich nicht um neuen Feudalismus, also antidemokratische Macht von Oligarchen und Konzernen, die die Welt nach eigenem Gutdünken zu ihrem ganz privaten Vorteil umbauen wollen, handelt? Ob nicht Warren Buffett schon im Jahr 2005 so was von goldrichtig lag, als er meinte: »Es herrscht Klassenkrieg, richtig, aber es ist meine Klasse, die Klasse der Reichen, die Krieg führt, und wir gewinnen.« Und stimmt etwa nicht, was der Philosoph und Pädagoge Johann Heinrich Pestalozzi gesagt haben soll, dass Wohltätigkeit bloß das Ersaufen des Rechts im Mistloch der Gnade ist?

Jedenfalls legt die Stiftung ihr Geld immerhin bei zahlreichen globalen Konzernen an und gibt es nicht für mehr Demokratie, Friedensinitiativen oder glückliche Kinder aus. Also bei Konzernen, deren Handeln die Umwelt und Gesundheit vieler Menschen gefährdet und zerstört. Und je größer der Gewinn dieser Megaunternehmen ist, desto mehr Rendite springt für die *Bill & Melinda Gates Foundation* heraus. Die Megastiftung investierte auf diese Weise in so »schmutzige« Firmen wie *British Petroleum* (BP), *ExxonMobil, Monsanto, Dow Chemical, Bayer, Cargill,* in große Alkohol- und

Nahrungsmittelhersteller wie *Nestlé, Unilever, Kraft-Heinz, Anheuser-Busch* sowie in *Coca-Cola, McDonald's, Walmart* und *Procter & Gamble,* in Pharmakonzerne wie *GlaxoSmithKline, Novartis, Roche, Sanofi, Gilead* und *Pfizer.*[24/25/26] »Die *Bill & Melinda Gates Foundation* ist eine der einflussreichsten Investoren für die globale Gesundheit. Das hat Auswirkungen auf die politische Agenda: Man setzt bevorzugt auf technische Lösungen, soziale Faktoren für Gesundheit wie Ungleichheit, fehlende politische Teilhabe und Menschenrechte werden weitgehend ausgeblendet. Die Förderpolitik der Stiftung zementiert so ungerechte Systeme, statt sie zu verändern.« Das schrieb das *Ärzteblatt* im Januar 2017 unter Berufung auf die *Bundeskoordination Internationalismus* (BUKO), einer Organisation gegen miese Pharmapraktiken.[27] Die BMGF stecke »mehr Geld in globale Gesundheits-, Bildungs- und Ernährungsprojekte als jede demokratisch gewählte Regierung der Welt«, meinte *Heise online.* Man unterstützt ja »nicht die notleidenden Menschen in Afrika, sondern etliche Agrarkonzerne und deren Profitinteressen«. Dafür schleust die Stiftung laut US-Senat in einem Jahr auch gerne mal rund 4,5 Milliarden US-Dollar über karibische Steueroasen am Fiskus vorbei, um dann 3,6 Milliarden US-Dollar einzunehmen und bei anderen Konzernen mit zweifelhaftem Ruf, etwa bei der Zuckerschleuder *Coca-Cola,* einzusteigen. So war die Gates-Stiftung auch daran beteiligt, »50.000 kenianische Kleinbäuerinnen und -bauern mit Knebelverträgen zu verpflichten, für *Coca-Cola* Passionsfrüchte anzubauen.«[24]

Laut der Studie »Gated Development. Is the Gates Foundation always a force for good?« – Ist die Stiftung wirklich immer eine Kraft für das Gute? –, der Nichtregierungsorganisation *Global Justice Now* verwendet die BMGF den Deckmantel des Altruismus und der Philanthropie, um knallharte Geschäfte zu betreiben. Mark Curtis, Leiter der Studie, kritisierte: »Die Untersuchung der BMGF-Programme zeigt, dass die Stiftung, deren Führungskräfte größtenteils bei US-amerikanischen Großkonzernen tätig sind, multinationale Konzern-Interessen unterstützt – zulasten der sozialen und ökonomischen Gerechtigkeit. Die Strategie der Stiftung sieht vor, die Rolle multinationaler Unternehmen im Bereich der globalen Gesundheit und insbesondere in der Landwirtschaft zu stärken, obwohl genau diese Unternehmen maßgeblich für die Armut und Ungerechtigkeit verantwortlich sind, die ohnehin schon den Globalen Süden drangsalieren. [...] Zudem ist die Stiftung der weltweit größte Investor bei der Erforschung genmanipulierter Nutzpflanzen.« Zum Beispiel über den Agrarkonzern *Cargill*, den größten Produzenten und Händler von Soja, um in Afrika genmanipuliertes Soja einzuführen. *Cargill* hatte bereits in Lateinamerika große Monokulturen mit genmanipuliertem Soja installiert und so Tausende Kleinbäuerinnen und -bauern vertrieben. Mit Spenden wie an die *World Cocoa Foundation* werden Konzerne und indirekt auch Sklaverei durch die BMGF zentral gestärkt. Allein an der Elfenbeinküste, dem weltgrößten Kakaoproduzenten, sollen über 1,15 Millionen Kinder als Sklaven auf Kakaoplantagen schuften, wo sie bis zu 15 Stunden täglich ohne Schutzkleidung arbeiten müssen und giftige Pestizide auf die Kakaopflanzen sprühen, schrieb *Heise online* am 31. Januar 2016.[24]

Die *Bill & Melinda Gates Foundation* spendete bis 2016 auch mehr als 420 Millionen US-Dollar an die wohl einflussreichste Lobbyorganisation der Agrarindustrie, die *Alliance for a Green Revolution in Africa* (AGRA), die von der BMGF und der *Rockefeller Foundation* im Jahr 2006 gegründet wurde. Weitere AGRA-Sponsoren sind die USA, Großbritannien oder der deutsche Staat.[25] AGRA propagiert nicht nur den Einsatz von schädlichen Pestiziden, AGRA macht sich auch dafür stark, dass ausschließlich zertifiziertes Saatgut gehandelt und bäuerliches Saatgut illegal wird oder, um es anders auszudrücken, »geistiges Eigentum« der Patente von genmanipuliertem Hybridsaatgut staatlichen Schutz erhält, um für die Konzerne neue Märkte zu eröffnen. Die BMGF bedroht mit ihren Geschäftspraktiken also ganz konkret die Existenzgrundlage vieler Menschen, die in kleinbäuerlichen Strukturen leben. Die Studie »Falsche Versprechen:

Die Allianz für eine Grüne Revolution in Afrika (AGRA)«, erschienen im Juli 2020, fällt ein vernichtendes Urteil über die Aktivitäten von AGRA.[28] In den 13 afrikanischen Ländern, an die sich die Allianz richtet, hätte nicht nur die Verschuldung der Bauern, auch der Hunger (um 30 Prozent mehr als vor dem Engagement von AGRA) und die Umweltschäden zu- sowie die Ernährungs- und Nutzpflanzenvielfalt abgenommen (AGRA konzentriert sich auf den einseitigen Anbau von Mais). Außerdem gibt es politischen Druck zugunsten großer Konzerne und die Selbstbestimmung ist gefährdet. Und das, obwohl die Allianz das genaue Gegenteil versprach: Bis zum Jahr 2020 sollten landwirtschaftliche Erträge und Einkommen kleiner Nahrungsmittelproduzenten verdoppelt werden, um den Hunger und die Armut deutlich zu reduzieren. Dafür erhielt AGRA immerhin auch über eine Milliarde US-Dollar. Gemäß der Studie hilft die AGRA-Finanzierung besonders den vor Ort engagierten Großkonzernen, an denen die BMGF wiederum Anteile hält. AGRA kritisierte die internationale Studie, an deren Erstellung unter anderem *Brot für die Welt*, die *Rosa-Luxemburg-Stiftung* sowie diverse Menschenrechtsorganisationen beteiligt waren, später wenig überraschend als »unwissenschaftlich«. Man sei in die Studie nicht mit einbezogen worden.[25]

Auch die Pharmakonzerne sowie die BMGF als deren Investor haben schlicht das Ziel, einen exklusiven Marktzugang, etwa in Asien oder Afrika, zu bekommen und öffentliche Gesundheitssysteme auszuhebeln. Die Gewinne der Konzerne steigen außerdem, wenn fleißig geimpft wird. *Heise online* schreibt weiter, dass eine vollständige Impfung eines Kindes im Jahr 2015 bis zu 68-mal mehr gekostet habe als im Jahr 2005 – und zwar mit genau »denselben Medikamenten«. So forderte die Nichtregierungsorganisation *Médecins Sans Frontières*, dass die Kosten für Impfungen deutlich gesenkt werden müssten, »woraufhin die BMGF erwiderte, dass man dadurch die Pharmakonzerne abschrecken würde, im Globalen Süden tätig zu werden«.[24] Der *Consumer News and Business Chanel*, besser bekannt unter der Abkürzung CNBC, teilte am 23. Februar 2020 mit, dass der Impfmarkt mittlerweile sogar sechsmal größer sei als noch vor 20 Jahren. Das erklärt womöglich auch, weshalb die *Bill & Melinda Gates Foundation* die *World Health Organization* (WHO) in den 20 Jahren ihres Bestehens so kräftig finanzierte, während die Staaten ihre finanzielle Unterstützung der WHO immer weiter reduzierten. Jedenfalls soll der Impfstoffmarkt auf 35 Milliarden US-Dollar pro Jahr angewachsen sein. Und dabei herrscht eine Oligarchie, die es den Impfstoffkonzernen ermöglicht, für einen US-Dollar, investiert in den 94 Ländern mit dem niedrigsten Einkommen der Welt, einen Nettoertrag von satten 44 US-Dollar herauszuschlagen.[29]

Bill Gates ist mit seiner Stiftung jedenfalls als Großinvestor in der Impfstoffindustrie und ganz besonders in der Corona-Pandemie aktiv. Immerhin, so Gates, könne seine Organisation den Coronavirus-Ausbruch schneller bekämpfen als die vielen Regierungen. »Da unsere Stiftung über ein so tiefes Fachwissen im Bereich der Infektionskrankheiten verfügt, haben wir über die Epidemie nachgedacht und einige Dinge finanziert, um besser vorbereitet zu sein«, meinte der *Microsoft*-Milliardär am 2. April 2020 in »The Daily Show«. Denn »unser frühes Geld kann die Dinge beschleunigen«. Für die besten Impfstoffkandidaten wolle er in der Corona-Krise Produktionskapazitäten aufbauen und finanzieren, und das »nur, damit wir keine Zeit damit verschwenden«. Und, so schrieb das *World Economic Forum* am 6. April 2020: »Gates und seine Frau, Melinda Gates, haben bereits 100 Millionen US-Dollar für die Bekämpfung der Coronavirus-Pandemie zugesagt, darunter auch für Versuche, Coronavirus-Testkits an Menschen zu Hause im Bundesstaat Washington zu schicken.«[30] Die BMGF spendete im Mai 2020 aber auch über 820.000 Schweizer Franken (900.000 US-Dollar) an *swissmedic*, die Zulassungs- und Kontrollbehörde für Arzneimittel und Impfungen in der Schweiz. Der angegebene Zweck der Spende: »Fachwissen und Know-how zum Aufbau von Kapazitäten im kontinentalen Rahmen von regionalen Wirtschaftsgemeinschaften und von nationalen Regulierungsbehörden in Afrika beizutragen.«[31] Afrika und die Schweiz? Rund 2 Millionen Schweizer Franken hat das zum Departement des Innern gehörende Institut *swissmedic* damit laut dem Magazin *Saldo* allein in den letzten vier Jahren von Gates erhalten. Nicht nur für *Public Eye*, eine Nichtregierungsorganisation, ist es allerdings problematisch, »wenn ein staatliches Gesundheitsinstitut private Gelder annimmt«, da die Unabhängigkeit für solche Institutionen zentral sei. Außerdem ist es unverständlich, warum man mögliche Finanzlöcher nicht vom Bund auffüllen lässt, denn die Schweiz könne das alles allein finanzieren. Die Gates-Stiftung spendete sich aber auch zum weltweiten Dominator in Sachen COVID-19-Bekämpfung. Etwa am 19. Oktober 2020 mit einer Finanzierung von *Just-Evotec Biologics* im Rahmen der »COVID-19 Therapeutic Accelerator Initiative«, um besonders in den einkommensschwächeren Ländern tätig zu werden. Die Firma aus Seattle ist eine Tochterfirma des Hamburger Biotechspezialisten *Evotech SE*, zu deren größten Aktionären unter anderem die *Allianz*, *BlackRock* oder die *ROI Verwaltungsgesellschaft Roland Oetker* gehören und die über beste Verbindungen zu zahlreichen Pharmakonzernen, Entwicklungs- sowie Forschungsallianzen verfügt und finanzielle Details über die Förderung durch die BMGF dann besser nicht bekannt geben wollte.[33/34]

Nachdem die BMGF als Wohltätigkeitskonzern ja auch zum Spenden verpflichtet ist, noch ein kurzer und äußerst unvollständiger Auszug, wohin die Stiftung ihre Gelder so alles verschickt. Dabei sind »direkte Wohltätigkeitsverträge« oder »programmbezogene Investitionen« gar nicht berücksichtigt, wie man extra erwähnt. Begünstigt wurden in jüngster Vergangenheit also unter anderem einmal mehr die *World Health Organization*, das *International Potato Center*, das *Centro Internacional de Mejoramiento de Maiz y Trigo*, das *International Rice Research Institute*, das *Stockholm International Peace Research Institute*, die *World Cocoa Foundation*, die *African Union Commission*, das *Nigeria Center for Disease Control*, das *Africa Rice Center*, die *Alliance for a Green Africa*, die *Kofi Annan Foundation*, das *Rwanda Agriculture Board*, das *Somali Health Board*, das *African Field Epidemiology Network*, die *National Agency for Food and Drug Administration and Control*, der *Council of Chief State School Officers*, die *Clinton Health Access Initiative*, das *Tony Blair Institute for Global Change*, das *Aspen Institute*, das *Center for American Progress*, die *U.S. Chamber of Commerce Foundation*, das *International Vaccine Institute*, das *Massachusetts Institute of Technology*, die *Nuclear Threat Initiative*, das *Center for Strategic & International Studies*, die *Charité – Universitätsmedizin Berlin*, das *Robert Koch-Institut*, die *Deutsche Gesellschaft für Internationale Zusammenarbeit*, die *Deutsche Stiftung Weltbevölkerung*, die *Deutsche Bank*, die *Max Planck Society*, die *Fraunhofer Gesellschaft*, die *Foundation Munich Security Conference*, *The Royal United Services Institute for Defence and Security Studies*, *Artepharm China*, *Oxfam*, *Save the Children*, *Terre des Hommes*, das *International Medical Corps*, Medien wie *The Guardian, Die Zeit, Spiegel online*, die *British Broadcasting Corporation*, kurz BBC, *Le Monde, The Daily Telegraph*, die *Financial Times, The Bureau of Investigative Journalism*, das *Center for Investigative Reporting*, das *European Journalism Center*, die *National Newspaper Publishers Association*, das *Imperial College London*, die *Johns Hopkins University Bloomberg School of Public Health*, das *Johns Hopkins Center for Communication Programs*, die *Bloomberg Family Foundation* sowie die *Rockefeller Philanthropy Advisors*, die *Rockefeller* oder *Johns Hopkins University*, eine Menge weiterer Universitäten wie Yale, Harvard, Stanford, Princeton, Washington, Austin, Berkeley, Baltimore, Boston, Chicago, San Francisco, Los Angeles, Denver, Georgetown, Indiana, Dundee, Queensland, Oxford, London, Leeds, Manchester, Liverpool, Glasgow, Jerusalem, Xiamen, Hiroshima, Zhejiang, Tsinghua, Fudan, Manitoba, São Paulo, Addis Abeba, Nairobi, Kapstadt, Tampere und Bergen sowie zahlreiche weitere Institute, Krankenhäuser, Behörden, Stiftungen und sonstige Einrichtungen auf sämtlichen Kontinenten, um die Entwicklung von Impfstoffen und Technologien zu fördern oder Öffentlichkeitsarbeit, Nachforschungen und Bildung in eigener Sache zu betreiben. Während die BMGF dafür also riesige Summen lockermacht, hat die Megastiftung auch für Einrichtungen, die ihren Zwecken nicht wirklich dienen, immer wieder mal ein paar kleinere Beträge übrig. Anfang des Jahres 2020 zum Beispiel 25.000 US-Dollar für die *Berliner Tafel*, einen lokalen Verein zur Versorgung von Hilfsbedürftigen mit Lebensmitteln in der deutschen Hauptstadt. Vielleicht hatten in diesem Fall die Mitarbeiter des Büros in Berlin die Idee für diese wohl recht unrentable Investition.

1 www.gatesfoundation.org/Who-We-Are/General-Information/History

2 www.gatesfoundation.org/who-we-are/general-information/foundation-factsheet

3 www.gatesfoundation.org/

4 www.gatesfoundation.org/Media-Center/Press-Releases/2018/10/New-European-Office-in-Berlin?
fbclid=IwAR1RbT2dTuh543Icy2_uHk578TYqhixiwroUvf0y4iwziovWNw75_q6rcqU

5 www.stiftungen.org/aktuelles/blog-beitraege/fuer-unsere-arbeit-brauchen-wir-politische-stabilitaet.html

6 www.thenation.com/article/society/bill-gates-foundation-philanthropy/

7 www.savewealth.com/planning/estate/foundations/

8 www.german-foreign-policy.com/news/detail/8285/

9 web.archive.org/web/20090601034720/www.usdoj.gov/atr/public/press_releases/1998/1764.htm

10 money.cnn.com/magazines/fortune/fortune_archive/2002/04/29/321995/index.htm
11 www.heise.de/newsticker/meldung/Hintergrund-Das-Urteil-im-Microsoft-Prozess-24901.html
12 www.heise.de/newsticker/meldung/EU-Gericht-Microsoft-verhaelt-sich-wettbewerbswidrig-175780.html
13 www.spiegel.de/consent-a-?targetUrl=https%3A%2F%2Fwww.spiegel.de%2Fwirtschaft%2F
    unternehmen%2Feugh-bestaetigt-rekordstrafe-gegen-microsoft-a-841195.html&ref=
    https%3A%2F%2Fde.wikipedia.org%2F
14 de.wikipedia.org/wiki/Microsoft#Kritik
15 www.golem.de/0705/52119.html
16 www.latimes.com/archives/la-xpm-2006-apr-09-fi-micropiracy9-story.html
17 en.wikipedia.org/wiki/Criticism_of_Microsoft (abgerufen am 7. Dezember 2020)
18 edition.cnn.com/2019/09/14/us/anti-ice-protesters-arrested/index.html
19 www.theguardian.com/technology/2019/feb/22/microsoft-protest-us-army-augmented-reality-headsets
20 www.nbcnews.com/id/wbna16775981
21 www.pcmag.com/archive/microsoft-the-spandex-granny-229816
22 windows-now.com/blogs/robert/archive/2006/09/20/Mary-Jo-Foley-Exit-Interview.aspx 23
    und: orf.at/v2/stories/2021483/2021479/
24 www.heise.de/tp/features/Bill-Gates-zwischen-Schein-und-Sein-3378037.html
25 deutsch.rt.com/afrika/104441-studie-wie-bill-und-melinda/
26 www.swr.de/swr2/wissen/who-am-bettelstab-was-gesund-ist-bestimmt-bill-gates-100.html
27 www.aerzteblatt.de/nachrichten/72809/Kritik-an-Dominanz-der-Gates-Stiftung-in-der-Welt%C2%AD
    gesund%C2%ADheits%C2%ADorgani%C2%ADsation
28 www.rosalux.de/fileadmin/rls_uploads/pdfs/Studien/False_Promises_AGRA_en.pdf
29 off-guardian.org/2020/04/04/did-bill-gates-just-reveal-the-reason-behind-the-lock-downs/
30 www.weforum.org/agenda/2020/04/bill-gates-7-potential-coronavirus-vaccines
31 www.gatesfoundation.org/How-We-Work/Quick-Links/Grants-Database/Grants/2020/02/INV-005033
32 www.20min.ch/story/swissmedic-erhaelt-millionen-von-bill-gates-280633837943
33 www.evotec.com/de/invest/news/p/just—evotec-biologics-erhalt-forderung-fur-ein-antikorper-
    produkt-zur-pravention-von-covid-19-5985
34 www.evotec.com/de/invest/aktieninformationen
35 www.gatesfoundation.org/how-we-work/quick-links/grants-database

7
MISTER G., DIE WHO UND DAS SCHLARAFFENLAND

> *»Wir brauchen Medien, die über anstatt für die Mächtigen berichten.*
> *Wir brauchen Medien als vierte Gewalt neben dem Staat,*
> *nicht als Gewalt für den Staat.«*
> AMY GOODMAN

Seit William »Bill« Gates im Impfbusiness ist, warnt er vor neuen Epidemien und Pandemien. So titelte zum Beispiel *Business Insider*, der im Besitz der Verlagsgruppe *Axel Springer SE* und von Jeff Bezos ist, am 28. April 2018: »Bill Gates glaubt, dass eine kommende Krankheit innerhalb von sechs Monaten 30 Millionen Menschen töten könnte – und sagt, wir sollten uns darauf genauso vorbereiten wie auf einen Krieg.« Denn die Geschichte hätte gezeigt, dass tödliche neue Krankheiten entstehen und sich auf der Welt ausbreiten würden. Das könne leicht innerhalb der nächsten zehn Jahre geschehen, äußerte sich Bill Gates keine zwei Jahre vor Corona bei einer Diskussion, veranstaltet von der *Massachusetts Medical Society* und dem *New England Journal of Medicine*.[1] Die Wahrscheinlichkeit einer neuen Krankheit steige, so Gates und lieferte gleich die Erklärung mit: »Neue Krankheitserreger tauchen ständig auf, da die Weltbevölkerung zunimmt und der Mensch in die Umwelt eingreift. Es wird immer einfacher für einzelne Menschen oder kleine Gruppen, waffenfähige Krankheiten zu schaffen, die sich wie ein Lauffeuer über den Globus ausbreiten können.« So könnte ein kleiner, nicht staatlicher Akteur im Labor eine noch tödlichere Form der Pocken erzeugen. »Und in unserer vernetzten Welt steigen die Menschen immer in Flugzeuge und fliegen innerhalb von Stunden von Städten auf einem Kontinent zu Städten auf einem anderen.« Gates präsentierte damals sogar eine Simulation des von seiner Stiftung kontrollierten *Institute for Disease Modeling*, die ergab, dass eine »neue Grippe wie die, die 50 Millionen Menschen in der Pandemie von 1918 sterben ließ, nun höchstwahrscheinlich 30 Millionen Menschen innerhalb von sechs Monaten töten würde. Und die Krankheit, die uns als Nächstes überrascht, wird wahrscheinlich eine sein, die wir zum ersten Mal zu Beginn eines Ausbruchs sehen, wie es kürzlich mit den SARS- und MERS-Viren geschah. Wenn man den Regierungen der Welt sagen würde, dass Waffen, die 30 Millionen Menschen töten könnten, derzeit gebaut würden, gäbe es ein Gefühl der Dringlichkeit, sich auf die Bedrohung vorzubereiten«, so Gates und fuhr fort: »Bei biologischen Bedrohungen fehlt dieses Gefühl der Dringlichkeit.« Die Welt müsse sich auf Pandemien genauso ernsthaft vorbereiten wie auf einen Krieg. Zwar verfüge die Welt heute über antivirale Medikamente, aber man nähere sich ja einem universellen Grippe-Impfstoff. Dabei kündigte Gates an, weitere 12 Millionen US-Dollar in diese Entwicklung zu investieren. Außerdem würde die Schnelldiagnose ständig verbessert. So könnten Krankheiten demnächst schnell erkannt werden, ähnlich wie bei einem Heim-Schwangerschaftstest unter Verwendung der Gen-Editier-Technologie Crispr (»gene-editing-technology Crispr«). Um die Reaktionen auf einen Krankheitsausbruch zu koordinieren, müsse auf jeden Fall die Kommunikation zwischen Militärs und Regierung verbessert werden. Und der private Sektor müsse ebenfalls helfen, neue Krankheiten zu bekämpfen, die gefährlicher als Kriege wären, so Gates. Doch geht es überhaupt gefährlicher und tödlicher als Krieg?[1]

Eine solche Äußerung kann vermutlich nur jemand machen, der privilegiert lebt. Gates kritisiert jedenfalls keine Angriffskriege und erst recht keine US-geführten. Stattdessen rüstete *Microsoft* hinreichend lange internationale Behörden, Militärs aller Länder und das Pentagon mit Software aus. Bereits etwa einen Monat vor ihrem Mann verkündete Melinda Gates im *Business Insider* am 12. März 2018 ihre eigene Verschwörungstheorie: Das größte globale Risiko sei innerhalb der nächsten zehn Jahre »mit Sicherheit« ein Bioterroranschlag. Ähnliches äußerte Melinda in einem Interview mit Ezra Klein von *Vox*: »Ein bioterroristischer Vorfall könnte sich so schnell ausbreiten, und wir sind so unvorbereitet darauf. Denken Sie an die Zahl der Menschen, die New York City jeden Tag verlassen und in die ganze Welt reisen – wir sind eine vernetzte Welt.« Das ängstigt Melinda so sehr, »dass sie nicht gerne darüber spricht. Aber sie und Bill haben die Menschen davor gewarnt, dass eine der größten Bedrohungen eine der ältesten ist: Infektionskrankheiten, die natürlich auftreten oder von Menschen verursacht werden können.«[2]

Mit seiner Warnung, dass eine Pandemie die größte unmittelbare Bedrohung für die Menschheit ist, steht Bill Gates nicht allein da. Diese Auffassung teilt George Poste, Mitglied des *Blue Ribbon Study Panel on Biodefense*, der heutigen *Bipartisan Commission on Biodefense*, einer Gruppe, die gegründet wurde, um den Zustand der Bioverteidigung der USA zu untersuchen. Auch Poste verriet dem *Business Insider*: »Wir nähern uns dem 100. Jahrestag der Grippepandemie von 1918.«[2] Zu den Sponsoren dieser *Bipartisan Commission on Biodefense* gehören unter anderem das *Open Philanthropy Project* sowie das Biotechunternehmen *Bavarian Nordic*, bei dem die deutsche Regierung mehr als eine Pockenimpfstoff-Dosis für jeden Deutschen aus Angst vor Bioangriffen des Iraks im letzten Irakkrieg bestellte, und der deutsche Pharmakonzern *Boehringer Ingelheim*, der »Agent Orange« für den Vietnamkrieg an ein *Dow Chemicals*-Tochterunternehmen lieferte und in den USA wegen Schadensersatzklagen seines zu Hunderten Todesfällen führenden Blutgerinnungsmittels

Dabigatran (Pradaxa) einen Vergleich über rund 470 Million US-Dollar abschloss.³/⁴ Außerdem, so George Poste, sei es »unvermeidlich, dass ein Pandemie-Stamm von gleicher Virulenz auftaucht« wie im Jahr 1918. Und dann sei es noch »sehr wahrscheinlich, dass eine hochgefährliche Krankheit auf natürliche Weise entstehen würde – und die Folgen einer solchen Pandemie wären ebenso schwerwiegend«. Auch David Rakestraw, Programmmanager für chemische, biologische und explosive Sicherheit am *Lawrence Livermore National Laboratory*, das der *United States National Nuclear Security Administration* untersteht, stimmte Gates vor wenigen Jahren zu, so der *Business Insider*. Na, und wenn diese wichtigen Männer das sagen, sollte es wohl auch so kommen.²

Gates beschwört neue Pandemien schon seit einiger Zeit herauf. Bereits am 28. Januar 2015 veröffentlichte die *Süddeutsche Zeitung* (SZ) ein Interview mit dem US-Milliardär: »›Für den Krieg sind wir bereit, da haben wir Divisionen‹, betont der Gründer der Software-Firma *Microsoft*. ›Aber was ist mit Seuchen? Wie viele Ärzte haben wir dafür, wie viele Flugzeuge, Zelte, Wissenschaftler? Gäbe es so etwas wie eine Weltregierung, wären wir besser vorbereitet.‹ Gates weiß, wie schwer das umzusetzen wäre, trotzdem träumt er von einer Art weltweiten Regierung.«⁵ Gut möglich, dass sich Gates schon damals in der mächtigen Rolle eines zwar nicht gewählten, dafür aber mit Generalvollmacht ausgestatteten Weltgesundheitsministers sah. Dabei erweist sich die *World Health Organization* (WHO) als nützliches Instrument. In einer Presseerklärung der WHO vom 2. Dezember 2010 hieß es, dass »die World Health Organization, UNICEF, das National Institute of Allergy and Infectious Diseases (NIAID) und die Bill & Melinda Gates Foundation eine Zusammenarbeit angekündigt haben, um die Koordination innerhalb der internationalen Impfstoffgemeinschaft zu verbessern und einen globalen Impfaktionsplan zu erstellen. [...] Die Zusammenarbeit folgt dem Aufruf von Bill und Melinda Gates vom Januar 2010, dass die nächsten zehn Jahre das Jahrzehnt der Impfstoffe werden.

Der Globale Impfplan wird eine bessere Koordinierung zwischen allen Interessengruppen – nationalen Regierungen, multilateralen Organisationen, der Zivilgesellschaft, dem Privatsektor und philanthropischen Organisationen – ermöglichen und kritische Politik-, Ressourcen- und andere Lücken aufzeigen, die behoben werden müssen, um das lebensrettende Potenzial von Impfstoffen zu realisieren.«[6]

»Um die Amerikaner und die Menschen auf der ganzen Welt zu schützen«, so Bill Gates, »müssen wir Milliarden von Dosen herstellen.«[7] Außerdem müsse die US-Regierung mehr Corona-Tests durchführen und für klinische Studien der Impfstoffkandidaten würden Freiwillige benötigt. Bill Gates forderte in der Pandemie noch mehr: Ausgangsbeschränkungen zum Beispiel in der *Washington Post,* die im Besitz von Jeff Bezos ist und mit dem Slogan »Support great journalism« für sich und »freie Presse« wirbt.[8] In diesem Fall ist mit der freien Presse vermutlich jene Presse gemeint, die der Freimaurer, Journalist und Mitherausgeber der *Frankfurter Allgemeinen Zeitung,* Paul Sethe, im Mai 1965 vortrefflich beschrieb: »Pressefreiheit ist die Freiheit von zweihundert reichen Leuten, ihre Meinung zu verbreiten. [...] Da die Herstellung von Zeitungen und Zeitschriften immer größeres Kapital erfordert, wird der Kreis der Personen, die Presseorgane herausgeben, immer kleiner. Damit wird unsere Abhängigkeit immer größer und immer gefährlicher.« Gates kritisierte bei dieser Gelegenheit gleich noch, dass in einigen US-Bundesstaaten die Strände geöffnet wären. Und »in anderen gibt es noch Restaurants, in denen man sich zum Essen hinsetzen kann. Dies ist ein Rezept für eine Katastrophe. Denn die Menschen können sich frei über die Staatsgrenzen hinweg bewegen, und das Virus auch.«[7]

Wenn es um die weltweite Gesundheit geht, dann geht es eben oft auch um Gates, weshalb sich das *Zweite Deutsche Fernsehen* (ZDF) im April 2020 dazu genötigt sah, klarzustellen: »Bill Gates verdient in der Corona-Krise keine Milliarden mit Impfstoffen. *ZDFheuteCheck* erklärt, wie seine Stiftung tatsächlich arbeitet.«[9] Im gleichen Monat kündigte die Gates-Stiftung an, einen Impfstoff gegen COVID-19 für 7 Milliarden Menschen bereitstellen zu wollen – nur leider nicht umsonst oder zum Selbstkostenpreis. »Es gibt sieben Milliarden Menschen auf dem Planeten«, so Mark Suzman, CEO der BMGF, und »wir werden fast jeden impfen müssen«, wobei sich die Stiftung auf die Entwicklung eines Impfstoffes konzentriere.[10] Gates persönlich sei laut ZDF trotzdem dem Vorwurf ausgesetzt, »mit diesem Engagement verborgene niedere Beweggründe zu verfolgen. Impfgegner, aber auch Anhänger diverser Verschwörungstheorien glauben, hinter Gates' Aktivismus stünden vor allem Geschäftsinteressen oder sogar der Wille, die Weltbevölkerung mit Mikrochips zu kontrollieren.« An Gates' Impf-Aktivismus sei »aber wenig Verwerfliches«. Die *Bill & Melinda Gates Foundation* arbeite gar nicht »gewinnorientiert«, auch wenn sie »Finanzreserven« überwiegend bei »globalen Mega-Unternehmen« anlege und dabei »sehr offensiv mit gewinnorientierten Unternehmen« kooperiere, die nun einmal kein Interesse daran hätten, »wenig rentable Impfstoffe und Medizin« herzustellen. Das heißt: »Bill Gates selbst verkauft also auch keine Impfstoffe.« Und in diversen Gremien, etwa bei GAVI, entscheide der Philanthrop ja auch nicht als Einzelperson. »Die Gates-Stiftung ist also eine Organisation, die globale Großkonzerne eher stärkt, als deren Einfluss zu untergraben – sie agiert nach den Gesetzen des Marktes.«[9]

In einem Artikel über Gates berichtete *Der Spiegel* im April 2020: »Die *Bill & Melinda Gates Foundation* unterstützt das *SPIEGEL*-Projekt Globale Gesellschaft über drei Jahre mit einer Gesamtsumme von rund 2,3 Millionen Euro.« In diesem *Spiegel*-Beitrag verlangen Bill und Melinda Gates dann von sämtlichen Staats- und Regierungschefs, im Kampf gegen COVID-19 zusammenzuarbeiten. »Es wird immer deutlicher, dass die Antwort auf diese Pandemie nicht effektiv sein wird, wenn sie nicht auch gerecht ist«, so Melinda Gates. Und Bill Gates: »Die internationale Gemeinschaft muss verstehen, dass, solange COVID-19 irgendwo ist, wir uns so verhalten müssen, als wäre es überall.« Für Gates heißt das, dass es keine

Massenveranstaltungen mehr geben darf, bis ein neu entwickelter Corona-Impfstoff marktreif ist. Und da werden wir noch »eine Phase durchlaufen, während der ständig überlegt werden muss: Können die Schulen ihren Betrieb wieder aufnehmen? Große Stadien werden vermutlich geschlossen bleiben. Gleichzeitig müssen die Tests weiterlaufen, damit man weiß, ob es irgendwo wieder einen Anstieg der Ansteckungen gibt.« Außerdem sollten sich die Staaten mit Steuermitteln noch vor der Entwicklung eines wirksamen Impfstoffes auf die Massenproduktion der Impfdosen vorbereiten und für jeden »Top-Kandidaten« müsste eine ganz spezielle Anlage gebaut werden, so der US-Philanthrop. Denn: Private Unternehmen könnten dieses Risiko nicht eingehen. Regierungen wie die US-amerikanische dagegen schon.[11/12]

Ob Gates' Einfluss auf die Weltgesundheit seiner Anhängerschaft nun in den Kram passt oder nicht: Für die BMGF ist die WHO ein »sehr starker, verlässlicher Partner«[10]. Und: Die globale Zusammenarbeit im Impfstoffbereich erforderte nach dem Aufruf von Bill und Melinda Gates im Jahr 2010 auch einen Leadership-Rat, einen Lenkungsausschuss, einen beratenden Ausschuss und ein Sekretariat. Zu Vorsitzenden des Lenkungsausschusses wurden damals Pedro Alonso, seit 2014 Direktor des Global Malaria Programms der WHO, und Christopher Elias ernannt, ein von der *Schwab Foundation* ausgezeichneter ehemaliger Präsident von Path – *Program for Appropriate Technology in Health*, einer konzerngroßen internationalen Non-Profit-Organisation aus Seattle mit rund 1.600 Angestellten und Büros in über 70 Ländern.[13/14/15] Elias ist auch der Präsident des globalen Entwicklungsprogramms der BMGF, war im Beratungsausschuss des Direktors der US-Behörde *Centers for Disease Control and Prevention* (CDC) und Co-Vorsitzender der Referenzgruppe Family Planning 2020.[14/16] »Wir müssen sicherstellen, dass die Menschen verstehen, dass Impfstoffe eine der besten Investitionen in die Gesundheit sind«, zitierte die WHO Professor Alonso. Der Leadership-Rat wurde vervollständigt durch WHO-Direktorin Margaret Chan, NIAID-Direktor

Anthony Fauci, UNICEF-Direktor Anthony Lake, Tachi Yamada, Global-Health-Präsident der Bill & Melinda Gates Foundation, sowie Joy Phumapi von der *African Leaders Malaria Alliance*.[6]

Wie sehr die WHO von Großkonzernen und Stiftungen dominiert wird, thematisierten sogar die Öffentlich-Rechtlichen in Deutschland drei Jahre vor Corona: »Die WHO am Bettelstab: Was gesund ist, bestimmt Bill Gates.«[17] Seit der Jahrtausendwende hat die BMGF der WHO 2,5 Milliarden US-Dollar gespendet, einen großen Teil davon für die Ausrottung der von Polioviren ausgelösten Kinderlähmung. Problematisch sei aber, »dass Bill Gates durch seine Stiftung seine Vorstellung von Gesundheitsförderung durchsetzt«. Dabei ginge es ihm vornehmlich um technische Maßnahmen gegen Infektionskrankheiten, nicht um funktionierende Gesundheitssysteme oder die Lebensverhältnisse des Einzelnen. Bereits in den 1980er-Jahren kam die WHO »zu dem Ergebnis, dass die meisten Todesfälle nicht durch Viren oder Krankheiten verursacht werden, sondern durch soziale Ungleichheit«. Die BMGF investiert, so Kritiker, in Branchen, die etwas mit krankmachenden Bedingungen zu tun haben. In Deutschland hatten im Jahr 2017 mehr als 7,5 Millionen Menschen Diabetes und in China starben 2016 um die 1,3 Millionen Menschen an der Zuckerkrankheit. Eine globale Kampagne der WHO für gesunde Ernährung gab es dennoch nie, geschweige denn eine Art Zucker-Lockdown. Rund 2 Milliarden Menschen weltweit leiden an Übergewicht. Doch »vom Einfluss der Nahrungsmittelindustrie auf die WHO und der weltweiten Pandemien Fettleibigkeit und Diabetes profitiert derweil auch Big Pharma. Besonders gewinnträchtig sind, unter anderem, Medikamente gegen Folgeerkrankungen falscher Ernährung. Der weltweite Umsatz mit Diabetes-Medikamenten lag im Jahr 2017 bei rund 55 Milliarden US-Dollar.«[17]

Die deutsche Wochenzeitung *Die Zeit* schrieb im April 2017, die WHO sei pleite »und deshalb auf Spenden angewiesen«. Ein Beispiel für den Einfluss der Konzerne auf die WHO ist der Gentechnikkonzern *Monsanto*, Hersteller des Pflanzenschutzmittels

Glyphosat. In den 1990er-Jahren hätte die Lobby der Gentechnikindustrie hohe Summen an die WHO gezahlt, woraufhin die Grenzwerte für *Glyphosat*-Rückstände erhöht und das Mittel sogar gegen den Rat der hauseigenen *Internationalen Agentur für Krebsforschung* (IARC) im Jahr 2016 als offiziell nicht nachweislich krebserregend eingestuft wurde. Für diese Entscheidung, die dem Absatz von Monsanto und somit auch der BMGF zugutekam, hätten sich auch zwei WHO-Funktionäre eingesetzt, »die gleichzeitig für eine Lobbyagentur arbeiten«. Die WHO würde sich also auffällig stark auf das konzentrieren, was ihr »heimlicher Chef« Bill Gates wünscht: »Impfen zum Beispiel.« Impfungen sind eine sehr effektive Form der Gesundheitsvorsorge, etwa gegen die Kinderlähmung. Doch halten Impfungen allein die Menschen nicht gesund. »Viel wichtiger ist, dass die Gesundheitsversorgung eines Landes gut funktioniert und die Umwelt, in der Menschen leben, sie nicht krank macht.« So sterben laut Schätzungen zum Beispiel fast 1.500 Menschen täglich an verunreinigtem Trinkwasser. »Mit sauberem Trinkwasser und Ernährungsprogrammen ließen sich also mehr Leben retten als mit Impfungen.«[18] Corona hat alle diese Probleme aus dem Fokus verdrängt.

Übrigens wurde die WHO vor langer Zeit aus Pflichtbeiträgen der Mitgliedsländer finanziert. Mittlerweile stammt ein Großteil des WHO-Budgets aus freiwilligen Beiträgen, darunter Megaspenden der Pharmaindustrie. Die deutsche Bundeskanzlerin Angela Merkel bezeichnet zwar die WHO als eine »normsetzende, koordinierende Instanz der globalen Gesundheitspolitik«, doch einer demokratischen Kontrolle unterliegt die Organisation nicht.[19] Immerhin erklärte die WHO eine Epidemie zur Pandemie mit der Folge, dass zahlreiche Regierungen Impfstoffe in riesigen Mengen kaufen, horten und nach Ablauf des Haltbarkeitsdatums vernichten. Aktuell hat das Aufrufen einer Pandemie dazu geführt, die Welt anzuhalten und das Leben von Milliarden Menschen zu überwachen. Immerhin zählt es zu den verdienstvollen Erfolgen der im April 1948 in Genf gegründeten Organisation, gegen Drogen ins Feld gezogen zu sein, Infektionskrankheiten wie die Pocken bekämpft und den globalen Tabakkonsum reduziert zu haben.

Auch *Peoples Health Movement*, ein internationales »Netzwerk gesundheitspolitischer Nichtregierungsorganisationen aus über 70 Ländern«, kritisierte »den wachsenden Einfluss der Pharmaindustrie auf die WHO sowie ihre zunehmende Abhängigkeit von privaten Geldgebern«. Außerdem finanzieren vor allem jene Staaten, in denen die weltgrößten Pharmakonzerne sitzen, die Organisation. Ein weiteres Problem wären zweckgebundene Zuwendungen, über die die Geldgeber direkten Einfluss auf die Arbeit der Organisation nehmen, so Thomas Gebauer, der von 1996 bis 2018 Geschäftsführer der Hilfsorganisation *medico international* war. Durch den Einfluss kommerzieller Akteure würden sich sogar die Ziele und Strategien der WHO verändern.[20]

»Der Großteil jener 25 Milliarden Dollar, die Gates in den zurückliegenden zehn Jahren in Gesundheitsprogramme in aller Welt investieren konnte, entstammt den Renditen von einschlägig bekannten Unternehmen der Chemie-, Pharma- und Nahrungsmittelbranche, deren Geschäftspraktiken allzu oft dem Bemühen um globale Gesundheit zuwiderlaufen«, kritisiert Gebauer. Gates' Stiftung setze auch »auf patentierte Medizin und Impfstoffe, statt generische, frei zugängliche und damit preiswerte Produkte zu fördern«. Wenn Gates nun die WHO »für solche patentierten Impfprogramme auf Kurs bringt«, dann profitierten davon die Impfstoffhersteller und deren Shareholder, eben die *Bill & Melinda Gates Foundation*. Und das zulasten der ärmeren Bevölkerung in den südlichen Ländern, die sich die Impfstoffe oft nicht leisten können.[20]

Seine Einstellung zum Thema Entwicklungsländer und Medikamente verriet Gates in einem Essay mit dem Titel »The Best Investment I've Ever Made« – »Die beste Investition, die ich je getätigt habe«, veröffentlicht am 16. Januar 2019 im *Wall Street Journal*. Medikamente in Entwicklungsländer zu liefern sei eine sehr lohnende Erfahrung, weil sie im Gegensatz zu anderen Arten von Investitionen durchweg erfolgreich seien. Gates hatte 10 Milliarden US-Dollar über die BMGF in die *Global Alliance for Vaccines and Immunisation* (GAVI), den *Global Fund to Fight AIDS, Tuberculosis and Malaria* (GFATM), beide mit Sitz in Genf, und die *Global Polio Eradication Initiative* (GPEI) investiert. Jede der drei Organisationen sei sogar »extrem erfolgreich gewesen«, eben »die besten Investitionen, die unsere Stiftung jemals getätigt hat«. Bei seinen ganzen Technologieinvestitionen habe er dagegen immer angenommen, dass 10 Prozent »wild erfolgreich« seien und 90 Prozent scheitern würden. »Als ich den Übergang von meiner ersten Karriere bei *Microsoft* zu meiner zweiten Karriere in der Philanthropie vollzogen habe, hätte ich nicht gedacht, dass sich meine Erfolgsquote stark ändern würde.« Die 10 Milliarden US-Dollar, die seine Stiftung in die drei genannten Organisationen pumpte, hätten unglaubliche 200 Milliarden US-Dollar an sozialen und wirtschaftlichen Vorteilen erzielt, schätzt das *Copenhagen Consensus Center*, eine Denkfabrik für Kostenanalysen globaler Probleme. Hätte die Gates-Stiftung die 10 Milliarden US-Dollar in Energieprojekte in Entwicklungsländern investiert, würde die Rendite 150 Milliarden US-Dollar betragen. Und Investitionen in die Infrastruktur von Entwicklungsländern hätten rund 170 Milliarden US-Dollar eingebracht. »Indem wir in globale Gesundheitseinrichtungen investieren, haben wir jedoch all diese Erträge übertroffen.« Investitionen in GAVI, den *Global Fund* und GPEI würden also am besten Leiden lindern und Leben retten. »Sie sind die besten Investitionen, die Melinda und ich in den letzten 20 Jahren getätigt haben.«[21/22]

Und was sagt Gates zu Corona? »Es ist wirklich tragisch, dass die wirtschaftlichen Auswirkungen davon sehr dramatisch sind. Ich meine, so etwas ist der Wirtschaft zu unseren Lebzeiten noch nie passiert. [...] Wir werden also den Schmerz in der wirtschaftlichen Dimension nehmen, einen riesigen Schmerz, um den Schmerz in der Dimension Krankheit und Tod zu minimieren.«[23] Wie bitte? Gates ignoriert, dass die »wirtschaftlichen Auswirkungen« des Corona-Lockdowns zu weit mehr Toten führen, als es Corona je schafft, auch mit bestens manipulierten Zahlen. Und das Privatvermögen von Gates hat sich ja auch in der Corona-Krise um weitere Milliarden US-Dollar erhöht.

In einem Interview mit Chris Anderson vom 24. März 2020 lehnte Gates die Behandlungsmöglichkeit mit einem Blutserum von Menschen ab, die COVID-19 hatten und Antikörper bildeten, »weil sie »ziemlich kompliziert ist – im Vergleich zu einem Medikament, das wir in großen Mengen herstellen können«. Gates: »Wir wollen nicht, dass sich viele Menschen erholen [...] Um es klar zu sagen: Wir versuchen – durch den Shutdown in den Vereinigten Staaten – nicht ein Prozent der infizierten Bevölkerung zu erreichen. Wir liegen heute weit darunter, aber mit einer Potenzierung könnten Sie diese drei Millionen [Menschen oder etwa ein Prozent der US-Bevölkerung, die mit COVID-19 infiziert sind und von denen sich die große Mehrheit erholt] überwinden. Ich glaube, dass wir das mit diesen wirtschaftlichen Schmerzen vermeiden können.«[24] Dann verriet Gates, wie er sich die Zukunft vorstellt: »Letztendlich müssen wir Bescheinigungen darüber haben, wer eine genesene und wer eine geimpfte Person ist. [...] Denn Sie wollen nicht, dass die Menschen um die Welt ziehen, wo es doch einige Länder gibt, die das nicht unter Kontrolle haben. [...] Es wird also irgendwann diesen digitalen Immunitätsnachweis geben, der die weltweite Wiedereröffnung erleichtern wird.« Wen meint Gates eigentlich, wenn er von »wir« spricht? In wessen Namen spricht der Milliardär eigentlich ständig? In meinem sicher nicht! Und warum wurde dieser Gates-Satz über die Wiedereröffnung der Welt durch Immunitätsausweise am Nachmittag des 31. März 2020 nachträglich aus dem Video-Interview herausgeschnitten, obwohl Aufzeichnungen des Gesprächs archiviert wurden?[23/24]

HINTERGRÜNDE

1. www.businessinsider.co.za/bill-gates-warns-the-next-pandemic-disease-is-coming-2018-4?r=US&IR=T
2. www.businessinsider.com/pandemic-risk-to-humanity-2017-9?r=DE&IR=T
3. www.spiegel.de/consent-a-?targetUrl=https%3A%2F%2Fwww.spiegel.de%2Fspiegel%2Fprint%2Fd-26109892.html&ref=https%3A%2F%2Fde.wikipedia.org%2F
4. de.wikipedia.org/wiki/Boehringer_Ingelheim#Negative_Wahrnehmung *(abgerufen am 8. Dezember 2020)*
5. www.sueddeutsche.de/wirtschaft/bill-gates-im-interview-den-taeglichen-tod-nehmen-wir-nicht-wahr-1.2324164
6. www.who.int/immunization/newsroom/press/news_release_decade_vaccines/en/
7. www.faz.net/aktuell/gesellschaft/gesundheit/coronavirus/bill-gates-massenproduktion-von-corona-impfstoff-16706825.html
8. www.washingtonpost.com
9. www.zdf.de/nachrichten/panorama/coronavirus-bill-gates-stiftung-impfen-100.html
10. www.euractiv.com/section/health-consumers/news/gates-foundation-calls-for-global-cooperation-on-vaccine-for-7-billion-people/
11. www.spiegel.de/wirtschaft/corona-stiftung-von-melinda-und-bill-gates-spendet-150-millionen-dollar-a-e89886d8-a012-4196-81d2-3e608acacb14
12. www.tagesschau.de/ausland/gates-corona-101.html
13. de.wikipedia.org/wiki/Pedro_Alonso_(Mediziner) (abgerufen am 8. Dezember 2020)
14. en.wikipedia.org/wiki/Christopher_Elias (abgerufen am 8. Dezember 2020)
15. en.wikipedia.org/wiki/PATH_(global_health_organization) (abgerufen am 8. Dezember 2020)
16. www.gatesfoundation.org/Who-We-Are/General-Information/Leadership/Executive-Leadership-Team/Christopher-Elias
17. www.swr.de/swr2/wissen/who-am-bettelstab-was-gesund-ist-bestimmt-bill-gates-100.html
18. www.zeit.de/wissen/gesundheit/2017-03/who-unabhaengigkeit-bill-gates-film/komplettansicht
19. www.bundeskanzlerin.de/bkin-de/aktuelles/rede-von-bundeskanzlerin-merkel-zur-gavi-wiederauffuellungskonferenz-am-27-januar-2015-434596
20. www.dw.com/de/who-in-der-kritik/a-15964294
21. www.wsj.com/articles/bill-gates-the-best-investment-ive-ever-made-11547683309
22. www.cnbc.com/2019/01/17/bill-gates-says-this-is-the-best-investment-he-has-ever-made.html
23. off-guardian.org/2020/04/04/did-bill-gates-just-reveal-the-reason-behind-the-lock-downs/
24. www.ted.com/talks/bill_gates_how_we_must_respond_to_the_coronavirus_pandemic

8

FÜTTERT DIE REICHSTEN

*»Sie fragen, wie man zu solch einem großen Vermögen kommt?
Man muss einfach Glück haben!«*
FRANÇOIS-MARIE AROUET (VOLTAIRE)

Die *Bill & Melinda Gates Foundation* unterstützt nicht nur die *World Health Organization* mit jeder Menge Geld, die Stiftung empfiehlt der WHO auch noch, Aufträge an Pharmakonzerne zu vergeben, an denen die Stiftung beteiligt ist. Die BMGF ist der zweitgrößte Geldgeber der WHO. So lag der Stiftungskonzern laut dem WHO-Bericht »Results Report Programme Budget 2018–2019 Mid-Term Review« im genannten Zweijahreszeitraum mit Zuwendungen von rund 220 Millionen US-Dollar hinter den USA und vor Großbritannien, Deutschland und GAVI, der öffentlich-privaten Impfallianz.[1] Danach folgen das *United Nations Office for the Coordination of Humanitarian Affairs* (UNOCHA), Japan, der *National Philanthropic Trust* (NPT), *Rotary International* sowie die Europäische Kommission. US-Präsident Donald Trump kündigte die Zusammenarbeit mit der WHO in der Corona-Krise auf, da diese eine »Marionette« Chinas und für die Ausbreitung des Coronavirus verantwortlich sei.[2] Die Realitäten sehen jedoch anders aus. Die Chinesen liegen nicht einmal auf den ersten Plätzen.

Die Spenden und das Engagement der BMGF für die WHO scheinen sich für Gates kräftig gelohnt zu haben. Nach Angaben des auf Milliardärs-Ranglisten spezialisierten Wirtschaftsmagazins

Forbes hat sich das Vermögen von Bill Gates in den letzten zehn Jahren mehr als verdoppelt: von rund 53 Milliarden US-Dollar im Jahr 2010 und 96,5 Milliarden US-Dollar in den Jahren 2017, 2018 sowie 2019 stieg es bis Anfang Dezember 2020 auf 118,7 Milliarden US-Dollar und diese Tendenz setzt sich sicher fort.[3/4] Spätestens nach weltweitem Einsatz eines Corona-Impfstoffs klingelt es in Gates' Kassen wieder kräftig.

Auch das Vermögen seines Philanthropen-Kollegen Michael Bloomberg wuchs von rund 40 Milliarden US-Dollar im Jahr 2016 auf knapp 55 Milliarden US-Dollar an (Stand 7. Dezember 2020).[3/4] Andere US-Philanthropen können eine ähnlich erfolgreiche Bilanz vorweisen. Die selbstlose Menschenliebe – und das bedeutet der Begriff Philanthropie nun mal – scheint also ein bombensicheres Geschäftsmodell zu sein. Jedenfalls werden die Menschenfreunde in der *Forbes*-Liste trotz, mit oder wegen ihres sozialen Engagements immer reicher und mächtiger. Obwohl der Anwalt, Schriftsteller, Philosoph und römische Konsul Marcus Tullius Cicero vom Philanthropen-Business keinen blassen Schimmer hatte, äußerte er früh über Wohlhabende: »Keine Staatsform bietet ein Bild hässlicherer Entartung, als wenn die Wohlhabenden für die besten gehalten werden.«

Noch eine Zahl: Das Vermögen der US-Milliardäre ist laut dem *Institute for Policy Studies* und *Americans for Tax Fairness* in der Corona-Krise um eine Billiarde US-Dollar explodiert (Stand 7. Dezember 2020), während 55 Millionen US-Amerikaner bis September 2020 (und es wurden noch mehr) ihren Job verloren und in einer Umfrage kurz zuvor rund 30 Millionen US-Bürger angaben, »dass sie in der vergangenen Woche nicht genug zu essen hatten«.[4/5] Eine Forschergruppe der *Princeton University* und des *Massachusetts Institute of Technology* rechnet mit 30 bis 40 Millionen Zwangsräumungen im »Land of the free«, den Menschen droht also Obdachlosigkeit.[6] Die *International Labour Organization* ging weltweit nur bis Mitte des Jahres 2020 sogar von 195 Millionen verlorenen Arbeitsplätzen aus.[7]

Hinzu kommen überall noch jede Menge Geschäftspleiten (rund 98.000 allein in den USA bis Ende August 2020) sowie auftragslose Freischaffende.⁴ Das sollte als Beleg wohl ausreichen, um zu zeigen, was in den USA und im Rest der Welt alles möglich ist: Ein Promille der Menschheit steigt in schwindelerregende Höhen und gewinnt grenzenlose Macht, wohingegen Millionen oder Milliarden Menschen in Richtung Abgrund und Totalkontrolle, das heißt Versklavung getrieben werden.

Nicht zu vergessen den ohnehin schon reichsten Bürger des Planeten: *Amazon*-Chef Jeffrey »Jeff« Bezos. Sein Vermögen stieg in der Corona-Krise um 71,4 Milliarden US-Dollar.⁴ Und Bezos' Exfrau, MacKenzie Bezos, erhielt im Jahr 2019 im Scheidungsverfahren ein *Amazon*-Aktienpaket, das ihr Vermögen auf einen Wert von 59,8 Milliarden US-Dollar katapultierte (jeweils Stand 7. Dezember 2020). In der Corona-Krise wurde sie zur zweitreichsten Frau der Welt.⁴ᐟ⁸ Übrigens investiert der *Amazon*-Mogul durch seine *Bezos Family Foundation* in Forschung, Öffentlichkeitsarbeit und in ein paar Bildungsprogramme. »Um den Bildungsbereich zu heben und die Lebenserwartung aller Kinder zu verbessern.«⁹ Nur die Arbeitsbedingungen der für den Konzern arbeitenden Lohnsklaven liegen Bezos nicht am Herzen, aber das ist ja allgemein bekannt. Das Privatvermögen von Bezos ist mit Unterstützung einer internationalen Horde ausgebeuteter Paketzusteller auf 184,4 Milliarden US-Dollar gestiegen. Der römische Konsul Cicero kannte zwar Sklaven und Boten, aber *Amazon* konnte er nicht meinen, als er fragte: »Was anderes sind also Reiche, wenn ihnen Gerechtigkeit fehlt, als große Räuberbanden?«

Aktuell expandiert *Amazon* weiter in Sachen Welteroberung. Dennoch rechnet sich der Konzern – wie *Google* und *Facebook* – gerne arm. So musste *Amazon* in den USA im Jahr 2018 bei 11,2 Milliarden US-Dollar Gewinn keinen Cent Steuern zahlen, so das *Handelsblatt*. »Mehr noch: Der Konzern bekam vom Fiskus eine Gutschrift von 129 Millionen US-Dollar. Der effektive Steuersatz lag bei minus einem Prozent.«[10] Immerhin schafft Bezos Arbeitsplätze, wenn auch schlecht bezahlte, ein vortreffliches Argument, mit dem sich die Politik erpressen lässt.

Am 26. Oktober 2020 wurde auf *openPetition* eine Petition für Transparenz und gegen Steuertricks gestartet mit dem Titel: »*Amazon*, *Facebook* oder *Apple*: Steuertransparenz statt Steuertricks!«[11] Im Anschreiben hieß es am 1. November 2020: Mal ganz ehrlich, »haben Sie in den letzten Monaten auch öfter Waren im Internet bestellt? Oder häufiger Filme und Serien online geschaut? Konzerne wie *Amazon* und *Netflix* gehören zu den großen Gewinnern in der Corona-Krise. In Deutschland machen sie Milliardenprofite, aber zahlen dabei fast keine Steuern. Der Trick: Die multinationalen Konzerne verschieben ihre Gewinne in Länder mit niedrigen Steuern. [...] Geld, das dringend gebraucht wird – in Kitas, Schulen und Universitäten, im Gesundheitswesen und der öffentlichen Infrastruktur. All das wird mit Steuergeldern bezahlt und auch von Unternehmen wie *Amazon, Google* und *Facebook* genutzt.« Allein Deutschland gingen aufgrund dieser Taktiken jedes Jahr mehrere Milliarden Euro verloren. »Zum Vergleich: In Deutschland fehlen derzeit über 300.000 Kitaplätze. Mit drei Milliarden Euro könnten diese geschaffen werden. *Apple* hat zum Beispiel jahrelang Gewinne aus ganz Europa über Tochterfirmen nach Irland verschoben und dort teilweise nur 0,005 Prozent Steuern bezahlt – das sind 50 Euro Steuern auf eine Million Gewinn.« Die Steuertricks der Konzerne sind einfach: Sie eröffnen Tochtergesellschaften in Ländern, die kaum Unternehmenssteuern erheben – und verlagern ihre Gewinne dorthin.[11] Doch anstatt daran etwas zu ändern, zieht die Politik noch einen Corona-Joker aus dem Hut: Den »Corona-Soli« und ein »absolutes Böllerverbot« zu Silvester.[12]

Während kleine Lebensmittelhändler nicht wissen, ob sie ihr Geschäft im nächsten Monat noch betreiben können, schrieb der Sender *n-tv* am 24. März 2020: »Je düsterer die Pandemie-Nachrichten werden, desto mehr strahlt das *Amazon*-Smile-Logo. [...]

Der Konzern hat binnen 10 Tagen um etwa 100 Milliarden Euro an Marktwert zugelegt. [...] Während Einzelhändler mit geschlossenen Läden massenhaft der Pleite entgegentreiben, startet *Amazon* richtig durch. Sogar die weltgrößte Biosupermarktkette, *Whole Foods*, hat *Amazon* mitsamt 91.000 Mitarbeitern und einem monatlichen Milliardenumsatz inzwischen übernommen. Der Lieferservice von *Whole Foods* wird seit Monaten schon mächtig ausgebaut, nun in der Coronakrise explodiert das Geschäft geradezu. [...] Und mit jedem Nudelkauf vom heimischen Sessel aus wird Jeff Bezos nun ein paar Cent reicher.«[13] Aber nicht nur das: Der Konzern investiert neben *Microsoft* und *Google* kräftig in das »Cloud-Geschäft«, auf das schon jetzt über 20 Prozent des *Amazon*-Gewinns entfallen. Tendenz auch hier: gigantisch. Vor lauter Quarantäne und Zwangsisolation boomt bei *Amazon* nicht nur der Onlineshop, der »Prime Service« für schlechte Hollywood-Streifen und seichte Serien, sondern auch für das Heimbüro, Pardon das »Homeoffice«, wird neuer Speicherplatz in einer »Cloud«, also in einer Fantasiewolke unter Kontrolle der IT-Konzerne, benötigt. Bezos profitiert damit gleich doppelt, drei- und vierfach von den Corona-Restriktionen auf der ganzen Welt.

Auch das Vermögen von *Facebook*-Chef und Jungmilliardär Mark Zuckerberg konnte von Mitte März bis Anfang Dezember 2020 um etwas über 50 Milliarden US-Dollar auf 104,8 Milliarden US-Dollar zulegen. Weitere Corona-Glücksritter waren noch der Milliardär und Ex-*Microsoft*-Chef Steve Ballmer mit einem Vermögenszuwachs von 20,2 Milliarden US-Dollar, Larry Page und Sergey Brin von *Google* beide mit einem Zuwachs zwischen 28 und 29 Milliarden US-Dollar, die *Walmart*-Erben Alice, Jim und Rob Walton mit einer Vermögenszunahme von jeweils 14 bis 15 Milliarden US-Dollar und *Tesla*-Chef Elon Musk – »Wir werden putschen, gegen wen immer wir wollen«, um an Lithium zu gelangen – mit 118,5 Milliarden US-Dollar, was einem Rekordzuwachs von 481,7 Prozent entspricht und ein Gesamtvermögen von 143,1 Milliarden US-Dollar

(Stand 7. Dezember 2020) ausmacht.[4/14] Und wenn Sie dies lesen, ist es vermutlich noch viel mehr.

Chuck Collins, Leiter der Studie »Tale Of Two Crises: Billionaires Gain As Workers Fell Pandemic Pain« – »Milliardäre gewinnen, während Arbeitnehmer pandemische Schmerzen empfinden« –, meinte schon nach der ersten Analyse zur Vermögensexplosion der reichsten Menschen im Mai 2020: »Während Millionen als Ersthelfer und Arbeiter in der vordersten Front ihr Leben und ihren Lebensunterhalt riskieren, profitieren die Milliardäre von einem Wirtschafts- und Steuersystem, das darauf ausgelegt ist, Wohlstand an die Spitze zu leiten.«[15/16] Trotz ihres enormen Einsatzes erhielten die Ersthelfer der vordersten Front für ihr Engagement in der Corona-Krise billigen Applaus. Ein bisschen mehr Geld für die vielen »Medizinarbeiter« war in der Regel nicht drin. Dass es für das Personal keine Teilhabe am Reichtum gab, fand sogar der erneut knapp gescheiterte und ehemalige Präsidentschaftskandidat der US-Demokraten Bernie Sanders »widerlich«.[16] Ohnehin wären hauptsächlich Schwarze, Frauen und die Niedriglöhner unverhältnismäßig stark von den Folgen der Corona-Pandemie getroffen worden. Sanders twitterte am 17. September 2020: »4,7 Milliarden Dollar pro Tag. 32 Milliarden Dollar pro Woche. 141 Milliarden Dollar pro Monat. 845 Milliarden Dollar über 6 Monate. So viel haben 643 Milliardäre in Amerika während der Pandemie verdient, während 30 Millionen Amerikaner nicht genug zu essen haben. Ja, es ist Zeit für Sparmaßnahmen für die Klasse der Milliardäre.«[17]

---

1 apps.who.int/gb/ebwha/pdf_files/WHA72/A72_35-en.pdf

2 www.tagesschau.de/ausland/trump-who-117.html

3 de.wikipedia.org/wiki/The_World%E2%80%99s_Billionaires#2019 *(abgerufen am 9. Dezember 20202)*

4 inequality.org/billionaire-bonanza-2020-updates/ *(abgerufen am 9. Dezember 2020)*

5 www.heise.de/tp/features/Um-845-Milliarden-US-Dollar-reicher-4906091.html

6. nlihc.org/sites/default/files/The_Eviction_Crisis_080720.pdf?referringSource=articleShare
7. newseu.cgtn.com/news/2020-04-08/UN-labor-agency-predicts-loss-of-195-million-jobs-due-to-COVID-19-PvjPnmE3rG/index.html
8. www.forbes.com/sites/angelauyeung/2020/07/08/jeff-bezos-net-worth-hits-all-time-high-of-more-than-180-billion/#3acf8ea724ff
9. www.bezosfamilyfoundation.org/about-us
10. www.handelsblatt.com/meinung/kommentare/kommentar-es-muss-ein-mindestmass-an-steuerfairness-gelten-auch-fuer-amazon/24005754.html?ticket=ST-6724734
11. www.openpetition.de/petition/online/amazon-facebook-oder-apple-steuertransparenz-statt-steuertricks#petition-main
12. www.nordkurier.de/politik-und-wirtschaft/lockdown-bis-ins-neue-jahr-und-corona-soli-im-gespraech-2341488411.html
13. www.n-tv.de/politik/Der-weltgroesste-Corona-Profiteur-article21664237.html?utm_source=pocket-newtab
14. www.nachdenkseiten.de/?p=63484
15. americansfortaxfairness.org/wp-content/uploads/2020-5-21-Billionaires-Press-Release-at-Two-month-Covid-Pandemic-FINAL.pdf
16. deutsch.rt.com/nordamerika/102741-bezos-gates-zuckerberg-land-unbegrenzten/
17. twitter.com/SenSanders/status/1306636390122303490

9

DIE KLEINE WELT DER GROSSEN ALLIANZEN

»Journalismus ist, etwas zu veröffentlichen, von dem andere nicht wollen, dass es veröffentlicht wird. Alles andere ist Propaganda.«
GEORGE ORWELL

Zu den großen Geldgebern der *World Health Organization* (WHO) gehören neben der *Bill & Melinda Gates Foundation* (BMGF) auch die mächtige *Global Alliance for Vaccines and Immunisation* (GAVI), die Globale Allianz für Impfstoffe und Immunisierung. Zu deren Gründungsmitgliedern zählen die BMGF, die WHO selbst, die *World Bank* und der *United Nations International Children's Emergency Fund*, kurz UNICEF genannt. Außerdem sind diverse Regierungen, »unabhängige Einzelpersonen«, Gesundheitsinstitute, zivilgesellschaftliche Organisationen und mehrere Pharmakonzerne wie *GlaxoSmithKline*, *Merck* oder *Pfizer* Teil des Impf-Bündnisses. Der Sitz der Lobbyorganisation befindet sich in Genf, direkt ums Eck der WHO.[1]

GAVI wurde wie die BMGF im Jahr 2000 gegründet, um den seit Ende der 1990er-Jahre stagnierenden und teilweise leicht rückläufigen Impfraten in den armen Ländern der Erde entgegenzutreten. Zu diesem Zweck erhielt die Allianz seit ihrer Gründung auf dem *World Economic Forum* in Davos auch reichlich Kapital.[2] Allein die *Bill & Melinda Gates Foundation* machte schon zu Beginn

750 Millionen US-Dollar für die Impfallianz locker.³ In den Jahren 2009 bis 2016 erhielt zum Beispiel keine andere Organisation so viel Geld von der BMGF wie GAVI. Während die Gates-Stiftung die Impfallianz in diesem Zeitraum mit über 3,15 Milliarden US-Dollar bezuschusste, erhielt die WHO knapp 1,54 Milliarden US-Dollar.⁴ Der GAVI-Beitrag Deutschlands sollte schon im Jahr 2015 »für die nächste Periode auf 600 Millionen Euro« erhöht werden. »Auch andere erhöhen ihre Beiträge in diesen Stunden, weshalb ich glaube, dass wir die 7,5 Milliarden Euro erreichen werden, die wir uns vorgenommen haben«, so Bundeskanzlerin Angela Merkel damals. Und Merkel forderte schon fünf Jahre vor Corona: »Wir brauchen schnell verfügbares medizinisches Personal, Ärzte und Pflegekräfte, die sich bereit erklären, einen Bereitschaftsdienst zu übernehmen, um im Krisenfall sofort einsatzfähig zu sein.« Außerdem müssten wir die Möglichkeiten beschleunigen, »medizinische Ausstattung und mobile Labore ohne Verzögerung in Krisengebiete verlegen zu können. Dazu bedarf es der hierzu notwendigen Logistik.« [...] GAVI spiele »eine wichtige Rolle bei der Durchführung von Impfkampagnen«.⁵

Geschäftsführer von GAVI ist Seth Berkley. Berkley war bereits für die US-Gesundheitsbehörde *Centers for Disease Control and Prevention* (CDC) tätig, leitete einige Jahre die *Health Sciences Division* in der *Rockefeller Foundation* und ist Mitglied im *Council on Foreign Relation* (CFR), einer privaten US-amerikanischen Denkfabrik zu hauptsächlich außenpolitischen Themen.⁶/⁷ Das CFR möchte, so die Eigendarstellung, »Politikern, Wirtschaftsführern, Journalisten und der Öffentlichkeit« mit seinen Programmen »Analysen und Empfehlungen«, unter anderem auch zu »gesundheitlichen Herausforderungen einer globalisierten Welt«, anbieten, die »unabhängig« seien. Zu diesen Herausforderungen gehörten auch »Infektionskrankheiten, die Grenzen überschreiten« und den Handel oder Reiseverkehr betreffen. Die sich wandelnden Gesundheitsbedürfnisse würden neue Anforderungen an internationale Institutionen und

Initiativen stellen. »Durch rigorose Forschung, Artikel und Online-Interaktionen arbeiten die Experten des CFR daran, evidenzbasierte Analysen und fundierte Entscheidungen im Bereich der globalen Gesundheit voranzubringen.«[8]

GAVI ging vor Corona übrigens von einem abnehmenden Bedarf an Impfungen beziehungsweise Impfstoffen aus, da 22 Länder im Jahr 2020 die GAVI nicht länger unterstützen wollten. Und das hörte sich für das Geschäft ganz und gar nicht gut an. GAVI hatte sich allerdings ein Ziel gesetzt: eine beispiellose Ausweitung des Impfschutzes gegen alle Krankheiten, die durch Impfungen vermeidbar seien. Dies würde »zu einem wirtschaftlichen Nutzen zwischen 80 und 100 Milliarden US-Dollar führen«. Um dieses Ziel zu erreichen, müssten »alle Partner mutige Investitionen tätigen«. Es sei auch sicherzustellen, dass die Gewinne und Investitionen der letzten 15 Jahre aufrechterhalten werden, damit die Länder »ihre Durchimpfungsrate« erhöhen und schließlich ihre Impfprogramme selbst voll finanzieren können. Dafür sei die konsequente Unterstützung der 22 Länder von »entscheidender Bedeutung«. Das formulierte die für eine öffentlich-private Partnerschaft werbende Impfallianz in »The 2016-2020 Investment Opportunity«.[9]

Doch dann kam bekanntlich alles anders beziehungsweise noch viel besser: Bei einer ersten internationalen Corona-Geberkonferenz wurden der Allianz um die 7,7 Milliarden Euro zugesichert, vielleicht auch mehr.[10] Vertreter von mehr als 50 Ländern hatten sich dafür online »zusammengeschaltet«. Bei einer weiteren Corona-Geberkonferenz sollen es um die 15 Milliarden Euro gewesen sein. »Genau weiß man das nicht, aber das ist auch zweitrangig, geht es doch zum größten Teil ohnehin um vage Zusagen, Garantien und Mittel«, die sowieso schon zur Verfügung standen, wie die *NachDenkSeiten* schrieben. »Es soll – so melden es die großen Medien – um die Entwicklung eines Impfstoffes gegen Corona gehen. Bei den »Spendensammlern« selbst hört sich das anders an.« Wer weiß, wie viele Geberkonferenzen es in Zukunft noch geben wird. Wofür das

Geld eigentlich eingesammelt wurde, lässt sich selbst nach »ausgiebiger Lektüre« des rund 200-Seiten-Dokuments, das die Europäische Union und ihre Partner dafür zur Verfügung gestellt haben, nicht beantworten. »Ins Leben gerufen wurde die Aktion mit dem Namen ›Global Response‹ von der WHO und privaten Organisationen wie der *Bill & Melinda Gates Foundation*. Allein das wirft Fragen auf – vor allem die nach den Zuständigkeiten und der Kontrolle«, so die *NachDenkSeiten* über die Spendenaktionen.[11] Der britische Premierminister Boris Johnson bezeichnete GAVI als eine »lebensrettende Allianz«, die gestärkt werden müsse. Außerdem sei jetzt »eine neue Ära der globalen Gesundheitszusammenarbeit« einzuleiten. Dies sei »das wichtigste gemeinsame Unterfangen unseres Lebens«, so Johnson.[10]

So ganz nebenbei wies die WHO bei dem ganzen Hype um einen Corona-Impfstoff darauf hin, dass aufgrund der Corona-Pandemie die Routine-Impfungen bei rund 80 Millionen Kindern unterbrochen wurden.[10]

Beide Organisationen, GAVI und die BMGF, zählen auch noch zu den Finanziers und Partnern der auf dem *World Economic Forum* im Januar 2017 gegründeten *Coalition for Epidemic Preparedness Innovation* (CEPI), um Impfstoffe für Krankheiten zu entwickeln, die die WHO als pandemisch einstuft.[12] So verteilt CEPI Forschungsgelder an Pharma- und Biotechunternehmen für die Entwicklung von Impfstoffen, auch gegen COVID-19. Zudem war die BMGF an der Gründung von *Grand Challenges* beteiligt, einer Initiative, die Wissenschaftler miteinander verbindet, um die weltgrößten Probleme anzugehen. Dadurch erhält Bill Gates hin und wieder weitere Möglichkeiten, sich diskret mit Regierungschefs wie Kanzlerin Angela Merkel, der norwegischen Premierministerin Erna Solberg oder dem Generaldirektor der WHO, Tedros Adhanom Ghebreyesus, zu besprechen. Das geht, da Treffen von *Grand Challenges* schon einmal zusammen mit dem *World Health Summit* veranstaltet werden. In Berlin zum Beispiel. Hinter dem *World Health Summit* steht wiederum die *M8 Alliance of Academic Health Centers, Universities and National Academies*, ein »wachsendes Netzwerk« mit einem »Agenda-Setting für globale Gesundheitsverbesserung«. Mitglieder dieses internationalen Zusammenschlusses wissenschaftlicher Institutionen sind dann, wenig überraschend, diverse von der BMGF begünstigte Einrichtungen wie die *Charité – Universitätsmedizin Berlin*, die *Johns Hopkins University Bloomberg School of Public Health* und das *Imperial College London*. Der Kreis schließt sich an dieser Stelle aber noch lange nicht.[14]

Da ist zum Beispiel noch das Bündnis *Identity 2020 Systems*, auch ID 2020 genannt, gegründet von *GAVI*, *Microsoft*, der *Rockefeller Foundation*, der im Silicon Valley ansässigen Beratungsfirma *IDEO* und von *Accenture*, einem mittlerweile in Irland sitzenden Technologie- und Beratungskonzern.[15] Partner und Teilnehmer von ID 2020 sind unter anderem Hilfsorganisationen wie *Mercy Corps*, die *Grameen Foundation*, das Start-Up *Simprints* für biometrische Fingerabdrücke der *University of Cambridge*, *Mastercard*, *Microsoft*, *PricewaterhouseCoopers*, *Cisco Systems*, das *National Cybersecurity Center* sowie das *International Computing Center*.[16] Und welches Ziel hat diese ID 2020? Die Allianz mit der Jahreszahl der Corona-Krise im Namen widmet sich der Erforschung und Anwendung einer Kombinationsimpfung mit unter der Haut einsetzbaren Mikrochips zur digitalen Identifikation. Die Immunisierung der Menschen gegen COVID-19 soll mit digitaler Biometrie zu ihrer Erfassung kombiniert werden. Oder wie es der *Saarländische Rundfunk* zusammenfasst: »ID 2020 ziele darauf ab, jedem Menschen auf der Erde eine digitale Identität zu verpassen, deren Daten in einer Cloud abrufbar seien. Erste Versuche habe es bereits an Kindern in Bangladesh gegeben, denen bei der Impfung gleichzeitig ein ›Marker‹ injiziert worden sei.«[17] Zur Erinnerung: Die an der *ID 2020 Alliance*-Gründung beteiligte *Rockefeller Foundation* hat sich als Initiator des düsteren Pandemie-Szenarios »Lock Step« im Jahr 2010 schon laut und deutlich für mehr Kontrolle der Menschen begeistert, etwa mittels biometrischer Ausweise und ohne hinderliche Individualrechte.

In ihrem zehn Punkte umfassenden »Alliance Manifesto« behauptet die ID 2020 jedenfalls, es sei ein »grundlegendes und universelles Menschenrecht«, seine Identität zu bestätigen. Individuen bräuchten einen vertrauenswürdigen und überprüfbaren Weg, »um zu beweisen, wer sie sind, sowohl in der physischen Welt als auch online«. Denn schließlich wären mehr als 1 Milliarde Menschen nicht in der Lage, ihre Identität nachzuweisen, oder könnten sich nicht auf nationale Identifikationssysteme verlassen – die meisten davon Kinder, Jugendliche, Flüchtlinge oder Staatenlose.[18] Eine solche Aussage steht allerdings in keinem der 30 Artikel der »Allgemeinen Erklärung der Menschenrechte« vom 10. Dezember 1948.[19] Mit Menschenrechten hat diese Dystopie, unter der Haut einsetzbare biometrische Identifikationschips mit in Konzern-Clouds gespeicherten Daten, gar nichts zu tun. Ganz im Gegenteil: Die ID 2020 verstößt vielmehr gegen Kinderrechte und das Recht auf körperliche Unversehrtheit. Die ID 2020 unterstütze zwar Bemühungen, den Zugang zu nationalen Identitätsprogrammen zu erweitern, doch sei es »unerlässlich, diese Bemühungen durch die Bereitstellung einer Alternative« zu ergänzen. Unerwähnt bleibt, dass dann wenige IT-Monopolisten und Behörden in den USA Zugriff auf die Daten hätten. Schließlich berge digitale Identität auch »erhebliche Risiken, wenn sie nicht durchdacht und sorgfältig umgesetzt wird«. Die Risiken des Datenmissbrauchs, »insbesondere wenn digitale Identitätssysteme als große zentralisierte Datenbanken konzipiert sind«, würde man aber nicht unterschätzen, denn technisches Design könne diese Risiken ja mindern. »Damit digitale Identitäten allgemein als vertrauenswürdig und anerkannt gelten können«, sei also »eine nachhaltige und transparente Zusammenarbeit« notwendig.[18]

Im Jahr 2017 schrieb *Heise online* unter dem Titel »ID 2020: Blockchain-Ausweis für Milliarden«, dass *Microsoft* und *Accenture* auf dem ID 2020-Gipfel bei den *United Nations* (UN) den ersten Prototypen einer digitalen Ausweislösung mit biometrischen Daten vorgestellt haben. Das Projekt ist Teil eines UN-Plans und soll »allen Menschen

Zugriff auf staatliche Infrastrukturen geben«. Das Unternehmen *Accenture* hätte für den UN-Hochkommissar sogar schon ein ID-System entwickelt, mit dem 1,3 Millionen Geflüchtete in 29 Ländern erfasst wurden und das bis zum Jahr 2020 auf 75 Länder ausgeweitet werden soll. Das System wäre geeignet, Milliarden Menschen zu erfassen sowie deren Daten zu verwalten. Als Identitätsdaten gelten übrigens Informationen über Bankkonten, Gesundheitsdaten sowie alles, was mit einem Smartphone, das biometrisch mit dem Benutzer verbunden ist, so gemacht werden kann. *Accenture* teilte zudem mit, mit ID 2020 könne man neben Fingerabdrücken auch weitere Informationen wie Iris-Scans verwalten. Als erstes Land hatte Indien bereits im Jahr 2010 mit der systematischen Erfassung von Iris-Scans der eigenen Bevölkerung begonnen. Und Iris-Scans sind ja mittlerweile an jedem internationalen Flughafen Standard: ob in Bangkok, Dubai oder Istanbul. Für das Jahr 2020 plante die ID 2020 auch schon einen Prototypen, um in ein paar Jahren »einen digitalen Identitätsnachweis für jeden Menschen« bereitstellen zu können. Allerdings müssten die Staaten noch mitziehen.[20]

Während die ID 2020 mit Partnern wie dem *International Rescue Commitee* fleißig testet, bietet sie rund 35.000 Vertriebenen des Lagers Mae La in Thailand eine »digitale Identitätsplattform« an.[21] Die Verantwortlichen in Bangladesch äußerten, sie wären gerne dabei behilflich, ein wenig Pionierarbeit zu leisten. Auf dem jährlichen Treffen der Allianz im Jahr 2019 in New York kündigten GAVI, weitere Partner und die Regierung von Bangladesch die Einführung eines digitalen Identitätsprogramms für Babys an. Man würde die Möglichkeit erkennen, dass Immunisierung als Plattform digitaler Identität dienen kann. Das zur Verfügung gestellte Programm nutze bestehende Maßnahmen zur Impf- und Geburtenregistrierung, um Neugeborenen in Bangladesch eine dauerhafte und tragbare, biometrisch verknüpfte digitale Identität zu geben. Ob die Kinder das nun wollen oder nicht. »Wir implementieren einen zukunftsweisenden Ansatz«, so Anir Chowdhury von *Access to Information* (a2i), einem anderen ID 2020-Partner.[22]

Laut Seth Berkley leben immerhin 89 Prozent der Kinder und Jugendlichen in von GAVI unterstützten Ländern ohne Ausweis. »Wir sind begeistert von der potenziellen Wirkung dieses Programms nicht nur in Bangladesch, sondern als etwas, das wir in allen GAVI-berechtigten Ländern wiederholen können und das einen gangbaren Weg zur Schließung der Identitätslücke bietet«, so Berkley. Es sei endlich »Zeit für mutige Verpflichtungen«, meinte auch Dakota Gruener, die Direktorin von ID 2020.[22] Schnelles Handeln sei von Bedeutung und, zusammen mit neuen Allianzpartnern wie der Stadt Austin im US-Bundesstaat Texas, sei man dazu entschlossen. Die Stadt Austin arbeitet seit einiger Zeit an einem sogenannten MyPass, einer digitalen Identitätsplattform für Obdachlose. Partner der Stadt Austin sind der *National Innovation Service* und die *Dell Medical School* der *University of Texas at Austin*. Die Schule verdankt ihren Namen der *Michael & Susan Dell Foundation*, also der Stiftung eines weiteren milliardenschweren »Philanthropen«, dem Gründer von *Dell Technologies*, Michael Dell. Dell sicherte der Schule in US-Philanthrophen-Tradition im Jahr 2013 für die nächsten 10 Jahre insgesamt 50 Millionen US-Dollar zu. Außerdem hat auch Dells Vermögen von März bis Dezember 2020 auf knapp 40 Milliarden US-Dollar zugelegt und sich somit nahezu verdoppelt.[22/23/24]

Und darum geht es bei MyPass: Es wird »eine Blockchain-fähige Plattform geschaffen, die persönliche Dokumente speichert, sichert, validiert und automatisch verpackt, um den Zugang der Bewohner zu Sozial- und Gesundheitsdiensten zu erleichtern, die für die Beendigung der Obdachlosigkeit besonders wichtig sind, wie zum Beispiel Wohnraum, Sozialleistungen und Zugang zu medizinischer Versorgung.« In einer Testphase werden die Informationen der Obdachlosen, »sicher und dauerhaft gespeichert«. Dabei »werden Dokumente mit einem Konto verknüpft, das auf jedem Gerät zugänglich ist«. Somit behielte der Obdachlose immer das volle Eigentum an personenbezogenen Daten, auch wenn er nicht mehr obdachlos ist, und könne die Daten jederzeit entfernen, heißt es auf der offiziellen Seite der »City of Austin«. Da stellt sich die Frage: Soll es Sozialleistungen in Zukunft nur noch im Austausch gegen Identitäten geben? Kerry O'Connor, »Chief Innovation Officer« von Austin, will jedenfalls, dass die Obdachlosen in Zukunft »ihre eigenen Daten besitzen und die einzige Quelle ihrer eigenen Wahrheit« sind. Was O'Connor aber vergaß: In der analogen Welt sind und bleiben die Menschen grundsätzlich die einzigen Chefs ihrer ganz eigenen Daten.[25/26]

Gefördert wird das Projekt der Stadt Austin übrigens noch von einer weiteren Stiftung, der *Robert Wood Johnson Foundation* (RWJF). Die *Robert Wood Johnson Foundation* ist immerhin die größte »philanthropische US-Stiftung«, die sich einzig auf den Bereich Gesundheit fokussiert. Die Stiftung gehört zum Konzern *Johnson & Johnson*, einem der weltgrößten Arzneimittelhersteller und Teilnehmer des Pandemie-Planspiels »Event 201«.[26/27]

Schon lange ist bekannt, dass die Pharmalobby beziehungsweise die Pharmaindustrie einen enormen Einfluss auf gesundheitspolitische Entscheidungen hat. Dazu hat der deutsch-französische Fernsehsender *arte* den Dokumentarfilm »Big Pharma – Die Allmacht der Konzerne« gedreht und schreibt: »Einigen Konzernen gelingt es, Forschung, Gelder und Krankenkassen für die Förderung ihrer teuersten Medikamente zu gewinnen. Anderen wurde nachgewiesen, Nebenwirkungen vertuscht zu haben. Der Kampf gegen COVID-19 stachelt die Gier der Pharmakonzerne weiter an. [...] Eine Handvoll Großkonzerne, auch Big Pharma genannt, stellen den Großteil der Medikamente auf dem Weltmarkt her. Sie sind reicher und mächtiger denn je und können über die Gesundheitspolitik von Regierungen entscheiden.«

....

1 www.gavi.org/governance/gavi-board/composition
2 de.wikipedia.org/wiki/Gavi,_die_Impfallianz (abgerufen am 10. Dezember 2020)
3 www.gavi.org/operating-model/gavis-partnership-model/bill-melinda-gates-foundation
4 en.wikipedia.org/wiki/Bill_%26_Melinda_Gates_Foundation (abgerufen am 11. Dezember 2020)

5. www.bundeskanzlerin.de/bkin-de/aktuelles/rede-von-bundeskanzlerin-merkel-zur-gavi-wiederauffuellungskonferenz-am-27-januar-2015-434596
6. www.gavi.org/sites/default/files/about/operating/Gavi-CEO-Dr-Seth-Berkley-biography-August-2020.pdf
7. www.cfr.org/membership/roster
8. www.cfr.org/programs/global-health-program
9. www.gavi.org/sites/default/files/document/2019/Executive%20Summary%202016-2020%20GAVI%20Alliance%20Investment%20Opportunity.pdf
10. www.tagesschau.de/ausland/impfgipfel-103.html
11. www.nachdenkseiten.de/?p=62452
12. www.gavi.org/news/media-room/coalition-epidemic-preparedness-innovation-turns-iffim-accelerate-funding-new
13. www.welt.de/wissenschaft/article182179314/Bill-Gates-haelt-Bevoelkerungswachstum-in-Afrika-fuer-grosse-Herausforderung.html
14. www.worldhealthsummit.org/m8-alliance.html
15. id2020.org/alliance
16. www.reuters.com/article/us-microsoft-accenture-digitalid-idUSKBN19A22B
17. www.sr.de/sr/sr2/themen/politik/20200525_kruchem_thomas_ueber_bill_gates_interview_100.html
18. id2020.org/manifesto
19. www.ohchr.org/EN/UDHR/Documents/UDHR_Translations/ger.pdf
20. www.heise.de/newsticker/meldung/ID2020-Blockchain-Ausweis-fuer-Milliarden-3751102.html
21. id2020.org/projects
22. www.prnewswire.com/news-releases/id2020-alliance-launches-digital-id-program-with-government-of-bangladesh-and-gavi-announces-new-partners-at-annual-summit-300921926.html
23. dellmed.utexas.edu/about/mission-and-vision/history
24. www.forbes.com/real-time-billionaires/#607269283d78 (abgrufen am 11. Dezember 2020)
25. projects.austintexas.io/projects/mypass-digital-identity/about/overview/
26. medium.com/id2020/welcome-the-city-of-austin-to-the-id2020-alliance-76b0ebe6776
27. en.wikipedia.org/wiki/Robert_Wood_Johnson_Foundation (abergufen am 11. Dezember 2020)
28. www.arte.tv/de/videos/085428-000-A/big-pharma/

⑩
TICKETS TO DYSTOPIA

»Regiert zu werden bedeutet, beobachtet, untersucht, ausgeforscht, beauftragt, untergeordnet, befohlen, benannt, unterwiesen, beschwatzt, überwacht, besteuert, geprüft, beschränkt und herumgeschickt zu werden von Männern, die dazu weder das Recht und das Wissen noch die Tugend haben. Das ist Herrschaft, das ist ihr Recht und ihre Moral.«
PIERRE-JOSEPH PROUDHON

Weil in Thailand die Flüchtlinge mit chronischen Erkrankungen vom *International Rescue Commitee* deutlich besser betreut wurden, freue man sich nun darauf, das Programm zur digitalen Identifizierung »in den kommenden Monaten auf Bildungs- und Lebensunterhaltsdienste sowie auf alle Einwohner auszuweiten«, verriet Larry Dohrs, Vizepräsident von *iRespond,* einem Partnerunternehmen der *World Health Organization* (WHO), der *Johns Hopkins Bloomberg School of Public Health* oder der *United Nations Migration Agency* 2019 auf dem ID 2020-Treffen in New York. Und Gautam Ramnath, Direktor für Partnerschaften bei *Everest,* einem weiteren ID 2020-Partner, ergänzte, 5000 Haushalte erhielten durch digitale Identitäten bereits Zugang zu äußerst wichtigen Energiesubventionen und weiteren Dienstleistungen. So könne man unter anderem auch Finanztransaktionen ohne Smartphone verwalten.[1]

Der Wirtschaftsjournalist Norbert Häring weist in diesem Zusammenhang auf ein Pilotprojekt des *World Economic Forum* (WEF) mit den Regierungen von Kanada und der Niederlande, den Fluglinien *Air Canada, KLM Royal Dutch Airlines* und Technologieunternehmen wie *Accenture* hin. Unter dem Namen *The Known Traveller*

Digital Identity (KTDI) könnten »letztlich alle international reisenden Weltbürger genötigt werden«, Daten über sich zu sammeln und bei Grenzübertritten herauszugeben. »Wenn das einmal etabliert ist, solle es auf alle möglichen weiteren Anwendungsgebiete ausgedehnt werden.« Es bestehe die Gefahr, dass US-Konzerne wie eine virtuelle Passbehörde dann sogar physische Kontakte der Träger diverser technischer Geräte erfassen und auswerten können. Ein deutsches Konsortium unter Beteiligung einer *Lufthansa*-Tochter und der *Boston Consulting Group* habe bereits mit dem Aufbau eines digitalen Seuchenpasses begonnen, der dazu genutzt werden kann, »Zutritt zu einem Arbeitsplatz, einer Großveranstaltung oder dem Flugzeug« zu bekommen. Die über eine Blockchain zugänglichen Informationen werden dabei in einer Cloud auf den Servern von *Amazon* oder *Microsoft* gespeichert. Da die Daten in der Regel bei US-Konzernen liegen, würde Identität teilweise oder sogar ganz von nationalen Regierungen losgelöst – mit Ausnahme der US-Regierung. Diese könnte den Konzernen dann »den Befehl geben, die Daten von Individuen oder Unternehmen auszulesen oder zu blockieren oder so zu manipulieren, dass die Betroffenen handlungsunfähig werden«. So stünden Menschen unter hoheitlicher US-Gewalt, auch wenn sie gar keine US-Bürger sind.[2/3]

Häring schrieb am 9. Dezember 2020: »*Lufthansa* ist immer vorne mit dabei: […] Jetzt setzt sie als eines der ersten Unternehmen in Europa im großen Maßstab die ID 2020- und Known-Traveller Konzepte zur automatisierten Totalüberwachung um. Die Impfpflicht für alle Flugreisenden könnte bald folgen. Es lässt mich schaudern, in welchem Tempo das US-amerikanische Totalüberwachungsprojekt ID 2020 weltweit umgesetzt wird. […] Die *Lufthansa* ist wichtigstes Mitglied der *Star Alliance* von 26 Fluggesellschaften. Sie bietet seit neuestem den Service an, dass man sich bei *Star Alliance Biometrics* mit einem Handy-Gesichtsfoto und Ausweisdaten registrieren kann. Dann kann man in Frankfurt und München ohne Vorzeigen des Boarding Passes am Gate ins Flugzeug. Demnächst soll man so auch etwas schneller durch die Sicherheitskontrollen, in VIP-Lounges oder zur Gepäckabgabe kommen. Der Nutzen für die Passagiere ist kaum existent. Seine Bordkarte muss man trotzdem bei sich haben. Sicherheitskontrollen sind trotzdem nötig. Wenn es Vorteile bringt, dann nur zu Lasten anderer, wenn den Freiwilligen erlaubt wird, an den Schlangen vorbeizugehen. Das ist genau das Known-Traveller-Prinzip der (immer mehr) erzwungenen Freiwilligkeit.« Die *Star Alliance* verkaufe ihre »gruselige Innovation« als eine Reaktion auf die COVID-19-Bedrohung, da biometrische Technologie wichtig für »Sicherheit, Bequemlichkeit und Hygiene« sei. Außerdem käme man durch berührungsloses Reisen dem Wunsch der Passagiere nach. Sonderbar ist, so Häring, »dass die Plattform in Auftrag gegeben wurde, bevor Normalsterbliche etwas von der bevorstehenden Pandemie wissen konnten«. Bereits im August 2019 wurde die »Entwicklung der *Star Alliance Biometrics*-Plattform bekanntgegeben. Noch hartnäckigere VerschwörungstheoretikerInnen als ich würden hier wahrscheinlich eine Parallele dazu ziehen, dass der Chef des Krisen, Notlagen & Business Continuity Managements der *Lufthansa* schon im Oktober 2019 als Teilnehmer des von Weltwirtschaftsforum und Gates-Stiftung organisierten Event 201 die Reaktion auf die Pandemie übte«, so Häring. Aber die einfache Wahrheit sei wohl eher, »dass all die Methoden zur automatisierten Überwachung, die jetzt unter dem Vorwand der Pandemiebewältigung im Rekordtempo eingeführt werden, in Wahrheit unabhängig von und lange vor dieser Pandemie geplant wurden. Weil momentan alles geht.« Und für den Chef des WEF, Klaus Schwab, sei durch Corona ohnehin möglich, was bis vor Kurzem undenkbar war. Es gebe gegenwärtig keine Tabus.[4]

Und die totalitäre Überwachungsfantasie mit dem Namen KTDI ist ab März 2021 bereits im Zugverkehr zwischen London und dem europäischen Festland Wirklichkeit.[5] Für Leute mit »Ich-hab-doch-nichts-zu-verbergen-Attitüde« soll es in der St. Pancras International Station bei der Grenz- und Ticketkontrolle ganz schnell gehen.

Das rasche Einsteigen vermeide ja auch Warteschlangen und diene der Seuchenbekämpfung. Auch hier muss man »nur einmal vorab ein geeignetes Porträtfoto und eine Kopie des Ausweisdokuments auf einen Regierungsserver hochladen. Dann kann man, anstatt sich in eine Schlange zu stellen, einen kameragespickten ›biometrischen Korridor‹ entlanggehen, ohne ein Dokument vorzeigen zu müssen. Pass und Ticket werden dann erst am Zielort gebraucht, jedenfalls solange man dort noch nicht die schöne neue Totalüberwachungswelt« vorfindet, schreibt Häring dazu. Dieses ganze Prozedere funktioniere selbstverständlich mit einer Gesichtserkennungssoftware. Die Technologie solle zudem bemerken, ob jemand eine Maske oder ein Foto vor sein Gesicht hält. Außerdem, so ein Vertreter des Betreibers *Eurostar,* seien die Reisenden einverstanden, gefilmt zu werden. Das wüssten sie ja, bevor sie sich auf die Reise begeben. Das mit der Gesichtserkennungsfunktion beauftragte Unternehmen *iProov* wird unter anderem von Eddie Alleyn, mit 25-jähriger Dienstzeit im britischen Außen- und Verteidigungsministerium, sowie von Angela Sasse beaufsichtigt. Sasse leitet die Informationssicherheitsforschung am *University College London* und ist Direktorin des vom Geheimdienst *Government Communications Headquarters* (GCHQ) finanzierten *Research Institute for the Science of Cyber Security*.[6]

Das, was London nun für den *Eurostar*-Verkehr umsetzen will, folgt, abgesehen von der wohl nicht allzu ernst gemeinten Blockchain-Dateneigentums-Folklore, genau diesem Prinzip. Großbritannien zähle neben China ohnehin schon zu den Ländern mit der höchsten Dichte an Überwachungskameras in Bezug auf die Bevölkerung, so Häring. Seit Jahren werde dort unter dem Vorwand, Temposünder zu erfassen, ohnehin praktisch der gesamte Autoverkehr mit Kameras zur »Kennzeichen-Erkennungsfunktion« aufgezeichnet. Auch in Deutschland. Und in China wurde schon in einigen Landesteilen ein sogenanntes Sozialkredit-System eingeführt, ein digitales Rating-System zur Kontrolle des sozialen und politischen

Verhaltens der Bürger. Offiziell soll es zur Ermittlung der »sozialen Reputation« jedes Einzelnen dienen.[6]

Heise online schrieb am 28. Dezember 2017: »Die eigene Bevölkerung mit einem Big-Data-Projekt zu kontrollieren ist eines der Vorzeigeprojekte der chinesischen Regierung. [...] So habe die chinesische Regierung mit einem Punktewert für Bürger ein System ersonnen, mit dem einerseits das Verhalten der Bevölkerung umfassend überwacht werde. Statt jedoch andere Meinungen mit staatlichen Mitteln wie Inhaftierung von Kritikern zu bekämpfen, werde mit dem Social Credit System der Bevölkerung ein Anreiz gegeben, sich aus eigenem Antrieb möglichst systemkonform zu verhalten.« Ab dem Jahr 2020 soll das System für »Bürger Chinas verpflichtend« sein. Und die Internetkonzerne des Landes mischen mit, wobei die »große Digitalisierungswelle« der Sache zugutekommt. »So werde im Alltag kaum noch Bargeld verwendet.« Verwendet werden neben »Daten aus konzerneigenen Diensten auch Informationen aus amtlichen Quellen wie Schuldnerregistern und Gerichtsdatenbanken«.[7] In dieses System werden staatliche und private Datenbanken, womöglich von Suchmaschinen wie *Baidu* (chinesisches Äquivalent zu *Google*), soziale Medien wie *Tencent* (chinesisches Äquivalent zu *Facebook*) sowie kommerzielle Plattformen wie *Alibaba* (chinesisches Äquivalent zu *Amazon*) integriert. Menschen mit einem zu geringen Punkte-Level müssen mit Einschränkungen im alltäglichen Leben, etwa beim »Zugang zu sozialen Dienstleistungen, der Arbeitsplatz- und Ausbildungssuche« rechnen oder dürfen das Land nicht mehr verlassen. Wer sich nicht wie gewünscht verhält, wird öffentlich geächtet, die Folgsamsten werden öffentlich gelobt, beispielsweise durch Abbildungen der Betroffenen auf großen Bildschirmen und Werbetafeln im öffentlichen Raum, oder sie erhalten Vorzüge.[8] »Bürger, die Unterhaltszahlungen für ihre Kinder schuldig geblieben sind«, können dagegen etwa »keine Fahrten in Hochgeschwindigkeitszügen buchen«. Der eigene Punktewert spielt auch bei Dating-Apps eine Rolle und hängt sogar vom »Punktewert der eigenen Freunde ab. So werden Menschen isoliert, die nicht dem Punkteschema entsprechen. Dennoch werde das System von der Bevölkerung überaus positiv gesehen«, schrieb *Heise online* damals.[7] Es ist ein Versuch totaler Kontrolle der Bevölkerung »mit einer quasi allgegenwärtigen Überwachung, aus deren Daten sich ein Großteil der Punktevergabe speist. Hierzu wird das soziale und politische Verhalten von Privatpersonen, Unternehmen und anderen Organisationen« analysiert.[8] Dieses System der Repression unterdrückt Individualität, Ideenreichtum sowie abweichende Meinungen. Die Länder Polen, Chile, Kambodscha und Sri Lanka, um nur ein paar Kandidaten zu nennen, sind am chinesischen Sozialkredit-System interessiert. Und die *Rockefeller Foundation* hat den autoritären chinesischen Führungsstil gelobt sowie zur Nachahmung empfohlen.

Auch der *San Francisco Chronicle*, die »Hauszeitung des Silicon Valley«, ist von Totalüberwachung begeistert. Dort erschien am 16. August 2020 ein Interview mit Peter Schwartz. Schwartz »arbeitet für und zieht an einem Strang mit der *Rockefeller Stiftung*, *Deloitte* und vielen mächtigen Kooperationspartnern, darunter die *Gavi*-Impfallianz und *Accenture*«. Er war auch an der Erstellung eines weiteren auf »Paranoia« aufgebauten Pandemie-Überwachungsszenarios namens »Lone Wolves« (im Rahmen von »The world remade by COVID-19) vom 6. April 2020 beteiligt.[9/10/11] Und »die komplizenhaft-freundliche« *Chronicle*-Redaktion, so Häring, betitelte das Interview mit: »Es kommt noch mehr Überwachung. Warum das keine schlechte Sache sein könnte.« Auf die Frage, ob uns Überwachung retten würde, antwortet Schwartz: »Wir haben uns mit dieser wichtigen Frage in Minority Report [Schwartz hat die Macher des Films beraten] beschäftigt. Das war eindeutig eine Überwachungsgesellschaft. Was wir daran falsch verstanden haben: es war nicht Washington D. C., es war das heutige Beijing. [...] Wir werden nach und nach sehr viel mehr Überwachung akzeptieren. Und am Ende wird es uns nicht stören, weil es – für die meisten Menschen in den meisten Situationen – mehr nützt als schadet.« Angst vor Totalüberwachung bräuchte man »also nur in China mit seiner bösen Regierung haben«, nicht aber »in den USA mit seiner guten Regierung«, schreibt Häring über das Interview mit Schwartz, der Datenmissbrauch fast komplett ausschließt. Denn, so Schwartz zur digitalen Überwachung: »Für 99 Prozent der Menschen wird es in 99 Prozent der Fälle bedeuten, dass sie ihr Ticket nicht vorzeigen müssen; es bedeutet, dass man am Supermarkt nicht an die Kasse muss; es bedeutet, dass jemand, der das Fahrrad Ihres Kindes gestohlen hat, dabei gesehen worden ist. Ach ja, und dass kranke Menschen entdeckt werden, bevor ich ein Flugzeug betrete.« Man müsse »annehmen, dass jeder alles weiß«, so »Senior Vice President« für strategische Planung des Cloud-Anbieters *Salesforce*, Peter Schwartz.[9/10]

Mit einem solchen System könnten soziale Bewegungen, zum Beispiel gegen ausufernde Polizeigewalt in den USA, gegen die Corona-Restriktionen in Deutschland oder die Gelbwesten in Frankreich, ob mit oder ohne Pandemie-Notstandsgesetze, schon im Keim erstickt werden.

Die Virusbekämpfung Chinas hat das *World Economic Forum* ohnehin schwer beeindruckt: »von dem heiklen Spagat, den die chinesische Regierung zwischen der Wiederbelebung des Wirtschaftswachstums und dem Schutz der öffentlichen Gesundheit unternimmt«. Viele Länder könnten »aus Chinas Erfahrung lernen«. In China wurde das Corona-Problem rasch unter Kontrolle gebracht, auch wenn es nur an einer weniger hektischen und seriöseren Zähl- und Testweise gelegen haben mag. Wie China sollten auch andere Länder »Drohnentechnologie in ihre Pläne zur Eindämmung künftiger Pandemien einbeziehen«, so das WEF. »Diese ersten Experimente könnten als Modell für andere Länder dienen, die auf die aktuelle Gesundheitskrise reagieren wollen. Längerfristig können sie Lehren daraus ziehen.« Außerdem wäre »drone spray« fünfzig Mal effizienter als »people spraying« und »Drohnenlieferungen von Konsumgütern sollen sicherstellen, dass Menschen Zugang zu Lebensmitteln und anderen Gütern haben – und es Bürgern erleichtern, sich an Empfehlungen zu halten, die den menschlichen Kontakt einschränken«. Könnte darin eine Warnung verborgen sein, womöglich nach dem Motto: Wer nicht folgt, erhält auch keine Drohnenpost mehr und muss schauen, wie er auf sich allein gestellt zurechtkommt? Den *Amazon*-Konzern dürfte die Drohnen-Begeisterung des *World Economic Forums* freuen. Verscherzen sollte man es sich als Bürger mit *Amazon* und anderen Groß-Drohnenlenkern also besser nicht.[12/13]

Nicht nur zu enger mitmenschlicher Kontakt, sondern auch das Bargeld ist seit Neuestem lebensgefährlich. Die Zentralbank Chinas gab vor dem Hintergrund der Corona-Pandemie Pläne bekannt, den bargeldlosen Zahlungsverkehr beschleunigen zu wollen. Rechtzeitig zu den Olympischen Winterspielen im Jahr 2022 möchte man eine digitale Währung einführen. Laut Yi Gang, dem Gouverneur der Zentralbank der Volksrepublik, laufen in Shenzhen, Suzhou und Chengdu sowie in Xiong'an bereits Versuche, einen digitalen Yuan zu etablieren. Der digitale Yuan ist mit den Telefonnummern von Smartphone-Inhabern gekoppelt, »wobei die Transaktionen über eine App abgewickelt werden. Die Nutzer werden Geld zwischen den Konten transferieren, indem sie Telefone anwählen, ähnlich wie bei einem physischen Bargeldwechsel.« Doch ein Haken existiert: »Eine Telefonnummer allein lässt nur kleinere Transaktionen zu, während die Vorlage eines Identitätsnachweises das Limit erhöht.« Ein persönliches Gespräch mit einem Bankvertreter könne die Obergrenze jedoch vollständig aufheben. Laut Eddie Yue, Chef der Hongkonger Währungsbehörde, sei »die Popularität neuer Zahlungstechnologien gestiegen, da die Verbraucher aufgrund wachsender Bedenken in Verbindung mit dem Coronavirus digitale Währungen dem physischen Bargeld vorziehen«, heißt es bei *Russia Today*.[14]

Und das *Handelsblatt* meldete am 25. Oktober 2020: »China testet seine Digitalwährung.« Die Volksrepublik als offizieller Ausgangspunkt der Corona-Pandemie »prescht voran mit ihrer Digitalwährung. Im bislang größten Feldversuch verteilt die Regierung im südchinesischen Shenzhen erste E-Yuan.« Die digitale Währung ist allerdings keine Krypto-Währung wie Bitcoin oder Etherum, sondern eine digitalisierte Version der Landeswährung Renminbi, international als Yuan bekannt. Nach einer Studie der *Bank für Internationalen Zahlungsausgleich* (BIZ), der Dachorganisation der Notenbanken, »befassen sich 80 Prozent der Notenbanken weltweit mit dem Thema Digitalwährung. Jede fünfte von ihnen geht davon aus, dass sie innerhalb der nächsten sechs Jahre eine Digitalwährung für den privaten Gebrauch herausbringt.« Auch andere Nationen wie die USA und Schweden arbeiten konkret an Digitalwährungen, um das Bargeld abzuschaffen. Die *Europäische Zentralbank* (EZB) möchte die Einführung des digitalen Euro als Zahlungsmittel binnen eines Jahrzehnts umsetzen. Eine sechsmonatige Testphase soll laut *Business Insider* bereits für Mitte des Jahres 2021 geplant sein.[15] Hintergrund für die Eile Pekings und der EZB in Sachen Digitalwährung sei aber auch »die Verkündung von *Facebook*, schon bald seine eigene Digitalwährung« namens Diem (ehemals Libra oder FacebookCoin) auf den Markt zu bringen. Shenzhen ist Chinas Technologiezentrum und Sitz von Konzernen wie *Huawei* oder *Tencent*. Der Leiter der Forschungsgruppe Asien bei der *Berliner Stiftung für Wissenschaft und Politik*, Hanns-Günther Hilpert, meint, Europa sollte seine Bemühungen beschleunigen. Hilpert glaubt, dass China seine Digitalwährung »innerhalb der nächsten Jahre flächendeckend eingeführt haben wird«. Eine Digitalwährung könnte aber »nicht nur dabei helfen, Schwarzhandel und Korruption aufzudecken, sondern auch, um soziale Kontrolle auszuüben oder Material zu sammeln, um politische Gegner zu erpressen«, so Hilpert. Das *Handelsblatt* schrieb: »Mit einer digitalen Währung kann der ausgebende Staat jederzeit bei jedem einsehen, was man wo und wann kauft oder wem man wie viel Geld gibt.« In diesem Zusammenhang befragt das *Handelsblatt* einen chinesischen Ladenbesitzer, ob er sich wegen der Digitalgeld-Pläne der Regierung nun um seine Privatsphäre sorge. Dieser »beantwortet die Frage mit einer Anekdote. Ihm sei letztens Geld gestohlen worden, sagt er und schüttet sich und seinen Gästen noch etwas schwarzen Tee in die Gläser. Als er bei der Polizeistation die Videoaufnahmen eingesehen hat, um herauszufinden, wer der Dieb war, sah er, wie viele Bildschirme sie dort hatten – eine Wand so groß wie sein ganzer Laden, sagt er und macht eine ausladende Geste mit seinen Armen. ›Sie sehen alles‹, die Digitalwährung mache da keinen Unterschied mehr.«[16] Der *Business Insider* schreibt über den chinesischen Ansatz einer Geld-Revolution: »Schon jetzt nutzen viele Chinesen beim Einkaufen ihr Smartphone und bezahlen über die Dienste *Alipay*, der Zahlungsdienstleister des von Jack Ma gegründeten Unternehmens *Alibaba*, oder mit *Wechat*, das chinesische *Whatsapp*.«[17]

In Sachen Bargeldabschaffung existiert schon länger eine ziemlich breite internationale Front. Der britische *Telegraph* schrieb am 2. März 2020, selbst die WHO empfehle, jetzt besser bargeldlos zu zahlen, »selbstverständlich« nur, um das Ansteckungsrisiko mit dem Coronavirus zu verringern. Die Nationalbanken in China und Südkorea haben sogar Quarantäne-Vorschriften für Papiergeld erlassen: Banknoten wurden desinfiziert und zwei Wochen eingelagert. Auch in den USA schickte die Nationalbank Geldscheine in Quarantäne und die *Bank of England* appellierte an ihre Kunden, nach dem Kontakt mit Bargeld die Hände bitte recht gründlich zu waschen, was den Ruf des Bargelds nur noch weiter beschädigte. Eine bargeldlose Welt dürfte sich für Banken und Bankenbesitzer ganz besonders lohnen. Einer Untersuchung der Zentralbank von Finnland zufolge steigt die Verschuldung privater Haushalte durch digitale Zahlungsmethoden an, da die Menschen leichter Geld ausgeben, das sie gar nicht haben.[18/19] Die Banken könnten durch höhere Gebühren für Dispokredite und für jede digitale Transaktion ihre Gewinne steigern sowie ihre Filialen endgültig schließen. In der Schweiz kündigte die Großbank *Credit Suisse* im August 2020 die Schließung eines Viertels ihres Filialnetzes an mit dem Argument, sich dadurch besser auf die Großkunden konzentrieren zu können.

Damit entfallen rund 500 Stellen. Auch die Schweizer Großbank UBS mit Sitz in Zürich soll den Abbau rund eines Fünftels ihrer Landesfilialen planen.[20/21]

Unterstützung erhält dieses globale Anti-Bargeld-Vorhaben übrigens von einer mächtigen Allianz: der sogenannten *Better Than Cash Alliance*. Finanziert wird diese weltweite Vereinigung gegen das Bargeld, wenig überraschend, unter anderem von der *Bill & Melinda Gates Foundation*, der *United States Agency for International Development* (USAID), *Visa*, der *Citigroup* sowie *Mastercard*. Insgesamt zählte die bunte Anti-Bargeld-Allianz Anfang November 2020 75 Mitglieder, darunter die *United Nations* (UN), die *Clinton Development Initiative*, das *International Rescue Commitee*, *Save the Children*, *Care International*, die *European Bank for Reconstruction and Development*, die *Interamerikanische Entwicklungsbank*, das *World Food Programme*, Konzerne wie *Coca-Cola*, *H&M* und *Unilever* sowie hauptsächlich afrikanische, südamerikanische und asiatische Regierungen. Eingerichtet hat sich die *Better Than Cash Alliance* in den Räumen des *United Nations Capital Development Fund* in New York und arbeitet mit den UN, der *Global Partnership for Financial Inclusion* sowie direkt mit den G20 zusammen. Erklärtes Ziel dieser im Jahr 2012 gegründeten Koalition: ein rascher Übergang des Bargeldverkehrs zur digitalen Zahlungsweise – und das am besten weltweit.[22]

Es führen also mehrere Wege in eine Dystopie der Bits und Bytes mit unsichtbaren Ketten, ob ID-Chips, digitales Geld, das Sozialkredit-System oder die alltägliche Überwachung auf sämtlichen Plätzen und Geräten, kontrolliert von ein paar Konzernen, Milliardären und ihnen hörigen Regierungen. Bemerkenswert ist, dass Leitmedien, die beim chinesischen Sozialkredit-System vor einer totalen Kontrolle der Bevölkerung warnen, an den Vorhaben der ID2020 und der KTDI in der Regel wenig bis gar nichts auszusetzen haben. Jedenfalls warnt so gut wie keiner vor Fremdbestimmung und einem drohenden Kontrollverlust. Auch in Russland kündigte das Ministerium für Kommunikation die experimentelle

Anwendbarkeit neuer Digitalausweise an. Der sogenannte »Mobile Identifikator«, ein Reisepass, bestünde aus einem Code, einer digitalen Signatur und biometrischen Daten, die in einer Anwendung gesammelt werden. Diese Mobile ID könne man anstelle eines Reisepasses, etwa zur Unterzeichnung von Verträgen, bei der Polizei oder bei Ticket-Käufen vorzeigen. Nach Vorstellung der ID-Cards im Jahr 2019 teilten die russischen Behörden mit, ab 2022 auf Papierpässe verzichten zu wollen. Da man sich dabei nicht auf US-Konzerne verlassen möchte, dürfte Russland noch etwas länger nicht ohne Papier und analoge Möglichkeiten auskommen. Die Verantwortung für mögliche Datenlecks soll aber allein bei den Bürgern liegen. Dies sei, so *Russia Today*, allerdings etwas merkwürdig, da Daten immer von zwei Orten durchsickern könnten: »von der zentralen Datenbank, in der alles gespeichert ist, und vom Gerät des Benutzers«.[23]

Von Singapur berichtete die Nachrichtenagentur *Reuters* im August 2020 unter Berufung auf lokale Behörden, dass alle Einreisenden seit der Corona-Krise mit einer speziellen Überwachungssoftware oder mit elektronischen Armbändern ausgestattet werden. Im Sinne der Solidarität möchte man damit die Einhaltung von Quarantäne-Vorschriften erzwingen und überwachen. Staatsbürger Singapurs und Menschen mit Wohnsitz in Singapur erhielten damit die Möglichkeit, die Corona-Pflichtquarantäne nicht nur in einer staatlichen Einrichtung, sondern auch daheim verbringen zu können.[24]

Noch weiter geht die Forschung am *Massachusetts Institute of Technology* (MIT). Schon am 18. Dezember 2019 berichtete das MIT, dass ein spezialisierter Farbstoff im Impfstoff die Speicherung der Impfhistorie ermöglichen könne. MIT-Ingenieure hätten nun »eine Möglichkeit entwickelt, medizinische Informationen unter der Haut zu speichern, indem sie einen Quantenpunktfarbstoff verwenden, der zusammen mit einem Impfstoff durch ein Mikronadelpflaster abgegeben wird. Der mit dem bloßen Auge nicht sichtbare Farbstoff kann später mit einem speziellen angepassten Smartphone gelesen werden.« Diese Methode könne in Ländern, meist Entwicklungsländern, mit schlechter Infrastruktur helfen, die Impfhistorie eines Patienten zu speichern, »da Impfpässe in Papierform oft verloren gehen oder gar nicht existieren und elektronische Datenbanken unbekannt« seien. Das hört sich ganz nach ID 2020 an. Das MIT erwähnte in seinem Artikel, dass die Forschung von der *Bill & Melinda Gates Foundation* und dem *National Cancer Institute – Koch Institute Support* finanziert wird.[25] Das *Koch Institute for Integrative Cancer Research* ist ebenfalls eine philanthropische Organisation, die David Koch, der Bruder von Charles Koch, im Oktober 2007 mit einem 100-Millionen-US-Dollar-Zuschuss gründete. Der 2019 verstorbene David Koch war Republikaner, Milliardär und Philanthrop und machte im Jahr 2012 100 Millionen US-Dollar locker, um die Wiederwahl des US-Präsidenten Barack Obama zu verhindern. David Koch war (Mit-)Eigentümer von *Koch Industries*, Vorstandsmitglied im MIT und Mitglied der US-Denkfabrik *Aspen Institute*.[26]

Auch in den USA hat die Meinung der Bevölkerung »fast null Einfluss auf politische Entscheidungen«, wie die Studie »Testing Theories of American Politics: Elites, Interest Groups, and Average Citizens« – Theorien der amerikanischen Politik auf dem Prüfstand: Eliten, Interessengruppen und Durchschnittsbürger – der *Princeton University* vor ein paar Jahren herausfand.[27] Das weist die USA, wie schon Ex-US-Präsident James »Jimmy« Carter wusste, als »eine Oligarchie mit unbegrenzter politischer Bestechung« aus. Und das macht sich nicht nur in Wissenschaft und Forschung, sondern ganz besonders bei den großen Medien des Landes bemerkbar, die das Land der eingesperrten »Native Americans« weiterhin für eine Demokratie halten.[28]

---

1 www.prnewswire.com/news-releases/id2020-alliance-launches-digital-id-program-with-government-of-bangladesh-and-gavi-announces-new-partners-at-annual-summit-300921926.html

2 ktdi.org/

3 norberthaering.de/die-regenten-der-welt/id2020-ktdi-apple-google

4 norberthaering.de/die-regenten-der-welt/lufthansa-id2020/

5 www.computerweekly.com/news/252484907/Eurostar-to-roll-out-facial-recognition-for-passport-free-travel-to-Europe

6 norberthaering.de/die-regenten-der-welt/eurostar-gesichtserkennung/

7 www.heise.de/newsticker/meldung/34C3-China-Die-maschinenlesbare-Bevoelkerung-3928422.html

8 de.wikipedia.org/wiki/Sozialkredit-System *(abgerufen am 11. Dezember 2020)*

9 norberthaering.de/die-regenten-der-welt/schwartz-lock-step/

10 www.sfchronicle.com/culture/article/More-surveillance-is-coming-Why-that-might-not-15481965.php

11 www2.deloitte.com/content/dam/Deloitte/global/Documents/About-Deloitte/COVID-19/Thrive-scenarios-for-resilient-leaders.pdf

12 www.weforum.org/agenda/2020/03/chinas-response-shows-how-bold-decision-making-can-contain-coronavirus

13 www.weforum.org/agenda/2020/03/three-ways-china-is-using-drones-to-fight-coronavirus

14 deutsch.rt.com/asien/102925-china-will-naechstes-jahr-digitalen-yuan-einfuehren/

15 de.rt.com/europa/109938-wird-noch-in-jahrzehnt-digitale

16 www.handelsblatt.com/finanzen/geldpolitik/e-yuan-report-aus-der-millionenmetropole-shenzhen-china-testet-seine-digitalwaehrung-/26301974.html

17 www.businessinsider.de/wirtschaft/finanzen/china-testet-in-shenzhen-bargeldlose-gesellschaft/

18 www.telegraph.co.uk/news/2020/03/02/exclusive-dirty-banknotes-may-spreading-coronavirus-world-health

19 www.suomenpankki.fi/en/media-and-publications/releases/2020/bank-of-finland-to-draw-up-national-plan-to-improve-financial-literacy/

20 insideparadeplatz.ch/2020/08/26/cs-knall-trifft-normalo-schont-millionario/

21 insideparadeplatz.ch/2020/11/02/ubs-filialschliessungen-im-grossen-stil/

22 www.betterthancash.org/members

23 deutsch.rt.com/russland/102944-mobiler-identifikator-statt-ausweis-moskau-bereitet-sich-vor/

24 ru.reuters.com/article/reutersComService_2_MOLT/idUSKBN24Z0D9

25 news.mit.edu/2019/storing-vaccine-history-skin-1218

26 en.wikipedia.org/wiki/David_Koch (abgerufen am 12. Dezember 2020)

27 scholar.princeton.edu/sites/default/files/mgilens/files/gilens_and_page_2014_-testing_theories_of_american_politics.doc.pdf

28 www.rollingstone.com/politics/politics-news/jimmy-carter-u-s-is-an-oligarchy-with-unlimited-political-bribery-63262/

GUINEA PIGS

> »*Wenn ihr eure Augen nicht gebraucht, um zu sehen,
> werdet ihr sie brauchen, um zu weinen.*«
>
> JEAN-PAUL SARTRE

In der Regel dauert es viele Jahre, manchmal sogar Jahrzehnte, um einen wirksamen und sicheren Impfstoff gegen ein neues Virus zu entwickeln. Der neue Impfstoff muss ausreichend lange auf Unbedenklichkeit und Wirksamkeit geprüft werden, bevor er seine Zulassung erhält. Bei Corona ist das aber alles anders, da es sich offiziell um einen Notfall-Impfstoff handelt. So soll ein neuer Corona-Impfstoff in Rekordzeit verfügbar sein. Nicht nur Bill Gates gab dieses ehrgeizige und bedenkliche Ziel vor. Ob und welche Langzeitfolgen so ein Impfstoff für die Geimpften haben wird, ist aber genauso ungewiss wie die Spätfolgen der COVID-19-Erkrankung.[1]

Die beiden französischen Wissenschaftler Camille Locht, Forschungsdirektor am französischen Institut für Gesundheit und medizinische Forschung, und Jean-Paul Mira, Leiter der Intensivstation des Pariser Krankenhauses Cochin, würden einen COVID-19-Impfstoff am liebsten »an armen Afrikanern« testen. Auf dem schwarzen Kontinent sei man »unfähig«, das Virus zu bekämpfen, so die zwei weißen Franzosen im Fernsehen.[2] Mira verglich die Afrikaner mit Prostituierten, die bei AIDS-Studien als Testpersonen dienen. »Wir haben Dinge an Prostituierten versucht, weil sie hoch exponiert sind und sich nicht schützen.« Mira fragt: »Sollten wir diese Studie nicht in Afrika machen, wo es keine Masken, keine Behandlung, keine Intensivpflege gibt? Locht stimmt zu: »Du hast recht. […]

Wir werden tatsächlich ernsthaft darüber nachdenken.«[3] Der Leiter des nationalen biologischen Instituts der Demokratischen Republik Kongo, Jean-Jacques Muyembe, ein Virologe, zeigte rasch Bereitschaft: »Wir wurden ausgewählt, um diese Tests durchzuführen. [...] Der Impfstoff wird in den USA, Kanada oder China hergestellt. Wir sind Kandidaten für die Durchführung des Tests hier.«[4] Daraufhin ließ der kenianische Politiker Moses Wetangu'la die Welt umgehend wissen: »Afrikanische Führer müssen jedem Versuch widerstehen, unser Volk als Guinea Pigs zu benutzen.« China, Italien, Spanien, Frankreich und die USA wären die Epizentren von COVID-19. Klinische Studien müssten dort beginnen und nicht in irgendeinem afrikanischen Land. In sozialen Medien kam der »koloniale« Vorschlag, Afrikaner als »Laborratten« zu benutzen, auch nicht gut an.[2] Einige durchaus privilegierte afrikanische (Ex-)Fußballspieler bekamen Wind von der Idee der beiden Franzosen und empörten sich auf *Twitter*. Etwa Didier Drogba: »Afrika ist kein Laboratorium. Ich verurteile diese sehr ernsten, rassistischen und verächtlichen Worte aufs Schärfste.«[4/3] Demba Ba meinte: »Willkommen im Westen, wo sich Weiße für so überlegen halten, dass Rassismus und Schwachsinn an der Tagesordnung sind.« Auf dem gesamten afrikanischen Kontinent mit rund 1,3 Milliarden Menschen gab es bis dahin (Anfang April 2020) 229 Todesfälle in Zusammenhang mit Corona.[3] Der Vorschlag der Wissenschaftler war zwar ziemlich menschenverachtend, passt aber zur Big-Pharma-Mentalität der ehemaligen Kolonial- und heutigen Industriestaaten.

Bei Menschenversuchen ist die Branche für gewöhnlich nicht gerade zimperlich. Das zeigt ein Beispiel aus Indien. »Inder wollen keine Versuchskaninchen mehr sein« titelte *Der Spiegel* im Mai 2012 über einen Pharmaskandal. »Ihrer Tochter sei seltsam gewesen, als sie in den Ferien nach Hause kam«, berichtete eine Arbeiterin aus Andhra Pradesh, einer ländlichen Region in Indien, dem Magazin. »Sarita hatte Fieber, sie habe sich recht bald hingelegt und wollte nur noch schlafen. Am nächsten Morgen war die 14-Jährige tot.

⑪

Malaria habe der Arzt gesagt, nicht ungewöhnlich in Indien. Erst Wochen später hat die Mutter erfahren, dass Sarita kurz vor ihrem Tod noch geimpft wurde, in der Schule. ›Gegen Gebärmutterhalskrebs‹, erzählt sie, das Bild ihrer Tochter hält sie dabei fest umklammert.« Die Charity-Organisation *Program for Appropriate Technology in Health*, kurz Path, zu deren Finanziers die *Bill & Melinda Gates Foundation* (BMGF) zählt, startete im Juli 2009 in zwei indischen Provinzen eine HPV-Beobachtungsstudie. HPV steht für »Human Papilloma Virus« und ist ursächlich für fast alle Formen von Gebärmutterhalskrebs. Für diese Studie wurden damals 24.777 Mädchen (14.091 in Andhra Pradesh und 10.686 in Gujarat) zwischen zehn und 14 Jahren geimpft, entweder mit dem Impfstoff *Gardasil* von *Merck* oder mit *Cervarix* von *GlaxoSmithKline*. Daraus wurde ein Pharmaskandal, da »Path die Impfungen einfach durchführte, ohne alle Eltern um Erlaubnis zu fragen«, wie *Der Spiegel* schrieb. Es kam zu zahlreichen Verstößen »gegen internationale und auch indische Regeln«. Nach der Impfung überließ man die Mädchen sich selbst und »mögliche Nebenwirkungen wurden nicht erfasst«, so die Tageszeitung *The Hindu*, obwohl in einer Untersuchung schwere Nebenwirkungen festgestellt wurden. Mindestens sieben Mädchen starben »während der Zeit der Tests«, weshalb die Studie im April 2010 abgebrochen wurde. Die indische Regierung warnte damals, dass es in Indien »in den letzten drei Jahren« 1.317 Todesfälle während klinischer Studien gab und »im laufenden Jahr« bereits 211 Todesfälle gemeldet« wurden. Path solle bei der Durchführung von Studien vorsichtig sein, damit sich »Diskrepanzen und Verstöße künftig nicht wiederholen«.[5/6]

Offiziell hatten die Todesursachen der Mädchen nach Angaben von Path und der indischen Regierung nichts mit der Studie zu tun. Die Kinder seien Malaria und ein Mädchen einem Schlangenbiss erlegen, eines ertrank und zwei 14-Jährige hätten Selbstmord begangen. Dabei war eine Untersuchung der Gestorbenen in »manchen Fällen gar nicht mehr möglich, die toten Mädchen längst begraben oder eingeäschert«. Und: »Kein unabhängiger Prüfer hat die Todesfälle jemals untersucht.« Vivien Tsu, die Leiterin der Impfkampagne, meinte damals, dass man keine Fehler gemacht habe. Die Überwachung der Nebenwirkungen sei außerdem Sache der indischen Gesundheitsbehörde gewesen. Interessant ist aber auch, »dass verschiedene Mitglieder des Gremiums, das die Regierung zur Ermittlung der Probleme im HPV-Projekt eingesetzt hatte, schon länger auf der Gehaltsliste großer Pharmakonzerne standen«. Die Pharmakonzerne hatten in der Sache auf die BMGF verwiesen, Path auf die Genehmigung der indischen Regierung und die indische Regierung verweigerte wiederum jede Auskunft. Die indische Regierung unter Premierminister Narendra Modi untersagte es Nichtregierungsorganisationen später, ausländische Gelder anzunehmen, um den Einfluss auf politische Parteien im Lande zu unterbinden. Bis dahin erhielt die öffentliche Gesundheitsorganisation, *Public Health Foundation of India*, außer von der Regierung auch von der BMGF »beträchtliche Einnahmen«. Von dem Verbot der Regierung Modi waren ebenso andere große Stiftungen wie die *Open Society Foundation* von George Soros betroffen.[5/7]

Ebenfalls zu »Todesfällen und Behinderungen« führten von der Impfallianz GAVI finanzierte Polioimpfstoffe für Säuglinge in Pakistan, so das Ergebnis eines Untersuchungsberichts der *Prime Minister's Inspection Commission* über das *Expanded Programme on Immunisation*. Daraufhin empfahl die pakistanische Inspektionskommission Premierminister Yousaf Raza Gilani die Verabreichung »aller von GAVI finanzierter Impfstoffe unverzüglich auszusetzen«. Außerdem stellte der Bericht fest, »dass die GAVI-geförderten Impfstoffe nicht nur in vielen Ländern Todesfälle verursachen, sondern auch sehr teuer sind. In Pakistan, Indien, Sri Lanka, Bhutan und Japan wurde über den Tod einer Reihe von Kindern und das Auftreten weiterer Nebenwirkungen kurz nach der Verabreichung der Impfung berichtet.« Und in Bosnien-Herzegowina erstellte eine Vereinigung von Eltern Strafanzeige mit dem Argument, die Impfstoffe hätten Behinderungen bei Kindern verursacht. Das von GAVI finanzierte Projekt wurde im Jahr 2010 ins Leben gerufen eigentlich mit dem Ziel, die Morbidität und Mortalität von acht Krankheiten zu reduzieren, die hauptsächlich bei Kindern auftreten. Die Autoren des Untersuchungsberichts der pakistanischen Regierung zweifelten sogar an, dass es sich bei GAVI »wirklich um eine gemeinnützige Organisation handelt«, wie die pakistanische Tageszeitung *The Express Tribune* im November 2011 berichtete.[8]

Ein anderes Testszenario fand in Mecklenburg-Vorpommern statt. Dort bot man den Schülern des Gymnasiums Carolinum in Neustrelitz an, sich zweimal die Woche nach dem PCR-Verfahren auf das neuartige Coronavirus testen zu lassen. Die Schule, dessen Direktor Henry Tesch, der ehemalige Bildungsminister von Mecklenburg-Vorpommern, ließ sich dafür von *Centogene*, einem börsennotierten und auf Gendiagnostik spezialisierten Biotechunternehmen aus Rostock sponsern. Die Kinder mussten sich bei der Diagnostik-Firma registrieren lassen und regelmäßig in die dafür eingerichtete Teststation auf dem Schulhof marschieren. Dort standen sie mit gebührendem Abstand und Mund-Nasen-Schutz an. »Auf der rechten Seite übergibt eine Lehrerin die Kits für den Corona-Test, und auf der linken Seite befindet sich ein großer Spiegel, auf dem jeder Testkandidat sehen kann, ob er den Abstrich tief genug im Rachen nimmt.« So, wie es in einem *YouTube*-Erklärvideo zu sehen war, schrieb die *Frankfurter Allgemeine Zeitung*. Wichtig beim Abstrich, so Tesch in einem Rundschreiben an die Kinder: Ein »›Würgegefühl‹ muss vorhanden sein«. Nur wer sich »jeweils freitags und montags dem Test unterzieht, behält den grünen Punkt« auf seinem Namensschild und muss nicht mehr anstehen, um morgens eingelassen zu werden, sondern kann die »Fast lane« benutzen und sich frei in der Schule bewegen. Ein »Persilschein« sei das aber nicht, »die Abstandsregeln setzt es nicht außer Kraft«. Gerade Abstandhalten würde den Kindern ja am schwersten fallen, so Tesch.

Was allerdings in den Köpfen von Erwachsenen vorgeht, die schon bei Kindern anfangen zu selektieren, um aus ihnen ganz und gar unkritische Staatsbürger zu machen, ist womöglich eine eigene Studie wert.[9/10] Interessant war übrigens auch, dass der *Norddeutsche Rundfunk* schon Anfang April 2020 fragte, ob *Centogene* die Ergebnisse seiner kostenlosen Tests, die auch in Rostock angeboten wurden, kommerziell nutzt? Immerhin verdiene das Unternehmen sein Geld unter anderem mit Genanalysen und das Innenministerium des Landes untersagte es allen Beschäftigen der Landespolizei, privat oder dienstlich an den Tests der »privaten Medizin-Firma« teilzunehmen. Es könne sich um einen nicht erlaubten materiellen Vorteil handeln. Die Verwendung der Daten sei »nicht vertrauenswürdig«.[11]

Im Freistaat Thüringen sollen nach dem Willen von Helmut Holter, Bildungsminister dieses Bundeslandes, sogar bald Impfkolonnen auslaufen, um Kinder, Lehrer samt Erziehern in Kindergärten und Schulen gegen COVID-19 zu impfen. Jedenfalls sobald ein Corona-Impfstoff verfügbar ist. »Die Impfung muss zu denen kommen, die die Impfung benötigen«, forderte Holter in der *Ostthüringer Landeszeitung* vom 11. November 2020. »Damit wird, glaube ich, die Bereitschaft größer, als wenn der Aufruf erfolgt: Gehen Sie zum Arzt, besorgen Sie sich einen Termin und lassen Sie sich impfen.« Und wer eine Impfung mit einem im Eilverfahren zugelassenen Impfstoff benötigt, weiß keiner besser als der Staatsapparat und die Mainstream-Presse.[12]

---

1 www.tagesschau.de/ausland/gates-corona-101.html
2 www.tuko.co.ke/349783-resist-senator-wetangula-calls-african-leaders-reject-covid-19-vaccine-test-continent.html?fbclid=IwAR0_a-3eRJUrXBPWq1pYrTQB9MFi4_KyGjBn33bG2Sv-O1uvnhg3zcu9bnw
3 www.businessinsider.co.za/coronavirus-vaccines-france-doctors-say-test-poor-africans-outrage-2020-4

4 www.monitor.co.ug/News/National/DR-Congo-part-coronavirus-vaccine-testing-United-States/ 688334-5513980-g0rcsiz/index.html
5 www.spiegel.de/wissenschaft/medizin/klinische-studien-in-indien-fordern-immer-wieder-todesopfer-a-806797.html
6 www.thehindu.com/news/national/government-warns-path/article3817639.ece
7 www.nytimes.com/2017/04/20/world/asia/india-health-nonprofit-gates-foundation.html
8 tribune.com.pk/story/293191/vaccine-nation-globally-supported-company-is-funding-fatal-polio-shots
9 www.carolinum.de/wp-content/uploads/20200423_Infobrief_Testung_Sch%C3%BCler.pdf
10 www.faz.net/aktuell/politik/inland/schueler-auf-corona-testen-ein-modell-fuer-andere-schulen-16764894.html
11 www.ndr.de/nachrichten/mecklenburg-vorpommern/Rostock-Streit-um-Centogenes-Corona-Tests,coronavirus1098.html
12 www.otz.de/politik/bildungsminister-holter-fuer-einsatz-spezieller-impfteams-in-schulen-und-kitas-id230887894.html

TESTEN, TESTEN, TESTEN

> »Von dem Ruhm der berühmtesten Menschen
> gehört immer etwas der Blödsinnigkeit der Bewunderer zu.«
> GEORG CHRISTOPH LICHTENBERG

Auf der Suche nach dem neuen Coronavirus wurden und werden weltweit verschiedene PCR-Tests aus den USA, China oder Deutschland eingesetzt. Doch selbst unter definierten Laborbedingungen ist kein Test »100-prozentig« sicher, wie das *Deutsche Ärzteblatt* schrieb. Beim Testen gebe es »erhebliche Unsicherheitsfaktoren«.[1] Ob ein Mensch als SARS-CoV-2-positiv oder -negativ getestet wird, hat allerdings nicht nur für den Getesteten Auswirkungen, sondern »auch für sein familiäres, soziales und berufliches Umfeld«. Trotzdem dienen die Ergebnisse der massenhaft verwendeten und nicht einmal standardisierten PCR-Tests als Argument für sämtliche im Zuge der Corona-Krise beschlossenen radikalen Einschnitte in die Grund- und Menschenrechte. Dabei misst der PCR-Test lediglich »Sequenzen, also Nukleinsäure, die im Virus enthalten sein soll. Diese Sequenzen wurden zu Beginn der Corona-Krise von chinesischen Wissenschaftlern identifiziert und in einem Computermodell zu einer ›Gesamtstruktur‹ des Virus hochgerechnet«. Interessant ist, dass der erste PCR-Test vom Chef der Virologie an der

Charité – Universitätsmedizin Berlin, Christian Drosten, präsentiert wurde, noch bevor China Virus-Sequenzen geliefert hatte![2] Drosten dazu: »Anfangs war noch gar nicht klar, um welche Art von Erreger es sich überhaupt handelt.« Aber Drosten hatte einen Verdacht: »Ja, wir haben uns tatsächlich auf so ein paar Indizien verlassen. Wir haben aus sozialen Medien Informationen gehabt, dass das ein SARS-ähnliches Virus sein könnte und wir haben dann eins und eins zusammengezählt.« Kurz nach Ausbruch des neuen Virus hatte eine Forschungsgruppe unter seiner Leitung in nur wenigen Tagen, »im Rekordtempo«, den ersten Test zum Nachweis des neuartigen Erregers entwickelt, der in Wuhan schwere Lungenentzündungen hervorrief. Dieser Test wurde weltweit ab dem 16. Januar 2020 von der *World Health Organization* (WHO) und auch vom deutschen *Robert Koch-Institut* (RKI) verbreitet.[3/4/5]

Eine fachliche Aussage zum Test von Drosten lieferte das Magazin *Multipolar*: »Die Polymerase Kettenreaktion (polymerase chain reaction, PCR) vervielfältigt einen in einer Probe enthaltenen DNA-Ausschnitt, also einen Teil der DNA-Sequenz, da das SARS-CoV-2-Virus (es ist ein sogenanntes RNA-Virus) keine DNA besitzt, wird über einen vorgeschalteten Schritt die RNA in eine DNA überführt.« Dabei entscheidet die Anzahl der Vervielfältigungen von erzeugten DNA-Bestandteilen maßgeblich darüber, ob der Test ein Positivergebnis erzeugt oder nicht. Drosten und seine Kollegen haben ihren Test dahingehend geprüft, dass er nicht »versehentlich« auf Influenzaviren oder auf die vier (!) klassischen humanpathogenen Coronaviren anschlägt – und waren dann auch ganz zufrieden. In einem Interview erklärte Drosten, dass man diesen Test auch Kollegen in China zur Verfügung gestellt habe – deren Namen er »jetzt nicht nennen« könne –, die seinem Test ebenfalls die erforderliche Qualität bestätigt hätten. So weit, so (fast) gut ... Übrigens: RNA-Viren speichern ihre genetische Information in Ribonukleinsäuren (RNA).[6]

Zu den Elementen des Testgeschehens stellte *Multipolar* einige kritische Fragen: »Woher stammt die RNA? Ist diese ›Fremd‹-RNA (ein ›böses‹ Virus) oder stammt sie von etwas, das in Symbiose mit unserem Körper existiert (ein ›gutes‹ Virus)? Ist sie vielleicht Ausdruck einer Abwehr-/Reinigungs- oder Heilungsreaktion unseres Körpers und daher positiv zu betrachten? Geht sie auf eine Verunreinigung der Probe bei ihrer Entnahme oder im Labor zurück? Wurde diese RNA vielleicht schon in den Bestandteilen der Testkits ›mitgeliefert‹, wie zum Beispiel in Großbritannien geschehen?« Und: »Welche Zahl von Vervielfältigungen ist die richtige? Vervielfältigt man zu wenig, werden alle Tests negativ ausfallen. Was passiert bei sehr hohen Vervielfältigungszahlen? Findet man dann ›immer‹ etwas? Welche Vervielfältigungszahl ist die optimale? Wie findet man sie? Und wer sagt einem, dass man die richtige gefunden hat? Fragen, die uns zur Notwendigkeit der Validierung von PCR-Tests führen.« Und: »Was sagt uns das Vorhandensein eines DNA-(eigentlich: RNA-)Ausschnittes? Ist dann nur der Ausschnitt da oder das ganze Virus? Ist das Virus aktiv oder inaktiv? Gibt es genug von diesem Virus, um seinen Wirt krank zu machen, oder könnte die Viruslast dafür auch zu klein sein? Ist das Virus überhaupt ursächlich für das klinische Bild seines Wirtes beziehungsweise Patienten?«[6/7]

Das Journalisten-Kollektiv *Corona Transition* hatte Antworten auf einige der Fragen. »Nein«, der Test sagt nicht aus, ob sich das Virus »im Wirt, in uns« vermehrt. Der Test sagt auch nicht, ob es den Menschen krank macht, der getestete »Mensch eine kleine oder größere intakte Virenlast in sich trägt« oder »es bereits in eine Zelle eingedrungen ist«. Und der Test sagt auch nichts über »die Ansteckungsgefahr aus«.[7]

Gerade die Frage nach den Vermehrungszyklen (der Test vermehrt die genetische Substanz des Virus in Zyklen) bei den PCR-Tests ist eine entscheidende Frage, führt sie doch zu übertriebenen »Fallzahlen«. Grundsätzlich gilt bei der Vervielfältigung der RNA-Bruchstücke: Je mehr Zyklen nötig sind, um zu einem positiven Testresultat zu kommen, desto kleiner war die Virenlast, desto geringer ist die

Wahrscheinlichkeit, dass der Getestete ansteckend ist.[8] Entscheidend ist der sogenannte Zyklusschwellenwert, der Ct-Wert (›Cycle Treshold‹), bei dem ein Resultat noch als gültig anerkannt werden kann. »Denn das Ergebnis des PCR-Tests hängt ganz wesentlich von der Anzahl Vervielfältigungszyklen ab«, so das Kollektiv.

Die WHO reagierte spät, erst im Dezember 2020, auf die Kritik, dass zu hohe Ct-Werte zu vielen falsch-positiven Testergebnissen führen, und warnte vor einer unsachgemäßen Verwendung und Interpretation der PCR-Tests zur Feststellung einer SARS-CoV-2-Infektion. Das Problem, so die WHO: »Die WHO hat Rückmeldungen über ein erhöhtes Risiko für falsche SARS-CoV-2-Ergebnisse bei der Untersuchung von Proben« erhalten. Daher wird nun empfohlen, »die Testergebnisse zusammen mit den klinischen Anzeichen und Symptomen« sowie dem »bestätigten Status aller Kontakte« zu berücksichtigen, und »den Ct-Wert im Bericht« an den Gesundheitsdienstleister weiterzugeben. Anwender »sollten die Gebrauchsanweisung sorgfältig lesen, um festzustellen, ob eine manuelle Anpassung des PCR-Positivitätsschwellenwerts erforderlich ist, um etwaiges Hintergrundrauschen zu berücksichtigen, das dazu führen kann, dass eine Probe mit einem hohen Zyklusschwellenwert (Ct) als positives Ergebnis interpretiert wird«. Denn, so die WHO, »das Konstruktionsprinzip« der PCR-Tests bedeutet, dass bei »hohen Mengen an zirkulierendem Virus (Viruslast) relative wenige Zyklen für den Virusnachweis erforderlich sind und der Ct-Wert daher niedrig sein wird. Umgekehrt bedeutet ein hoher Ct-Wert bei Proben, dass viele Zyklen für den Virusnachweis erforderlich waren. Unter bestimmten Umständen ist die Unterscheidung zwischen Hintergrundrauschen und dem tatsächlichen Vorhandensein des Zielvirus schwer festzustellen.« Es sei also sicherzustellen, dass Proben mit hohen Ct-Werten nicht »fälschlicherweise als SARS-CoV-2 erkannt werden«, immerhin wären die Tests ja »in den frühen Phasen der COVID-19-Pandemie [...] schnell entwickelt, validiert und verifiziert und dann in den Markt eingeführt« worden.

Es sei also »nicht unerwartet«, dass »nach ihrer Einführung im großen Maßstab eine Verfeinerung« nötig sei. Dieser Hinweis sei, so die WHO, zwar an alle Personen in Organisationen, in denen die Tests eingesetzt werden, weiterzugeben, einen Ct-Wert nennt die WHO aber noch immer nicht.[9]

Dieser Ct-Wert ist für SARS-CoV-2 also nicht standardisiert. Manche Labore, etwa in der Schweiz, verfahren hier nach eigenem Gutdünken. Die meisten Labore führen 40 Zyklen durch, weshalb die Anzahl positiver Testergebnisse entsprechend hoch ist. Das RKI schreibt dazu: »Der aus der real-time PCR bekannte Ct-Wert stellt nur einen semi-quantitativen und von Labor zu Labor nicht unmittelbar vergleichbaren Messwert dar, solange es keinen Bezug auf eine Referenz gibt.« Im Klartext heißt das, so *Corona Transition*: »Der PCR-Test gibt Hinweise, ist aber mangels Standards grundsätzlich unzuverlässig. Ein Resultat hängt unter anderem auch von der Probeentnahme ab.« Und in Bezug auf das RKI: »Ein PCR-Ergebnis mit einem Ct-Wert größer als 30 stellt kein negatives PCR-Ergebnis dar, sondern einen positiven RNA-Nachweis mit einer dem hohen Ct-Wert entsprechend geringen Viruslast. [...] Sind für ein positives Testergebnis mehr als 30 Vermehrungszyklen notwendig, ist die Virenlast so klein, dass sich das Virus nicht vermehren kann – sofern das Virus überhaupt vorhanden ist. Denn der PCR-Test misst nicht das Virus, sondern nur ein Bruchstück der Virus-RNA, das wesentlich länger nachweisbar bleibt als das Virus selbst.«[8]

In den USA wird, laut *New York Times*, die Anzahl der Zyklen in den Laborberichten nicht verzeichnet, die meisten US-Labore würden mit einem Ct-Wert zwischen 37 und 40 arbeiten. Ein Beispiel: »Das *Wadsworth Center*, das Labor des US-Bundesstaates New York, hat die Testzahlen vom vergangenen Juli analysiert. 40 Vermehrungszyklen ergaben 872 positive Testresultate. 35 Zyklen hätten zu einer Reduktion der positiven Resultate um 43 Prozent geführt, 30 Zyklen zu einer Verminderung um 63 Prozent. In dieser Zahl ist allerdings die falsch-positiv-Quote noch nicht eingerechnet, die dadurch entsteht, dass der Test gar kein infektiöses Virus feststellen kann.«[8]

Ein Standard für den Ct-Wert wurde auch nicht von der für die Registrierung der Tests zuständigen *Food and Drug Administration* (FDA) noch von den für das US-Pandemiemanagement zuständigen *Centers for Disease Control and Prevention* (CDC) festgelegt. Außerdem führt der Test selbst bei genesenen Patienten bis zu 12 Wochen lang noch zu einem positiven Testergebnis.[8/9] Die *Süddeutsche Zeitung* (SZ) schrieb: »Ob jemand trotz eines positiven Corona-Tests nicht mehr ansteckend ist, kann der sogenannte Ct-Wert zeigen. [...] Bei Proben mit viel Virusmaterial schlägt der Test oft schon nach 15 Ct-Runden an. Ab etwa 30 Runden findet sich in der Regel aber kein Virus mehr, das vermehrungsfähig wäre.«

Auch in Deutschland, das PCR-Nachweisverfahren soll auf einem Ct-Wert von 40 beruhen, teilen die Labore den Gesundheitsämtern in den meisten Fällen »selten« oder »nie« den Ct-Wert mit. Und, so die SZ: »Ohne diesen Wert haben die Gesundheitsämter auch keine Anhaltspunkte dafür, ob ein Mensch gerade hochinfektiös ist oder die Krankheit vielleicht längst durchgestanden hat.« Eine gesicherte Aussage zur Infektiosität der positiv Getesteten ist also so gut wie unmöglich. Dennoch wurden und werden Menschen mit einem positiven Testergebnis sowie ihre Kontaktpersonen isoliert und eingesperrt.[11]

Neben vielen anderen Experten bezweifelte dann auch der renommierte Epidemiologe und Immunologe Michael Mina von der *Harvard University* die Aussagekraft der immer umfangreicher eingesetzten PCR-Testverfahren. Diese würden eben nur eine »einfache Ja- oder Nein-Antwort« liefern und nichts über eine mögliche Ansteckungsgefahr aussagen. Mina plädierte für einen Ct-Grenzwert von »30 oder sogar weniger«. »Ich bin schockiert, dass die Leute denken, dass eine Zyklusschwelle von 40 ein Positiv darstellen könnte«, erklärte Juliet Morrison, Virologin an der Universität von Kalifornien. Nach Angaben der *New York Times* wären

85 bis 90 Prozent der im Juli 2020 mit 40 Zyklen positiv Getesteten bei einem Zykluswert von 30 negativ gewesen.[12]

Das *Schweizer Bundesamt für Gesundheit* und die Zulassungsbehörde *swissmedic* schrieben über den PCR-Test in einem Merkblatt vom Mai 2020: »Die PCR (Polymerase-Kettenreaktion) ist eine NAT-Methode (Nucleic Acid Amplification Technology) der modernen Molekularbiologie, um in einer Probe vorhandene Nukleinsäure (RNA oder DNA) in vitro zu vervielfältigen und danach mit geeigneten Detektionssystemen nachzuweisen. Der Nachweis der Nukleinsäure gibt jedoch keinen Rückschluss auf das Vorhandensein eines infektiösen Erregers. Dies kann nur mittels eines Virusnachweises und einer Vermehrung in der Zellkultur erfolgen.« Auch die US-Behörde CDC widmete sich den PCR-Tests mit internen Dienstanweisungen und zwar »beginnend mit der Probegewinnung«. Aus jeder entnommenen Probe würde in den meisten Fällen »eine nutzlose Charge«. »Denn um einen PCR-Test erfolgreich durchzuführen, müssen die Proben unter sterilen Bedingungen entnommen werden – und zwar ausschließlich durch eigens geschultes Personal.« Die CDC schreibt weiter: »Der Nachweis von viraler RNA weist möglicherweise nicht auf das Vorhandensein eines infektiösen Virus hin oder darauf, dass 2019-nCoV der Auslöser für klinische Symptome ist.« Schon die Wahl der Entnahmestäbchen zeigt, wie kompliziert das ganze Verfahren ist, denn die CDC empfiehlt, nur »spezielle Kunststoffstäbchen« zu verwenden. Außerdem müssten die entnommenen Proben, laut CDC, umgehend am besten zwischen zwei und acht Grad Celsius aufbewahrt werden. Werde die Temperatur von acht Grad überschritten, sei die Probe nutzlos. In den USA müssten alle Proben daher ausschließlich gekühlt und über Nacht zu den Labors geliefert werden. »Dauert der Transport länger, dann geht das nur bei entsprechender Zusatz-Kühlung mit Trockeneis und bei Temperaturen von 70 Grad Celsius unter null.« Auch laut RKI sollte der Versand »wenn möglich gekühlt erfolgen«. Diesen geforderten Bedingungen entsprechen viele Entnahmen und der Versand keineswegs. Abgesehen davon sind Testkits für zu Hause, die dann auch noch per Post verschickt werden, nutzloser Müll, bezahlt von eingeschüchterten Bürgern.[13] Trotzdem, so *Die Zeit*, ist sich der deutsche Gesundheitsminister Jens Spahn sehr sicher: »Es wird – ich kann Ihnen nicht genau sagen wann, aber absehbar, weil die Unternehmen daran arbeiten – auch den Heimtest geben.«[14]

Sobald die Proben im Labor angekommen sind, gelten dort weiterhin strikte CDC-Anweisungen. »Schon kleinste Kontaminationen« sind fatal. »Denn jeder Fehler wird ebenfalls vervielfältigt. Molekularbiologisch weist die Methode eine massive Schwäche auf, wie die CDC erklärt, denn ausgerechnet bei einer geringen Virusprävalenz [...] liefert sie eine hohe Rate an falsch positiven Ergebnissen.« So zeigte sich, dass von 2.071 Proben, die die CDC in den USA durchführte, nur 17 Patienten der insgesamt 49 Positiven tatsächlich mit dem Erreger infiziert waren. Die US-Behörde CDC dokumentiert aber auch: »Selbst das Vorliegen eines negativen Ergebnisses muss nicht unbedingt bedeuten, man sei nicht infiziert.« Diese Aussage zeigt, »wie absurd, weil nutzlos, die Forderung nach Pflichttests« ist, das gilt aber auch für die veröffentlichten »Fallzahlen« als Rechtfertigung für die weltweiten Lockdowns. Der deutsche Virologe Henrik Streeck machte in einem seiner vielen Interviews darauf aufmerksam: »Wahrscheinlich ist, dass man viele am Flughafen getestete Reisende gar nicht als infiziert identifizieren kann, weil sie noch in der Inkubationszeit sind. Wenn sie sich in den letzten vier Tagen infiziert haben, wird man das wahrscheinlich nicht nachweisen können. [...] Hinzu kommt das Risiko von falsch-positiven Ergebnissen.«[13]

Das Magazin *Multipolar* stellte noch weitere Fragen: »Wenn ich zum Beispiel als positiv Getesteter an einer Thrombose versterbe, hat dann das Virus die Thrombose verursacht, oder geht die Thrombose auf Bewegungsmangel, etwa infolge eines Shut-Down, zurück? Klar wäre ich dann als Shut-Down-Kollateralschaden im weitesten Sinne in Zusammenhang mit COVID-19 verstorben, aber hätte mich wirklich COVID-19 dahingerafft? Wer suchet, der findet. Wenn ich erstmals nach etwas suche, es demzufolge auch erstmals finde – ist dann mein Fundstück neu oder lag es da schon seit Ewigkeiten herum, darauf wartend, dass ich es endlich entdecke?« Von SARS-CoV-2 würde ja »mutig« behauptet, es sei »neu«, also erstmalig 2019 bei Menschen aufgetreten. »Und dann sei jedes Mal, wenn SARS-CoV-2 bei einer Person nachgewiesen würde, diese Infektion sozusagen frisch. Und nicht schon in der Vorwoche da gewesen. Man spricht beim RKI von ›laborbestätigten Fällen‹ und ›Änderungen gegenüber Vortag‹ und das klingt doch so, als würde sich da etwas immer weiter ausbreiten. Es klingt nach epidemischer Lage von nationaler Tragweite. [...] Was die Daten und ihre Kommunikation in den Medien hier suggerieren, ist ›Inzidenz‹ – Tag für Tag, Woche für Woche zunehmende Gesamtzahlen von Erkrankten.« Das sei sogar doppelt fragwürdig. Denn »bei der Inzidenz geht es um Menschen, bei denen man ein klinisches Krankheitsbild feststellen kann«. Neuinfizierte hört sich allerdings recht dramatisch an, daher ist ständig die Rede davon. Trotzdem: »Lassen Sie uns großzügig sein und den Begriff Inzidenz auch auf nicht erkrankte, also ›asymptomatische‹ Infizierte anwenden. Im Unterschied zur Inzidenz bedeutet Prävalenz: Es ist nicht neu, sondern es war schon da. In unserem Zusammenhang also die Nachweisbarkeit von Ausschnitten aus einer RNA, die man dem Virus zuschreibt. Nicht nur, dass es das RKI vermeidet, zwischen Prävalenz und Inzidenz zu unterscheiden – es könnte dies auch gar nicht leisten, denn es kennt bis zum heutigen Tag nicht die Prävalenz für diese RNA-Ausschnitte! Was die Prävalenz so wichtig macht: Sie erhöht unmittelbar die Zahl der Infizierten. Anders als uns Medien oftmals glauben machen, wäre dies keine Katastrophe, sondern ein Anlass für weitere Entspannung, denn: Diese zusätzlich als infiziert erkannten Personen sind offensichtlich nicht oder nicht schwer erkrankt, brauchten weder Arztpraxen noch Krankenhäuser zu besuchen – und gestorben sind sie auch nicht.« Wäre die Prävalenz aber bekannt »könnte, nein, müsste man sie als Korrekturgröße bei der Zahl der ›bestätigten Neuinfektionen‹ berücksichtigen: Aus einer höheren Zahl vermeintlicher ›Neuinfektionen‹ wäre unter Abzug einer ermittelten Prävalenz eine korrekte niedrigere Zahl echter Neuinfektionen abzuleiten. Wenn also das RKI bei seinen Tests der 21. Kalenderwoche eine Positivenrate (Anzahl der ›Infizierten‹ unter den Getesteten) von 1,5 Prozent ermittelt, der RNA-Ausschnitt aber bei zum Beispiel 1,0 Prozent der getesteten Personen schon zuvor nachweisbar gewesen sein muss, dann wären nur 0,5 Prozent und nicht 1,5 Prozent der Getesteten ›neu‹ infiziert.« Außerdem wirkt sich die Prävalenz »auf die Wahrscheinlichkeit aus, mit der eine positiv getestete Person wirklich positiv ist. Je höher die Prävalenz«, desto größer sei auch die Wahrscheinlichkeit, dass ein positives Testergebnis richtig ist.[6]

Die *Arbeitsgemeinschaft Influenza* (AGI) vom RKI ging etwas gründlicher vor, indem sie jede Probe noch mit einem »hauseigenen Test auf einen weiteren RNA-Abschnitt« getestet hat, »sodass positive Befunde immer durch zwei Tests abgesichert sind«. Dieses Vorgehen führte dazu, dass die Zahlen SARS-CoV-2-positiver Proben der AGI geringer ausfielen als die des RKI, berichtet *Multipolar*. So erhielt die AGI im Durchschnitt 13 Wochen lang nur ein positives Ergebnis pro Woche. »Diese SARS-CoV-2-Häufigkeit wurde regelmäßig von der Nachweishäufigkeit von Influenza- und/oder Rhinoviren übertroffen.« Da die Daten der AGI nicht einmal die gesamten Atemwegsinfektionen in Deutschland abbilden, sondern lediglich einen Ausschnitt, bleibe festzustellen, »dass SARS-CoV-2 mit hinreichend spezifischen Tests im Verlauf der COVID-19-Epidemie (bezogen auf Deutschland) – im Gegensatz zu anderen respiratorischen Viren – kaum nachweisbar war und ist!« Außerdem: »Wie ist es also zu erklären, dass sich die Arbeitsgemeinschaft Influenza, Kliniken und sogar die EU-Kommission um belastbare Testergebnisse und Zahlen bemühen, während die WHO und andere mittels weniger spezifischer Tests [...] die COVID-19-›Infektionen‹ dramatischer aussehen lassen, als sie es tatsächlich sind?«[6]

Die Journalisten von *Corona Transition* kamen im August 2020 zu folgendem Schluss: »Der PCR-Test für SARS-CoV-2 ist bei nicht streng regelkonformer Anwendung nahezu nutzlos«, die korrekte und sehr aufwendige Anwendung »bei Weitem nicht garantiert« und der wissenschaftliche Wert der »Fallzahlen« für evidenzbasierte Politik gering. Und: »Eine Politik, die nicht auf Evidenz abstützt, ist willkürlich.«

Erfunden wurde die PCR-Methode im Jahr 1983 vom bereits verstorbenen US-amerikanischen Biochemiker Kary Mullis zusammen mit Michael Smith, wofür es im Jahr 1993 den Nobelpreis in Chemie gab. Mullis selbst sagte über das Verfahren: »Mit dem PCR-Verfahren kann man fast alles in jedermann finden. [...] PCR kann nicht missbraucht werden, seine Ergebnisse allerdings schon.«[15/16]

Noch im Jahr 2014 – während der MERS-Epidemie auf der arabischen Halbinsel – kritisierte selbst Drosten in einem Interview mit der *Wirtschaftswoche*, dass das Pflegepersonal mit der PCR-Methode untersucht wurde. »Als in Dschidda Ende März diesen Jahres aber plötzlich eine ganze Reihe von MERS-Fällen auftauchten, entschieden die dortigen Ärzte, alle Patienten und das komplette Krankenhauspersonal auf den Erreger zu testen. Und dazu wählten sie eine hochempfindliche Methode aus, die Polymerase-Kettenreaktion (PCR)«, so Drosten sechs Jahre vor Corona. Die Methode sei »so empfindlich, dass sie ein einzelnes Erbmolekül dieses Virus nachweisen kann. Wenn ein solcher Erreger zum Beispiel bei einer Krankenschwester mal eben einen Tag lang über die Nasenschleimhaut huscht, ohne dass sie erkrankt oder sonst irgend etwas davon bemerkt, dann ist sie plötzlich ein MERS-Fall. Wo zuvor Todkranke gemeldet wurden, sind nun plötzlich milde Fälle und Menschen, die eigentlich kerngesund sind, in der Meldestatistik enthalten. Auch so ließe sich die Explosion der Fallzahlen in Saudi-Arabien erklären. Dazu kommt, dass die Medien vor Ort die Sache unglaublich hoch gekocht haben.« Auf die Frage, ob die Medien einen Einfluss auf die Meldezahlen hätten, antwortete Drosten damals: »In der

Region gibt es kaum noch ein anderes Thema in den TV-Nachrichten oder Tageszeitungen. Und auch Ärzte in Krankenhäusern sind Konsumenten dieser Nachrichten. Die überlegen sich dann ebenfalls, dass sie mal ein Auge auf diese bisher auch in Saudi-Arabien sehr seltene Erkrankung werfen müssten. Die Medizin ist nicht frei von Modewellen.« Drosten fand es auch fraglich, »ob symptomlose oder mild infizierte Krankenhausmitarbeiter wirklich Virusträger sind […] Noch fraglicher ist, ob sie das Virus an andere weitergeben können. Das Beraterteam des neuen Gesundheitsministers sollte stärker zwischen medizinisch notwendiger Diagnostik und wissenschaftlichem Interesse unterscheiden.« Zur Aussagekraft von Antikörpertests meinte Drosten damals: »Unser Körper wird ja ständig von Viren und Bakterien angegriffen. Sie scheitern aber oftmals schon an Barrieren wie der Haut oder den Schleimhäuten in Nase und Rachen. Dort werden sie erfolgreich abgewehrt, bevor sie Unheil anrichten können. Nur gegen solche Krankheitserreger, die unseren Körper ernsthaft befallen, entwickelt die Immunabwehr auch Antikörper. Wenn Antikörper da sind, bedeutet das, der Mensch hat tatsächlich eine Infektion gehabt. Ein solcher Antikörpertest würde die Unterscheidung zwischen wissenschaftlich interessanten und medizinisch relevanten Fällen sehr erleichtern.«[17/18] Zur Genauigkeit »seines« Tests schrieb Drosten am 13. April 2020 auf *Twitter*: »Klar: Gegen Ende des Verlaufs ist die PCR mal positiv und mal negativ. Da spielt der Zufall mit. Wenn man Patienten zwei Mal negativ testet und als geheilt entlässt, kann es zu Hause durchaus noch mal zu positiven Testergebnissen kommen. Das ist deswegen noch längst keine Reinfektion.«

Am 7. November 2020 berichtete die *Berliner Zeitung*, was die Berliner Senatsverwaltung auf die Anfrage eines Abgeordneten, der wissen wollte, ob der Test zwischen einem vermehrungsfähigen und einem nicht vermehrungsfähigen Virus unterscheiden kann, kleinlaut einräumte: »Nein«, da die »PCR-Tests eigentlich nicht in der Lage sind, eine Infektion im Sinne des Infektionsschutzgesetzes festzustellen«.[20] Und mit Beschluss vom 25. November 2020 bestätigte das Oberverwaltungsgericht für das Land Nordrhein-Westfalen, dass der PCR-Test keine Rückschlüsse auf die Infektiosität zulässt. Doch da widmete sich Drosten schon der nächsten Pandemie-Gefahr. Er möchte »mit einer kleinen Arbeitsgruppe ein neues Thema aufbauen«, so Drosten am 18. November 2020 in *Capital*. MERS sei der nächste »Pandemie-Kandidat«. Die WHO räumte MERS schon höchste Priorität (als »Priority Disease«) ein, auch wenn es für eine weltweite Risikoeinschätzung »keine Hinweise auf eine anhaltende, unkontrolliert Mensch-zu-Mensch-Übertragung gibt«, so das RKI im Dezember 2019 zu MERS.[21/22/23] Drosten selbst meinte 2014 in der *Wirtschaftswoche* auch: »Ich halte die Chance einer Pandemie für gering«, denn MERS sei »kein Erreger, der von Mensch zu Mensch springt.«[17] Drostens größter Kritiker scheint Drosten selbst zu sein.

---

1 www.aerzteblatt.de/archiv/214370/PCR-Tests-auf-SARS-CoV-2-Ergebnisse-richtig-interpretieren

2 www.zeitpunkt.ch/alles-steht-und-faellt-mit-den-fallzahlen-und-diese-mit-dem-pcr-test

3 www.deutschlandfunk.de/neues-coronavirus-diagnostischer-test-aus-berlin-weltweit.676.de.html?dram:article_id=468640

4 www.eurosurveillance.org/content/10.2807/1560-7917.ES.2020.25.3.2000045#html_fulltext

5 www.charite.de/service/pressemitteilung/artikel/detail/erster_test_fuer_das_neuartige_coronavirus_in_china_entwickelt

6 multipolar-magazin.de/artikel/diskussion-pcr-test

7 www.telegraph.co.uk/news/2020/03/30/uks-attempt-ramp-coronavirus-testing-hindered-key-components/

8 corona-transition.org/wieviele-vermehrungszyklen-beim-pcr-test-ergeben-ein-zuverlassiges-resultat

9 www.who.int/news/item/14-12-2020-who-information-notice-for-ivd-users

10 www.cdc.gov/coronavirus/2019-ncov/hcp/duration-isolation.html

11 www.sueddeutsche.de/politik/coronavirus-test-ct-wert-umfrage-gesundheitsaemter-1.5057646

12 deutsch.rt.com/international/106998-harvard-epidemiologe-uber-corona-tests/
13 corona-transition.org/alles-steht-und-fallt-mit-den-fallzahlen-und-diese-mit-dem-pcr-test
14 www.zeit.de/zustimmung?url=https%3A%2F%2Fwww.zeit.de%2Fwissen%2Fgesundheit%2F2020-09%2Fcorona-heimtest-pandemie-jens-spahn-gesundheitsminister
15 de.wikipedia.org/wiki/Kary_Mullis (abgerufen am 16. Dezember 2020)
16 corona-transition.org/kary-mullis-mit-dem-pcr-verfahren-kann-man-alles-finden-in-jedermann
17 www.wiwo.de/technologie/forschung/virologe-drosten-im-gespraech-2014-der-koerper-wirdstaendig-von-viren-angegriffen/9903228-all.html
18 twitter.com/c_drosten/status/1249800091164192771?lang=de
19 www.berliner-zeitung.de/news/berliner-oppositionspolitiker-bezweifelt-sinn-von-pcr-tests-li.117128
20 www.rubikon.news/artikel/blockade-statt-aufklarung
21 de.rt.com/inland/109709-neues-thema-aufbauen-drosten-widmet/
22 www.capital.de/wirtschaft-politik/charite-forscher-drosten-warnt-vor-neuem-pandemie-risiko
23 www.rki.de/DE/Content/InfAZ/M/MERS_Coronavirus/MERS-CoV.html;jsessionid=FBFFC139A3E0E571FA8AEE4A46ED3354.internet061?nn=3223662

13

SUPERSTARS UND QUERTESTER

> »Wenige sind imstande, von den Vorurteilen der Umgebung abweichende Meinungen gelassen auszusprechen; die meisten sind sogar unfähig, überhaupt zu solchen Meinungen zu gelangen.«
> ALBERT EINSTEIN

Auch nach einer Studie des *Korean Center for Disease Control and Prevention* können Patienten, die positiv auf COVID-19 getestet wurden und sich von der Krankheit erholt haben, »tote Kopien des Virus ausscheiden«. Das deute darauf hin, dass die Patienten nicht infektiös sind. Deshalb sehen Behörden in Südkorea genesene Patienten als nicht mehr ansteckend an und testen diese auch nicht mehr. Laut Untersuchungen können PCR-Tests nicht zwischen abgestorbenen und lebensfähigen Viruspartikeln unterscheiden. So entstünde der falsche Eindruck, dass ein positiv auf das neue Coronavirus Getesteter grundsätzlich seine Mitmenschen anstecken kann.[1]

Der Fehlerhaftigkeit der PCR-Tests war sich das Milliardenunternehmen *National Football League* (NFL), die US-amerikanische Profiliga im American Football, offensichtlich bewusst. Dort wurde nach einem positiven Testergebnis nicht gleich in den Panikmodus gewechselt, sondern stattdessen sofort die Richtigkeit des Ergebnisses überprüft. Der US-Sportsender *Entertainment and Sports*

Programming Network (ESPN) berichtet am 1. September 2020, dass einem ersten positiven Test zwei weitere Tests folgen, »ein Abstrich aus der Nase, der in einem Labor untersucht wird, sowie ein Point-of-Care-Test. Spieler, Trainer und andere Mitarbeiter, deren erste Testergebnisse positiv sind, müssen sich noch von der Mannschaft isolieren, während sie auf die zusätzlichen Testergebnisse warten. Sie können aber am selben Tag entlassen werden, wenn beide Testergebnisse sofort negativ sind.« Und siehe da, im August 2020 ergaben die Tests am Point-of-Care, dass 77 vermeintlich positive Ergebnisse falsch positiv waren, schreibt die NFL.[2/3]

Auch der *Münchner Merkur* meldete Anfang November 2020: »Wegen der kaum erklärbaren Häufung der positiven Testergebnisse ließ das *Isar-Amper Klinikum* in Taufkirchen/Vils erneut testen. Das Ergebnis: Von 60 Corona-Tests, die vorige Woche vom Augsburger MVZ-Labor (früher Schottdorf) positiv getestet wurden, entpuppten sich beim Kontrolltest 58 als negativ – die Patienten waren also völlig unnötigerweise isoliert worden und die Gesundheitsämter hatten unnötigerweise die Kontaktpersonen in Quarantäne geschickt.«[4]

Trotz der vielen Ungenauigkeiten und Fragen zu den PCR-Tests avancierte Christian Drosten während der Corona-Krise in Deutschland rasch zum »Berater für die Bundesregierung – und die ganze Republik«, so das *Handelsblatt*. Und: »zum Liebling besorgter Bürger wurde der Virologe endgültig mit dem Podcast ›Coronavirus-Update‹«.[5/6] *Der Spiegel* nannte Drosten einen »Spitzenmann unter den Seuchendetektiven« und für *Die Zeit* erklärt er »den Erreger in den Medien«.[7/8] Aus dieser komfortablen Position heraus forderte Corona-Berater Drosten von der Politik, ganz auf Linie mit Bill Gates, man solle im Kampf gegen COVID-19 »auch ungewöhnliche Optionen« in Erwägung ziehen und »Regularien für die Entwicklung von Impfstoffen außer Kraft setzen«. Bezüglich der möglichen gesundheitsschädlichen Nebenwirkungen eines Impfstoffs, der ja nicht die üblichen Stufen einer klinischen Erprobung durchläuft, müsse man eben »ein kleines Risiko in Kauf nehmen«.

Drosten: »Für dieses Risiko müsste dann der Staat haften«, nicht die Hersteller und Pharmakonzerne. Seine Forderungen begründete er übrigens mit den COVID-19-Zahlen des *Imperial College London*.[6] Und Drosten malte den Teufel an die Wand. Etwa in einem Gefälligkeitsinterview mit dem Magazin *stern* im März 2020. Drosten: »Ich glaube, dass wir hier in Deutschland noch gerade so eben navigieren können, ohne eine riesige humanitäre Katastrophe zu erleben. Im Gegensatz zu anderen Ländern«, wie dem Iran. »Der Iran ist direkt mit dem arabischen Raum verbunden und der wiederum mit Afrika. Auch in den afrikanischen Ländern wird in diesem Sommer der Peak der Infektionen auftreten. Ich mag mir gar nicht ausmalen, welche Bilder man sehen wird. Wir werden noch erleben, dass die Leute daran auf den Straßen sterben in Afrika. Die Situation wird schlimm sein, sehr schlimm.« Nun lag Drosten mit seiner apokalyptischen Sommer-Prognose völlig daneben. Drosten und der *stern* wussten damals, dass die »Realitätsverweigerer« und die Gesellschaft »den jetzigen Status« nicht nur Wochen, »sondern eine lange Zeit« erdulden müssen. Denn Drosten glaubte nicht, »dass wir in irgendeiner absehbaren Zeit wieder Fußballstadien voll machen. Das ist überflüssig. Das wird es bis nächstes Jahr um diese Zeit nicht geben. Auf Dinge, die schön sind, aber nicht systemrelevant, wird man lange verzichten.« Es werde viele langfristige Veränderungen geben, denn »über diese Epidemie werden wir noch in Jahrzehnten sprechen«, so Drosten.[9]

Die Medien feierten den Mann von der Berliner *Charité* als Star. »Drosten der Mann, der die Krise steuert, der uns durch die Krise navigiert«, jubelte ihm der *stern* zu und schrieb von einem »Virologen-Gott«, einem Fanklub der »Drostenultras«, »Professor-Drosten-Fanshirts« und Frauen, die »bekennen, sie seien schockverliebt«.[10] Drosten scheint auch bei Pharmafirmen beliebt zu sein, die Liste der Zuwendungen ist lang: Schon im Jahr 2004 erhielt er einen Förderpreis vom Pharmariesen *GlaxoSmithKline* (GSK), ebenso Preise vom französischen Unternehmen *bioMérieux* und vom Pharmakonzern

Abbott sowie einen Postdoktorandenpreis der *Robert-Koch-Stiftung*. Ein Jahr später folgte dann sogar das deutsche Bundesverdienstkreuz, da er mit dem Virologen Stephan Günther als einer der Ersten einen diagnostischen Test für SARS-CoV entwickelt hatte.[11] Die SARS-Pandemie in den Jahren 2002 und 2003 wurde prominent von den Medien begleitet und erzeugte große Ängste bei den Menschen. Am Ende erlagen dieser SARS-Pandemie laut WHO weltweit 774 Menschen, 45 davon außerhalb Asiens.[12]

Auch im Jahr 2020 erhielt Drosten wieder zahlreiche Preise: den Grimme Online-Award, den Deutschen Radiopreis für seinen Coronavirus-Podcast beim *Norddeutschen Rundfunk*, einen einmaligen Sonderpreis der *Deutschen Forschungsgemeinschaft* über 50.000 Euro »für herausragende Kommunikation der Wissenschaft in der COVID-19-Pandemie«, Mitte September 2020 einen Ehrenpreis des *Bundesverbands der Kommunikatoren* für »außergewöhnliche kommunikative Leistung« während der »weiterhin andauernden COVID-19-Pandemie« und das Bundesverdienstkreuz 1. Klasse.[11]

Als Drosten und weitere Virologen in einer ganzseitigen Anzeige in der *New York Times* (veröffentlicht von der Kampagnenplattform *Avaaz*) die Zensur von vermeintlichen Falschinformationen forderten, folgte *Twitter* brav und bestätigte die Löschung von 2.400 Tweets. *Facebook* dazu: »Wir gehen aggressiv gegen Falschinformationen über COVID-19 vor.« Das störte die Preisverleiher aber keineswegs. Der schönste Medienpreis scheint in Corona-Zeiten gar kein Preis zu sein.[14/15]

Der für seine Kommunikationsfähigkeiten mit Medaillen und Preisgeldern überschüttete Drosten ist sogar so gefragt, dass er für ein Interview mit den Journalisten von *Corona Transition* leider »aktuell nicht zur Verfügung stehen« kann, so die Pressestelle der *Charité*. »Das wird sich auch in absehbarer Zeit nicht ändern«, wegen der »großen Menge an Anfragen«. Dem Heimatblättchen *Waldeckische Landeszeitung* beantwortete Drosten dagegen sehr gerne eine Handvoll harmloser Fragen. »An anderen Orten gibt es aber

Ausbrüche im privaten Umfeld, in Vereinen und generell in der sozialen Geselligkeit des Landlebens«, so Drosten am 26. Oktober 2020 in der Lokalzeitung.[16] Dabei wollte *Corona Transition* von Drosten doch nur wissen, warum die Zahlen des *Robert Koch-Instituts* (RKI) einen deutlichen Anstieg der Infektionen mit SARS-CoV-2 zeigen, die Todesfallzahlen seit Mai 2020 aber »praktisch auf sehr niedrigem Niveau« liegen? Was die Sperrstunde zwischen 23 Uhr und 6 Uhr des Berliner Senats aus virologischer Sicht bringen soll? Welchen Sinn die »Impfung der Bevölkerung mit Vakzinen, deren Sicherheit laut RKI erst nach der Zulassung überprüft werden kann«, haben soll? Warum es bei der SARS-Epidemie keine Lockdowns gab? Was ein »Wirkstoff gegen SARS-CoV-2 auf molekularbiologischer Ebene eigentlich können« muss? Oder was Drosten antreibt, »mehr Tests, Fieberzentren, Alkoholverbote, Beherbergungsverbote, Impfzentren in Massenhallen, Kontaktverbote, weniger Partys, um nur ein paar Beispiele zu nennen« zu fordern? Womöglich lag Drostens Schweigen daran, dass *Corona Transition* auch ein paar kritische Fragen zu seiner Promotionsschrift stellte. Drostens Arbeit war bis Juli 2020 »weder in der *Deutschen Nationalbibliothek* noch in der Universitätsbibliothek Frankfurt katalogisiert oder vorhanden«. Doch: »Laut Promotionsordnung der Universität Frankfurt müssen die Schriften generell abgegeben werden, weil ansonsten der Doktortitel nicht erteilt werden kann.«[17] Und sogar die *Deutsche Presse-Agentur* (dpa) wollte dazu eine Pressemeldung bringen, zog diese dann in letzter Sekunde aber doch noch zurück – so ganz »ohne Begründung«.[18]

Aber nicht nur der »omnipräsente Starvirologe« Drosten profitierte von seiner »Regierungsnähe«, wie das *Manager-Magazin* am 22. Juni 2020 schrieb. Auch die *Charité* bekam schon bald eine »Machtposition« in der Pandemieforschung. »Bei einem 150-Millionen-Euro-Programm des Bundes ist sie zugleich Koordinatorin, hat einen Sitz im Steuerungsgremium und bekommt nun auch noch die meisten Führungsrollen bei den geförderten Projekten.« Das Programm könne im Kampf gegen COVID-19 »eine ganz wichtige Schlüsselrolle einnehmen«, meinte die deutsche Bundesforschungsministerin Anja Karliczek. Die hervorgehobene *Charité*-Stellung blieb allerdings nicht ohne Widerstand. Mediziner kritisierten: »Der mit wenig Regeln verbundene Riesenetat hat die *Charité* in eine Machtposition über die übrigen Unikliniken der Republik erhoben.«[19]

Während in der Corona-Krise Bundesregierung, *Charité*, RKI alle zusammen mit der *Bill & Melinda Gates Foundation* und mit den großen Medien im Bunde stehen, kam John Magufuli, das Staatsoberhaupt von Tansania auf die Idee, den Corona-Test zu testen, was ihm sofort Kritik einbrachte. So berichtete das *Zweite Deutsche Fernsehen* (ZDF), Magufuli »fiel bereits mit anderen zweifelhaften Aussagen auf«. Und weiter: »Der Präsident von Tansania, John Magufuli, behauptet, dass Corona-Tests bei einer Papaya und einer Ziege positiv gewesen seien.« Man habe bei dem Tier und der Frucht Proben entnommen, menschliche Namen auf die Proben geschrieben und sie in ein Labor geschickt. Auf die Papaya-Probe habe man »Elizabeth Ane, 26, weiblich« geschrieben, damit das Labor nicht misstrauisch wird. »Sollen jetzt alle Papayas in Isolation?«, fragte der Präsident dann provokant. Magufuli spiele die Gefahr durch die Corona-Pandemie seit Wochen herunter und »sein Umgang mit der Krise wurde schon häufig kritisiert«.[20]

Doch das ZDF hatte für den Fall auch schon ein paar Lösungsvorschläge parat. Der erste lautet: »Wenn jemand mit Coronavirus auf eine Papaya hustet, wird er die Papaya kontaminieren – wenn sie aufgeschnitten ist, auch innen, ansonsten außen an der Schale. Das Virus wäre dann vermutlich nachweisbar, sagt der Epidemiologe Andreas Gerritzen. [...] Dass Ziegen das Coronavirus haben und verbreiten können, hält das *Friedrich-Loeffler-Institut* für Tiergesundheit für sehr unwahrscheinlich. Zwar sind bereits Corona-Infektionen bei Tigern und Katzen nachgewiesen worden. ›Man muss aber noch untersuchen, ob sie es auch weitergeben können‹, sagte eine Sprecherin. [...] Möglich sei aber, dass ein Mensch mit einer hohen Viruslast das Tier etwa angehustet habe und die Probe dadurch positiv ausgefallen ist.«

Der zweite Vorschlag: »Der Staatschef des ostafrikanischen Landes beklagte, die importierten Testkits seien ›mangelhaft‹. Die Tests wurden von der afrikanischen Gesundheitsbehörde Africa CDC und der Stiftung des *Alibaba*-Gründers Jack Ma bereitgestellt. ›Wir wissen, dass die Tests, die Tansania benutzt, sehr gut funktionieren‹, sagte John Nkengasong, Leiter der *Africa Centers for Disease Control and Prevention* (Africa CDC). Auch die World Health Organization (WHO) widersprach der Darstellung des Präsidenten: ›Wir sind überzeugt, dass die Tests, die gestellt wurden und die auf dem internationalen Markt sind, [...] nicht mit dem Virus kontaminiert sind‹, so die Afrika-Leiterin der WHO, Matshidiso Moeti.«

Und schließlich der dritte Lösungsvorschlag: »Andreas Gerritzen: ›Wenn in einem Labor nicht sauber gearbeitet wird, ist es möglich, dass eine corona-positive Probe eine andere kontaminiert.‹ Das PCR-Verfahren als solches sei ›sehr anfällig für Kreuzkontaminationen‹. Bei einem PCR-Test wird ein Abstrich aus dem Mund-, Nasen- oder Rachenraum gemacht und im Labor auf das Erbgut des Virus hin untersucht. Auch die Sprecherin vom *Friedrich-Loeffler-Institut* sagte: ›Wenn dem Labor ein Fehler unterlaufen ist, sollte man das auch zugeben.‹« Laut Ferndiagnose des ZDF muss also dem Labor ein Fehler unterlaufen sein. Immerhin handelte es sich ja um afrikanische und keine deutschen Labore.

Bis zu der Schlagzeilen machenden Meldung wurde in Tansania lediglich in 480 Fällen das neue Coronavirus nachgewiesen, bei über 56,3 Millionen Einwohnern. Diese »niedrige Zahl«, so das ZDF, läge vermutlich daran, dass dort »so wenig getestet wird«.[20] Und schon sind wir bei der großartigen Idee einer flächendeckenden Zwangstestung über Landesgrenzen hinweg. Auch Bayerns Ministerpräsident Markus Söder sprach sich dafür aus und ehe man sichs versah, wurden Massen auf Befehl der Ämter kreuz und quer getestet. Das führte allein in Deutschland zu zig Millionen Testungen nach

Drostens PCR-Test-Verfahren. Für Drosten selbst stand ja früh fest, dass die Pandemie nicht vor Ostern 2021 enden wird.[21] Immerhin sah er sich veranlasst, offiziell zu beteuern, dass er am Verkauf der vielen Tests nicht einen Cent verdient. Zumindest nicht direkt.

Apropos zuverlässige PCR-Tests: Im August 2020 veranlasste die britische Aufsichtsbehörde den Rückruf Hunderttausender Test-Sets. Dabei handelte es sich um bis zu 741.000 Tests der Firma *Randox*. Die Ergebnisse seien möglicherweise nicht sicher, so die Regierung in London. *Randox* hatte zuvor einen lukrativen Regierungsauftrag in Höhe von 133 Millionen Pfund erhalten, unter anderem für die Bereitstellung von Corona-Tests, aber eine gute Qualität lieferte das Unternehmen deswegen nicht. Laut dem britischen *Guardian* erfolgte die Auftragsvergabe ohne Ausschreibung. Kein Wunder, denn der führende Abgeordnete der regierenden Konservativen, Owen Paterson, ist nebenbei noch als gut bezahlter Berater für *Randox* tätig.[22]

Nun ist Lobbyismus auch in England kein neues Phänomen. Der leitende wissenschaftliche Berater der britischen Regierung, Patrick Vallance, hatte bei seinem Amtsantritt laut *The Telegraph* über 43.000 Aktien des auf der Insel ansässigen Pharmariesen *GlaxoSmithKline* behalten dürfen. In seiner Zeit als Leiter der Forschung und Entwicklung bei GSK, die 2018 endete, soll er über 404.000 GSK-Aktien im Wert von rund 6,1 Millionen britischen Pfund gehalten haben. Die hat Sir Vallance nicht alle verkauft, als er in die Regierung berufen wurde. Dass GSK am Rennen um einen Corona-Impfstoff teilnimmt, versteht sich von selbst. Zudem hat GSK mit der britischen und der US-Regierung folgenden Vertrag abgeschlossen: GSK soll den Briten bis zu 60 Millionen Corona-Impfstoffe und den USA 100 Millionen liefern. Der Aktienkurs von GSK zog dann jedenfalls noch ein wenig weiter an. Vallances Aktienbonus wurde verschoben und wird erst im April 2021 fällig, wie bekannt wurde. Einen möglichen Interessenkonflikt soll es aber nicht gegeben haben. Denn, so der britische Gesundheitsminister

VORDERGRÜNDE

Matt Hancock: »Wer Sir Patrick Vallance so gut kennt wie ich, dem ist klar: Jede Andeutung, dass er etwas anderes tut als sein Bestes, um dieses Virus zu bekämpfen, ist falsch.«[23]

1 www.zerohedge.com/geopolitical/breakthrough-south-korean-study-finds-recovered-covid-patients-who-test-positive-arent
2 www.espn.com/nfl/story/_/id/29782185/covid-19-testing-protocols-adjusted-minimize-false-positives
3 www.nfl.com/news/all-77-false-positive-covid-19-tests-come-back-negative-upon-reruns
4 www.merkur.de/bayern/coronavirus-bayern-corona-tests-pcr-amper-klinik-panne-isar-ergebnisse-taufkirchen-zr-90082728.amp.html
5 www.handelsblatt.com/politik/deutschland/virologe-ploetzlich-ist-christian-drosten-der-corona-aufklaerer-der-nation/25652704.html
6 www.handelsblatt.com/politik/international/sars-impfstoffe-virologe-drosten-wir-muessen-regularien-fuer-impfstoffe-ausser-kraft-setzen/25657800.html?ticket=ST-8035058-SUHfIv5z2BcymdsOYQJj-ap5
7 www.spiegel.de/wissenschaft/medizin/coronavirus-ungeklaerte-todesfaelle-und-neue-erkenntnisse-zu-covid-19-a-00000000-0002-0001-0000-000169587539
8 www.zeit.de/zustimmung?url=https%3A%2F%2Fwww.zeit.de%2F2020%2F07%2Fchristian-drosten-coronavirus-erreger-virologe
9 www.stern.de/gesundheit/virologe-christian-drosten--wir-haben-in-deutschland-einige-vorteile-gegenueber-anderen-laendern-9190450.html
10 www.stern.de/p/plus/gesundheit-wissenschaft/der-aufklaerer-so-wurde-christian-drosten-zum-wichtigsten-mann-deutschlands-9184616.html
11 de.wikipedia.org/wiki/Christian_Drosten#Ehrungen (abgerufen am 17. Dezember 2020)
12 www.who.int/csr/sars/country/table2004_04_21/en/
13 bdkom.de/aktivitaeten/meldungen/christian-drosten-beim-kkongress-bdkom-verleiht-ehrenpreis
14 www.tagesschau.de/investigativ/swr/wissenschaftler-gegen-falschnachrichten-101.html
15 www.faz.net/aktuell/wirtschaft/digitec/corona-virologen-legen-sich-mit-tech-konzernen-an-16757974.html?printPagedArticle=true#pageIndex_2

16 www.wlz-online.de/waldeck/edertal/drosten-corona-virus-nun-auch-im-laendlichen raum-verbreitet-90080138.html
17 corona-transition.org/exklusiv-das-corona-transition-online-interview-mit-prof-christian-drosten
18 corona-transition.org/grosste-deutsche-nachrichtenagentur-verweigert-veroffentlichung-der-causa
19 www.manager-magazin.de/premium/charite-und-corona-mediziner-beklagen-die-dominante-rolle-berliner-uniklinik-a-ad5a376f-7422-467a-87ff-64d6af7faeaa
20 www.zdf.de/nachrichten/panorama/coronavirus-papaya-ziege-tansania-test-100.html
21 www.n-tv.de/panorama/Drosten-Ostern-ist-Pandemie-nicht-beendet-article22138956.html
22 www.dpa-international.com/topic/britain-recalls-741000-virus-testing-kits-safety-fears-urn%3Anewsml%3Adpa.com%3A20090101%3A200808-99-94615
23 deutsch.rt.com/gesellschaft/107119-wissenschaftsberater-britischen-regierung-hat-anteile-vakzinproduzent-regierungszuschlag/

14
EIN BISSCHEN SIMSALABIM

»Die Bürger demokratischer Gesellschaften sollten Kurse für geistige Selbstverteidigung besuchen, um sich gegen Manipulation und Kontrolle wehren zu können.«

NOAM CHOMSKY

Einen ganz besonderen Zaubertrick hatte das Robert-Koch-Institut (RKI) in der Corona-Krise auf Lager: Man verfälschte die eigene Statistik, indem die Zählweise geändert wurde. Die Berliner Senatsverwaltung schrieb am 24. März 2020: »Das RKI hat heute die Falldefinition angepasst. Es wird jetzt auch als COVID-19-Fall gezählt, wenn jemand Kontaktperson eines bestätigten COVID-19-Falls ist und Symptome zeigt. Diese Fälle sind in der Meldung der Krankenhäuser inbegriffen.«[1] Doch welche Art von Kontakt war gemeint? Nur körperlicher Kontakt? Und woher will man das wissen? Ab März 2020 wurden dann potenzielle Neuinfektionen als tatsächliche Neuinfektionen in den offiziellen Statistiken gezählt und es wurde munter mit Daten jongliert. Wie allgemein bekannt, bezog sich die deutsche Regierung ständig auf die Zahlen des RKI. Oder folgte das RKI den Vorgaben der Regierung?

Der Anstieg von Infizierten hängt jedoch nicht nur von der zunehmend verzerrenden Zählweise ab, sondern auch von der Zahl der durchgeführten Tests. So stellt das *Multipolar*-Magazin klar:

»Wenn in einer Woche (oder in einem Land) 10.000 Tests durchgeführt werden und dabei 1.000 Infektionen festgestellt werden, in der nächsten Woche (oder in einem anderen Land) aber 20.000 Tests und 2.000 Infektionen, dann ist daraus keine höhere Ausbreitung des Virus abzuleiten, sondern nur eine größere Zahl der Messungen. Um Gewissheit über die fortlaufende Ausbreitung des Virus zu gewinnen, muss daher fortlaufend auch die jeweilige Zahl der durchgeführten Tests betrachtet werden.« Zum Beispiel veröffentlichte das RKI in seinem Lagebericht vom 26. März 2020 eine um fast den Faktor 3 gestiegene Fallzahl, verschwieg aber, dass in Deutschland im gleichen Zeitraum auch fast dreimal so viel getestet wurde: Die Zahl der Tests stieg von 130.000 auf fast 350.000. Die tatsächliche Steigerung der positiv getesteten Fälle, bezogen auf die Anzahl der Tests, betrug in diesem Beispiel somit lediglich einen Prozentpunkt. RKI-Chef Lothar Wieler und der deutsche Gesundheitsminister Jens Spahn verloren auf der Pressekonferenz kein Wort darüber.[2] Nur am Rande: Ex-Pharmalobbyist Spahn legte sich mit seinem Ehemann Daniel Funke, einem Chef-Lobbyisten für *Hubert Burda Media,* während der Corona-Krise eine Villa für 4,125 Millionen Euro in Berlin-Dahlem mit rund 300 Quadratmetern Wohnfläche zu, während viele Deutsche wegen des Lockdowns Not leiden müssen. Als der *Business Insider* von dem Villenkauf, berichtete, versuchte Spahn dies anwaltlich zu unterbinden. Allerdings ohne Erfolg.[3/4/5]

Auch in den USA heizen die Medien die Stimmung noch weiter an. So bezeichnete der Fernsehsender *Cable News Network* (CNN) Menschen, die positiv auf SARS-CoV-2 getestet wurden, als »Infizierte« und illustrierte diese Botschaft mit Bildern von Krankenhausbetten. Bei *CBS News* im Eifer des Gefechts sogar mit falschen Bildern, also Bildern aus anderen Ländern und Krankenhäusern, etwa aus Italien. Durch diese Tricksereien entsteht der falsche Eindruck, dass alle Infizierten auch krank waren, sind oder noch werden.[6]

Ein weiteres Beispiel: In China berichtete *China Global Television Network* (CGTN) ebenso undifferenziert von »Geheilten«, um den falschen Eindruck zu erwecken, alle »Geheilten« wären vorher krank gewesen. Medien, Behörden und Universitäten bedienten und bedienen sich dieser kleinen Tricks der unsauberen Wortwahl. Der chinesische Sender CGTN übernahm sogar die Zahlen der US-amerikanischen *Johns Hopkins University* (JHU) vom 20. Juni 2020, nach deren Angaben weltweit knapp 4,25 Millionen Menschen von COVID-19 »geheilt« sind. Dabei zählte die JHU auch alle Menschen als geheilt, die keine oder kaum Symptome hatten, also gar nicht krank waren. Vermutlich gibt es aber auch keine zuverlässigen Zahlen darüber. In den offiziellen Statistiken sucht man den Anteil der positiv Getesteten, die keine oder nur milde Symptome aufweisen, jedenfalls vergeblich.[7]

Obwohl die Presse auf der ganzen Welt die JHU als die Corona-Quelle der Wahrheit ansieht, ist sie ein unseriöser Zahlenmeister. Menschen, die nie krank waren, als »geheilt« oder »genesen« zu bezeichnen, ist falsch und Corona-Irreführung im großen Stil. Würde man die Zahl der wirklich Erkrankten, der Hospitalisierten oder der tatsächlich an und der mit COVID-19 Verstorbenen in ein Verhältnis setzen und in den Vordergrund sowie die sogenannten »Fallzahlen« in den Hintergrund rücken, hätte das womöglich einiges deutlich relativiert. Das Wort »infiziert« assoziieren viele Menschen fälschlicherweise mit »krank«, doch bedeutet »infizieren« lediglich das Übertragen eines Krankheitserregers. Es klingt aber einfach dramatischer, von »Infizierten« anstatt von »positiv Getesteten« zu sprechen oder zu schreiben. Viel wichtiger wäre es also zu erfahren, wie viele der positiv Getesteten tatsächlich Krankheitssymptome aufweisen und wie viele davon so schwerwiegende, dass sie auf die Intensivstation eingewiesen wurden. Zur Beurteilung der Situation ist auch von Bedeutung, welchen Anteil die Corona-Patienten auf den Intensivstationen dieser Welt überhaupt ausmachen und an welchen Krankheiten die übrigen Intensivpatienten leiden. Darüber berichten die meisten Medien und Behörden in der Corona-Krise aber nicht, sondern nur sensationslüstern von »neuen Fällen von Infizierten«.

Für kurze Verwirrung sorgte Maria van Kerkhove, die WHO-Chefepidemiologin für COVID-19, am 8. Juni 2020, als sie meinte: »Uns liegt eine Reihe an Berichten aus Ländern vor, die sehr detailliert Kontaktpersonen ermitteln. Sie verfolgen asymptomatische Fälle, sie verfolgen Kontakte, und sie finden keine Weiterübertragung. [...] Nach den uns vorliegenden Daten scheint es noch immer selten zu sein, dass sich [das Virus] von einer asymptomatischen Person auf ein anderes Individuum überträgt.« Nach dieser Aussage waren Faktenchecker wie *Correctiv* bemüht, klarzustellen, dass die Übertragung von SARS-CoV-2 »unabhängig davon, ob Infizierte Symptome zeigen oder nicht«, möglich sei. Beweise hatte *Correctiv* dafür zwar keine, aber es wäre laut RKI und WHO vermutlich möglich. Die WHO gestand auch ein, »dass es schwierig sei, die Weiterübertragung des Virus durch Infizierte ohne Symptome zu untersuchen«. Doch *Correctiv* legt fest: Die Behauptung, »asymptomatische Personen seien nicht infektiös«, ist »falsch«.[8/9]

Einige Experten sehen das anders. Der ehemalige Leiter des Instituts für Immunologie der *Universität Bern*, Beda Stadler, zum Beispiel: »Ich könnte mich selber ohrfeigen, weil ich das Virus SARS-CoV-2 viel zu lange mit Panik im Nacken betrachtet habe.« Stadler realisierte, »dass die ganze Welt einfach behauptete, es gebe keine Immunität [gegen SARS-CoV-2], aber in Wirklichkeit hatte gar niemand einen Test zur Hand, um eine solche Behauptung zu belegen. Das war keine Wissenschaft, sondern bloß eine Spekulation aus dem Bauchgefühl, die von allen nachgeplappert wurde.« Stattdessen gebe es »klare Befunde, die zwingend nahe legen, dass unser Immunsystem zumindest SARS und SARS-CoV-2 als teilweise identisch betrachtet«. John Ioannidis, laut *Einstein Stiftung* in Berlin einer der zehn meistzitierten Wissenschaftler auf der Welt, »zeigte«, so Stadler, »dass die Immunität gegen SARS-CoV-2, gemessen mit Antikörpern, wesentlich höher ist als bislang angenommen. Ioannidis ist sicher kein Verschwörungstheoretiker, der bloß gegen den Strom schwimmt, er wird jetzt trotzdem kritisiert.« Einigen Menschen sei der gesunde Menschenverstand abhandengekommen, »nennen wir sie hier spaßeshalber ›Immunitätsleugner‹. Diese neue Gattung der Leugner musste beobachten, dass der allergrößte Teil der Menschen, die positiv auf dieses Virus getestet wurden, denen also Viren im Rachen nachgewiesen wurden, gar nicht krank werden. Man hat dafür den Begriff ›silent Carrier‹ aus dem Hut gezaubert, ›stille Träger‹, und behauptet, man könne krank sein, ohne Symptome zu haben«, was pikant sei. Der »nächste Witz, den gewisse Virologen« verbreiten, meint Stadler, »war die Behauptung, dass diese symptomlos Kranken trotzdem andere Menschen anstecken könnten. Diese ›gesunden‹ Kranken würden im Rachenraum so viele Viren beherbergen, dass bei einer normalen Unterhaltung zwischen zwei Menschen der eine ›Gesunde‹ den anderen Gesunden anstecke.« Stadler, der es als »Krönung der Dummheit« bezeichnete, »zu behaupten, man könne die Krankheit COVID-19 symptomlos durchmachen oder andere gar ohne Symptome anstecken«, fasst zusammen: »Hat es in unserer Umgebung krank machende Viren, so werden alle Menschen [...] vom Virus befallen.« Die Viren würden in die Zellen eindringen und sich dort vermehren. Ein starkes Immunsystem würde den Eindringling durch Antikörper und T-Zellen (weiße Blutzellen) beseitigen, bevor es zu Symptomen kommt. In diesem Fall könnten sich die Viren nicht in dem Maße vermehren, um weitere Menschen anzustecken. »Macht man also bei einem immunen Menschen einen PCR-Corona-Test, wird ja kein Virus detektiert, sondern nur ein kleines Stück des viralen Genoms. Der Test wird so lange positiv sein, bis keine Trümmer des Virus mehr vorhanden sind.« Diesen Zustand, so Stadler, nennt man nicht »symptomlos krank«, sondern »immun«. Schafft es das Immunsystem dagegen nicht, eine Immunität herzustellen, so kommt es zur Krankheit und zu Symptomen. Nur dann hätten sich die Viren derart vermehrt, dass eine Ansteckung anderer möglich wird.

Der Haken bei der PCR-Methode sei, dass selbst ein kleines Stück des viralen Genmaterials (Virustrümmer) im »allzu sensitiven Test« genügend vervielfältigt, »erfasst wurden und das Signal ›positiv‹ auslösten«. Wahrscheinlich beruhe »eine Großzahl der täglich rapportierten Ansteckungen bloß auf solchen Virustrümmern«. Zwar sei der PCR-Test »am Anfang goldrichtig, um herauszufinden, wo das Virus sein könnte. Der Test kann aber nicht feststellen, ob die Viren noch intakt, also noch ansteckend sind. Leider hat dies auch dazu geführt, dass einige Virologen die Stärke des Test-Signals mit der Viruslast, also der Menge an Viren, gleichgesetzt haben, die man ausatmen könne.« Stadler im Juni 2020: »Das Virus ist erst mal weg. Wahrscheinlich wird es im Winter zurückkommen, das wird aber keine zweite Welle sein, sondern eben eine Erkältung. Wer als gesunder junger Mensch derzeit mit einer Maske herumläuft, sollte deshalb gescheiter einen Helm tragen, da das Risiko, dass einem etwas auf den Kopf fallen könnte, größer ist als eine schwere Erkrankung mit COVID-19.« Um der Pandemie Herr zu werden, reiche eine Strategie aus, die sich auf den Schutz der über 65-jährigen Risikopersonen beschränke.[10]

Eine Studie aus Wuhan kam nach einem Massentest mit 9,9 Millionen Einwohnern Wuhans (fast 93 Prozent der Bevölkerung) zu dem Ergebnis, dass es bei 1.174 engen Kontakten der (sehr wenigen) asymptomatischen Fälle »keine positiven Tests« gab. Oder anders gesagt: Asymptomatische Corona-positiv-Fälle sind demnach nicht infektiös. Die Studie erschien am 20. November 2020 im Fachmagazin *Nature*.[11]

Gehören der »symptomlose Kranke« und das »symptomlose Anstecken« also zum Repertoire der Pandemie-Verkünder und Hysteriker, um eine Gefahr größer zu machen, als sie tatsächlich ist? Immerhin lässt sich laut Sucharit Bhakdi, langjähriger Leiter des Instituts für Medizinische Mikrobiologie und Hygiene der Universitätsmedizin Mainz, »ein Virus, das von Menschen verbreitet wird, die keine Symptome haben« auch »nur sehr schwer kontrollieren. Diese Furcht stellt eine treibende Kraft hinter vielen Extremmaßnahmen dar, die kurze Zeit später verhängt wurden – vom Besuchsverbot von Krankenhauspatienten bis hin zur Maskenpflicht.« Auch Drosten habe früh verbreitet, dass asymptomatische Personen sehr ansteckend sein könnten. Bei dieser Behauptung habe sich Drosten auf eine chinesische Geschäftsfrau bei einem Besuch in Bayern bezogen. Nur, so Bhakdi, hat sich dieser Befund später als »absolut unzutreffend« erwiesen, da sich herausstellte, dass die Frau sehr wohl starke Beschwerden hatte, die sie allerdings mit Medikamenten unterdrückte. Doch diese Tatsache blieb praktisch »unbekannt«.[12]

Man möchte fast meinen, die »symptomlose Gefahr« ist ein neuer Zaubertrick, denn: »Masken, Corona-App, Social-Distancing, PCR-Massentests und Abstandsregeln würden über Nacht ihre Berechtigung verlieren. Die Grundlage des allgemeinen Schreckens ist ja gerade, dass jeder in jedem Zustand infektiös sein könnte und man sich vor allen Menschen hüten muss. Ohne diese Annahme wäre COVID-19 wie die Grippe. Offensichtlich Gesunde stecken niemanden oder noch niemanden an, Kranke möglicherweise schon. Es reicht, um eindeutig Kranke einen Bogen zu machen.« Das Ziel vieler Regierungen, die Pandemie durch eine Impfung zu beenden, sei unsinnig, »nachdem inzwischen alle anderen Merkmale und Kennzahlen von COVID-19 in den Bereich der Grippe« gefallen sind, wie das *Multipolar*-Magazin schreibt.[12]

Aber die deutsche Regierung bleibt nach wie vor fest bei der einmal eingeschlagenen Strategie und legte als Ergebnis des Koalitionsausschusses vom 3. Juni 2020 schriftlich unter Punkt 53 fest: »Die Corona-Pandemie endet, wenn ein Impfstoff für die Bevölkerung zur Verfügung steht.« Außerdem möchte die deutsche Regierung die *Coalition for Epidemic Preparedness Innovations,* also CEPI, und die gesamte deutsche Impfstoffentwicklung kräftig fördern, damit »ein wirksamer und sicherer Impfstoff zeitnah zur Verfügung steht«. Und damit nicht genug, denn langfristig wird daran gearbeitet, »dass die Impfstoffentwicklung so weiterentwickelt wird, dass bei zukünftig auftretenden neuen Erregern möglichst noch schneller

⑭

und effizienter eine Impfstoffentwicklung und -produktion erfolgen kann. Dazu werden bestehende Programme zur Impfstoffentwicklung aufgestockt und neue Initiativen und Forschungsnetzwerke gefördert, insbesondere zu viralen Erkrankungen mit epidemischem oder pandemischem Potential.« Bei der Impfallianz GAVI dürften die Champagnerkorken nur so geflogen sein, als das zu Papier gebracht wurde. Schließlich kommt die nächste Pandemie nun sicherer als das Amen in der Kirche.[13]

Da in Deutschland nach und nach die Anzahl der Corona-Tests auf über 1 Million (Zwangs-)Testungen pro Kalenderwoche drastisch erhöht wurde, konnten die Medien pausenlos von neuen »Fällen« berichten, auch wenn die Positivenrate sehr gering blieb. Über Kampagnenjournalismus und die gewaltige Rolle der Medien drückte sich schon vor über hundert Jahren der US-Journalist und ehemalige Leitartikler der *New York Times*, John Swinton, recht deutlich aus: »Die Aufgabe der Journalisten ist es, die Wahrheit zu zerstören, geradeheraus zu lügen, zu verdrehen, zu verunglimpfen, vor den Füßen des Mammons zu kuschen und sein Land und seine Rasse um sein tägliches Brot zu verkaufen. Sie wissen es und ich weiß es. Was für eine Narrheit ist dieses Trinken auf eine unabhängige Presse!«

---

1 www.berlin.de/sen/gpg/service/presse/2020/pressemitteilung.911446.php

2 multipolar-magazin.de/artikel/coronavirus-irrefuhrung-fallzahlen

3 www.nachdenkseiten.de/?p=63919

4 de.wikipedia.org/wiki/Jens_Spahn#Nebent%C3%A4tigkeiten (abgerufen am 19. Dezember 2020)

5 www.businessinsider.de/politik/spahn-finanzierte-villen-kauf-zum-teil-mit-einem-sparkassen-kredit-zuvor-sass-er-jahrelang-im-verwaltungsrat-der-bank/

6 correctiv.org/faktencheck/2020/04/02/keine-gezielte-manipulation-sondern-ein-fehler-cbs-news-nutzt-video-aus-italienischem-krankenhaus-fuer-bericht-ueber-new-york/

VORDERGRÜNDE

7 www.infosperber.ch/Artikel/Gesundheit/Corona-Viele-grosse-Medien-ubertreiben-noch-immer-massiv

8 www.who.int/docs/default-source/coronaviruse/transcripts/who-audio-emergencies-coronavirus-press-conference-08jun2020.pdf?sfvrsn=f6fd460a_0

9 correctiv.org/faktencheck/2020/07/17/nein-die-who-hat-nicht-verkuendet-dass-covid-19-infizierte-ohne-symptome-das-virus-nicht-uebertragen-koennen/

10 www.achgut.com/artikel/corona_aufarbeitung_warum_alle_falsch_lagen

11 www.nature.com/articles/s41467-020-19802-w

12 multipolar-magazin.de/artikel/corona-in-gutersloh

13 www.bundesfinanzministerium.de/Content/DE/Standardartikel/Themen/Schlaglichter/Konjunkturpaket/2020-06-03-eckpunktepapier.pdf?_blob=publicationFile&v=10

15

AN, MIT UND MANCHMAL NOCH GANZ ANDERS

»Wer die Wahrheit nicht weiß, ist nur ein Dummkopf. Wer sie aber weiß, und sie eine Lüge nennt, ist ein Verbrecher.«
BERTOLT BRECHT

In ihren täglichen Corona-Meldungen schrieb die Stadt Krefeld am 6. Juli 2020: »Obwohl es laut Feststellung des städtischen Fachbereichs Gesundheit keinen neuen Todesfall in Zusammenhang mit COVID-19 zu verzeichnen gibt, muss die Zahl der Verstorbenen systemrelevant um einen Fall auf nun 23 heraufgesetzt werden, um die Statistik an die des *Robert Koch-Instituts* (RKI) anzupassen. Grund ist, dass Personen, die einmal positiv auf das Coronavirus getestet wurden und später versterben, grundsätzlich in dieser Statistik aufgeführt werden. Im vorliegenden Krefelder Todesfall galt die Person (mittleren Alters und mit multiplen Vorerkrankungen), nachdem es mehrfach negative Testergebnisse gab, inzwischen seit Längerem als genesen.« Ganz egal, ob die Person bei einem Verkehrsunfall starb, unglücklich von der Leiter fiel oder einer ihrer multiplen Vorerkrankungen erlag, dieser Mensch zählt in Krefeld, in Deutschland und in der Weltstatistik der *Johns Hopkins University* seitdem höchst offiziell als ein Coronatoter. Ist das aber nicht ein Skandal, auf den sich die großen Medien stürzen sollten? Zumindest in Krefeld? Nein! Das wirft die Fragen auf: In wie vielen weiteren Fällen wurden Menschen, die gar nicht an, ja nicht einmal in Zusammenhang mit COVID-19 gestorben sind, völlig zu Unrecht als Coronatote gezählt? Und warum bloß?[1]

Auch in Österreich ging man mit den Corona-Todesfällen »sehr liberal« um. So berichtete die Tageszeitung *Heute* am 2. April 2020: »Die Regierung lässt bei den Maßnahmen gegen Corona das ›Vorsichtsprinzip‹ walten. Lieber zu viel als zu wenig. Das gilt offenbar auch für die Statistik der Todesopfer.« Das Coronavirus verursache zwar »oftmals leichte bis gar keine Symptome. Bei einem kleinen Prozentsatz sind die Krankheitsverläufe allerdings massiv und führen zu einem qualvollen Tod.« Zwar ist der Tod an sich, besonders für die Hinterbliebenen, häufig qualvoll, doch genaue Todeszahlen bilden die sichere Basis für ein »richtiges Krisenmanagement und Planen der Maßnahmen«. Auf die Frage: Zählt man also zu den Coronatoten, »wenn man mit dem Virus infiziert, aber an etwas anderem gestorben ist?«, lautete die offizielle Antwort auf einer Pressekonferenz des österreichischen Gesundheitsministeriums: Ja. »›Es gibt eine klare Regel derzeit: Gestorben mit dem Coronavirus oder an dem Coronavirus.‹ [...] Alle diese Fälle zählen zur Statistik. Ein Unterschied, woran der Patient tatsächlich gestorben ist, wird nicht gemacht.« Österreichs Tagesblatt *Heute* fasste die Konferenz zusammen und schrieb weiter: »Flapsig formuliert zählt also auch ein 90-Jähriger, der mit einem Oberschenkelhalsbruch stirbt und sich in den Stunden vor seinem Tod mit Corona infiziert, als Coronatoter.« Außerdem sei bei internationalen Statistiken Vorsicht geboten, da die Länder unterschiedliche Maßstäbe anwenden. Italien mit seiner überragenden Todesrate »zählt die Toten genauso wie wir – mit und an dem Virus verstorben«. Völlig egal. Interessant sei außerdem noch, dass China relativ wenige Tote zu verzeichnen hat. Allerdings würde man in China, anders als in Österreich oder Italien, nur die an dem Virus Verstorbenen in der Statistik zählen. Doch sogar China habe mehrmals die Zählweise geändert. Zu bedenken sei außerdem:

Die Anzahl der Fälle hänge in einem Land »auch immer davon ab, wie viele Menschen dort überhaupt getestet werden«. Diese »beiden Zahlen muss man also immer im Zusammenhang sehen«. In Schweden würde man dagegen nur Schwerkranke testen. Im Vergleich zu »Test-Kaiser« Südkorea stünde Österreich nicht ganz so schlecht da. »Und 158 sind corona-positiv verstorben«, schreibt *Heute* über Österreich mit seinen knapp 9 Millionen Einwohnern. Allerdings: »Die genaue Formulierung dieses Satzes kannst du jetzt nach der Lektüre dieses Artikels durchschauen«, so die Tageszeitung am Ende ihres Artikels.²

Zur offiziellen Zahl der Todesfälle in Zusammenhang mit dem Coronavirus SARS-CoV-2 veröffentlichte der *Österreichische Rundfunk* (ORF) Anfang August 2020, dass »Österreich diese Woche die Zahl 700 erreicht. Aber der jüngste Anstieg in der Statistik des Gesundheitsministeriums ist nicht so sehr auf Todesfälle im Juli zurückzuführen, sondern auf nachgemeldete Todesfälle für die Monate davor. Das hängt mit einer neuen, international verpflichtend vorgeschriebenen Zählweise zusammen. Jeder, der im Monat vor dem Ableben einen positiven PCR-Test hatte, muss gerechnet werden, sagt Franz Allerberger von der Gesundheitsagentur AGES, auch wenn die Ärzte sagen, der Patient wäre in jedem Fall gestorben.« Ein Aufschrei wegen beliebiger Datenschubserei, wegen Betrugs, öffentlicher Irreführung? Nichts dergleichen. Stattdessen erklärte der Infektiologe Franz Allerberger: »Man müsse auch höhere Zahlen in Kauf nehmen, auch wenn es eine Kehrseite der Medaille gibt: ›Wenn in einem Altersheim nun 16 Personen sterben, dann kann es sein, dass sie auch ohne COVID-19 verstorben wären. Wir rechnen sie trotzdem als Corona-Todesfälle‹.« Der österreichische Gesundheitsminister Rudolf Anschober erklärte im ORF: »Ein Indikator für uns sind die sogenannten Rhinoviren. Die Rhinoviren sind die – die kennen wir alle – was die Auswirkung betrifft, nämlich die verursachen Erkältung, Schnupfen. Und was wir merken in den letzten zwei, drei, vier Wochen, das ist, dass bundesweit eigentlich in ganz Österreich die

Zahl dieses, dieses Parameters wieder im Steigen ist. [...] Natürlich geht es um einen psychologischen Effekt, das sage ich ganz offen und ehrlich. Es geht darum, dass dieses deutlich gesunkene Risikobewusstsein wieder gesteigert werden muss, damit wir im Herbst keine große Überraschung erleben und eine zweite Welle auf jeden Fall verhindern können.«[3/4]

Um keine Zweifel an den Zahlen aufkommen zu lassen, riet das *Robert Koch-Institut* in der Corona-Krise von Autopsien testpositiver Verstorbener ab und widersprach damit dem *Bundesverband Deutscher Pathologen* und der *Deutschen Gesellschaft für Pathologie*. In einer RKI-Empfehlung vom 24. März 2020 hieß es: »Eine innere Leichenschau, Autopsien oder andere aerosolproduzierende Maßnahmen sollten vermieden werden. Sind diese notwendig, sollten diese auf ein Minimum beschränkt bleiben.« Das Risiko einer Tröpfcheninfektion sei, so meinte das RKI, dabei zu hoch.[5] Die tatsächliche Todesursache kann jedoch ohne Obduktion nicht bestimmt werden. Vor Corona war es Pathologen mit entsprechenden Sicherheitsvorkehrungen selbstverständlich möglich, auch bei infektiösen Erkrankungen, unter anderem bei HIV/AIDS, Tuberkulose oder Hepatitis, SARS und MERS, zu obduzieren. Ungeachtet der RKI-Vorgabe obduzierte der Rechtsmediziner Klaus Püschel vom *Universitätsklinikum Hamburg-Eppendorf* bis Mai 2020 mehr als 100 angebliche Coronatote und stellte dabei fest, dass alle Toten schwere Vorerkrankungen hatten und im Durchschnitt älter als 80 Jahre waren.[6/7]

Mit Verweis auf eine lokale Zeitung berichteten russische Medien, dass in der norditalienischen Stadt Gromo mehrere Fälle registriert wurden, »in denen angebliche Coronavirus-Infizierte einfach eingeschlafen und nicht wieder erwacht sind«. Die Verstorbenen zeigten bis dahin keine ernst zu nehmenden Symptome der Krankheit. In einem der Seniorenheime, in denen aktuell auch russische Freiwillige arbeiten, hätte es innerhalb weniger Tage mindestens fünf solcher »merkwürdigen« Todesfälle gegeben. Im Gespräch mit der *Russischen Agentur für internationale Informationen* (RIA Novosti) gab der Direktor des Seniorenheims, Gian Luigi Pecis Cavagna, später an, es sei unklar, ob die Gestorbenen tatsächlich mit dem Coronavirus infiziert wurden, weil in dem Heim niemand darauf getestet worden sei. »Man kann es [COVID-19] jedoch nicht ausschließen, da wir sogar für Mitarbeiter keine Tests durchführen. Vielleicht sind wir alle infiziert«, so Cavagna.[8]

Über ähnliche Fälle schrieb die *Süddeutsche Zeitung* (SZ) am 30. März 2020: »In einem Wolfsburger Alters- und Pflegeheim sind in der vergangenen Woche 15 Menschen nach einer COVID-19-Erkrankung gestorben. Von etwa 165 Bewohnern der kirchlichen Einrichtung seien 72 infiziert, sagte der Leiter des Wolfsburger Gesundheitsamts [...]. Überraschend viele Menschen seien verstorben, ohne dass sie Symptome von Corona gezeigt hätten.« Ob die Betroffenen also tatsächlich wegen Corona gestorben sind, blieb unklar, als Coronatote gingen sie jedenfalls in die Statistik mit ein. Ganz nach dem Motto: Es dürfen gerne noch ein bisschen mehr sein.[9]

Wie Yoon Loke, Professor an der *Norwich Medical School* für das *Center for Evidence-Based Medicine* (CEBM) der *University of Oxford* im Juli 2020 schrieb, seien auch die Menschen in England wegen der veröffentlichten Todeszahlen sogar zunehmend besorgt, die einen »unablässigen Tribut von mehr als Hundert COVID-assoziierten Todesfällen an mehreren Tagen in der Woche belegen würden. Dies steht aber in krassem Gegensatz zu der beruhigenden Erholung in den Nachbarregionen (Wales, Schottland und Nordirland), wo es Tage ohne COVID-assoziierte Todesfälle gibt. Ein Grund dafür ist allerdings ein statistischer Fehler in der Art und Weise«, wie die staatliche Agentur *Public Health England* (PHE) die Sterblichkeitsdaten »außerhalb von Krankenhäusern zusammenstellt, und nicht irgendein echter Unterschied zwischen den Regionen.« Auf den Punkt gebracht: Auch die staatliche Agentur PHE schaut – wie die Ämter in Deutschland oder Österreich – nur, ob Personen »jemals positiv getestet« wurden und die Betroffenen »noch am Leben sind oder nicht«. »Ein Patient, der positiv getestet, aber erfolgreich behandelt und aus dem Krankenhaus entlassen wurde, wird immer noch als COVID-19-Toter gezählt, selbst wenn er einen Herzinfarkt hatte oder drei Monate später von einem Bus überfahren wurde.« Diese Vorgehensweise führte auch auf der Insel zu keiner breiten Empörung.[10]

Laut Daten der staatlichen Agentur PHE wurden »etwa 80.000 erholte Patienten« trotz Entlassung aus dem Krankenhaus noch für die Todesstatistik überwacht. »Sie können offensichtlich an anderen Krankheiten sterben. Aus diesem Grund sind die Todesfälle ›außerhalb des Krankenhausbetriebs‹ konstant hoch. Und das, obwohl die Daten des *Office of National Statistics* zeigen, dass es in den letzten drei Wochen weniger Todesfälle gab als der Fünfjahresdurchschnitt.« Es sei endlich »an der Zeit, diesen statistischen Fehler zu beheben, der zu einer Übertreibung der COVID-assoziierten Todesfälle führt«, forderte Yoon Loke im Juli 2020. Da auch Ex-Corona-Test-Positive nicht ewig leben, müsste die COVID-19-Sterblichkeitsrate langfristig zwangsläufig bei 100 Prozent liegen. Auch *die tageszeitung*, kurz taz, kritisierte die offiziellen Zahlen: »Je länger die Pandemie dauert, desto mehr bläht diese Methode die Zahlen auf. Wer im März von COVID-19 genesen war und im Juni in einem Autounfall starb, zählt als Coronavirustoter.«

Doch dann, plötzlich, still und leise, irgendwann im August 2020, korrigierte die englische Gesundheitsbehörde ihre eigene Statistik und übernahm die 28-Tage-Maximaldauer. Und zwar von einem Tag auf den nächsten. Waren es in England gestern noch 42.072 COVID-19-Tote, so sank die Zahl auf einmal um 5.377 auf 36.695. Da stellt sich die Frage: Warum wurde die Zählweise geändert? Vermutlich weil die Todeszahlen in England – Großbritannien zählte mehr Coronatote als jedes andere europäische Land – mit dieser Statistiktrickserei hartnäckig hoch blieben, während sie überall in Europa auf nur wenige pro Tag absanken. Auf 28-Tage-Maximaldauer bezieht sich die *taz*: »99 Prozent aller Erkrankten sind nach 28 Tagen entweder wieder gesund oder tot.«[11]

In Deutschland wollte man weiterhin an der eigenen Zählweise festhalten, wie das *Robert Koch-Institut* bestätigte. Gezählt würden nach wie vor Tote, »bei denen ein laborbestätigter Nachweis von SARS-CoV-2 vorliegt und die in Bezug auf diese Infektion verstorben sind«. Dabei, so die Zählrichtlinie der WHO, dürfte »zwischen [COVID-19-]Erkrankung und Tod kein Zeitraum völliger Genesung stehen«. Richtig gelesen: Laut WHO sind alle an COVID-19 erkrankten, die wieder gesund wurden und viel später an etwas anderem verstarben, keine echten Coronatoten. Außer etwa in Deutschland, Italien, Österreich und in den USA.[11]

In den USA scheute man sich genauso wenig, testpositive Opfer von Verkehrsunfällen oder Morden zu den Coronatoten zu zählen. Wie aus Berichten der Gerichtsmedizin des Palm Beach Countys hervorgeht, wurden viele Tote irrtümlich zu den Coronatoten gezählt. Dazu drei Beispiele: ein 60-jähriger Mann, der wegen einer Schusswunde am Kopf ums Leben kam, ein 90-jähriger Mann, der den Komplikationen eines Hüftbruchs erlag, sowie eine 77-jährige Frau, die an Parkinson starb. Auch der Gouverneur von Florida, Ron DeSantis, gab auf *Fox News* zu, dass Todesfälle zu Unrecht der COVID-19-Statistik zugeschrieben werden, wie der Fall eines Mannes im Orange County, der bei einem Motorradunfall ums Leben kam und positiv auf das Coronavirus getestet wurde.[12]

Die kalifornischen Ärzte Dan Erickson und Artin Massihi warfen auf einer regionalen Pressekonferenz die Frage auf, ob die Maßnahmen gegen das Virus überhaupt gerechtfertigt sind, wenn die Kollateralschäden des Lockdowns immer deutlicher werden. Außerdem würden Ärzte aus mehreren US-Bundesstaaten unter Druck gesetzt, auf Totenscheine als Todesursache COVID-19 zu schreiben. Übrigens wurde das Video von der Pressekonferenz der Ärzte, auf der die beiden Testergebnisse aus ihren Kliniken präsentierten und dabei Bezug nahmen auf ähnliche Untersuchungen in Los Angeles und im Silicon Valley, von *Facebook* und *YouTube* komplett gelöscht.[13/14]

Der Senator und Arzt Scott Jensen aus dem US-Bundesstaat Minnesota sagte in einem Interview auf *Fox News*, dass die Richtlinien der US-Gesundheitsbehörde *Centers for Disease Control and Prevention* (CDC), ob ein Patient an Corona gestorben ist, irreführend sind. »Wir wissen beide«, so Jensen zur Moderatorin, dass es Grippe-Todesfälle gab, »die COVID-19 genannt wurden«, weil niemand Abstriche nahm. Man zähle bei der CDC auch als Coronatoter, wenn man von einem Bus überfahren wird, nur weil man positiv auf Corona getestet wurde. Das ergebe keinen Sinn. Nach den Leitlinien sei es akzeptabel, COVID-19 als Sterbegrund anzugeben, auch wenn es keine Diagnose für COVID-19 gebe, dies »aber vermutet« werde oder »wahrscheinlich« sei. Das würde das »Vertrauen der Öffentlichkeit untergraben [...] gerade jetzt, wo [...] Politiker Dinge tun, die nicht unbedingt auf Fakten und Wissenschaft« beruhen, so der Senator. Anthony Fauci, der Direktor des *National Institute of Allergy and Infectious Diseases*, bezeichnete den Vorwurf, die COVID-19-Todeszahlen würden »gefüttert«, dagegen als »Verschwörungstheorie«. Das wies Jensen strikt zurück und erläuterte die Abrechnungsmodalitäten der US-Krankenversicherung *Medicare*. Diese lege fest, dass US-Krankenhäuser mehr Geld für COVID-19-Fälle erhalten. Wird eine Person wegen einer Lungenentzündung in ein Krankenhaus eingewiesen, beliefe sich die diagnosebedingte Gruppenpauschale auf 5.000 US-Dollar. Handele es sich aber um eine COVID-19-Pneumonie, dann erhöht sich die Pauschale auf 13.000 US-Dollar, und wenn dieser COVID-19-Pneumonie-Patient auch noch an ein Beatmungsgerät angeschlossen wird, dann seien es sogar bis zu 39.000 US-Dollar, was womöglich mehr Schaden als Nutzen brachte, »da Krankenhäuser ungewöhnlich hohe Todesfälle bei COVID-19-Patienten an Beatmungsgeräten meldeten«. Die Richtigkeit dieser Aussagen wurden übrigens von der Tageszeitung *USA Today* überprüft und bestätigt. Jensen, so *USA Today*, glaube aber nicht, »dass Krankenhäuser Fälle aus finanziellen Gründen absichtlich falsch klassifizieren«, auch wenn man ihm diese Interpretation unterstellen würde.

USA Today kommt zu dem Ergebnis: Die Krankenhäuser und Ärzte bekommen höhere *Medicare*-Sätze für COVID-19-Patienten und -Behandlungen, auch wenn es keine Laborbestätigung gibt, aber angenommen wird, dass COVID-19 vorliegt. »Und dreimal mehr, wenn Patienten an Beatmungsgeräte angeschlossen werden.« »Hinweise auf betrügerische Meldungen« gebe es aber keine.[15/16/17] Der Arzt Dan Erickson fragte: »Wir werden nicht gedrängt, auf Grippe zu testen. Warum werden wir gedrängt, COVID hinzuzufügen?« Und die libertäre Denkfabrik *Foundation for Economic Education* (FEE) schrieb, der wirtschaftliche Anreiz sei eindeutig, dies erfordere keine Verschwörung.[14]

Auch in Deutschland gab die *Kassenärztliche Bundesvereinigung* schon Anfang März 2020 bekannt, dass für die Versorgung von Coronavirus-Patienten zusätzliches Geld bereitgestellt wird: »Alle ärztlichen Leistungen, die aufgrund des klinischen Verdachts auf eine Infektion oder einer nachgewiesenen Infektion erforderlich sind, werden seit 1. Februar in voller Höhe extrabudgetär bezahlt.« Auf der Basis dieser Informationen lassen sich die Coronazahlen der US-amerikanischen *Johns Hopkins University* nun in der Tat viel besser einordnen.[18]

---

1 www.krefeld.de/de/inhalt/corona-aktuelle-meldungen/

2 www.heute.at/s/osterreich-bei-corona-todesstatistik-sehr-liberal-48665863

3 kurier.at/chronik/oesterreich/ministerium-stellt-zaehlweise-bei-coronavirus-todesfaellen-um/400991600

4 tvthek.orf.at/transcripts/show/930169

5 www.pathologie-dgp.de/die-dgp/aktuelles/meldung/pressemitteilung-an-corona-verstorbene-sollten-obduziert-werden/

6 www.pathologie.de/?eID=downloadtool&uid=1988

7 www.merkur.de/welt/coronavirus-tote-deutschland-todesfaelle-statistik-risikogruppe-obduktion-ergebnisse-zr-13688072.htm

8 de.sputniknews.com/panorama/20200402326767475-fachpersonal-todesfaelle-lombardei-zeitung/
9 web.archive.org/web/20200330082928/https:/www.sueddeutsche.de/panorama/coronavirus-news-deutschland-wolfsburg-laschet-1.4828033
10 www.cebm.net/covid-19/why-no-one-can-ever-recover-from-covid-19-in-england-a-statistical-anomaly/
11 taz.de/Grossbritannien-zaehlt-jetzt-anders/!5702411/
12 cbs12.com/news/local/i-team-deaths-incorrectly-attributed-to-covid-19-in-palm-beach-county
13 vitalstoff.blog/2020/05/07/erickson-massihi/
14 fee.org/articles/physicians-say-hospitals-are-pressuring-er-docs-to-list-covid-19-on-death-certificates-here-s-why/
15 www.foxnews.com/media/dr-scott-jensen-cdc-coronavirus-death-guidelines
16 www.foxnews.com/media/physician-blasts-cdc-coronavirus-death-count-guidelines
17 eu.usatoday.com/story/news/factcheck/2020/04/24/fact-check-medicare-hospitals-paid-more-covid-19-patients-coronavirus/3000638001/
18 www.kbv.de/html/1150_44667.php

(16)

WER EINMAL LÜGT...

> »Immer weigere ich mich, irgendetwas deswegen für wahr zu halten, weil Sachverständige es lehren, oder auch, weil alle es annehmen.«
> ALBERT EINSTEIN

Ein Blick zurück ins Jahr 2009. Auch damals gab es eine Pandemie, doch nur in den Köpfen der Menschen. Wegen der sogenannten Schweinegrippe oder H1N1, die global Influenza auslöste, rollten die Steuertaler in die Taschen der Pharmakonzerne. Nicht von ungefähr trafen sich Mitte Mai 2009 rund 30 hochrangige Vertreter von Pharmafirmen mit dem damaligen UN-Generalsekretär Ban Ki-moon sowie der damaligen WHO-Generaldirektorin Margaret Chan. Ihr Hauptanliegen: Die WHO solle doch bitte endlich die Pandemie-Stufe 6 ausrufen. Und die Pharmaindustrie machte Milliarden. Das Ausrufen einer Pandemie erwies sich als etwas voreilig. So schrieb die Tageszeitung *Die Welt* im Januar 2010: »Eine Pandemie hat es nicht gegeben. Alle Vorsorge, der Millionen Euro-Kraftakt für die Impfungen, ein Gemeinschaftswerk von Gesundheitsbehörden, Ministerien, Krankenkassen und Herstellern, von Bund und Ländern hat sich als unnötig erwiesen. Der Schaden ist enorm, die Panik auch: Auf mindestens 700 Millionen Euro werden die Kosten der bestellten

Impfseren geschätzt, von denen noch nicht einmal ein Zehntel verbraucht wurde.« Und weiter: »Der Umgang mit der Epidemie, die keine war, ist für die Weltgesundheitsorganisation WHO, die deutschen Ministerien und Seucheninstitutionen ein Debakel. [...] Letztlich war es der gesunde Menschenverstand der Bevölkerung, sich dann doch nicht diesem Impf-Sog zu ergeben. [...] Plötzlich wurde jeder Halsschmerz der Schweinegrippe zugeschlagen, ein Grundschüler kam mit erhöhter Temperatur nach Hause, ein panischer Anruf der Eltern – und schon wieder blieb eine ganze Klasse wegen ›Schweinegrippe‹ zu Hause. In den USA haben die Behörden auf diese Weise die Zahl der Schweinegrippe-Opfer ruckartig vervierfacht. Sie führten eine neue Zählweise ein: Mitgezählt wurde ab Mitte November plötzlich jede ältere Person, die ›allem Anschein nach an der Grippe gestorben ist‹. Auf diese Weise wurde jedes Opfer einer Lungenentzündung zum Schweinegrippe-Toten. Ein besonnener Umgang mit einem Krankheitserreger sieht anders aus.«[1]

Insgesamt ging man weltweit bei 18.449 Todesfällen von einem Zusammenhang mit der H1N1-Infektion aus. *Die Welt* fragte damals, wie man in Zukunft damit umgehen soll, wenn jede gewöhnliche Grippe automatisch zur Pandemie wird, und meinte zur Schweinegrippe: »Hier wurden Grenzen der Verhältnismäßigkeit überschritten, und zwar global.« Und im Jahr 2020?[1/2]

Auch der *Tagesspiegel* schrieb im Januar 2010, dass die Schweinegrippe unnötig zur Pandemie erklärt wurde. Das H1N1-Virus erwies sich »im Vergleich zu den üblichen saisonalen Grippeerkrankungen« als recht harmlos. Dabei bezog sich das Blatt auf den weltweit bekannten Epidemiologen Ulrich Keil, einen jahrzehntelangen Berater der *World Health Organization*. Keil warf der Organisation vor, die Menschen mit »Angstkampagnen« stark verunsichert zu haben. »Es werden unglaubliche Mengen an Geld verschwendet in Pandemien, die eigentlich gar keine sind«, so Keils Urteil damals in einer Anhörung des Europarates. Darin ging es um die Rolle der WHO, die »die höchste Pandemiestufe für die Schweinegrippe ausgerufen und damit eine weltweite Impfaktion ausgelöst hatte«. Untersucht wurde im Europarat, »ob die WHO beim Umgang mit dem H1N1-Virus, das für die Schweinegrippe verantwortlich ist, auch wirklich ausreichend Transparenz an den Tag gelegt hat«. Besonders umstritten war in dem ganzen Szenario die Rolle von Margaret Chan, der damaligen Generaldirektorin der WHO. Chan ließ die Schweinegrippe zu einer Pandemie erklären, wodurch weltweit Pandemiepläne in Kraft traten. Allein Deutschland orderte daraufhin 50 Millionen Impfdosen. Und es gab, so Keil, »schon verbindliche Verträge mit *GlaxoSmithKline*«. Der *Tagesspiegel* berief sich auch auf den »Arzt und Epidemiologen Wolfgang Wodarg«, der damals den Gesundheitsausschuss der Parlamentsversammlung des Europarates leitete. Laut Wodarg hatte die Pharmaindustrie vertragliche Vereinbarungen mit Staaten getroffen und »praktisch nur auf dieses Geschäft gewartet«. Kurz vor der Schweinegrippe Anfang Juni 2009 formulierte die WHO im Mai 2009 die Kriterien für eine Pandemie um. Jetzt kam »es nicht mehr so sehr darauf an, ob ein Virus tödlich sein kann, sondern ob es sich rasend schnell verbreitet«. Dazu äußerte sich Wodarg im *Tagesspiegel*: »Während eine Pandemie nach der ursprünglichen WHO-Definition durch überdurchschnittlich hohe Erkrankungs- und Sterberaten gekennzeichnet gewesen sei«, wäre es nun möglich, auch eine »stinknormale Grippe zu einer Pandemie hochzustilisieren«. Daher wurden unterstützt durch die Panikmache, an der sich auch deutsche Behörden beteiligten, »Millionen von Menschen unnötigerweise geimpft«. Das *Paul-Ehrlich-Institut* und das *Robert Koch-Institut* (RKI) behaupteten auch damals, es werde noch eine zweite Welle geben, obwohl zu dieser Zeit schon glasklar feststand, dass die Schweinegrippe harmlos verläuft. Die WHO widersprach dem Vorwurf, auf Druck der Pharmaindustrie die Pandemie-Definition geändert zu haben. Und die Impfstoffhersteller verkündeten öffentlich, sie hätten ja auf eigenes Risiko in die Produktion investiert. Aber bringt nicht so ziemlich jede unternehmerische Tätigkeit dieses Risiko mit sich?[3/4]

Bei der Schweinegrippe handelte es sich wohl um die bekannteste »Test-Epidemie«, die nur wegen medialer Panik für globale Aufregung sorgte. Schließlich wurde sie auch in der Dokumentation »Profiteure der Angst« als »Inszenierung der Pharmaindustrie« bezeichnet. Der Arzt und Pharmakologe Peter Schönhofer damals: »Das ist ein Prinzip des Pharmamarketings [...] und zwar kann die Pharmaindustrie ihr Produkt dann gut verkaufen, wenn die Menschen Angst haben und sich von dem Angebot des Herstellers versprechen, gerettet zu werden.«[5] Der *Deutschlandfunk* schrieb im Rückblick: »Schweinegrippe – Saison 2009, 2010: Deutschland zwischen Medienspektakel und Massenhysterie. [...] Die Krankheit greift um sich und mit ihr die Angst. Die Weltgesundheitsorganisation WHO in Genf befürchtet den Beginn einer verheerenden Pandemie mit weltweit Millionen Todesopfern.« Auch beim RKI »war die Sorge groß«. Mal wieder. »Es ist nicht das erste Mal, dass die WHO und die Gesundheitsbehörden in der Welt mit einem solch aggressiven Erreger zu tun haben. 2003 taucht in Asien« SARS auf. »Experten beschwören das Szenarium eines weltweiten wirtschaftlichen Zusammenbruchs. [...] Die Grippewelle ebbt ab. 2005 ein neues Virus: die Vogelgrippe. Auch sie verläuft glimpflicher als zunächst befürchtet.« Dann kam die Schweinegrippe und Chan meinte: »Die Welt kann nun davon profitieren, dass sie sich über fünf Jahre lang auf eine Pandemie vorbereitet hat.« Der *Deutschlandfunk* fragte: »Warum aber wurde die Verbreitung eines neuen Influenzavirus zur gefährlichen Pandemie erklärt, das nicht einmal ein Zehntel jener tödlichen Erkrankungen verursacht hat, wie es bei der normalen Wintergrippe der Fall ist? Wieso wurde gerade jetzt eine so große Impfkampagne gestartet? Kritiker werfen der UN-Organisation vor, nur darauf gewartet zu haben, eine über Jahre aufgebaute Maschinerie in Gang zu setzen. [...] Viele Grippeforscher, die als Experten in maßgeblichen Kommissionen mitbestimmen, seien eng mit der Pharmaindustrie verbunden.« Tatsache ist, so der *Deutschlandfunk*: »Die Pharmaindustrie verdient

⑯

bestens am Pandemiealarm der WHO.« Auch damals wurde mit »Hochdruck an einem Impfstoff« gearbeitet, über dessen schwere und unerwünschte Nebenwirkungen man aber nichts sagen könne. Interessant war auch, dass die Bundesregierung einen Impfstoff mit weniger Nebenwirkungen für sich bestellt hatte, wodurch der Eindruck entstand, für die Bürger stehe nur ein Impfstoff zweiter Klasse zur Verfügung. Über die Impfbereitschaft der Deutschen meinte der damalige Vizepräsident des RKI, Reinhard Burger: Die Impfbereitschaft war am Anfang niedrig und ist auch nicht gestiegen, »es wäre uns lieber gewesen, mehr Personen wären geimpft«. Die Informationspolitik sei »nicht gut genug«, die Informationen »zum Teil widersprüchlich« vermittelt worden.[4]

Regierungen und Pharmafirmen schlossen jedenfalls milliardenschwere Geheimverträge über Arzneimittel ab, die später kostspielig entsorgt werden mussten. Manche Forscher vermuteten sogar, dass das Schweinegrippe-Virus aus der Impfstoff-Forschung käme und durch ein Leck (oder mehr noch) freigesetzt wurde. Immerhin gibt es historische Präzedenzfälle dafür. Auf der Suche nach der Herkunft des Schweinegrippe-Virus schrieb das *Virology Journal* vom 24. November 2009, dass die Viren der H1N1-Influenza-Linie vier Jahrzehnte nach der spanischen Influenza-Epidemie des Jahres 1918 in der menschlichen Bevölkerung zirkulierten. An der asiatischen Influenza-Pandemie von 1957 waren sie nicht beteiligt, tauchten dann aber 1977 wieder auf. Die Gensequenz des Isolats aus 1977 war nahezu identisch mit den Viren, die in den 1950er-Jahren gesammelt wurden. Das deute darauf hin, dass das Virus wahrscheinlich zwischen 1950 und 1970 in einem Laborgefrierschrank gehalten wurde und dann – wie auch immer – entkam.[6]

Noch vor der WHO erklärte übrigens der Medizinprofessor Roy Anderson, ein Berater der WHO, der *Bill & Melinda Gates Foundation* (BMGF) sowie vom *Imperial College London*, die »Schweinegrippe« am 1. Mai 2009 in einem Radiointerview zu einer »Pandemie«.

Und das, obwohl noch gar keine Rede von einer Pandemie sein konnte, denn es gab keine zahlreichen Toten. Trotzdem verlieh Anderson der Panikmache einen ordentlichen Anschub. Ziemlich unbekannt blieb auch die Tatsache, dass Anderson als Vorstandsmitglied von *GlaxoSmithKline* (GSK) ein Jahresgehalt von 116.000 britischen Pfund (über 130.000 Euro) erhielt.[7]

Der Spiegel blies ins selbe Horn, indem er im Mai 2009 von einem »Welt-Virus« und Angriff aus dem Schattenreich schrieb (Heft 19/2009). Das Magazin verbreitete hartnäckig Angst, lieferte eine passende Portion furchteinflößender Bilder und glorifizierte Bill Gates einen Monat später in einem Interview als Philanthropen und »Wohltäter in Afrika«, denn er habe sich entschieden, »das Geld für die Ärmsten zu verwenden«, und teile mit anderen reichen Spendern ein wunderbares Gefühl: »Ich genieße es zu helfen.«[8/9] Dabei ging völlig unter, was die *Los Angeles Times* schon Anfang 2007 schrieb: Dass die Gates-Stiftung Aktien an verschiedenen Firmen besitzt, die Standards sozialer Verantwortung brechen, weil sie die Umwelt zerstören. So förderte die BMGF beispielsweise auch in Nigeria »Impfungen gegen Kinderlähmung und Masern«, besaß aber zugleich Anteile an Energiekonzernen, die im Niger-Delta überschüssiges Öl in großen Flammen verbrannten, wodurch auf Mensch und Umwelt ein Regen von zahlreichen giftigen Substanzen niederging, die Flüsse verstopften, was zu Cholera führte, oder Bohrlöcher mit stehendem Wasser hinterließ, »ideal für Mücken, die Malaria verbreiten«.[10] Im Jahr 2020 titelte *Der Spiegel* dann wieder von einem Weltvirus und verbreitete Panik mit angsteinflößenden Bildern (Heft 10/2020). Und das, obwohl sich nach der Schweinegrippe herausstellte, dass *Der Spiegel* mit seiner Angstmache meilenweit neben der Realität lag (in Deutschland gab es »lediglich 258 Tote«, in den USA rund ein Drittel einer durchschnittlichen Grippewelle). Massenmedien, Politik, Behörden sowie diverse Organisationen versagten kläglich und ihre Handlungen blieben folgenlos, abgesehen von Gewinnen für die Pharmabranche.[11]

Der Börsenkurs von *GlaxoSmithKline* stieg beispielsweise nach Verkündung der Schweinegrippe-Pandemie um rund 10 Prozent. Und GSK hatte innerhalb kürzester Zeit an die 440 Millionen Dosen seines bekannten Schweinegrippeimpfstoffs *Pandemrix* verkauft »und damit Milliarden umgesetzt«. *Pandemrix* enthielt unter anderem Squalen, ein Mittel, das aus Haien gewonnen wird, oder Spuren von Formaldehyd, »das genverändernd und letztlich krebserregend wirken kann«. Der Konzern schloss nicht nur mit Deutschland Verträge (»sobald Stufe 6 ausgerufen würde«, wird Impfstoff gekauft), auch die Regierungen von Schweden, Großbritannien, Frankreich, der Schweiz oder Kanadas waren Großkunden. Lediglich Polen entzog sich dem Impfsog.[12] 45 Prozent der kanadischen Bevölkerung wurden mit *Arepanrix* gegen H1N1 geimpft, wie *GlaxoSmithKline* der Welt im Oktober 2009 stolz mitteilte. Dabei bedauerte der Konzern, dass bis Ende 2009 »nur 20 Prozent der US-Amerikaner, 25 Prozent der Australier, 12 Prozent der Japaner und 7 Prozent der Briten« mit den zur Verfügung stehenden Mitteln gegen H1N1 geimpft wurden.[13] Das Mittel von GSK wurde vermutlich nicht einmal ausreichend getestet. Nach der Impfung starb in Kanada ein fünfjähriges Mädchen.[14] Der Impfstoff *Arepanrix* war dem in Europa verwendeten *Pandemrix*, der später zurückgezogen wurde, relativ ähnlich. Wie sich herausstellte, führte *Pandemrix* unter anderem zu Narkolepsie. An Narkolepsie Erkrankte können nicht mehr als 90 Minuten am Stück schlafen, was dazu führt, dass sie mehrmals täglich einschlafen. Insgesamt erkrankten wegen der Impfung in Europa hochgerechnet etwa 15.000 Menschen an Schlafzwang, Nervenkrankheiten, allergischen Schocks, Gesichtslähmungen, Gefäß- und Gehirnentzündungen. Rund 60 Millionen Menschen, überwiegend Kinder, wurden nach dem Ausbruch der Schweinegrippe mit *Pandemrix* geimpft. Europaweit sind über 800 Kinder wegen der Impfung erkrankt und es kam zu langwierigen Schadensersatzklagen. In Schweden, Irland oder in Großbritannien zum Beispiel. Verklagt wurde dort aber nicht der Konzern GSK, sondern die Regierung, die »geradezu feindselig« auftrat und sich jahrelang weigerte, einen Jungen zu entschädigen. Nach drei Jahren Kampf vor Gericht, so der *Guardian* im Jahr 2015, wurden dem 12-Jährigen dann 120.000 britische Pfund zugesprochen, »weil man es als erwiesen ansah, dass bei ihm der Schweinegrippeimpfstoff eine Narkolepsie ausgelöst hätte«. Der Junge war nicht mehr in der Lage, unbeaufsichtigt zu duschen oder allein mit dem Bus zu fahren. Ein 8-Jähriger müsse laut *International Business Times* vom 2. März 2014 Anti-Narkolepsie-Medikamente für 15.000 Pfund pro Jahr nehmen, damit er in der Schule nicht einschläft, und wenn man ihm zum Lachen brachte, brach er zusammen. Trotz einer Warnung der *Europäischen Arzneimittel-Agentur* aus dem Jahr 2011 vor der Anwendung des Impfstoffs bei Kindern wegen eines »13-fach erhöhten Narkolepsierisikos bei Geimpften, hat sich GSK geweigert, einen Zusammenhang anzuerkennen«. 60 Opfer des Schweinegrippe-Impfstoffs verklagten die britische Regierung auf 60 Millionen britische Pfund, schrieb die *International Business Times*. In Schweden, wo man rund 60 Prozent der Bevölkerung impfte, hatten 475 Patienten eine Entschädigung beantragt. »In 311 Fällen wurde sie genehmigt. Vielen reicht die Summe von bis zu einer Million Euro jedoch noch nicht aus. Die Zahlung könne den lebenslangen Ausfall von Arbeitszeit nicht kompensieren«, schrieb *Der Spiegel* im Mai 2016. Nachdem GSK bei einem Geschädigten-Prozess in Irland interne Unterlagen herausgeben musste, wurde öffentlich, dass dem Konzern »relativ rasch klar gewesen sein musste, dass es beim Herstellungsprozess des europäischen Impfstoffs *Pandemrix* Probleme« gab. Bis Ende März 2010 registrierte GSK bereits 5.069 Fälle mit schweren Nebenwirkungen, wobei zu berücksichtigen ist, dass »Ärzte höchstens 10 Prozent der auftretenden Nebenwirkungen melden«. Der Pharmakologie-Professor Peter Doshi kommentierte: »Die Ereignisse der Jahre 2009 und 2010 werfen grundsätzliche Fragen zur Transparenz von Informationen auf. Wann haben Gesundheitsbehörden die Pflicht, das Publikum über mögliche Gefahren von Impfungen zu warnen und über Meldungen von Nebenwirkungen zu informieren? Welche Details soll die Öffentlichkeit von wem erfahren? Sind solche Informationen spontan oder nur auf Anfrage zu vermitteln?« [11/12/15/16]

Den Impfstoff gegen die Schweinegrippe ließ die *European Agency for the Evaluation of Medicinal Products* (EMEA) zu, die später in *European Medicines Agency* (EMA) umbenannt wurde. Ende 2010 löste der Wechsel des damaligen Direktors der EMEA, Thomas Lönngren, empörte Proteste auch einiger internationaler Organisationen aus. Nach zehn Jahren Tätigkeit für die Agentur wechselte Lönngren zu einer Beratungsfirma der Pharmaindustrie. Auf die Forderung, die Aktivitäten Lönngrens zu überprüfen, antwortete die Agentur, Lönngrens neue Aktivität beinhalte keine Interessenkonflikte. Damit war der Fall erst einmal erledigt.[17]

Die Zeit setzte sich übrigens schon damals für die Pharmaindustrie ein. Im Juli 2009 titelte das Blatt: »Impfe sich, wer kann.«[18] So wie Christian Drosten, der im November 2009 meinte: »Bei der Erkrankung handelt es sich um eine schwer wiegende allgemeine Virusinfektion, die erheblich stärkere Nebenwirkungen zeitigt, als sich irgendjemand vom schlimmsten Impfstoff vorstellen kann.« Er rief die Bevölkerung dringend dazu auf, sich gegen die Schweinegrippe impfen zu lassen.[19] Der *Guardian* schrieb im April 2009, dass die Bedrohung durch die Schweinegrippe weltweit ansteigen würde, und ein paar Monate später, dass die Schweinegrippe Millionen töten kann. Andere internationale Leitmedien wie *The Independent*, *The Times*, das *Wall Street Journal*, *Libération*, der *Kurier*, *La Stampa* befeuerten die Panik ordentlich mit. Und die *Bild*-Zeitung meldete zur Schweinegrippe alarmierend: »Professor befürchtet in Deutschland 35.000 Tote.« Bis dahin waren genau zwei Menschen gestorben, beide mit schweren Vorerkrankungen.[11]

Die Medienkampagne schuf also beste Voraussetzungen für den Verkauf der Impfstoffe, da verängstigte Menschen nicht unbedingt vernünftige Entscheidungen treffen. Der Virologe Alexander Kekulé meinte im Nachhinein, man hatte sich bei der Schweinegrippe »auf einen gefährlichen Tiger vorbereitet – doch aus dem Urwald kam nur ein Kätzchen«. Der britische Epidemiologie Tom Jefferson erklärte in einem *Spiegel*-Interview: »Die WHO und Beamte des öffentlichen Gesundheitswesens, Virologen und die Pharmaunternehmen. Sie haben diese Maschine um die drohende Pandemie herum gebaut. Und es geht um viel Geld, um Einfluss, um Karrieren und ganze Institutionen! Und alles, was es brauchte, war eines dieser Grippeviren, um zu mutieren und die Maschine zum Laufen zu bringen [...] Was geschah zum Beispiel mit der Vogelgrippe, die uns alle töten sollte? [...] Gar nichts. Aber das hindert diese Leute nicht daran, immer ihre Vorhersagen zu treffen. Manchmal hat man das Gefühl, dass es eine ganze Industrie gibt, die fast darauf wartet, dass eine Pandemie ausbricht.«[19/20]

1 www.welt.de/gesundheit/article5710912/Der-enorme-Schaden-der-Pandemie-die-keine-war.html
2 www.who.int/csr/don/2010_08_06/en/
3 www.tagesspiegel.de/politik/diagnose-fehlalarm-experten-schweinegrippe-wurde-unnoetig-zur-pandemie-erklaert/1670998.html
4 www.deutschlandfunk.de/zwischen-alarmismus-und-wirklichkeit.724.de.html?dram:article_id=99775
5 www.sagamedia.de/produktionen/dokumentarfilme/profiteure-der-angst-%E2%80%93-das-gesch%C3%A4ft-mit-der-schweinegrippe
6 virologyj.biomedcentral.com/articles/10.1186/1743-422X-6-207
7 www.dailymail.co.uk/news/article-1242147/The-false-pandemic-Drug-firms-cashed-scare-swine-flu-claims-Euro-health-chief.html
8 www.spiegel.de/spiegel/print/index-2009-19.html
9 www.spiegel.de/spiegel/print/d-65794370.html
10 www.latimes.com/news/la-na-gatesx07jan07-story.html
www.spiegel.de/wissenschaft/medizin/schweinegrippe-us-regierung-befuerchtet-bis-zu-90-000-todesfaelle-a-644993.html
11 www.rubikon.news/artikel/im-fake-news-fieber

12 www.infosperber.ch/wirtschaft/konzerne/15000-vermeidbare-impfopfer-pharmakonzern-gsk-wird-verschont/
13 ca.gsk.com/media/594661/hearing-remarks-oct-6-2010-eng.pdf
14 www.thechronicleherald.ca/news/canada/at-rare-trial-of-alleged-vaccine-side-effects-parents-say-h1n1-flu-shot-killed-5-year-old-daughter-372453/
15 www.ibtimes.co.uk/brain-damaged-uk-victims-swine-flu-vaccine-get-60-million-compensation-1438572
16 www.spiegel.de/gesundheit/diagnose/schweinegrippe-impfung-schweden-entschaedigt-narkolepsie-patienten-a-1092175.html
17 de.wikipedia.org/wiki/Europ√§ische_Arzneimittel-Agentur (abgerufen am 20. Dezember 2020)
18 www.zeit.de/zustimmung?url=https%3A%2F%2Fwww.zeit.de%2Fonline%2F2009%2F31%2Fschweinegrippe-impfstoff-infos%2Fkomplettansicht
19 deutsch.rt.com/inland/109709-neues-thema-aufbauen-drosten-widmet/
20 www.bdi.de/politik-und-presse/nachrichten/ansicht/article/virologe-grobe-fehlentscheidung-bei-impfstoff

17

IRREN IST MENSCHLICH

»*Es ist schwierig, einen Menschen dazu zu bringen, etwas zu verstehen, wenn sein Gehalt davon abhängt, dass er es nicht versteht.*«
UPTON SINCLAIR

Ein Blick in die Vergangenheit lohnt sich auch bei der sogenannten Vogelgrippe, hervorgerufen durch das Influenza-A-Virus H5N1. Erinnern Sie sich noch an *Tamiflu*? Im Jahr 2000 wurde *Oseltamivir*, besser bekannt unter dem Namen *Tamiflu*, zuerst in den USA und Japan, 2002 dann in Europa auf den Markt gebracht. Das Grippemittel *Tamiflu* wurde von der amerikanischen Biotech-Firma *Gilead Sciences* entwickelt, den Vertrieb übernahm der Schweizer Pharmariese *Roche*. Seine sensationelle Karriere begann, als die WHO das Mittel gegen Grippeepidemien und -pandemien empfahl.[1/2]

Um die von der WHO angenommenen Pandemie durch die Vogelgrippe zu verhindern, riet die WHO allen Staaten, möglichst so große Mengen *Tamiflu* vorrätig zu nehmen, um circa 25 Prozent der Bevölkerung damit versorgen zu können. Das *Robert Koch-Institut* (RKI) empfahl »lediglich« einen Vorrat für 20 Prozent der Bevölkerung. Allerdings fehlten aussagekräftige Untersuchungen zur Wirksamkeit von *Tamiflu* gegen die Vogelgrippe, weil zu wenige Menschen daran erkrankten. Im Jahr 2004 warnte dann die WHO, es sei bloß eine Frage der Zeit, dass auf SARS und die sogenannte Vogelgrippe eine Influenza-Pandemie folge, nur der genaue Zeitpunkt wäre ungewiss. Darauf kaufte Österreich *Tamiflu* in einer Größenordnung, um 50 Prozent der Bevölkerung abzudecken. In Deutschland sollte der Vorrat wenigstens für 30 Prozent der Menschen reichen und die USA gaben circa 8 Milliarden US-Dollar für das Mittel aus. *Roche* verzeichnete im Jahr 2006 den höchsten Gewinn seiner Firmengeschichte, unter anderem weil der Verkauf von *Tamiflu* um 68 Prozent gestiegen war.[3/4]

Doch die Regierungen lagerten nicht nur *Tamiflu* ein, sondern auch noch *Relenza*, nachdem der ehemalige Leiter des »Global-Influenza-Programms und SARS-Forschungskoordinator«, Klaus Stöhr, davor warnte, auf die Vogelgrippe folge eine weltweite Grippewelle mit bis zu 7 Millionen Toten. Stöhr wechselte nicht viel später, im Jahr 2007, von der WHO in die Impfstoffentwicklung zum Schweizer Pharmakonzern *Novartis*.[5]

Jedes Jahr erkranken weltweit rund eine Milliarde Erwachsene und Kinder an Grippe beziehungsweise Influenzaviren. Meist ist nach einer Woche Ruhe das Schlimmste überstanden. Bei Säuglingen, Kleinkindern, chronisch Kranken oder alten Menschen ist das Risiko erhöht, eine Lungenentzündung zu entwickeln. Selten führt Influenza zum Tod. *Tamiflu* sollte dafür sorgen, dass Erwachsene rund 17 Stunden und Kinder 24 Stunden früher symptomfrei sind. Allerdings stellte sich bald heraus, dass das Mittel heftigere Nebenwirkungen hatte als vom Hersteller angegeben: Es gab Hinweise, dass es Übelkeit, Erbrechen und Durchfall, in wenigen Fällen Nieren- oder psychische Probleme und selten Halluzinationen, Verwirrung oder Depressionen auslöste. Im Unterschied zu den wenigen veröffentlichten Studien, die alle positiv ausfielen, schrieb die *Cochrane Collaboration*: Mit *Tamiflu* erlitten Grippekranke ebenso oft schwere Komplikationen und Lungenentzündungen wie ohne das Arzneimittel. »Die Quote der Zahl der Krankenhauseinweisungen wegen Lungenentzündungen und anderer schwerer Grippekomplikationen« sank durch *Tamiflu* nicht. Im *British Medical Journal* gestand *Roche* später ein, dass die veröffentlichten Studien von Ghostwritern geschrieben wurden. Nur zwei von zehn publizierten Studien waren unabhängig. Das Fachportal *Fierce Pharma* berichtete am 29. September 2020, dass der Schweizer Pharmakonzern eine Klage in den USA wegen der Verbreitung von Falschaussagen zu *Tamiflu* nicht abwenden konnte. Der Epidemiologe Tom Jefferson hatte das Verfahren gegen *Roche* bereits 2014 in die Wege geleitet, nachdem er die von *Roche* getätigten Aussagen untersuchte.[2/6/7] *Der Spiegel* schrieb unter »Der Irrsinn um ein vermeintliches Wundermittel« im August 2017: »Das Grippemittel *Tamiflu* brachte dem *Roche*-Konzern Milliarden ein, auch die Bundesregierung bunkerte Millionen Einheiten des Wirkstoffs. Doch der Nutzen ist umstritten: Hände waschen könnte effektiver sein.«[8]

In einem Interview mit den *NachDenkSeiten* vom 4. Mai 2020 erinnerte der Epidemiologe und ehemalige WHO-Berater Ulrich Keil noch einmal an das Fiasko rund um die Schweinegrippe im Jahr 2010. »Und ein Jahrzehnt später finden wir jetzt dieselbe desolate Datenlage vor, die schon damals zu groben Fehleinschätzungen geführt hat.« Laut Keil lassen sich rückläufige Infektionszahlen durch einen Lockdown nicht wissenschaftlich belegen. Jeder, der meine, wegen einer drohenden Belastung für das Gesundheitssystem könne keine Herdenimmunität riskiert werden, und deswegen ginge an einem Lockdown kein Weg vorbei, der sei in einer falschen Logik gefangen. »Es sieht eher so aus, dass der Lockdown in einem Moment erfolgte, als das Virus schon auf dem Rückzug war«, nämlich am 18. März 2020. »Wissenschaftler müssen daher fordern, dass politische Entscheidungen nicht auf Panikmache, sondern auf Evidenz basieren«, so Keil.[9]

Nachdem Corona nicht wie anfangs vom *Imperial College London* prognostiziert zu 40 Millionen Toten weltweit geführt hatte, für Deutschland sagte man über 1 Million Intensivpatienten voraus, schätzte das *Imperial College London* später, dass »die Maßnahmen zur Pandemie-Eindämmung« bis zum 4. Mai 2020 in elf europäischen Ländern »womöglich« rund 3,1 Millionen Leben gerettet haben »könnten«.[10/11] Und das, obwohl »der dort tonangebende Neil Ferguson schon beim Schweinegrippe-Alarm völlig danebengelegen« hatte. »Damals sagte er 30 Millionen Tote voraus und eine Angstkampagne brach los, der man mit einem schon eingelagerten Pandemieimpfstoff begegnen wollte. Angesichts des harmlosen Verlaufs der Schweinegrippe kamen die in Deutschland eingelagerten Impfstoffdosen und das millionenfach eingelagerte *Tamiflu* gar nicht zum Einsatz«, so Keil.[9]

Der renommierte Stanford-Professor für Medizin und Epidemiologie John Ioannidis sprach sogar von einem »Evidenz-Fiasko« und »astronomischen« Fehleinschätzungen in der Corona-Krise. Ioannidis kritisierte unter anderem die Studie des *Imperial College London*. »Selbst die besten Wissenschaftler der Welt werden astronomisch falsche Ergebnisse erhalten, wenn man ihnen Schätzungen von Parametern gibt, die völlig danebenliegen, in diesem Fall im Vergleich zur Realität sogar astronomisch daneben«, so Ioannidis. Die Prognosen von weltweit 40 Millionen Todesfällen oder von über zwei Millionen Todesfällen allein in den USA bezeichnete er als augenscheinliche (Corona-)Science-Fiction.[9/12]

Keil kritisierte die täglich neu erstellten COVID-19-Weltkarten der WHO und bezeichnete sie außerdem als irreführend, da ein Bezug zu einem standardisierten Bevölkerungsnenner in den dargestellten Ländern fehle. Aus seiner Sicht liegt aktuell ein klarer Fall von Geschichtsvergessenheit vor. Die Entscheidungen im Fall der Schweinegrippe arbeiteten Europarlament und Europarat auf und kamen zu dem Ergebnis, dass es sich um einen Fehlalarm handelte und die Letalität bei 0,1 Prozent lag. Einem Wert wie bei der saisonalen Grippe.[9]

Der Brite Paul Flynn, der im Jahr 2010 an der Untersuchung im Europarat beteiligt war, kritisierte wenige Jahre später: »Meiner Meinung nach ist sie [die WHO] auch heute noch exzessiv beeinflusst von der Pharmaindustrie, die sehr geschickt bei der Manipulation von Gesundheitsausgaben vorgeht, zugunsten eigener finanzieller Interessen.«[14] Ein Problem sei, dass die Geldgeber mit zweckgebundenen Zuwendungen direkt Einfluss auf die Arbeit der WHO nehmen können. Nach der Schweinegrippe wurde auch kritisiert, dass die Direktorin der WHO-Impfstoffabteilung, Marie-Paule Kieny, vor ihrer Tätigkeit bei der *World Health Organization* in der Pharmabranche beschäftigt und bis zum Jahr 2010 Mitglied der *European Vaccine Initiative* war. Kieny, eine französische Virologin, blieb auch bis 2010 Impfdirektorin der WHO.[15] Der Europarat hatte den Verdacht, dass Pharmaindustrie und WHO eng zusammengearbeitet hatten. Die Ratsmitglieder wollten wissen, wie »wegen eines offenkundig harmlosen Grippevirus die Weltbevölkerung in die größte Impfkampagne aller Zeiten« geschickt werden konnte. Die *Tagesschau* fragte im Januar 2010: »Schweinegrippe – ein großer Bluff?«, und bezog sich auf die Experten Wolfgang Wodarg und Ulrich Keil. Und, so die *Tagesschau* damals: »Womöglich ist das eigentliche Problem der vergangenen Jahre ja gar kein Virus, sondern die Angstkampagnen, die es auslösen kann – Schweinegrippe, Vogelgrippe, SARS«, keine Pandemie-Vorhersage sei eingetroffen. Aber in Deutschland sterben »jedes Jahr 360.000 Menschen an Herz-Kreislauferkrankungen, 210.000 sterben an Krebs, 500 an Aids. An Vogelgrippe oder SARS ist nicht einer gestorben.«[16]

Zur Schweinegrippe-Pandemie stellte das *British Medical Journal* abschließend fest, dass die WHO-Leitlinien für die Verwendung antiviraler Mittel von Experten erstellt wurden, die von führenden Impfstoffherstellern wie *Roche* und *GlaxoSmithKline* Beratungsgebühren erhielten.[17] Weitere einflussreiche Unterstützung erhielt das milliardenschwere Schweinegrippe-Impfprojekt übrigens von Anthony Fauci, dem Direktor des *National Institute of Allergy and Infectious Diseases*.

1. de.wikipedia.org/wiki/Oseltamivir (abgerufen am 21. Dezember 2020)
2. www.welt.de/gesundheit/article13821479/Tamiflu-hat-schwerere-Nebenwirkungen-als-gedacht.html
3. www.deutschlandfunkkultur.de/feature-von-2009-die-influenzapandemie-und-das-medikament. 3682.de.html?dram%3Aarticle_id=475425
4. www.tagesspiegel.de/wirtschaft/rekordergebnis-hoechster-gewinn-der-firmengeschichte-fuer-roche/808142.html
5. de.wikipedia.org/wiki/Klaus_Stöhr
6. www.medizin-transparent.at/belege-fuer-wirksamkeit-von-grippemittel-Tamiflu-fragwuerdig/
7. www.fiercepharma.com/pharma/roche-s-1-5b-Tamiflu-pandemic-fca-suit-drags-as-federal-judge-allows-case-to-move-forward
8. www.spiegel.de/spiegel/Tamiflu-das-hochgelobte-grippemittel-ist-weitgehend-nutzlos-a-1162463.html
9. www.nachdenkseiten.de/?p=60685
10. www.rnd.de/gesundheit/studie-corona-lockdown-hat-31-millionen-corona-todesfalle-in-europa-verhindert-RIV55ZIXVZAUPIYFPDUREEREAM.html
11. www.nature.com/articles/s41586-020-2405-7
12. www.statnews.com/2020/03/17/a-fiasco-in-the-making-as-the-coronavirus-pandemic-takes-hold-we-are-making-decisions-without-reliable-data/
13. de.wikipedia.org/wiki/John_Ioannidis#Standpunkte_zur_COVID-19-Pandemie (abgerufen am 21. Dezember 2020)
14. de.wikipedia.org/wiki/Weltgesundheitsorganisation#Kritik (abgerufen am 21. Dezember 2020)
15. en.wikipedia.org/wiki/Marie-Paule_Kieny
16. www.nachdenkseiten.de/upload/pdf/200318-Bericht-ueber-Schweinegrippe-von-Januar-Tagesschau-SWR-2010-Scannen.pdf
17. www.sueddeutsche.de/wissen/who-grippe-richtlinien-empfehlung-mit-geschmaeckle-1.954121

18
MADE IN CHINA VS. USA

»*Wenn du sie nicht überzeugen kannst, verwirre sie!*«
HARRY TRUMAN

Während China die Epidemie in der betroffenen Region Wuhan zügig in den Griff bekam, behauptete insbesondere die US-Regierung, »dass die Epidemie in China außer Kontrolle geriet, weil die Behörden Ende Dezember die Ausbreitung des Virus vertuschen wollten«. Angeblich konnte sich die Krankheit deshalb erst zu einer Pandemie entwickeln, also zu einer Epidemie großen Ausmaßes. So meinte der nationale Sicherheitsberater der USA, Robert O'Brien, die verzögerte Reaktion Chinas habe die Weltgemeinschaft zwei Monate gekostet. Auch US-Außenminister Mike Pompeo zog über China her, indem er wiederholt vom »Wuhan-Virus« sprach, entgegen der Empfehlung der WHO, bei der Benennung von Krankheiten keine geografischen Standorte zu verwenden. Die »Spanische Grippe« hatte ihren Ursprung auch nicht in Spanien, sondern in den USA.[1]

Laut US-Regierung gebe es zahlreiche Beweise, dass das neuartige Coronavirus aus einem Labor in Wuhan komme und womöglich unbeabsichtigt freigesetzt worden sei. Und der US-Sender *Cable News Network* (CNN) berichtete über Forschungsergebnisse des *University College London*: Danach verbreitete sich das neuartige Coronavirus in Europa und den USA mehrere Wochen oder sogar Monate früher, als offiziell bekannt gegeben.[2]

Die USA wären nicht die USA, wenn sie nicht im Ausland, also auch in China, ihre Geheimdienste einsetzten. So wusste das *National Center for Medical Intelligence* (NCMI), das US-Zentrum für medizinische Spionage, mittels abgefangener Daten chinesischer Behörden wohl schon im November 2019, dass in Wuhan ein Coronavirus, zumindest aber ein gefährlicher Erreger ausgebrochen war. Zudem behauptet der Fernsehsender *American Broadcasting Company* in *ABC News*, die höchsten Kreise, das Pentagon und das Weiße Haus wären Anfang Januar 2020 beim täglichen Geheimdienstbriefing des US-Präsidenten durch eine schriftliche Warnung darüber informiert worden. Von *ABC News* danach gefragt, konnte sich US-Verteidigungsminister Mark Asper aber »nicht daran erinnern«.[3]

Auch deutsche Medien beschäftigten sich mit der Frage des ersten Corona-Ausbruchs. So schrieb die *Frankfurter Allgemeine Zeitung* Mitte November 2020: »Das SARS-CoV-2-Virus kursierte in Italien angeblich schon Monate früher als angenommen. Das geht aus einer Studie des Instituts für Tumorerkrankungen in Mailand und der Universität Siena hervor.« Demnach war das Virus schon »im September 2019 vor allem im Norden des Landes« unterwegs. »Die Forscher untersuchten Tests von 959 Personen, die zwischen September 2019 und März 2020 an freiwilligen Screenings für eine mögliche Tumorerkrankung der Lungen teilgenommen hatten. In insgesamt gut 11 Prozent der damals entnommenen Proben konnten nun Antikörper gegen das Coronavirus festgestellt werden. 14 Prozent der nachträglich positiv auf das Coronavirus getesteten Proben wurden im September 2019 entnommen, 30 Prozent der positiven Tests stammten aus dem Februar 2020. Mehr als die Hälfte aller positiven Proben (53,2 Prozent) kamen aus der norditalienischen Region Lombardei.«[4]

Doch kaum war die Studie publik, konterte die Immunologin Antonella Viola auf ihrer *Facebook*-Seite, dass das kein Beweis für die frühe Präsenz des Coronavirus in Italien gewesen sei. Die Tests der Wissenschaftler aus Mailand und Siena müssten noch von anderen

Laboren geprüft werden. 959 Proben seien ihr zu wenig und außerdem könne man aus »der Präsenz von Antikörpern des Coronavirus nicht umstandslos« folgern, dass sich diese als Reaktion auf SARS-CoV-2 bildeten. Giovanni Apolone, der Leiter des Mailänder Instituts, verteidigte die Untersuchungsergebnisse. Die Studie habe die Gegenwart von SARS-CoV-2 schon im September 2019 in Italien »jenseits allen berechtigten Zweifels bewiesen«, sagte Apolone gegenüber dem *Corriere della Sera*. Die in den untersuchten Blutproben festgestellten Antikörper hätten sich eindeutig gegen SARS-CoV-2 gebildet. Auch Maria Abbracchio, Professorin für Pharmakologie an der Universität Mailand, verteidigte die Ergebnisse der Studie. »Die wissenschaftlichen Daten sind sehr klar: Die angewandte Vorgehensweise zur Erkennung der Antikörper ist hochgradig spezifisch auf SARS-CoV-2 ausgerichtet«, stellte Abbracchio gegenüber der Tageszeitung *La Repubblica* klar. Außerdem deuteten zahlreiche weitere Studien in Europa, aber auch in China auf eine deutlich frühere Präsenz des neuen Coronavirus als bisher angenommen hin. So ergaben Abwasserproben zur Umweltüberwachung aus fünf italienischen Kläranlagen in Mailand, Turin und Bologna, die zwischen Oktober 2019 und Februar 2020 entnommen wurden, dass SARS-CoV-2 zumindest seit Dezember 2019 im Norden Italiens in Umlauf war. Der erste offiziell bestätigte COVID-19-Fall datiert in Italien auf den 21. Februar 2020.[5/6]

Auch in Spanien wollen Wissenschaftler der *Universitat de Barcelona* SARS-CoV-2 in Wasserproben der Stadt vom März 2019 nachgewiesen haben. Die Nachrichtenagentur *Reuters* schrieb am 26. Juni 2020: »Die Existenz des Virusgenoms zu einem derart frühen Zeitpunkt in Spanien würde, falls sie bestätigt würde, bedeuten, dass die Krankheit viel früher aufgetreten sein könnte, als die wissenschaftliche Gemeinschaft dachte.«[7/8]

Nicht nur in Italien und Spanien, auch in anderen Ländern muss man den Ausbruch vermutlich zurückdatieren. So berichtete die Fachzeitschrift *Science*, dass sich in Frankreich SARS-CoV-2 im

Dezember 2019 ausgebreitet hat, also gut einen Monat vor dem ersten offiziellen Fall. Das Fachblatt bezog sich dabei auf einen Patienten auf einer Intensivstation eines Krankenhauses im Norden von Paris.[9] Und *The Times of India* schrieb am 4. Juni 2020 unter Berufung auf »Top-Wissenschaftler führender Forschungsinstitute des Landes«, dass das neuartige Coronavirus vermutlich schon im November oder Dezember 2019, also ebenfalls vor dem ersten »bestätigten« Fall vom 30. Januar 2020, in Indien im Umlauf war.[10]

Nach Angaben der US-Gesundheitsbehörde *Centers for Disease Control and Prevention* (CDC) ereigneten sich auch »zwei bemerkenswerte Fälle« von COVID-19 in Kalifornien: Eine Frau erkrankte am 31. Januar 2020 und starb am 6. Februar 2020 und ein Mann starb zwischen dem 13. und 17. Februar 2020. Beide waren in den Wochen vor ihrem Tod nicht gereist, und bei beiden wurde SARS-CoV-2 in postmortalen Gewebeproben nachgewiesen. Die ersten »nontravel-related« COVID-19-Fälle in den USA wurden jedoch erst Ende Februar 2020 offiziell bestätigt. Offensichtlich kam SARS-CoV-2 also in Spanien, den USA und Norditalien früher als bekannt gegeben vor. Wieso geriet die ganze Welt aber erst ab März 2020 in Panik? Lag das womöglich an dem globalen Startschuss zur Corona-Großfahndung sowie zu den Massen-PCR-Testungen?[11]

Während die US-Regierung um Donald Trump kräftig darum bemüht war, die Corona-Krise als »Made in China« zu etikettieren, um der konkurrierenden chinesischen Wirtschaft vermutlich zu schaden, fragte der Sprecher des chinesischen Außenministeriums, Lijian Zhao, die US-Behörden in einer Mitteilung via *Twitter* am 12. März 2020 nach dem ersten Coronafall – »patient zero« – in den USA, nach der Anzahl der Infektionen und den Namen der Krankenhäuser. Zhao bezog sich auf Veröffentlichungen des *Center for Research on Globalization* (CRG) aus Kanada und vermutete, das US-Militär könnte das Virus mit einer Militärdelegation nach Wuhan gebracht haben, da dort im Oktober 2019 die Internationalen Militärweltspiele, die *Military Games*, stattfanden.[1/12] Zur chinesischen

Theorie positionierten sich bald deutsche Leitmedien. Die *Tagesschau* schrieb: »Es könnten US-Militärs gewesen sein, die die Epidemie nach Wuhan gebracht haben. [...] Und der Sprecher des chinesischen Außenministeriums beließ es nicht bei dieser Aussage. Mit mehreren weiteren Tweets verbreitete er Online-Artikel, in denen diverse Verschwörungstheorien zum Ausbruch der Coronavirus-Krise erläutert werden.«[13] Und der *Tagesspiegel*: »US-Militärs könnten das Coronavirus nach Wuhan gebracht haben, behauptet Chinas Außenamt [...] Auf den ersten Blick wirkt dieser Satz wie eine der üblichen Verschwörungstheorien, die in den sozialen Medien jetzt auch über das Coronavirus kursieren. [...] Die USA schuldeten China deshalb eine Erklärung. Doch Zhao Lijian ist nicht irgendwer. Er arbeitet als Sprecher des chinesischen Außenministeriums und gilt als eine der profiliertesten und auch umstrittensten Stimmen der Volksrepublik im Westen. Die Geschichte hinter diesem Satz ist ein Lehrstück in Sachen Desinformation. Die Führung in Peking will offenbar Zweifel daran säen, dass die Pandemie in China ihren Anfang nahm.« Die Texte des *Center for Research on Globalization* dienten, so der *Tagesspiegel*, als »Sprachrohr für zahlreiche Verschwörungstheorien«, und »auch russische Staatsmedien« würden immer wieder aus Beiträgen des CRG zitieren, weshalb das CRG nichts tauge.[14] Das CRG verwies allerdings nicht nur auf chinesische, sondern auch auf japanische Medien, die Spekulationen nährten, dass das Virus erstmals in den USA und nicht in China auftrat.[15] Statt um Aufklärung der Vorwürfe bemüht, folgte eine globale Diffamierungskampagne gegen sämtliche Kritiker der herrschenden Corona-Erzählung und Corona-Politik.

Doch zurück zur Etikettierung: Als erster US-Bundesstaat reichte Missouri eine Zivilklage gegen die chinesische Regierung sowie mehrere Behörden vor einem US-Bundesgericht ein. In der recht ungewöhnlichen Klage beschuldigte man die Volksrepublik, die weltweite Ausbreitung des anfänglich lokal aufgetretenen Virus bewusst zugelassen zu haben, weshalb der Generalstaatsanwalt von Missouri, Eric Schmitt, Schadensersatz von China verlangte. Die eingereichte Klage stand in Übereinstimmung mit der von Washington vertretenen Verschwörungstheorie, dass das neuartige Virus aus einem chinesischen Labor stammen würde oder zumindest stammen könnte. Australien schloss sich der US-Kritik gegen China rasch an. Diese Beschuldigungen wies Peking entschieden zurück mit dem Argument, die Anschuldigung hätten »keine sachliche und rechtliche Grundlage« und wären »geradezu absurd«.[16]

Zhao Lijian bezog sich auch auf Aussagen von Robert Redfield, dem Direktor der US-Behörde CDC. Dieser wurde zu einer Anhörung des Aufsichts- und Reformkomitees des amerikanischen Repräsentantenhauses eingeladen. Redfield gab an, dass bei einigen Toten in den USA das Coronavirus erst posthum entdeckt wurde. »Das Standardverfahren lautet, erst auf Influenza zu testen. Wenn sie also Grippe gehabt hätten, wären die Tests positiv«, so Redfield und gestand ein, dass es einige Fälle von Patienten gab, die scheinbar an Grippe starben, tatsächlich aber auch mit dem Coronavirus infiziert waren. Auch er bezeichnete es als »absolut falsch«, von einem »chinesischen Coronavirus« zu sprechen. Zhao Lijians Vorbehalte bezüglich des Ursprungs von SARS-CoV-2 stützte zudem Zhong Nanshan, Spezialist für Atemwegserkrankungen und SARS-Entdecker. Nanshan sagte Ende Februar 2020 auf einer Pressekonferenz in Guangzhou, SARS-CoV-2 sei zwar offiziell zuerst in China entdeckt worden, doch bedeute das nicht, dass das Virus auch aus China stamme.[1/15/17]

Die WHO geht zwar weiterhin davon aus, dass das Virus auf einem Seafood-Markt in Wuhan ausbrach, denn am 31. Dezember 2019 hatte China ja den Ausbruch einer Lungenkrankheit bekannt gegeben. *Science* schrieb allerdings am 31. Januar 2020: »Mehrere Forschungsgruppen haben berechnet, dass sich das Virus etwa Mitte November 2019 auszubreiten begann.« Also rund zwei Wochen nach den Militärspielen in Wuhan. David Lucey, ein Spezialist für Infektionskrankheiten an der *Georgetown University* in Washington, lässt offen, ob der Wuhan-Markt tatsächlich der Ausgangspunkt für den Ausbruch war. Und auch der Arzt Bin Cao meinte laut *Science*, der Seafood-Markt in Wuhan sei nicht der einzige Ursprung des Virus. Man wisse nicht, woher das Virus kam.[1/18]

Immerhin arbeiteten neben den Chinesen auch die US-Behörde CDC und das US-Militär mit SARS-Viren von Fledermäusen und die US-Organisation *Eco Health Alliance* kooperierte diesbezüglich mit dem Pentagon und dem Institut in Wuhan. Das Pentagon unterhält auch auf mehreren Kontinenten, etwa in Asien, Afrika und Osteuropa, Biolabore und die *Eco Health Alliance* soll von der US-Regierung zivile und militärische Aufträge erhalten haben, um »neue Coronaviren in Fledermäusen auf der ganzen Welt zu suchen«. Im Jahr 2016 startete diese Allianz, US-Wissenschaftler und die *United States Agency for International Development* (USAID) das »Global Virome Project« zur »Vorbereitung auf die nächste Pandemie«, ein Milliarden-US-Dollar-Projekt, um neue, in freier Wildbahn auftretende Krankheiten zu identifizieren, die sich auf Menschen ausbreiten und zu einer Pandemie werden können. »Die *Rockefeller Foundation* unterstützt solche Projekte schon länger«, schrieb die investigative Journalistin Dilyana Gaytandzhieva am 30. April 2020.[19/20/21] Es besteht also die Möglichkeit, dass Mitglieder des US-Teams sich bei einem Ausbruch in Fort Detrick infizierten und das Virus mitbrachten. Der US-Stützpunkt zur Erforschung gefährlicher Erreger zu Verteidigungszwecken des US-Militärs liegt in der Nähe der *Johns Hopkins University*. Interessant war auch, dass im August 2019 in Fort Detrick ein Armeelabor, das »tödliches infektiöses Material wie Ebola und Pocken untersucht«, nach einer CDC-Inspektion wegen Mängeln vorübergehend geschlossen wurde. Man wollte vermeiden, dass dem Labor experimentelle Krankheitserreger verloren gehen. Das Labor gab offiziell als Grund für die Stilllegung »Infrastrukturprobleme mit der Abwasserdekontamination« an.

Nach Angaben des US-amerikanischen Nachrichtenkanals *ABC 7* sei den CDC-Dokumenten zu entnehmen, dass die Mitarbeiter keine erforderliche Schutzausrüstung trugen wie Atemschutz oder Handschuhe beim Umgang mit infizierten »nicht-menschlichen-Primaten« oder bei der Entsorgung von biogefährlichen Abfällen in Mülleimern. Das CDC stellte ebenfalls fest, dass das in Fort Detrick beheimatete *United States Army Medical Research Institute of Infectious Diseases* (USAMRIID) Verfahren, zum Beispiel zur Biosicherheit, nicht entsprechend umsetzte. Unter anderem sei auch kontaminierte Luft entwichen. »Das Virus soll von dort stammen«, schrieb *Heise online* im März 2020, denn kurz nach der Schließung des Labors sei es in den USA zu einer »Häufung von Lungenpneumonien oder ähnlichem« gekommen, was man allerdings mit dem »Vaping« von E-Zigaretten begründete.[1/23/24]

Das Biowaffenlabor Fort Detrick wurde schon in der Vergangenheit zur Entwicklung von Biowaffen genutzt. In der »Operation Sea-Spray« wurden bei Experimenten nach dem Zweiten Weltkrieg Keime in der Luft versprüht, was weder die Bevölkerung noch betroffene Soldaten wussten und zu Toten führte.[25] Einer der ersten dokumentierten Einsätze biologischer Waffen geschah übrigens vor rund 250 Jahren, als die Briten beim Pontiac-Aufstand, auch bekannt als Pontiac-Verschwörung, einem »Krieg von Indianerstämmen gegen die britische Vorherrschaft in Nordamerika«, mit Pockenerregern verseuchte Decken verwendeten, um die Ureinwohner Nordamerikas, die mit Guerillataktik kämpften, zu dezimieren.[26] Unter den rund 7.800 Angestellten in Fort Detrick ist jeder Zweig des US-Militärs vertreten, darunter das *U.S.-Department of Homeland Security*, das *U.S. Department of Health and Human Services* und das *U.S. Department of Defense.*[27]

Jedenfalls kam das *nature medicine* im März 2020 unter Einbezug einer Analyse von Wissenschaftlern zu der Schlussfolgerung, dass die vorliegenden Beweise zwar zeigen würden, »dass SARS-CoV-2 kein gezielt manipulierter Virus«, also anscheinend »kein Laborkonstrukt« sei, trotzdem sei es derzeit unmöglich, Ursprungstheorien nachzuweisen oder zu widerlegen. »Da wir aber alle bemerkenswerten SARS-CoV-2-Merkmale in verwandten Coronaviren in der

Natur beobachtet haben, glauben wir nicht, dass irgendeine Art von laborbasiertem Szenario plausibel ist.« Auch die direkte Übertragung durch ein Tier bleibt denkbar.[28]

Der Chef des russischen Auslandsgeheimdienst, Sergei Naryschkin, äußerte sich in einem Interview mit dem Nachrichtenportal *Rossija Segodnja* ähnlich. Der Dienst verfüge über keine Angaben, »dass das Coronavirus künstlich generiert worden sei«, so *Russia Today* am 8. November 2020. Naryschkin sagte: »Es gibt keine derartigen fundierten und zuverlässigen Daten, dass es ein Produkt menschlicher Hände und menschlicher Intelligenz ist. Daher neigen wir dazu, dass es ein Produkt natürlichen Ursprungs ist.«[29]

Der Ursprung des neuartigen Virus bleibt also weiter ungewiss. Zumindest vorerst.

---

1 www.heise.de/tp/features/Coronavirus-Made-in-China-oder-Made-in-the-USA-4682880.html?seite=all

2 edition.cnn.com/2020/05/05/health/genetics-coronavirus-spread-study/index.html

3 deutsch.rt.com/international/100945-us-geheimdienst-warnte-bereits-im/

4 www.faz.net/aktuell/politik/ausland/in-italien-kursierte-corona-angeblich-schon-monate-frueher-17053663.html?utm_source=pocket-newtab-global-de-DE

5 www.faz.net/aktuell/politik/ausland/umstrittene-studie-wann-trat-das-coronavirus-in-italien-auf-17055042.html

6 www.medrxiv.org/content/10.1101/2020.06.25.20140061v1

7 www.medrxiv.org/content/10.1101/2020.06.13.20129627v1

8 www.reuters.com/article/us-health-coronavirus-spain-science-idUSKBN23X2HQ

9 www.sciencedirect.com/science/article/pii/S0924857920301643

10 timesofindia.indiatimes.com/india/did-the-virus-enter-india-in-november-december/articleshow/76185998.cms

11 www.cdc.gov/mmwr/volumes/69/wr/mm6922e1.htm?s_cid=mm6922e1_w

12 twitter.com/zlj517/status/1238111898828066823?ref_src=twsrc%5Etfw

13 www.tagesschau.de/ausland/corona-china-usa-101.html

14 www.tagesspiegel.de/politik/china-gibt-usa-die-schuld-am-ausbruch-des-coronavirus-wie-desinformation-in-zeiten-von-corona-funktioniert/25649432.html

15 www.globalresearch.ca/coronavirus-covid-19-made-in-china-or-made-in-america/5706272
16 deutsch.rt.com/international/101510-peking-weist-missouri-klage-ab/
17 www.nbcnews.com/news/asian-america/more-200-civil-rights-groups-demand-congress-publicly-reject-coronavirus-n1158116
18 science.sciencemag.org/content/367/6477/492.full
19 armswatch.com/project-g-2101-pentagon-biolab-discovered-mers-and-sars-like-coronaviruses-in-bats/
20 fas.org/sgp/crs/nuke/R43143.pdf
21 www.globalviromeproject.org/our-history
22 en.wikipedia.org/wiki/Viral_metagenomics#The_Global_Virome_Project 8 *(abgerufen am 22. Dezember 2020)*
23 wjla.com/news/local/cdc-shut-down-army-germ-lab-health-concerns
24 www.armytimes.com/news/your-army/2019/08/08/the-cdc-shut-down-an-army-lab-thats-working-on-an-ebola-vaccine/
25 www.heise.de/tp/features/US-Army-Ein-Kodex-fuer-die-Welt-und-Keime-fuers-Volk-3376945.html
26 de.wikipedia.org/wiki/Pontiac-Aufstand *(abgerufen am 22. Dezember 2020)*
27 en.wikipedia.org/wiki/Fort_Detrick *(abgerufen am 22. Dezember 2020)*
28 www.nature.com/articles/s41591-020-0820-9
29 deutsch.rt.com/russland/108830-chef-russischen-auslandsnachrichtendienstes-erzahlte-woher/

19

MIT MILLIARDEN IN LICHTGESCHWINDIGKEIT

> »*Ein Kluger bemerkt alles. Ein Dummer macht über alles Bemerkungen.*«
> HEINRICH HEINE

Seit Anfang des Jahres 2020 wurde mit Hochdruck an einem Impfstoff gegen das neue Coronavirus geforscht. Das Ziel: ein (Corona-)Blockbuster, ein Mittel, das auf dem Pharmamarkt jährlich einen Umsatz von mehr als einer Milliarde US-Dollar einbringt. Gegen COVID-19 waren nach einer Aufstellung der *World Health Organization* (WHO) vom 26. März 2020 weltweit bereits 54 Impfprojekte angelaufen.[1] Schon im Mai 2020 lag die Zahl bei über 120.[2] Und es wurden noch mehr. Von mehr als 2.200 schrieb die *Frankfurter Allgemeine Zeitung* Ende Juni 2020. Das sei allerdings mehr »Masse als Klasse«, meinte Wolf-Dieter Ludwig, Vorsitzender der *Arzneimittelkommission der deutschen Ärzteschaft*. »Viele der laufenden Studien sind so schlecht geplant, dass eigentlich jetzt schon klar ist: Ein verlässliches Ergebnis kommt nicht heraus.« In der Corona-Krise gipfele dann das, was Ludwig seit Jahren kritisiert: Medikamente sollen immer schneller auf den Markt kommen, worunter dann die Qualität und am Ende die Patienten leiden.[3]

Allein »Meldungen aus den USA von Erfolgen mit einem Corona-Impfstoff beflügeln die Fantasie an den Börsen. Weltweit sind Forscher, Finanziers und Politiker im Einsatz bei der Operation Impfschutz. Es geht um Milliarden«, schrieb die *Deutsche Welle* am 19. Mai 2020. Meldungen des US-Pharmakonzerns *Moderna* hätten die Börsen in New York, Tokio und Frankfurt sogar noch kräftiger bewegt: Die Aktie von *Moderna* stieg um fast 20 Prozent, nachdem ein Impfstoff-Kandidat der Firma bei ersten Tests vielversprechende Ergebnisse gezeigt habe. Zwar gebe es »solche Tests auch in China, in Großbritannien und in Deutschland. Aber in den USA fließt besonders viel Geld in das Projekt Impfstoff gegen COVID-19.« Nach den Testergebnissen von *Moderna* stellte die US-Gesundheitsbehörde *Food and Drug Administration* (FDA) eine beschleunigte Zulassung des Mittels in Aussicht. *Moderna* erhielt satte staatliche Zuschüsse über die US-Behörde *Biomedical Advcanced Research and Development Authority* (BARDA).[2]

In Großbritannien hatte man schon im April 2020 mit klinischen Tests begonnen und in Deutschland soll es in Tübingen, Hannover und München zu einem Ansturm von Freiwilligen für Corona-Impfstudien gekommen sein. Allein in Tübingen gab es um die 4.000 Bewerber. Die Universitätsklinik in Tübingen suchte Freiwillige für den Test des Impfstoffs des Biopharma-Unternehmens *CureVac*.[4]

Man arbeite in »Rekord-Rekord-Rekord-Geschwindigkeit« an einem Impfstoff, teilte US-Präsident Donald Trump mit. Um die Entwicklung eines Impfstoffs gegen das Coronavirus anzutreiben, wurde sogar ein Projekt mit dem Namen »Operation Warp-Speed« gestartet. Mit Warp Speed wird in der Science-Fiction-Literatur ein hypothetischer Antrieb für Reisen mit Überlichtgeschwindigkeit bezeichnet. Insgesamt gehen die USA diese »nationale Aufgabe«, also das Impfstoff-Rennen, mit 10 Milliarden US-Dollar an. »Es hat in der Geschichte noch nie so ein Impfstoffprojekt gegeben wie dieses«, so Trump. »Die Testphase an tausenden Probanden muss beweisen, dass der Impfstoff sicher wirkt und nicht schadet.« Es sei ein »Kopf-an-Kopf-Rennen«, zitiert die *Deutsche Welle* einen Gesundheitsexperten der Beratungsfirma *Roland Berger*. Schließlich sollen Milliarden Menschen gegen das neue Coronavirus geimpft werden.[5/2]

Auch das Pharmaunternehmen *Johnson & Johnson* kündigte an, mehr als eine Milliarde US-Dollar in die Forschung und Entwicklung zu investieren. Immerhin soll bis Anfang 2021 ein COVID-19-Impfstoff »in einem wesentlich beschleunigten Zeitrahmen« verfügbar sein. Los ging es dann doch schon früher. Am 14. Dezember 2020 schrieb die *Deutsche Welle*: »Erste Corona-Impfung im US-Fernsehen übertragen.« In New York ließ sich eine Krankenschwester »als erster Mensch in den Vereinigten Staaten gegen das Coronavirus impfen«. »Damit beginnt die größte Impfkampagne in der Geschichte des Landes.« Der Impfvorgang wurde zu einem Medienspektakel.[6] »Als erster Mensch der Welt«, jedenfalls im Westen, wurde aber eine 90-jährige Britin gut eine Woche vorher in Großbritannien gegen Corona geimpft. In Großbritannien erhielt der Impfstoff von *Biontech* und *Pfizer* eine Notfallzulassung, um mit den Massenimpfungen beginnen zu können. »In Anlehnung an den ›D-Day‹« – den Tag der Landung der Westalliierten im von Deutschland besetzten Frankreich – »wurde der Beginn der Impfungen auch als ›V-Day‹ bezeichnet, wobei das ›V‹ für ›vaccination‹ (Impfung) steht«, wie der *Südwestrundfunk* schrieb. Auch die 94-jährige Elizabeth Alexandra Mary, besser bekannt als Elizabeth II., und ihr 99-jähriger Mann wollen sich frühzeitig impfen lassen, um ein »mächtiges Gegengewicht zur Bewegung der Impfgegner« zu bieten, so die britische *Sunday Times*. Und die Pharmabranche ließ nichts unversucht.[7] Dafür würde man neue Kapazitäten für Impfstoffe aufbauen, »um die Produktion unter Risiko aufzunehmen und so die weltweite Impfstoffversorgung sicherzustellen«, wie es bei *Johnson & Johnson* hieß. Man forsche schon seit Januar 2020 an einem entsprechenden Mittel. Am Ende möchte der US-Konzern eine Milliarde Dosen zu einem »erschwinglichen Preis« anbieten können. Denn, so der

Konzern: »Als größtes Gesundheitsunternehmen der Welt fühlen wir uns zutiefst verpflichtet, die Gesundheit der Menschen auf der ganzen Welt jeden Tag zu verbessern.«[8]

Johnson & Johnson ist kein unbeschriebenes Blatt. Der Konzern hat unter anderem mit synthetischen Opiaten Milliardengewinne gemacht, dafür Studien manipuliert, in der Werbung gelogen und bewusst auf Männer unter 40 Jahren abgezielt. In der Folge musste sich *Johnson & Johnson* im US-Bundesstaat Oklahoma vor Gericht verantworten, Millionen von Patienten aus purer »Gier«, so die Ankläger, in die Opioidabhängigkeit getrieben zu haben. Am Ende musste der Konzern eine Entschädigung in Höhe von 572 Millionen US-Dollar zahlen. Aber auch andere Pharmafirmen wurden in den USA deswegen und wegen weiterer Skandale zu hohen Strafzahlungen verurteilt.[9/10/11/12/13]

In der Corona-Epidemie sei Warp Speed das falsche Signal. Etablierte Sicherheitsstandards dürften nicht dem Zeitdruck geopfert werden, mahnten die Medizinerin Brit Trogen, der Historiker David Oshinsky sowie der Bioethiker Arthur Caplan in einem Artikel vom 26. Mai 2020: »Jede medizinische Therapie, die ohne umfassende Schutzmaßnahme zugelassen wird«, könne auf mehreren Ebenen Schaden anrichten, sowohl beim Geimpften als auch beim Vertrauen der Öffentlichkeit in die allgemeinen Impfanstrengungen. Die Autoren erinnern in dem Beitrag an den sogenannten Cutter-Vorfall. Im Jahr 1955 wurden in den USA Polioimpfstoffe verschiedener Hersteller ohne nennenswerte Kontrollen Millionen Schulkindern verabreicht. Der Impfstoff des Herstellers *Cutter Laboratories* war so stark mit lebenden Polioviren durchsetzt, dass 70.000 Kinder Muskelschwächen entwickelten, 164 gelähmt wurden und zehn Kinder starben.[15]

Bedenken bezüglich der verkürzten Zulassung haben die meisten Regierungen in der Corona-Krise allerdings so gut wie keine und entbinden die Pharmabranche sogar der Haftung. In der Regel dauert die Entwicklung mit allen klinischen Tests allerdings über zehn Jahre. Da Donald Trump im internationalen Impfstoff-Rennen die Nase vorne haben wollte, ernannte er den Pharmamanager Slaoui, der früher bei *GlaxoSmithKline* (GSK) und bis kurz zuvor auch im Verwaltungsrat des Pharmaunternehmens *Lonza* aus Basel saß, zum Chef der »amerikanischen Impfoperation Warp-Speed«. Pikant, so die *Luzerner Zeitung*: Slaoui wurde erst am 28. April 2020 in den *Lonza*-Verwaltungsrat gewählt. Am 1. Mai 2020 gab man dort die »strategische Partnerschaft« mit dem US-Impfstoffspezialisten *Moderna* bekannt, um »den Impfstoff mRNA-1273, den *Moderna* entwickelt hat, zu produzieren«. Nur vierzehn Tage später, am 15. Mai, ernannte Trump Slaoui zum Projektleiter der »Operation Warp-Speed«, Nun würden die US-Behörden Druck ausüben, »damit sie zuerst mit dem Impfstoff beliefert werden«, hieß es kurz darauf in der Schweiz. Und dann bestätigte *Lonza*, dass Slaoui sein Amt im Verwaltungsrat nach ein paar Tagen niederlegte. Slaoui gab später noch weitere Ämter auf, etwa als Berater von *Brii Biosciences*, »einem Unternehmen mit beträchtlichen chinesischen Investitionen«, wie die *New York Times* schrieb.[16/17]

Interessant ist ein Blick zurück auf Slaouis verschiedene Funktionen in der Pharmabranche. Während seiner Amtszeit bei *GlaxoSmithKline* leitete Slaoui die Entwicklung des Impfstoffes *Cervarix* gegen Gebärmutterhalskrebs. Die Klagen wegen der erheblichen Nebenwirkungen dieses Impfstoffs bestätigte sogar ein Bericht der WHO aus dem Jahr 2017. Außerdem wurde GSK vom US-Justizministerium mit einer Geldbuße von 3 Milliarden US-Dollar belegt. Slaoui war auch Vorstandsmitglied der *International AIDS Vaccine Initiative*, die 1994 von der *Rockefeller Foundation* gegründet und unter anderem von der *Bill & Melinda Gates Foundation* (BMGF), der *Coalition for Epidemic Preparedness Innovations* (CEPI), der *World Bank* sowie diversen sonstigen Regierungsbehörden unterstützt wurde. Mit Erlaubnis des US-Gesundheitsministeriums *Department of Health and Human Services* durfte Slaoui nach seiner Ernennung zum Chefberater der »Operation Warp-Speed« seine Pharma-Aktien behalten.

⑲

Nachdem dieser von einer weiteren Position, der des Direktors bei *Moderna*, zurückgetreten war, besaß er noch *Moderna*-Aktien im Wert von rund 10 Millionen US-Dollar. Nachdem *Moderna* im April 2020 bekannt gab, dass die US-Behörde BARDA der Firma 483 Millionen US-Dollar im Wettrennen um einen Corona-Impfstoff aus Steuergeldern schenkt, stieg der Aktienkurs des Unternehmens sprunghaft an. Allein der Wert von Slaouis *Moderna*-Optionen soll so um 184 Prozent zugelegt haben.[18]

Slaoui versicherte Donald Trump bei seiner Vorstellung als Leiter der Abteilung Warp-Speed: »Herr Präsident, ich habe erst kürzlich Daten aus einer klinischen Studie mit einem Coronavirus-Impfstoff gesehen. Mit diesen Daten fühle ich mich noch zuversichtlicher, dass wir bis Ende 2020 einige hundert Millionen Impfstoffdosen liefern können.« Slaoui bezog sich dabei vermutlich auf Daten von *Moderna*. Und spätestens da war das Unternehmen aus Massachusetts ein Top-Favorit der US-Regierung. *Moderna* kündigte an, seinen genbasierten Impfstoff in einer weiteren Probephase an 30.000 Freiwilligen zu testen.[19] Ziel sind nach Unternehmensangaben: »Womöglich bis zu einer Milliarde« Impfdosen pro Jahr. Bereits seit dem 13. Januar 2020 kenne man »die Sequenz für mRNA-1273«. Das geschah nur 48 Stunden, nachdem China die DNA-Sequenz des Virus bekannt gab. »Insgesamt 25 Tage« hat es »von der Sequenzauswahl bis zur Impfstoffherstellung« gedauert. Und am 4. März 2020 gab die FDA bereits grünes Licht für klinische Tests, wobei die FDA auf Tierversuche vor der Testung des Impfstoffes am Menschen verzichtet haben soll. Am 16. März 2020 teilte die US-Regierungsbehörde *National Institutes of Health* (NIH) dann mit, dass die ersten »Teilnehmer« mit »mRNA-1273 dosiert wurden«. Zwar sei ein kommerzieller Impfstoff wahrscheinlich erst in zwölf bis 18 Monaten verfügbar, aber in Notfällen könne das Mittel für einige Personen, etwa in Gesundheitsberufen, schon früher zugänglich sein.[18/20]

Auch Seth Berkley, Chef der Impfallianz GAVI, äußerte sich: »Die Welt drückt aufs Tempo.« Nachdem sich das Virus offiziell von

»der chinesischen Stadt Wuhan in nur drei Monaten bis auf die letzte Insel in dieser Welt ausgebreitet« habe, so der Pharmalobbyist, müssten alle Länder, auch die Entwicklungsländer, nun schon bald einen Impfstoff bekommen. Eine »globale Lösung« sei also »unablässig«. Und Berkley hat auch schon einen Drei-Stufen-Plan für globale Impfungen parat: »Erst sollten die Gesundheitsarbeiter geschützt werden, um dann die Risikogruppen wie ältere Menschen zu impfen. Die generelle Bevölkerung wäre zuletzt an der Reihe.«[21] Auch Bundeskanzlerin Angela Merkel ist davon überzeugt, dass eine globale Impfkampagne gestartet werden muss. Spätestens sobald ein Impfstoff verfügbar sei. Über mangelnde Unterstützung für seine Pläne braucht sich Berkley nach den jüngsten GAVI-Geberorgien ohnehin nicht zu beklagen. Der deutsche Staat sagte der Impfallianz etliche hundert Millionen zu und war im Impfstoff-Rennen auch sonst recht spendabel. Die Firma *CureVac* aus Tübingen erhielt ein (Beteiligungs-)Geschenk von 300 Millionen Euro.[22] Das Unternehmen arbeitet schon mit dem bundeseigenen *Paul-Ehrlich-Institut* für Impfstoffe und biomedizinische Arzneimittel zusammen. Man möchte schließlich sicherstellen, dass das Tübinger Unternehmen nicht von einem ausländischen Investor übernommen wird. »Ziel sei, dem Unternehmen finanzielle Sicherheit zu geben. Der Staat wolle aber natürlich keinerlei Einfluss auf geschäftspolitische Entscheidungen nehmen«, hieß es offiziell. Taktisch und praktisch, so ließ sich potenzieller Ärger mit den beiden einflussreichen Anteilseignern von *CureVac* vermeiden. Da ist zum einen der in den Medien als selbstloser Gönner »seiner« Region und »seines« Vereins gefeierte Mäzen des TSG Hoffenheim, Dietmar Hopp, der über seine *Dievini Hopp BioTech* Holding 80 Prozent an dem Unternehmen hält. Und zum anderen Bill Gates, der mit seiner Stiftung nach Hopp der zweitgrößte Anteilseigner von *CureVac* ist.[23/24] Ob sich Hopp im Gegenzug für die Steuermillionen dafür einsetzen wird, dass die deutschen Steuerzahler den Impfstoff besonders kostengünstig erhalten?

Die Firma aus Tübingen verkündete im Juni 2020, auch gut im Impfstoff-Rennen zu liegen und bereits mit klinischen Tests an gesunden Freiwilligen begonnen zu haben. Da das Unternehmen trotz der Milliardäre und der üppigen deutschen Steuergelder weiterhin einen großen Kapitalbedarf zu haben schien, war bald ein Börsengang an der New Yorker Nasdaq geplant. Nur wenige Monate zuvor hatte Donald Trump erfolglos nach der deutschen Firma gegriffen, angeblich wurde eine Milliarde US-Dollar geboten. Mit hohen finanziellen Zuwendungen wollte man deutsche Wissenschaftler, die an einem Corona-Impfstoff arbeiten, in die USA locken.[23] Die Methode »Brain Drain« ist nicht neu.[25] Doch Hopp hatte sich dem US-Präsidenten heldenhaft und patriotisch in den Weg gestellt. Ein Standortwechsel käme für ihn ja gar nicht infrage. Natürlich geht auch Mäzen Hopp davon aus, dass »seine« Firma recht zügig einen Corona-Impfstoff zur Zulassungsreife bringt. Und Baden-Württembergs Ministerpräsident Winfried Kretschmann machte mit dem Hinweis, dass ein Mittel von *CureVac* auch ein Mittel aus »seinem« Land sei, ein Ende der Kontaktsperre von einem Impfstoff abhängig. Die *NachDenkSeiten* fragten: »Hängt das Ende der Kontaktsperre wirklich an den Impfstoffen? Spielt das mögliche Immunwerden gegenüber dem Coronavirus keine hilfreiche Rolle mehr?«[26]

Übrigens gaben Deutschland, Frankreich, Italien und die Niederlande bald bekannt, sich auch beim Pharmakonzern *Astra Zeneca* »bis zu 400 Millionen Dosen eines in der Entwicklung befindlichen Corona-Impfstoffs zu sichern«. Sicherheitshalber verhandelte die Europäische Kommission separat über den Kauf weiterer Corona-Impfstoffe, wofür man auf einen Fonds mit 2,4 Milliarden Euro zurückgreifen würde. Ebenso wie die USA war auch die Europäische Union an der beschleunigten Herstellung eines Corona-Impfstoffes interessiert. Dafür würden Vorschriften für Arzneimittel mit gentechnisch verändertem Organismus gelockert. »Vorübergehend«, denn das wäre bloß in der Corona-Krise gültig, um eine Verzögerung der europäischen Studien zu vermeiden. Zugleich schlug die

Kommission der Europäischen Union vor, die Sprach- und Verpackungsanforderungen von Arzneimitteln und Impfstoffen zu lockern, um deren rasche Verbreitung zu erleichtern.[27]

Um am besten keine Gentechnik-Kritiker zu Wort kommen zu lassen, forderten in Großbritannien sozialdemokratische Politiker noch vor den ersten Impfungen finanzielle und strafrechtliche Folgen für diejenigen, die es wagten, Informationen zu veröffentlichen, die als Anti-Vakzin-Desinformation verstanden werden könnten. Jo Stevens, die britische Schattenstaatssekretärin für Kultur, Digital, Medien und Sport, im November 2020 auf *Twitter*: »Social Media Unternehmen haben eine erbärmliche Bilanz bei der Bekämpfung von Desinformationen. Die Regierung muss aufhören, sich zu verzetteln, und die Unternehmen zwingen, diese gefährlichen Inhalte vor der Einführung des Coronavirus-Impfstoffs zu entfernen.« Und der Schattenstaatssekretär für Gesundheit, Jonathan Ashworth, forderte, die Regierung soll sich »mit einigen der gefährlichen unsinnigen Anti-Vakzin-Sachen befassen, [...] die das Vertrauen in den Impfstoff untergraben«. Die Ex-Abgeordnete Ruth Smeeth, Leiterin der Gruppe *Index on Censorship*, die sich für Meinungsfreiheit einsetzt, ergänzte: »Sicherlich besteht die Antwort nicht darin, Impfgegner zu verbieten, sondern zu erklären, warum sie auf jeder verfügbaren Plattform falschliegen.« Was die drei wohl nicht mitbekommen haben: *Facebook*, *Twitter* und *Google* hatten sich mit der britischen Regierung schon geeinigt, angebliche Falschinformation zu Impfstoffen einzudämmen und staatliche Impfwerbung zu unterstützen.[28]

....

1 www.who.int/blueprint/priority-diseases/key-action/Novel_Coronavirus_Landscape_nCoV_Mar26.PDF?ua=1

2 www.dw.com/de/corona-der-run-auf-den-impfstoff/a-53495562

3 www.faz.net/aktuell/wissen/medizin-ernaehrung/kampf-gegen-corona-welche-gefahren-schnelle-zulassungen-von-arzneimitteln-bergen-16835306.html#void

4 deutsch.rt.com/inland/104418-ansturm-von-freiwilligen-fuer-corona-impfstudie-in-tuebingen/

5 www.apotheke-adhoc.de/nachrichten/detail/internationales/corona-impfstoff-trump-will-warp-speed/
  www.dw.com/de/corona-der-run-auf-den-impfstoff/a-534955626
6 www.dw.com/de/erste-corona-impfung-im-us-fernsehen-%C3%BCbertragen/a-55939813
7 www.swr.de/swraktuell/rheinland-pfalz/mainz/biontech-impfungen-grossbritannien-100.html
8 www.jnj.com/johnson-johnson-announces-a-lead-vaccine-candidate-for-covid-19-landmark-new-partnership-with-u-s-department-of-health-human-services-and-commitment-to-supply-one-billion-vaccines-worldwide-for-emergency-pandemic-use
9 www.justice.gov/opa/speech/attorney-general-eric-holder-delivers-remarks-johnson-johnson-press-conference
10 www.spiegel.de/wirtschaft/unternehmen/opioid-epidemie-johnson-johnson-in-den-usa-zu-millionenstrafe-verurteilt-a-1283786.html
11 highline.huffingtonpost.com/miracleindustry/americas-most-admired-lawbreaker/
12 de.wikipedia.org/wiki/Johnson_%26_Johnson#Kritik (abgerufen am 22. Dezember 2020)
13 www.theguardian.com/us-news/2018/aug/16/us-drug-overdose-deaths-opioids-fentanyl-cdc
14 www.arte.tv/de/videos/085428-000-A/big-pharma/
15 jamanetwork.com/journals/jama/fullarticle/2766651
16 www.luzernerzeitung.ch/wirtschaft/schweizer-firma-soll-die-usa-bevorzugt-mit-corona-impfstoff-beliefern-ruecktritt-von-lonza-verwaltungsrat-ld.1221342
17 www.nytimes.com/2020/05/20/health/coronavirus-vaccine-czar.html
18 www.williamengdahl.com/englishNEO18May2020.php
19 www.handelsblatt.com/technik/medizin/phase-drei-studie-moderna-testet-corona-impfstoff-an-30-000-personen/26041868.html?ticket=ST-17900151-zbMfDRHPKngLoUJWsZCy-ap5
20 www.modernatx.com/modernas-work-potential-vaccine-against-covid-19
21 www.handelsblatt.com/unternehmen/management/hoffnungstraeger/serie-hoffnungstraeger-seth-berkley-macht-mut-wir-finden-einen-impfstoff-die-welt-drueckt-aufs-tempo/25891188.html
22 de.reuters.com/article/deutschland-curevac-b-rsengang-idDEKBN23M2A6
23 www.welt.de/sport/article206585943/Corona-Hopp-erklaert-Trump-Absage-und-macht-Hoffnung-auf-Impfstoff-im-Herbst.html
24 www.faz.net/aktuell/wirtschaft/bund-beteiligt-sich-an-corona-impfstoffentwickler-curevac-16815915.html
25 amerika21.de/2019/01/220386/kuba-kritisiert-brain-drain-usa
26 www.nachdenkseiten.de/?p=59500
27 www.finanzen.net/nachricht/aktien/eu-will-durch-lockerung-von-vorschriften-impfstoff-entwicklung-beschleunigen-8981534
28 deutsch.rt.com/europa/109273-mundtot-machen-britische-labour-party/

TEUFELSZEUG AUS HEXENKÜCHEN

»Kaufen, was einem die Kartelle vorwerfen; lesen, was einem die Zensoren erlauben; glauben, was einem die Kirche und Partei gebieten. Beinkleider werden zur Zeit mittelweit getragen. Freiheit gar nicht.«
KURT TUCHOLSKY

Während es an Geld für Schulen, Krankenhäuser, sozial Schwache, Rentner und Flüchtlinge dagegen meistens mangelt, macht die Politik aus der Staatskasse immerhin Millionen und Milliarden für Corona-Impfstoffe locker. Da schien China andere Wege zu gehen. Nach Angaben des kubanischen Botschafters in der Volksrepublik, Carlos Miguel Pereira, hat das chinesisch-kubanische Joint-Venture-Unternehmen *Changheber* am 25. Januar 2020 mit der Herstellung des kubanischen Arzneimittels Interferon alfa 2B (IFNrec) begonnen. Das Mittel stärkt die Immunabwehr und ist unter anderem gegen HIV sowie verschiedene Krebsarten wirksam. Nachdem das Mittel in China an Ärzten, Pflegepersonal und Corona-Patienten getestet worden war, nahm die nationale chinesische Gesundheitskommission das Interferon in die Liste der Mittel zur Prävention und Bekämpfung des Coronavirus auf und setzte es an die erste Stelle. Der chinesische Präsident Xi Jinping bedankte sich bei Kuba für die entsendeten kubanischen Experten und für die Unterstützung bei der Bekämpfung der Lungenkrankheit COVID-19 »durch Maßnahmen der Vorbeugung und Kontrolle«.[1/2]

Von diesen Vorgängen erfuhren die Menschen im Westen allerdings kaum etwas und der US-Konzern *Google* sperrte im August 2020 auf *YouTube* mehrere kubanische Medien, etwa die Zeitung *Granma* und den weltweit sendenden Fernsehkanal *Cubavisión Internacional*, und auch der staatliche Fernsehsender *Venezolana de Televisión* aus Caracas bestätigte, von *YouTube* gelöscht worden zu sein. *Googles* Begründung: die seit rund 60 Jahren gegen Kuba verhängte US-Blockade. Und sogar der Kanal der kubanischen Fernsehsendung »Mesa Redonda« sei an genau dem Tag gesperrt worden, als er ein Programm über den Beginn klinischer Studien des in Kuba entwickelten Impfstoffkandidaten *Soberana* ausstrahlte.[3]

Die Situation in Kuba hätte so manchen sicher nachdenklich gemacht. Zwar entzog sich die Regierung dem globalen Wahnsinn nicht so ganz, denn sie empfahl schon früh einen Mund-Nasen-Schutz, übertrug die Verantwortung solidarischen Handelns aber auch auf die kubanische Bevölkerung. Nach Angaben der *World Health Organization* (WHO) hat Kuba mit 8,19 die mit Abstand weltweit höchste Ärztedichte je 1.000 Einwohner, gefolgt von Monaco mit 6,65 und San Marino mit 6,36, was ein starker Indikator für die Qualität der gesundheitlichen Versorgung in Kuba ist. Bis Ende Dezember 2020 gab es auf der Insel mit ihren über 11,2 Millionen Einwohnern laut *Worldometer* 137 Todesopfer in Zusammenhang mit COVID-19 zu beklagen.[4/5]

Von der neuartigen COVID-19-Erkrankung blieben die Menschen auf Madagaskar ebenfalls so gut wie verschont – 260 Todesopfer laut *Worldometer* bis Ende Dezember 2020 in Zusammenhang mit COVID-19 bei über 26,2 Millionen Einwohnern. Auf der ostafrikanischen Insel ist Malaria ein größeres Problem. Dennoch empfahl Präsident Andry Rajoelina im Kampf gegen COVID-19 via Fernsehen schon im April 2020 einen traditionellen Kräutertee auf Basis von *Artemisia annua* mit dem Namen *Covid-Organics*. Entwickelt wurde der Kräuterextrakt vom *Institut Malgache de Recherches Appliquées* zur Vorbeugung und als Heilmittel bei einer Coronavirus-Infektion.

Das Getränk enthält neben Pflanzenölen aus der traditionellen madagassischen Medizin zur Stärkung des Immunsystems den Pflanzenextrakt Artemisinin. Artemisinin wird seit Langem gegen Malaria eingesetzt. Andere afrikanische Länder wie Tansania, der Tschad, Nigeria und Togo waren sofort an dem Kräutertrunk interessiert, doch die WHO warnte davor, nicht ausreichend geprüfte Mittel gegen COVID-19 einzunehmen. Das sah die öffentlich-rechtliche *British Broadcasting Corporation,* kurz BBC, dann ganz genau so: Es bestehe die Gefahr einer Gesundheitsschädigung, solange die Kräutermedizin nicht ausreichend untersucht worden sei.[6] Auch der *Kurier* aus Österreich fand, dass »erhebliche Zweifel« an diesem »Gebräu« aus Kräutern bestehen, da es ja schließlich »keinerlei wissenschaftliche Studien« dazu geben würde.[7] »Dass dahinter wirtschaftliche Interessen der Regierung stehen«, behauptete die *taz*. Übrigens hatte Madagaskars Präsident den Kräutertrunk – entgegen gängiger Wirtschaftsinteressen – im Land kostenfrei verteilt, beispielsweise an Schulen.[8] Womöglich haben die Genossen der *taz* auch nur etwas verwechselt, denn das *Zweite Deutsche Fernsehen* (ZDF) hatte klar und deutlich formuliert: »Die Gates-Stiftung ist also eine Organisation, die globale Großkonzerne eher stärkt als deren Einfluss zu untergraben – sie agiert nach den Gesetzen des Marktes.«

Zur Wirkung von Artemisinin hieß es im medizinischen Fachjournal *Science,* es gebe zwar einzelne Evidenzen für dessen Wirkung bei Coronavirus-Infektionen, der regelmäßige Konsum des Getränks könne allerdings auch zu Malariaresistenzen führen.[9] Die *Deutsche Welle* schrieb am 13. Mai 2020 über Artemisinin: »Seit 20 Jahren wird der Wirkstoff etwa gegen Malaria eingesetzt. Algerische Forscher hatten bereits im April die Wirksamkeit von Malaria-Medikamenten gegen SARS-CoV-2 getestet – dabei hatte sich ihrer Studie zufolge Artemisinin als etwas wirksamer erwiesen als Hydroxychloroquin.«[10]

Immerhin beschäftigten sich auch deutsche Wissenschaftler im Kampf gegen das neuartige Coronavirus in ersten Studien mit der

Wirkung von Extrakten aus *Artemisia annua*. So initiierte der Chemiker Peter Seeberger vom *Max-Planck-Institut Potsdam* zusammen mit dem Chemiker Kerry Gilomore eine Studie, an der sich auch Virologen der *Freien Universität Berlin* beteiligten. Seeberger: »Der Wirkstoff wurde auch schon gegen andere Krankheiten recht erfolgreich ausprobiert« und es gebe »beispielsweise Berichte, dass Artemisinin gegen das erste SARS-Coronavirus (SARS-CoV) wirksam war«. Die Wissenschaftler wollten herausfinden, »ob und wie Extrakte der Pflanze – reines Artemisinin und verwandte Derivate sowie Gemische davon – gegen SARS-CoV-2 wirken könnten«.[10]

Rund sechs Wochen später, am 25. Juni 2020, berichtete die *Deutsche Welle* über die ersten Erkenntnisse aus der Studie. Und »die Ergebnisse erstaunten die Wissenschaftler: Extrakte des Beifuß sind gegen SARS-CoV-2 aktiv. Die Blätter der *Artemisia annua*, die in Kentucky in den USA gezüchtet wurden, lieferten bei Extraktion mit absolutem Ethanol oder destilliertem Wasser die beste antivirale Aktivität. Diese antivirale Aktivität des ethanolischen Extrakts erhöhte sich noch, wenn Kaffee hinzugegeben wurde, so die Wissenschaftler. Artemisinin allein zeigte sich jedoch nur wenig wirksam gegen die Viren.« Klaus Osterrieder von der *Freien Universität Berlin* führte in der Forschergruppe die Aktivitätstests durch. Er war überrascht, »dass Artemisinin-Extrakte besser funktionieren als reine Artemisinin-Derivate und dass die Zugaben von Kaffee die Aktivität weiter steigerte«. Ihre Studie führten die Forscher mit einem selbst hergestellten Extrakt durch, da sie keine Informationen über den Kräutertrunk *Covid-Organics* aus Madagaskar erhielten. »Wir haben intensiv versucht, etwas davon zu bekommen«, so Seeberger. »Leider haben wir keinerlei Proben davon erhalten. Ich finde das sehr schade. Wenn es tatsächlich wirkt, wäre es natürlich wunderbar, es auch testen zu können. Wissenschaftliche Studien gibt es unseres Wissens bislang nicht.« Der Laborstudie sollen noch klinische Studien, zum Beispiel in den USA oder in Mexiko, folgen. Bis dahin warnte die WHO wegen fehlender wissenschaftlicher Belege zur Wirkungsweise weiterhin eindringlich vor dem Kräutertrunk *Covid-Organics*.[11]

Auch zu Hydroxychloroquin gibt es unterschiedliche Auffassungen. Die *European Medicines Agency*, die *Europäische Arzneimittel-Agentur*, warnte vor der Verwendung, da bei falscher Behandlung Herzstillstand oder Herzrhythmusstörungen auftreten könnten. Der französische Mediziner, Mikrobiologe und Infektiologe Didier Raoult, Gründer und Chefarzt des *Institut IHU Méditerranée Infection* in Marseille, ging hingegen gerichtlich gegen ein Verbot vor, Hydroxychloroquin zur COVID-19-Behandlung in Frankreich verwenden zu dürfen. Raoult wendete Hydroxychloroquin im frühen Stadium bei COVID-19-Patienten zusammen mit dem Antibiotikum *Azithromycin* an und hatte dabei anscheinend deutliche Behandlungserfolge erzielen können.[12/13]

Ging es aber um Impfstoffkandidaten, so war es ausgerechnet Russland, das den Westen im Rennen um einen Corona-Impfstoff im Sommer 2020 provozierte und »die weltweit erste registrierte Impfung gegen das Coronavirus« verkündete. Nun hätte man auch schon mit der Produktion des Impfstoffs *Sputnik-V* begonnen. Eigentlich hieße »die Vakzine ›Gam-COVID-Vac Lyo‹«. Sie bestehe aus zwei Teilen und müsse im Abstand von drei Wochen gespritzt werden, um eine Immunreaktion gegen das Coronavirus auszulösen. Laut Kirill Dmitriev, dem Direktor des die Forschung finanzierenden russischen Staatsfonds, sind bereits im August 2020 aus 20 Ländern Bestellungen für über eine Milliarde Impfdosen eingegangen. Die russischen Behörden gingen von einer Massenproduktion ab Anfang 2021 aus.[14]

Diese Nachricht führte erwartungsgemäß zu reflexartigen Bedenken in der westlichen Welt. Einmal mehr an der vordersten Anti-Russland-Front: deutsche Leitmedien. »Der Impfstoff-Murks aus Moskau«, titelte die *Frankfurter Allgemeine Zeitung*. Putin betreibe »üble Impfstoff-Propaganda«, hetzte die *Süddeutsche Zeitung*. Von einem »hochriskanten Experiment« schrieben die

Öffentlich-Rechtlichen, denn eine Testphase fehle doch noch, so *Die Zeit*. »Russland hat am Dienstag den weltweit ersten Corona-Impfstoff zugelassen. Die finale Sicherheitsprüfung hat das Land dabei offenbar einfach übersprungen«, schrieb *Der Spiegel*. Die kleine, aber feine Abweichung von der Realität: Der Impfstoff wurde erst registriert, nicht zugelassen.[15]

Vor der Registrierung müsse ein Medikament für gewöhnlich eine aus drei Phasen bestehende klinische Studie absolvieren. Die ersten beiden Phasen stellen Sicherheit und Verträglichkeit des Mittels unter Beweis, die dritte Phase die Wirksamkeit, erklärt *Russia Today* (RT). Und: »Aufgrund eines Erlasses der Regierung der Russischen Föderation vom 3. April 2020 erachtete das Gesundheitsministerium es allerdings für möglich, den Corona-Impfstoff unter gewissen Vorbehalten zu registrieren. [...] Der Föderale Dienst für die Aufsicht im Bereich Verbraucherschutz und Schutz des menschlichen Wohlergehens (Rospotrebnadsor) soll Qualität und Sicherheit des Vakzins auf allen Etappen kontrollieren. Der Erlass der russischen Regierung regelt die Verwendung von Medikamenten bei besonderen Vorkommnissen, darunter Pandemien. Ausnahmslos alle deutsche ›Leitmedien‹ leugnen in ihrer Berichterstattung aber genau diesen Aspekt«, so RT. Ein Blick auf die offizielle Seite des verantwortlichen russischen Forschungsinstituts hätte gereicht. Dort hieß es in mehreren Sprachen: »Klinische Studien nach der Registrierung, an denen mehr als 40.000 Menschen in Russland teilnehmen, werden in einer Woche ab dem 24. August gestartet. Eine Reihe von Ländern [...] werden sich den klinischen Studien von Sputnik-V vor Ort anschließen. Der Impfstoff hat vom russischen Gesundheitsministerium am 11. August ein Registrierungszertifikat erhalten und kann nach den während der COVID-19-Pandemie verabschiedeten Notstandsregeln zur Impfung der Bevölkerung in Russland verwendet werden.« Damit war der russische Impfstoff der siebte Impfstoffkandidat, der in die dritte Phase ging. *Science* bestätigte, dass der Impfstoff laut Zertifikat des russischen

Gesundheitsministeriums bis zum 1. Januar 2021 nicht breit eingesetzt werden kann.[15/16/17]

Auch das Team um Feng-Cai Zhu vom *Jiangsu Provincial Center for Disease Control and Prevention* in Wuhan präsentierte in der Fachzeitschrift *The Lancet* »Erfolge eines Impfstoffs mit einem Versuch von über 500 Menschen, der ebenfalls sicher sei und eine Reaktion des Immunsystems hervorgerufen hätte«. Einige Nebenwirkungen waren allerdings »Fieber, Müdigkeit oder Schmerzen an der Impfstelle«.[18]

Ein wenig später schrieb *Die Zeit*, dass das US-Unternehmen *Moderna* seinen Impfstoff nun auch endlich in der letzten klinischen Phase testet, wobei viele Nebenwirkungen in diesem Fall ein recht gutes Zeichen wären. Man müsse sich bei Corona womöglich ständig mit neuen Impfungen abfinden, denn: »Wenn die Impfung zwölf Monate immun machen würde, wäre das großartig.« Außerdem entwickelt *Moderna* einen sogenannten mRNA-Impfstoff und spritzt den Probanden ein Stück Erbgut des neuen Coronavirus, so *Die Zeit*.[19]

Und die *Deutsche Welle* verkündete bereits am 20. Juli 2020: »Ist das der lang erwartete Durchbruch? Ein britischer Impfstoff gegen das Corona-Virus scheint einer Studie zufolge sicher zu sein.« Da das Mittel der *University of Oxford* und des Pharmakonzerns *AstraZeneca* das Immunsystem anrege und schon an 1.077 gesunden Personen getestet wurde, habe Großbritanniens Regierung rund 100 Millionen Impfstoffdosen bestellt. Allerdings sei noch unklar, ob der Impfstoff wirklich ausreichend Schutz bietet, so jedenfalls ein paar »Experten«. Den Wissenschaftlern zufolge könnte das Mittel unangenehme Nebenwirkungen wie Erschöpfung und Kopfschmerzen auslösen. Aber das sei, so die *Deutsche Welle*, zum Glück »nichts Ernstes«.[20]

Das war falsch. Am 9. September 2020 berichtete die *Deutsche Apotheker Zeitung*, dass *AstraZeneca* und die *University of Oxford* ihre Corona-Impfstoff-Studie mit AZD1222 stoppen mussten: »Pause bei der Corona-Impfstoff-Studie von *AstraZeneca*. AZD1222 befindet sich in Phase-2/3-Studien in England und Indien sowie in

Phase-3-Studien in Brasilien, Südafrika und an mehr als 60 Standorten in den Vereinigten Staaten. Nun musste die Untersuchung unplanmäßig gestoppt werden. Die *Deutsche Presse-Agentur* berichtet von ›gesundheitlichen Problemen‹ bei einem der Teilnehmer, wobei aktuell noch unklar sei, ob diese tatsächlich auf die Impfung zurückzuführen sind. Während des Stopps sollen zunächst keine weiteren Studienteilnehmer geimpft und bisher geimpfte Personen weiterhin beobachtet werden.« Zu den aufgetretenen Nebenwirkungen wollte der Konzern keine genauen Angaben machen. Die *New York Times* (NYT) berichtete aber »unter Berufung auf eine informierte Person, dass es sich bei dem gesundheitlichen Problem um eine Transverse Myelitis handele – eine Entzündung, die das Rückenmark trifft und durch Viren ausgelöst werden kann. *AstraZeneca* wollte die Diagnose laut NYT nicht bestätigen.«[21/22] Nachdem die Studie gestoppt wurde, wolle man die Vorfälle rasch untersuchen, »damit sich das Zulassungsverfahren für den Impfstoff so wenig wie möglich verzögere«.[21] Am 19. Oktober 2020 kam es zu einem ersten Todesfall bei der Impfstoffstudie von *AstraZeneca*: Ein 28-jähriger Proband, der Arzt João Pedro Feitosa aus Rio de Janeiro, ist in Brasilien an Komplikationen mit COVID-19 verstorben, während er als Freiwilliger an einer Studie mit AZD1222 teilnahm. Dies teilte die *Frankfurter Allgemeine Zeitung* unter Berufung auf CNN und *O Globo* mit. Die brasilianische Überwachungsbehörde für Gesundheit ließ die Frage vorerst offen, »ob der gestorbene Freiwillige den Wirkstoff oder das Placebo injiziert bekommen hatte«. Laut *Al Jazeera*, dem arabischen Nachrichtensender, ließ *AstraZeneca* trotzdem weiter testen. Schließlich hatte die Europäische Union mit dem britisch-schwedischen Konzern bereits einen Rahmenvertrag über die Lieferung von Impfdosen abgeschlossen. Davon wären allein 54 Millionen Impfdosen für 27 Millionen Menschen in Deutschland bestimmt.[23/24/25]

Doch auch andere Hersteller mussten Testphasen wegen Sicherheitsbedenken unterbrechen. Im Fall von *Eli Lilly* empfahl ein Kontrollgremium einen Aufnahmestopp weiterer Probanden der von der US-Regierung finanzierten Studie. *Eli Lilly* testete das Antikörper-Medikament *LY-CoV555*, das in Kombination mit *Remdesivir* verabreicht wurde, auch in Pflegeheimen. Einen Tag früher als *Eli Lilly* setzte *Johnson & Johnson* seine klinischen Tests eines Corona-Impfstoffs aus, weil ein Proband erkrankt war. Der Impfstoffkandidat JNJ-78436735 befand sich in der Phase-3-Studie mit fast 60.000 Freiwilligen auf drei Kontinenten. Auch in diesem Fall hatte sich die Europäische Union, und zwar kurz vor dem Stopp, Bezugsrechte für einen möglichen Impfstoff für rund 200 Millionen Menschen und eine Option für weitere 200 Millionen bei *Johnson & Johnson* gesichert.[26/27]

In einem weiteren Fall verstarb ein Testkandidat Ende November 2020 überraschend in der dritten und letzten Testphase der Impfstoffstudie von *Moderna*, wobei ungeklärt blieb, ob der Tod des 70-jährigen Priesters, der selbst kein COVID-19 gehabt haben soll, durch das Mittel verursacht wurde. Auch der *Moderna*-Impfstoff erhielt Mitte Dezember 2020 eine Notfallzulassung in den USA.[28/29]

Wie die *New York Times* dann am 16. Dezember 2020 schrieb, mussten in Alaska zwei Krankenhausmitarbeiter nach der Corona-Impfung mit dem bereits notfall-zugelassenen Impfstoff von *Biontech-Pfizer* wegen »besorgniserregender Reaktionen« Minuten nach der Verabreichung auf die Intensivstation. Ein Sprecher des *Bartlett Regional Hospital* in Juneau bestätigte, dass eine »Mitarbeiterin mittleren Alters, ohne Allergien« eine Anaphylaxie entwickelte. Sie erlitt einen »Ausschlag über ihr Gesicht und Torso, Kurzatmigkeit und eine erhöhte Herzfrequenz«. Einer ihrer Kollegen beklagte »10 Minuten nach der Injektion geschwollene Augen, Benommenheit und ein Kratzen im Hals«. Ein anaphylaktischer Schock tritt in der Regel Minuten oder sogar Sekunden nach der Exposition gegenüber einem Lebensmittel oder Medikament auf, kann Atmung und Blutdruck beeinträchtigen und lebensbedrohlich sein. Das Krankenhaus gab die Informationen aus Gründen der Transparenz weiter. Die beiden

Mitarbeiter wollten aber nicht, dass »ihre Erfahrungen negative Auswirkungen« auf andere haben, die sich impfen lassen möchten. Das Krankenhaus hatte bis dahin 144 Impfdosen verabreicht, plane aber, nichts an seinem »Impfschema« zu ändern. 1,4 Prozent der Geimpften hatten in diesem Fall also schwere Nebenwirkungen, die unbehandelt womöglich tödlich geendet hätten. Trotz häufiger und teilweise schwerer Nebenwirkungen des *Biontech-Pfizer*-Impfstoffs hatte die US-amerikanische *Food and Drug Administration* (FDA) keine Bedenken, das Impfmittel zuzulassen. Bis zu 84 Prozent der Geimpften sollen bisher von teilweise üblichen Impfnebenwirkungen wie Erschöpfung, Kopf- und Muskelschmerzen, Schüttelfrost oder Fieber berichtet haben. In einigen Fällen traten aber auch vorübergehende Gesichtslähmung oder mehrtägige Schwellungen der Lymphknoten auf.[30/31/32/33/34]

Auch in Großbritannien gab es bereits »ähnliche Vorfälle«, wie der *Deutschlandfunk* am 17. Dezember 2020 mitteilte. »Zwei Mitarbeiter des staatlichen britischen Gesundheitsdienstes NHS« zeigten nach ihrer Impfung allergische Reaktionen. Die britische Arzneimittelaufsicht riet daraufhin, vorerst niemandem mit einer »signifikanten« Allergie-Vorgeschichte den *Biontech-Pfizer*-Impfstoff zu spritzen. »Beide NHS-Mitarbeiter hatten eine solche Vorgeschichte. Gemeint sind sogenannte seltene anaphylaktische Schocks als Reaktion auf Medikamente, Lebensmittel oder Impfstoffe oder Menschen, die eine Adrenalin-Fertigspritze – einen Autoinjektor – bei sich tragen müssen – wie die beiden Betroffenen in Großbritannien.« Die Krankenhausmitarbeiterin in Alaska hatte allerdings keine derartige Allergie. Innerhalb einer Woche wurden in Großbritannien nach Regierungsangaben schon 138.000 Menschen geimpft. Interessant ist auch, dass bei den Versuchsreihen mit dem Präparat von *Biontech-Pfizer* angeblich nur milde Nebenwirkungen auftraten.[30] Während die *Morgenpost* Mitte Dezember 2020 schon fragte: »Wie sicher sind die Corona-Impfungen?«, erklärte *Pfizer*, Berichten über mögliche allergische Reaktionen nun nachgehen zu wollen.[32/33]

Auch China möchte vor der Hauptreisezeit, dem chinesischen Neujahrsfest im Februar 2021, bereits 50 Millionen Menschen mit Impfstoffen der chinesischen Firmen *Sinopharm* und *Sinovac* gegen Corona geimpft haben. Die Gesundheitsämter wurden dazu angewiesen, »mögliche Nebenwirkungen zu identifizieren und zu dokumentieren«, wie das *Ärzteblatt* am 18. Dezember 2020 schrieb. Bis dahin wurden in China mehr als einer Million Menschen chinesische Impfstoffe aufgrund einer Notverordnung verabreicht. Fünf chinesische Impfstoffe hätten die letzte Testphase zwar noch nicht abgeschlossen, wären aber »beispielsweise von den Vereinigten Arabischen Emiraten« zugelassen, und auch Indonesien erhielt schon 1,2 Millionen Impfstoffdosen aus China.[35]

In Russland, wo es übrigens keinen landesweiten Lockdown gab, starteten »großangelegte Corona-Impfungen« ebenfalls Anfang Dezember 2020 und in Moskau eröffneten »dutzende Impfzentren«. Auch dort wurde der Impfstoff noch im Jahr 2020 zugelassen und eine Impfaktion im ganzen Land gestartet, um sich *Sputnik-V* (zunächst) kostenlos spritzen lassen zu können. Bei der *Sputnik-V*-Impfung bleibt der Geimpfte etwa eine Stunde unter medizinischer Beobachtung und laut Vize-Regierungssprecherin Tatjana Golikowa soll es 42 Tage dauern, bis sich nach der Impfung eine Immunität gegen das Coronavirus bilde, weshalb man den Kontakt mit der Außenwelt in dieser Zeit einschränken und keinen Alkohol trinken soll. Zwar sei *Sputnik-V* »gut verträglich« und es gebe »kaum Nebenwirkungen«, so der *Bayerische Rundfunk*, aber Experten seien bei dem Mittel skeptisch, da es in Russland trotz Impfung zu Corona-Erkrankungen unter Ärzten kam. Allerdings, so die oberste Amtsärztin des Landes, Anna Popowa, kann kein Vakzin »einen Menschen komplett vor einem Virus« schützen, trotzdem würde die Impfung vor einem schweren Verlauf und vor dem Tod schützen.[36]

Niemand im Westen käme auf die Idee, ein russisches Mittel zu bestellen, bis auf Ungarn: Der ungarische Außenminister Péter Szijjártó teilte schon im Herbst 2020 mit, dass Ungarn mehrere kleine

Chargen des russischen Corona-Impfstoffs kauft und das Impfstoffzulassungsverfahren im Land abgeschlossen werden soll. Obendrein erwäge sein Land auch den Kauf chinesischer Impfstoffe. Das ging der Europäischen Kommission zu weit. »Eric Mamer, Vertreter der Europäischen Kommission, sagte in seiner Presseerklärung, wenn Ungarn russische oder chinesische Impfstoffe gegen das Coronavirus kauft, die bisher von der Europäischen Union nicht zertifiziert wurden, werde die Europäische Kommission gezwungen sein, Maßnahmen gegen diese Impfstoffe einzuleiten.« Mamer betonte, alle von Ländern der Europäischen Union gekauften Impfstoffe müssten einer entsprechenden Zertifizierung unterzogen werden.[37]

Bei dem ganzen Trubel um die schnellen Russen mit ihrem »Impfstoff-Murks« geriet die Zulassungsgenauigkeit des Mainzer Pharmaunternehmens *Biontech* aus dem Fokus. Das Unternehmen des deutsch-türkischen Mediziner-Ehepaares Uğur Şahin und Özlem Türeci, dessen Vermögen sich 2019 auf 2,4 Milliarden Euro vervierfacht hatte, verkündete im Oktober 2020, dass man mit der Herstellung des neu entwickelten Corona-Impfstoffs *BNT 162b2* angefangen habe.[38] Und das ohne Zulassung! Man habe ja »einerseits mit der Massenproduktion begonnen und andererseits den finalen Genehmigungsprozess beantragt«, berichtete der Entertainment-Sender *n-tv* am 13. Oktober 2020. Zu öffentlicher Aufregung wie bei *Sputnik-V* führte diese Nachricht aber nicht. »Die Welt wartet auf einen Corona-Impfstoff. Aus Rheinhessen könnte nun die Erlösung kommen. [...] Man sei kurz davor, ›dieser Pandemie ein Ende zu bereiten‹.« Außerdem sei es in diesem unbedenklichen, da westlichen Fall »eine wissenschaftliche Sensation«, wenn »wenige Monate nach dem Ausbruch der Pandemie schon ein Impfstoff zur Verfügung steht«, auch wenn Impfstoff-Entwicklungen und Zulassungen normalerweise mehrere Jahre dauern. Und: »Der neu entwickelte Corona-Impfstoff funktioniere sehr gut. Nun könnte es bald zu Massenimpfungen kommen.« Das Forscher-Ehepaar würde also »auch Weltruhm erlangen«, so n-tv. *Biontech* plante auch vorausschauend und hat »kurzerhand die Produktionsstätten des Schweizer Pharmakonzerns *Novartis* mitsamt 300 hochqualifizierten Mitarbeitern gekauft, um die Massenproduktion rasch hochfahren zu können«.[39/40] Zwar missachtet Şahin die Grundregeln der Arzneimittelsicherheit, kündigt aber an, die Nebenwirkungen des Mittels transparent darstellen zu wollen. Während der Staat die Haftung für die Risiken der Corona-Vakzine übernimmt und die Gewinne selbst in den allerschlimmsten Fällen bei den Pharma-Milliardären bleiben, Şahins Aktienpaket hatte bald einen Wert von 5 Milliarden Euro, stellt sich die Frage: Wann genau kann die Öffentlichkeit mit der Information über (weitere) Nebenwirkungen rechnen? Denn der von *Biontech* zusammen mit *Pfizer* entwickelte Impfstoff(-kandidat) BN162b2 enthält Nanopartikel und ist damit ein Nano-Gen-Impfstoff. *Medscape* schreibt dazu in einwandfreiem Fachchinesisch: »BNT162b2 enthält Lipid-Nanopartikel mit modifizierter mRNA, welche für das Spike-Protein von SARS-CoV-2 codiert. Nach der intramuskulären Verabreichung wird das Protein intrazellulär gebildet, was zur Immunreaktion führt.«[41/42/43]

Zu Nanopartikeln äußerte sich der Toxikologe Roel Schins vom *Leibniz-Institut für umweltmedizinische Forschung* am 4. Juni 2019 in einem Interview mit dem Bundesministerium für Bildung und Forschung: »Nanopartikel sind kleiner als 100 Nanometer. Das ist so winzig, dass man sie unter einem normalen Mikroskop nicht erkennen kann. Man unterscheidet zwischen Nanopartikeln, die Produkten gezielt beigesetzt werden, und solchen, die unabsichtlich entstehen. So werden Nanopartikel bei Verbrennungsprozessen in der Industrie, aber auch im Straßenverkehr freigesetzt. Darüber hinaus gibt es immer mehr Produkte mit Nanomaterialien. Wegen ihrer geringen Größe haben sie eine Reihe nützlicher Eigenschaften. Sie dienen etwa der antibakteriellen Beschichtung oder als UV-Schutz in Sonnencremes.« Es gibt aber auch »vermehrt Hinweise darauf, dass sich Nanopartikel in verschmutzter Luft negativ auf unser Gehirn auswirken können. So haben Beobachtungsstudien gezeigt, dass Menschen, die an viel befahrenen Straßen leben und diese Luft permanent einatmen, ein erhöhtes Risiko für eine Alzheimer-Erkrankung haben. Toxikologische Untersuchungen müssen nun belegen, ob ein direkter kausaler Zusammenhang besteht. Dies erforschen wir momentan an unserem Institut. Wir fragen uns aber auch, ob Nanopartikel in Produkten schädliche Auswirkungen auf unser Gehirn haben können«. Und: »Toxikologische Tests können leider nicht immer hundertprozentige Sicherheit liefern. Wir haben es hier mit komplexen Wirkungsmechanismen zu tun, die teilweise noch nicht aufgeklärt sind. So kann nicht ausgeschlossen werden, dass eine neue Substanz auf den Markt gelangt, die sich erst hinterher als gesundheitsschädlich erweist.«[44] Die *Deutsche Apotheker Zeitung* im Jahr 2016: »Die medizinische Anwendung mit sogenannten Nanocarriern, also Nanopartikeln, die Wirkstoffmoleküle an ihr Ziel bringen, soll einen enormen Markt versprechen.« Ein anonym bleibender Exmanager eines Global Players aus der Pharmabranche gab folgendes Fazit über den *Biontech-Pfizer*-Stoff: »Das ist ein Konglomerat aus Politikdarstellern, willfährigen Behörden und gierigen Hütchenspielern in den Startups.« Die Europäische Union hatte mit Aussicht auf eine Schnellzulassung, wie übrigens auch die Schweiz, bei *Biontech-Pfizer* 200 Millionen Dosen bestellt.[45 / 46 / 47]

Noch im September 2020 beteuerten Bundesforschungsministerin Anja Karliczek, Jens Spahn und Klaus Cichutek, Präsident des für Impfstoff-Zulassungen zuständigen *Paul-Ehrlich-Instituts*, dass die Sicherheit eines Impfstoffes Vorrang habe vor der Schnelligkeit der Zulassung. Denn die Bevölkerung würde, so Karliczek, nur sichere Impfstoffe akzeptieren, weshalb es Abkürzungen des Zulassungsverfahrens nicht geben werde.[48] Ausnahmen aber schon. Und der gelernte Bankkaufmann Spahn freute sich: »Wenn alle Pferde ins Ziel kommen, werden wir viel zu viel Impfstoff haben.«[49]

Immerhin förderte die Bundesregierung nicht nur die Firma *CureVec* der Milliardäre Dietmar Hopp und Bill Gates mit 230 Millionen Euro, sondern auch die Firma *Biontech* der Milliardäre Şahin und Türeci. In diesem Fall mit 375 Millionen Euro. Und das alles mit Steuergeld aus dem Sonderprogramm Impfstoffentwicklung.[48]

Im Übrigen überraschte noch eine Studie aus Großbritannien. Wer schon einen Grippeerreger hatte, der soll sich deutlich seltener mit SARS-CoV-2 anstecken, sagt die Studie. Insgesamt hätte man 19.256 Patienten auf eine Korrelation (wechselseitige Beziehung) zwischen Influenza- und Coronainfektionen untersucht. Das Ergebnis, so *Medscape*: »Die Wahrscheinlichkeit für ein positives Testergebnis auf SARS-CoV-2 war bei Influenza-positiven Fällen um 68 Prozent geringer als bei Influenza-negativen Personen.« Die Autoren um Jay Stone vom *National Infection Service, Public Health England*, »werteten die nationalen Surveillance- und Gesundheitsversorgungs-Datenbanken aus England mit allen Influenza- und SARS-CoV-2-positiven Fällen« vom 1. Januar 2020 bis zum 25. April 2020 aus.[50] Und sogar der Impfpropagandist, das US-Coronavirus-Task-Force-Mitglied, der Infektionskrankheitenspezialist und Immunologe Anthony Fauci hatte noch eine faustdicke Überraschung zur Corona-Vorsorge parat. Also genau genommen zwei recht unspektakuläre Mittel, wie er in einem Gespräch mit Jennifer Garner verriet: nämlich Vitamin D- und C-Präparate. Das würde er jedenfalls nehmen, da die beiden Vitamine die Anfälligkeit für Infektionen verringern und dabei helfen, ein gesundes Immunsystem aufrechtzuerhalten.[51] Ahnte Fauci das Wunder von Elgg? Im Spätsommer 2020 kam es in einem Pflegeheim der Schweizer Ortschaft Elgg zu einer Corona-Welle mit 56 Infektionen ohne Todesfälle und nicht einem schweren Verlauf, weshalb Medien und Ärzte von einem Wunder sprachen. Erst hinterher stellte sich heraus: Es lag an der Prophylaxe, also an der Frühbehandlung. Die Bewohner des Pflegeheims erhielten täglich Vitamin D3.[52]

Der Schweizer Journalist Werner Vontobel schrieb am 12. November 2020: »Am Anfang war das Unwort: Risikogruppe. Ab 65 soll man dazugehören. Damit war die Marschrichtung gegeben: Abstand halten, Hände waschen, Lockdown, Risikogruppen schützen et cetera. Hätten wir statt von Risikogruppen von ›Menschen mit schwachem Immunsystem‹ gesprochen, hätten wir anders über die Sache nachgedacht«, denn das Immunsystem schütze »uns vor schädlichen Bakterien und Viren. Damit es funktioniert, braucht es unter anderem Zink, Selen, Omega-3-Fette, Vitamin C« und eben Vitamin D3. Schon vor Corona war bekannt, dass Menschen mit ausgeprägtem Vitamin-D-Mangel eine um etwa 70 Prozent geringere Wahrscheinlichkeit einer akuten Atemwegsinfektion entwickeln, wenn sie regelmäßig mit ausreichend Vitamin D versorgt werden.[52]

Das ahnte man auch bei COVID-19 und wurde durch eine im März 2020 an 107 Patienten durchgeführten Studie von Antonio D'Avolio bestätigt, weshalb D'Avolio vorschlug, den Vitamin-D-Spiegel aller Patienten mit täglichen Dosen möglichst schnell auf mindestens 30 ng/ml anzuheben, da man ab diesem Wert »weitgehend gegen eine Infektion gefeit« sei.[53] Vontobel weiter: »Inzwischen gibt es zahlreiche Studien zum Thema Vitamin-D-Spiegel und Corona-Ansteckungsgefahr. Sie schätzen die Wirksamkeit von Vitamin D insgesamt etwas vorsichtiger ein, deuten aber darauf hin, dass man mit einem optimalen Spiegel von 50 ng/ml im Vergleich zu weniger als 20 ng/ml die Gefahr einer Ansteckung mehr als halbieren kann. Immerhin.« Weit wirkungsvoller scheint die Verbesserung des Vitamin D-Spiegels aber, um einen schweren Verlauf oder gar tödlichen Ausgang einer Infektion zu verhindern, wie das Wunder von Elgg und weitere internationale Studien zeigen. »Etwa folgende: 388 COVID-Patienten in Indonesien wurden in drei Gruppen eingeteilt: Von denen mit mehr als 30 ng/ml überlebten 95,9 Prozent, in der Gruppe 20 bis 30 ng/ml nur noch 13 und bei den Patienten mit einem Spiegel unter 20 ng/ml überlebten sogar nur 1,2 Prozent.« Und am Universitätskrankenhaus in Heidelberg mussten die »Patienten mit einem Vitamin-D-Spiegel unter 12 ng/ml sechsmal häufiger auf die Intensivstation verlegt werden. Ihr Risiko zu sterben, war sogar 15-mal höher. Dabei wurden alle anderen Risikofaktoren statistisch ausgeschaltet.« Die richtigen Schlüsse hätte man auch am Universitätskrankenhaus von Córdoba gezogen, so Vontobel. Dort bekommen Patienten praktisch schon mit Betreten der Einrichtung eine rasch wirkende Form von Vitamin D verabreicht. Und das »mit durchschlagendem Erfolg: Von 50 Patienten musste nur einer auf die Intensivstation verlegt werden. Keiner starb. Pech hatten hingegen die 26 Patienten, die in die Placebo-Gruppe ohne Vitamin D verlost wurden. 13 davon mussten auf die Intensivstation, zwei starben.« Aber: »Vitamin D3 ist nur eines von vielen Mitspielern in unserer Immunabwehr.« Weitere internationale Studien und Berichte, etwa aus den USA, belegen auch Erfolge bei Corona-Patienten durch Hinzufügen von Zink. Und auch eine Analyse von mehr als 100 internationalen Studien zu Hydroxychloroquin (HCQ) weist einen überwiegenden Behandlungserfolg mit HCQ, am ehesten bei einer frühzeitigen Behandlung, auf. *Swiss Policy Research* schrieb dazu: »Die angeblich oder tatsächlich negativen Resultate mit HCQ im Rahmen einiger Studien beruhten auf einem verspäteten Einsatz (bei Intensivpatienten), stark überhöhten Dosen (bis zu 2.400 mg/T), manipulierten Datensätzen (der Surgisphere-Skandal), oder ignorierten Kontraindikationen. Tatsächlich ergab eine umfassende Studie der *Europäischen Kardiologischen Gesellschaft*, dass korrekt dosiertes HCQ für COVID-19-Patienten in allen klinischen Settings (von ambulant bis intensiv) sicher ist.« Entscheidend sei eine frühzeitige Behandlung, schon beim Auftreten der ersten Symptome. Im Gegensatz dazu könnte eine Isolierung von bereits infizierten Risikopersonen ohne eine »frühzeitige Behandlung, wie dies durch Lockdowns oftmals geschah, kontraproduktiv sein und zu einer Progression der Erkrankung bis hin zur Entwicklung schwerer Atembeschwerden führen«.

Etwas ganz anderes als die vorsorgliche Stärkung des Immunsystems empfehlen stattdessen die Behörden. Während eine Expertengruppe im Auftrag der *Schweizerischen Gesellschaft für Ernährung* ein Positionspapier aufgrund der wissenschaftlichen Erkenntnisse über die Immunabwehr und Corona erstellte, dieses Mitte Oktober

2020 veröffentlichte und vom Schweizer *Bundesamt für Gesundheit* (BAG) dann die Empfehlung für eine entsprechend dosierte Ergänzung der Vitamine D3 und C, Selen, Zink und Omega-3-Fette forderte, kam es zu einer weiteren Überraschung: »Die Corona-Taskforce des BAG antwortete schnell, heftig und ohne auf die zahlreichen im Positionspapier zitierten Studien einzugehen. Über solche Vorschläge könne man ›nur den Kopf schütteln‹. [...] Wenige Tage nach der harschen Kritik der Taskforce entfernte die *Schweizerische Gesellschaft für Ernährung* ihr« Papier. »Etwa eine Woche später zog sie es reumütig zurück. Man sei leider falsch verstanden worden.« Es brauche nun doch weitere Studien. Vontobel schrieb: »So müssen wir wohl weiter abwarten und Panadol schlucken.« Dafür könne man auf der Seite der Schweizer Behörde noch immer lesen: »Bisher gibt es keine spezifische Behandlung für Erkrankungen mit Coronaviren«, weshalb weiterhin nicht auf ein gestärktes Immunsystem, sondern doch besser auf *Remdesivir* gesetzt wird. *Remdesivir* hat zwar selbst nach Angaben der WHO nur geringe bis gar keine Wirkung, aber die Schweiz hat davon ja schon jede Menge auf Lager.

....

1 de.granma.cu/cuba/2020-02-06/interferon-alfa-2b-das-kubanische-medikament-das-in-china-gegen-das-coronavirus-anwendung-findet

2 deutsch.rt.com/international/99525-china-kubanisches-medikament-bewahrt-sich/

3 www.jungewelt.de/artikel/384780.us-blockade-google-löscht-kuba.html

4 www.jungewelt.de/artikel/382952.coronakrise-richtige-balance-zwischen-schutz-und-lockerung-finden.html

5 de.wikipedia.org/wiki/Liste_der_L%C3%A4nder_nach_%C3%84rztedichte (abgerufen am 22. Dezember 2020)

6 www.bbc.com/news/world-africa-52374250

7 kurier.at/politik/ausland/madagaskars-praesident-schwoert-auf-corona-heilmittel-aus-kraeutern/400838858

8 taz.de/Vermeintliches-Heilmittel-gegen-Corona/!5685383
de.wikipedia.org/wiki/COVID-19-Pandemie_in_Madagaskar

9 www.sciencemag.org/news/2020/05/unproven-herbal-remedy-against-COVID-19-could-fuel-drug-resistant-malaria-scientists

VORDERGRÜNDE

10 www.dw.com/de/angebliches-COVID-19-wundermittel-artemisia-im-testlabor/a-53428761
11 www.dw.com/de/artemisia-ein-kraut-gegen-COVID-19/a-53936500
12 corona-transition.org/professor-didier-raoult-verklagt-gesundheitsbehorde
13 www.mediterranee-infection.com/in-vitro-testing-of-combined-hydroxychloroquine-and-azithromycin-on-sars-cov-2-shows-synergistic-effect/
14 deutsch.rt.com/russland/105631-russland-hat-mit-produktion-von-sputnik-v-impfstoff-begonnen/
15 deutsch.rt.com/inland/105514-faktencheck-hat-russland-tatsachlich-impfstoff-zugelassen/
16 sputnikvaccine.com/about-vaccine/clinical-trials/
17 www.sciencemag.org/news/2020/08/russia-s-approval-COVID-19-vaccine-less-meets-press-release
18 www.thelancet.com/journals/lancet/article/PIIS0140-6736(15)00420-1/fulltext
19 www.zeit.de/zustimmung?url=https%3A%2F%2Fwww.zeit.de%2Fwissen%2Fgesundheit%2F2020-08%2Fcorona-impfstoff-nebenwirkungen-immunitaet-coronavirus-moderna-biotech%3Futm_source%3Dpocket-newtab-global-de-DE
20 www.dw.com/de/britischer-corona-impfstoff-erfolgreich-getestet/a-54245695
21 www.deutsche-apotheker-zeitung.de/news/artikel/2020/09/09/astrazeneca-stoppt-corona-impfstoff-studie
22 www.nytimes.com/2020/09/08/health/coronavirus-astrazeneca-vaccine-safety.html
23 www.faz.net/aktuell/gesellschaft/gesundheit/coronavirus/toter-bei-corona-impfstoff-studie-von-astrazeneca-in-brasilien-17013889.html
24 deutsch.rt.com/international/108058-freiwilliger-stirbt-bei-studie-des-corona-impfstoffs-von-astrazeneca-in-brasilien/
25 www.aljazeera.com/news/2020/10/21/brazilian-volunteer-in-astrazeneca-COVID-19-vaccine-trial-dies
26 www.fuw.ch/article/pharmakonzern-eli-lilly-unterbricht-studie-mit-COVID-19-medikament/
27 deutsch.rt.com/europa/107744-corona-impfstoff-us-pharmakonzern-johnson/
28 www.epochtimes.de/politik/ausland/corona-impfung-priester-in-usa-stirbt-unerwartet-nach-versuchsreihe-impfstoffe-aus-babyzellen-a3400437.html
29 www.dw.com/de/usa-geben-moderna-impfstoff-frei/a-55994473
30 www.nytimes.com/2020/12/16/health/covid-pfizer-vaccine-allergic-reaction.html
31 www.deutschlandfunk.de/COVID-19-wieder-allergische-reaktion-nach-biontech-pfizer.1939.de.html?drn:news_id=1206294
32 www.aerzteblatt.de/nachrichten/119494/US-Gesundheitsmitarbeiter-erleidet-nach-Coronaimpfung-allergische-Reaktion
33 www.morgenpost.de/vermischtes/article231164478/Corona-Impfstoff-Impfung-Allergie-Schock-Biontech-Pfizer.html

34 www.epochtimes.de/gesundheit/alaska-krankenpfleger-nach-corona-impfung-auf-intensivstation-a3405607.html?meistgelesen=2
35 www.aerzteblatt.de/nachrichten/119547/Corona-China-will-50-Millionen-Menschen-in-wenigen-Wochen-impfen
36 www.br.de/nachrichten/deutschland-welt/russland-startet-grossangelegte-corona-impfungen,SIIsdZW
37 deutsch.rt.com/europa/108833-ungarn-wird-russischen-impfstoff-trotz/
38 www.businessinsider.de/karriere/gastarbeitersohn-biontech-chef-ugur-sahin-ist-milliardaer-und-unter-den-100-reichsten-deutschen/
39 www.n-tv.de/politik/politik_person_der_woche/Der-Impfstoff-naht-article22095146.html
40 corona-transition.org/biontech-startet-vakzinproduktion-ohne-zulassung
41 corona-transition.org/der-globale-club-der-nano-milliardare
42 corona-transition.org/eilmeldung-der-aktuell-in-den-hauptmedien-hochgelobte-biontech-pfizer-impfstoff
43 deutsch.medscape.com/artikelansicht/4909407
44 https://www.bmbf.de/de/nanopartikel–eine-gefahr-fuer-unser-gehirn-8798.html#:~:text=Es%20gibt%20vermehrt%20Hinweise%20darauf,f%C3%BCr%20eine%20Alzheimer%2DErkrankung%20haben
45 www.deutsche-apotheker-zeitung.de/news/artikel/2016/01/29/das-risiko-der-kleinsten-dinge-soll-uberschaubarer-werden
46 corona-transition.org/erstmals-aussert-sich-ein-hochrangiger-kenner-der-pharmabranche-exklusiv-bei
47 investors.biontech.de/de/news-releases/news-release-details/pfizer-und-biontech-schliessen-liefervereinbarung-mit-der-eu
48 www.bundesregierung.de/breg-de/themen/themenseite-forschung/corona-impfstoff-1787044
49 www.rnd.de/politik/jens-spahn-rechnet-mit-corona-impfungen-im-ersten-halbjahr-2021-O62BIOHVZ2DOPTGUECJXKZXODM.html
50 deutsch.medscape.com/artikelansicht/4909374
51 corona-transition.org/ein-impfbefurworter-zum-wert-von-vitamin-c-und-d
52 www.infosperber.ch/Artikel/Gesundheit/So-kann-das-Immunsystem-Corona-den-Giftzahn-ziehen1
53 www.mdpi.com/2072-6643/12/5/1359
54 www.medrxiv.org/content/10.1101/2020.09.04.20188268v1
55 www.sciencedirect.com/science/article/pii/S096007602030296X
56 drive.google.com/file/d/1dJ1VNakIvXBUEvqoQeV8FL8-R1PSgMJz/view
57 www.sciencedirect.com/science/article/pii/S0960076020302764?via%3Dihub#bib0160
58 www.sciencedirect.com/science/article/pii/S1201971220304410
59 c19study.com
60 swprs.org/zur-behandlung-von-COVID-19/

# 21
TOTAL DIGITAL UND ETWAS DENGUE-DENGUE

> »Zu argumentieren, man mache sich nichts aus Privatsphäre, weil man nichts zu verbergen habe, ist wie zu sagen, man mache sich nichts aus Redefreiheit, weil man nichts zu sagen habe.«
>
> EDWARD SNOWDEN

Doch bevor es mit einem mehr oder weniger wirksamen Corona-Impfstoff so weit sein sollte, war für die Regierenden die Überwachung der Bürger angesagt. Und das vorerst dauerhaft, etwa durch Tracking über sogenannte Corona-Apps oder mit altmodischen Corona-Gästelisten in Papierform. Obwohl die *World Health Organization* erst im Jahr 2019 in einem Dokument zum »Global Influenza Programme«, das zusammen mit der *University of Hong Kong* erstellt wurde, aus medizinischer Sicht Kontaktverfolgung nicht empfahl, galten in Deutschland plötzlich andere Regeln.[1] So griff die Polizei in Hamburg zwecks polizeilicher Ermittlungen einfach mal auf Corona-Gästedaten von Restaurants zurück. Das sei nicht ungewöhnlich, sei kein Einzelfall. In mehreren Bundesländern hatte die Polizei die Listen für die Verfolgung mutmaßlicher Straftäter beschlagnahmt. Den Missbrauch der Listen begründete Bayerns Innenminister Joachim Herrmann damit, dass »der Bürger« diese Täuschung über den Verwendungszweck der eigenen Daten ja auch

»erwarten« würde. Und zwar zu seinem eigenen Schutz. Unabhängig von Corona. Vermutlich hätten viele oder viel mehr Gäste, den Missbrauch der Listen ahnend, einen falschen Namen eingetragen, weshalb hohe Geldstrafen für Falschangaben angedroht wurden.[2/3]

Auch Argentinien sammelte fleißig Daten. Die argentinische Regierung hatte schon Ende April 2020 eine Corona-App herausgebracht. Wer sich im öffentlichen Raum bewege, der müsse die App auf sein Smartphone laden. Allerdings nur »obligatorisch«, so der argentinische Präsident Alberto Fernández. Über die App wird der Aufenthaltsort des Smartphone-Besitzers gespeichert. Ob er sich »legal« zu Hause aufhält oder »illegal« bei jemand anderem. Das müsse man wegen der Quarantäne-Bestimmungen wissen. In der argentinischen App mit dem Namen »CuidAR« – »cuidar« bedeutet: sich sorgen um, AR steht für Argentinien – verpackt man das so: »Deinen jeweiligen Aufenthaltsort zu kennen, erlaubt uns, unsere Statistiken zu verbessern, um die Pandemie zu kontrollieren.« Und *Heise online* schrieb am 14. Mai 2020: »Fakt ist«, dass die Polizei seit zehn Tagen kontrolliere, »ob die Fußgänger die App auf ihrem Handy haben«. Dabei sind die Hygiene- und Abstandsregeln gerade in den Armenvierteln nicht umzusetzen. Die Menschen leben dort nicht freiwillig auf so beengtem Raum und müssen, »wenn sie nicht verhungern wollen, jeden Tag irgendwie an Geld kommen«. Unklar blieb dagegen, wo die gesammelten Daten gespeichert und verwaltet werden.[4]

Fast zeitgleich mit dem Coronavirus spielte in Südamerika noch ein anderes Virus eine viel größere Rolle: In Paraguay, Uruguay, Bolivien und Argentinien grassierte eine Denguevirus-Epidemie. Denguefieber wird von der Gelbfiebermücke übertragen. *Amerika21*, ein Fachportal für Lateinamerika, meldete schon im März 2020, dass die Zunahme von Dengue-Fällen in Lateinamerika alarmierend »und die Anzahl der Todesfälle durch diese Krankheit« bis dahin »weitaus höher als die durch das neuerdings um sich greifende Coronavirus« war. Bleibt eine Dengue-Infektion unbehandelt, liegt die Sterblichkeitsrate bei bis zu 20 Prozent, also viel höher als bei COVID-19. In Südamerika infizierten sich laut der *Pan American Health Organization* in den ersten zwei Monaten des Jahres 2020 über 560.000 Menschen neu mit dem Denguevirus. Bereits im Jahr 2019 brach man mit über 3 Millionen Infizierten einen neuen Rekord, auch wenn es dabei »lediglich« zu 1.530 Todesfällen gekommen sein soll. Trotzdem hätte man in Argentinien so viele registrierte Fälle »wie nie in unserer Geschichte zuvor. Natürlich wird diese Zahl noch enorm zunehmen, weil wir mit den Registrierungen hinterherhinken«, zitierte die *Deutsche Welle* die Epidemiologin Laura López im April 2020. Sie wisse auch, dass Dengue in manchen Regionen ausgebrochen sei, aber noch niemand registriert wurde. Brasilien, Bolivien und Paraguay verzeichneten ebenso »historische Rekordwerte bei Dengue«. Die Eindämmung des Denguevirus habe übrigens auch mit dem Verhalten der Menschen zu tun. Es gebe keinen Impfstoff, man könne lediglich die Komplikationen minimieren. Trotzdem gingen die vorhandenen Ressourcen nicht in den Kampf gegen Dengue, sondern in den Kampf gegen Corona.[5/6]

Obwohl sich Dengue also »rasend schnell von Provinz zu Provinz« ausbreitet, macht man in Argentinien bei der Dengue-Prävention »viel zu wenig«, kritisierte die Journalistin Josefina Edelstein. »Vor den ersten Corona-Infektionen hat unser Gesundheitsminister González García noch beteuert, dass Dengue viel gefährlicher als COVID-19 ist. Aber mittlerweile hat man schon das Gefühl, dass die ganze Aufmerksamkeit dem Coronavirus gilt und alle finanziellen Mittel dorthin fließen. [...] Wenn wir sehen, wie Argentinien mit der Ausgangssperre, den gesundheitlichen Empfehlungen und der gesamten Kommunikation über die Medien auf das Coronavirus reagiert hat«, dann solle man mit der Gefahr durch das Denguevirus ebenso umgehen.[6] Stattdessen bemühte man sich in Argentinien, die Corona-App mit diversen sozialen Medien abzugleichen. So hatte sich ein junger Mann auf *Facebook* beschwert, dass der Antrag seiner Familie auf finanzielle Unterstützung abgelehnt wurde, weshalb er nun an Plünderung denke, um nicht zu verhungern. Als Reaktion auf diese Ankündigung holte ihn die Polizei ab und man eröffnete ein Verfahren gegen ihn. Dem Präsidenten hätten seine Worte gar nicht gefallen, soll man ihm immerhin erklärt haben. Der Präsident hält lieber am verpflichtenden Charakter der Corona-App »CuidAR« fest, bei deren Installation auch einige persönliche Daten abgefragt werden. Wegen Armut darf man in Argentinien also offensichtlich sterben, solange man dabei sämtliche Corona-Regeln einhält. Die *Comisión Económica para América Latina y el Caribe,* die für Lateinamerika und die Karibik zuständige Wirtschaftskommission der *United Nations,* ging übrigens davon aus, dass in diesem Teil der Welt durch die Corona-Krise, besser gesagt die Corona-Maßnahmen, bis Ende 2020 weitere 45,4 Millionen Menschen in die Armut getrieben werden.[7/8]

Ein ganz anderes argentinisches Corona-Phänomen spielte sich auf dem Fischkutter »Echizen Maru« ab. Bevor der Kutter für längere Zeit auslaufen sollte, wurde die komplette Besatzung negativ auf das neue Coronavirus getestet. Nach 35 Tagen auf See und ohne jeglichen Kontakt zum Festland entwickelten einige Besatzungsmitglieder Corona-typische Symptome, weshalb das Boot in einem Hafen festmachte. Das Gesundheitsministerium der Provinz Feuerland teilte daraufhin mit, dass 57 der 61 Besatzungsmitglieder nun positiv auf das Coronavirus getestet wurden. Für die Direktorin des Gesundheitsamtes von Feuerland, Alejandra Alfaro, ist es »schwer nachzuvollziehen, wie sich die Besatzung angesteckt hat«. Auch der Chef-Infektiologe im örtlichen Krankenhaus, Leandro Ballatore, sagte, eine Inkubationszeit von dieser Dauer sei bisher in keiner Studie erwähnt worden. Und selbst die argentinische Corona-App konnte in diesem besonderen Fall nichts zur Aufklärung und Nachverfolgung »der Fälle« beitragen.[9]

Doch Argentinien ist nicht das einzige Land mit einer eigenen Corona-App. In Frankreich gehört die App seit Anfang Juni 2020 zur Realität und die Alpenrepublik Österreich hatte die Corona-App schon Ende März 2020 im Überwachungsangebot. Das Besondere an der österreichischen Version: Nicht nur bestätigte COVID-19-Fälle sollen gemeldet werden, sondern auch Verdachtsfälle. In Australien heißt die App »COVIDSafe« und die deutsche Version war ab Mitte Juni 2020 verfügbar. Mit der Entwicklung der deutschen Version wurden *T-System*, ein Tochterunternehmen der *Deutschen Telekom*, und der Softwarekonzern SAP beauftragt. Der Mitgründer von SAP ist übrigens der *CureVac*-Besitzer und subventionierte Milliardär Dietmar Hopp.[10]

»Das Warten hat ein Ende«, schrieb die *Süddeutsche Zeitung* (SZ) zur Einführung der deutschen Kontroll-App. Allerdings, so die SZ, müsse man beachten, dass Länder wie China und Israel auf Tracking setzen, die deutsche Version aber nur auf Tracing. »Der eine Buchstabe macht einen großen Unterschied: Statt Aufenthaltsorte und Bewegungsprofile zu speichern, registriert die deutsche Corona-App lediglich, welche Geräte sich für mindestens 15 Minuten näher als zwei Meter kommen.« Knapp zwei Dutzend Staaten würden schon Warn-Apps gegen das Coronavirus einsetzen. »Am ehesten hilft ein Blick nach Australien und Österreich, wo die Apps bislang keine zentrale Rolle im Kampf gegen die Pandemie einnehmen. Auch die anfangs euphorischen Berichte aus Singapur, dessen App ›Trace Together‹ zwischenzeitlich als Vorbild für Deutschland galt, haben sich nicht bestätigt.«[11]

Und warum dann die Begeisterung? Immerhin hat allein die Entwicklung der deutschen App die Bundesregierung um die 20 Millionen Euro gekostet und es kommen zwischen 2,5 und 3,5 Millionen Euro pro Monat hinzu, damit die App weiterhin läuft. *Der Spiegel* schrieb von 68 Millionen Euro Gesamtkosten, andere Medien von 70 Millionen Euro. Wenige Monate später verschwand die Werbung für die deutsche App genauso abrupt wie die Berichterstattung darüber. Nur die Kosten sind geblieben und das Geld der Steuerzahler wandert seitdem jeden Monat in die Taschen der Konzerne SAP und *T-System*.[12]

Die Freiwilligkeit der App und ein damit verbundenes Diskriminierungsverbot wollte die Bundesregierung gesetzlich dann auch nicht garantieren, sodass eine indirekte App-Pflicht also jederzeit eingeführt werden kann. Etwa als Voraussetzung, um Zug- oder Flugtickets zu buchen. Wegen eines Vertrauensverlusts sind schon im April 2020 einige Partner aus der europäischen Initiative für eine Corona-App ausgestiegen. Kritisiert wurde der Ansatz zur Datenspeicherung. Die Initiative sei nicht offen und transparent genug. Der Schweizer Epidemiologe Marcel Salathé meinte: »Ich kann nicht hinter etwas stehen, von dem ich nicht weiß, wofür es eigentlich steht.« Auch das *Helmholtz-Zentrum für Informationssicherheit*, die italienische *ISI Foundation* und die *Katholieke Universiteit Leuven* verabschiedeten sich von der Initiative, da die Daten an eine zentrale Stelle gehen sollen, der man vertrauen müsse, so Salathé.[13] Angela Merkel wusste bereits Ende April 2020: Es sei »von entscheidender Bedeutung, dass wir genau diese Infektionsketten, und zwar jede einzelne gut nachvollziehen können«. Schließlich treffe die Pandemie »alle, aber nicht alle gleich«. Wir würden »noch lange mit dem Virus leben müssen«, denn letztlich helfe nur ein Impfstoff, die Pandemie zu beenden.[14/15/16]

Es dauerte nicht lange, da verwies Merkels Parteikollege Thomas Röwekamp darauf, dass die Akzeptanz der Corona-Warn-App gesunken sei, und forderte, die App müsse nicht nur weiterentwickelt, sondern von allen Menschen und vom Staat benutzt werden, um Kontakte zu kontrollieren. Wer das nicht tue, müsse Bußgelder zahlen. »Es muss zur Pflicht werden, diese App zu nutzen«, und zwar für jeden, so Röwekamp. Und Röwekamp erhielt Unterstützung: Vor allem Unions-Politiker und die *Bertelsmann*-Gruppe sprachen sich für die Pflicht aus, die App auf jedem Smartphone zu installieren. Bei den zum *Bertelsmann*-Konzern gehörenden Fernsehsendern *n-tv* und *RTL* rechtfertigte Andreas Laukat den Überwachungszwang mit der paradoxen Ansicht: Wer »mit einem tödlichen Virus frei leben« wolle, der müsse »Unfreiheit hinnehmen«. Auch die automatisierte

Namenserfassung durch QR-Codes und ein Kontakttagebuch sollen mit einem geplanten Update eingeführt werden, wie schon Christian Drosten »dringend« empfahl. Interessant ist in diesem Zusammenhang, dass ausgerechnet der Pharmakonzern *GlaxoSmithKline* seine Mitarbeiter in Großbritannien anwies, die staatliche Corona-App während der Arbeitszeit auszuschalten. Aus Sicherheitsgründen. Denn es gebe an den Unternehmensstandorten ja »strenge Schutzmaßnahmen«.[17/18]

Die deutsche Version soll, so hieß es offiziell, vergleichsweise transparent sein, ein Zugriff von Behörden auf persönliche Daten angeblich nicht möglich. Der *stern* schrieb am 23. April 2020 allerdings: Obwohl 300 Experten einer zentralen Datenspeicherung in einem offenen Brief widersprachen, habe sich der deutsche Gesundheitsminister Jens Spahn »nun für einen umstrittenen« Ansatz, eine »zentrale Speicherung«, entschieden.[19] Außerdem greife auch die deutsche App auf eine von *Apple* und *Google* für die nationalen Corona-Apps entwickelte Schnittstelle zurück, die wiederum weder quelloffen noch transparent sei. IT-Experten wollen nachgewiesen haben, dass externe Angreifer detaillierte Bewegungsprofile der vermeintlich infizierten Nutzer erstellen und Kontaktinformationen manipulieren könnten. Nutzern, die eine Warnmeldung erhielten, empfehle die Corona-App, sich vorsichtshalber und auf Verdacht in Quarantäne zu begeben. Eine Krankschreibung stelle die App aber nicht aus, das müsse ein Arzt machen. Und dafür seien wohl ein positiver Corona-Test oder zumindest ein paar Krankheitssymptome nötig.[20]

Wenige Wochen nach Einführung der deutschen App gab sogar SAP zu, dass die Software nicht richtig funktionieren soll.[21] Auch sonst bleiben noch ein paar Fragen offen. Wie ist sichergestellt, dass die in der App angezeigten Daten von Personen mit einem positiven Corona-Test stimmen und das System nicht getrollt wird? Oder: Wer hat alles Zugriff auf die vielen gesammelten Informationen? Nur die Gesundheitsbehörden? Die Betreiber und die Polizei? Der Geheimdienst oder US-Konzerne? Womöglich alle?

Die *NachDenkSeiten* dazu: »Halten wir fest: Die App bringt nur dann etwas, wenn man sich längere Zeit abseits von protokollierten Lokalitäten wie Restaurants oder der Bahn in unmittelbarer Nähe einer der handverlesenen Personen aufhält, die infektiös, aber noch nicht in Quarantäne sind und gleichzeitig ebenfalls die App benutzen. Ein Mathematiker hätte sicher Freude, hier eine Wahrscheinlichkeit auszurechnen. Die Gefahr, vom Blitz getroffen zu werden, dürfte höher sein. [...] Die App ist vor allem eins – ein riesiges soziales Experiment. Wie viele Bürger können mit medialer Schützenhilfe und einem Angstszenario dazu getrieben werden, sich eine von der Regierung projektierte App auf ihrem Smartphone zu installieren? Im ›Erfolgsfall‹ wird es sicherlich nicht bei der vergleichsweise harmlosen Corona-App bleiben. Wenn die Regierung merkt, dass die Bürger unter bestimmten Rahmenbedingungen sich freiwillig per App selbst kontrollieren, wird dies nur der Startschuss für weitere Projekte sein.«[22]

Alles Blödsinn? Nicht in Indien. Dort haben Millionen Menschen schon jetzt gar keine andere Wahl, als die Tracking-App »Aarogya Setu« – was auf Hindu eine Brücke zur Gesundheit heißt – herunterzuladen, wenn sie ihren Job behalten oder Strafen vermeiden wollen. An manchen Orten wie in der nordindischen Stadt Noida müssen Menschen nicht nur mit Geldstrafen, sondern mit Gefängnis rechnen, wenn sie die App nicht nutzen, berichtete das Magazin *Technology Review* des *Massachusetts Institute of Technology* (MIT) am 7. Mai 2020. Und, so das MIT-Magazin, die indische Corona-App ginge sogar weit über das hinaus, was die meisten anderen Länder aufbauen. Nicht nur die Kontakte und Orte der Menschen werden mit der App überwacht, sondern jeder Nutzer erhält ein farbcodiertes Abzeichen mit seinem Infektionsrisiko. Da es in Indien kein nationales Datenschutzrecht gibt, sei unklar, wer Zugriff auf die vielen Daten hat. Und ob die App in Zukunft auf neuen Smartphones vorinstalliert oder sogar für Reisen benötigt wird.[23]

Ende September 2020 kündigten SAP und die *Deutsche Telekom* schon an, dass ihre App bald um ein paar kleinere Überwachungsfunktionen ergänzt wird, beispielsweise um Krankheitssymptome abfragen zu können. Außerdem kommuniziert die deutsche App nun mit den Corona-Apps aus Österreich, Tschechien, Dänemark, Estland, Irland, Italien, Lettland, den Niederlanden, Polen und Spanien.

Im Rahmen des EU4Health-Programms hat die Europäische Union zur Digitalisierung der Gesundheit 9,4 Milliarden Euro für die Jahre 2021 bis 2027 zur Seite gelegt. EU4Health sei »eine Vision für eine gesündere Europäische Union« und die Antwort der EU auf COVID-19. Zu den Hauptzielen von EU4Health gehört es, »die Menschen in der EU vor schweren grenzüberschreitenden Gesundheitsgefahren zu schützen«, Gesundheitsgefahren genauer zu überwachen oder die »digitale Umgestaltung der Gesundheitssysteme«. Eine Priorität sei unter anderem »die Erhöhung der Impfquoten«.[24]

Auch die US-amerikanische Seuchenschutzbehörde *Centers for Disease Control and Prevention* (CDC) zeigt sich kreativ und technologiefreundlich. Mit dem Programm V-SAFE sollen Geimpfte durch Textnachrichten und Online-Umfragen in Zukunft auf eventuelle Gesundheitsprobleme oder eben Impf-Nebenwirkungen überwacht werden. »V-Safe ist ein neues Smartphone-basiertes aktives Überwachungsprogramm für COVID-19«, verriet der stellvertretende Direktor des CDC-Büros für Immunisierungssicherheit, Tom Shimabukuro, bei einem Treffen der *US Food and Drug Administration* (FDA) im Oktober 2020. Amesh Adalja, der leitende Wissenschaftler des Zentrums für Gesundheitssicherheit der *Johns Hopkins University*, ergänzte zur Kontrolle von Nebenwirkungen bei Geimpften: Vermutlich werde das Programm »eine Möglichkeit sein, Impfstoffempfänger in Echtzeit zu überwachen«.[25]

Die Corona-Krise soll die gesamte Menschheit in eine neue Zeit mit Internetzensur und Totalüberwachung führen, so ein Bericht der US-Organisation *Freedom House*. Die Regierungen in aller Welt hätten die Pandemie als Vorwand zur Einschränkung und Missachtung von Rechten genutzt. Die Autoren des Berichts warnen, dass man die vielen Apps, die weltweit im Einsatz sind, zur Überwachung missbrauchen kann. Anforderungen zum Datenschutz seien bei der Entwicklung nicht beachtet und die meisten Quelltexte auch nicht einsehbar. In Indien, wo die App 50 Millionen Mal installiert wurde, sendet die App »Aarogya Setu« beispielsweise Bluetooth- und GPS-Daten der Nutzer direkt an Regierungsserver. In Moskau müssten Bürger Selfies an Behörden schicken, um zu beweisen, dass sie in Quarantäne sind, und Singapur habe Migranten verpflichtet, Kontakt-Tracing-Apps zu nutzen. Weitere negative Beispiele seien die Apps in Bahrain und der Türkei. In mindestens 30 von 65 untersuchten Ländern überwachen Regierungen ihre Bürger in Zusammenarbeit mit Mobilfunkanbietern, etwa in Südkorea. In mindestens 28 Ländern hätten Regierungen kritische Berichte zu COVID-19 blockiert, unterdrückt oder zensiert und in 45 Ländern (knapp 70 Prozent) wurden »Journalisten oder ganz normale Bürger festgenommen oder angeklagt, weil sie sich online zu COVID-19 geäußert haben« oder falsche Informationen verbreitet hätten, die, so der Vorwand, »die öffentliche Ordnung gefährden könnten«. Auch die USA zögen ihre »digitalen Grenzen« immer höher. Am drakonischsten ginge es insgesamt noch in China zu, so *Freedom House*. Adrian Shahbaz, ein Co-Autor der Studie: »Im Rückblick werden wir COVID-19 genau wie den 11. September 2001 als Zeitpunkt sehen, an dem Regierungen neue, aufdringliche Mittel zur Kontrolle ihrer Bürger dazugewonnen haben.«[26]

Und was machen *Google* und *Apple*? Die beiden US-Konzerne, eigentlich IT-Konkurrenten, planen gemeinsam, eine entsprechende Verfolgungsfunktion direkt in ihren Betriebssystemen Android (*Google*) und iOS (*Apple*) zu integrieren. Mit dieser zusammen entwickelten Technologie hätten *Google* und *Apple* allerdings das Potenzial, rund ein Drittel der gesamten Weltbevölkerung zu überwachen. So hieß es im August 2020: Eine neue Funktion in Android und iOS soll die Corona-Kontaktverfolgung künftig direkt über das Betriebssystem mit einem Softwareupdate ermöglichen, ohne App. Die Europäische Union arbeite schon seit Monaten an einer technischen Lösung, um die auf den Grundlagen von *Google* und *Apple* beruhenden Corona-Apps einzelner Länder »interoperabel« zu machen.[27/28] Auch die *Rockefeller Foundation* wünscht längst eine multipolare IT-Welt mit US-Dominanz und philanthropischen Stiftungen als Teil der US-Politik. In Zukunft werden sich Technologien ausbreiten, die anormales Verhalten oder antisoziale Absichten auf öffentlichen Plätzen erkennen können, wie es bei »Lock Step« hieß. Und was ein anomales oder antisoziales Verhalten ist, legen Regierungen, Oligarchen, Stiftungen und Medien fest. Womöglich gehört schon bald dazu, ohne Maske durch eine Straße zu laufen.

Für die *Rockefeller*-Logen in der Pyramide des kapitalistischen Systems – »we rule you, we fool you, we shoot at you«, also wir herrschen, wir täuschen, wir schießen auf euch – läuft anscheinend alles nach Plan. Das zeigt auch das Beispiel Estland, ein echter Vorreiter in Sachen digitaler Überwachung. Als erstes Land in Europa testete das kleine Land im Baltikum in der Corona-Pandemie einen digitalen Immunitätsausweis, um den Bürgern eine angeblich sichere Rückkehr an ihren Arbeitsplatz zu ermöglichen. Das Programm erhielt den Namen *Back to Work*, also »Zurück zur Arbeit«.[29]

»Chile war bislang das einzige Land, das ein offizielles Immunitätspasssystem eingeführt hat.« Und andere Europäer planen, beispielsweise die Briten, »Gesundheitspässe« mit biometrischer Gesichtserkennung, um nachweisen zu können, welche Arbeiter schon eine COVID-19-Erkrankung hatten.[30] Auch die deutsche Regierung traf Vorbereitungen für einen Corona-Immunitätsausweis. Das Kabinett beschloss einen entsprechenden Gesetzentwurf. Voraussetzung für die Einführung eines solchen Dokuments seien allerdings wissenschaftliche Beweise, dass sich Menschen nach einer Corona-Erkrankung nicht wieder anstecken können, wie die *Süddeutsche Zeitung* am 29. April 2020 schrieb. Da diese bislang nicht vorliegen, handele es sich bei dem Gesetz zunächst nur um eine »vorsorgliche Regelung«. Weiter hieß es: »Sollte man zu der Erkenntnis kommen, dass Menschen nach einer Erkrankung immun seien, würde ein Immunitätsdokument aber ›an vielerlei Stellen‹ die Dinge erleichtern, sagte Spahn. Es sei eine ›Chance‹, dass Bürger ›unbeschwerter‹ bestimmten Tätigkeiten nachgehen könnten. Wie weitreichend diese Konsequenzen sein könnten, zeigt eine weitere Passage in dem Beschluss. Sie bezieht sich auf das Infektionsschutzgesetz, mit dem der Staat Menschen, die ansteckend oder auch nur ›krankheitsverdächtig‹ sind, dazu verpflichten kann, in Quarantäne zu gehen oder ›bestimmte Orte oder öffentliche Orte nicht oder nur unter bestimmten Bedingungen zu betreten‹. Künftig soll es möglich sein, in diesem Fall den Immunitätspass vorzulegen, um eine Ausnahmegenehmigung zu bekommen. Angesichts der weitreichenden Kontaktverbote zur Eindämmung der Pandemie in den vergangenen Monaten könnte dies ein Hinweis darauf sein, dass ein Ausweis künftig Sonderrechte mit sich bringen könnte.«[31] Wenige Tage später hieß es dann: Spahn stoppt seine Pläne für einen Immunitätsausweis nach Protesten vorerst. Es dürfe keine Zweiklassengesellschaft von Infizierten und Nichtinfizierten geben. Am 14. Mai 2020 war »vorerst« aber schon wieder passé. Die *Tagesschau* schrieb: »Spahn will trotz der anhaltenden Kritik [...] nun doch weiter die Einführung eines Immunitätsausweis prüfen.«[32/33] Sollte das Vorhaben also umgesetzt werden, so stellt sich nur noch die Frage: Wer braucht schon Grund- und Menschenrechte, wenn man das neue Apartheidsdokument in Händen hält?

Um die Kontrolle in der Corona-Krise nicht zu verlieren, teilte dann auch der bayerische Ministerpräsident Markus Söder seine Einstellung unmissverständlich mit: »Für eine Impfpflicht wäre ich sehr offen.« Söder möchte Ärzten, die nicht gegen Corona impfen wollen, die Zulassung entziehen, und schätzt, dass es nicht einfach werde, für einen Corona-Impfstoff zu werben. Da sei noch einige Arbeit und Propaganda zu leisten, also die systematische Verbreitung politischer und weltanschaulicher Meinungen mit dem Ziel, das Bewusstsein der Öffentlichkeit in bestimmter Weise zu beeinflussen. Und, so Söder auf der Veranstaltung Health Lab by Burda: »Da ja nicht alle sich impfen werden, alle impfen lassen können, bleibt das mit den Abstandsregeln und der Maske, glaube ich, noch länger erhalten, als wir denken.« Wer die Kompetenz des autoritären Maskenfans Söder allerdings infrage stellen sollte, so wie der Leiter des Gesundheitsamtes Aichach-Friedberg, Friedrich Pürner, ein Arzt und Epidemiologe, wird strafversetzt. In einem Gespräch mit dem Münchner Merkur erklärte Pürner nämlich, dass er nichts von Masken an Grundschulen halte, da sie nicht wirksam seien, die Schutzwirkung nicht nachgewiesen sei und »eine Gesellschaft Diskurs aushalten muss – auch Markus Söder«. Außerdem, so Pürner, der einen Betrieb mit knapp 600 Mitarbeitern nicht schließen wollte, nachdem gesunde Mitarbeiter ohne Symptome positiv getestet wurden und der Betrieb »ein extrem gutes Hygienekonzept« hatte, sei »das ganze Leben ein Risiko und in der Medizin gibt es keine hundertprozentige Sicherheit«.[34/35/36/37/38]

Die Corona-Apps haben wie die Masken, Schließungen, Abstandsregeln und sonstige Verbote kein Stück dazu beigetragen, weitere Lockdown- und Bevormundungs-Orgien zu verhindern. Dafür sehen etliche Wissenschaftler ihren Einsatz als problematisch an. So drohe der Menschheit die totale Überwachung, mahnt Yuval Harari, israelischer Historiker und Bestsellerautor. Es sei denkbar, dass sich die Gesellschaft wegen des technologischen Fortschritts in wenige reiche Privilegierte und eine riesige »nutzlose Kaste« von Menschen spalte, die im Lauf der Geschichte irgendwann verschwänden. Im schlimmsten Fall erinnere man sich in 50 Jahren daran, dass im Jahr 2020 die allgegenwärtige Überwachung durch den Staat mithilfe der Digitalisierung begann. Eine 24-Stunden-Kontrolle sei kein Problem mehr. Heute sei man in der Lage, die perfekte Diktatur zu errichten, schlimmer als alle bisherigen. Kameras, Mikrofone oder Sensoren machten Spione überflüssig. Die Auswertung der Daten könne eine Künstliche Intelligenz (KI) übernehmen, die noch zusätzlich berechne, wie sich ein Überwachter in Zukunft wahrscheinlich verhalten werde. Hariri: »Nicht die Schimpansen oder andere Spezies kontrollieren diese Welt, sondern wir. Und zwar deshalb, weil wir in viel größerer Zahl zusammenarbeiten können als andere. Aus diesem Grund waren wir in der Lage, Kathedralen zu errichten und Kreuzzüge zu führen. Die Basis für diese Form der Zusammenarbeit sind fiktive Geschichten, und die Religionen sind dafür das beste Beispiel. Sie werden niemals eine Million Schimpansen überzeugen können, gegen andere ›böse‹ Schimpansen am anderen Ende der Welt in einen Heiligen Krieg zu ziehen – mit der vagen Aussicht, im Fall ihres vorzeitigen Ablebens im Himmel einen Haufen Bananen zu erhalten. Bei uns Menschen ist das anders. Wir erfinden Geschichten, und wir setzen sie ein, um andere Menschen an uns zu binden und von unseren Ideen zu überzeugen.«[39]

---

1 apps.who.int/iris/bitstream/handle/10665/329438/9789241516839-eng.pdf#page=9
2 www.augsburger-allgemeine.de/politik/Die-Polizei-ermittelt-mit-Corona-Gaestedaten-aus-Restaurants-id57698221.html?fbclid=IwAR0cPBPfty2B0X4Ipf8CyseVkpKEcnT7-ezYRnsFXTRCvfEr8hWh-u4b5qc
3 www.sueddeutsche.de/bayern/corona-bayern-gaestelisten-polizei-herrmann-1.4971971
4 www.heise.de/tp/features/CuidAR-Argentinien-ueberwacht-mit-einer-App-4720143.html
5 amerika21.de/2020/03/238213/dengue-lateinamerika-pandemie-corona
6 www.dw.com/de/lateinamerika-zwischen-corona-und-dengue/a-53273294
7 www.heise.de/tp/features/CuidAR-Argentinien-ueberwacht-mit-einer-App-4720143.html
kurier.at/wissen/gesundheit/seeleute-nach-35-tagen-auf-hoher-see-ploetzlich-an-COVID-19-erkrankt/4009709488
8 www.cepal.org/es/publicaciones/45782-enfrentar-efectos-cada-vez-mayores-COVID-19-reactivacion-igualdad-nuevas
9 kurier.at/wissen/gesundheit/seeleute-nach-35-tagen-auf-hoher-see-ploetzlich-an-COVID-19-erkrankt/400970948

VORDERGRÜNDE

10 deutsch.rt.com/inland/103248-corona-warn-app-soll-in-ab-n%C3%A4chste-woche-kommen-werbekampagne-geplant/
www.spiegel.de/netzwelt/apps/corona-warn-app-wie-erklaeren-sich-die-gesamtkosten-von-68-millionen-euro-a-56b5abe1-e0a6-4b1c-9177-9066df3d9b14

11 www.sueddeutsche.de/digital/corona-app-covid-fragen-antworten-download-1.4934724
www.nachdenkseiten.de/?p=62113

12 www.spiegel.de/netzwelt/apps/corona-warn-app-wie-erklaeren-sich-die-gesamtkosten-von-68-millionen-euro-a-56b5abe1-e0a6-4b1c-9177-9066df3d9b14

13 www.faz.net/aktuell/politik/inland/datenspeicherung-offener-streit-bei-projekt-fuer-corona-app-16732590.html%3Fxing_share=news

14 www.bundeskanzlerin.de/bkin-de/aktuelles/pressekonferenz-von-bundeskanzlerin-merkel-1745362

15 www.sueddeutsche.de/politik/coronavirus-ostern-lockerungen-1.4873405

16 www.bundesregierung.de/breg-de/themen/coronavirus/regierungserklaerung-merkel-1746362

17 www.heise.de/tp/features/Pflicht-zur-Installation-der-Corona-App-4948017.html

18 www.cnbc.com/2020/10/07/glaxosmithkline-tells-staff-to-turn-off-contact-tracing-app-at-work.html#close

19 www.stern.de/digital/smartphones/pepp-pt–spahn-entscheidet-sich-fuer-umstrittene-corona-app-9235748.html

20 www.trendsderzukunft.de/corona-app-wissenschaftler-decken-sicherheitsrisiken-auf/

21 www.tagesschau.de/investigativ/corona-warn-app-113.html

22 www.nachdenkseiten.de/?p=62113

23 www.technologyreview.com/2020/05/07/1001360/india-aarogya-setu-covid-app-mandatory/

24 ec.europa.eu/health/funding/eu4health_de

25 edition.cnn.com/2020/10/22/health/covid-vaccine-cdc-v-safe-program-bn/index.html

26 www.heise.de/news/Studie-Regierungen-nutzen-Coronakrise-als-Vorwand-fuer-Ueberwachung-und-Zensur-4931353.html?wt_mc=rss.red.ho.ho.rdf.beitrag.beitrag

27 netzpolitik.org/2020/update-bei-google-und-apple-kontaktverfolgung-soll-bald-auch-ohne-app-klappen/#vorschaltbanner

28 www.bloomberg.com/news/articles/2020-04-10/apple-google-bring-COVID-19-contact-tracing-to-3-billion-people

29 deutsch.rt.com/europa/102721-estland-testet-digitalen-immunitatsausweis-an/

30 www.theguardian.com/world/2020/apr/25/who-warns-against-coronavirus-immunity-passports

31 www.sueddeutsche.de/politik/coronavirus-immunitaetsausweis-regierung-1.4892945

32. www.handelsblatt.com/politik/deutschland/kampf-gegen-corona-spahn-stoppt-plaene-fuer-immunitaetsausweis-nach-protesten/25801000.html?ticket=ST-1400398-Fa2QKP6jaSt4bI36Mv5h-ap1
33. www.tagesschau.de/faktenfinder/immunitaetsnachweis-zwangsimpfung-101.html
34. www.pnp.de/nachrichten/bayern/Soeder-ist-fuer-bundesweite-Impfpflicht-gegen-das-Coronavirus-aus-3666639.html
35. www.presse.online/2020/07/07/soeder-will-aerzten-die-zulassung-entziehen-wenn-sie-nicht-impfen/
36. www.focus.de/gesundheit/news/health-lab-by-burda-soeder-mahnt-abstandsregeln-und-maske-bleiben-noch-laenger-erhalten-als-wir-denken_id_12496189.html
37. www.merkur.de/bayern/corona-bayern-soeder-kritik-friedrich-puerner-gesundheitsamt-strafe-strategie-maske-zr-13922061.html
38. www.nachdenkseiten.de/?p=67766
39. corona-transition.org/es-droht-die-totale-uberwachung

22

IN VACCINES WE TRUST

»Wer nichts weiß, muss alles glauben.«
MARIE VON EBNER-ESCHENBACH

Schon lange bevor die WHO die Corona-Pandemie ausrief, hatte die Europäische Kommission eine sogenannte »Roadmap on Vaccination« parat. Dieser »Fahrplan zur Impfung« soll bis zum Jahr 2022 zu einem gemeinsamen Impfausweis für Bürger der Europäischen Union führen.[1] Die *Tagesschau* schreibt in ihrem für die EU-Pläne werbenden »Faktenfinder«: Es handelt sich dabei »nicht um eine Reaktion auf die aktuelle Corona-Pandemie, sondern um eine Initiative gegen vermeidbare Krankheiten, die bereits 2018 vom Rat der Europäischen Union ins Leben gerufen worden war. [...] Eines der Ziele für das Jahr 2022 ist, Voraussetzungen für einen einheitlichen Impfpass zu schaffen, der einen grenzübergreifenden elektronischen Austausch ermöglicht. [...] Verpflichtende Impfungen sind in dem Papier nicht erwähnt. Ein digitaler Impfpass mit sicherer und zentraler Speicherung der Impfdaten wird übrigens auch schon seit Jahren von deutschen Ärzteverbänden gefordert. [...] Bisher gibt es diesen jedoch nur auf freiwilliger Basis.«[2] Am 12. September 2019 wurden die EU-Pläne zusammen mit der WHO und 400 ausgesuchten hochrangigen Teilnehmern aus internationaler Politik, der Wissenschaft und ziviler sowie philanthropischer Organisationen wie der *Bill & Melinda Gates Foundation* auf einem »Impfgipfel« diskutiert.

Mit von der Partie beim »Global Vaccination Summit« in Brüssel waren außerdem Vertreter der Pharmabranche. Etwa Seth Berkley von der Impfallianz GAVI und großer Konzerne wie *Pfizer*, *Mozilla* oder Jason Hirsch von *Facebook*, der betonte, wie wichtig die Partnerschaft zwischen IT-Firmen und Gesundheitsexperten sei. *Facebook* würde die Verbreitung von »Falschinformationen über Impfungen« bereits reduzieren, »glaubwürdige« Informationen fördern sowie »Seiten und Gruppen, die wiederholt falsche Informationen über Impfstoffe posten« abwerten oder aus den Empfehlungen entfernen. Auch WHO-Direktor Tedros Adhanom Ghebreyesus meinte bei dem Treffen in Brüssel: »Wenn wir über das Recht auf Gesundheit sprechen, sprechen wir über das Recht auf Impfungen.« Immerhin könnten »Impffehlinformationen« so ansteckend sein wie »Infektionskrankheiten«. Der WHO-Direktor vergleicht also Meinungsfreiheit mit einem Virus, weshalb die WHO mit *Pinterest* und *Facebook* zusammenarbeitet, um Nutzer auf »zuverlässige Informationen« zu lenken. Jean-Claude Juncker, zu dieser Zeit noch Präsident der Europäischen Kommission, sagte, dass Impfskepsis nur an »Desinformationskampagnen« liegen würde, die Kommission dieses Problem aber angehe. »Wir alle haben eine Rolle zu spielen«, so Juncker.[3]

Nun könnte man Ghebreyesus oder Juncker mit Voltaire entgegenhalten: »Mein Herr, ich teile Ihre Meinung nicht, aber ich würde mein Leben dafür einsetzen, dass Sie sie äußern dürfen.« Aber in Brüssel wurden ja nicht die Menschenrechte, sondern nur der bedingungslose Impfwahn gepredigt. Denn laut der WHO, die sich auf eine Eurobarometer-Umfrage aus dem Jahr 2019 bezieht, hat die Impfverweigerung in vielen EU-Mitgliedsstaaten zu- und das Impfvertrauen abgenommen.[4] Das Motto der Veranstaltung lautete übrigens: »In Vaccines we Trust«, im festen Glauben an Impfstoffe. Unter der Überschrift »Zehn Maßnahmen für alle – jeder soll von der Kraft der Impfung profitieren können« beklagte man, dass »trotz der Verfügbarkeit sicherer und wirksamer Impfstoffe mangelnder Zugang, Impfstoffmangel, Fehlinformation, Selbstgefälligkeit gegenüber

Krankheitsrisiken, das abnehmende Vertrauen der Öffentlichkeit in den Wert von Impfstoffen und Desinvestitionen« den weltweiten Impfraten schaden würden.[5] Und was den weltweiten Impfraten schadet, das schadet vor allem den Gewinnaussichten der Pharmaindustrie und ihrer Investoren. Ein kleines Beispiel: Im Juli 2017 schrieb Italien Kindern zwölf Impfungen vor. In der Folgezeit sind die Preise genau dieser Impfstoffe um 62 Prozent gestiegen.[6/7]

Ansonsten fiel die Wortwahl der Impf-Enthusiasten in Brüssel auf. Sie wollen jeden überall schützen und niemanden zurücklassen. Ständig werden alle Europäer vereinnahmt, ohne alle gefragt zu haben, ein typisches Merkmal einer fremdbestimmten Stellvertreterdemokratie.

Zu den zehn Maßnahmen des »Global Vaccination Summit« von Brüssel zählt im Übrigen: Dass die »globale politische Führung und das Engagement für Impfungen« sowie der Aufbau einer »wirksamen Zusammenarbeit und Partnerschaft – auf internationaler, nationaler, regionaler und lokaler Ebene mit Gesundheitsbehörden, Angehörigen der Gesundheitsberufe, der Zivilgesellschaft, Gemeinschaften, Wissenschaftlern und der Industrie«, gefördert werden soll, »um alle Menschen überall durch anhaltend hohe Impfquoten zu schützen«. Man müsse nur »sicherstellen, dass alle Länder nationale Impfstrategien haben und ihre finanzielle Nachhaltigkeit entsprechend den Fortschritten bei der universellen Gesundheitsversorgung umsetzen und stärken, ohne dass jemand zurückbleibt«. Dafür sollen leistungsfähige Überwachungssysteme aufgebaut werden. Außerdem wollen die Europäische Kommission und die WHO eine »Bekämpfung der Ursachen von Impfzögerlichkeit«, eine »Konzeption und Umsetzung evidenzbasierter Interventionen«, eine bessere »Nutzung der Leistungsfähigkeit digitaler Technologien, um die Überwachung der Durchführung von Impfprogrammen zu verstärken«, weitere Investitionen und Anreize für »neue oder verbesserte Impf- und Verabreichungsgeräte« sowie die »Ermächtigung von Angehörigen der Gesundheitsberufe auf allen Ebenen und in den Medien«.

Das wiederum, um »der Öffentlichkeit wirksame [...] Informationen zur Verfügung zu stellen und falsche und irreführende Informationen zu bekämpfen, unter anderem durch die Zusammenarbeit mit Social-Media-Plattformen und Technologieunternehmen«.[5] Mögliche Impfrisiken spielten auf dem Impfgipfel von Brüssel dagegen keine Rolle. Auf die Frage »Sind Impfstoffe sicher?«, hieß es pauschal: »Ja, Impfstoffe sind sicher. Umfangreiche Forschungsarbeiten haben die Wirksamkeit und Unbedenklichkeit von Impfstoffen nachgewiesen. Die EU hat sehr strenge Vorschriften für die Marktzulassung von Impfstoffen. Durchschnittlich dauert es 12 bis 15 Jahre, einschließlich umfangreicher klinischer Studien, bis ein Impfstoff entwickelt ist.«[8] Bei Corona waren es dann keine zwölf Monate bis zur Verabreichung eines neuen Impfstoffs. Unerwähnt bleibt besser auch, dass allein das *National Vaccine Injury Compensation Program* (VICP) der US-Regierung von 1988 bis 2018 4,4 Milliarden US-Dollar an Impfentschädigungen gezahlt hat, wobei allein über 3,7 Milliarden US-Dollar seit 2006 angefallen sind. In diesen 30 Jahren wurden 22.685 Petitionen beim VICP eingereicht, 19.403 angenommen und 7.705 für »entschädigungsfähig empfunden«, so die US-Behörde *Health Resource and Service Administration*.[9]

Dafür hat die europäische Agentur für IT-Großsysteme (eu-LISA), eine Agentur der Europäischen Union mit Sitz in Estland, ein französisches Konsortium damit beauftragt, ein System für den Abgleich biometrischer Daten zu erstellen. Das Volumen dieses Auftrags umfasst 300 Millionen Euro. Spätestens bis zum Jahr 2022 soll das sogenannte *Shared Biometrics Matching System* (SBMS) eine Datenbank von »über 400 Millionen Personen aus Drittstaaten samt Fingerabdrücken und digitaler Gesichtsbilder für die automatische Erkennung enthalten«, womit SBMS eine der weltweit größten biometrischen Datenbanken wird.[10] Und das neue Coronavirus dient als willkommene Begründung zur bedingungslosen Umsetzung des Impf- und Überwachungspaktes. Der Impfkurs von Brüssel führt wie die Pandemie-Planspiele der *Rockefeller Foundation*, des

Robert Koch-Instituts, der *Johns Hokpins University,* der *Bill & Melinda Gates Foundation* und des *World Economic Forums* also in ein und dieselbe Richtung. Und an diese Richtung wollte WHO-Direktor Tedros Adhanom Ghebreyesus aus der Genfer Zentrale im Sommer 2020 noch mal kurz erinnern: Kein Land könne einfach so tun, »als sei die Pandemie vorbei«. Wann eine Pandemie endet, bestimmt die WHO.[11]

Für die bevorstehenden COVID-19-Impfungen sollten die gewünschten Massen am besten freiwillig, mit einem Hurra in die großen Impfarenen strömen. Allerdings ist »auch die Impfbereitschaft gegen das Coronavirus in Europa in den vergangenen Monaten gesunken«, wie *Medscape* am 15. Juli 2020 schrieb.[12] Und der Trend hielt trotz einer massiven Corona-Berichterstattung an. In der Schweiz würden sich Anfang November 2020 sogar nur um die 16 Prozent der Bevölkerung gegen SARS-CoV-2 sofort impfen lassen und in Österreich meldete *Die Presse* am 16. Dezember 2020: Die Impfbereitschaft sei »massiv abgefallen«, »das Vertrauen der Menschen in die Maßnahmen der Bundesregierung« ebenso. »Kurz vor der Zulassung von Corona-Impfstoffen« möchte sich aktuell nur jeder Fünfte »sicher immunisieren« und jeder Vierte »zumindest wahrscheinlich« impfen lassen.[13/14] Auch die *Ärztezeitung* schrieb am 11. Dezember 2020: »In naher Zukunft wird wohl die erste Corona-Impfung in der EU zugelassen, Impfzentren eingerichtet. Aber was, wenn sich nicht genug impfen lassen? Laut einer Umfrage sinkt die Impfbereitschaft gegen COVID-19 stetig. Und: Gesundheitsberufe reißen sich noch weniger um eine Impfung.« Die Bereitschaft, sich impfen zu lassen, habe »Anfang Dezember mit 50 Prozent einen neuen Tiefstand« in Deutschland erreicht.[15]

Allerdings ist der Impfzwang in Deutschland fast schon da, und zwar durch eine Änderung des Infektionsschutzgesetzes (IfSG). Genauer gesagt ermöglicht das IfSG-Entschädigungsrecht, Betretungsverbote, Berufsverbote und Absonderungen zu verhängen, ohne dass dies Schadensersatz auslöst. Konkret erhält laut IfSG keine Entschädigung, »wer durch Inanspruchnahme einer Schutzimpfung oder anderer Maßnahmen der spezifischen Prophylaxe, die gesetzlich vorgeschrieben ist oder im Bereich des gewöhnlichen Aufenthaltsorts des Betroffenen öffentlich empfohlen wurde, ein Verbot in der Ausübung seiner bisherigen Tätigkeit oder eine Absonderung hätte vermeiden können«.[16/17]

Vorsorglich hat die Ständige Impfkommission am *Robert Koch-Institut* schon einmal berechnet, dass für die Corona-Massenimpfung der deutschen Bevölkerung 160 Millionen Impfdosen nötig sind, wie *Die Zeit* Anfang Oktober 2020 schrieb. Die meisten Impfstoffe, »die im Moment in der Entwicklung sind«, bräuchten nämlich zwei Dosen.[18] Es war dann auch ein Parteikollege von Bundeskanzlerin Angela Merkel, der forderte, dass die Bundeskanzlerin und Regierungsmitglieder mit als Erste geimpft werden müssten. In der Krise könne man es sich einfach nicht leisten, dass das »Krisenmanagement« wichtiger Personen beeinträchtigt werde, so der Bundestagsabgeordnete Thomas Heilmann.[19]

Wie praktisch, dass drei Autoren des renommierten *New England Journal of Medicine* (NEJM) bereits einen Plan für alle Staaten zur Zwangsimpfung parat haben. Voraussetzung sei allerdings, dass COVID-19 für den Staat eine »anhaltende Bedrohung« darstelle. Das lässt sich machen. Die Bedrohung könnte durch »anhaltende beunruhigende Trends bei Neuerkrankungen, Krankenhausaufenthalten oder Todesfällen« nachgewiesen werden. Die Autoren empfehlen den Regierungen, die Impfung vorerst freiwillig anzubieten und, wenn sich die »auf wenige Wochen« zu begrenzende Freiwilligkeit als »erfolglos« erweise, eine Impfpflicht einzuführen. Sie schlagen auch ein »großzügiges Entschädigungsprogramm für Menschen mit schweren Impfnebenwirkungen« vor. Die staatlichen Entscheidungsträger müssten aber »öffentliches Vertrauen« aufbauen, um nicht den »Verdacht zu wecken, dass hinter den Vorschlägen«, also der Einführung einer Impfpflicht, Profitinteressen steckten. »Impfhersteller sollten an der Seitenlinie bleiben«, so die Autoren.[20]

The Defender – Children's Health Defense schreibt, es sei bezeichnend, »dass alle drei Autoren mit der Gates-Stiftung in Verbindung gebracht werden können – dem »größten Geldgeber von Impfstoffen der Welt«. Die führende Autorin Michelle Mello stammt von der *Stanford University*, die im Jahr 2020 von der Gates-Stiftung 2,7 Millionen US-Dollar erhalten hat. Co-Autor Ross Silverman kommt von der *Indiana University*, die von der Gates-Stiftung 3,4 Millionen US-Dollar im Jahr 2020 bekam. Am auffälligsten sei aber womöglich die Verbindung des dritten Autors, Saad Omer, Direktor des *Yale Institute for Global Health*. Denn: »Omers private Forschungsgruppe wird sowohl von der Gates-Stiftung als auch von der *Global Alliance for Vaccines and Immunization*«, also von GAVI finanziert, deren größter privater Geldgeber wiederum die *Bill & Melinda Gates Foundation* ist. Der Artikel im NEJM sei zudem eine erschreckende Blaupause eines Pharmamandats, um Millionen Menschen zu »einem riskanten medizinischen Verfahren mit schlecht getesteten, unwirksamen Null-Haftung-Impfstoffen zu unterziehen«, wie der impfkritische Rechtsanwalt Robert Kennedy junior, Vorsitzender von *Children's Health Defense* sagt. Der NEJM-Artikel habe die Warnung der früheren Herausgeberin und Dozentin der *Harvard Medical School*, Marcia Angell, erneut bestätigt, wonach sich die renommierte Fachzeitschrift zu einem Propagandaschiff von Big Pharma entwickelt habe.[21]

---

1 ec.europa.eu/health/sites/health/files/vaccination/docs/2019-2022_roadmap_en.pdf

2 www.tagesschau.de/faktenfinder/immunitaetsnachweis-zwangsimpfung-101.html

3 ec.europa.eu/health/sites/health/files/vaccination/docs/ev_20190912_mi_en.pdf

4 www.who.int/news-room/detail/12-09-2019-vaccination-european-commission-and-world-health-organization-join-forces-to-promote-the-benefits-of-vaccines

5 ec.europa.eu/health/sites/health/files/vaccination/docs/10actions_en.pdf

6 www.bbc.com/news/world-europe-39983799

7 www.laverita.info/dopo-lobbligo-i-vaccini-costano-il-62-in-piu-2626188778.html

8 ec.europa.eu/commission/presscorner/detail/en/qanda_19_5538
9 www.hrsa.gov/sites/default/files/hrsa/vaccine-compensation/data/data-statistics-report.pdf
10 www.heise.de/news/EU-Franzoesisches-Konsortium-soll-Basis-fuer-Biometrie-Superdatenbank-bauen-4776235.html
11 www.voanews.com/COVID-19-pandemic/world-cant-pretend-pandemic-over-who-chief-says
12 deutsch.medscape.com/artikelansicht/4909080
13 www.srf.ch/news/schweiz/corona-pandemie-nur-16-prozent-wollen-sich-sofort-impfen-lassen
14 www.diepresse.com/5912164/umfrage-impfbereitschaft-der-osterreicher-nimmt-ab
15 www.aerztezeitung.de/Politik/Immer-weniger-wollen-sich-gegen-Corona-impfen-lassen-415504.html
16 www.buzer.de/gesetz/2148/al115566-0.htm
17 corona-transition.org/der-impfzwang-in-deutschland-ist-fast-schon-da
18 www.zeit.de/zustimmung?url=https%3A%2F%2Fwww.zeit.de%2Fwissen%2Fgesundheit%2F2020-10%2Fcorona-pandemie-impfkommission-impfstoff-zulassung-verfuegbarkeit-warnung-erwartungen-stiko
19 de.rt.com/inland/110737-cdu-abgeordneter-fordert-merkel-soll/
20 www.nejm.org/doi/full/10.1056/NEJMp2020926#article_introduction
21 childrenshealthdefense.org/news/new-england-journal-of-medicine-mandate-covid-vaccines/

㉓ NEUNZEHNHUNDERTWANN?

»Freiheit nur für die Anhänger der Regierung, nur für Mitglieder einer Partei – mögen sie noch so zahlreich sein – ist keine Freiheit. Freiheit ist immer Freiheit der Andersdenkenden.«

ROSA LUXEMBURG

Viren begleiten den Menschen seit Urzeiten. Die Schweizer *Weltwoche* schrieb dazu: »Es gibt mehr von ihnen als Sterne im All, sie befallen jeden Organismus, sie sind die erfolgreichste Spezies auf Erden. Doch Viren sind nicht nur Killer. Sie regieren die Welt – im Guten wie im Schlechten.«[1] Apropos Weltregierung: Eine nicht gewählte und temporäre Weltregierung geisterte auch dem ehemaligen britischen Premierminister Gordon Brown durch den Kopf, um die medizinische und wirtschaftliche Corona-Krise zu bewältigen. Diese globale »Taskforce« müsse aus führenden Politikern, Gesundheitsexperten und internationalen Organisationen bestehen wie den *United Nations* in New York und der *World Bank*, dem *International Monetary Fund* (IMF), die dafür mehr finanzielle Feuerkraft bräuchten. Ähnlich wie der IMF wenige Tage zuvor forderte Brown, gemeinsam einen Impfstoff zu entwickeln, zu produzieren und zu vertreiben sowie die Aktionen der Zentralbanken weltweit zu koordinieren. Wäre er noch im Amt, würde er sich jetzt dafür einsetzen, so Brown.² Brown war übrigens einer jener Staats- und Regierungschefs, die sich in der globalen Finanzkrise des Jahres 2008 dafür starkmachten, das Bankensystem mithilfe von Steuergeldern zu retten. Durch die Corona-Krise ist das globale Finanzsystem nun wieder akut gefährdet, etwa wegen drohender Kreditausfälle durch zahlreiche Pleite- und Kündigungswellen oder den massiven Verkauf von Vermögenswerten und Aktien durch Fondsgesellschaften, also durch sogenannte Schattenbanken. Darauf wies die Chefökonomin des IMF, Gita Gopinath, hin. Besonders kleine und mittlere Unternehmen verschulden sich weiter, aber auch Staaten. Quarantäne und soziale Distanzierung wären laut IMF zwar das richtige Rezept gegen COVID-19, aber das genaue Gegenteil sei erforderlich, »um den wirtschaftlichen Schmerz des Virus relativ kurzlebig zu machen«.³/⁴

Die Corona-Pandemie entwickelt sich insgesamt zu einer riesengroßen Orgie aus Wellen, zu einer Welle des menschlichen Leids, einer Pleitewelle, zu einer Welle des Widerstands und vor allem zu einer Diffamierungswelle. Der Meinungskorridor wurde so sehr beschnitten, dass darin nur noch das offizielle Corona-Narrativ Platz hat. Die Gleichschaltung der Leitmedien und ihre Zusammenarbeit mit den Regierenden sind und bleiben aber auch in Corona-Zeiten nichts als plumpe Hofberichterstattung und Propaganda. Zur Erinnerung: Die Empfehlung nach »Event 201« lautete, »dafür Sorge zu tragen, dass verbindliche Botschaften vorrangig und falsche Botschaften unterdrückt werden, auch durch den Einsatz von Technologien«. Im Bericht zur Risikoanalyse im Bevölkerungsschutz 2012 wusste man, »nur wenn die Bevölkerung von der Sinnhaftigkeit von Maßnahmen (zum Beispiel Quarantäne) überzeugt« wird, lassen sich diese umsetzen. Bei »Lock Step« warb man sowieso ungeniert für eine neue globale Diktatur ohne hinderliche Individualrechte. Nach dem Impfgipfel von Brüssel sollen zudem Angehörige der Gesundheitsberufe auf allen Ebenen und in den Medien ermächtigt werden, wirksame »Informationen zur Verfügung zu stellen und falsche und irreführende Informationen zu bekämpfen«. Und dann wären da noch die diversen nationalen Schockstrategien. Man muss bei den geforderten Maßnahmen und Strategiepapieren nur die Begriffe »Botschaften und Informationen« durch »Meinungen und Ansichten« ersetzen und schon sollte selbst dem letzten Hinterbänkler klar werden, dass hier ein neues Gesinnungsregime durch eine globale Wahrheitskommission errichtet werden soll.

In der Folge reagierten die Regierungen verschiedener Länder. So hieß es am 19. März 2020 im Ticker der deutschen *Tagesschau*: »Rumäniens Behörden haben erstmals ein Presseorgan wegen der Verbreitung von Fake-News verboten. Innenminister Marcel Vela teilte mit, das Nachrichtenportal *Stiridemoment* habe mehrfach falsche Nachrichten im Zusammenhang mit der Corona-Krise veröffentlicht und werde nun geschlossen. Aufgrund des seit Montag geltenden Notstands dürfen die Behörden in Rumänien auch Grundrechte einschränken, darunter die Pressefreiheit.« Und: »Viele falsche Informationen zur Corona-Krise kommen nach Feststellung der EU-Kommission derzeit aus russischen Quellen. Die Fehlinformationen und Lügen würden unter anderem aus Russland oder von russischen Servern verbreitet sowie von Quellen, die mit dem Kreml zu tun hätten. Wenn Russland von der Europäischen Union (EU) darauf angesprochen werde, distanziere sich der Kreml von diesen Quellen, sagte ein Kommissionssprecher. Die EU stelle jedoch fest, dass die Quellen in Russland säßen oder mit dem Kreml verbunden seien. Der Kreml kritisierte die Vorwürfe der EU als weiteres Zeichen für eine russlandfeindliche Haltung. Es gebe nicht ein konkretes Beispiel und einen Nachweis für diese haltlosen Behauptungen, sagte Kremlsprecher Peskow.« Und weiter: »Das *Robert Koch-Institut* (RKI) will mit anonymisierten Handydaten die Wirkung der massiven Einschränkungen des öffentlichen Lebens in Deutschland im Kampf gegen das Coronavirus prüfen. Anhand der Daten lasse sich feststellen, ob die geforderten Maßnahmen auch eingehalten würden, sagte RKI-Präsident Lothar Wieler. Diese zeigten, ob die

Mobilität der Bevölkerung nachgelassen habe. Wenn die Menschen die Maßnahmen nicht umsetzten, wisse man, warum die Infektionszahlen hoch blieben. Die *Deutsche Telekom* stellt dem RKI kostenlos Daten zur Verfügung.«

Die Tageszeitung, kurz taz, meldete am 17. März 2020: »Niedersachsens Innenminister Boris Pistorius fordert Sanktionen gegen die Verbreitung von Fake News« und »die Bundesregierung solle aktiv werden, drängte Pistorius«. Denn: »Falschinformationen könnten zu Panik führen oder lebensgefährliches Verhalten fördern, so Pistorius. ›Es muss verboten werden, öffentlich unwahre Behauptungen über die Versorgungslage der Bevölkerung, die medizinische Versorgung oder Ursache, Ansteckungswege, Diagnose und Therapie von COVID-19 zu verbreiten.‹«[5] Die *Tagesschau* berichtete am 14. Oktober 2020 über einen weiteren Erfolg der allgemeinen Meinungsunterdrückung: »*Facebook* verbietet Anzeigen gegen Impfungen.« Der Internetkonzern schlug sich offiziell auf die Seite von Big Pharma und »will alle Anzeigen auf seinen Seiten verbieten, die sich gegen Impfungen aussprechen. [...] Die Corona-Pandemie zeige, wie wichtig ›vorbeugendes Verhalten‹ zum Schutz der Gesundheit sei, betonte der Konzern. [...] Den Betreibern der großen Onlinenetzwerke wird immer wieder vorgeworfen, Impfgegnern eine weite Verbreitung ihrer Botschaften zu ermöglichen. *Facebook* plant nach eigenen Angaben nun auch eine Kampagne in den USA, in der für Grippe-Impfungen geworben werden soll.«[6]

Die EU-Kommissions-Vizepräsidentin Věra Jourová hatte bereits mit Vertretern der US-Unternehmen *Facebook, Google, Twitter* und *Microsoft* Schritte gegen die Verbreitung von Verschwörungstheorien und Desinformationen rund um den COVID-19-Ausbruch abgestimmt. Das Frühwarnsystem der Europäischen Union gegen Desinformation, also Inhalte im Internet, die nicht den offiziellen Darstellungen entsprechen und als »Fake News« oder schädlich gelten, wurde vorsichtshalber installiert. »Die Betreiber der sozialen Netzwerke und von Suchmaschinen haben der Kommission zufolge bestätigt, dass sie auf Basis eines im September 2018 unterzeichneten Verhaltenskodex gegen Desinformation ›verschiedene Arten‹ Falschmeldungen entdeckt haben und eingeschritten sind«, schrieb *Heise Online*.[7]

Zudem nutzte die EU die Corona-Krise für weitere Hetze gegen Russland. Von dort kämen so viele Falschnachrichten. Jourová sagte gegenüber der *Deutschen Presse-Agentur,* »wegen unzureichender Beweise« spreche sie zwar nicht von staatlich gelenkten Nachrichten, doch auch China würde nur mit Propaganda arbeiten. Diese Behauptungen Jourovás übernahmen zahlreiche Medien, darunter der österreichische *Standard*, das *Handelsblatt,* der *Focus* und der *Deutschlandfunk*. Chinesen-Propaganda hin, Chinesen-Propaganda her, Hilfe aus China nimmt man trotzdem gerne an. So schrieb der *Deutschlandfunk* am selben Tag, dem 8. April 2020, dass China »dringend benötigte Schutzausrüstung« mittels einer Art »Luftbrücke« nach Europa liefern würde. Täglich treffe etwa eine Passagiermaschine der *Lufthansa* für 25 Tonnen Fracht aus Shanghai ein.[8/9]

Ausgerechnet die großen US-Technologie-Konzerne *Google, Facebook, Microsoft, Amazon* und *Apple,* die von der Corona-Digitalisierungs-Pandemie kräftig profitieren, bauen ihren Einfluss auf die Politik der Europäischen Union »massiv« aus. Laut *LobbyControl* geben diese fünf Technologie-Riesen in Europa rund doppelt so viel für Lobbyarbeit aus wie die mächtige Autoindustrie. Und die US-Konzerne seien alles andere als transparent, wenn es darum gehe, Mitgliedschaften in Vereinigungen, Verbänden oder anderen Netzwerken anzugeben. *LobbyControl* schrieb in Bezug auf neue Regeln für Internetplattformen in der EU (»Digital Services Act«): »Die politischen Entscheidungen dürfen nicht einseitig durch die Digitalkonzerne und ihre großen Lobbyapparate beeinflusst werden.« Zudem arbeiteten die Tech-Konzerne intensiv mit sogenannten Denkfabriken (»Think Tanks«) zusammen. »Diese Organisationen veröffentlichen Studien und Positionspapiere, organisieren Diskussionsveranstaltungen« und betrieben Lobbyarbeit zu Regulierungsfragen.

»Allerdings sind diese Verbindungen nicht immer direkt nachvollziehbar. Das ist ein Problem. Denn so können Unternehmen den Eindruck erwecken, dass ihre Anliegen von mehr vordergründig unabhängigen Fürsprechern unterstützt werden.« Vor allem *Facebook* hülle sich in Schweigen.[10/11] Über *Facebook* berichtete der *Guardian* schon vor etwas mehr als zwölf Jahren, es sei sowieso nicht ganz klar, ob das soziale Netzwerk nicht eine ordentliche Gründungsfinanzierung der *Central Intelligence Agency* (CIA), dem US-Auslandsgeheimdienst, bekam. Eine personelle Verbindung ließe sich jedenfalls herstellen.[12]

Die IT-Riesen erobern auch den Gesundheitsmarkt. Das *manager magazin* schrieb 2018, dass die beiden reichsten Männer der Welt, Bill Gates und Jeff Bezos, hier Potenzial sehen und bereits 1,6 Milliarden US-Dollar investierten. Die US-Tech-Konzerne steigen »immer häufiger« in den Gesundheitsmarkt ein, der 2017 allein in den USA 3,5 Billionen US-Dollar umsetzen konnte. *Google,* so das *manager magazin* damals, plane über seine Dachgesellschaft *Alphabet,* riesige Mengen an Daten auszuwerten. Die eigene Forschungseinheit »Verily Life Sciences« arbeite dafür mit den Universitäten von North Carolina und Harvard zusammen. »Mit dem ›Project Baseline‹ wollen sie herausfinden, was eine gute Gesundheit ausmacht.« Und da das US-Gesundheitssystem sehr teuer ist, eröffnete *Apple* in Kalifornien Klinken nur für *Apple*-Angestellte und um »Health-Produkte« zu testen, »bevor sie der breiten Konsumentenmasse angeboten werden«. Auch mit der *Apple* Watch wurden Gesundheitsdaten von 54.000 Teilnehmern für eine Stanford-Studie erfasst und »*Amazon* versendet bereits rezeptfrei Medikamente«. Es stellt sich »auch die dringende Frage, warum Patienten gerade Tech-Konzernen ihre sensiblen Daten anvertrauen sollten«.[13]

Google finanziert aber auch die Medienbranche kräftig. Allein zwischen 2015 und 2019 hat der Konzern »mehr als 140 Millionen Euro an 645 Innovationsprojekte europäischer Verlage ausgeschüttet«. Ganz oben auf der *Google*-Förderliste steht Deutschland mit

92 Projekten. »Woher kommen die Zahlen? Aus einer Datenanalyse von *Googles* sogenannter Digital News Initiative sowie 25 anonymisierten Interviews mit Leuten von *Der Spiegel, Zeit Online* sowie *Frankfurter Allgemeine Zeitung*. Die Befragten sagen, ohne die Gelder hätten viele innovative Technologieprojekte nicht umgesetzt werden können«, wie das Magazin *Katapult* am 19. November 2020 schrieb.[14] Und dann gab es auch noch *Facebooks* »Cambridge-Analytica-Skandal«, als Daten potenzieller Wähler in großem Stil gesammelt und analysiert wurden, um durch individuell zugeschnittene Botschaften das Verhalten von Wählern zu beeinflussen.[15]

Falschinformationen und Propaganda zur Durchsetzung wirtschaftlicher Interessen oder politischer Ziele sind alles andere als neu, wie auch zwei Beispiele aus der jüngeren Vergangenheit zeigen. Da gab es die sogenannte Brutkastenlüge aus dem Hause *Hill & Knowlton,* einer den US-amerikanischen Geheimdiensten nahestehenden PR-Agentur. Von dort stammt das Märchen von den bösen Irakern, die über kuwaitische Brutkästen herfallen. Die Geschichte wurde von den Medien um die ganze Welt geschickt. Damals hatte die fünfzehnjährige Tochter des kuwaitischen Botschafters in den USA öffentlichkeitswirksam und unter Tränen ausgesagt, dass sie als kuwaitische Krankenschwester sah, wie irakische Soldaten nach der Invasion in Kuwait Frühgeborene aus Brutkästen gerissen und getötet hätten. Anschließend stieg die Kriegsbereitschaft der US-Bevölkerung wie gewünscht.[16]

Oder die bösen Serben. Die 1948 gegründete New Yorker PR-Agentur *Ruder Finn*, die auch ein Büro in China betreibt, soll von der kroatischen und bosnischen Regierung und später von der Führung der Kosovo-Albaner den Auftrag erhalten haben, die Serben als Feindbild aufzubauen. Auch das hat prächtig funktioniert.[17]

Aktuell nehmen vermeintlich neutrale Faktenchecker ganz gezielt Meinungen ins Fadenkreuz, die die US-Vorherrschaft sowie die vorgegebenen Narrative infrage stellen. Der geopolitische Lieblingsfeind dieser Checker ist Russland. Doch seit der Corona-Krise geraten vor allem sämtliche Kritiker der Corona-Politik in ihr Fadenkreuz. Das ist nicht überraschend, liegt die Faktenchecker-Hauptzentrale doch beim *International Fact Cheking Network* (IFCN), also in den USA. Und zu den Sponsoren des IFCN zählen oder zählten neben den Stiftungen von Bill Gates, George Soros oder des *Ebay*-Gründers und Milliardärs Pierre Omidyar die US-Regierung und *Google*.[18]

Die Europäische Union, als ein den US-Vorgaben hinterherhechelnder Partner, hat sogar eine eigene antirussische *East StratCom Task Force* gegründet, um Medien aus dem Osten zu überwachen. Dieser Initiative schlossen sich wiederum *Facebook* und *Google* an. Übrigens zählen *Google, Facebook,* die *Deutsche Telekom,* die *Bundeszentrale für politische Bildung* sowie Soros und Omidyar auch zu den Sponsoren der deutschen Faktenchecker mit dem etwas in die Irre führenden Namen *Correctiv*. Der Journalist Paul Schreyer äußerte sich zu diesem Spinnennetz beispielsweise so: »Man ist beim Kampf gegen ›Fake-News‹ also gut beschirmt von einflussreichen Eliten sowie der US-Regierung.«[18/19]

Die Faktenchecker schreiben sich in der Corona-Krise als inoffizielles Wahrheitsministerium jedenfalls die Finger wund. Die Qualifikation der Autoren spielt dabei keine Rolle, sie unterliegen keiner kritischen Prüfung und »Leitmedien werden nicht geprüft«, da funktioniere ja die Selbstkontrolle, weshalb man sich die Arbeit sparen kann, wie *Correctiv*-Gründer David Schraven meinte. Zwar wolle man »Fake News« kennzeichnen, definieren könne man den Begriff aber nicht. Außerdem lasse sich zwischen Meinung und Tatsachenbehauptung wegen der gemeinsamen »Schnittmenge« keine klare Trennlinie ziehen, wie die Aussagen »Trump gefährdet die Demokratie« oder »Angela Merkel ist eine Marionette der USA« zeigen würden, so Paul Schreyer. Wenn sich aber die sogenannten Faktenchecker und die Kollegen der Leitmedien untereinander nicht wehtun, dafür aber gemeinsam und hemmungslos gegen Anti-Mainstream-Medien und Einzelpersonen vorgehen, sei das Problem nicht der Inhalt, sondern der Absender, wie der Journalist

Stefan Niggemeier schrieb.[18] Und der Autor Oliver Märtens, der bei einer Bank für Korruptionsbekämpfung zuständig ist, erklärte das Faktenchecker-Phänomen so: »Bombardiert und terrorisiert mit immer neuen Schreckensnachrichten über die ›neuartige Lungenkrankheit‹, gedrückt von Einkommenskürzungen und den schlagartig aufgetauchten Herausforderungen, auch nur den Alltag zu meistern – Kurzarbeit, Kita- und Schulschließungen, Warteschlangen im ›hygienisch geregelten‹ Einzelhandel et cetera – fehlen Zeit, Nerven und die Kraft, sich auch noch mit der Diskussion über die Gefährlichkeit von COVID-19 oder mit der Sinnhaftigkeit staatlicher Grundrechtseinschränkungen zu beschäftigen.«

Wenn aber »Kritik am Pandemie-Zahlenwerk, seiner Ermittlung und seiner Interpretation aufkommt, dann sind sofort die ›Faktenchecker‹ zur Stelle, um Zweifel zu beseitigen, die offizielle Erzählweise zu stützen und die Menschen wieder zu beruhigen. Es wird ein Ausgleich zur aufgekommenen Kritik geschaffen, die Kratzer im offiziellen Narrativ werden ausgebessert – das nennt man ein ›Korrektiv‹. Alles macht dann wieder Sinn, man ist beruhigt und die kognitiven Dissonanzen verschwinden, bevor sie sich auswirken können. Die Bevölkerung kann sich wieder der Herstellung von ›Alltagsmasken‹ und der Installation der ›Corona-Warn‹-App widmen, ohne sich fragen zu müssen, ob das alles Sinn macht und ob es bei dem politisch aufgezwungenen Weg womöglich dramatische ›Risiken und Nebenwirkungen‹ gibt.«[20]

Auch der Journalist Boris Reitschuster hat so seine Erfahrungen mit den Faktencheckern gemacht. Wer heute »Kritik an den Säulenheiligen der Corona-Epoche übt«, besonders an Corona-Papst Christian Drosten, müsse »sich auf heftigen Gegenwind einstellen«. Diesen bekam Reitschuster zu spüren, nachdem er eine Aussage Drostens veröffentlichte. »Drosten gab da zu, dass bestimmte Wirkungsmechanismen der Masken unbekannt sind und die Diskussion darüber ›reine Spekulation‹ sei.« Man könne aus der Aussage ganz verschiedene Schlüsse ziehen, so Reitschuster. »Aber sollte man sie nicht breit im öffentlichen Diskurs erörtern? Wo sie doch von dem Mann stammt, der entscheidend die Regierungspolitik bei Corona prägt. Warum ist die Aussage so gut wie nirgends zu finden? Warum bohrten weder die Abgeordneten noch die Medien nach?« Nachfragen würden sich geradezu aufdrängen. Und Reitschuster erinnerte auch noch an eine weitere »Aussage Drostens vom Januar: ›Die technischen Daten sind nicht gut, für das Aufhalten (des Virus) mit der Maske‹«.

Prompt wurde der Journalist von der »Inquisition der Neuzeit« attackiert. Besonders von *Correctiv*, das »unter anderem auf *Facebook* als Quasi-Wahrheitsministerium unterwegs« ist und dort Beiträge als Fakes brandmarkt, die nicht ins Weltbild passen. Ein Blick auf die Website der hoch dotierten Wahrheitsbeauftragten von *Correctiv* genüge, »um zu sehen, dass Falschmeldungen fast ausschließlich in einer politischen Richtung verortet werden«. Die »Wahrheits-Wächter« warfen Reitschuster vor, er suggeriere, »dass Drosten nicht wisse, ob Masken helfen – und dass seine Aussage« im Widerspruch zu seinen sonstigen Äußerungen in der Presse stünde. Der vermeintliche Widerspruch sei aber keiner, »da Drosten vor dem Bundestag das Masketragen nicht grundsätzlich infrage gestellt hat«. »Anhand einer zugespitzten Überschrift – einem zulässigen journalistischen Stilmittel« wird Reitschuster etwas unterstellt, das er gar nicht sagte, um dann zu beweisen, dass es falsch ist. »Agitprop nach alter Schule«, so der Journalist, der sich nicht einschüchtern ließ und weiter Drosten im Original zitierte. Etwa als dieser die Anwendung der PCR-Tests auf der arabischen Halbinsel im Jahr 2014 selbst noch feierlich zerlegte. Außerdem treffe Drosten im Unterschied zu kritischen Experten wie Sucharit Bhakdi kein Bildschirmverbot in öffentlich-rechtlichen Sendern. Zwar sei er kein PCR-Test-Experte (wie es auch die *Correctiv*-Meinungsjäger keine sind), aber als Journalist stelle er Folgendes fest: Schon längst müssten Fragen über den PCR-Test gestellt und diskutiert werden. »Dass dies nicht geschieht, in einer Medien-Landschaft, die mit

Milliarden Gebührengeldern und unzähligen Millionen vom Steuerzahler gepäppelt wird, ist ein Systemversagen des Journalismus. Ganz unabhängig von den PCR-Tests.«[21]

....

1 www.weltwoche.ch/amp/2020-13/wirtschaft-wissenschaft/herrscher-der-schopfung-die-weltwoche-ausgabe-13-2020.html

2 www.theguardian.com/politics/2020/mar/26/gordon-brown-calls-for-global-government-to-tackle-coronavirus

3 blogs.imf.org/2020/03/16/policy-action-for-a-healthy-global-economy/?utm_medium=email&utm_source=govdelivery 4 apps.derstandard.at/privacywall/story/2000120880365/geht-manchen-banken-wegen-drohender-pleitewelle-die-luft-aus

5 taz.de/Reaktion-auf-Corona-Falschmeldungen/!5672179/

6 www.tagesschau.de/newsticker/liveblog-coronavirus-mittwoch-143.html#Facebook-verbietet-Anzeigen-gegen-Impfungen

7 www.heise.de/newsticker/meldung/Coronavirus-EU-aktiviert-erstmals-Fruehwarnsystem-gegen-Desinformation-4676943.html

8 www.nachdenkseiten.de/?p=60057

9 www.deutschlandfunk.de/COVID-19-eu-beklagt-bei-corona-desinformation-aus-russland.2932.de.html?drn:news_id=1118685

10 www.lobbycontrol.de/2020/09/big-tech-google-amazon-co-ueben-undurchsichtigen-einfluss-aus/

11 www.lobbycontrol.de/2020/09/big-tech-lobbycontrol-kritisiert-verdeckte-lobbyarbeit-von-facebook-und-co/

12 www.theguardian.com/technology/2008/jan/14/facebook

13 www.manager-magazin.de/digitales/it/wie-apple-google-und-co-den-gesundheitsmarkt-erobern-wollen-a-1224749.html

14 katapult-magazin.de/de/artikel/artikel/fulltext/google-finanziert-die-medienbranche/

15 de.wikipedia.org/wiki/Cambridge_Analytica (abgerufen am 26. Dezember 2020)

16 floosrainik.net/prof-mausfeld-ueber-meinungskontrolle-reine-demokratie-ist-illusion-und-gefaehrlich-fuer-eliten

17 www.nachdenkseiten.de/?p=35408

18 www.heise.de/tp/features/Facebook-Wahrheitspruefer-Correctiv-verstrickt-sich-in-Widersprueche-3605916.html?seite=all

19 de.wikipedia.org/wiki/Correctiv#Gesellschafter_und_Finanzierung (abgerufen am 26. Dezember 2020)

20 peds-ansichten.de/2020/07/pcr-test-correctiv-deutung/

21 www.reitschuster.de/post/wie-drosten-die-corona-tests-zerlegte/

(24) JAGD AUF DOKTOR W.

»Die Verleumdung ist schnell und die Wahrheit langsam.«
FRANÇOIS-MARIE AROUET (VOLTAIRE)

Die relativ niedrige Zahl an Coronatoten in Russland war einigen »Experten« im Mai 2020 suspekt. *New York Times* (NYT) und *Financial Times* (FT) waren der Ansicht, der Kreml vertusche etwas. *Bloomberg* schrieb schon fast bitter enttäuscht: »Experten wollen wissen, warum Coronavirus nicht mehr Russen getötet hat«. *Bloomberg* änderte diese Formulierung nachträglich mehrmals ab und am Ende hieß es dann: »Experten stellen russische Daten bezüglich COVID-19 infrage.«[1/2] Nur wenige Tage später musste *Bloomberg* seine eigenen, diesmal »Fake News« über die Zahl der russischen Krankenhausbetten pro 1.000 Einwohner zugunsten der Russen ebenfalls korrigieren. Unter dem Titel »Wie Putins Russland die Pandemie vermasselt hat« wurden Statistiken der Weltbank falsch angegeben.[3/4] Auch NATO-Generalsekretär Jens Stoltenberg stellte gegenüber der italienischen Zeitung *La Repubblica* klar, dass Russland und China in der Corona-Pandemie massenweise Desinformation betreiben würden, um die Weltordnung zu ändern. Da Stoltenberg diese Theorie geäußert hatte, kann es sich dabei auch ganz bestimmt um keine Verschwörungstheorie handeln.[5]

Die NYT warf russischen Behörden also vor, Todeszahlen zu unterschlagen, und die *Financial Times* feuerte mit Worten munter mit. Die russische Regierung vertusche das Ausmaß der »Krise im Gesundheitswesen«. Nach diesen Verbalangriffen verlangte das russische Außenministerium eine Gegendarstellung. Außerdem behalte man sich weitere Schritte vor, etwa bei den *United Nations*, da man in solchen Artikeln Beispiele für eine Pandemie der Desinformation erkennen würde. Für Gegendarstellungen sahen die Zeitungen jedoch keinen Grund. Immerhin ließ die FT »den russischen Diagnostiker, Pathologen und Onkologen Georgi Frank, Professor der *Rossijskaja Akademija Nauk*, also an der Russischen Akademie der Medizinwissenschaften, mit der Aussage zu Wort kommen, dass es falsch sei, bei jedem Todesfall mit einem COVID-19-Krankheitsbild dieses auch als Ursache festzumachen. Nicht nur in der russischen Medizin sei es »gängige Praxis, bei Todesfällen infolge mehrerer gleichzeitiger Krankheiten nicht immer die Krankheit als Todesursache zu registrieren, die als letzte hinzukam und dem Körper den Rest gab, sondern häufig die, die bei dem Kranken den meisten Schaden anrichtete«, schrieb *Russia Today* zu diesem Wort- und Zahlenscharmützel.[6/7/2]

Im Unterschied zu Staaten wie Russland oder China, die über eigene Medien verfügen, wird ohne Rücksicht auf Fakten oder Expertise auch gegen die Kritiker des dominanten Corona-Killervirus-Narrativs geschossen. Ein besonders drastisches Beispiel ist Wolfgang Wodarg. Nach dem Fiasko mit der Schweinegrippe war der Mediziner und Politiker Wodarg in den Leitmedien noch als Experte gefragt. In der Corona-Krise wurde er wegen seiner frühen kritischen Einschätzung aber blitzschnell aus den Medien verbannt, sodass Wodarg schrieb: »Selbst Medien wie die taz (ich bin dort »Genosse« und habe dort publiziert) und *Correctiv* (ich habe sie finanziell und öffentlich unterstützt)« würden »an einer Medienkampagne teilhaben, die versucht, mich mit allen Mitteln, mit übler Nachrede und mit Verleumdungen unglaubwürdig zu machen«. Wodarg kritisierte auch, dass die Aufmerksamkeit der Öffentlichkeit und der Politiker durch Angst machende Bilder abgelenkt und die Menschen »mit Unterstützung konform reagierender Medien getäuscht« werden. »Wer das bezweifelt, wird diffamiert und mit geballter Macht ausgeschaltet«, so Wodarg, der die Opposition im Land schon früh lahmgelegt sah und zum frühen »Anti-Drosten« wurde, wie der *Rubikon* schrieb.[8/9] Der Mediziner habe zwar in der Vergangenheit völlig richtig vor unnötiger Panik bei der »harmlosen« Schweinegrippe gewarnt. Aber nun sei es gefährlich, ihm zu glauben, lautete die generelle Warnung vor Wodarg. Sogar in der ehemals kritischen und aufklärenden Kabarett-Sendung »Die Anstalt«, die in der Corona-Krise im undifferenzierten Panikmodus von »Bill-Gates-Stiftung«, der »Lobby der Pharmaindustrie« und des Mainstreams, vom Mainstream dann auch reichlich Lob erhielt.[11] So wurde zum Beispiel ein Video des Seuchen-Experten, Lungenarztes und ehemaligen Bundestagsabgeordneten Wodarg, das Millionen Mal gesehen wurde, von »Frontal21«, einer Politsendung im *Zweiten Deutschen Fernsehen* (ZDF), gelöscht. Die Begründung: Es sei »überholt«, da Wodarg am 10. März 2020 von »unnötiger Panikmache« aufgrund der »vielen Messungen« auf Corona (»was bisher nie geschah«) sprach. Mittlerweile, also am 19. März 2020, wurden aber weitgehende Maßnahmen, etwa die Schließung von Schulen, Restaurants oder Theatern, verbunden mit der Aufforderung, soziale Kontakte auf ein Minimum zu reduzieren, beschlossen. Dies diene ja dem »Gesundheitsschutz der Bevölkerung und soll eine Überlastung der Intensivmedizin verhindern«. Die Überlastung trat deutschlandweit zwar längst nicht ein, aber »die *Frontal21*-Redaktion ist der Auffassung, ›dass die vom *Robert Koch-Institut* (RKI) empfohlenen Regeln beachtet werden sollen‹, und verweist auf die Homepage des Infektionsschutzes«. Viel besser als »Frontal21« kann man das, was mit Hofberichterstattung gemeint ist, nicht erklären.[12]

Nachdem der bis Anfang 2020 noch gefragte Experte öffentlich als einer der ersten Fachleute aus dem Corona-Mainstream ausscherte, ließ die deutsche Abteilung der Anti-Korruptions-Organisation *Transparency International* (TI) die Funktionen ihres

(24)

Vorstandsmitglieds Wodarg wegen seiner Rolle in der Corona-Debatte dann einfach mal »ruhen«. *Transparency* schrieb am 25. März 2020: »Wolfgang Wodarg ist in den letzten Wochen als einer der schärfsten Kritiker all derjenigen öffentlich in Erscheinung getreten, die als Virologen, Epidemiologen oder staatliche Entscheidungsträger für die drastischen Maßnahmen zur Eindämmung der Viruskrankheit verantwortlich sind. Diese kritische Position ist sein ›gutes Recht‹ und von der Meinungsfreiheit gedeckt. Auch heute weiß niemand definitiv, ob die ergriffenen Maßnahmen Erfolg versprechen, noch ob sie unvermeidlich waren. Problematisch und für uns als Organisation letztlich untragbar ist es, wenn diese kritischen Thesen, die unter anderem eine aus der Pharmaindustrie und ihren Profitinteressen gesteuerte Kampagne unterstellen, in radikalen Medien« verbreitet würden, wie es *KenFM* oder *Rubikon* seien.« »Diese Medien, die regelmäßig mit Verschwörungstheorien, mit antidemokratischen sowie teils antisemitischen Vorurteilen arbeiten, [...] sind so weit von den demokratischen Überzeugungen und Prinzipien unseres Vereins entfernt, dass sich jede Zusammenarbeit mit ihnen verbietet. Nicht zuletzt deshalb wurde Wolfgang Wodarg selbst von vielen seriösen Blättern wie dem *Tagesspiegel*, der *Frankfurter Allgemeinen Zeitung* (*FAZ*) oder der *Süddeutschen Zeitung* (*SZ*) den Verschwörungstheoretikern zugerechnet.« Schließlich würde »eine solche auf bloßen Vermutungen und Diffamierungen beruhende Argumentation« den eigenen Grundprinzipien widersprechen. Man habe Wodarg aufgefordert, »seine Veröffentlichungen in diesen Medien zurückzuziehen und die Löschung der Beiträge auf den Webseiten zu verlangen. Außerdem sollte er in Zukunft auf Beiträge in derartigen Medien verzichten.« Wodarg kam dieser Aufforderung nicht nach und gab alternativen und unabhängigen Medien stattdessen weitere Interviews.[13]

Da die deutsche Sektion von TI genau das tat, was man Wodarg und diversen alternativen sowie unabhängigen Medien vorwarf, formulierte ich am 30. März 2020 eine Presseanfrage. Ich bat TI um Zitate oder Beweise, um zu belegen, dass es sich bei *Rubikon* oder *KenFM* um Medien handelt, die regelmäßig mit angeblich »antisemitischen« und »antidemokratischen« Vorurteilen arbeiten, nach welchen Maßstäben *Transparency* Medien als seriös bewertet, wie man zu Medien steht, die sich für völkerrechtswidrige Kriegseinsätze stark machen und gegen andere Völker hetzen, und welche Rolle finanzielle Abhängigkeiten sowie politische Verflechtungen diverser Leitmedien in diesem Zusammenhang für *Transparency* spielen. Antwort erhielt ich keine, der Verein blieb lieber intransparent. Man wollte oder konnte auch nichts dazu sagen, warum es sich bei den genannten Medien um »radikale« Medien handelt. Oder wie *Transparency* die Teilnahme der *Bill & Melinda Gates Foundation* am Planspiel »Event 201« sowie die Rolle der Stiftung als einer der größten Geldgeber der *World Health Organization* und als Pharmainvestor bewertet.

Anstatt die eigenen Behauptungen zu belegen, gab *Transparency International Deutschland* am 9. Mai 2020 aber das Ergebnis eines eilig beauftragten Gremiums in der Causa Wodarg bekannt. Darin hieß es: »Das Gremium kommt zu dem Ergebnis, dass das von Wolfgang Wodarg an den Tag gelegte Verhalten geeignet war und ist, den Ruf von *Transparency Deutschland* gravierend zu schädigen. Das Verhalten von Wolfgang Wodarg könne einen Vereinsausschluss rechtfertigen. Gleichzeitig sei [...] das Ruhen der Mitgliedschaft von Wolfgang Wodarg durch einen Vorstandsbeschluss aufgrund der aktuellen Rechtsprechung rechtlich fraglich. Das Gremium empfiehlt dem Vorstand, der Mitgliederversammlung eine Abberufung Wolfgang Wodargs aus dem Vorstand vorzuschlagen.« Daraufhin legte Wodarg sein Vorstandsmandat von sich aus nieder.[14]

Dass *Transparency International* es mit der im Namen getragenen Transparenz nicht so genau nimmt, bewies die Organisation spätestens im Juni 2020 eindrucksvoll. Da erschien ein 26-seitiger Untersuchungsbericht über Verstöße gegen *Transparency*-Prinzipien, Mobbingvorwürfe im Management, mangelnde Transparenz und einen schlechten Führungsstil im internationalen Sekretariat.

Schon die erste Seite war fast komplett geschwärzt und teilweise wurden sogar ganze Seiten kommentarlos entfernt. So viel also zur Transparenz dieser Organisation.[15]

Über den Umgang mit dem von *Transparency* diffamierten und abgeschossenen Gesundheitsexperten schrieben die *NachDenkSeiten*: »Zusätzlich ist die Begründung für die Kaltstellung Wodargs infam und sie offenbart große Mängel an Medienkompetenz bei *Transparency*. Weil diese Medien-Inkompetenz gesellschaftlich noch weit verbreitet ist, geht die Bedeutung über den Fall hinaus, denn eine persönliche Meinung tut ja nichts zur Sache.« Wodarg habe selbstverständlich das Recht, seine Inhalte »in den Medien seiner Wahl zu verbreiten«, und dürfe dafür auch nicht »persönlich sanktioniert werden«. Außerdem tritt »eine große (und mutmaßlich nur scheinbare) Naivität bei der Beurteilung der deutschen Medienlandschaft zutage«. Nicht nur, dass »sehr unterschiedliche Publikationen unter dem pauschalen, nicht belegten« Vorwurf des Antisemitismus zusammengefasst würden, auch das Urteil vermeintlich »seriöser Blätter«, zum Beispiel als Verschwörungstheoretiker, werde quasi als »bindend« und »amtlich« übernommen. Damit stütze *Transparency* auch noch »die viel zu eindeutige Trennung zwischen bösem Internet und unbefleckten Mainstreammedien«. »Und was soll die Betonung auf die ›radikalen Medien‹ statt auf die Inhalte? Geht es auch in dieser Debatte nun nicht mehr vor allem darum, was gesagt wird, sondern von wem es gesagt wird?« Es sei ein Widerspruch, wenn Wodarg große Kommunikationskanäle verweigert werden, »man sich andererseits über die (dadurch beschränkte) Auswahl seiner Gesprächspartner und deren politischen Charakter beschwert. Wodarg hätte möglicherweise auch lieber, wie einige seiner Kollegen, über die Bundespressekonferenz zu den großen Medien des Landes gesprochen und die durch einen dortigen Auftritt suggerierte ›Seriosität‹ genossen.« Immerhin könnten seine Standpunkte eine »fruchtbare Auseinandersetzung anstoßen«, sodass alle einen Gewinn daraus ziehen. Was sei das für eine Organisation, die sich

Transparency nenne und eine abweichende Aussage fürchte, anstatt »einem bedrängten Mitstreiter den Rücken zu stärken (ohne sich inhaltlich gemein zu machen)«? Denn: »Niemand sollte für das Äußern seiner Meinung persönliche Nachteile erfahren, außer solche, die von einem Gericht als Reaktion auf justiziable Äußerungen (Beleidigung, Volksverhetzung et cetera) festgelegt werden.« Fragen würden aufgeworfen, so die *NachDenkSeiten*. »Sollte man den großen deutschen Medien womöglich gestatten, zu klassifizieren, wer ein zu ächtender Verschwörungstheoretiker ist und wer politisch und publizistisch hofiert werden sollte?« Heute sei es das Virus, das uns zwingen würde, »Abweichler auf Linie zu bringen – schließlich geht es ja um das große Ganze (Volksgesundheit). Morgen können es Reaktionen auf einen anderen äußeren Feind sein, die solche Dynamiken rechtfertigen oder gar ›vorschreiben‹ werden.«[16]

Das Vorgehen von *Transparency International Deutschland* gegen Wodarg brachte dem Verein einiges an schriftlichen Beschwerden ein. In einem Beschwerdeschreiben heißt es: »Meine eigenen Auffassungen zur Corona-Krise stehen zwar fast im vollständigen Gegensatz zu denjenigen Wodargs, aber IHREN Umgang mit ihm finde ich mehr als beschämend, ja sogar empörend für eine Organisation mit diesem Namen. Aber in diesem Zusammenhang auch noch FAZ, SZ und dergleichen als seriösen Journalismus zu charakterisieren, ›schlägt dem Fass die Krone ins Gesicht‹! Ihr Vorstand sollte sich geschlossen bei Herrn Wodarg entschuldigen, seinen eigenen Rücktritt verkünden – und die gesamte Organisation sollte mal in Klausur gehen, um über sich, ihre Rolle in der Gesellschaft, das eigene Verständnis von ›Transparenz‹, insbesondere aber Meinungsfreiheit und vor allem über Konzernmedien nachzudenken! Wieder eine Organisation (nach ATTAC, *Campact*, *Greenpeace*, *Amnesty* ...), die ich von der Liste potenzieller Spendenempfänger streichen muss. Eigentlich schade.«[17]

Ein anderer Spender schreibt: »Ich bin entsetzt. [...] Entweder sind Sie selber schon mit den Mainstreammedien so verfilzt und angepasst oder Sie haben so große Angst, Ihre staatlichen Zuwendungen zu verlieren. Bitte geben Sie mir einen Hinweis, wie ich Ihr seltsames Verhalten deuten soll, damit ich auch weiter einen Grund für meine Spenden habe.«[17]

In einem anderen Schreiben heißt es: »Ich möchte nur daran erinnern, dass Herr Doktor Wodarg sich seinerzeit um die Aufklärung der Öffentlichkeit sehr verdient gemacht hat, als er maßgeblich zur Aufdeckung [...] der lobbyistischen Machenschaften im Zusammenhang mit der Kampagne um die ›Schweine-Grippe-Pandemie‹ beigetragen hat. [...] Dass Sie überdies zugleich über eine ganze Anzahl alternativer Medien (die in einer Zeit des sich zunehmend verengenden öffentlichen Meinungskorridors ein unerlässliches demokratisches Korrektiv darstellen) eine Art Berührungsverbot verhängen, indem Sie nicht nur deren – weitgehend der Aufklärungstradition verpflichtete – Arbeit auf unseriöse und pauschale Weise diffamieren, trägt dazu bei, dass Sie Ihren in einer langen Zeit erworbenen guten Ruf in kürzester Zeit auf die gravierendste Weise beschädigen.«[17]

Schon der Physiker, Forscher, Mathematiker und Schriftsteller Georg Christoph Lichtenberg meinte im Zeitalter der Aufklärung: »Die gemeinsten Meinungen und was jedermann für ausgemacht hält, verdient oft am meisten untersucht zu werden.« Und: »Der Weisheit erster Schritt« sei, alles anzuklagen. »Der letzte: sich mit Allem zu vertragen.« Das sei allerdings nicht so einfach möglich, da der »gewöhnliche Kopf« immer mit »der herrschenden Meinung« und Mode konform sei. Daran hat sich bis heute nichts geändert. Die Menschenrechtsorganisation *Amnesty International* schrieb sogar in einer Zeit vor Corona, dass die Meinungsfreiheit sowieso überflüssig sei, wenn nur Meinungen zulässig sind, über die ohnehin ein breiter Konsens besteht.[18]

Unter den Experten blieb Wodarg nicht das einzige Opfer von Anfeindungen, Verleumdung und Zensur. Ganz im Gegenteil. Der *Google*-Kanal *YouTube* löschte zum Beispiel mehrere Videos des emeritierten Professors und Facharztes für Mikrobiologie, Sucharit Bhakdi. Bei einem Fernsehinterview mit Ferdinand Wegscheider verglich der Professor die Lage in Deutschland, Österreich und der Schweiz, wo man einen Arzt wegen seiner Corona-kritischen Meinung entlassen habe, mit einer Diktatur. Auch Bhakdi sowie weitere kritische Forscher, Wissenschaftler und Ärzte wurden wegen ihrer Ansichten und Analysen zur Corona-Politik ignoriert, diffamiert und erhielten negative Einträge im politisch längst schon unterwanderten Medium *Wikipedia*. Die selbst ernannten Faktenprüfer von *Correctiv*, bei den Öffentlich-Rechtlichen, der *Welt*, von *Spiegel* und *SZ* warfen Bhakdi, Wodarg und anderen »Desinformation« vor. Von Bhakdi distanzierte sich sogar die *Christian-Albrechts-Universität zu Kiel*, wo Bhakdi als Gastwissenschaftler forschte. Noch ein Beispiel: Die *Freie Universität Berlin* (FU) distanzierte sich am 11. Dezember 2020 »ausdrücklich« vom »Handeln« und den »Inhalten« zur Corona-Krise von Klaus-Jürgen Bruder, Psychologieprofessor an der FU.

Im Mai 2020 gründeten die Professoren Sucharit Bhakdi, Stefan Hockertz, Stefan Homburg, Christian Kuhbander, Karina Reiss, Harald Walach, Martin Haditsch sowie andere Professoren und Mediziner, von *t-online* abwertend als »Corona-Rebellen« bezeichnet, den Verein *Mediziner und Wissenschaftler für Gesundheit, Freiheit und Demokratie*. Diesem entzog das Finanzamt Passau im Oktober 2020 jedoch schon wieder die Gemeinnützigkeit, sodass er keine Spendenquittungen mehr ausstellen kann. Die Vereinsmitglieder fordern zum Beispiel ein Ende der Schutzmaßnahmen, da das SARS-CoV-2-Virus nicht so gefährlich sei wie unterstellt. Das deutete das Finanzamt als Politik, also sei der Verein eher eine »politische Lobbygruppe«.[19]

Dass die von Bhakdi und seiner Frau Karina Reiss, einer Biochemikern, in ihrem Buch »Corona-Fehlalarm?« veröffentlichten Thesen besonders »von den klassischen Medien, gleich seiner persönlichen Einschätzung der Maßnahmen und der Ausbreitung des Virus, bis heute größtenteils ignoriert« wurden, sei die eine Sache, wie der österreichische Fernsehsender *Servus TV* schrieb. Eine andere Sache sei dagegen die Tatsache, dass die Einschätzungen der Corona-Krise von Bhakdi und Reiss neben diversen persönlichen Anfeindungen auch noch zu schweren Drohungen gegen den Verlag sowie gegen die beiden Autoren führten.[20] Auch der Virologe Hendrik Streeck, der von Christian Drosten kritisiert wurde (Streeck: »Ich habe ihn dann zwei-, dreimal angeschrieben und ihn gefragt, was das soll. Er hat gesagt, er würde sich bald bei mir melden – was er dann aber nie gemacht hat.«) und dessen »pragmatische Herangehensweise« in der Corona-Krise nicht allen gefällt, wurde zur Zielscheibe. Streeck wünschte sich zwar mehr Einigkeit in der Virologen-Szene, trotzdem erhielt auch er Morddrohungen – und Polizeischutz. Bei *Twitter* wurde ein Hashtag unter #SterbenmitStreeck eingerichtet, der »zeitweise sogar in die *Twitter*-Trends« aufstieg, wogegen *Twitter* in diesem Fall aber nichts unternahm. Streeck »wurde in Beiträgen zum Beispiel eine Verharmlosung von Corona vorgeworfen«.[21/22] Dieser Hass, die Spaltung der Gesellschaft geht wohl zweifelsfrei auf das Konto der Aufwiegler aus Politik und Medien, ihre totalitäre Intoleranz und ihren Kampf gegen Meinungsfreiheit und Grundrechte zurück. Wenn Bundeskanzlerin Angela Merkel bei Kritik an der Corona-Politik öffentlich völlig anstands- und auch folgenlos diffamiert, beleidigt, hetzt und von einem »Angriff auf unsere Lebensweise« schwadroniert, zu einem »konsequenten Kampf« gegen sogenannte Verschwörungstheorien aufruft, da Kritiker Diskussionen verweigern würden und ein Weltbild ohne Fakten hätten, was womöglich »eine Aufgabe für Psychologen« sei, dann wundert es nicht, wenn der komplette Hofstaat (etwa *Der Spiegel* oder Hetzer und Parteisoldaten wie Armin Laschet) diese Botschaften auch genau so weitergibt und für die Regierenden in den Kampf zieht.[23]

Da die Corona-Maßnahmen das Grundgesetz samt Unverletzlichkeit der Wohnung massakrieren, geht die Hexenjagd sogar bis in die Treppenhäuser der Republik, beispielsweise wenn der

Nachbar die Polizei ruft. In *Der Welt* äußerte sich Benjamin Jendor von der deutschen Polizeigewerkschaft zum Denunziantentum: »Die Unverletzlichkeit der Wohnung ist durch das Grundgesetz geschützt. Die Polizei kann also nicht einfach bei Familie Schmidt klingeln und sagen: Wir würden jetzt gern mal in die Wohnung kommen und zählen, wie viele Leute sich hier aufhalten. Wenn man aber einen Hinweis bekommt, zum Beispiel von einem Nachbarn, dann geht das durchaus. Das gilt auch, wenn man über Social Media erfährt, dass irgendwo eine Feier geplant ist. Die Polizei ist dann nicht nur legitimiert, sondern auch verpflichtet, dagegen vorzugehen.«[24]

Und wenn man die Grundrechte schon beerdigt, warum nicht gleich auch noch die Pressefreiheit? Vielleicht sogar mit Hilfe der (Geheim-)Polizei? Der Autor, Regisseur und (*arte*-)Dokumentarfilmer Dirk Pohlmann schrieb Ende November 2020: »Die reichweitenstärksten Publikationen der Alternativmedien werden in den sozialen Medien *YouTube*, *Facebook* und *Twitter* abgeschaltet. Pressefreiheit? Doch nicht für die! Da sind sich die Kollegen der Qualitätsmedien einig. [...] Wenn es darum geht, mit minderwertigem Omi-Tainment, Tittytainment und Royalen Fake News Geld zu verdienen, bietet das Mediensystem Schutz und kollegialen Rechtsbeistand. Wer aber zum Maßnahmenstaat der Bundesregierung in Sachen SARS-CoV-2 abweichende Ansichten, Interviews und Kommentare publiziert, wird als Covidiot, Verschwörungstheoretiker und Neonazi denunziert. Da greift sogar das Fachorgan der Bildungsbürger, die *Zeit*, wohlig ins Klo und veröffentlicht einen Artikel, in der die Staatsgewalt aufgefordert wird, mit Reizgas und Wasserwerfern mal so richtig Staatsgewalt auszuüben. Unter der Überschrift ›Wasser marsch!‹, das wird man ja noch mal sagen dürfen, schaut sich die *Zeit*-Redaktion beifallsheischend um, bekommt aufmunterndes Schulterklopfen und ›fühlt sich kannibalisch wohl, als wie 500 Säue‹ bei der Exploration der Stammtischniederungen.«

Man könne das »als schlechte Manieren, undemokratische Gesinnung und Untertanen-Männerphantasie klassifizieren, aber es ist mehr. Und es ist schlimmer. Es sind Propagandamaßnahmen, die von den Geheimdiensten der westlichen Siegermächte« entworfen wurden. Besonders von der *Central Intelligence Agency*, der CIA, und vom britischen *Government Communications Headquarters*, kurz GCHQ, die jetzt im westlichen Großraum flächendeckend aktiv seien, also auch in Deutschland. Dass fast alle Journalisten »freiwillig beim Heiligen Corona-Kreuzzug mitmachen, ist kein Argument gegen eine Geheimdienstoperation, sondern der Beleg, dass es sich um eine von professionellen Experten vorbereitete Geheimdienstoperation handelt. Das Gegenargument ›Aber niemand sagt mir, was ich berichten soll, das ist meine freie Entscheidung, ich schreibe und sende, was ich will‹ ist keines. Hätte der Journalist eine andere Meinung und wäre dissident, wäre er arbeitslos. Innerhalb des Medienapparates hat sich eine Kaste mit gegenüber der Bevölkerung stark verengtem Meinungsspektrum gebildet, die ihre Ansichten aneinander abgleicht. Außerdem führt die Kaste in zunehmenden Maße interne Säuberungen durch.«

Wer zum Beispiel in seiner Freizeit an einer Corona-Demo teilnehme, habe »ähnlich gute Chancen, seinen Arbeitsplatz zu behalten, wie ein kommunistischer Lehrer in den 1960er Jahren«. Das verengte Meinungsspektrum gebe es nicht nur bei Journalisten. Bei Polizisten, Soldaten und Geheimdienstmitarbeitern dürfte der Anteil Linker »ebenso deutlich unterrepräsentiert sein, wie er bei den Journalisten überrepräsentiert ist. Mit rechten und rechtsextremen Ansichten verhält es sich umgekehrt. Bestimmte Tätigkeiten ziehen bestimmte Personen an.« Und wenn da nicht gezielt für Vielfalt gesorgt werde, »was insbesondere bei informationsverarbeitenden Berufen wie Journalisten oder Geheimdienstmitarbeitern dringend geboten wäre, des Überblicks wegen«, dann käme es zur geistigen Inzucht und zum Tunnelblick.

Tatsächlich berichtete die britische *Times* am 9. November 2020 unter der Überschrift »GCHQ ist im Cyberkrieg gegen Impfgegner«, dass »der Geheimdienst Werkzeuge einsetzt, die geschaffen wurden, um Terrorgruppen zu sprengen und deren Desinformation im Internet und in den sozialen Medien zu unterbinden«. Nicht nur die britische Regierung hält die Bekämpfung von Falschinformationen über Impfungen für immer wichtiger. Der GCHQ wurde ja damit beauftragt, Impfgegner im Internet »auszuschalten«. Und zusätzlich sei »eine geheime Einheit der britischen Armee, die auf den Informationskrieg spezialisiert ist, dabei, falsche Narrative über das Coronavirus zu bekämpfen. General Sir Nick Carter, der Generalstabschef, hat öffentlich bestätigt, dass die 77. Brigade einerseits dabei hilft, gegen irreführende Gerüchte vorzugehen, und andererseits Desinformation zu verhindern.« Das sei in den USA nicht anders, so Pohlmann. Dort verfolgten die *National Security Agency* (NSA) und die Expertengruppe *Infragard* das gleiche Ziel. *Infragard* warnte schon, »dass die ›Impfgegner-Bewegung mit falschen Informationen in sozialen Medien und Propagandakampagnen in Verbindung steht, die von der russischen Regierung orchestriert sind‹«. Anfang Oktober gaben die *US Air Force* und das *US Special Operations Command* bekannt, dass sie einen Millionen-US-Dollar schweren Auftrag an *Primer* vergeben haben. *Primer* schrieb dazu in einer Pressemitteilung, dass man »›die erste maschinenlernende Plattform entwickeln wird, die automatisch vermutete Desinformation identifizieren und auswerten wird.‹ [...] Der Gründer von *Primer*, Sean Gurley, war vorher in der Aufstandsbekämpfung im Irak mit Hilfe von künstlicher Intelligenz eingesetzt«. In der Firma würde es von hochrangigen Militärs und Geheimdienstmitarbeitern nur so wimmeln, schrieb Pohlmann: »Am 9. November 2020, also dem gleichen Tag, an dem das britische GCHQ seinen Kampf gegen die Covidioten bekannt gab, erscheint ein Artikel in *NextGov*, dass sich *Primer* in Zukunft vor allem mit Desinformation über COVID-19 beschäftigen wird, dafür das gesamte Spektrum seiner auf künstlicher Intelligenz beruhenden Plattformlösung nutzen will und die ›Wahrheit zur Waffe‹ machen wird.«

Um eine maximale Akzeptanz der Impfstoffe sicherzustellen, müssten die nationalen Medien mit den nötigen Botschaften gesättigt werden. Das stehe auch in dem US-Strategiepapier mit dem Titel »Von der Fabrik an die Front«. Strategische Kommunikation, so Pohlmann, sei der Neusprech für Staatspropaganda. Einen Vorgeschmack auf das, was uns erwarte, liefere die Ausdrucksweise von Faktencheckern und Wahrheitskommission, in Deutschland zu finden bei *Correctiv* oder der *Amadeu Antonio Stiftung* oder in Großbritannien beim *Center for Countering Digital Hate* (CCDH), einem Zentrum zum Kampf gegen digitalen Hass. CCDH-Chef Imran Ahmed in einem Interview mit der britischen Zeitung *Independent*: »Ich würde Impfgegner nicht nur als Verschwörungstheoretiker bezeichnen, ich nenne sie eine extremistische Gruppe, die eine Gefahr für die nationale Sicherheit darstellt. [...] Wenn die sozialen Medien nicht auf die richtige Weise reagieren, dann muss die Regierung entsprechende Maßnahmen ergreifen.« Zu bekämpfende Extremisten und nationale Sicherheitsrisiken seien zum Beispiel die impfkritische US-Initiative *Childrens Health Defense* von Robert Kennedy junior, dem Sohn des ermordeten US-Präsidentschaftskandidaten Robert Kennedy und Neffen des ebenfalls ermordeten US-Präsidenten John F. Kennedy.

Richard Stengel, der sich unter Barack Obama als »Informationskrieger« gegen russische Desinformation bezeichnete und Chef der *US Agency for Global Media* im Team von Joe Biden ist, fordert schon dazu auf, »den ersten Verfassungszusatz zur Ausdrucks- und Meinungsfreiheit in den USA zu »überdenken«. Denn, so Stengel weiter: »Ich bin nicht gegen Propaganda. Jedes Land nutzt sie, und alle nutzen sie, um die eigene Bevölkerung zu bearbeiten.« Dem setzt Pohlmann dann zum Abschluss noch den französischen Soziologen und Philosophen Jacques Ellul gegenüber: »»Wer die Presse seiner Gruppe liest und das Radioprogramm seiner Gruppe hört, wird in seiner Gefolgschaft konstant bestärkt. Diese Menschen lernen mehr und mehr, dass ihre Gruppe recht hat, dass ihre Aktionen gerechtfertigt sind [...]. Gleichzeitig enthält solche Propaganda Elemente der Kritik und Zurückweisung anderer Gruppen, deren Ansichten nie von den Mitgliedern der jeweils anderen Gruppe gelesen oder gehört werden. So sehen wir, wie sich vor unsren Augen eine Welt geschlossener Seelen selbst erschafft, eine Welt, in der jeder nur mit sich selbst spricht, in der jeder sich konstant der eigenen Überzeugungen versichert und sich mit den Übeln beschäftigt, die ihm andere antun – eine Welt, in der niemand mehr dem Anderen zuhört. [...] Auch wenn der Anarchismus sich durchsetzen sollte, dann werden wir es nach meiner Ansicht nicht schaffen, eine lebenswertere Gesellschaft zu erzeugen. [...] Auf der anderen Seite scheint es mir, dass eine anarchistische Haltung die einzige ist, die ausreichend radikal ist angesichts dieses nationalstaatlichen Systems.‹«[25]

---

1 www.bloomberg.com/news/articles/2020-05-13/experts-question-russian-data-on-COVID-19-death-toll

2 de.rt.com/russland/102489-russophobe-hetze-experten-fordern-rechenschaft-coronavirus-geringe-wirkung-gegen-russen/

3 deutsch.rt.com/international/102700-neuer-tag-neue-panne-bloomberg-beim-luegen-erwischt/

4 www.bloomberg.com/opinion/articles/2020-05-19/how-vladimir-putin-s-russia-bungled-the-coronavirus

5 rep.repubblica.it/pwa/intervista/2020/05/13/news/stoltenberg_con_il_virus_russia_e_cina_vogliono_destabilizzare_l_occidente_-256546000/?ref=search

6 www.nytimes.com/2020/05/11/world/europe/coronavirus-deaths-moscow.html

7 www.ft.com/content/77cd2cba-b0e2-4022-a265-e0a9a7930bda

8 www.wodarg.com/

9 www.rubikon.news/artikel/schluss-mit-lustig-3

11 www.tagesspiegel.de/gesellschaft/medien/neues-aus-der-anstalt-den-mund-halten-nur-die-die-wirklich-was-wissen-/25882702.html

12 www.tag24.de/unterhaltung/tv/zdf-frontal-21-loescht-video-mit-virologe-wolfgang-wodarg-1467001
13 www.transparency.de/fileadmin/Redaktion/Aktuelles/2020/20-03-25_Brief_Baeumer.pdf
14 www.transparency.de/aktuelles/detail/article/in-eigener-sache-unabhaengiges-gremium-legt-gutachten-zu-aeusserungen-von-wolfgang-wodarg-vor/
15 www.faz.net/aktuell/wirtschaft/transparency-international-die-dunklen-seiten-der-korruptionsjagd-16803895.html
16 www.nachdenkseiten.de/?p=59726
17 www.nachdenkseiten.de/?p=59767
18 deutsch.rt.com/meinung/68533-muenchens-inquisitoren-oder-bayerischen-putztruppen-des-imperiums/
19 www.t-online.de/nachrichten/deutschland/id_88792624/sucharit-bhakdi-und-co-verein-von-corona-rebellen-verliert-gemeinnuetzigkeit.html
20 www.servustv.com/corona-nur-fehlalarm-talk-spezial-mit-prof-dr-sucharit-bhakdi/
21 www.n-tv.de/panorama/Streeck-Wir-haben-Polizei-vor-unserer-Tuer-article22123525.html
22 www.n-tv.de/panorama/Bonner-Virologe-entsetzt-ueber-Hass-im-Netz-article22223308.html
23 www.spiegel.de/politik/deutschland/angela-merkel-zu-verschwoerungsideologien-angriff-auf-unsere-ganze-lebensweise-a-95cb7814-515f-48e1-8092-9384ecd22e7c
24 amp.welt.de/politik/deutschland/article217935978/Partys-trotz-Corona-in-Berlin-Wann-die-Polizei-in-Wohnungen-darf.html
25 kenfm.de/abgeschaltet-von-dirk-pohlmann/

25

UND ES WURDEN TROTZ ITALIEN IMMER MEHR

> »Sobald Demokratie sich wirklich ernst nähme
> und alle gleich viel zu sagen hätten, wäre das Anarchie.«
> RALF BURNICKI

Der Mediziner und Politiker Wolfgang Wodarg warnte zwar als einer der Ersten vor den Einschränkungen der Freiheitsrechte, doch schon bald folgten ihm weitere kritische Experten. Auch die Virologin, emeritierte Professorin und Direktorin des Instituts für Medizinische Virologie der *Universität Zürich*, Karin Mölling, sah die Entwicklung der Corona-Pandemie schon früh differenziert: »Wir brauchen Luft und Sonne, Luft verdünnt die Viren und Sonne mit UV-Licht tötet sie. Aber bloß keine Ausgangssperre!« In einem Radiointerview sagte sie am 14. März 2020, dass Corona kein schweres Killervirus sei. Die vielen Hygienehinweise seien bei Influenza sehr viel mehr angebracht, denn das Problem sei gravierender und von Influenzatoten würde kaum jemand sprechen. In der Einleitung des Interviews distanzierte sich der öffentlich-rechtliche Radiosender von Mölling: Die Virologin vertrete ja nur eine »Einzelmeinung« und ihre Vergleiche seien »zynisch«. Der *Rundfunk Berlin-Brandenburg* schrieb, sofern »das Interview den Eindruck erweckt hat, dass *radioeins* die Corona-Krise verharmlost, möchten wir uns ausdrücklich dafür entschuldigen«.¹

Auch der beliebte Talkshowgast, der Virologe Hendrik Streeck, meinte am 16. März 2020 in einem Interview mit der *Frankfurter Allgemeinen Zeitung*: »Der neue Erreger ist gar nicht so gefährlich, er ist sogar weniger gefährlich als SARS-1.« Auf die geringen Todeszahlen in Deutschland angesprochen, sagte Streeck, »dass 91 Prozent COVID-19 nur mit milden oder moderaten Symptomen durchmachen« und »sich die Italiener nur auf die verbliebenen 9 Prozent«, also auf »die sehr schwer symptomatischen Fälle« fokussiert hätten und die Toten »dort auch nachträglich auf SARS-CoV-2 getestet wurden«. Streeck ging im März zwar davon aus, dass die Todeszahlen auch in Deutschland noch steigen würden, »aber nicht um solch apokalyptische Zahlen, wie sie zum Teil in Umlauf sind«. Man müsse berücksichtigen, dass es sich bei den SARS-CoV-2-Toten in Deutschland hauptsächlich um ältere Menschen gehandelt habe. Obwohl in Heinsberg ein 78 Jahre alter Mann mit Vorerkrankung an Herzversagen gestorben sei und ohne eine Lungenbeteiligung durch SARS-2, tauchte er in der COVID-19-Statistik auf, da er infiziert war. Der Virologe weiter: »Ich lehne mich mal weit aus dem Fenster und sage: Es könnte durchaus sein, dass wir im Jahr 2020 zusammengerechnet nicht mehr Todesfälle haben werden als in jedem anderen Jahr.«²

Sucharit Bhakdi, einer der meistzitierten Experten auf dem Gebiet der medizinischen Mikrobiologie in Deutschland und ehemaliger Leiter des Instituts für Medizinische Mikrobiologie und Hygiene der *Johannes Gutenberg-Universität Mainz*, bezeichnete COVID-19 unter anderem als einen Spuk. In einem offenen Brief an Bundeskanzlerin Angela Merkel vom 26. März 2020 schrieb Bhakdi, dass er sich verpflichtet fühle, »die weitreichenden Einschränkungen des öffentlichen Lebens, die wir derzeit auf uns nehmen, um die Ausbreitung des COVID-19-Virus zu reduzieren, kritisch zu hinterfragen. Es ist ausdrücklich nicht mein Anliegen, die Gefahr der Viruserkrankung herunterzuspielen oder eine politische Botschaft zu kolportieren.

Jedoch empfinde ich es als meine Pflicht, einen wissenschaftlichen Beitrag dazu zu leisten, die derzeitige Datenlage richtig einzuordnen, die Fakten, die wir bislang kennen, in Perspektive zu setzen – und darüber hinaus auch Fragen zu stellen, die in der hitzigen Diskussion unterzugehen drohen. Der Grund meiner Besorgnis liegt vor allem in den wirklich unabsehbaren sozio-ökonomischen Folgen der drastischen Eindämmungsmaßnahmen, die derzeit in weiten Teilen Europas Anwendungen finden und auch in Deutschland bereits in großem Maße praktiziert werden.« Bhakdi appellierte »an die Bundesregierung, Strategien zu erarbeiten, die Risikogruppen effektiv schützen, ohne das öffentliche Leben flächendeckend zu beschneiden«. [...] »In der Infektiologie – begründet von Robert Koch selbst – wird traditionell zwischen Infektion und Erkrankung unterschieden. Eine Erkrankung bedarf einer klinischen Manifestation. Deshalb sollten nur Patienten mit Symptomen wie etwa Fieber oder Husten als Neuerkrankungen in die Statistik eingehen.« Eine Neuinfektion – wie beim PCR-Test auf das Virus gemessen – bedeute eben »nicht zwangsläufig, dass wir es mit einem neuerkrankten Patienten zu tun haben, der ein Krankenhausbett benötigt. Derzeit wird aber angenommen, dass fünf Prozent aller infizierten Menschen schwer erkranken und beatmungspflichtig werden. Darauf basierende Hochrechnungen besagen, dass das Gesundheitssystem im Übermaß belastet werden könnte.«[3]

Doch wurde bei den Hochrechnungen überhaupt »zwischen symptomfreien Infizierten und tatsächlichen erkrankten Patienten unterschieden – also Menschen, die Symptome entwickeln«? Außerdem seien eine ganze Reihe von Coronaviren, und das »medial weitgehend unbemerkt schon seit Langem im Umlauf. Sollte sich herausstellen, dass dem COVID-19-Virus kein bedeutend höheres Gefahrenpotenzial zugeschrieben werden darf als den bereits kursierenden Coronaviren, würden sich offensichtlich sämtliche Gegenmaßnahmen erübrigen.« Eine Studie komme zu dem vorläufigen Ergebnis, »dass das neue Virus sich von traditionellen Coronaviren in der Gefährlichkeit NICHT unterscheidet. Dies bringen die Autoren im Titel ihrer Arbeit ›SARS-CoV-2: Fear versus Data‹ zum Ausdruck.« Fakt sei, dass ein direkter Zusammenhang zwischen wachsendem Testvolumen und dem raschen Anstieg der Fallzahlen bestehe.

Bhakdi weiter: »Der Verdacht liegt also nahe, dass sich das Virus bereits unbemerkt in der gesunden Bevölkerung ausgebreitet hat. Das hätte zwei Konsequenzen: Erstens würde es bedeuten, dass die offizielle Todesrate [...] zu hoch angesetzt ist; und zweitens, dass es kaum mehr möglich ist, eine Ausbreitung in der gesunden Bevölkerung zu verhindern.« Viele Menschen machten sich Sorgen, dass die Todesrate ähnlich wie in Italien oder Spanien ansteigen könne. »Gleichzeitig wird weltweit der Fehler begangen, virusbedingte Tote zu melden, sobald festgestellt wird, dass das Virus beim Tod vorhanden war – unabhängig von anderen Faktoren. Dieses verstößt gegen ein Grundgebot der Infektiologie: Erst wenn sichergestellt wird, dass ein Agens an der Erkrankung beziehungsweise am Tod maßgeblichen Anteil hat, darf die Diagnose ausgesprochen werden. Die *Arbeitsgemeinschaft der Wissenschaftlichen Medizinischen Fachgesellschaften* schreibt in ihren Leitlinien ausdrücklich: ›Neben der Todesursache muss eine Kausalkette angegeben werden, mit dem entsprechenden Grundleiden auf der Todesbescheinigung an dritter Stelle. Gelegentlich müssen auch viergliedrige Kausalketten angegeben werden.‹ Derzeit gibt es keine offiziellen Angaben darüber, ob zumindest im Nachhinein kritischere Analysen der Krankenakten unternommen wurden, um festzustellen, wie viele Todesfälle wirklich auf das Virus zurückzuführen seien«, so der Experte. Bhakdi fragt auch, ob Deutschland genauso wie andere Länder diese Kategorisierung einfach unkritisch fortsetze, also weiterhin nicht »zwischen echten Corona-bedingten Todesfällen und zufälliger Viruspräsenz zum Todeszeitpunkt unterschieden« werde. Die Situation in Norditalien werde als »Referenzszenario« herangezogen, dabei sei die Rolle des Virus vor Ort »aus vielen Gründen völlig unklar«. Dort gebe es externe Faktoren, »die diese Region besonders anfällig machen. Dazu gehört unter anderem die erhöhte Luftverschmutzung im Norden Italiens. Laut *World Health Organization*-Schätzung führte diese Situation 2006 auch ohne Virus zu über 8.000 zusätzlichen Toten allein in den 13 größten Städten Italiens pro Jahr. Die Situation hat sich seitdem nicht signifikant verändert.« Schließlich sei auch erwiesen, »dass Luftverschmutzung bei sehr jungen und älteren Menschen das Risiko viraler Lungenerkrankungen sehr stark erhöht«. Hinzu komme zudem, dass Deutschland nach Angaben von Reinhard Busse, dem Leiter des Fachgebiets Management im Gesundheitswesen an der *Technischen Universität Berlin*, »in Sachen Intensivstationen deutlich besser ausgestattet ist als Italien«. Szenarien wie in Italien oder Spanien seien in Deutschland nicht realistisch, so Bhakdi.[3]

So kollabierten beispielsweise italienische Intensivstationen bereits unter der markanten Grippewelle der Jahre 2017 und 2018, Operationen mussten verschoben werden, Ärzte und Krankenschwestern wurden aus dem Urlaub zurückgeholt und appellierten an die Region, es gab Schwierigkeiten bei der Aufnahme neuer Patienten sowie zu wenige Betten, berichtete der *Corriere della Sera*.[4] Ähnliches geschah anlässlich der Corona-Krise: Ärzte im Ruhestand wurden gebeten, in die Krankenhäuser zurückzukehren. Medienberichten zufolge starben daraufhin auch viele Ärzte in Italien an Corona. Nur: In der »Liste der während der COVID-19-Epidemie gefallenen Ärzte« der *Federazione Nazionale degli Ordini dei Medici Chirurghi e degli Odontoiatri* (FNOMCeO) wurden sämtliche, unter anderem pensionierte Mediziner aller möglichen Fachrichtungen und Todesursachen aufgeführt. Ein Beispiel: »Am 7. März starb Chiara Filipponi, eine Anästhesistin aus Portogruaro, jedoch an einer Krankheit im Endstadium. Leider wird die traurige Liste der Ärzte, die während der COVID-19-Epidemie gestorben sind, immer länger.« Und weiter: »Wir können nicht länger zulassen, dass unsere Ärzte, unser Gesundheitspersonal, mit bloßen Händen zur Bekämpfung des Virus geschickt werden.« Dabei wurde beschlossen, alle Ärzte in die Liste »aufzunehmen, die im Ruhestand sind oder sich noch in der Tätigkeit befinden, denn für uns sind alle Ärzte gleich und gleich ist das Beileid für ihren Verlust«.[5]

In diesem Zusammenhang kritisierte die italienische Gewerkschaft *Confederazione Generale Italiana del Lavoro* jahrelang sehr bedeutende Kürzungen im Gesundheitssektor. »Mit rund 5.100 Betten auf Intensivstationen in Italien ist die Kapazität zur Versorgung von Patienten in Lebensgefahr«, zum Beispiel »fünfmal geringer als in Deutschland«, schrieb der *Bayerische Rundfunk* über das kaputtgesparte italienische Gesundheitssystem.[6] So kam es in der italienischen Lombardei im März 2020 zu Engpässen in den Intensivstationen. Patienten, die normalerweise eine Intensivtherapie erhalten würden, mussten auf andere Stationen verlegt werden. Manche Kranke sollen sogar in Pflegeheime verlegt worden sein.

Über die Situation der Krankenhäuser schrieb das statistische Amt der Europäischen Union, *Eurostat*, im Jahr 2017: »Die Anzahl der Krankenhausbetten gibt Aufschluss über die Versorgungskapazität von Krankenhäusern« und die Zahl der Krankenhausbetten pro 100.000 Einwohner nahm von 2004 bis 2014 innerhalb der 28 EU-Mitgliedsstaaten um 71 Betten auf durchschnittlich 521 ab. »Dieser Abbau von Krankenhausbetten kann unter anderem wirtschaftliche Zwänge, Effizienzsteigerungen [...], eine allgemeine Verlagerung von stationären zu ambulanten Behandlungsformen und eine kürzere Dauer des Krankenhausaufenthalts nach einem medizinischen Eingriff oder einer Behandlung widerspiegeln.«[7]

Der Immuntoxikologe Stefan Hockertz, die fachfremden Faktenchecker von *Correctiv* unterstelltem ihm Irreführung, meinte in einem viral gegangenen Radiointerview vom 24. März 2020: »Wir haben eine Berichterstattung, die sich jetzt natürlich darauf fixiert, dass jeder Mensch, der Corona hat und verstirbt, an Corona verstorben ist. Das ist falsch. Die meisten Menschen, die wir jetzt als Todesfälle zu beklagen haben [...], sind mit Corona gestorben und nicht an Corona. Das sehen wir insbesondere in Italien.« Auch dieser

Sender betonte in der Ankündigung des Interviews, dass man »die Maßnahmen der Bundesregierung [...] aus voller Überzeugung« unterstütze und man die Meinung von Hockertz nicht teile.[8/9/10]

Pietro Vernazza, Chef-Infektiologe des Kantonspitals Sankt Gallen in der Schweiz, zweifelte kursierende Zahlen über jüngere Coronavirus-Patienten an. Vernazza hielt die verfügten Maßnahmen – Schulschließungen und Ausgangssperren – für wissenschaftlich unbegründet. Man solle stattdessen die Risikogruppen schützen und Isolationsmaßnahmen auf gefährdete Personen beschränken. Und das *Deutsche Netzwerk Evidenzbasierte Medizin* (EbM) kritisierte ebenfalls im März 2020: »Weder zu COVID-19 selbst, noch zur Effektivität der derzeit ergriffenen Maßnahmen gibt es bisher belastbare Evidenz.« Als über die ersten Coronavirusinfektionen berichtet wurde, »war kaum absehbar, dass sich aus diesem Krankheitsausbruch eine weltweite Pandemie entwickeln würde. Anfangs glaubte man noch, dass sich die Ausbreitung des SARS-CoV-2 durch Isolierung der Erkrankten und Quarantänemaßnahmen für Verdachtsfälle stoppen lassen könne. Inzwischen ist klar, dass sich das Virus trotz aller drastischen Maßnahmen weltweit verbreiten wird. Kein Epidemiologe glaubt noch daran, dass es gelingen kann, das Virus durch Isolierung und Quarantäne vollständig zu eliminieren. Die Frage, die sich angesichts der heutigen Situation vordringlich stellt, ist daher nicht die Frage, wie wir das Virus eliminieren können, sondern wie gelingt es, dass es möglichst wenig Schaden anrichtet.«

Die Anzahl der Todesfälle durch die Anzahl der nachgewiesenen Erkrankungen zu dividieren, führe aber zu einer Überschätzung der sogenannten Case Fatality Rate (CFR). Die nach den Echtzeit-Angaben der *Johns Hopkins University* ermittelte Letalität beziehungsweise CFR sei »durch mehrere Fehler behaftet«. Es sei schlicht noch nicht möglich, die CFR zuverlässig zu schätzen. »Was allerdings mit großer Zuverlässigkeit gesagt werden kann, ist, dass die Todesfälle in erster Linie ältere, vor allem hochbetagte Menschen mit [...] Vorerkrankungen betreffen.« Die CFR von 0,2 Prozent liege unter den vom RKI errechneten CFRs für die Influenza: Die CFR betrug 2018 und 2019 0,4 Prozent und 2017 und 2018 0,5 Prozent.

Aus der Perspektive des EbM »bleiben jedoch all diese Zahlen nur eingeschränkt verwertbar, wenn die Gesamtmortalität der Bevölkerung, die Gesamtkrankheitslast durch Influenza-like Infections sowie deren CFRs als Bezugsgröße fehlen«. Für die »derzeit praktizierten und angedachten Maßnahmen des ›Social Distancing‹ [...], also staatliche Interventionen von der Schließung von Bildungseinrichtungen bis hin zur vollständigen Ausgangssperre«, gebe es kaum Evidenz, dass diese Maßnahmen (nicht-pharmakologische Interventionen, NPI) »tatsächlich zu einer Verringerung der Gesamtmortalität führen. Stattdessen sei unklar, wie lange die Interventionen aufrechterhalten werden müssen und welche Effekte« man damit erzielen könne. Möglicherweise werde die Zahl der Toten auf einen späteren Zeitpunkt verschoben, ohne dass sich an der Gesamtzahl etwas ändern würde.

Im Gegensatz zur saisonal verlaufenden Grippe sei außerdem unklar, wie sich SARS-CoV-2 weiter verhalten werde. Das Virus könne sich womöglich kontinuierlich und zeitlich weiter ausbreiten, »bis ein Großteil der Menschheit die Infektion durchgemacht hat und immun geworden ist«. Das sei derzeit sehr wahrscheinlich. Die ergriffenen Maßnahmen hätten allerdings »massive Auswirkung, die weit über den wirtschaftlichen Einbruch und das Abstürzen der Aktienkurse hinausgehen«. Das Netzwerk fragte: »Welche psychischen und gesellschaftlichen Auswirkungen haben soziale Isolierung? Wie viele ausländische Betreuungskräfte wollen oder können aufgrund der Grenzschließung und der Auflagen zum Coronavirusschutz, wie der 14-tägigen Quarantäne nach Heimkehr, nicht mehr ihren Dienst bei unseren pflegebedürftigen älteren Menschen antreten und welche Auswirkungen hat das? Wie viele Arbeitsplätze werden verloren gehen, wie viele Unternehmen werden kollabieren? Wen werden die wirtschaftlichen Folgen am härtesten treffen? Werden die NPIs dazu beitragen, soziale Unterschiede zu vergrößern? [...]

Werden die Kinder sich nicht außerhalb der Schule treffen, die Eltern in Ermangelung von Betreuung von der Arbeit abhalten und dann die Großeltern besuchen – und damit genau die Personengruppe einem Risiko aussetzen, die am meisten geschützt werden muss?«

Trotz der vielen offenen Fragen würden die Medien tagtäglich in einer beängstigenden Form nur nackte Zahlen einer exponentiell steigenden Anzahl von weltweit Erkrankten und Toten präsentieren. »Die mediale Berichterstattung berücksichtigt in keiner Weise die von uns geforderten Kriterien einer evidenzbasierten Risikokommunikation.« Es werde nicht »zwischen Diagnose und Infektionen differenziert. [...] Die Gesamtzahl der Infizierten ist jedoch nicht bekannt. [...] Die Nennung von Fällen ohne Bezugsgrößen ist irreführend.« Die Nennung von Rohdaten ohne Bezug zu anderen Todesursachen führe schlicht zur Überschätzung des Risikos. »In Deutschland versterben etwa 2.500 Personen pro Tag. Die Angaben zu den Todesfällen durch COVID-19 sollten daher entweder die täglich oder wöchentlich verstorbenen Personen mit Angabe der Gesamttodesfälle in Deutschland berichten. Auch ein Bezug zu Todesfällen durch andere akute respiratorische Infektionen wäre angemessen. [...] Die Frage, inwieweit es aus ethischer Sicht gerechtfertigt ist, nun in den Medien exemplarisch schwer verlaufende Einzelfälle zu berichten, ohne Einordnung in das Gesamtspektrum von Krankheit und Tod, sollte diskutiert werden. Zudem bestehen bei den zur Verfügung stehenden Daten erhebliche Ungereimtheiten. Es ist vollkommen unklar, warum es gerade in Italien zu einer solch explosionsartigen Ausbreitung mit vielen Toten gekommen ist, und das nicht etwa in einer der ärmeren Regionen Italiens, sondern in der reichen Lombardei.«

In Bezug auf Influenza stelle sich die Frage, ob im Fall von SARS-CoV-2 nicht »einfach nur umfangreicher gemessen« werde. Immerhin seien 2017 und 2018 allein in Deutschland rund 25.100 Menschen an Influenza verstorben, wobei es nach Angaben des *Robert Koch-Instituts* in etwa 5 Millionen Infizierte gab und sich die Zahl der Infizierten alle 4,4 Tage verdoppelte. Damals habe jedoch niemand gemessen und auch nicht vor einer Überlastung des Gesundheitssystems gewarnt, obwohl sicher auch der Großteil der schwer an Grippe Erkrankten vor ihrem Tod stationär oder intensivmedizinisch versorgt wurde. Trotz der wenig belastenden Evidenz zu COVID-19 oder der Effektivität der ergriffenen Maßnahmen sei eine ernst zu nehmende Bedrohung durch die Corona-Pandemie aber nicht auszuschließen, so das EbM.[12]

Einer der renommiertesten Epidemiologen, John Ioannidis von der *Stanford University*, wies ebenfalls darauf hin, dass Coronaviren als typische Erreger von Erkältungskrankheiten jedes Jahr schließlich Millionen Menschen infizieren und bei bis zu 8 Prozent älteren, multimorbiden Menschen tödlich enden, was weltweit aber untergehen würde. Sollte die COVID-19-Sterblichkeit sogar geringer als bei der saisonalen Grippe sein, sei es völlig irrational, die Welt herunterzufahren. Es wäre, als würde ein Elefant von einer Hauskatze angegriffen und bei dem Versuch, der Katze auszuweichen, von einer Klippe springen. Es herrsche ein Mangel an Daten über die Epidemie, trotzdem wurden Maßnahmen ergriffen, die zu unvorhersehbaren Entwicklungen, »einschließlich einer Finanzkrise, Unruhen, Bürgerkrieg, Krieg und einem Zusammenbruch des sozialen Gefüges« führen könnten.[13]

Die Zahl der Kritiker der Corona-Hysterie nahm trotz der Ereignisse in Italien immer weiter zu. In Deutschland bildete sich zum Beispiel ein Außerparlamentarischer Corona-Untersuchungsausschuss. Alle Bürger könnten »Vorschläge für Sachverständige und Zeugen machen«. Transparenz der Inhalte sei wichtig. Im Corona-Ausschuss kamen anders als in Politik und Medien vermehrt kritische Experten zu Wort. Das vorläufige Ergebnis: Es spreche bisher sehr viel dafür, dass das von SARS-CoV-2 ausgehende Risiko stark überschätzt werde und die Risiken und Schäden der Maßnahmen nicht ausreichend berücksichtigt würden. Dass die Regierung keine Folgenabschätzung vorgenommen habe, sei wegen der Schäden für

Kinder, Alte oder Unternehmen zumindest grob fahrlässig. Ein überschaubares Risiko sei mit hochriskanten Restriktionen bekämpft worden, obwohl die Infektionen schon vor dem ersten Lockdown rückläufig gewesen seien. Stattdessen richteten Masken, Abstandsgebote und Schließungen große Schäden an, für Gesundheit, Wirtschaft, Kultur und das soziale Zusammenleben. Schaden und Nutzen stünden in keinem Verhältnis und seien unverhältnismäßige Grundrechtseingriffe, weshalb sich die Regierungen schuldhaftes Handeln vorhalten lassen müssten.[14]

Der zum Corona-Ausschuss zählende Jurist Reiner Füllmich ist seit Jahren als Prozessanwalt gegen Konzerne wie die *Deutsche Bank* oder *Volkswagen* in Deutschland und den USA tätig. In einem Interview mit der *Fuldaer Zeitung* kündigte Füllmich eine Sammelklage mit einem Team aus über 100 Anwälten vor deutschen und US-Gerichten an. »Wir verklagen diejenigen, die behaupten, der PCR-Test erkenne Infektionen. Das sind vor allem der Virologe Christian Drosten und Lothar Wieler, Präsident des *Robert Koch-Instituts*. Im Visier der Klagen stehen auch die Politiker, die sich auf Drostens und Wielers Rat verlassen haben. Vor Gericht werden wir fragen, warum die Politik nicht auch andere Experten gehört hat – etwa John Ioannidis: Ihm zufolge ist das Virus viel weniger gefährlich, als es Drosten und das RKI behaupten.« Die *Fuldaer Zeitung* fragte Füllmich, der die hohen Zyklen der PCR-Tests kritisiert, um viele »falsch positiv Fälle zu produzieren«, und nach Angaben der Zeitung nur polarisieren würde: »Wenn die positiven Ergebnisse meist falsch sind und Corona so gefährlich ist wie Grippe, wie kommt es dann zu den vielen Toten – in Italien, Spanien, den USA?« Zwar nennt die Zeitung keine Bezugsgröße, doch Füllmich: »Hier in Deutschland ist im Jahresvergleich überhaupt [bisher] keine Übersterblichkeit aufgetreten. Das liegt auch am guten Gesundheitswesen.« In einem Folgeartikel, die *Fuldaer Zeitung* war erneut krampfhaft bemüht, Füllmich zu widerlegen, was kaum gelang, musste das Blatt die Aussagen des Juristen zur Sterblichkeit in Deutschland und die

Diskussion um die Anzahl der Zyklen bestätigen. Und »was das Ausland betrifft, so darf man die Kausalfrage keinesfalls vereinfachen. Missstände im Gesundheitswesen, aus Angst verordnete überschießende medizinische Behandlungen, dazu noch in Italien eine besonders alte Bevölkerung – das kann man nicht einfach alles unter der Gefährlichkeit eines Virus subsumieren, ohne weitere Umstände genauer zu beleuchten. Aber man brauchte offenbar Panikbilder, um die Bevölkerung im Schockzustand zu halten und um zu verhindern, dass jemand anfängt, Fragen zu stellen. Diese Schreckensbilder kamen aus Bergamo und aus New York. Ich war zu der Zeit in den USA. Ich lebe zum Teil dort und bin in Kalifornien als Anwalt zugelassen.«

Auch dort seien einige Krankenhäuser überlaufen gewesen, aber keinesfalls alle. Das vom Militär entsandte Hospitalschiff sei zum Beispiel kaum ausgelastet gewesen. Auch diese Aussage wurde von der Zeitung nachträglich bestätigt. »Die betroffenen Krankenhäuser leiden noch dazu jährlich zur Grippesaison unter Zuständen, die Professor Ioannidis als ›War-Zone‹ (Kriegsschauplatz) beschrieb.« Die Zeitung fragte: »Wie kam es denn dann zu den hohen Todeszahlen?« Füllmich: »Auch diese Frage hat komplexe Hintergründe. Durch die Panik sind Leute in die Krankenhäuser gestürmt, die einen kleinen Infekt sonst zu Hause auskuriert hätten. Auf den Stationen haben sie sich dann eventuell mit Krankenhauskeimen infiziert, oder sie wurden in zu hohen Dosen mit Mitteln behandelt wie Hydroxychloroquin, die die Sterblichkeit erhöht haben – vor allem bei Farbigen, die häufig unter Favismus leiden und deswegen dieses Medikament oft nicht vertragen. Auch wurden in Italien und in New York viel zu viele Patienten sehr früh an Beatmungsgeräte angeschlossen, die bei längerem Einsatz tödliche Folgen haben können.« Das Amtsgericht Dortmund habe am 2. November 2020 die Corona-Beschränkungen für ungültig erklärt, da diese auf einer Verordnung der Regierung und nicht auf einem Gesetz des Bundestages beruhten, womit das Urteil auf Linie mit Entscheidungen des österreichischen

Verfassungsgerichts und vieler US-amerikanischer Gerichte liege, so Füllmich.[15/16] Übrigens wurden manche Nutzer auf *Facebook* gesperrt, weil sie um den 22. November 2020 auf Füllmichs via *Telegram* erneut angekündigten Klagebeginn der Anwälte vor deutschen Gerichten sowie vor einem US-Gericht aufmerksam machten. Füllmich reichte die Klagen ein und die Checker des Mainstreams zogen weiter über ihn und andere her, etwa über die internationalen Ärzte für Wahrheit.

Mitten im Corona-Sommer trafen sich in Madrid Hunderte Ärzte aus verschiedenen Ländern und widersprachen dem offiziellen Corona-Narrativ. Die »›Lista Mundial‹ de Médicos Por La Verdad« führt Ende Dezember 2020 über 1.300 Doktoren, Biologen, Virologen und Gesundheitsexperten, die kritisch hinterfragen und mehr »Wahrheit« fordern.[17] Auch in einer belgischen Initiative kritisierten Hunderte Ärzte und Tausende Gesundheitsexperten unter *Docs4opendebate* die anhaltende Panikmache und Corona-Maßnahmen und verlangten eine offene Debatte ohne Zensur.[18] Und das sind nur einige der vielen Beispiele, die den selbsternannten Faktenprüfern noch eine Menge Arbeit bereiteten.

Unter anderem missbrauchte der öffentlich-rechtliche *Westdeutsche Rundfunk* (WDR) seine Stellung gegen Aktionen kritischer Ärzte und forderte fernab seines Auftrags dazu auf, den eigenen Arzt zu denunzieren, sollte dieser Corona »verharmlosen«. Am 20. Oktober 2020 fragte der WDR unter Bezug auf »rasant steigende« Infektionszahlen: »Was also als Patient tun, wenn der (Haus-)Arzt die Gefahr durch das Coronavirus herunterspielt oder gar leugnet? ›Wachsam und kritisch sein‹, rät die Sprecherin der Ärztekammer Nordrhein. Wer eine Arztpraxis betritt, sollte sich umschauen und ein Auge darauf haben, ob die allgemeinen Hygiene-Vorschriften eingehalten werden. Tragen alle Masken? Gibt es eine Plexiglaswand am Empfangstisch? Wird auf genügend Abstand geachtet, auch im Wartezimmer? Bei Abweichungen: Unbedingt das Praxisteam ansprechen. Und dem Arzt widersprechen, falls er alles als harmlos hinstellt. Hinweise über entsprechende Fälle bitte der zuständigen Ärztekammer melden. ›Wir gehen dann der Sache nach.‹« Über kritische Ärzte hieß es: Einige »Götter in Weiß« missbrauchten ihren beruflichen Status, um ihre persönliche Anschauungsweise legitim erscheinen zu lassen. Kritische Äußerungen zum Maskentragen seien »hochgefährlich« und würden zu »Entsetzen« bei anderen Medizinern führen. Laut WDR solle der Patient »wachsam und kritisch« sein. »Mitunter kommt es auch vor, dass Ärzte Gefälligkeits-Atteste ausstellen, um einen Patienten von der Maskenpflicht zu befreien. ›Von solchen Fällen hören wir zumeist zufällig‹, sagt die Sprecherin der Ärztekammer Nordrhein. Zum Beispiel, wenn sich eine Schule meldet und darauf hinweist. Für den zuständigen Arzt bleiben solche Gefälligkeits-Atteste aber nicht ohne Folge. Laut Berufsordnung sind sie dazu verpflichtet, einen Patienten vor Ausstellung von ärztlichen Gutachten und Zeugnissen sorgfältig zu untersuchen. Wenn sich Mediziner nicht daran halten, drohen – wie bei Herunterspielen oder Leugnen des Virus auch – berufsrechtliche Maßnahmen. Das kann eine Rüge sein oder etwa eine empfindliche Geldstrafe.«[19] Aber wäre die Verleumdung kritischer und weniger hysterischer Ärzte durch den mit Zwangsgebühren finanzierten WDR nicht viel mehr ein Fall für *Anwälte für Aufklärung*? Dieser Zusammenschluss von über 100 unabhängigen Anwälten hat es sich zur Aufgabe gemacht, »die Öffentlichkeit auf verfassungsrechtlich relevante Missstände« in der Corona-Krise hinzuweisen. Durch die Presseberichterstattung könne nämlich schnell der Eindruck entstehen, »ein konkretes politisches Handeln sei juristisch nicht zu beanstanden oder sogar notwendig, obgleich es erhebliche rechtliche Einwände gibt«.[20]

Ungeachtet möglicher Denunziationen schlossen sich Hunderte Ärzte aus Deutschland der Organisation *Ärzte für Aufklärung* an. Die Arbeitsgemeinschaft von Ärzten und Wissenschaftlern, die sich »gegen Desinformation, Lobbyismus, Demokratieabbau, politische Willkür, gesellschaftliche Spaltung und die Einschränkung von Grundrechten« wendet, wurde wenig überraschend diffamiert, unter anderem von der jeweiligen *Ärztekammer*. Warum? Gemeinsam mit rund 2000 Unterstützern kritisieren die Aufklärungsärzte »die Corona-Maßnahmen der Regierung als überzogen« und fordern »eine transparente Aufarbeitung der Zahlen«. Denn ein »Zwang zur Impfung droht«, zitiert die *Deutsche Ärzte Zeitung* einen Flyer der Ärzte vom 1. November 2020. Bis heute wisse kein Forscher, »ob Autoimmunkrankheiten oder sogar Krebs« durch eine voreilige Corona-Impfung entstehen könnten. »Eine nicht auszuschließende Folge sei eine Zahl von 80.000 Todesopfern.« Wie die *Ärzte für Aufklärung* diese Zahl errechnet haben, blieb zwar unklar, dafür war sich die *Deutsche Ärzte Zeitung* sicher, dass »eine Zwangsimpfung gegen SARS-CoV-2 in Deutschland nicht vorgesehen sei«.[21/22]

Die Landesärztekammer Hamburg sah auch als erwiesen an, dass nicht die Panikmache der Medien oder Politik, sondern »Flugblätter wie das der ›Ärzte für Aufklärung‹ für Angst und Verunsicherung in der Bevölkerung« sorgen. Hamburgs Kammerpräsident Pedram Emami zur *Deutschen Ärzte Zeitung*: »Ich finde es befremdlich, dass es ausgerechnet ärztliche Kollegen sind, die immer mehr ins Irreale und Ideologische abdriften. Das schadet nicht nur der Glaubwürdigkeit des Berufsstandes. Viel wichtiger ist, dass sie damit die Gesundheit und das Wohl der Bevölkerung aufs Spiel setzen.« Eine berufsrechtliche Beanstandung werde durch die Kammer geprüft. Wie viele Menschen durch die Corona-Maßnahmen in ihrer Gesundheit oder Existenz gefährdet und ruiniert wurden, starben oder Selbstmord begingen, hat Emami dagegen nicht im Blick. Die Kammer distanziere sich ausdrücklich von den auf dem Flugblatt willkürlich genannten Zahlen und Äußerungen, da jegliche wissenschaftliche Evidenz fehle.[22] Offensichtlich haben aber mit Big Pharma und der Politik bestens vernetzte Institutionen wie das *Imperial College* oder das *Robert Koch-Institut* ein Vorzugsrecht, mit apokalyptischen Zahlen von Millionen Coronatoten eine globale Hysterie zu produzieren, denn an diesen Horrorprognosen hat man jedenfalls nichts zu beanstanden. Und was ist dagegen schon ein Demo-Flyer?

Wie weit der Kampf gegen Kritiker und Verweigerer der Corona-Maßnahmen pervertiert ist, zeigt noch ein Beispiel aus Essen. Dort bietet die Stadt den Bürgern mit einem eigenen Denunziationsportal die Möglichkeit, Corona-Verstöße über das Internet zu melden und Fotos hochzuladen. Unter »Melden eines Verstoßes gegen die Coronaschutz-Verordnung«, der gleichen Bezeichnung wie in Essen, rief übrigens auch die Stadt Mülheim an der Ruhr zum Denunziantentum auf.[23]

---

1 www.radioeins.de/programm/sendungen/die_profis/archivierte_sendungen/beitraege/corona-virus-kein-killervirus.html

2 www.faz.net/aktuell/gesellschaft/gesundheit/coronavirus/virologe-hendrik-streeck-ueber-corona-neue-symptome-entdeckt-16681450-p2.html

3 swprs.files.wordpress.com/2020/03/sucharit-bhakdi-letter-merkel.pdf

4 milano.corriere.it/notizie/cronaca/18_gennaio_10/milano-terapie-intensive-collasso-l-influenza-gia-48-malati-gravi-molte-operazioni-rinviate-c9dc43a6-f5d1-11e7-9b06-fe054c3be5b2.shtml

5 portale.fnomceo.it/elenco-dei-medici-caduti-nel-corso-dellepidemia-di-COVID-19/?ref=drnweb.repubblica.scroll-1 (abgerufen am 27. Dezember 2020)

6 www.br.de/nachrichten/deutschland-welt/italiens-kliniken-am-limit-immer-mehr-faelle-ganz-wenig-betten,RtOv4Jw

7 ec.europa.eu/eurostat/statistics-explained/index.php?title=Archive:Healthcare_provision_statistics/de&oldid=357319#Krankenhausbetten

8 correctiv.org/faktencheck/2020/04/02/coronavirus-nicht-gefaehrlicher-als-grippe-warum-stefan-hockertz-behauptungen-in-die-irre-fuehren

9 www.rs2.de/interview-mit-immunologe-und-toxikologe-prof-dr-stefan-hockertz

10 www.rs2.de/programm/der-hockertz-realitaetscheck
11 www.watson.ch/wissen/coronavirus/397549523-coronavirus-die-zahlen-zu-den-jungen-erkrankten-sind-irrefuehrend
12 www.ebm-netzwerk.de/de/veroeffentlichungen/nachrichten/COVID-19-wo-ist-die-evidenz
13 www.statnews.com/2020/03/17/a-fiasco-in-the-making-as-the-coronavirus-pandemic-takes-hold-we-are-making-decisions-without-reliable-data/
14 acu2020.org/
15 www.fuldaerzeitung.de/fulda/coronavirus-reiner-fuellmich-panikmache-attacke-lothar-wieler-rki-christian-drosten-charite-interview-fulda-90096522.html
16 www.fuldaerzeitung.de/panorama/corona-streit-pcr-test-panikmache-virologe-christian-drosten-widerlegt-reiner-fuellmich-goettingen-90101108.html
17 www.medicosporlaverdad.com/ (abgerufen am 28. Dezember 2020)
18 docs4opendebate.be/en/
19 www1.wdr.de/nachrichten/themen/coronavirus/aerzte-coronavirus-verharmlosen-leugnen-folgen-102.html
20 www.afa.zone/
21 www.ärzte-für-aufklärung.de/
22 www.aerztezeitung.de/Wirtschaft/SARS-CoV-2-Kammer-distanziert-sich-von-Aerzten-fuer-Aufklaerung-414254.html
23 www.essen.de/formular/ordnungsamt/coronaschutzverordnung_melden_eines_verstosses.de.html

26

DEN RUBIKON ÜBERSCHREITEN

*»Mittelmäßige Geister verurteilen gewöhnlich alles,
was über ihren Horizont geht.«*
FRANÇOIS DE LA ROCHEFOUCAULD

Als die Zahl kritischer Mediziner, Wissenschaftler und Forscher weltweit weiter zunahm, verstärkte sich der Kampf gegen sie. Doch nicht nur unter den Experten wuchs der Widerstand. Vielen Menschen ist nicht egal, dass in der Corona-Krise auf einmal gegen Grundsätze der Infektiologie und Datenethik verstoßen wird, Verkehrstote mit COVID-19 als COVID-19-Tote zählen und Verhältnismäßigkeit keine, Corona-Willkür hingegen eine sehr große Rolle spielt. Die Regierungen weltweit einfach alles dafür tun, um schwer erkämpfte Grundrechte zu beseitigen. Das für viele Menschen auf dem Planeten tödliche System des marktradikalen Kapitalismus bleibt dagegen unangetastet, Hauptsache, die Konzern- und Aktionärsgewinne explodieren.

Und die Restriktionen nahmen zu. Dem freien Printmedium *Demokratischer Widerstand*, das sich gegen die staatlichen Corona-Restriktionen richtet, wurde am »Freitagnachmittag, dem 11. Dezember 2020« das Konto gesperrt. Dies sei »nach der *Berliner Sparkasse*, N26, *Postbank* und GLS die fünfte Bank, die uns als regierungskritische Wochenzeitung entgegen aller Gepflogenheiten und Gesetzmäßigkeiten großen Schaden zufügt«, so der Mitherausgeber, Dramaturg und Journalist Anselm Lenz. Anderen kritischen Journalisten wie Ken Jebsen seien ebenfalls Bankverbindungen ohne seriöse Grundlage gesperrt worden. »Willkommen in Hongkong«, kommentierte Lenz die Schikanen.

Auch der ARD-»Faktenfinder« war aktiv und zog mit scharfen Worten über *Russia Today* (RT) her. RT warf man zum Beispiel vor, »krude Thesen für ›Corona-Skeptiker‹ zu verbreiten. Und das, weil dort »umfassend« über ein Thema, eben die Corona-Krise, berichtet wurde, was nun einmal die »Aufgabe eines Nachrichtensenders« sei, so RT. Der russische Auslandskanal hatte in diesem Fall über den Corona-Untersuchungsausschuss sowie die Corona-kritische Einschätzung des Wissenschaftlers und ehemaligen *Pfizer*-Vizes Mike Yeadon berichtet.[172]

Die Öffentlich-Rechtlichen sind kreativ, wenn es darum geht, Gehorsam zu demonstrieren und Kritiker zu diffamieren. So befragte Dunja Hayali im *ZDF-Morgenmagazin* Michael Blume, den Antisemitismus-Beauftragten der Regierung Baden-Württembergs, zu einer Bewegung, die Corona-Maßnahmen der Regierung kritisiert. Für den Wirtschaftsjournalisten Norbert Häring taten sich dabei »Abgründe an obrigkeitsstaatlicher Denke auf«. Nach Ansicht der *Amadeu Antonio Stiftung* habe jede Verschwörungstheorie »immer ein antisemitisches Betriebssystem, weil nämlich der Antisemitismus die älteste Verschwörungstheorie überhaupt« sei. »Da Demonstranten gegen Corona-Maßnahmen nun Verschwörungsglaube vorgeworfen wird«, meint man ihnen also noch Antisemitismus unterstellen zu können. Das sei Blödsinn, »ein offenkundig unzulässiger Umkehrschluss, ganz abgesehen davon, dass es Verschwörungen und den Glauben daran mit ziemlicher Sicherheit schon ein paar Tausend Jahre länger gibt als den jüdischen Glauben«, so Häring. Außerdem warf Blume den Corona-Kritikern ihre »Obrigkeitskritik« vor, die »›leider‹ noch sehr stark sei«. Wenn Obrigkeitskritik aber ein Problem sei, dann müssten »Obrigkeit und Obrigkeitsgläubigkeit« wiederum erstrebenswert sein, was beispielhaft für ein

»vordemokratisches Regierungsverständnis« der Regierenden und ihrer öffentlich-rechtlichen Medien steht. Und wer starke Nerven hatte, so Häring, erfuhr sogar, dass die Bewegung gefährlich sei, da sie vor der Abschaffung des Bargeldes warne.[3]

Ein Demonstrationsteilnehmer beschwerte sich über die Berichterstattung der Corona-Proteste und forderte Richtigstellung, da »ich kein Corona-Leugner bin«. Die Demonstrationen seien »keine Anti-Corona-Demos, sondern Demos für die Wiederherstellung unserer Grundrechte, da wir die Maßnahmen der Regierung unter wissenschaftlichen und rechtlichen Gesichtspunkten für vollkommen unangemessen halten«. Man diffamiere die Motive der Teilnehmer. »Ich sehe darin auch eine unwahre Tatsachenbehauptung«, eine Leugnung sei überhaupt kein Thema bei den Anmeldungen der Demonstrationen. »Wir sehen des Weiteren eine hetzerische Herabwürdigung, da der Begriff ›Leugner‹ mit den Holocaust-Leugnern in Verbindung gebracht wird, was strafbar ist« und suggerieren soll, »dass wir potentielle Kriminelle wären«. Das sei Hetze gegen Bürger, die ihr Demonstrationsrecht wahrnehmen. Der Pressekodex verpflichte aber zu »Wahrhaftigkeit und Achtung der Menschenwürde«, »Sorgfaltspflicht«, »Richtigstellung«, »Schutz der Persönlichkeit«, »Schutz der Ehre« und richte sich gegen »Diskriminierungen«. Gemäß Pressekodex sei die Recherche ein »unverzichtbares Instrument journalistischer Sorgfalt. [...] Informationen in Wort, Bild und Grafik sind mit der nach den Umständen gebotenen Sorgfalt auf ihren Wahrheitsgehalt zu prüfen und wahrheitsgetreu wiederzugeben.«[4]

Das Onlinemagazin *Rubikon* machte seinem Namen in der Corona-Krise alle Ehre und verließ den schmalen Corona-Meinungsgrad schon von Anfang an. Das führte bald zu Zensur und Löschung auf *YouTube*. Damit wurde 100.000 Abonnenten einfach so und ohne Vorankündigung oder Begründung »mit einem Wisch die Mündigkeit abgesprochen«. Die *Rubikon*-Redaktion: »Nicht wir verlieren *YouTube*, sondern dieser *Google*-Kanal verliert uns. Was als

Katzenvideoplattform begonnen hat, wird irgendwann als Katzenvideoplattform enden. [...] Am selben Tag wurden auch andere Kanäle auf der Plattform abgeschaltet, die Teil einer Gegenöffentlichkeit in der Corona-Krise geworden sind. Es gibt keinen anderen tatsächlichen Grund dafür, als dass diese Gegenöffentlichkeit den Mächtigen und den für sie Regierenden samt ihrer medialen Helfershelfer ein Dorn im Auge ist. [...] Die Antwort der Mächtigen und Regierenden und ihrer Netzwerke ist der Angriff auf die Grundrechte, zu denen die Meinungs- und Pressefreiheit gehört.« Was wäre zu tun? »Nutzen Sie immer dann, wenn es möglich ist, nicht die Kanäle der Machtmedien, um sich zu informieren, ob in Text, Ton oder Bild. Sie sind nur als potenzielle Werbekunden interessant. [...] Entziehen Sie ihnen Ihre Daten. [...] Nehmen Sie den Medienkonzernen das, was sie reich macht: Die Reichweite. [...] Informieren Sie sich bei unabhängigen Medien.«[5]

Klar, dass der um Konformität bemühte Mainstream das ganz anders sieht und sehen muss. *Der Spiegel* nannte den *Rubikon* »eine Art Hausmedium der Protestler«, die *Süddeutsche Zeitung* sprach von einem »Querfront-Magazin«. Und die anonym schreibenden Autoren der zur Pseudoenzyklopädie verkommenen *Wikipedia* taten das unabhängige Medium als verschwörungstheoretisch ab.[6] Während der Mainstream über alles herfiel, was nicht auf Linie und nicht mehr zu ignorieren war, stellte der *Rubikon* kritische Artikel und »Expertenmeinungen zu Corona, darunter etliche Aussagen von hochrangigen Medizinern und Virologen« zusammen.[7] Zum Beispiel in Form von Zitaten.

So sagte unter anderem John Oxford, ein weltweit führender Virologe und Influenza-Spezialist: »Persönlich würde ich sagen, dass der beste Ratschlag ist, weniger Zeit mit dem Anschauen von Fernsehnachrichten zu verbringen, die sensationell und nicht sehr gut sind. Ich persönlich halte diesen COVID-Ausbruch für eine schlimme Wintergrippeepidemie. [...] Wir leiden unter einer Medienepidemie!«

Eran Bendavid und Jay Bhattacharya, Medizin-Professoren an der Stanford University, kamen zu dem Schluss: »Die Furcht vor COVID-19 basiert auf seiner hohen geschätzten Todesrate [...] Wir glauben, dass diese Schätzung zutiefst fehlerhaft ist. [...] Wenn die Zahl der tatsächlichen Infektionen viel größer ist als die Zahl der Fälle – um Größenordnungen größer –, dann ist auch die tatsächliche Sterblichkeitsrate viel niedriger. Das ist nicht nur plausibel, sondern nach dem, was wir bisher wissen, auch wahrscheinlich.«[7/8]

Der Mikrobiologe, Virologe und Infektionsepidemiologe Martin Haditsch meinte: »Nach langer Bedenkzeit wende ich mich an die verbliebenen Vernunftbegabten. Und ich möchte mir trotz möglicher Anfeindungen, Shit Storms oder Stigmatisierung das Recht nicht nehmen lassen, Kommentare von Journalisten, sogenannten Experten sowie Entscheidungen politischer Verantwortungsträger kritisch zu hinterfragen. [...] Wer das aktuelle Vorgehen fälschlicherweise als angemessen bewertet, müsste dies anlässlich der jährlichen Influenza-Daten bei uns wohl jedes Jahr in der Influenza-Saison mit gleicher Konsequenz aufs Neue fordern müssen.«[7]

Auch der Professor für medizinisches Forschungsdesign und Analyse an der *Universität Kopenhagen*, Peter Gøtzsche, wurde im *Rubikon* zitiert: »Corona: Eine Massenpanik-Epidemie. [...] Die *World Health Organization* (WHO) schätzt, dass eine Grippesaison etwa eine halbe Million Menschen tötet, das heißt, etwa 50 Mal mehr als diejenigen, die bisher während der mehr als dreimonatigen Coronavirus-Epidemie gestorben sind. [...] Während der Influenza-Pandemie 2009 wurden keine solch drakonischen Maßnahmen ergriffen, und sie können natürlich nicht jeden Winter, der das ganze Jahr über andauert, angewandt werden, da es irgendwo immer Winter ist. Wir können nicht die ganze Welt dauerhaft abschalten.«[7/9]

Oder Yoram Lass, ehemaliger Generaldirektor des israelischen Gesundheitsministeriums. Lass meinte: »Was hat die Schweinegrippe-Pandemie gestoppt und was stoppt Viren generell? Wer glaubt, dass die Regierung Viren beendet, liegt völlig falsch. Was passiert wirklich? Das Virus, das niemand stoppen kann, verbreitet sich in der Bevölkerung, und dann wird die Bevölkerung, nicht die Gefährdeten, dem Virus ausgesetzt, und gleichzeitig bildet der Körper Antikörper, um die Krankheit abzuschalten und zu verhindern. Zurzeit wird das Virus in Israel von sehr vielen Menschen verbreitet, die nicht wissen, dass sie es haben, und die Menschen werden dem Virus ausgesetzt und werden immun. Die Infektionskette wird unterbrochen, und auf diese Weise kommt das Virus zum Stillstand.«[7/10]

Kritisch äußerte sich auch der ärztliche Leiter vom *Gemeinschaftskrankenhaus Havelhöhe*, Harald Matthes: »Ein wissenschaftlich fundierter Diskurs aller relevanten Medizingesellschaften [...] hat nicht stattgefunden. Stattdessen wurden Virologen zu Medienstars und Beratern der Politik, die nun den Krieg gegen Corona (Präsident Emmanuel Macron) oder drakonische Maßnahmen auch für Demokratien ausrufen. [...] Immunologisch sind sich jedoch weite Teile der medizinischen Fachgesellschaften einig, bedarf es einer Herdenimmunisierung durch Infektion oder Impfung, um der Pandemie Einhalt zu gebieten. [...] Getrieben durch die Medien erleben wir eine Eskalationsstufe nach der anderen und stehen nunmehr vor der Einschränkung demokratisch verbriefter Grundrechte, ohne den demokratischen Gesellschaftsprozess eines diskursiven Dialoges auch nur annähernd zu führen.«[7/11]

Der Epidemiologe und Professor Mikko Paunio meinte: »Hat SARS-CoV-2 die ganze Welt zum Narren gehalten? [...] Ein IFR-Wert von 0,1 Prozent, was wahrscheinlich eine konservative Zahl ist, deutet darauf hin, dass alle bereits infiziert sind« und sich SARS-CoV-2 schon früh verbreitet habe. Paunio forderte, von der Abriegelung wegzukommen und vernünftige Ansätze zur Bekämpfung der Krankheit zu entwickeln, ohne weiteres wirtschaftliches Elend zu verursachen. »Es mag schwierig sein, dies zu tun, aber die Heilung ist derzeit viel schlimmer als die Krankheit.«[7/12]

Schon am 20. März 2020 zitierte die *New York Times* David Katz, den Gründungsdirektor des *Yale University Prevention Research Center*:

»Ist unser Kampf gegen das Coronavirus schlimmer als die Krankheit? [...] Die Daten aus Südkorea [...] zeigen, dass 99 Prozent der aktiven Fälle in der generellen Population mild sind und keine spezifische medizinische Behandlung brauchen. [...] Die Todesfälle sind vor allem bei älteren Menschen, bei Menschen mit schweren chronischen Krankheiten wie Diabetes und Herzkrankheiten sowie bei Menschen in beiden Gruppen zu finden. Dies gilt nicht für infektiöse Geißeln wie die Grippe. Die Grippe trifft ältere und chronisch kranke Menschen ebenfalls hart, aber sie tötet auch Kinder.«[7/13]

Und da es noch viele offene Fragen gab, die in den großen Medien übergangen wurden, wandte sich der Journalist und *Rubikon*-Herausgeber Jens Wernicke an Anwälte, um Antworten zu bekommen, etwa von der *Charité* über den Corona-Test von Christian Drosten oder den Corona-Ausbruch in dem Schlachtbetrieb *Tönnies* im Kreis Gütersloh. Bei *Tönnies* wurden die Mitarbeiter in Quarantäne geschickt und für die betroffene Region ein Lockdown verhängt. Dabei testete man die Mitarbeiter sowie Bewohner umfänglich auf Corona. Wernicke stellte also eine Presseanfrage und bekam den Hinweis, dass wegen vieler Anfragen eine zeitnahe Antwort nicht möglich sei. Auch die Nachfrist zur Beantwortung der Fragen wurde ignoriert. Und das, obwohl Landrat Sven Georg Adenauer sich weder im Urlaub noch auf der Flucht befand. Adenauer war vielmehr um seine Wiederwahl bemüht, wozu er die vermeintliche Krisenbewältigung gerne nutzte. Allerdings gibt es laut Pressegesetz von Nordrhein-Westfalen, und dort liegt Gütersloh nun mal, einen Anspruch auf »presserechtliche Auskunft von einer Körperschaft des öffentlichen Rechts«. Nachdem der Corona-Ausbruch im Schlachtbetrieb in den Medien immerhin viel beachtet wurde, sollte ja auch ein entsprechendes öffentliches Interesse vorliegen. Wernicke wollte also wissen, ob überhaupt bekannt war, dass Rinder, Schweine, Katzen oder Hunde »Träger einer Vielzahl von Coronaviren sind, die für den Menschen« keine Gefahr darstellen würden. Er verwies dabei auf eine entsprechende Studie vom 22. Januar 2018. Und war die

Charité, insbesondere Drosten in die Sache involviert? Schließlich hatte sich Drosten »in einem Podcast dahingehend geäußert, dass sein sogenannter Drosten-Test falsch-positiv auf Rinder-Coronaviren reagieren könne«. Hatten das *Robert Koch-Institut* (RKI) oder Drosten auf die Möglichkeit von falsch-positiven Testergebnissen auf Schlachthöfen hingewiesen? Hatte man diesbezüglich durch entsprechende Maßnahmen, zeitlichen und räumlichen Abstand der auf SARS-CoV-2 getesteten Personen zu den Schlachtkörpern oder -räumen geachtet, und wenn nicht, warum nicht? Hat das RKI »darauf hingewiesen, dass die (unberechtigte) Verhängung einer Quarantäne aufgrund eines falsch-positiven Testergebnisses«, etwa wegen der »Verunreinigung des Abstriches durch Schweine-Coronaviren zu Amtshaftungsansprüchen führen kann«? Wernicke fragte weiter: Welche Tests haben Sie dabei benutzt? Waren die Tests zugelassen und wurde die Ordnungsmäßigkeit von den Laboren bestätigt, dokumentiert sowie überprüft? Welche Labore wurden mit der Durchführung der Corona-Tests beauftragt und nach welchen Kriterien wurden die mit der Durchführung »beauftragten Labore ausgewählt? Hat insoweit eine Ausschreibung stattgefunden? Und welches Labor hat die Tests bei der Firma *Tönnies* durchgeführt?«

Zwar blieben die Antworten auch hier aus, aber das war plötzlich gar nicht mehr so wichtig, denn am 30. Juli 2020 schrieb der *Focus*: »Im Kreis Gütersloh werden zahlreiche *Tönnies*-Beschäftigte zu Unrecht in Quarantäne gehalten.« Dem ARD-Magazin »Monitor« würden nämlich »zahlreiche wortgleiche Quarantäne-Anordnungen an Beschäftigte des Fleischunternehmens« vorliegen, »bei denen es sich offenbar um Musterschreiben des Kreisgesundheitsamts handelt«. In den Schreiben wäre von positiven Corona-Tests und Krankheitssymptomen die Rede, die sich »in vielen Fällen als falsch herausgestellt haben. Bei Stichproben räumte das zuständige Gesundheitsamt die falschen Positiv-Bescheide in allen nachgefragten Fällen ein. In anderen Briefen wurde Beschäftigten mitgeteilt, dass sie aufgrund von Kontakten zu Infizierten in Quarantäne bleiben müssten, obwohl es sich bei den Adressaten um genesene Infizierte handelte, die als nicht mehr ansteckend gelten und bereits aus der Quarantäne entlassen worden waren.«[14]

An die überwiegend osteuropäischen *Tönnies*-Arbeiter wurden rund 800 eilig verfasste Briefe mit neuen Quarantäneanordnungen verschickt. »Offenbar lag dem Kreis Gütersloh daran, möglichst viele Beschäftigte weiterhin in Quarantäne zu halten. Bei den Beschäftigten, die auf ein Ende der vierwöchigen Quarantäne gehofft hatten, sorgten die Schreiben für große Empörung und Verunsicherung [...] Dazu trugen auch die falschen Positiv-Bescheide bei. Es fühle sich an ›wie ein sich wiederholender Albtraum‹. ›Es ist, wie ins Gefängnis gesteckt zu werden – aber ohne Urteil‹, erzählten Betroffene.« Einige Personen seien auch irrtümlich erfasst worden, wobei eine gesonderte Überprüfung aller Einzelfälle nicht mehr erfolgte. »Der Kreis Gütersloh spricht dagegen von Missverständnissen.« Wenn so etwas aber »vorsätzlich geschieht, also zumindest billigend in Kauf genommen wird, dass Betroffenen die Freiheit entzogen wird, obwohl die Voraussetzungen des Infektionsschutzgesetzes gar nicht vorlagen«, dann liege eine Freiheitsberaubung im Sinne des Strafgesetzbuches vor, zitiert *Focus* den Rechtswissenschaftler Sebastian Kluckert. Hatten die Verantwortlichen in den Behörden nun Konsequenzen wie andere Freiheitsräuber zu befürchten? Nein, der (Rechts-)Staat darf das.

In der Schweiz lehnen die Bundesbehörden ebenfalls jede Haftung für die Richtigkeit ihrer Informationen ab, was sie jedoch nicht daran hinderte, Strafen zu verhängen, wenn andere sich nicht daran halten. Bei der Schweizer Regierung liest sich das so: »Obwohl die Bundesbehörden mit aller Sorgfalt auf die Richtigkeit der veröffentlichten Informationen achten, kann hinsichtlich der inhaltlichen Richtigkeit, Genauigkeit, Aktualität, Zuverlässigkeit und Vollständigkeit dieser Informationen keine Gewährleistung übernommen werden. [...] Haftungsansprüche gegen die Bundesbehörden wegen Schäden materieller oder immaterieller Art, welche aus dem Zugriff oder der Nutzung beziehungsweise Nichtnutzung der veröffentlichten Informationen [...] entstanden sind, werden ausgeschlossen.« Und das gilt auch in der Corona-Krise.¹⁵

Sollte aber der Bürger gegenüber dem Staat Schadenersatz für rechtswidrige COVID-19-Maßnahmen geltend machen wollen, »muss er seinerseits beweisen, dass die vom Bundesrat getroffenen COVID-19-Maßnahmen entweder nicht geeignet und/oder nicht erforderlich und/oder nicht angemessen sind oder waren«, wie die Schweizer Bürgerbewegung *Bürger für Bürger* schreibt.¹⁶ Der Staat muss, ob in Deutschland oder in der Schweiz, erst mal gar nichts beweisen und kann, wie in Gütersloh, Menschen einfach wegsperren.

Gerichtlich zur Wehr setzen wollte sich das Magazin *Multipolar*, weil Regierung und Gerichte die anhaltenden Freiheitsbeschränkungen in Deutschland seit März 2020 »mit einer ›hohen Gefährdung‹ der Bevölkerung durch das Coronavirus« begründeten. Und immer wenn Bürger wegen der Corona-Maßnahmen »vor Gericht zogen, verwiesen Richter auf die Behauptung« des *Robert Koch-Instituts*, ohne diese zu hinterfragen. Da wollte *Multipolar* wissen, wie das Institut denn zu seinen Schlussfolgerungen komme? Über mehrere Monate versuchte das Magazin in verschiedenen Anläufen Antworten auf Fragen zu erhalten, beispielsweise: »Welche Personen gehören zum RKI-Krisenstab? An welchen Tagen erfolgten die Treffen des Gremiums? Hat sich die Zusammensetzung des Krisenstabs seit Einrichtung geändert? Welche konkreten Kennziffern (›messbare Größen‹) bei Übertragbarkeit, Schwereprofil und Ressourcenbelastung ergeben aus Sicht der Behörde eine ›hohe Gefährdung‹? Und welche konkreten Kennziffern (›messbare Größen‹) müssen aus Sicht des RKI erreicht sein, um die Risikobewertung wieder auf ›mäßig‹ beziehungsweise auf ›niedrig‹ abzusenken? Sind diese Kennziffern schriftlich festgehalten? Sind sie öffentlich einsehbar?«

Die RKI-Pressestelle erklärte dazu schlicht: »Notizen gibt es, Veröffentlichungen dieser Notizen sind nicht vorgesehen. Der Krisenstab besteht aus verschiedenen Mitarbeiterinnen und Mitarbeitern unterschiedlicher, in die Pandemiebewältigung involvierter Abteilungen, Fachgebiete und Projektgruppen.« Weitere Antworten blieben aus, womit die Behörde konkrete Auskünfte verweigerte, »auf deren Grundlage das Land in den Ausnahmezustand geschickt wurde, Millionen von Menschen um ihre berufliche Existenz bangen müssen und in nahezu allen Bereichen ihres Lebens massiv eingeschränkt werden«. Man habe dem RKI auch klargemacht, »dass diese Fragen darauf abzielen, den Eindruck einer etwaigen Willkür bei der Entscheidungsfindung durch größtmögliche Transparenz auszuschließen, eine Beantwortung somit im direkten Interesse der Behörde liegen sollte«. Da ein Wille zur Transparenz allerdings nicht erkennbar sei und mehrfache Versuche, »vom *Robert Koch-Institut* die konkreten Kriterien für diese Einschätzung zu erfahren«, erfolglos blieben, erhob das Magazin zur Durchsetzung des presserechtlichen Auskunftsanspruchs beim Verwaltungsgericht Berlin im November 2020 gegen die Behörde Klage. Das sei, so *Multipolar*, auch deshalb relevant, da das RKI im September 2019 unter der veröffentlichten »Guten Praxis Gesundheitsberichterstattung – Leitlinien und Empfehlungen 2.0« schreibt: »Die Auswertung von Daten für die Gesundheitsberichterstattung soll zeitnah unter Verwendung wissenschaftsbasierter Methoden erfolgen. Die den Ergebnissen zugrunde liegenden Rohdaten sind in vollständig reproduzierbarer Form gemäß den Informationsfreiheitsgesetzen aufzubewahren. In diesem Zusammenhang gelten die Leitlinien und Empfehlungen zur Sicherung von Guter Epidemiologischer Praxis und Guter Praxis Sekundärdatenanalyse. Insbesondere gilt dies für die Dokumentationspflicht von Berechnungen komplexer Kennzahlen und Indizes. [...] Die Replizierbarkeit der Analysen und Ergebnisse soll gewährleistet werden.«[17/18]

Während fast der gesamte Mainstream dem RKI den Rücken stärkte, meldete sich Andreas Gassen, Vorsitzender der *Kassenärztlichen Vereinigung*, im Oktober 2020 zu Wort. Das RKI betreibe »falschen Alarmismus«, weil es täglich auf die Zahl der Neuinfektionen starre »wie das Kaninchen auf die Schlange«. Gassen über die

Panikmache von Wielers RKI: »Selbst 10.000 Infektionen täglich wären kein Drama, wenn nur einer von 1.000 schwer erkrankt, wie wir es im Moment beobachten.« Die Sterbezahlen seien schließlich »einstellig«. »Solange das Verhältnis so bleibt, sind Neuinfektionen im fünfstelligen Bereich kaum relevant« und von einer Überlastung des Gesundheitssystems könne auch im Herbst und Winter nicht ausgegangen werden.[19]

1 www.tagesschau.de/faktenfinder/rt-corona-russland-101.html

2 de.rt.com/inland/110660-ard-faktenfinder-rt-de-schuert-gezielt-verunsicherung/

3 norberthaering.de/medienversagen/hayali-blume-otte-bargeld/

4 www.presserat.de/pressekodex.html

5 www.rubikon.news/artikel/jetzt-erst-recht-2

6 de.wikipedia.org/wiki/Rubikon_(Website) (abgerufen am 30. Dezember 2020)

7 www.rubikon.news/artikel/120-expertenstimmen-zu-corona

8 novuscomms.com/2020/03/31/a-view-from-the-hvivo-open-orphan-orph-laboratory-professor-john-oxford/

9 www.deadlymedicines.dk/corona-an-epidemic-of-mass-panic/

10 en.globes.co.il/en/article-lockdown-lunacy-1001322696

11 www.zeitpunkt.ch/starke-worte-eines-erfahrenen-arztes-und-wissenschaftlers

12 lockdownsceptics.org/wp-content/uploads/2020/04/How-the-World-got-Fooled-by-COVID-ed-2c.pdf

13 www.nytimes.com/2020/03/20/opinion/coronavirus-pandemic-social-distancing.html

14 www.focus.de/politik/deutschland/toennies-skandal-trotz-21-infektionen-kreis-guetersloh-sieht-keine-zweite-welle_id_12111523.html

15 www.admin.ch/gov/de/start/rechtliches.html

16 www.freie-meinung.ch/index.php/themen-freie-meinung/gesundheit/105-corona/referendum-impfzwang-resolution/492-schadenersatz-fuer-rechtswidrige-COVID-19-massnahmen-des-bundes

17 multipolar-magazin.de/artikel/multipolar-klagt-gegen-das-rki

18 www.rki.de/DE/Content/Gesundheitsmonitoring/Gesundheitsberichterstattung/GBEDownloadsJ/JoHM_S01_2019_Gute_Praxis_GBE.pdf?_blob=publicationFile

19 www.rnd.de/gesundheit/nach-corona-warnung-kassenaerzte-chef-wirft-rki-falschen-alarmismus-vor-CQ574U4DOZ76MQ2K33A337JSHM.html

27

COLLATERAL DAMAGE

*»Es ist kein Zeichen von Gesundheit,
an eine von Grund auf kranke Gesellschaft gut angepasst zu sein.«*
JIDDU KRISHNAMURTI

Über den Umgang mit Corona-Kritikern schrieb Albrecht Müller, Ex-Planungschef des Bundeskanzleramts, am 28. Oktober 2020 unter dem Titel »Faschismus im Gewand der Demokratie«: »Am vergangenen Wochenende wurde in Berlin wieder demonstriert. Mit dabei der Rechtsanwalt Haintz aus Ulm und seine Freundin. Er wird wegen ungeklärter Vorwürfe von der Polizei unsanft abgeführt. Vom Vorwurf des Landfriedensbruchs wird gemunkelt. Schlimmer: Seine Freundin wird von einem Polizisten in Richtung einer Wand nach rückwärts umgestoßen. Wäre sie fallend mit dem Kopf gegen die Wand gedonnert, hätte das ihren Tod bedeuten können. Ihre Taten? Der Polizist nimmt hier wie alle anderen beim Einsatz für sich in Anspruch, im Namen der Demokratie für Ordnung zu sorgen.«[1]

Weil er sein demokratisches Recht beanspruchte, gegen die Corona-Restriktionen zu demonstrieren, entzog die Hochschule in Biberach Rechtsanwalt Markus Haintz seinen Lehrauftrag für »Privates Baurecht im Studiengang Bauingenieurwesen«. Die Begründung des Studiendekans Gotthold Balensiefen, der in Schauprozessmanier schriftlich an der Rechtstreue und dem Geisteszustand von Haintz zweifelte: »Nicht zuletzt möchte ich persönlich bei allen Versuchen des Verständnisses für Ihre Entwicklung und Positionen unmissverständlich klarstellen, dass Sie nicht das geringste Verständnis dafür erwarten können, mit welchen Subjekten Sie sich öffentlich einlassen. Sie sollten sich dafür schämen und können sich versichert sein, dass nicht nur mit den Instrumenten eines wehrhaften und streitbaren demokratischen Rechtsstaates diesen und den sich mit diesen zu profilieren Versuchenden die rechtliche Grenze Ihrer ideologischen Verblendung beziehungsweise Ihres libertären wohlstandsverwahrlosten Verhaltens aufgezeigt werden wird, sondern ich auch persönlich hierfür entschieden und öffentlich eintreten werde.« Albrecht Müller fasste kurz und knapp zusammen: »So weit sind wir schon.«[1/2]

Auch der Mitarbeiter im Bundesministerium des Innern (BMI), Stephan Kohn, machte sich auf zum Rubikon. Und ging unter. Da die Bundesregierung keine Schadensanalyse über die deutschlandweiten Corona-Schutzmaßnahmen erstellen ließ, bemühte sich Kohn, der im BMI den Rang eines Oberregierungsrates in der Abteilung Krisenmanagement und Bevölkerungsschutz (Referat KM4) hatte, selbst darum. Vorab hatte Kohn zunächst mehrmals intern die Erstellung einer Schadensanalyse angesprochen. Doch er stieß auf Desinteresse und Ablehnung, man drohte ihm sogar mit Folgen. Also holte sich Kohn Unterstützung von einem Netzwerk aus universitären Instituts- und Klinikleitern, um eine belastbare Einschätzung der medizinischen Folgeschäden des Lockdowns zu erstellen. Das Ergebnis seines umfangreichen Analysepapiers: Der Schaden der Corona-Restriktionen, nur die medizinischen, nicht die sozialen, politischen und wirtschaftlichen Schäden, sei größer als derjenige, den das Coronavirus überhaupt verursachen könne. Durch das Regierungshandeln, nicht durch das Virus bestehe inzwischen eine Gefahr für Leib und Leben der Allgemeinbevölkerung und aufgrund dessen würden täglich Menschen sterben. So sollen rund 2,5 Millionen Operationen, Weiterbehandlungen, Früherkennungen nicht durchgeführt sowie die Pflege massiv eingeschränkt worden sein.

⟨27⟩

Dazu habe es nie kommen dürfen, da »die Corona-Infektion zu keinem Zeitpunkt das Potenzial hatte, eine nationale Katastrophe mit einer Bedrohung für die Allgemeinheit auszulösen«, wie sogar die Zahlen des *Robert Koch-Instituts* (RKI) zeigen würden. Am 8. Mai 2020 schickte Kohn seine Analyse unter dem Betreff »Ergebnisse der internen Evaluation des Corona-Krisenmanagements« per E-Mail auf den behördlichen Dienstweg, also an zahlreiche Stellen im BMI. »Liebe Kolleginnen und Kollegen, hiermit übermittle ich Ihnen die Ergebnisse der Analyse des Corona-Krisenmanagements des Referats KM4«, schrieb Kohn. Und weiter: »Im Vorgriff auf eine nach der Krise zu unternehmende Evaluation wurde eine intensive Analyse und Auswertung des Krisenmanagements aus der Perspektive der hiesigen Zuständigkeit für den Schutz kritischer Infrastrukturen vorgenommen. Dabei wurden schwerwiegende Defizite im Regelungsrahmen für Pandemien diagnostiziert sowie Fehlleistungen im handwerklichen doing des Krisenmanagements. Die beobachtbaren Wirkungen und Auswirkungen von COVID-19 lassen darüber hinaus keine ausreichende Evidenz dafür erkennen, dass es sich – bezogen auf die gesundheitlichen Auswirkungen von COVID-19 auf die Gesamtgesellschaft – um mehr als um einen Fehlalarm handelt. Sie erhalten die Information vorab mit der Bitte um Kenntnisnahme und Weitergabe.« Eine Stunde später versandte Kohn seine E-Mail auch an die Innenministerien der jeweiligen Bundesländer.[3/4]

Kohns Analyse wurde auf wissenschaftliche Plausibilität geprüft und widerspricht im Wesentlichen nicht den Daten des RKI. In der Zusammenfassung heißt es unter anderem, das Krisenmanagement habe bisher gar »keine adäquaten Instrumente zur Gefahrenanalyse und -bewertung aufgebaut«. Die Lageberichte, in denen alle wichtigen Informationen gesammelt werden müssten, »behandeln in der laufenden Krise bis heute nur einen kleinen Ausschnitt des drohenden Gefahrenspektrums. Auf der Basis unvollständiger und ungeeigneter Informationen in den Lagebildern ist eine Gefahreneinschätzung grundsätzlich nicht möglich.« Dadurch sei auch eine angemessene und wirksame Maßnahmenplanung unmöglich. Dieses methodische Defizit habe die Möglichkeiten der Politik stark reduziert, »die sachlich richtigen Entscheidungen zu treffen«. Außerdem habe durch das neue Coronavirus »vermutlich zu keinem Zeitpunkt eine über das Normalmaß hinausgehende Gefahr für die Bevölkerung« bestanden. An Corona würden hauptsächlich die Menschen sterben, die am Ende ihres Lebens angekommen seien und deren geschwächter Körper die derzeit rund 150 im Umlauf befindlichen Viren nicht mehr abwehren könne. Mit Blick auf weltweit rund 250.000 Todesfälle mit COVID-19 in einem Vierteljahr gegenüber 1,5 Millionen Toten bei der Influenza-Welle der Jahre 2017 und 2018 werde die Gefährlichkeit von COVID-19 »überschätzt«. Die Kollateralschäden seien mittlerweile »gigantisch«, teilweise erst »in der näheren und ferneren Zukunft« sichtbar sowie höher als der erkennbare Nutzen der aktuellen Maßnahmen. »Dieser Feststellung liegt keine Gegenüberstellung von materiellen Schäden mit Personenschäden (Menschenleben) zugrunde! Allein ein Vergleich von bisherigen Todesfällen durch« das neue Coronavirus mit allen Todesfällen aufgrund der staatlich verfügten Schutzmaßnahmen würde das belegen. Die Versorgungssicherheit sei infolge der Schutzmaßnahmen nicht mehr wie gewohnt gegeben. »Unsere Gesellschaft lebt ab sofort mit einer gestiegenen Verletzlichkeit und höheren Ausfallrisiken von lebenswichtigen Infrastrukturen«, was »fatale Folgen haben« könne, wenn etwa »eine wirklich gefährliche Pandemie oder eine andere Bedrohung eintreten würde«. Die staatlichen Schutzmaßnahmen hätten »inzwischen jeden Sinn verloren, sind größtenteils (jedoch) immer noch in Kraft«. Daher werde dringend empfohlen, sie kurzfristig vollständig aufzuheben, um Schaden von der Bevölkerung abzuwenden – insbesondere zusätzliche Todesfälle. Die Fehler im Krisenmanagement hätten zur Weitergabe »von nicht stichhaltigen Informationen geführt und damit eine Desinformation der Bevölkerung ausgelöst«. »Der Staat hat sich in der Corona-Krise als einer der größten Fake-News-Produzenten erwiesen.« Daraus würde sich ergeben, dass »die Verhältnismäßigkeit von Eingriffen in Rechte« von Bürgern »derzeit nicht gegeben« sei, »da staatlicherseits keine angemessene Abwägung mit den Folgen durchgeführt wurde«. Auch könne der Staat, so die Analyse, für entstandene Schäden haftbar sein.

Die von Kohn initiierte Schadensanalyse löste einen kleinen Skandal aus. Allerdings nicht wegen ihres Inhalts, sondern weil Kohn den BMI-Briefkopf genommen hatte. Dafür wurde er umgehend suspendiert. Das Innenministerium von Horst Seehofer distanzierte sich sofort von seinem Mitarbeiter, da er ja weder »beauftragt noch autorisiert« war, »eine solche Analyse zu erstellen oder zu veröffentlichen«. Es handele sich bloß um die kritische Meinung eines einzelnen Mitarbeiters. Doch Kohn wurde von zehn Experten beraten. Darunter die Professoren Sucharit Bhakdi, Stefan Hockertz oder Peter Schirmacher von der *Deutschen Akademie der Naturforscher Leopoldina*. Vom BMI auf Kohns Alleingang angeschrieben, antwortete Bhakdi, »dass viele sehr kundige Wissenschaftler auf Sie und Ihr Ministerium schauen, und dass alle Reaktionen sorgfältig dokumentiert werden. Die Wahrheit wird mit Sicherheit in nicht allzu ferner Zukunft ans Tageslicht kommen. Und dann werden die Verantwortlichen zur Rechenschaft gezogen. Wenn Sie die Wahrheit nicht erkannt haben, mögen Sie sich aus ureigenem Interesse mit dem Thema ernsthaft beschäftigen.« Und Hockertz warf Innenminister Seehofer vor, über Briefköpfe zu reden, aber Inhalte zu ignorieren, und ergänzte »wenn der Minister die Alarmsignale in den Wind schlägt, macht er sich strafbar«. Es sei doch angeraten, »sich inhaltlich mit diesen Unterlagen zu beschäftigen. Formal mag es ein ungewöhnlicher Schritt dieses Mitarbeiters gewesen sein«, aber »diese historischen Zeiten berechtigen eben auch zu Eigeninitiative, die wir als Bürger von unseren Ministerien erwarten dürfen. Somit erwarte ich von Ihnen nach dieser formalen Feststellung, die ich zur Kenntnis genommen habe, nun eine inhaltliche Auseinandersetzung.«

Der Psychologe Harald Walach, ein weiterer Berater Kohns, schrieb, es wäre »glaube ich, nicht nur klug, sondern auch politisch und sachlich vernünftig, in außergewöhnlichen Zeiten auch außergewöhnliche Wege zuzulassen. Ihre Position nehme ich zur Kenntnis. Verständnis dafür habe ich allerdings nicht.« Horst Seehofer gab dann noch bekannt, dass gegen Kohn ein Disziplinarverfahren eingeleitet werde, während ihm das BMI Hausverbot erteilte. In der Folge fielen wie auf Kommando sämtliche Leitmedien über den ehemaligen BMI-Mitarbeiter her. Der *Tagesspiegel* warf Kohn vor, sich »mit einer Pandemie-Recherche wichtig gemacht« zu haben.[5] Der *Focus* sprach von einem »Querkopf«, »Außenseiter«, »Vertreter des Anti-Establishments« und fragte, ob er ein »Verschwörungstheoretiker« sei.[6] Die *Süddeutsche Zeitung* rückte Kohn in die Nähe von »rechtslastigen Internetforen, in denen Verschwörungsmythen populär sind«.[7] Und für die »sozialistische Tageszeitung« *neues deutschland* hat sich Kohn »mit seiner 83-seitigen und vernichtenden Kritik am Management der Corona-Krise« immerhin noch »in die Herzen vieler Maskenhasser und Kontaktverbotsgegner« geschrieben.[8] Mit seinem Engagement hatte Kohn am Ende aber vor allem eines erreicht: einen ganz persönlichen Schaden.

Ganz zu Beginn der Corona-Krise, bereits am 6. April 2020, also vor Kohn, berichtete die *Tagesschau* von einem kritischen Thesenpapier, das sechs Gesundheitsexperten erstellt hatten. Darunter auch »zwei ehemalige Mitglieder des Sachverständigenrats der Bundesregierung für das Gesundheitswesen«, die die »radikalen Einschränkungen des öffentlichen Lebens in Deutschland« infrage stellten. Die Experten gaben zu bedenken, es sei unklar, ob der Lockdown »in einer unübersichtlichen Situation das richtige Mittel« sei. »Dieser Zustand berge die Gefahr, dass er soziale Ungleichheit und an anderen Stellen die Gesundheitsrisiken verstärke.« Die Autoren, darunter die Professoren Matthias Schrappe, Gerd Glaeske und Holger Pfaff, wiesen darauf hin, dass man immer noch sehr wenig über die Zahl der tatsächlichen Infektionen und die Schwere der

COVID-19-Krankheit wisse. Die täglich vom RKI verkündeten Zahlen der gemeldeten Infektionen hätten »nur eine geringe Aussagekraft« und überschätzten das Problem. Schrappe, ehemals stellvertretender Vorsitzender des Sachverständigenrats für Gesundheit, meinte unter Bezug auf Studien, dass eine erhöhte Arbeitslosigkeit zu mehr Herzinfarkten, Bluthochdruck und Depressionen führe. »Wir müssen auch diese Kollateralschäden in den Blick nehmen und abwägen.« Es sei nicht nachvollziehbar, »warum sich Kinder und Personen jüngeren Alters nicht frei bewegen können«. Dafür müssten ältere Menschen gezielt geschützt werden.

Der Präsident der *Deutschen Krankenhausgesellschaft*, Gerald Gaß, machte ebenfalls auf sogenannte Kollateralschäden der Corona-Politik aufmerksam: »Wir erwarten von der Bundeskanzlerin, die drastisch zurückgestellten Klinikbehandlungen wiederaufnehmen zu dürfen«, denn »es drohen Menschen zu sterben, weil sie wegen Corona nicht rechtzeitig behandelt werden«. Es gebe in den Kliniken Belegungsrückgänge von 30 Prozent, so Gaß. »Wir haben 150.000 freie Krankenhausbetten.« Allein in Deutschland seien mehr als 50 Prozent der geplanten Operationen abgesagt, der Stau bei Operationen gehe in die Tausende, schrieb die *Berliner Zeitung* am 17. April 2020. Auch meldeten sich 30 bis 40 Prozent weniger Patienten mit Herzinfarkt und Schlaganfall, »und zwar nicht, weil es weniger Erkrankte gibt, sondern weil viele Angst vor Corona haben«. Gaß störte, dass als Experten zu häufig nur RKI-Präsident Lothar Wieler und Christian Drosten gehört werden. »Wir brauchen einen viel breiteren Diskurs.«[10]

Gaß' Aussagen bestätigte die *Deutsche Krebshilfe*: Bereits nach dem ersten Lockdown wurden zwischen März und Juli 2020 rund 50.000 Krebsoperationen verschoben. Sogar der *Westdeutsche Rundfunk* (WDR) musste im Juli 2020 feststellen, dass Patienten, die an Krebs erkrankt sind, keine medizinische Hilfe bekommen. »Hierzulande ist das eigentlich kaum vorstellbar. Doch in den Hoch-Zeiten der Corona-Pandemie in der ersten Jahreshälfte ist genau das passiert.

Weil Deutschlands Kliniken ihre Betten für Corona-Patienten freigehalten haben, mussten nicht zuletzt bei der Krebsbehandlung Zehntausende Operationen sowie Diagnose- und Früherkennungsmaßnahmen verschoben werden.«

In anderen Ländern sah das ähnlich aus. Im Fachmedium *Medscape* berichtete Axel Kahn, Vorsitzender der *Ligue Nationale Contre le Cancer*, der Nationalen Liga gegen Krebs in Frankreich: »Wir sahen die Verzweiflung von Krebspatienten, die niemanden mehr am Telefon erreichen konnten. Ihr Arztbesuch wurde in der Regel abgesagt. Ihre Strahlentherapie wurde verschoben oder modifiziert, die Chemotherapie verlegt.« *Medscape* zitierte auch Benjamín Domingo Arrué vom *Hospital Universitari i Politècnic La Fe* in Valencia: »Ich glaube, dass die von uns übermittelte Botschaft ›Bleib zu Hause‹ von den Patienten, die viel früher in die Notaufnahme hätten kommen sollen und die deshalb mit einem viel schlechteren Allgemeinzustand eingeliefert wurden, zu rigoros befolgt wurde.« Oder in Brasilien. »Wir sehen jetzt viele Krebsfälle, die zu Beginn der Pandemie auftraten, aber erst jetzt kommen sie bei uns bereits in fortgeschrittenen Stadien an«, so Laura Testa, Leiterin des Brustkrebszentrums am *Instituto do Câncer do Estado de São Paulo* am 23. Oktober 2020 in der Fachpublikation.[12]

Obwohl eine deutsche Studie des *Klinikums Hochrhein* in Waldshut-Tiengen zum ersten Lockdown zeigt, dass Menschen allein zu Hause starben, weil sie sich nicht zum Arzt oder in ein Krankenhaus trauten, hat sich an dieser Situation grundsätzlich nichts geändert: Noch immer werden Betten für Corona-Fälle frei gehalten. Im in der Studie untersuchten Landkreis starben mehr Menschen als im Durchschnitt der letzten Jahre. Laut Studienautor und Arzt Stefan Kortüm steht fast die Hälfte der lokalen Übersterblichkeit »im Zusammenhang mit der reduzierten Nutzung medizinischer Notfallstrukturen«. Und: Mehr als doppelt so viele Menschen wurden leblos allein aufgefunden.[13] Nach einer Untersuchung eines Kompetenznetzes von über 25 wissenschaftlichen Fachgesellschaften und Verbänden aus dem Bereich Public Health weist die wissenschaftliche Erkenntnislage »deutlich auf eine erhöhte Sterblichkeit bei sozialer Isolation und – mit etwas schwächerer Erkenntnislage – bei selbst wahrgenommener Einsamkeit älterer Menschen hin«.[14]

Auch in England und Wales starben zwischen März und September 2020 circa 26.000 Menschen mehr in Privathaushalten als sonst, davon aber nur 3 Prozent an COVID-19, wie die *DailyMail* in Bezug auf das *Office for National Statistics* (ONS) veröffentlichte. Während Premierminister Boris Johnson warnte, zu Hause zu bleiben, starben die meisten Menschen in ihrer Wohnung oder ihrem Haus an Herzerkrankungen, Krebs oder infolge einer Demenz. Dabei spielen mehrere Faktoren eine Rolle: Entweder wollten oder konnten die Menschen kein Krankenhaus aufsuchen oder die übliche Betreuung von Pflegebedürftigen war eingeschränkt. Insgesamt sollen in Großbritannien pro Tag rund 100 Menschen zusätzlich gestorben sein. Fiona Carragher, Forschungsdirektorin der *Alzheimer Society*, ist davon überzeugt, dass Isolation, Angst vor dem Coronavirus sowie die Einschränkung der Gesundheits- und Sozialdienste zu dieser katastrophalen Zunahme an Todesfällen von Menschen mit eingeschränkter Gesundheit führten. Dass Einsamkeit infolge des Corona-Social-Distancing das Risiko für kardiovaskuläre Ereignisse wie Schlaganfall oder Herzinfarkt deutlich erhöht, belegte die Untersuchung eines Teams vom *University College London*, so das *Deutsche Ärzteblatt*. Besonders bei »Menschen, die sich schon unter ›normalen Umständen‹ einsam fühlen, kann eine physische Distanz zu anderen das Gefühl der Einsamkeit und damit den Leidensdruck verstärken«.[15/16/17]

Als Konsequenz aus der Studie empfahl Hans-Joachim Trappe, Professor und Direktor der Medizinischen Klinik am *Marien Hospital* der *Ruhr-Universität Bochum*: »Menschen jeden Alters sollten deshalb, auch in den schwierigen ›Coronazeiten‹, versuchen, soziale Kontakte zu pflegen, sich zu beschäftigen und mit anderen Menschen zu kommunizieren.«[17] Der Hamburger Zukunftsforscher

Horst Opaschowski warnt wegen der Kontaktverbote und Abstandsregeln vor einer »Epidemie der Einsamkeit«, so das *Redaktionsnetzwerk Deutschland*.[18] Laut Forschern der *University of Otago* in Neuseeland führte der Lockdown dort bei fast einem Drittel der befragten Erwachsenen zu psychischem Stress, Angstzuständen, Selbstmordgedanken und -versuchen.[19]

Trotz dieser Erkenntnisse forderte man im Herbst 2020 schon wieder, planbare und nicht dringend erforderliche Operationen und Behandlungen aufzuschieben. Nur so könnten Kapazitäten für die Versorgung von Corona-Patienten bereitgehalten werden. Aber was ist dringend erforderlich, was nicht? Aufgrund der Annahme, dass es in einigen Krankenhäusern zu voll werden könnte, so *Verdi*-Bundesvorstandsmitglied Sylvia Bühler, dürften andere Menschen nun nicht mehr operiert werden. Krankenhäuser hätten Kapazitäten frei zu halten, ohne deswegen in finanzielle Schwierigkeiten zu geraten, so Bühler. Mehr öffentliche Krankenhäuser, mobile Notfallkrankenhäuser, mehr Personal bei besserer Bezahlung, diese Ideen kamen der Gewerkschaftsvorsitzenden nicht in den Sinn. Kranke gegen Kranke auszuspielen dagegen schon. Sollte aber nicht jedem Kranken geholfen werden? Zwar warnen Experten in Großbritannien als Folge der Pandemie vor weiteren 35.000 Krebstoten in nur einem Jahr, dennoch mussten auch Krebspatienten feststellen, dass sie in der Corona-Krise hinter Corona-Fällen zurückstehen müssen.[15/16/20]

Auf Kontaktsperren und Ausgangsbeschränkungen angesprochen, meinte der Leiter des Bereichs Epidemiologie am *Helmholtz-Zentrum für Infektionsforschung*, Gérard Krause: »Wir wissen, dass zum Beispiel Arbeitslosigkeit Krankheit und sogar erhöhte Sterblichkeit erzeugt. Sie kann Menschen auch in den Suizid treiben.« Die Einschränkung der Bewegungsfreiheit habe »vermutlich auch weitere negative Auswirkung auf die Gesundheit der Bevölkerung«. Die gesamtgesellschaftlichen Maßnahmen »könnten möglicherweise mehr Krankheits- und Todesfälle erzeugen als das Coronavirus selbst«, so Krause. Man dürfe sich nicht nur auf die Opfer durch das Virus fokussieren.²¹

»Bedenken Sie die Auswirkungen der Schließung von Büros, Schulen, Verkehrssystemen, Restaurants, Hotels, Geschäften, Theatern, Konzerthallen, Sportveranstaltungen und anderen Veranstaltungsorten auf unbestimmte Zeit und der damit verbundenen Arbeitslosigkeit [...]. Das wahrscheinliche Ergebnis wäre nicht nur eine Depression, sondern ein vollständiger wirtschaftlicher Zusammenbruch mit unzähligen dauerhaft verlorenen Arbeitsplätzen. [...] Personen mit höherem Risiko raten, sich durch körperliche Distanz zu schützen und unsere Gesundheitsfürsorgekapazitäten so aggressiv wie möglich zu steigern. Mit diesem Kampfplan könnten wir allmählich Immunität aufbauen, ohne die finanzielle Struktur, auf der unser Leben basiert, zu zerstören«, meinte Michael Osterholm, Direktor des *Center for Infectious Disease Research and Policy* an der *University of Minnesota*.²²

Der Leiter der schwedischen Gesundheitsbehörde, Anders Tegnell, und John Ioannidis sehen das genauso. Laut Tegnell sei es sehr schwer abzusehen, »was passiert, wenn man Schulen schließt. Viele Dinge passieren, wenn man das macht: Die Kinder sind davon betroffen, die Gesellschaft, besonders die Eltern. [...] Das bedeutet, dass der Effekt dieser Maßnahme auf die öffentliche Gesundheit viel schlimmer sein wird als die Ausbreitung des Virus in einer Schule.«²³ Auch nach Ioannidis könnten die Schäden der Massenquarantäne »viel schlimmer sein als alles, was das Coronavirus anrichten kann«. Es sei allgemein bekannt, dass die Selbstmordrate jeweils um ein Prozent steigt, wenn auch die Arbeitslosigkeit um ein Prozent zunimmt. Ebenso nähmen Kindesmissbrauch und häusliche Gewalt zu.²⁴

Das *Deutsche Ärzteblatt* schrieb im Mai 2020: »COPD, Herzinsuffizienz, Diabetes mellitus, Krebs: Auch in Zeiten der Corona-Pandemie müssen Patienten mit schweren, zum Teil chronischen Erkrankungen behandelt werden. Doch viele trauen sich aus Angst vor einer Ansteckung mit dem SARS-CoV-2-Virus nicht mehr zum

Arzt.« Außerdem würden in einer Zeitspanne von zwölf Wochen »28 Millionen chirurgische Eingriffe weltweit aufgrund von COVID-19 verschoben [...] – und es wird viele Monate, wenn nicht gar Jahre dauern, bis die dadurch entstandene Bugwelle wieder abgearbeitet sein wird«. Die Corona-Krise verlaufe zwar je nach Land verschieden, unterbreche dennoch überall in etwa gleichem Ausmaß die normalen Klinikabläufe, so das Fazit einer im *British Journal of Surgery* veröffentlichten globalen Datenerhebung von 359 Kliniken aus 71 Ländern, die Wissenschaftler des *National Institute for Health Research* der *University of Birmingham* in England vorgenommen hatten. Einen vergleichbaren Datensatz gab es bis dahin noch nicht. Allein in Deutschland (34 deutsche Kliniken nahmen an der Umfrage teil) sollen in den ersten drei Corona-Monaten über 900.000 Operationen verschoben worden sein – die *Rheinische Fachhochschule Köln* schätzte die Zahl noch höher, auf 1,6 Millionen. In Frankreich seien es rund 700.000 und in den USA 3,8 Millionen gewesen. Die Daten verraten auch: Je ärmer das Land, desto mehr Operationen wurden aufgeschoben. In Norwegen verschob man zum Beispiel 23 Prozent der Krebsoperationen, in Brasilien hingegen 44 Prozent, in Vietnam 56 Prozent und im Sudan – wie im Durchschnitt vieler ärmerer Länder – 72 Prozent. Sogar in Nationen mit sozioökonomisch oberen Einkommen (der zweiten von vier Kategorien) wurde fast die Hälfte aller Krebsoperationen aufgeschoben. Um den bisherigen Rückstau an Operationen möglichst rasch zu beheben, rechneten die Autoren vor, dass allein in Großbritannien Investitionen des *National Health Service* von rund 2 Milliarden englischen Pfund nötig seien. Und das galt nur nach dem ersten Lockdown.[25]

Ein anderer Aspekt als Folge der Corona-Restriktionen: Manchen Menschen wird allein die Angst vor SARS-CoV-2 zum Verhängnis. Schon im Mai 2020 sagte der *Charité*-Rechtsmediziner Michael Tsokos in einem Interview, »dass einiges anders läuft als vor der Pandemie-Situation. Wir haben eine Art von Suizid-Motiv vor uns, das ich vorher noch nicht kannte. Nämlich, dass Menschen aus Angst vor dem Tod den Tod als Ausweg wählen.« Tsokos kennt bisher »weder von HIV noch von Krebs- oder Influenzaerkrankungen, dass Menschen, die gar nicht an einer Erkrankung leiden, sich aus purer Angst davor suizidieren. Das Tragische ist, dass diese Menschen, die wir untersucht haben, ja auch gar nicht an COVID-19 erkrankt waren.« Denn: »Normalerweise wählen Menschen den Tod aus Angst vor dem Leben beziehungsweise Weiterleben«, wenn sie schwer erkranken, persönliche Krisen oder Trennungen durchmachen oder den Arbeitsplatz verloren haben. Selbstverständlich kenne man nicht in allen Fällen das Motiv, aber anhand einer kleinen Stichprobe von acht Fällen in wenigen Wochen in Berlin konnte man »die Corona-Pandemie als auslösend oder zumindest mitauslösend für« den Selbstmord feststellen. Das gelänge durch die psychologische Autopsie, also was man von Angehörigen, aus Ermittlungsakten und Abschiedsbriefen erfährt. »Ich bin mir sicher, wir werden auf eine infektiologische Pandemie eine psycho-soziale Pandemie sehen«, so Tsokos. Mit seiner Prognose bezieht er sich auf die Weltwirtschaftskrise oder die letzte Finanzkrise. Der Rechtsmediziner nennt das Beispiel eines 53-Jährigen, der seit Jahren extrem zurückgezogen lebte und sich erhängte. Bei dem Mann habe eine »›Lebensangst‹ – wohl am ehesten im Sinne einer Depression – bestanden, die durch die Corona-Pandemie« deutlich verstärkt wurde. In einem handschriftlichen Abschiedsbrief nahm der Mann Bezug auf die Auswirkungen der Corona-Politik: »Mir reicht's – Corona-Staat ohne mich.« Bei dem Toten fanden die Mediziner weder Vorerkrankungen noch eine SARS-CoV-2-Infektion. Aber man müsse sehr genau hinschauen, wenn bis Ende des Jahres eine Übersterblichkeit vorliegen sollte: »Ist sie ausgelöst durch Coronatote, was ich aktuell für sehr fraglich halte, oder sind es vermehrte Suizid- und Alkohol-Tote?« Deshalb müssten die Maßnahmen auch so weit wie möglich gelockert und die Kommunikation »moderat geführt werden. [...] Wir dürfen keine Panik machen, sondern wir müssen die Leute beruhigen«, statt in Talkshows immer wieder Horror-Szenarien zu entwerfen.[26]

Auch in anderen Ländern nahmen sich infolge des Lockdowns viele Menschen das Leben. So berichteten Ärzte und Krankenschwestern des *John Muir Medical Center* in Kalifornien von zahlreichen Suizidversuchen in relativ kurzer Zeit. Die Krankenhäuser hätten sich zwar auf einen Ansturm von COVID-Patienten eingerichtet, doch dann erlebten die Mitarbeiter eine ganz andere Welle: »Ich meine, wir haben in den letzten vier Wochen Suizidversuche in einem Umfang wie sonst in einem ganzen Jahr erlebt«, zitiert der *stern* Mike de Boisblanc, den Leiter der Notaufnahme des Krankenhauses von Walnut Creek in der Nähe von San Francisco. Mehrere Mediziner in den USA schalteten sich in der Corona-Krise in die Diskussion über die Ausgangssperren ein, weil sie die Welle der Selbsttötungen nicht weiter ignorieren konnten oder wollten.[27]

Rätselhaft fand der *stern* im Sommer 2020 die Tatsache, dass Thailand mit seinen rund 70 Millionen Einwohnern trotz enger Gassen, wuseliger Restaurants und gut besuchter Food-Hallen nach Zählweise der *Johns Hopkins-University* »gerade einmal 3.239 Infektionen« und bisher so »wenige Tote« verzeichnet – nach offiziellen Statistiken hatten 58 Menschen eine Infektion mit dem Virus bis dahin nicht überlebt. Lag das womöglich an guter »Hygiene in Kombination mit kulturellen Gepflogenheiten«? Oder weil dort weniger getestet wird? Lag es vielleicht am Immunsystem, obwohl in Teilen des Landes Denguefieber besonders schwer verläuft? Als er einen Corona-Ausbruch in der Stadt Pattani in Südthailand untersuchte, stellte Wiput Phoolcharoen, ein Experte für öffentliche Gesundheit an der *Chulalongkorn*-Universität in Bangkok, fest, dass 90 Prozent der dort positiv Getesteten keine Symptome zeigten. Dagegen stieg in den ersten sechs Monaten der Corona-Pandemie die Zahl der Selbstmorde auch in Thailand deutlich: um über 20 Prozent gegenüber dem Vorjahr. Oder anders gesagt: Es wurden

2.551 Selbstmorde und damit 459 Fälle mehr als zur gleichen Zeit im Vorjahr gemeldet.[28]

Die Daten nach dem ersten Lockdown weisen also darauf hin, dass die Lockdown-Politik mehr Menschen tötet als Corona. Weltweit hätten Regierungen auch keine wissenschaftliche Abwägung gemacht, was Lockdowns überhaupt an Menschenleben kosten könnten, so der schwedische Arzt und Publizist Sebastian Rushworth. Und Michael Esfeld, Philosophieprofessor an der Universität von Lausanne und Mitglied der *Leopoldina*, wandte sich in einem Protestschreiben vom 8. Dezember 2020 an die *Leopoldina*, da diese erneut einen (harten) Lockdown forderte, um die Anzahl der Neuinfektionen »schnell und drastisch zu verringern«. Die Forderung nach einem Lockdown verletze aber »die Prinzipien wissenschaftlicher und ethischer Redlichkeit, auf denen eine Akademie wie die *Leopoldina* basiert. Es gibt in Bezug auf den Umgang mit der Ausbreitung des Coronavirus keine wissenschaftlichen Erkenntnisse, die bestimmte politische Handlungsempfehlungen wie die eines Lockdowns rechtfertigen.« Im engeren Kreis der Experten von Virologie und Epidemiologie sei »die Strategie zum Umgang mit der Ausbreitung des Coronavirus umstritten. [...] Im weiteren Kreis der Wissenschaftler ist höchst umstritten, ob der Nutzen scharfer politischer Maßnahmen wie ein Lockdown die dadurch verursachten Schäden aufwiegt« – und zwar Schäden an zukünftigen Lebensjahren in entwickelten Ländern oder an Todesfällen durch einen (erneuten) Anstieg der Armut in Entwicklungsländern.

Und »ethisch gibt es insbesondere in der auf Immanuel Kant zurückgehenden Tradition Gründe, grundlegende Freiheitsrechte und die Würde des Menschen auch in der gegenwärtigen Situation für unantastbar zu halten. Zur Würde des Menschen gehört dabei insbesondere die Freiheit, selbst entscheiden zu dürfen, was die jeweilige Person als ein für sie würdiges Leben erachtet und welche Risiken sie für diesen Lebensinhalt einzugehen bereit ist in der Gestaltung ihrer sozialen Kontakte.« Die *Leopoldina* solle ihre

Autorität nicht dazu verwenden, einseitige Stellungnahmen zu verfassen. Es gebe keine stichhaltige wissenschaftliche Begründung für den Versuch, die Ausbreitung des Coronavirus durch zentrale staatliche Planung mit einem massiven Eingriff in die Grundrechte zu unterbinden. Elsfeld: Es gibt »keine Berechtigung dafür, in der vorliegenden, akuten Situation der Ausbreitung des Coronavirus Grundrechte auszusetzen und sich durch technokratische Planung des gesellschaftlichen bis hin zum familiären Leben über die Würde der betroffenen Menschen hinwegzusetzen.« Und da noch kaum einer weiß, was (selbstständiges) Denken ist, sei »Aufklärung geboten im Sinne eines Ausgangs der selbst verschuldeten Unmündigkeit, in die unsere Gesellschaft durch eine unheilige Allianz aus angeblichen wissenschaftlichen Erkenntnissen und politischen Zwangsmaßnahmen hineinzulaufen droht«.[29/30/31/32]

Zwar wolle die Öffentlichkeit nichts von den vielen Kollateralschäden wissen, weil die Medien auch nichts dazu sagen, aus urplötzlicher Panik vor dem Tod würde man Nicht-Maskenträger am liebsten an die nächste Wand stellen und erschießen, wie der Publizist Clemens Heni schreibt. Doch ist Unmündigkeit, so Kant, »das Unvermögen, sich seines Verstandes ohne Leitung eines anderen zu bedienen. Selbstverschuldet ist diese Unmündigkeit, wenn die Ursache derselben nicht am Mangel des Verstandes, sondern der Entschließung und des Muthes liegt, sich seiner ohne Leitung eines anderen zu bedienen. Sapere aude! Habe Muth, dich deines eigenen Verstandes zu bedienen! ist also der Wahlspruch der Aufklärung.«[33]

---

1 www.nachdenkseiten.de/?p=66272
2 www.nachdenkseiten.de/upload/pdf/201028_Kuendigung_MH_Lehrauftrag_HBC.pdf
3 www.rubikon.news/artikel/corona-gate-im-anflug
4 www.ichbinanderermeinung.de/Dokument93.pdf

5 www.tagesspiegel.de/politik/corona-rebell-im-innenministerium-das-problem-ist-nicht-das-papier-sondern-die-parallelgesellschaft/25836972.html

6 www.focus.de/politik/deutschland/stephan-kohn-kandidierte-fuer-spd-vorsitz-das-ist-der-autor-des-brisanten-corona-papiers_id_11990936.html

7 www.sueddeutsche.de/politik/coronavirus-innenministerium-whistleblower-wichtigtuer-1.4912746

8 www.neues-deutschland.de/artikel/1136878.stephan-kohn-lockerkritiker.html

9 www.tagesschau.de/investigativ/ndr-wdr/corona-experten-thesenpapier-101.html

10 www.bz-berlin.de/deutschland/kliniken-verband-schlaegt-alarm-wegen-corona-regeln

11 www1.wdr.de/nachrichten/krebsbehandlungen-wegen-corona-verschoben-100.html
deutsch.medscape.com/artikelansicht/4909409#vp_2

12 deutsch.medscape.com/artikelansicht/4909409

13 www.medrxiv.org/content/10.1101/2020.10.27.20220558v1

14 www.public-health-covid19.de/images/2020/Ergebnisse/2020_05_18_fact_sheet_soziale-isolation-als-mortalita_tsrisiko_1.pdf

15 corona-transition.org/eine-folge-des-lockdowns-deutlich-mehr-tote-in-grossbritannien

16 www.dailymail.co.uk/news/article-8854715/More-26-000-excess-deaths-recorded-private-homes-England-Wales-September.html

17 www.aerzteblatt.de/archiv/216608

18 www.rnd.de/gesundheit/forscher-wegen-kontaktverbot-droht-eine-epidemie-der-einsamkeit-5KVYNZP3RMGBXXKHYQ43JXMOJM.html

19 journals.plos.org/plosone/article?id=10.1371/journal.pone.0241658

20 www.hasepost.de/verdi-fordert-verschiebung-planbarer-operationen-219898/

21 www.zdf.de/nachrichten/politik/coronavirus-epidemiologe-folgen-helmholtz-100.html

22 www.washingtonpost.com/opinions/2020/03/21/facing-COVID-19-reality-national-lockdown-is-no-cure/

23 www.cicero.de/aussenpolitik/corona-pandemie-schweden-skifahren-staatsepidemiologe-anders-tegnell/plus

24 www.thepressandthepublic.com/post/perspectives-on-the-pandemic-iv

25 www.aerzteblatt.de/nachrichten/112862/28-Millionen-chirurgische-Eingriffe-weltweit-aufgrund-von-COVID-19-verschoben

26 www.focus.de/gesundheit/news/rechtsmediziner-mahnt-michael-tsokos-wir-werden-eine-psycho-soziale-pandemie-erleben_id_11988295.html

27 www.stern.de/gesundheit/der-preis-des-lockdowns---in-vier-wochen-suizide-wie-in-einem-ganzen-jahr-9275302.html?utm_medium=posting

28 www.stern.de/gesundheit/thailands-corona-raetsel-niemand-weiss-so-recht-warum-das-land-so-gut-durch-die-pandemie-kommt-9341586.html
29 sebastianrushworth.com/2020/12/13/what-are-the-harms-of-lockdown/
30 heart.bmj.com/content/107/2/113
31 www.docdroid.net/kYhs0he/esfeld-protestschreiben081220-pdf
32 www.libinst.ch/?i=wissenschaft-und-aufklarung-in-der-corona-krise
33 www.clemensheni.net/freiheitsrechte-und-die-wuerde-des-menschen-schuetzen-leopoldina-philosoph-attackiert-leopoldina-papier-und-den-lockdown/

28

JENSEITS VON GUT UND SCHWEDEN

>*»Zweifel ist der Weisheit Anfang«*
> RENÉ DESCARTES

Zwar sind Vergleiche zwischen Influenza und Corona strengstens verpönt, eigentlich schon fast verboten, dennoch rückt der Vergleich die Gefährlichkeit beider Infektionskrankheiten ins rechte Maß. So schrieb die *World Health Organization* (WHO) im November 2018, auch die Grippe könne »schwere Krankheiten oder Todesfälle verursachen, besonders bei Menschen mit hohem Risiko«. Weltweit würde die Influenza jährlich zu etwa 3 bis 5 Millionen schweren Erkrankungen mit bis zu 650.000 Todesfällen führen. Die US-Behörde *Centers for Disease Control and Prevention* (CDC) schrieb, Influenza betreffe vor allem über 75-Jährige in den ärmsten Regionen der Welt, in Afrika südlich der Sahara, dem östlichen Mittelmeerraum oder in Südostasien. Zu diesem Ergebnis kam die CDC zusammen mit der WHO und mithilfe einiger »globaler Gesundheitspartner«. Die WHO schrieb außerdem: »Kliniken und Krankenhäuser können in Spitzenzeiten der Erkrankung überwältigt werden.« Also schlicht wegen der Grippe, ohne Corona.[1/2]

Sogar der Star-Virologe der *Charité*, Christian Drosten, meinte: »Dieses Virus wird ein fünftes menschliches Erkältungs-Coronavirus werden. Ich denke, es wird bleiben.« Für Beda M. Stadler, den ehemaligen Direktor des Instituts für Immunologie an der Universität

Bern, war SARS-CoV-2 ohnehin nicht so neu, »sondern eben ein saisonales Erkältungsvirus, das mutiert ist und wie alle anderen Erkältungsviren im Sommer verschwindet«. Es würde sonst auch niemand »behaupten, ein neuer Grippevirus-Stamm sei etwas komplett Neues«. Als man ihm vorwarf, er würde Corona verharmlosen, weil er es mit der Grippe verglich, meinte der Immunologe und Toxikologe Stefan Hockertz, dieser Vorwurf sei wiederum eine Verharmlosung der Influenza (Grippe).[3/4/5]

Auf die hohe Influenza-Belastung und ihre erheblichen sozialen und wirtschaftlichen Kosten weltweit wies auch Peter Salama, der Direktor des WHO-Programms für gesundheitliche Notfälle, hin. Alle Länder, ob »reich und arm, groß und klein«, müssten zusammenarbeiten. Und, so die WHO, die Forschung gehe davon aus, »dass 99 Prozent der Todesfälle bei Kindern unter fünf Jahren mit Influenza-bedingten Infektionen der unteren Atemwege in Entwicklungsländern festgestellt werden«. Globaler Lockdown und diktatorische Maßnahmen blieben dennoch aus, keine Pflicht zum Maskentragen oder Abstandsregeln, um ältere Menschen, Kranke und kleine Kinder vor den tödlichen Risiken der Influenza zu schützen. Stattdessen empfahl die WHO, Prävention zu betreiben und sich gegen Grippe impfen zu lassen. Die Impfung sei »besonders wichtig für Menschen mit höherem Risiko«, denn die saisonale Influenza sei ja »eine akute Virusinfektion, die sich leicht von Mensch zu Mensch ausbreitet und weltweit zirkuliert«. So wie Corona.[1/2]

Allerdings variiert die Wirksamkeit der Grippeimpfstoffe, da sich Grippeviren, ebenso wie andere Viren, ständig verändern und jedes Jahr ein neuer Impfstoff entwickelt werden muss. Die Impfstoffhersteller hoffen dann, dass die Impfung auch gegen die Influenzaviren der nächsten Grippe-Saison wirkt. Die Schutzwirkung des Impfstoffs kann sogar ganz schwinden, wenn die Viren sich genetisch stark verändern, noch während der Impfstoff hergestellt wird. Einen hundertprozentigen Schutz bietet die Grippeimpfung also nicht. Die Wirksamkeit soll nach Angaben des *Robert Koch-Instituts* (RKI) bei älteren Erwachsenen sogar nur zwischen 41 und 63 Prozent liegen. Und eine Grippeerkrankung bedeutet für Risikogruppen (Menschen älter als 60 Jahre, chronisch Kranke, Kinder mit Diabetes oder medizinisches Personal) eine echte Gefahr, »denn das Risiko für einen schweren Krankheitsverlauf ist erhöht. Die Grippe kann lebensgefährliche Komplikationen nach sich ziehen – die bedeutendsten sind eine bakterielle Lungen- oder eine Herzmuskelentzündung. Beide können tödlich enden«, schrieb der *Bayerische Rundfunk*.[6]

Noch im März 2020 hat die *World Health Organization* Influenza in einem Faktenblatt mit COVID-19 verglichen. Die WHO teilte mit, dass beide Erkrankungen beziehungsweise die Viren auf die gleiche Weise übertragen werden. Daher seien dieselben Maßnahmen im Bereich der öffentlichen Gesundheit, wie Handhygiene, in den Ellenbogen oder in ein Taschentuch husten, wichtige Maßnahmen gegen deren Verbreitung.[7] Sogar der Vorgänger von Christian Drosten an der Berliner *Charité*, »Seniorprofessor« Detlef Krüger, meinte im April 2020 gegenüber dem internationalen russischen Nachrichtenportal *Sputnik*, dass Corona nicht gefährlicher als die Grippe sei und man beides durchaus miteinander vergleichen könne.

Eine ungewöhnliche Situation ergab sich zu Beginn der Corona-Krise auf dem Kreuzfahrtschiff »Diamond Princess«, das vom 20. Januar 2020 bis zum 3. Februar 2020 von Japan nach Hongkong, Vietnam, Taiwan und zurück nach Japan unterwegs war. Denn alle Besatzungsmitglieder sowie alle überwiegend älteren Passagiere wurden unter Quarantäne getestet. Die Daten legten nahe, dass die Letalität (alterskorrigiert) bei COVID-19 bei 0,025 bis 0,625 Prozent liegen könnte, also im Bereich einer starken Erkältung oder Grippe. Die Sterblichkeitsrate der Altersgruppe, die generell eher an COVID-19 stirbt, lag bei einem Prozent. Eine japanische Studie, veröffentlicht am 19. Februar 2020 vom *National Institute of Infectious Disease* (NIID), kommt zu dem Ergebnis, dass von allen positiv-getesteten Passagieren fast die Hälfte trotz des hohen Durchschnittsalters vollständig symptomlos blieb, sogar die 80- bis 89-Jährigen.

Bei den 70- bis 79-Jährigen zeigten 60 Prozent keine Symptome. Daher stelle sich die Frage, ob Vorerkrankungen nicht als Faktor entscheidender sind.[8/9]

Interessant ist aber auch, dass die Grippe im Corona-Jahr 2020 weltweit einen »historischen Tiefstand« erlebte. Jedenfalls gab »es so wenig Grippefälle wie nie zuvor«. Das *Robert Koch-Institut* schrieb schon am 16. April 2020, dass die Grippewelle durch eine mindestens zwei Wochen kürzere Dauer im Vergleich zu den Vorjahren »auffiel«. Seitdem erkrankte kaum noch jemand an Grippe. Und das nicht nur in Deutschland. Ob in der Schweiz, in Österreich, Frankreich, Großbritannien, Spanien, Schweden, Italien, Brasilien, Mexiko, der Türkei, dem Iran, Russland, China, in Australien oder den USA, laut WHO (FluNet – Charts) trat die Grippe spätestens seit dem Frühjahr 2020 so gut wie nicht mehr auf. Der *Mitteldeutsche Rundfunk* schrieb Ende Dezember 2020: »Das *Robert Koch-Institut* registriert weiterhin kaum Grippefälle in der Saison 2020/21. [...] Auch zum Jahresende 2020 gibt es weiterhin kaum Neuinfektionen von Influenza.« Im Vorjahr gewann die Grippewelle zu dieser Zeit noch deutlich an Dynamik. Nun war sich der Mainstream, ob RKI oder *Mitteldeutscher Rundfunk*, einig: Das Verschwinden der Grippe sei wohl ein Nebeneffekt der Corona-Maßnahmen. Laut RKI hätten diese vermutlich sogar »erheblich« dazu beigetragen. Nur: Weshalb sollten restriktive Schutzmaßnahmen wie Abstände, Masken oder Schließungen ausschließlich Grippeviren aufhalten, das neue Coronavirus aber nicht? Immerhin kam es ja schon bald (ab Herbst) zu so vielen »Neuinfektionen«, dass weitere und noch drastischere Lockdown-Orgien verhängt wurden.[10/11/12/13]

Der Direktor des Forschungslabors für Epidemien an der Universität von Tel Aviv, Dan Yamin, zog folgenden Vergleich: »Diese Schutzmaßnahmen könnten uns gefährden. Man sollte keine Angst vor Herdenimmunität haben. [...] Wenn wir über die Schließung der Wirtschaft für eine Woche sprechen, bedeutet dies, dass wir mit diesem Geld ein schickes Krankenhaus bauen könnten, und was bedeutet es, dass wir dieses Krankenhaus nicht eröffnen können?« Zudem zeigten Daten, »dass massive Wirtschaftseinbrüche ebenfalls Menschenleben in großer Zahl kosten – die Weltwirtschaftskrise 2009 etwa eine halbe Million weltweit«. Krisen wie die gegenwärtige möglichst zu strecken, um Infektionszahlen zu verlangsamen, sei gefährlich, meinte der Philosoph Julian Nida-Rümelin von der *Ludwig-Maximilians-Universität München*. »Das geht nicht, das können wir nicht machen«, so der Professor, denn auch »massive Wirtschaftseinbrüche« kosten »Menschenleben in großer Zahl«.[14/15]

Da dürfte es der WHO, insbesondere Hans Kluge, dem WHO-Regionaldirektor für Europa seit dem 1. Februar 2020, ganz und gar nicht gefallen haben, dass Schweden einen eigenen Weg ging. Schweden ignorierte Kluges Botschaften, Vertrauen zu schaffen und die »digitale Lücke« etwa mit Kontaktverfolgung zu schließen, denn letztlich ginge es bei Corona ja darum, »niemanden zurückzulassen«.[16] So hieß es in den großen Medien, die schwedische Regierung würde unter Druck stehen, die Schweden mit dem unverantwortlichen »Sonderweg« hadern. Während die meisten Länder ihre Bevölkerung über Wochen einsperrten, Grenzen schlossen und die Wirtschaft herunterfuhren, galten in Schweden zwar Abstandsregeln und Versammlungsverbote ab 50 Personen, doch Schulen, Restaurants, Bars und Geschäfte blieben offen. Der WHO-Beitrag gegen den Abweichler: Fake News streuen. Angeblich stiegen die Fallzahlen in Schweden erheblich an, sodass die WHO das Land als »Risikoland« einstufte. Daraufhin regte sich Schwedens Staatsepidemiologe Anders Tegnell Ende Juni 2020 auf und stellte klar: Es handle sich um einen totalen Irrtum. »Wir sehen überhaupt keine Beweise, dass unsere Epidemie in Schweden schlimmer wird, ganz im Gegenteil«, die Kranken- und Todeszahlen fallen. Also musste sich die WHO korrigieren. Die unterstellte Zunahme von »Fällen« in Schweden beruhte zu dieser Zeit wie in Deutschland, in Frankreich und in vielen anderen Ländern auf einer massiven Zunahme der Corona-Tests in der Bevölkerung. Jedenfalls war die Zahl der

Hospitalisierungen und Todesfälle in Schweden rückläufig. Die WHO bestätigte Schweden dann sogar, dass es dem Land durch Einbindung der Gesellschaft gelungen sei, die Verbreitung auf einem für das Gesundheitssystem zu bewältigenden Niveau zu halten. In Schweden blieb der Ansturm auf Krankenhäuser aus. Menschen mit Grippesymptomen blieben zu Hause. Wenn die Bevölkerung diese ungeschriebenen Verhaltensregeln einhalte, brauche man keine restriktiven Maßnahmen, deren Effekt sowieso nur sehr marginal sei, meinte Tegnell. Außer *Bloomberg* verschwiegen dann fast alle internationalen Medien die Korrektur der WHO. Und selbst die WHO ergänzte ihre Liste der elf Risikoländer lediglich mit einer Fußnote, die nun die sinkenden Zahlen Schwedens bestätigte.[17]

In William Hanagh, dem Epidemiologen der *Harvard's School of Public Health* in Boston, fand der schwedische Weg einen Befürworter: Schwedens Strategie, »so wenige Einschränkungen wie möglich«, könne sich als nachhaltiger herausstellen als der strenge Lockdown vieler Länder.[17] Und *Reuters* berichtete am 15. Juli 2020, verschiedene Studien, unter anderem vom *United Nations International Children's Emergeny Fund* (UNICEF), zeigten, »dass es schwedischen Kindern während der Pandemie sowohl in pädagogischer als auch in psychischer Hinsicht besser ging als Kindern in anderen Ländern«. Im Vergleich zum Lockdown-Nachbarn Finnland wurden bei schwedischen Schulkindern auch keine höheren Infektionsraten beobachtet. Weder in Schweden noch in Finnland starben Kinder zwischen einem und neunzehn Jahren an COVID-19. In Bezug auf die Bevölkerungsgröße verzeichnete Schweden im Vergleich zu seinen direkten Nachbarländern mit Lockdown-Maßnahmen zwar etwas mehr Todesfälle im Zusammenhang mit COVID-19, aber weniger als andere europäische Länder mit Lockdown-Maßnahmen wie Belgien, Spanien, Italien oder Großbritannien.[18]

Der *Deutschlandfunk* (DLF) ärgerte sich schon früh über die Schweden: »Dort sind sogar Cafés nach wie vor geöffnet.« Johan Carlson von der schwedischen Gesundheitsbehörde sagte dem DLF bereits im März 2020: »Ich hatte in der vergangenen Woche Kontakt mit einigen europäischen Kollegen. Viele sind unglücklich über Beschränkungen in ihren Ländern. Sie werden ja nicht immer befolgt, weil das Verständnis fehlt. Warum darf nur einer mit dem Hund raus, wenn er zwei Personen gehört, die zusammen wohnen? Solche Regeln untergraben das Vertrauen in die Behörden. Ich finde, es ist ein heikles Experiment, eine ganze Bevölkerung für vier, fünf Monate einzusperren. [...] Um Ansteckung zu verhindern, ist es aber am wichtigsten, dass Menschen mit Krankheitssymptomen zu Hause bleiben und dass wir die Schwachen schützen. Man soll an die frische Luft. Es ist ungesund, fünf, sechs Monate lang im Haus zu sitzen.«

Beim DLF hatte man trotzdem kein Verständnis für den »abwegigen« Schweden-Kurs, wenn »die Leute selbst am besten wissen, was gut ist für sie« und »Vater Staat« nur noch als »wohlwollender Ratgeber« agiere, worin die Schweden sogar ein »Bekenntnis zur Freiheit der Bürger« sähen. Der DLF weiter: »Also bleiben Kitas und die hier neunjährigen Grundschulen geöffnet, Läden und Restaurants auch, selbst Skigebiete. Veranstaltungen mit weniger als 50 Teilnehmern sind weiterhin völlig okay. Hinter diesem entspannten schwedischen Weg steht maßgeblich der oberste Epidemiologe des Landes.« Tegnell meinte: »Zu Hause bleiben, wenn man sich krank fühlt. Alle, die von zu Hause arbeiten können, sollten dies tun, und wir müssen unsere älteren Mitbürger schützen. [...] den besten Effekt gibt es, wenn sich alle einfach an die grundlegenden Verhaltensweisen halten.«[19]

In Schweden empfahlen die Verantwortlichen weder eine Corona-App zur Kontaktverfolgung, noch erließen sie strikte Verbote und Restriktionen, sondern appellierten an die Vernunft der Bürger, weshalb der schwedische Weg breite Unterstützung in der Bevölkerung bekam. Gegen Schweden wurde also weitgehend polemisiert und über die weitere Entwicklung dann auch nicht mehr viel berichtet. Der Grund dafür, so schrieben die *NachDenkSeiten*, dürfte einfach sein, denn die Schweden setzten ihren entspannten Kurs auch im

Herbst fort und starrten nicht nur auf die Fallzahlen. »›Wir rufen die ältere Bevölkerung auf, sich nicht mehr komplett zu isolieren, nur noch große Menschenansammlungen zu vermeiden.‹ Denn ein Bericht habe gezeigt, dass sich die soziale Distanzierung bei vielen Älteren negativ auf ihre psychische Gesundheit ausgewirkt habe«, so Tegnell Ende Oktober 2020. Nicht einmal Masken wurden empfohlen und sogar die *Frankfurter Allgemeine Zeitung* fragte am 24. September 2020: »Hatte Schweden doch die bessere Strategie?«[20/21]

Am 26. Oktober 2020 schrieb *Heise online*, der schwedische Sonderweg habe funktioniert und das Land könne es sich leisten, die Beschränkungen zurückzufahren. Der schwedische Arzt Sebastian Rushworth sei überzeugt, dass man Herdenimmunität durch T-Zellen erreicht habe. »Der Tatbestand, dass ein beträchtlicher Teil der Bevölkerung trotz Kontakts mit SARS-CoV-2-Viren nicht erkrankt, wird durch die Aktivierung von Fresszellen, sogenannte Makrophagen, erklärt. Um die infizierten Zellen eliminieren zu können, müssen sie jedoch erkannt werden. Dies leisten T-Zellen, die eine solche Fähigkeit über eine frühere Infektion durch Coronaviren erlangt haben. Ein entscheidender Vorteil ist, dass T-Zellen wesentlich langlebiger sind als Anti-Körper.« *Heise online*: »Zwar ist ein saisonbedingter Anstieg zu konstatieren, allerdings liegen die Oktoberzahlen (noch) unter dem Durchschnitt der Monate April bis Juni, und dies bei einer starken Zunahme der PCR-Tests. Obwohl die schwedische Bevölkerung zahlenmäßig in etwa jener Belgiens und Tschechiens entspricht, betragen die täglichen Neuinfektionen weniger als ein Zehntel.« Zu berücksichtigen sei auch, »dass die Sterbefälle in Schweden dem langjährigen Durchschnitt entsprechen. Während der ersten 35 Wochen dieses Jahres gab es 620 Tote auf 100.000 Einwohner, womit die Zahlen der vorhergehenden Dekade fünfmal über- und fünfmal unterschritten wurden. Der höchste Wert wurde für 2012 mit 650 ermittelt, was circa 3.000 Todesfälle mehr als in diesem Jahr bedeutet. Damals grassierte eine schwere Influenza-Epidemie, die augenscheinlich mehr Opfer forderte als gegenwärtig das SARS-CoV-2-Virus. Da für das letzte Jahr mit 564 Toten der geringste Wert seit 2010 gemessen wurde, lebten in Schweden während des vergangenen Frühjahrs mehr hochmorbide und immungeschwächte Personen als normal.« Ein Vergleich mit dem durchschnittlichen Jahreswert stütze die Annahme, »dass für einen Großteil der an COVID-19 Erkrankten die Haupttodesursache anderswo liegt, wenn auch die Virusinfektion den Todeseintritt beschleunigt haben dürfte«. Dafür spreche auch das mit 86 Jahren ziemlich hohe Medianalter der infizierten Toten in Schweden.[22]

Der Vergleich der COVID-Todesfälle in Schweden – ohne Lockdowns, Masken und Schulschließungen – mit den USA und dem EU-Durchschnitt hat gezeigt, dass die restriktiven Maßnahmen »medizinisch weitgehend unwirksam, sozial und wirtschaftlich jedoch höchst zerstörerisch« waren, wie auch *Swiss Policy Research* am 28. Dezember 2020 schrieb. Die einzig wirksame Maßnahme ohne totalitäre Politik sei »eine evidenzbasierte frühzeitige und prophylaktische Behandlung«. Insgesamt käme die »COVID-Pandemie einer mittleren Influenza-Pandemie (wie 1957 und 1968) am nächsten, die ältere Menschen in Industrieländern mit einer hohen Rate von Herz-Kreislauf-Erkrankungen trifft«, und mit einigen Ausnahmen deutlich schlimmer als die »saisonale Grippe«, aber auch »deutlich milder als die Grippe von 1918 oder früherer globaler Pandemien« sei.[23/24]

Ungeachtet dieser Zahlen blieb man aber weiterhin kritisch gegenüber den Schweden. So schrieb *n-tv* Ende Oktober 2020: »Der Sonderweg, den die Regierung in Stockholm in der Pandemie fährt, wird europaweit beobachtet. Doch auch in Schweden steigen die Infektionszahlen wieder stark an, Experten sprechen von einer ›ernsten Lage‹. Harte Maßnahmen gibt es dennoch nicht. Was aber keinesfalls heißt, dass alles erlaubt ist. Wer zuletzt einen Abstecher nach Stockholm gemacht hat, der wird sich wie in einer anderen Welt vorgekommen sein: Die Fahrt mit der vollen

Tunnelbana, der U-Bahn der schwedischen Hauptstadt, wirkt wie aus einer Prä-Corona-Zeit – Masken trägt so gut wie niemand, auf Anzeigen und Stickern wird lediglich darauf hingewiesen, dass man Abstand zu seinen Mitreisenden halten solle. Auch auf der Einkaufsmeile Drottninggatan erscheint das Leben fast wie im Jahr 2019. Das zeigt: Schweden bleibt seinem Sonderweg im Kampf gegen das Coronavirus auch im Herbst treu.«

Die »Neuinfektionen« ließen sich zum Teil auf eine ausgeweitete Infektionsverfolgung und vermehrte Tests zurückführen, so Tegnell. Aber es gebe auch eine zunehmende Ausbreitung der Infektionen, weshalb jetzt auch für ihn der Herbst schwierig werde. Für Schweden sehe es zwar »besser aus«, aber auch dort würden die »Alarmglocken« läuten. Die Kampagne gegen Schweden hinterließ offensichtlich ein paar Spuren. Trotzdem blieb es zunächst bei allgemeinen Ratschlägen, Kontakte, den Nahverkehr oder soziale Veranstaltungen wie Fußball zu vermeiden. Doch dann wurden auch die Schweden durch eine politische und mediale Kampagne noch auf Kurs gebracht. Es kam zu weiteren Verschärfungen und ein Pandemie-Gesetz war unterwegs, wobei Ungewissheit herrsche, wie sehr das neue Gesetz in die Grundrechte eingreife, falls es denn verfassungsrechtlich zulässig sei und durch die Instanzen komme. Denn Schweden war wie Belgien und Italien im Pflegebereich unvorbereitet für die Corona-Pandemie. Von den an oder mit COVID-19-Verstorbenen lebten drei Viertel in Alten- und Pflegeheimen, weshalb der schwedische Chef-Monarch, das Staatsoberhaupt Carl Gustaf, meinte: Schweden habe (mit seinem Kurs) versagt. Und Regierungschef Stefan Löfven, der wohl gerne schon früher in das öffentliche Leben und die Grundrechte der Schweden eingegriffen hätte, äußerte im *Aftonbladet*: »Auf enge Partys zu gehen, die riskieren, die Ausbreitung der Infektionen zu erhöhen: Ne, das ist nicht klug.«[25/26] Nur ist der Schutz von Heimen die eine Sache, Eingriffe in Grund- und Menschenrechte eine ganz andere Sache und Resteuropa hatte ja bewiesen, dass Corona-Maßnahmen nicht wirken, weshalb man sie, so die Logik der Regierungen und des Hofstaates, verlängern und verschärfen müsse.

Ob nun »enge Partys« oder nicht. Unweit von Schweden wurden nicht nur Bars, Pubs und Bordelle geschlossen. Die Regierung in Großbritannien verordnete neben Masken und Kontakt- auch noch ein privates Sexverbot, da die Ansteckungsgefahr mit dem Coronavirus dabei zu hoch sei. Mehrere Universitäten, unter anderem in London, Cambridge und Bristol, verhängten für die Studenten sogenannte One-Night-Stand-Verbote. Wer dabei erwischt werde, müsse knapp 900 Euro zahlen. Die *Berliner Zeitung* kommentierte die Maßnahme am 20. Oktober 2020: »Der Kampf gegen Corona ist nun auch in britische Schlafzimmer vorgedrungen.« One-Night-Stands sind verboten, »sobald die Warnstufe Zwei erreicht ist. Dann dürfen sich Menschen aus unterschiedlichen Haushalten in Innenräumen nicht begegnen, teilte die britische Regierung mit. Dabei ist es egal, ob es sich um eine Privatwohnung oder einen öffentlichen Ort handelt. Ausnahmen gibt es zwar, diese betreffen aber andere Lebensbereiche wie die Kinderbetreuung. Im Klartext bedeutet die Regelung, dass spontanes und ungeplantes Übernachten in einer fremden Wohnung verboten ist.« Und weiter: »Welche Kriterien erfüllt sein müssen, damit eine Beziehung für das Gesundheitsministerium als feste Beziehung gilt, ist noch unklar. Allerdings weisen die Behörden in ihren Leitlinien darauf hin, dass Menschen, die sich in der ›Frühphase einer Beziehung‹ befinden, die Vorsichtsmaßnahmen zum ›Social Distancing‹ beachten sollen.« Der Tipp: »Wenn Sie beabsichtigen, engen Kontakt mit jemandem zu haben, sollten Sie überlegen, wie Sie als Paar Übertragungsrisiken vorbeugen können. Zum Beispiel, indem Sie engen Kontakt zu Personen vermeiden, mit denen Sie nicht zusammenleben.«[27 / 28]

Die Schweiz zeigte sich von der britischen Sorgfalt tief beeindruckt. Das Schweizer *Bundesamt für Gesundheit* (BAG) »empfiehlt, die Schutzregeln einzuhalten: jene für Safer Sex genauso wie jene, die uns vor COVID-19 schützen«. Denn, so BAG-Sprecher Daniel

Dauwalder: »Das Risiko, dass man sich mit dem Coronavirus ansteckt, ist bei einem so engen Kontakt groß, wenn eine beteiligte Person ansteckend ist und man sich nicht an die Schutzregeln hält.« Wer trotzdem das Corona-Risiko eingehen wolle, solle wenigstens »vorher duschen« und danach die Hygiene- und Distanzregeln beachten. »Nach Möglichkeit in den folgenden zehn Tagen, um die Verbreitung des Virus zu verhindern, falls sie sich trotzdem angesteckt haben.« Duschen soll nicht wirklich schützen, stellte Andreas Cerny, Infektiologe am *Moncucco-Spital* in Lugano, klar.[29/30]

Aber Vorsicht. Es muss noch nicht einmal zu sexuellen Handlungen kommen, auch wer trotz Abstand wortlos zu lange neben der falschen Person steht, etwa bei Demonstrationen, kann als Ignorant und Kritiker des staatlichen Corona-Würgegriffs ganz offiziell zum Staatsfeind werden. Das wünscht der Regionalregent Markus Söder jedenfalls. Es gebe Menschen, die einen »anderen Staat wollen«. Da nach Söders Auffassung die Macht offenbar von ihm und nicht vom Volk ausgeht, sind solche Menschen für Söder und andere Autokraten ein Problem und überwachungswürdig.[31] Laut Kurt Tucholsky sind zwischenstaatlich in Europa aber nur das Verbrechen und der Kapitalismus organisiert. Und für Mahatma Gandhi galt: »Ziviler Ungehorsam wird zur heiligen Pflicht, wenn der Staat den Boden des Rechts verlassen hat.« Noch deutlicher steht es sogar in der Präambel der allgemeinen Erklärung der Menschenrechte: »Da die Anerkennung der angeborenen Würde und der gleichen und unveräußerlichen Rechte aller Mitglieder der Gemeinschaft der Menschen die Grundlage von Freiheit, Gerechtigkeit und Frieden in der Welt bildet, da die Nichtanerkennung und Verachtung der Menschenrechte zu Akten der Barbarei geführt haben, die das Gewissen der Menschheit mit Empörung erfüllen, und da verkündet worden ist, dass einer Welt, in der die Menschen Rede- und Glaubensfreiheit und Freiheit von Furcht und Not genießen, das höchste Streben des Menschen gilt.« Daher sei es notwendig, »die Menschenrechte durch die Herrschaft des Rechtes zu schützen, damit der Mensch nicht gezwungen wird, als letztes Mittel zum Aufstand gegen Tyrannei und Unterdrückung zu greifen«.[32]

. . . .

1 www.who.int/news-room/fact-sheets/detail/influenza-(seasonal)
2 www.who.int/news-room/detail/14-12-2017-up-to-650-000-people-die-of-respiratory-diseases-linked-to-seasonal-flu-each-year
3 www.stern.de/gesundheit/virologe-christian-drosten—wir-haben-in-deutschland-einige-vorteile-gegenueber-anderen-laendern-9190450.html
4 www.achgut.com/artikel/corona_aufarbeitung_warum_alle_falsch_lagen
5 www.rs2.de/programm/der-hockertz-realitaetscheck
6 www.br.de/nachrichten/wissen/warum-kann-man-trotz-grippeimpfung-krank-werden,Roy3Ovo
7 www.who.int/emergencies/diseases/novel-coronavirus-2019/question-and-answers-hub/q-a-detail/q-a-similarities-and-differences-COVID-19-and-influenza
8 www.statnews.com/2020/03/17/a-fiasco-in-the-making-as-the-coronavirus-pandemic-takes-hold-we-are-making-decisions-without-reliable-data/
9 www.niid.go.jp/niid/en/2019-ncov-e/9407-covid-dp-fe-01.html
10 www.spektrum.de/news/die-grippewelle-2020-koennte-ausfallen/1772418
11 www.rki.de/DE/Content/Infekt/EpidBull/Archiv/2020/16/Art_02.html
12 www.who.int/influenza/gisrs_laboratory/flunet/charts/en/ (abgerufen am 2. Januar 2021)
13 www.mdr.de/wissen/grippewelle-influenza-winter-fieber-husten-arztbesuch-sachsen-anhalt-thueringen-100.html
14 www.ynet.co.il/articles/0,7340,L-5714371,00.html
15 www.augsburger-allgemeine.de/bayern/Philosoph-Nida-Ruemelin-plaediert-fuer-raschen-Exit-aus-Kontaktsperren-id57208696.html
16 www.euro.who.int/en/media-centre/sections/statements/2020/statement-digital-health-is-about-empowering-people
17 www.n-tv.de/panorama/Langfristig-koennte-Schweden-richtig-liegen-article21876864.html
18 www.reuters.com/article/us-health-coronavirus-sweden-schools-idUSKCN24G2IS
19 www.deutschlandfunkkultur.de/umgang-mit-corona-macht-es-schweden-besser.979.de.html?dram:article_id=473642
20 www.nachdenkseiten.de/?p=66378

ABGRÜNDE

21 www.faz.net/aktuell/politik/ausland/warum-sich-daenemark-schwer-tut-im-kampf-gegen-corona-16969863.html
22 www.heise.de/tp/features/Schwedens-beneidenswerte-Lage-im-Anti-Corona-Kampf-4938407.html
23 swprs.org/covid-the-illusion-of-control/
24 inproportion2.talkigy.com
25 www.n-tv.de/panorama/Schweden-steht-schwieriger-Herbst-bevor-article22133437.html
26 www.nachdenkseiten.de/?p=68466
27 www.rtl.de/cms/wegen-corona-sex-verbot-fuer-britische-studenten-hohes-bussgeld-droht-4591742.html
28 www.berliner-zeitung.de/news/wegen-corona-britische-regierung-verbietet-one-night-stands-li.112623
29 www.nau.ch/news/schweiz/coronavirus-briten-haben-one-night-stand-verbot-das-rat-das-bag-65810746
30 www.heute.at/s/behoerde-raet-vor-einem-one-night-stand-zu-duschen-100111445
31 www.tagesschau.de/inland/soeder-querdenker-verfassungsschutz-101.html
32 www.ohchr.org/EN/UDHR/Documents/UDHR_Translations/ger.pdf

29

DIE FREIHEIT DOPPELTER STANDARDS

> *»Um ein tadelloses Mitglied einer Schafherde sein zu können, muss man vor allem ein Schaf sein.«*
> ALBERT EINSTEIN

Niemand wird mehr bestreiten, dass bei der COVID-19-Erkrankung viele Faktoren eine Rolle spielen: der Zustand des Gesundheitssystems, der Altersdurchschnitt der Bevölkerung, die Luftqualität in der Region, diverse Vorerkrankungen wie Fettleibigkeit, Diabetes und Herzprobleme, der Gesundheitszustand der Menschen und ihres Immunsystems. Oder auch falsche Behandlungsmethoden, angeregt durch höhere Vergütungen wie in den USA, wenn Corona-Patienten zu früh oder zu lange künstlich beatmet wurden. Jedenfalls berichtete *Die Zeit* am 29. Juli 2020: »Corona-Studie: Mehr als die Hälfte der beatmeten COVID-19-Patienten verstorben.«[1]

Während Corona, genauer gesagt die Politik, die Menschen in Corona-Geiselhaft hält, machten sich Politiker auch noch der Corona-Heuchelei schuldig. Etwa in den USA, wo Politiker Restriktionen verordneten, an die sie sich selbst nicht halten wollten. Die *Neue Zürcher Zeitung* fragte: »Halten sich die Politiker für immun oder das Volk für dumm?« So hatte der demokratische Gouverneur von Kalifornien, Gavin Newsom, »eine ganze Reihe von

Zwangsmaßnahmen erlassen«, inklusive Maskenpflicht außerhalb des eigenen Heims und einer weitgehenden Ausgangssperre »für die Mehrheit der Bevölkerung«. Newsom nahm, kurz nachdem er die Ausgangssperre erlassen hatte, selbst »an einer Geburtstagsparty mit einem Dutzend Freunden – unter ihnen ausgerechnet Lobbyisten aus der Gesundheitsbranche – in einem exklusiven Restaurant« teil. Als die Sache aufflog, log Newsom, dessen Kinder Corona-Privatunterricht bekamen, während Kinder staatlicher Schulen Online-Lektionen erhielten, um Schadensbegrenzung zu betreiben. Oder Nancy Pelosi, die Speakerin des Repräsentantenhauses, die trotz »Lockdown in San Francisco ihr Haar im offiziell geschlossenen Salon ihrer Coiffeuse richten ließ. Aber die Tendenz, sich über dem Gesetz zu wähnen, ist offensichtlich parteiübergreifend. Kurz nachdem Kalifornien dringend empfohlen hatte, auf unnötige Reisen in andere Gliedstaaten zu verzichten, flogen vierzehn Angehörige der Legislative des ›Golden State‹ zu einem jährlichen Treffen mit Lobbyisten nach Hawaii«, so die *Neue Zürcher Zeitung*.[2] Die Heuchelei und Arroganz der Politiker und Oligarchen ist aber nicht nur partei-, sondern auch branchen- und länderübergreifend, wie zum Beispiel die Verleihung des Springer Award zeigte. Die *NachDenkSeiten* schrieben am 7. Dezember 2020 unter »Corona-Leugner unter sich: Ohne Maske feiern mit Elon Musk«, dass nun auch Musk nach Mark Zuckerberg und Jeff Bezos den »Großen Preis des größten deutschen Zeitungskonzerns« erhielt. Und das, obwohl der »Hasser von Gewerkschaften und Tarifverträgen«, Elon Musk, die Angst vor dem Virus »dumm« oder Ausgangssperren »faschistisch« nannte und er seine Fabrik in Kalifornien wegen der »Corona-Regeln« nicht schließen wollte. Das störte aber weder den obersten deutschen Corona-Manager, Jens Spahn, der die Laudatio für Musk hielt, noch dieselben Medien, die »gegen »Corona-Leugner« in Deutschland hetzen und jede noch so vernünftige Kritik an bestimmten Corona-Maßnahmen als rechtsradikal oder gar antisemitisch verteufeln«, Musk anzuhimmeln. Die *NachDenkSeiten* schrieben über die unterwürfige Rede Spahns: »So ging, in zarten Andeutungen, Spahn auf die eigentlich nicht so passende Seite des zu preisenden Fortschritts-Führers ein. Der Gesundheitsminister deutete höflich, sehr höflich an: ›Selbst will sich Elon Musk, so war zu lesen, jedoch nicht impfen lassen. Ich weiß auch: Elon Musk sieht viele Maßnahmen kritisch, die wir als Regierungen zur Eindämmung der Pandemie treffen.‹ Aber das darf der. Auch der deutsche Gesundheitsminister übt daran, wie die *Springer*-Medien und *Springer*-Chef Döpfner, keine Kritik. Spahn lobt das als Beitrag zur Diskussionskultur (die er anderen grundsätzlich verweigert).« Während man es bei der Preisverleihung im Berliner Springer-Hochhaus mit Abständen und Masken nicht so genau nahm, brachte *Springer*-Chef Mathias Döpfner die Doppelmoral bei seinem Grußwort für Musk wohl ungewollt auf den Punkt: »Money makes the world go round.« Und »wie man hörte, blieb Musk gesund, wie auch die anderen Teilnehmer der Verleih-Party«.[3]

Welche Maßnahmen folgen, wenn jemand positiv auf SARS-CoV-2 getestet wurde, scheint auch vom Status des Getesteten abzuhängen. Als »Schlüsselfigur im Kampf gegen die Pandemie« und Erster im deutschen Bundeskabinett, so die *Tagesschau*, wurde ausgerechnet Jens Spahn wenige Wochen zuvor, im Oktober 2020, »wegen Erkältungssymptomen« corona-positiv getestet. Für Spahn, Jahrgang 1980, bedeutete das zumindest offiziell: Isolation in der großen neuen Luxusvilla. Und was hieß das für die anderen Kabinettsmitglieder? Spahn hatte zuvor ja an einer Sitzung des Bundeskabinetts teilgenommen. Auf Bildern ist zu sehen, wie Spahn kurz vor Betreten der Sitzung eine Maske trägt, »später dann nicht« mehr. Die *Tagesschau* hatte dafür gleich eine Entschuldigung parat: »Das Kabinett tagte allerdings im großen Internationalen Konferenzsaal, wo auch die Abstände zwischen den Anwesenden besonders groß sind.« Andere Aufnahmen zeigten dagegen etwas anderes. Zum Hohn, Spott und der Beruhigung des Volkes betonte ein Regierungssprecher: »Die Kabinettsmitglieder – und damit die Regierung – müssten nicht in Quarantäne. Denn das Hygiene-Konzept im Saal sei besonders optimiert, solle Ansteckungen verhindern und sei vom Gesundheitsamt Berlin-Mitte fachlich überprüft worden.«[4]

Auch der ansonsten so verbissene Corona-Mahner und Gesundheitsexperte Karl Lauterbach hält eine Quarantäne des Kabinetts in diesem Fall für nicht nötig: »Es ist tatsächlich so, dass in der jetzigen Situation ein solcher Kontakt auf Abstand nicht automatisch zur Quarantäne führt – wenn die Zeiten nicht zu lang sind.« Neben den doppelten Standards drängt sich aber noch die Frage auf: Wie konnte sich Spahn um Himmels willen trotz der ganzen Masken, Abstände und sämtlicher Schutzvorkehrungen überhaupt infizieren?[4]

Vermutlich überbrückte Spahn seine knappe Quarantänezeit mit *Google*-Analysen. So informierte das *Ärzteblatt* am 10. November 2020: »Verlässliche Gesundheitsinformationen sollen über die Suchmaschine *Google* künftig leichter zu finden sein. Zu diesem Zweck hat das Bundesgesundheitsministerium eine Zusammenarbeit mit dem Internetkonzern gestartet.« Denn: »Wer nach Gesundheitsthemen googelt, ist unsicher und braucht dringend Rat, daher ist es wichtig, dass man sich auf die Informationen verlassen kann, die man dort findet«, erklärte Spahn, als er die neue Kooperation mit dem *Google*-Vizepräsidenten für Zentraleuropa kurz darauf bekannt gab. Und was, so Spahn, liege näher, »als mit der populärsten Suchmaschine zusammenzuarbeiten«?[5]

Der wie Spahn allem Anschein nach in einen Datensammel- und Überwachungswahn verfallene Lauterbach erklärte Ende Oktober 2020 in der *Frankfurter Allgemeinen Zeitung*: »Wenn es uns in den kommenden zwei bis drei Wochen nicht gelingt, die persönlichen Kontakte zu beschränken, werden die Zahlen in wenigen Wochen so stark gestiegen sein, dass uns nur noch ein neuer Lockdown bleibt.« Außerhalb der Klasse der Abgeordneten gilt für Lauterbach: »Jeder Kontakt, egal wo, könnte kontaminiert sein.« Es reiche auch »nicht mehr, nur vorsichtig zu sein und die AHA+L-Regeln einzuhalten«. Lauterbach in Düsseldorfs *Rheinischer Post*: »Die Unverletzlichkeit der Wohnung darf kein Argument mehr für ausbleibende Kontrollen sein. [...] Wenn private Feiern in Wohnungen und Häusern die öffentliche Gesundheit und damit die Sicherheit gefährden, müssen die Behörden einschreiten können.« Solche »Superspreadings-Events«, also Treffen in kleinen Privatwohnungen, dürften nicht toleriert werden. Lauterbach forderte den totalen »Wellenbrecher-Shutdown«. Lauterbach auf *Twitter*: »Ein Brechen des exponentiellen Wachstums wäre fast sicher.« Die Gastronomie dürfe dabei auf keinen Fall herausgenommen werden, sonst »klappt das Konzept nicht«. Lauterbach ist in der Corona-Krise so sehr im Corona-Wahn, dass er sich selbst widersprach, denn das RKI weise übrigens »darauf hin, dass Ansteckungen in der Gastronomie nicht belegt seien«, so Lauterbach.[6/7/8]

Im Wettstreit um Standards bei den verhängten Maßnahmen konnte Bayerns Söder den Forderungen Lauterbachs in rein gar nichts nachstehen. Söder sah in der Infektionszahl sogar »die Mutter aller Zahlen« und in der Maske das »Instrument der Freiheit«, weshalb noch mehr Maske, weniger Alkohol und Feiern nötig seien, damit das Coronavirus nicht »außer Kontrolle« gerate. Schließlich sei die Pandemie ein »Charaktertest«, bei der man seine Loyalität gegenüber dem Staat und Solidarität unter den Generationen beweisen müsse. Das führte dann dazu, dass sich im Freistaat Bayern ab November 2020 vorerst nur noch maximal zwei Haushalte mit höchstens zehn Personen treffen durften – auch in Privatwohnungen. Alles andere sei »inakzeptabel«, so das bayerische Landeskabinett, das damit sogar die Vorgaben für Restdeutschland übertraf. »Ausnahmen gelten nur für Gottesdienste«, so das *Ärzteblatt* und Gott sei Dank für »Demonstrationen«, wenn sie denn genehmigt werden.[9/10]

Im Land der Erzkonservativen, Römisch-Katholischen und ewig Gestrigen hört auch niemand mehr die Alarmglocken der Kirche. Papst Franziskus geißelte in seiner Enzyklika »Fratelli Tutti« den Neoliberalismus und Kapitalismus scharf. Der Papst wies sogar darauf hin, dass die Corona-Krise die Schwächen des markbezogenen Kapitalismus aufdeckt. Der Anti-Kapitalisten-Papst prangerte an, dass besonders die Ungleichverteilung von Privateigentum und Vermögen ein Problem der Menschheit sei. Franziskus: »Das Christentum hat noch nie das Recht auf Privateigentum als absolut anerkannt.«[11/12] Noch extremere Töne schlugen ein paar Kardinäle wie Robert Sarah, Janis Pujats, Gerhard Müller, Joseph Zen »sowie Dutzende von Bischöfen, Priestern und Intellektuellen« an. In ihrem Aufruf »Appeal for the Church and the World« vom Mai 2020 warnten sie nicht nur vor Weltverschwörungen. Die Etablierung totalitärer Praktiken müsse gestoppt werden, da sie nur »unter dem Vorwand der COVID-19-Eindämmung in den meisten Ländern eingeführt werden«. Man solle nicht zulassen, dass eine »abscheuliche technologische Tyrannei« errichtet werde, »in der namenlose und gesichtslose Menschen über das Schicksal der Welt entscheiden, indem sie uns in eine virtuelle Realität verbannen. Die Kriminalisierung persönlicher und sozialer Beziehungen muss als inakzeptabler Teil des Projekts jener angesehen werden, die die Isolation von Menschen fördert, um sie besser manipulieren und dominieren zu können.« Die Warnung der Geistlichen im katholischen *Magazin für Kirche und Kultur*: »Es gibt Mächte, die Corona für den Griff nach der Weltherrschaft missbrauchen wollen.« Ganz ähnlich lautete der von Priestern, Journalisten, Medizinern, Juristen, Lektoren und ein paar Organisationen unterzeichnete »Aufruf für die Kirche und für die Welt an Katholiken und an alle Menschen guten Willens« vom 7. Mai 2020.[13/14]

Noch eindringlicher drückte der Journalist und Autor Knut Mellenthin seine Empörung aus. Die Irreführung der Berichterstattung sei inzwischen offensichtlich. Würde man durchschnittliche Zahlen aus früheren Jahren zugrunde legen, so »sind in Deutschland seit Anfang Januar ungefähr 560.000 Menschen gestorben. Darunter waren 9.200, bei denen das Coronavirus als hauptsächliche oder wesentliche Todesursache diagnostiziert wurde. Das sind 1,64 Prozent aller Todesfälle. Im selben Zeitraum wurden

200.000 Tote aufgrund von Herz-Kreislauf-Erkrankungen und 135.000 Krebstote registriert, ohne Anlass für pausenlose Nachrichten, Sondersendungen, regierungsamtliche Warnrufe und herzensgut gemeinte Rufe nach einem nationalen Trauertag zu geben. Keinesfalls alle diese Todesfälle wären zum gegebenen Zeitpunkt unvermeidlich gewesen, wenn die Aufmerksamkeit stärker auf gesunde Ernährungs- und Lebensweise gelenkt würde. Der aktuelle Anteil des Coronavirus am gesamten täglichen ›Sterbegeschehen‹ in Deutschland liegt bei 0,15 Prozent. Für ›die Politik‹ ist das ein natürlicher Grund, die Lautstärke der Alarmsirenen wieder hochzudrehen. Das Virus hat sich in kurzer Zeit, viel wirksamer als beispielsweise der Terrorismus und das russisch-chinesische Feindbild, als Instrument erwiesen, das Zweifel an staatlichen Notstandsmaßnahmen und an der Auszehrung verfassungsmäßiger Grundrechte mit einem sehr hohen Grad an Zuverlässigkeit verstummen lässt. ›Die Politik‹ kann das Wegsperren von Hunderttausenden oder auch Millionen alten Menschen und Angehörigen anderer ›Risikogruppen‹ tabufrei erörtern und teilweise auch schon praktizieren, ohne dass ein gesellschaftlicher Diskurs aufkommt. Die Hauptursache dafür scheint bei der Mehrheit der Bevölkerung nicht in erster Linie individuelle Angst zu sein, sondern ein irregeleitetes Pflicht- und Solidaritätsgefühl.«

Sollte eine solidarische und gerechte Gesellschaft aber nicht grundsätzlich so aufgebaut sein, dass sie immer auf die Schwächsten Rücksicht nimmt? Das ist nur nicht der Fall. Alte und hilfsbedürftige Menschen werden in ihrer Not häufig allein gelassen und ein Besuch könnte ja ihre Gesundheit gefährden! Das Recht, selber entscheiden zu dürfen, wird den Menschen genommen. Wie schrieb Thomas Mann im Zauberberg: »Der Mensch soll um der Güte und Liebe willen dem Tode keine Herrschaft einräumen über seine Gedanken.«

Apropos Heuchelei und Infektionskrankheiten: Nosokomiale Infektionen sind Infektionen, so das *Robert Koch-Institut* (RKI), die

»Patientinnen und Patienten in Zusammenhang mit einer medizinischen Maßnahme erwerben, die zum Beispiel in Krankenhäusern, Pflegeeinrichtungen oder auch in ambulanten Praxen erfolgt ist«.[15] Das *Europäische Zentrum für die Prävention und die Kontrolle von Krankheiten* (ECDC) rechnete pro Jahr in Europa mit rund 2,6 Millionen nosokomialen Infektionen, Stand 2016. *Die Zeit* schrieb: »Ganz Europa kämpft mit Krankenhauskeimen«, die jedes Jahr »Millionen Menschen infizieren«, und meinte 2016 in Bezug auf die Zahlen der ECDC, dass sich einer von 20 Patienten infiziere. »Mundschutz, Handschuhe, Desinfektionsspray, Chirurgenkittel«, genau diese Ausrüstung von Ärzten und Pflegern ist überlebenswichtig. Trotzdem würden etwa 91.000 Patienten an so einer Bakterieninfektion sterben, wobei »die häufigsten Folgen Lungenentzündungen, Sepsis (Blutvergiftung), Harnwegs- und Wundinfektionen« seien und viele Fälle vermeidbar wären. Das gehe aus Daten hervor, die »in den Jahren 2011 und 2012 in 30 europäischen Ländern mit zusammen 510 Millionen Einwohnern erhoben« wurden und alle Infektionen umfassen, die sich Patienten in Krankenhäusern holen können. Überall lauern »winzige Bakterien, die schwere Infektionen auslösen können, sobald sie es in den Körper schaffen. Der Weg in den Körper ist besonders leicht, wenn jemand am Tropf hängt, einen Katheter hat oder beatmet wird.« So hat manch ein Erreger, der einem Gesunden für gewöhnlich nichts anhaben kann, auf einmal das Zeug zum Killer. Auch bei den Krankenhauskeimen zählen Kinder, alte Menschen und geschwächte Schwerkranke zu den anfälligsten Gruppen.[16]

Billionen Bakterien besiedeln die Haut und den Darm eines Menschen. Das Keimspektrum ist groß, doch bei Gesunden hält das Immunsystem die potenziell krank machenden Keime im Schach. Die *Wiener Zeitung* berichtete im Jahr 2007 – unter Bezug auf eine in der Zeitung *La Repubblica* veröffentlichte Studie – über die »höllischen Krankenhäuser Italiens« und die *Süddeutsche Zeitung* (SZ) schrieb unter »Krankenhäuser, die krank machen« im Jahr 2008, dass 7.000 Menschen jährlich in Italiens Kliniken »wegen mangelnder Hygiene« sterben. Damit liege Italien »nur« im europäischen Durchschnitt. Das politische Wochenmagazin *Espresso* veröffentlichte damals Erfahrungen des Enthüllungsjournalisten Fabrizio Gatti, der sich wochenlang als Putzkraft in das größte Krankenhaus des Landes, eine Universitätsklinik in Rom, schlich. Die SZ über die Recherche von Gatti: »Abfallsäcke, Zigarettenkippen und Hundekot in den Korridoren, Angestellte, die vor der Kinderintensivstation rauchen, Räume, die als eine Art Müllkippe benutzt werden, frei zugängliche Sicherheitsbereiche mit radioaktivem und infektiösem Material und Tausende vertrauliche Patientenakten, die in einem Gang herumliegen.«[17]

Die Leiterin des Instituts für Hygiene und Umweltmedizin an der Berliner *Charité*, Petra Gastmeier, ging im Jahr 2006 von rund 500.000 nosokomialen Infektionen mit einer Letalität von 2,6 Prozent, im Jahr 2012 dann von rund 900.000 jährlich Infizierten für Deutschland aus. Die *Deutsche Gesellschaft für Krankenhaushygiene* (DKGH) sprach von 1 Million für das Jahr 2015. Für andere Länder, etwa Österreich, gelten ähnliche Verhältnisse. Die DKGH schätzte im Dezember 2015 für unterschiedliche Ereignisse die Wahrscheinlichkeit eines tödlichen Ausgangs pro Jahr: Herzkrankheiten (1 : 405), Zigarettenrauchen (1 : 500), nosokomiale Infektion, stationär und bezogen auf Patienten (1 : 600), Krebs (1 : 910), Verletzung durch Unfall oder Gewalt (1 : 2.200), nosokomiale Infektion, stationär bezogen auf die Gesamtbevölkerung (1 : 2.700), Unfälle aller Art (1 : 4.000), Autounfall (1 : 5.000), Verbrechen (1 : 11.500), Flugzeugabsturz (1 : 245.000), Blitzschlag (1 : 1.000.000).[18/19]

Die durchaus vermeidbare Gefahr der Krankenhauskeime ist also längst bekannt. *Die Zeit* schrieb damals auch: »Es obliegt dem Management der Kliniken, dafür zu sorgen, dass sich andere Patienten nicht infizieren.« Es komme eben »auf das Augenmerk der einzelnen Klinik an«. Und das *Aktionsbündnis Patientensicherheit* teilt zur »Prävention von Krankenhausinfektionen und Infektionen durch multiresistente Erreger« mit: »Wesentliche Maßnahmen zur Vermeidung dieser

Infektionen müssen Krankenhäuser und Arztpraxen treffen. Aber auch Sie selbst und Ihre Angehörigen können sich vor vermeidbaren Infektionen während des Krankenhausaufenthaltes schützen.« Eine generelle Masken- oder Abstandspflicht gab es in Krankenhäusern und Pflegeeinrichtungen bisher jedenfalls noch nie.[20]

»Können die Menschen in diesem Lande nicht begreifen, dass sie verführt werden durch Menschen ohne jegliche Qualifikation? Wieler ist Tiermediziner, ohne Ausbildung in den Grundzügen der Infektiologie. Oder Spahn, Bankkaufmann ohne Ahnung von Krankheit und deren Entstehung, geschweige denn von Leben und Tod? Von Drosten will ich nicht reden: Er hat in seinem Leben bestimmt kaum leidende Patienten gesehen oder behandelt. Und diese Menschen bestimmen, was wir dürfen und nicht dürfen? Und bedrohen uns, sodass jeder Widerspruch zur Straftat wird? Ich bin fassungslos«, schrieb Sucharit Bhakdi in einem Kommentar. Christoph Butterwegge, Professor für Politikwissenschaften, stört, dass »die Einkommensschwachen bei den Rettungspaketen« weitgehend leer ausgehen. »Unterstützt werden nämlich gerade jene Menschen nicht, die als Hauptleidtragende der Pandemie mit den größten Problemen zu kämpfen haben.« Wirtschaftslobbyisten und andere Neoliberale, »die den Staat sonst als das größte Übel geißeln«, halten bei der Regierung die Hand auf, »um sich die Kassen zu füllen, während sie die katastrophalen sozialen Folgen der Pandemie nicht interessieren«. Und der französisch-argentinische Virologe Pablo Goldschmidt antwortete auf den Einwand eines Interviewers, dass COVID-19 doch immerhin sehr ansteckend sei: »Ja, wie eine Erkältung – in den Altenheimen sterben die Leute daran. Bis jetzt hat man sie nicht gezählt, nun tut man das aber. Im letzten Jahr gab es weltweit mehr als 500.000 Lungenentzündungen. In Afrika könnte sich eine Million mit der Meningitis anstecken, die durch Spucke übertragbar ist – und die Flugzeuge kommen und gehen. Das interessiert niemanden. Es gibt 135.000 mit Tuberkulose Infizierte in Lateinamerika, und keiner regt sich auf.«[21/22]

1. www.zeit.de/zustimmung?url=https%3A%2F%2Fwww.zeit.de%2Fwissen%2Fgesundheit%2F2020-07%2Fcorona-studie-krankenhaus-patienten-beatmet-verstorben-sterblichkeit
2. www.nzz.ch/international/corona-kaliforniens-gouverneur-predigt-abstand-fuer-die-andern-ld.1587916
3. www.nachdenkseiten.de/?p=67747
4. www.tagesschau.de/inland/spahn-corona-127.html
5. www.aerzteblatt.de/nachrichten/118196/Gesundheitsinformationen-Spahn-startet-Kooperation-mit-Google
6. www.faz.net/aktuell/politik/inland/karl-lauterbach-warnt-vor-corona-lockdown-in-wenigen-wochen-17018586.html
7. rp-online.de/panorama/coronavirus/lauterbach-fuer-wellenbrecher-shutdown-zur-corona-eindaemmung_aid-54269207
8. www.msn.com/de-de/nachrichten/politik/lauterbach-fordert-kontrollen-in-privatwohnungen/ar-BB1at8hE?ocid=msedgntp
9. www.ovb-online.de/weltspiegel/bayern/neue-massnahmen-in-bayern-staatsregierung-diskutiert-ueber-corona-lage-90068118.html
10. www.aerzteblatt.de/nachrichten/117865/Kontaktbeschraenkungen-fuer-Privatraeume-in-Bayern?rt=1af f7bf0835623868e85b0c3e0bc1319
11. edition.cnn.com/2020/10/04/business/pope-francis-market-capitalism/index.html
12. www.vatican.va/content/francesco/de/encyclicals/documents/papa-francesco_20201003_enciclica-fratelli-tutti.html
13. katholisches.info/2020/05/07/die-warnung-der-kardinaele-es-gibt-maechte-die-corona-fuer-den-griff-nach-der-weltherrschaft-missbrauchen-wollen/
14. veritasliberabitvos.info/aufruf/
15. www.rki.de/DE/Content/Infekt/Ausbrueche/nosokomial/nosokomiale_Ausbrueche_node.html
16. www.zeit.de/wissen/gesundheit/2016-10/krankenhaeuser-patienten-sterben-infektionen-krankenhausinfektionen-studie
17. www.sueddeutsche.de/panorama/schockierende-enthuellungen-krankenhaeuser-die-krank-machen-1.856307
18. de.wikipedia.org/wiki/Nosokomiale_Infektion#Europa (abgerufen am 2. Januar 2021)
19. www.krankenhaushygiene.de/informationen/hygiene-tipp/hygienetipp2015/557
20. www.aps-ev.de/hempfehlungen/praevention-von-krankenhausinfektionen-und-infektionen-durch-multiresistente-erreger/
21. www.nichtohneuns.de/virus/
22. www.infobae.com/coronavirus/2020/03/28/para-un-prestigioso-cientifico-argentino-el-coronavirus-no-merece-que-el-planeta-este-en-un-estado-de-parate-total/#

30

KAMPAGNE
»KLIPP UND KLAR«

*»Denken fordert unseren Geist, Quer- und Andersdenken
unseren Geist und unser Rückgrat.«*
HELMUT GLASSL

Eigentlich ist es unglaublich, was die Angst vor Corona über Nacht geschafft hat. Und überhaupt: Wieso? Weil das neue Virus SARS-CoV-2 die Allgemeinheit so außerordentlich mehr bedroht als alle anderen Gefahren? Wirklich? Das glauben Sie? In der Kampagne der künstlich aufgeblasenen Pandemie wurde ja so getan, als hätten Medien und Politik erst durch Corona erfahren, dass Menschen tatsächlich krank werden können, man an einer Krankheit auch sterben kann, wenn das Immunsystem zu schwach ist. »Es ist unfassbar, unbegreiflich: Immer noch stirbt weltweit alle zehn Sekunden ein Kind unter fünf Jahren an den Folgen von Hunger«, schreibt der *United Nations International Children's Emergency Fund,* kurz UNICEF. Und durch die tödlichen Corona-Restriktionen wird der Sekundentakt nicht größer, sondern kleiner! Das soll, nach allem was in der Corona-Krise möglich wurde, also noch immer unvermeidbar sein?[1]

Nun wurde die Ausrottung des Welthungers nach dem Ende des Kalten Krieges, genauer gesagt in den letzten zwanzig Jahren, auch nicht in Planspielen für ein synchrones Vorgehen von Regierungen und Konzernen geübt. Daran haben die Philanthropen, Oligarchen und ihre Regierungen, angeführt von den USA, nämlich gar kein

Interesse. Nicht die Armut wurde zum Feind erklärt, obwohl der damalige Vorsitzende des US-Generalstabs, Colin Powell, schon 1991 meinte, dass ihm langsam die Feinde ausgehen.[2] Drei Jahre später stellte US-Präsident Bill Clinton dann klar: »Auch nach dem Ende des Kalten Krieges muss unsere Nation militärische Stärke aufrechterhalten.« Es gehe um die Interessen Amerikas. »Der Kalte Krieg mag vorüber sein, doch die Notwendigkeit einer amerikanischen Führung im Ausland bleibt so stark wie schon immer. Es ist mir ein Anliegen, einen neuen öffentlichen Konsens zu schaffen, um unser aktives Engagement im Ausland aufrechtzuerhalten.«[3] Verkürzt hieß das in etwa: Akzeptiert unser Imperium und stimmt unseren Kriegen zu. Interessant ist übrigens auch, dass der neue US-Präsident Joseph »Joe« Biden bereits im Jahr 1995 im US-Senat ein umstrittenes Gesetz einbrachte, das dem Präsidenten im Falle eines Terroranschlags mehr Vollmachten gibt. Kurz danach, im April 1995, gab es in Oklahoma City einen der schwersten Terroranschläge in den USA, und auch der Terror mit biologischen Waffen wurde mithilfe einer Medienkampagne als neue Bedrohung manifestiert. Um möglichst die ganze Welt zu kontrollieren, ist es praktisch, einen nicht näher zu definierenden »Terrorismus« zum internationalen Feind zu erklären, ihn auf eine globale bioterroristische Ebene zu heben und sich zum Retter zu erklären. Wie sonst sollten sich Aufrüstung, Angriffskriege, Besatzung, globale Überwachung und eine systematische Einschränkung von Grundrechten noch rechtfertigen lassen? Bedrohungsszenarien durch Terroristen und »Schurkenstaaten« mit chemischen und biologischen Waffen und Pandemien wurden gezielt aufgebaut und überhöht. Erinnern Sie sich noch an die sogenannten Anthrax-Anschläge in den USA kurz nach den noch immer nicht aufgeklärten Terroranschlägen vom 11. September 2001? Briefe mit Milzbrandsporen wurden an Senatoren und Medien verschickt. Fünf Menschen starben und der »USA Patriot Act« wurde verabschiedet, ein Gesetz zur Einschränkung der US-Bürgerrechte in »größerem Maße«, aber auch für USA-Reisende;

die Anforderungen an Pässe wurden erhöht, persönliche Informationen über alle Flugpassagiere werden gesammelt. Man beschuldigte damals den Mikrobiologen, Immunologen und Forscher für B-Waffen am *United States Army Medical Research Institute of Infectious Disease* (USAMRIID) in Fort Detrick, Bruce Edwards Ivins, als Einzeltäter gehandelt zu haben. Ivins lebte aber nicht mehr lange, er soll mit einer Überdosis *Paracetamol* Selbstmord begangen haben, nachdem er von der Beschuldigung erfuhr. Unter anderem bezweifelte auch ein Konsortium der US-Akademie der Wissenschaften die vom *Federal Bureau of Investigation* (FBI) erbrachten Beweise, »wonach der Armee-Forscher Bruce Ivins für die Anthrax-Verbreitung verantwortlich« gewesen sein soll.[4/5/6]

Oder die Anschuldigungen gegen den irakischen Diktator Saddam Hussein, der noch im Krieg gegen den Iran vom Westen, etwa den USA, Frankreich und Deutschland, mit Giftgas, Pestiziden, Waffen und Informationen unterstützt wurde.[7] Am 16. November 1997 sagte der damalige US-Verteidigungsminister William Cohen bei *ABC*, nachdem er eine Packung Zucker in die Kamera hielt, so der Journalist Paul Schreyer in einem Vortrag: »Wenn Saddam Hussein diese Menge an Anthrax über einer Stadt wie Washington versprühen würde, wäre mindestens die Hälfte der Einwohner tot.« Neben der öffentlichen Angstkampagne forschten US-Dienste gleichzeitig aber im Geheimen selbst an Biowaffen, beispielsweise einer Bakterienbombe (»Clear Vision«) oder einer Anthrax-Variante (»Project Jefferson«).[8] Bemerkenswert, so Schreyer, sei aber auch ein Zitat von Robert Kadlec, Programmdirektor für Biodefense des *Homeland Security Department* und ehemaliger US-Biowaffeninspektor im Irak, in einem internen Strategiepapier des Pentagons von 1998. Kadlec schrieb damals: »Werden biologische Waffen unter der Tarnung einer räumlich begrenzten oder natürlich auftretenden Seuche benutzt, lässt sich ihr Einsatz glaubwürdig abstreiten. [...] Das Potenzial, schwere wirtschaftliche Verluste und in der Folge politische Instabilität auszulösen, verbunden mit der Möglichkeit, den Einsatz glaubwürdig abstreiten zu können, übertrifft die Möglichkeiten jeder anderen bekannten Waffe.«[9] In den folgenden Jahren, von 1999 bis 2019, wurde dann mit Planspielen und Konferenzen, meist unter der Leitung des *Johns Hopkins Center for Health Security*, die Teil der *Johns Hopkins Bloomberg School of Public Health* ist, und mit hochrangigen Vertretern von Regierungen, Konzernen und Organisationen sowie unter Einbindung großer Medien durchgespielt, was bei bioterroristischen Anschlägen oder Pandemien zu tun sei. Das wurde in der Corona-Krise dann auch umgesetzt.[10] Der *Business Insider* schrieb am 5. Mai 2020, dass Kadlec, der sich schon in der Vergangenheit für die Vorratshaltung von (Pocken-)Impfstoffen aussprach und unter US-Präsident Donald Trump stellvertretender Sekretär des US-Gesundheitsministeriums wurde, es versäumte, den Kongress über seine frühere Tätigkeit als Berater für *Emergent Biosolutions* zu informieren. Auch *Emergent Biosolutions* hat seinen Sitz wie die *Johns Hopkins University* in der Umgebung von Fort Detrick und erhielt in der Amtszeit von Kadlec von dessen Büro einen Auftrag über 2 Milliarden US-Dollar. Interessant ist auch, dass *Emergent Biosolutions* den einzigen von der *Food and Drug Administration* (FDA) zugelassenen Anthrax-Impfstoff oder *Narcan (Naloxon)* für die Notfallbehandlung bei einer Opiod-Überdosierung herstellt.[11] Außerdem schloss das Büro von Kadlec im Jahr 2019 eine Vereinbarung für den Kauf eines Pocken-Impfstoffs über 2,8 Milliarden US-Dollar mit »einer Firma, die Kadlec einst als Berater bezahlte«, so der *Business Insider*. Ein wenig pikant ist aber auch, dass Kadlec, nachdem er sein Amt unter Trump antrat, seinen Fokus auf Bioterrorismus legte und geplante Ausgaben für Infektionskrankheiten, etwa zur Herstellung von N95-Masken, kürzte.[12]

Und zu Beginn der Corona-Krise wurden dann auf einmal wieder Horrorszenarien an die Wand geworfen. Das *Imperial College London* legte beim Pandemie-Poker 40 Millionen Coronatote auf den Tisch, gespielt nach dem Motto: Was-Wäre-Wenn? Aber was wäre, wenn auch nur eine Atombombe am Spieltisch der Rüstungsbosse explodiert? Oder was wäre, wenn die Geldblase durch einen sauberen Bank-Run auf dem Tisch der Finanzbosse platzt? Und was wäre, wenn der Wachstumsmotor bei den Konzernbossen abschmiert? Gibt es auch dazu irgendwelche Planspiele? Vielleicht wäre der Fernseher noch nicht flach, das Smartphone noch backsteinschwer. Smart Living wäre analog und die Autos der verschiedenen Hersteller würden sich noch erkennbar voneinander unterscheiden. In den Lebensmitteln säße weniger Chemie. Reisen wären noch ein kleines Abenteuer, Kleidung käme nicht aus ferner Sklavenhand, bestünde nicht aus Plastik, wäre ohne Logos. Und Alexa, Siri, Pseudostars, Starkult, das Dschungelcamp, Mega-Events, Kommerz-Fan-Meilen, Kampfroboter und Killerdrohnen könnten auf ewig bleiben, wo der Pfeffer wächst. Und auf den Mond will offenbar auch schon längst kein Mensch mehr fliegen. Das Leben wäre eher anti-imperial. Doch das *Imperial College London* unter Neil Ferguson ist bekannt für seine apokalyptischen Hochrechnungen und Vorhersagen. »Sie tendieren allerdings dazu, mindestens um den Faktor 10, meistens aber eher um den Faktor 100 falsch zu sein. Für Schweden liegt die Vorhersage um den Faktor 75 zu hoch. [...] Dass Ferguson so danebentappt, ist allerdings alles andere als neu. Seit 2003 sagte er Millionen Tote bei SARS, Schweinegrippe, Vogelgrippe, MERS und anderen Gelegenheiten voraus, es wurden jeweils gerade einmal Hunderte. Der letzte Unsinn des *Imperial College* war die Behauptung, dass sich einige EU-Länder durch den Lockdown 3,1 Millionen Tote erspart hätten«, schrieb der Physiker und Publizist Peter Mayer am 22. Juni 2020. Ferguson hat als einer der Hauptberater der britischen Regierung maßgeblich zur Entscheidung über den Lockdown beigetragen. »Aber er hat sich mittlerweile nicht nur wissenschaftlich entlarvt, Professor Ferguson ist in Ungnade gefallen, nachdem er den Lockdown, den er als so wichtig für andere empfohlen hatte«, selbst nicht einhielt. Er erhielt mehrfach Besuch seiner verheirateten Liebhaberin, wie der *Telegraph* aufdeckte. Ferguson wurde als Berater gefeuert und ist seitdem »in der Versenkung verschwunden.

Der *Daily Telegraph* urteilt mittlerweile, dass Neil Fergusons imperiales Modell der verheerendste Softwarefehler aller Zeiten sein könnte.« Horrorszenarien wie vom *Imperial College* wurden trotzdem verbreitet und die Medien schürten mit Bildern aus Notaufnahmen und von Massengräbern kräftig die Angst.[13]

Einen Bericht über die Auswirkung von Corona auf den Hunger weltweit veröffentlichte Anfang Juli 2020 die Entwicklungs- und Hilfsorganisation *Oxfam*. Laut *Oxfam* könnten bis Ende 2020 wegen der Corona-Politik weltweit 12.000 Menschen täglich an Hunger sterben. Also viel mehr als an oder mit COVID-19. Kadidia Diallo, eine Milchproduzentin aus Burkina Faso: »COVID-19 fügt uns viel Schaden zu. Meinen Kindern morgens etwas zu essen zu geben, ist schwierig geworden. Wir sind völlig abhängig vom Verkauf von Milch, und mit der Schließung der Märkte können wir die Milch nicht mehr verkaufen. Wenn wir keine Milch verkaufen, essen wir nicht.«

Außerdem könnten 121 Millionen Menschen wegen der wirtschaftlichen und sozialen Auswirkungen der Krise, etwa durch Unterbrechung der Nahrungsmittelversorgung, Massenarbeitslosigkeit oder den Rückgang von Hilfszahlungen, vom Hungertod bedroht sein. »Für Millionen ist COVID-19 der letzte Tropfen, der das Fass zum Überlaufen bringt«, sagt Marita Wiggerthale, Agrarexpertin bei der Hilfsorganisation. Und, so *Oxfam*, allein die acht größten Lebensmittel- und Getränkehersteller hätten seit Januar 2020, also in einem runden halben Corona-Jahr, an die 18 Milliarden US-Dollar an ihre Aktionäre ausgeschüttet. Das ist in etwa das Zehnfache des Betrags, den die *United Nations* benötigen würden, um den Hunger zu bekämpfen.[14] Auch für die Corona-Massenimpfungen werden Ärzte mit unanständig hohen Honoraren und Stundensätzen in die Impfzentren gelockt. Und Politiker wie der Staatssekretär des Verteidigungsministeriums, Peter Tauber, bezeichnete nicht etwa Kriege, sondern eine Impfverweigerung als »menschenfeindlich«.[15] Müssten die Regierungen, ginge es ihnen tatsächlich um das Wohl der Menschen, nun nicht auch Leben retten, indem sie den Hilferuf der *United Nations* voll finanzieren? Das tun sie aber nicht. Die Milliarden fließen stattdessen in Impfstoffe, Überwachung und Propaganda, um die Verschmelzung des imperialistischen Staates mit den Konzernen voranzutreiben. Und die WHO war damit beschäftigt, ihre Definition für Herdenimmunität zu ändern, dass diese in einer Population nicht mehr durch eine frühere Infektion oder eine Impfung entwickelt wird. »Die Herdenimmunität gegen COVID-19«, so die WHO, soll künftig ausschließlich »durch Impfung und nicht durch die Exposition gegenüber dem Erreger, der die Krankheit verursacht, erreicht werden«.[16] Wie wäre es, auch mal eine Herdenimmunität der Weltpopulation gegenüber Hunger und Armut festzulegen, indem man sich etwa dazu verabredete, den Kapitalismus zu überwinden, der nur noch künstlich am Leben gehalten wird? Auch die *Welthungerhilfe* stellte Anfang Dezember 2020 fest, dass die Corona-Krise »dramatische Folgen« habe und »die weltweite Ungleichheit zwischen Arm und Reich« immer weiter verschärfe.[17] Eine globale Medienkampagne wie in der Corona-Krise, um Panik zu schüren, für Impfungen oder Restriktionen zu werben oder Kriege gegen den Terror und sogenannte Schurkenstaaten vorzubereiten, gibt es aber nicht, wenn es um den Schutz der täglichen Opfer des Kapitalismus und den Ausbau globaler Oligarchie zur Unterwerfung der Menschen geht, denn Corona führt uns nun mal in eine »neue Normalität«. Und die Medien als Wächter versagen schon längst, sind nur noch Mittel zum Zweck.

Bereits im Jahr 2010 hatte der damalige Direktor für Medien und Kommunikation der US-Gesundheitsbehörde (CDC), Glen Nowak, ein »Rezept« erstellt, wie man mit einer Medienkampagne »öffentliches Interesse und eine hohe Nachfrage an Impfstoffen« erzeugen könne, damit sich auch Menschen, die nicht zur Risikogruppe gehören, gegen Grippe impfen lassen. Fakten, Zahlen und Statistiken seien nämlich nicht gleichbedeutend mit guter Kommunikation. So sollten Experten und Gesundheitsbehörden Alarm schlagen und zu

Impfungen drängen, Medien hätten Aufmerksamkeit und Ängste zu schüren und die Grippe als »sehr schwer«, »schlimmer als letztes oder die vergangenen Jahre« und »tödlich« zu kennzeichnen (»Framing«). Es solle ständig darüber berichtet werden, um den Ernst der Lage, zum Beispiel mit »Bildern von Kindern« bei schweren Krankheitsverläufen, zu verdeutlichen.[18] Nowaks Anleitung erscheint wie eine Zusammenfassung zur Kommunikation in der Corona-Krise. Da nutzte es dann auch nichts, dass Gerd Bosbach, Professor für Statistik und Empirische Wirtschafts- und Sozialforschung, in einem Interview mit dem Titel »Solchen Wissenschaftlern [wie vom RKI] würde ich gerne Kamera oder Mikrofon entziehen«, meinte: »Wir müssten dafür sorgen, dass die Medien nicht über die Kraft von Bildern Emotionen erzeugen, die unser Urteil beeinflussen. Wenn man Bilder von Särgen und Sterbeabteilungen aus Italien gezeigt bekommt oder Bilder absolut leerer Regale, dann übersteigen deren Wirkungen auch genannte Fakten. Wenn wir mit der Lupe nur einen kleinen Teil des Ganzen herauspicken, verlieren wir den Überblick.«[19] Und die Medien verdrehten, was das Zeug hält. Ob infiziert, nur positiv getestet, an Corona, mit Corona oder irgendwann nach einem positiven Corona-Test verstorben, vielleicht sogar als Kollateralschaden durch die Maßnahmen, wir wissen es nicht. Selbst nach einem knappen Jahr »Corona-Pandemie bemühen sich die politisch Verantwortlichen und die Leitmedien weiterhin nicht, hier zu differenzieren. Das Ergebnis ist fortgesetzte Angstpropaganda mit – man muss es inzwischen so nennen – teils haarsträubend unwissenschaftlichen Zahlen«, schrieb *Russia Today* (RT) am 30. Dezember 2020 und brachte ein Beispiel: »Am Heiligabend titelte der Privatsender RTL mit der reißerischen Schlagzeile: ›Immer mehr Coronatote: In Sachsen stapeln sie die Leichen‹. Das Zittauer Krematorium stelle die Särge bereits in einer Lagerhalle ab, weil es nicht mit der Einäscherung hinterherkomme. Die Botschaft lautet: Das große Sterben, das kalte Grauen gehe um im Erzgebirge.« Richtig sei, dass es dort eine Übersterblichkeit gibt und sich Särge bei Grippewellen schon mal stapelten. Doch: »Mindestens zwei Drittel der seit Oktober in Zittau zusätzlich Verstorbenen, wahrscheinlich mehr, sind nicht mit Corona zu erklären, nicht einmal nach der offiziellen Statistik, in die jeder einsortiert wird, der irgendwie – wie auch immer – im Zusammenhang mit einem positiven Test zu Tode kam.« Und die Coronatoten in Sachsen waren im Schnitt 85 Jahre alt. »All diese Fakten haben RTL und weitere Medien in ihren aktuellen Berichten nicht einmal erwähnt, geschweige denn hinterfragt.« Das Ziel vieler Medienhäuser sei »ganz offensichtlich nicht eine sachgerechte Information der Bevölkerung – das der Politik schon gar nicht, wie es scheint«. Was hier geschieht, ist ein Spiel mit den Ängsten der Menschen. Aber genau das wurde von der Politik vorgegeben.[20/21]

Ende April 2020 veröffentlichte das Bundesministerium des Innern, für Bau und Heimat (BMI) das Papier »Wie wir COVID-19 unter Kontrolle bringen«. Ziel war es, »unterschiedliche Szenarien der Ausbreitung des Coronavirus zum Zeitpunkt der Papiererstellung zu analysieren – unabhängig von der Wahrscheinlichkeit ihres Eintritts«. Ohne Maßnahmen käme es allein in Deutschland angeblich zu über einer Million Toten. Dies sei der Bevölkerung »unmissverständlich« zu verdeutlichen. Darin heißt es: »Wir müssen wegkommen von einer Kommunikation, die auf die Fallsterblichkeitsrate zentriert ist. Bei einer Prozentual unerheblich klingenden Fallsterblichkeitsrate, die vor allem die Älteren betrifft«, würden viele unbewusst denken, »naja, so werden wir die Alten los, die unsere Wirtschaft nach unten ziehen, wir sind sowieso schon zu viele auf der Erde, und mit ein bisschen Glück erb ich so schon ein bisschen früher«. Und das Ministerium weiter: »Um die gewünschte Schockwirkung zu erzielen, müssen die konkreten Auswirkungen einer Durchseuchung auf die menschliche Gesellschaft verdeutlicht werden.« Dazu schlägt das BMI Folgendes vor: »Viele Schwerkranke werden von ihren Angehörigen ins Krankenhaus gebracht, aber abgewiesen, und sterben qualvoll um Luft ringend zu Hause. Das Ersticken oder nicht genug Luft kriegen ist für jeden Menschen eine

Urangst. Die Situation, in der man nichts tun kann, um in Lebensgefahr schwebenden Angehörigen zu helfen, ebenfalls. Die Bilder aus Italien sind verstörend.« Man müsse außerdem verdeutlichen: »›Kinder werden kaum unter der Epidemie leiden‹: Falsch. Kinder werden sich leicht anstecken, selbst bei Ausgangsbeschränkungen, zum Beispiel bei den Nachbarskindern. Wenn sie dann ihre Eltern anstecken, und einer davon qualvoll zu Hause stirbt und sie das Gefühl haben, Schuld daran zu sein, weil sie zum Beispiel vergessen haben, sich nach dem Spielen die Hände zu waschen, ist es das Schrecklichste, was ein Kind je erleben kann.« Zudem gelte es klarzumachen: »Auch wenn wir bisher nur Berichte über einzelne Fälle haben, zeichnen sie doch ein alarmierendes Bild. Selbst anscheinend Geheilte nach einem milden Verlauf« könnten womöglich jederzeit einen Rückfall erleben. Rückfälle, die »dann ganz plötzlich tödlich enden, durch Herzinfarkt oder Lungenversagen, weil das Virus unbemerkt den Weg in die Lunge oder das Herz gefunden hat. Dies mögen Einzelfälle sein, werden aber ständig wie ein Damoklesschwert über denjenigen schweben, die einmal infiziert waren.« Außerdem sollte – unter Bezug auf die Spanische Grippe und die Weltwirtschaftskrise – »auch historisch argumentiert werden.« Dafür sei die aktive Rolle der Europäischen Union »mehr gefragt, denn je«. Deutschland könne bei der Eindämmung der Epidemie und Mobilisierung der Gesellschaft, bei der Verängstigung der Bevölkerung eine Vorreiterrolle übernehmen, beispielsweise durch Übertreibung der Gefahr anhand tragischer Einzelfälle. Die Bürger müssten nachvollziehen können, dass sämtliche Maßnahmen nur zu ihrem Wohl verordnet werden, etwa soziale Kontakte auf ein Minimum zu reduzieren. Dabei werde das Ende der sozialen Distanzierung von deren »nachvollziehbarer öffentlichen Wirkung« abhängig gemacht. Am besten ließe sich das allen Bürgern durch Ausweiten des Testens klarmachen. Großflächiges Testen vermittle den Bürgern ein aktives Krisenhandeln des Staates. Schließlich erlaube dies »eine mit allen Bürgern geteilte Beobachtung der Ausbreitung«. Das ermögliche erst ein schrittweises Eingreifen in wirtschaftliche und gesellschaftliche Abläufe und erhöhe »die Akzeptanz und Sinnhaftigkeit von freiheitsbeschränkenden Maßnahmen«.

Die bei Weitem wichtigste Maßnahme gegen SARS-CoV-2 sei aber das Testen. Und Isolieren. Sollte die Fallsterblichkeitsrate (Tote geteilt durch bestätigte Fälle) unter 1 Prozent liegen, dann – und nun aufgepasst – »muss davon ausgegangen werden, dass die Anzahl der Toten nicht richtig gezählt wird«. Dazu ein Rechenbeispiel des BMI: »Wir schätzen, die tatsächliche Anzahl der Toten liegt bei 500 bis 1.000 (stark underreported). Das bedeutet, dass 50.000 bis 100.000 Fälle gefunden werden müssten. [...] Sobald die geschätzte nötige Testkapazität erreicht ist, wird die Anzahl neu gefundener Fälle pro Tag zunächst hochschnellen. Wenn die Schätzung richtig war, kommt sie nach der Zeitspanne (zum Beispiel nach zehn Tagen) wieder herunter. Wenn nicht, war die nötige Testkapazität unterschätzt und muss dringend hinaufgeschraubt werden, um das gewünschte Ergebnis zu erzielen. Das Testen erfordert innovative Lösungen, um sowohl die Auswertung im Labor als auch das Sammeln der Rachenabstriche weniger aufwendig zu gestalten.« In Südkorea habe man das mit »drive-in und Telefonzellen-Teststationen erreicht, wo die Rachenabstriche von den zu testenden Personen selber ausgeführt werden, ohne direkten Kontakt mit dem Testpersonal«. Noch ein Vorschlag des BMI: mobile Teststationen in Lieferwagen zu entwickeln. »Überdruck im Wageninneren (durch Luftfilter oder provisorisch durch Druckluftflaschen) vermeidet das Eindringen von Viren. Die Rachenabstriche werden in einer Laborkapelle eingetütet, versiegelt, mit Alkohol desinfiziert und gelagert, wobei alle Handlungen durch Gummihandschuhe ausgeführt werden. So kann außerdem ein Zugehen auf die Bevölkerung signalisiert und Präsenz in allen Vierteln markiert werden.« Um noch schneller testen zu können, »ist längerfristig der Einsatz von Big Data und Location Tracking unumgänglich«. Alle positiv Getesteten müssten isoliert werden, völlig unabhängig davon, ob sie Symptome zeigen oder nicht, ansteckend sind oder nicht. »Sobald diese Maßnahmen einmal eingespielt sind, können sie [...] über mehrere Jahre hinaus die wahrscheinlich immer wieder aufflackernden kleinen Ausbrüche sofort eindämmen.«

Dafür müsse man eine umfassende Mobilisierungskampagne starten, denn die Krise sei »ein harter Schlag für das Vertrauen in die Institutionen. Dem muss entgegengewirkt werden.« Die Devise: »Es kommt etwas sehr Bedrohliches auf uns zu.« Durchhaltekräfte seien zu mobilisieren. Eine geringe Sterblichkeit wegen der »Dunkelziffer«, symptomlose Infizierte, »milde Fälle« und andere Argumente würden die Gefahr herunterspielen. Bald schon wären 70 Prozent der Bevölkerung infiziert und das Gesundheitssystem massiv überlastet. Die Maßnahmen müssten viel weiter als die Reduktion physischer Kontakte gehen. Gelänge es, durch das Szenario »Hammer and Dance« umfangreich zu testen und zu isolieren, so käme es zu etwa 12.000 Todesfällen. Trotzdem müsse weiterhin eine »kontinuierlich hohe Wachsamkeit bestehen«.

Das Ministerium stellt das gesamte Wirtschaftssystem allerdings keinen Zentimeter infrage, obwohl die Wirtschaft so anfällig wie ein »Hochleistungsmotor« sei. Sollten die Corona-Maßnahmen nicht greifen, so »könnte im Sinne einer ›Kernschmelze‹ aber das gesamte System infrage gestellt« und die Gemeinschaft in einen völlig anderen Grundzustand versetzt werden. Das kapitalistische System dürfe unter keinen Umständen angerührt werden. Es bleibe also nur der »›Holzhammer‹ (›The Hammer‹) der starken sozialen Distanzierung, ungeachtet des genauen Infektionszustands aller Betroffenen«, bis die benötigten Testkapazitäten aufgebaut sind.

Während die Wirtschaftskrise 2009 vom Finanzsektor ausging, der Systemtod wurde auf Volkskosten verzögert, die Schuldigen wurden verschont, schlägt die Corona-Krise sehr viel umfangreicher zu, in Deutschland zum Beispiel ab dem 16. März 2020. So wurden Sportclubs, Restaurants und Bars, Theater und Museen, nicht lebenswichtige Läden und Betriebe geschlossen und die Mobilität der

Menschen regional und global eingeschränkt sowie Versammlungen verboten. Da die Corona-Krise das Potenzial hat, »das Vertrauen in die demokratischen Institutionen in Deutschland nachhaltig« zu erschüttern, so das BMI, »kann und muss« dem hart entgegengewirkt werden. »Dies erfordert von allen staatlichen Behörden eine umfassende und abgestimmte Information und Aufklärung sowie konkrete Handlungsanweisungen. Wir müssen davon ausgehen, dass ein beträchtlicher Teil der sich informierenden Bevölkerung durch Medienberichte und soziale Medien vermutet, dass im Moment die Anzahl der Fälle und die Anzahl der Toten weit unterschätzt werden.« Selbst wenn das der Wahrheit entspräche, laute die wichtigste Botschaft der Kommunikation staatlicher Akteure: Das ist alles Lüge. »Das Virus ist ein Risiko für alle. Es wird unser Leben kurz-, mittel- und langfristig verändern.« Zusammen mit der Zivilgesellschaft brauche der Staat für die Mobilisierungskampagne »ein gemeinsames Narrativ (#wirbleibenzuhause, oder ›gemeinsam distanziert‹ – ›physische Distanz – gesellschaftliche Solidarität‹) und im besten Fall viele Gesichter (Prominente, Politikerinnen und Politiker, Wissenschaftlerinnen und Wissenschaftler), die sich mit der Kampagne identifizieren«. Zum Beispiel die »We Kick Corona-Initiative« von »Joshua Kimmich und Leon Goretzka. Denkbar wäre auch ein Aufruf zum gemeinsamen ›Fakten-Check‹ von Informationen«.

Helfern ziviler Einrichtungen gelte es, »politisch zu danken und sie zur Verstärkung ihrer Aktivitäten aufzufordern«. Wegen ihrer wichtigen Rolle müsse auch die »Online-Gemeinschaft« eingebunden werden. »Ohne Mobilisierung und Solidarisierung verstärkt sie die Verbreitung von Falschinformationen und« könne zur Radikalisierung führen. Man müsse ein Gefühl des gemeinsamen Distanzierens fördern. Kinder, Jugendliche und junge Erwachsene sollten auch »aktiv in die Aufklärungs- und Informationskampagne eingebunden werden«, damit sie älteren Menschen im Umgang mit Smartphones und sozialen Medien helfen. Das Ziel der BMI-Kampagne: »Eine neue Beziehung zwischen Gesellschaft und Staat.«[22]

Um dem Ganzen mehr Nachdruck zu verleihen, beschloss die deutsche Dauerkanzlerin Angela Merkel mit den Bürgermeistern mehrerer deutscher Großstädte, die Armee in die Städte, Schulen und Behörden zu schicken.[23] Und Bundesgesundheitsminister Jens Spahn plante Corona-Sonderrechte per Gesetzentwurf gleich dauerhaft zu installieren. Am 18. Oktober 2020 schrieb die *Süddeutsche Zeitung* (SZ): »Eigentlich würden die aktuellen Befugnisse des Gesundheitsministeriums Ende März auslaufen – oder beendet, wenn der Bundestag ein Ende der ›epidemischen Lage von nationaler Tragweite‹ beschließt. Allerdings sieht es danach derzeit nicht aus.« Spahn solle in Zukunft bereits dann Verordnungen erlassen können, »›wenn dies zum Schutz der Bevölkerung vor einer Gefährdung durch schwerwiegende übertragbare Krankheiten erforderlich ist‹. Dies könnte etwa bedeuten, dass Menschen, die aus Risikogebieten nach Deutschland einreisen, zu umfangreichen persönlichen Auskünften verpflichtet werden.« Dann könnte das Gesundheitsministerium auch Bahn-, Bus-, Schiffs- oder Flugunternehmen verbieten, Menschen aus Risikogebieten zu transportieren. Möglich wäre aber auch, »die Unternehmen zu verpflichten, dass sie den Behörden kranke, krankheitsverdächtige oder ansteckungsverdächtige Passagiere melden«. Welche ansteckenden Erkrankungen künftig als schwerwiegend zu gelten hätten, verriet das Ministerium auf Nachfrage allerdings nicht. Und ab wann und warum sollte eine Region oder ein Land überhaupt ein sogenanntes Risikogebiet sein? Schon im Mai 2020, als der Bundestag die Sonderrechte verlängerte, äußerten Juristen Bedenken. Der Göttinger Verfassungsrechtler Hans Michael Heinig warnte davor, dass sich unser Gemeinwesen in »kürzester Zeit in einen faschistoid-hysterischen Hygienestaat« verwandeln könnte. Und der ehemalige Präsident des Bundesverfassungsgerichts, Hans-Jürgen Papier, meinte, man müsse aufpassen, dass das Grundgesetz nicht durch Ad-hoc-Notstandsregelungen ausgehebelt wird. »Selbst in Kriegszeiten werden die Grundrechte nicht angetastet«, sagte Papier in einem Interview mit der SZ. Das »muss in der jetzigen Notlage erst recht gelten«.[24/25]

Und dann wurde das Infektionsschutzgesetz ergänzt: »Für die Dauer der Feststellung einer epidemischen Lage von nationaler Tragweite« gelten nun insbesondere folgende Punkte:

»1. Ausgangs- oder Kontaktbeschränkungen im privaten sowie im öffentlichen Raum,

2. Anordnung eines Abstandsgebots im öffentlichen Raum,

3. Verpflichtung zum Tragen einer Mund-Nasen-Bedeckung (Maskenpflicht),

4. Untersagung oder Beschränkung des Betriebs von Einrichtungen, die der Kultur- oder Freizeitgestaltung zuzurechnen sind,

5. Untersagung oder Beschränkung von Freizeit-, Kultur- und ähnlichen Veranstaltungen,

6. Untersagung oder Beschränkung von Sportveranstaltungen,

7. Schließung von Gemeinschaftseinrichtungen im Sinne von Paragraf 33 oder ähnlichen Einrichtungen sowie Erteilung von Auflagen für die Fortführung ihres Betriebs,

8. Untersagung oder Beschränkung von Übernachtungsangeboten,

9. Betriebs- oder Gewerbeuntersagung oder Schließung von Einzel- oder Großhandel oder Beschränkungen und Auflagen für Betriebe, Gewerbe, Einzel- und Großhandel,

10. Untersagung oder Erteilung von Auflagen für das Abhalten von Veranstaltungen,

11. Untersagung, soweit dies zwingend erforderlich ist, oder Erteilung von Auflagen für das Abhalten von Versammlungen oder religiösen Zusammenkünften,

12. Verbot der Alkoholabgabe oder des Alkoholkonsums auf bestimmten öffentlichen Plätzen oder zu bestimmten Zeiten,

13. Untersagung oder Beschränkung des Betriebs von gastronomischen Einrichtungen,

14. Anordnung der Verarbeitung der Kontaktdaten von Kunden, Gästen oder Veranstaltungsteilnehmern, um nach Auftreten

eines Infektionsfalls mögliche Infektionsketten nachverfolgen und unterbrechen zu können.
15. Reisebeschränkungen.«

Hat der Deutsche Bundestag erst einmal eine »epidemische Lage von nationaler Tragweite festgestellt«, womöglich auch eine gewöhnliche Grippewelle, so wird die Bundesregierung durch Rechtsverordnung und ohne Zustimmung des Bundesrates ermächtigt, »dass Personen, die in die Bundesrepublik Deutschland einreisen wollen oder eingereist sind und bei denen die Möglichkeit besteht, dass sie einem erhöhten Infektionsrisiko für die Krankheit ausgesetzt waren, die zur Feststellung der epidemischen Lage von nationaler Tragweite geführt hat, insbesondere, weil sie sich in einem entsprechenden Risikogebiet aufgehalten haben« verpflichtet sind, »der zuständigen Behörde ihre personenbezogenen Angaben, ihre Aufenthaltsorte bis zu zehn Tage vor und nach der Einreise und das für die Einreise genutzte Reisemittel durch Nutzung des vom *Robert Koch-Institut* [...] eingerichteten elektronischen Melde- und Informationssystems mitzuteilen«.[26]

Doch schon vor Änderung des Infektionsschutzgesetzes am 18. November 2020 waren einige Berliner Gerichte voll auf Regierungskurs. Nicht nur der Eilantrag des deutschen Kabarettisten Dieter Hallervorden gegen die vorübergehende Schließung seines Berliner Theaters scheiterte, auch »Eilanträge von Gastronomen gegen die Schließung ihrer Lokale« wurden zurückgewiesen oder Konzertverbote bestätigt. Sogar Springers *Welt* schrieb von einer »Demokratiedämmerung« im »Eiltempo«, »Corona-Freiheitsbeschränkungen« und einem »Schlag ins Gesicht der parlamentarischen Demokratie«.[27/28/29] Die Gesellschaft wurde gespalten, die Wirtschaft, viele kleine und mittelständische Betriebe ruiniert, Kinder seelisch belastet – das alles wegen der notverordneten medizinisch-hygienischen Corona-Maßnahmen, die, so die *Neue Rheinische Zeitung*, ein antidemokratisches Relikt der nazifaschistischen

Vergangenheit seien. »Möglich ist dies durch spezifische massenpsychologische Manipulationen in Gestalt der vereinheitlichten Kommunikation (siehe die Berichterstattung und Kommentare in den etablierten Medien), einer kontinuierlichen Verhaltenskontrolle (siehe die polizeiliche Überwachung von Abstandhalten und Maskentragen im öffentlichen Raum und bei politischen Kundgebungen), eines Kults der »Reinheit« (Händewaschen, Desinfizieren), um niemanden anzustecken, auch sich selbst nicht, eines Kults des Geständnisses (jeder stellt eine Gefahr dar und gibt dies durch Tragen einer Mund-Nasen-Bedeckung kund) und der Unterwerfung durch angepasstes Verhalten, der Vergötterung von Wissenschaft (in Gestalt von Zahlen, statistischen Daten, R-Ziffern und »Experten«-Meinungen), der sprachlichen Prägung eingängiger Formeln (wie zum Beispiel A-H-A), des Vorrangs der Gefährlichkeitsdoktrin gegenüber dem Individuum und seinen Freiheitsrechten, der letztendlichen Verfügbarkeit über das Lebensrecht derjenigen, die sich den »höheren Prinzipien« widersetzen. Als rettende »Therapie« zur Bekämpfung des »tödlichen Virus« gelte dann »die Erfindung und kollektive Verabreichung eines neuen Impfstoffs«.[30] Wie meinte doch Pierre Joseph Proudhon: »Die Regierung des Menschen über den Menschen ist die Sklaverei. Wer immer die Hand auf mich legt, um über mich zu herrschen, ist ein Usurpator und ein Tyrann. Ich erkläre ihn zu meinem Feinde.«

---

1   www.unicef.de/mitmachen/ehrenamtlich-aktiv/-/arbeitsgruppe-frankfurt-main/alle-10-sekunden-stirbt-ein-kind-an-hunger-/161058

2   archive.seattletimes.com/archive/?date=19910409&slug=1276426

3   history.defense.gov/Portals/70/Documents/nss/nss1994.pdf

4   de.wikipedia.org/wiki/Anthrax-Anschl%C3%A4ge_2001 (abgerufen am 4. Dezember 2021)

5   de.wikipedia.org/wiki/USA_PATRIOT_Act

6 de.wikipedia.org/wiki/Bruce_Edwards_Ivins (abgerufen am 4. Dezember 2021)
7 en.wikipedia.org/wiki/Saddam_Hussein (abgerufen am 4. Dezember 2021)
8 www.nytimes.com/2001/09/04/world/us-germ-warfare-research-pushes-treaty-limits.html
9 apps.dtic.mil/dtic/tr/fulltext/u2/a358618.pdf (S.228, S.248)
10 en.wikipedia.org/wiki/Johns_Hopkins_Center_for_Health_Security#Major_conferences_and_events
11 en.wikipedia.org/wiki/Emergent_BioSolutions (abgerufen am 4. Dezember 2021)
12 www.businessinsider.com/trump-official-awarded-2-billion-contract-to-a-former-employer-2020-5?r=DE&IR=T
13 www.meinbezirk.at/niederoesterreich/c-politik/vorhersage-des-imperial-college-ueber-corona-tote-in-schweden-falsch-um-faktor-75_a4116561
14 www.oxfam.de/system/files/documents/20200709-hunger-virus-COVID-19.pdf
15 de.rt.com/inland/111110-peter-tauber-ablehnung-impfens-ist/
16 www.who.int/news-room/q-a-detail/coronavirus-disease-COVID-19-serology
17 www.welthungerhilfe.de/presse/pressemitteilungen/2020/corona-pandemie-kluft-zwischen-arm-und-reich-nimmt-zu/
18 archive.org/details/cdc-increasing-awareness-and-uptake-of-influenza-immunization/page/n5/mode/2up
19 www.nachdenkseiten.de/?p=59617
20 www.rtl.de/cms/immer-mehr-corona-tote-in-zittau-in-sachsen-stapeln-sich-die-saerge-4673924.html
21 de.rt.com/meinung/111221-leichenberge-in-sachsen-was-ist-wirklich-los/
22 www.bmi.bund.de/SharedDocs/downloads/DE/veroeffentlichungen/2020/corona/szenarienpapier-COVID-19.html
23 www.businessinsider.de/politik/deutschland/bundeswehr-zum-corona-einsatz-in-die-staedte-das-ist-merkels-acht-punkte-plan-fuer-den-herbst/
24 www.sueddeutsche.de/politik/jens-spahn-gesetz-pandemie-1.5079500
25 deutsch.rt.com/inland/107990-spahn-will-zeitlich-unbegrenzte-machtbefugnisse/
26 dserver.bundestag.de/btd/19/239/1923944.pdf
27 corona-transition.org/berliner-gerichte-schwenken-auf-merkel-kurs-um
28 www.berlin.de/gerichte/verwaltungsgericht/presse/pressemitteilungen/2020/pressemitteilung.1017781.php
29 www.welt.de/kultur/article220209690/Bevoelkerungsschutzgesetz-Demokratiedaemmerung.html
30 www.nrhz.de/flyer/beitrag.php?id=27159

31
PANIK, MASKE, LOCKDOWN

»*Diejenigen, die bereit sind, wesentliche Freiheiten aufzugeben,*
um zeitweilig Sicherheit zu erlangen,
verdienen weder Freiheit noch Sicherheit.«

BENJAMIN FRANKLIN

Um sich über das Ausmaß einer Epidemie Klarheit zu verschaffen, werden epidemiologische Daten anonym und stichprobenartig erfasst, wie das *Robert Koch-Institut* (RKI) erklärt. Sogenannte Sentinelproben, etwa Abstriche oder Gewebeproben, sind ein solches Mittel der epidemiologischen Überwachung. Damit kann dann die epidemiologische Entwicklung spezieller Krankheitserreger in der Bevölkerung oder in einem Teil der Bevölkerung bestimmt werden. Eine Reihe dieser Erhebungen wird in Deutschland nach dem Infektionsschutzgesetz routinemäßig für das epidemiologische Monitoring durchgeführt. Anfang März 2020 ist SARS-CoV-2 erstmals in einer Sentinelprobe von Patienten mit Atemwegserkrankungen gefunden worden, so der RKI-Vizepräsident Lars Schaade auf einer Pressekonferenz in Berlin. Allerdings werden erst seit dem 24. Februar 2020 die von ausgewählten Praxen an das RKI gesendeten Proben von Patienten mit Atemwegserkrankungen nicht mehr nur auf Influenza- und Erkältungsviren, sondern auch auf das neuartige Coronavirus untersucht. »Um zu schauen, inwieweit sich das neue Virus in der Bevölkerung schon verbreitet hat«, so Schaade.[1/2]

(31)

Die *Arbeitsgemeinschaft Influenza* (AGI) des RKI wertet diese Proben aus und schreibt zu den Befunden: »Die eingehenden Daten werden weiterhin wöchentlich analysiert und auf der AGI-Webseite veröffentlicht. Die Berichterstattung erfolgt im Sommer monatlich. Sentinel-Ergebnisse zu COVID-19 werden weiterhin donnerstags im RKI-Situationsbericht zu COVID-19 aufgeführt. In den täglichen Situationsberichten des RKI zu COVID-19 erfolgt auch die ausführliche Berichterstattung zu laborbestätigten COVID-19-Meldungen gemäß Infektionsschutzgesetz. Die Aktivität der akuten Atemwegserkrankungen in der Bevölkerung (GrippeWeb) ist von der 33. bis zur 36. Kalenderwoche 2020 gestiegen. Auch die Werte der ARE-Konsultationsinzidenz (Arbeitsgemeinschaft Influenza) sind im Berichtszeitraum kontinuierlich gestiegen und befinden sich noch auf einem jahreszeitlich üblichen Niveau. Im Rahmen der ICD-10-Code basierten Krankenhaussurveillance (ICOSARI) ist die Zahl schwerer akuter respiratorischer Infektionen von der 32. bis zur 33. Kalenderwoche zunächst zurückgegangen, aber anschließend bis zur 35. Kalenderwoche 2020 deutlich angestiegen und befindet sich auf einem jahreszeitlich üblichen, relativ niedrigen Niveau. Im *Nationalen Referenzzentrum* (NRZ) für Influenzaviren wurden zwischen der 33. und der 36. Kalenderwoche 2020 in 73 (56 Prozent) der 130 eingesandten Sentinelproben ausschließlich Rhinoviren identifiziert. Alle anderen untersuchten Atemwegsviren wurden nicht nachgewiesen.«

Im Influenza-Monatsbericht des RKI von Anfang September 2020 heißt es: »Seit der 40. Kalenderwoche 2019 wurden im Rahmen der virologischen Surveillance der Arbeitsgemeinschaft Influenza des *Robert Koch-Instituts* 916 Influenzaviren identifiziert. [...] Seit der 8. Kalenderwoche 2020 werden die AGI-Sentinelproben bei Probeneingang am RKI auch auf SARS-CoV-2 untersucht. Durch nachträgliche Analysen zuvor eingesandter Sentinelproben wurden Daten für den Zeitraum vor der 8. Kalenderwoche erhoben. Seit der 40. Kalenderwoche 2019 wurden damit bisher in 4.132 untersuchten Sentinelproben insgesamt in 13 (0,3 Prozent) Proben SARS-CoV-2 nachgewiesen. Alle SARS-CoV-2-Nachweise wurden im Zeitraum zwischen der 10. bis 15. Kalenderwoche 2020 detektiert. Seit der 16. Kalenderwoche 2020 gab es keine Nachweise mehr von SARS-CoV-2 im Sentinel.« Dieser Hinweis fand sich über Monate in zahlreichen Situationsberichten des RKI.[3]

In seinem Lagebericht vom 2. September 2020 belegte das RKI folgende Corona-Entwicklung in Deutschland:

15. Kalenderwoche: 380.197 Testungen und 30.791 positiv Getestete (Positivenquote 8,10 Prozent),

19. Kalenderwoche: 403.875 Testungen und 10.755 positiv Getestete (Positivenquote 2,66 Prozent),

23. Kalenderwoche: 340.986 Testungen und 3.208 positiv Getestete (Positivenquote 0,94 Prozent),

27. Kalenderwoche: 506.490 Testungen und 3.104 positiv Getestete (Positivenquote 0,61 Prozent),

31. Kalenderwoche: 581.037 Testungen und 5.699 positiv Getestete (Positivenquote 0,98 Prozent),

34. Kalenderwoche: 1.053.521 Testungen und 8.903 positiv Getestete (Positivenquote 0,85 Prozent).[4]

Aber nicht vergessen: positiv getestet heißt nicht krank! Laut RKI haben 3 Prozent der Corona-Erkrankten eine Pneumonie entwickelt. Nach dem RKI-Lagebericht vom 8. September 2020 sind insgesamt 9.329 Menschen in Deutschland an oder im Zusammenhang mit COVID-19 gestorben. Dabei lag der Altersdurchschnitt »bei 81 Jahren«.[5]

Am 11. September 2020 relativierte das RKI sogar die Bedeutung der Sentinelproben und meinte, die Rachenabstriche (Sentinelproben) kämen ja bloß von »gut 100 Arztpraxen aus ganz Deutschland. [...] Bislang war nur ein kleiner Teil der Menschen hierzulande mit SARS-CoV-2 infiziert, daher ist die Wahrscheinlichkeit gering, dass ausgerechnet in diesen paar Arztpraxen ein Fall ankommt.« Laut RKI war bis September 2020 also »nur ein kleiner Teil der

Menschen hierzulande« mit dem neuen Coronavirus infiziert, in Deutschland galt aber dennoch eine epidemische Lage von nationaler Tragweite.⁶

Die Zahl der PCR-Testungen lag deutschlandweit schon in der 35. Kalenderwoche über 1,1 Million und die Positivenrate sank auf 0,74. Bis zum Ende des Sommers 2020 änderte sich an diesen Werten (Testungen und Positivenrate) nicht viel. Und dann kam die nächste saisonale Welle. Das RKI schreibt: »Viele Viren, die akute Atemwegserkrankungen verursachen, verbreiten sich in der kälteren Jahreszeit generell besser. [...] Eine solche Saisonalität wurde bei anderen Coronaviren beobachtet.« Mit Stand vom 18. Dezember 2020 gab das RKI dann einen Gesamtstand von 24.938 Todesfällen in Zusammenhang mit Corona an, wobei die Zahl in Alten- und Pflegeheimen besonders hoch ist, das Durchschnittsalter der Verstorbenen vom RKI aber nicht mehr verraten wird. Dafür werden nach wie vor positiv getestete Todesfälle als COVID-19-Tote mitgezählt, »bei denen sich nicht abschließend klären lässt, was die Todesursache war (›gestorben mit‹)«, so das RKI. Man könne Verstorbene, »die zu Lebzeiten nicht auf COVID-19 getestet wurden«, aber auch »post mortem auf das Virus testen«, um Coronatote zu finden. Das geht sogar so weit, dass »der berühmte Unfalltote mit SARS-CoV-2-Nachweis« gezählt werden kann, »wenn das Gesundheitsamt einen Zusammenhang sieht«, wie das RKI einmal mehr bestätigte. Der gleiche Grundsatz gelte übrigens auch beim Selbstmord einer mit SARS-CoV-2 infizierten Person. Diese Fälle seien laut RKI zwar nur Ausnahmen, wie groß der Anteil dieser »Ausnahmen« ist, verrät das RKI aber auch nicht. Das RKI zählt für Deutschland also trotzdem weiterhin hartnäckig alle »an« und »mit« Corona Verstorbenen zusammen und widerspricht damit »den Richtlinien der *Weltgesundheitsorganisation* WHO zur Zertifizierung und Klassifizierung von COVID-19 als Todesursache«, wonach COVID-19 das Grundleiden und verantwortlich für den Tod gewesen sein muss.[7/8/9]

Nachdem immer mehr Testungen durchgeführt wurden sowie Masken nun schon unter freiem Himmel zu tragen seien, fand das RKI auf einmal: PCR-Tests müsse man jetzt nur noch durchführen, wenn die entsprechenden Personen auch nach ein paar Tagen Selbstisolation keine Besserung verspüren sollten, wegen der Überbelastung der Labore. Trotzdem gab Bayern bekannt, »dass Bayern anders als jüngst vom *Robert Koch-Institut* empfohlen, seine Teststrategie nicht grundlegend verändern werde«. Bayerns Labore seien nämlich »noch lange nicht am Kapazitätslimit«, so die Staatskanzlei.[10] Und in Österreich stand gut versteckt in einer Zeitung unter »immer mehr Testverweigerer« geschrieben: »Täglich werden in Kärnten rund 1.300 Corona-Tests durchgeführt. [...] Laut den Amtsärzten steigt daher auch die Zahl von Testverweigerern. ›Viele wissen nicht, dass die Verdachtsfälle automatisch als positiv gelten, wenn behördlich angeordnete COVID-Tests nicht wahrgenommen werden. Das wird so gehandhabt wie eine Verweigerung von Alkoholtests‹, so ein Polizist.«

Es kann ja nicht so schwer sein, die Widersprüche des RKI zu erkennen, wenn das RKI zum Beispiel immer wieder schreibt: »Bei der überwiegenden Zahl der Fälle verläuft die Erkrankung mild«, und trotzdem panisch vor dem Alltag warnt. Beim Infektionsrisiko »spielen Kontakte in Risikosituationen (wie zum Beispiel langer face-to-face Kontakt) eine besondere Rolle. Dies gilt auch in Situationen im privaten Umfeld mit Familienangehörigen und Freunden außerhalb des eigenen Haushalts und im beruflichen Umfeld.« Bei lautem Sprechen, Singen oder Lachen werde vermehrt Aerosol freigesetzt. »In Innenräumen steigt hierdurch das Risiko einer Übertragung deutlich« und bestehe auch, wenn ein Abstand von mehr als einein- halb Metern eingehalten wurde. Wenn der Mindestabstand ohne Mund-Nasen-Bedeckung unterschritten werde und »wenn Gruppen von Personen an einem Tisch sitzen oder bei größeren Menschen- ansammlungen, besteht auch im Freien ein erhöhtes Übertragungs- risiko«.[11] Das bestätigte auch *Die Zeit*: Den Mund aufmachen oder

Singen sei jetzt gefährlich und verstärke die Pandemie. Aber auch bei der *Zeit* ist man, wie beim RKI, gerne willkürlich oder eben ganz und gar nicht frei von Widersprüchen. *Die Zeit* beantwortete die Frage »Brauche ich eine Atemschutzmaske?« am 27. Februar 2020 unter »Die wichtigsten Antworten zum Corona-Ausbruch« noch mit: »Nein, die meisten Masken, die Menschen etwa in betroffenen Regionen tragen, bieten so gut wie keinen Schutz vor einer Ansteckung. [...] Einfache OP-Masken aus Papier sind nach wenigen Minuten des Tragens feucht und können Viren noch schlechter abhalten als ohnehin schon. Auch strömt Atemluft am Vlies vorbei, selbst wenn Nase und Mund bedeckt sind. Tröpfchen mit potenziellen Erregern gelangen zudem beim Anhusten oder Niesen oft über die Augen in den Körper. OP-Masken schützen weniger den Träger, sondern vor allem seine Umgebung. Wer selbst ansteckend ist, verringert so die Wahrscheinlichkeit einer Übertragung an andere. Chirurginnen und Pflegepersonal, die den Mund-Nase-Schutz tragen, schützen damit ihre Patientinnen vor möglichen Infektionen. Besser geeignet sind speziell geprüfte Atemmasken, die es in drei Sicherheitskategorien gibt – FFP 1, FFP 2 und FFP 3. Solche Respiratoren bieten zwar einen gewissen Schutz vor Viren, auch wenn man nicht infiziert ist. Allerdings ist ihr Einsatz für den Träger so unangenehm, dass man sie kaum im Alltag tragen kann.«[12]

Nicht nur *Die Zeit*, auch Test-Ikone Christian Drosten hatte gut einen Monat zuvor gesagt, mit einer Maskenpflicht könne man keinen Virus aufhalten. Doch spätestens am 9. April 2020 war auch *Die Zeit* schon voll auf Linie. Es gebe nun doch »vernünftige Gründe, eine Maske zu tragen«.[13] Und die *Deutsche Akademie der Naturforscher Leopoldina* machte die Aufhebung der Kontakteinschränkung gleich ganz von Masken abhängig. Die Maske sollte zum sozialen Standard werden, sie müsse »das neue Cool und Chic sein«, so die *Leopoldina*.[14]

Und noch so ein Widerspruch: Bei Einführung der Maskenpflicht Ende April 2020 war das Coronavirus laut RKI ja offiziell aus den Sentinelproben der Atemwegserkrankten in Deutschland verschwunden.

Doch das RKI verwirrt offensichtlich gerne mit Fakten. Auch sich selbst. Etwa mit Interessenkonflikten, die gar keine seien: So ist der Leiter für Public-Health-Laborunterstützung des RKI, Heinz Ellerbrok, Gesellschafter von *GenExpress*, einer Firma, die mit »Standards für PCR und Real Time-PCR« Geschäfte macht.[15] Zwar könne sich RKI-Präsident Lothar Wieler dazu nicht äußern, Ellerbrok war schon früher in »Doppelfunktion« tätig, aber Interessenkonflikt sei das keiner, so das RKI gegenüber dem *Handelsblatt*, denn eine Beteiligung an einem Unternehmen sei keine »Tätigkeit gegen Entgelt« und damit okay. »Das Bild, das das *Robert Koch-Institut* (RKI) von sich selbst hat«, ist eben »gut und eindeutig«, so das *Handelsblatt*.[16/17]

Auch »eine jahrelange Recherche von *BuzzFed News* zeigt«, dass Zehntausende Ärzte »von der Pharma-Industrie gefördert werden, dies aber systematisch nicht transparent machen«. Unter anderem verstoßen hochrangige Mediziner aus Deutschland »gegen die wissenschaftlichen Standards«.[18] Und die Gates-Stiftung hatte in der Corona-Krise vermutlich auch nur Dollarzeichen im Sinn, als man mit vielen Millionen bei den deutschen Biotechunternehmen *Evotec*, um ein Corona-Medikament in den USA zu entwickeln, und bei *Biontech* einstieg.[19/20] Na ja. Rund ein halbes Jahr nach Ausrufung der Corona-Pandemie ließ sich jedenfalls keine anhaltende Corona-Gefahr mehr erkennen, um die Beibehaltung der Restriktionen zu rechtfertigen. Erst recht nicht bei Kindern. Insgesamt waren in Deutschland bis 8. September 2020 »zwei COVID-19-Todesfälle bei unter 20-Jährigen übermittelt worden. Die verstorbenen Personen waren im Alter zwischen drei und 18 Jahren, alle hatten Vorerkrankungen«, so das RKI.[5]

Kinder mussten nach den Sommerferien sogar im Sportunterricht Masken tragen. In Bayern zum Beispiel. Das war den Fachärzten für Kinderheilkunde und Jugendmedizin, Martin Hirte und Steffen Rabe aus München, dann zu viel. Sie schrieben in »Wider die Maskenpflicht an bayerischen Schulen – ein offener Brief« an die Bayerische Staatskanzlei und das Staatsministerium für

Unterricht und Kultus, um ihrer Sorge »wegen der in Bayern im Zuge der COVID-19-Pandemie an« Kindertagesstätten (KiTas) und Schulen ergriffenen Maßnahmen Gehör zu verschaffen: Mittlerweile sei nämlich bekannt, dass die Gefährlichkeit des Coronavirus SARS-CoV-2 »für die Gesamtbevölkerung zu Beginn der Pandemie wesentlich überschätzt wurde«. Schon vor der Pandemie hätten sich Schulschließungen als epidemiologische Maßnahme auf keine wissenschaftliche Evidenz stützen können. »Dennoch sind – entgegen dem ausdrücklichen Rat der WHO und entgegen den aktuellen Forderungen von UNICEF – partielle oder vollständige Schulschließungen in Deutschland weiterhin eine gängige politische Erstmaßnahme. [...] In vielen europäischen Staaten wurden KiTas und Schulen schon im Frühsommer 2020 weitgehend ohne Einschränkungen wieder geöffnet. Dies führte nirgendwo zu relevanten COVID-19-Ausbrüchen, weder bei Schülern oder Lehrern der betroffenen Schulen noch in den jeweiligen Regionen. Die wissenschaftliche Untersuchung dieser Strategien belegte nachdrücklich, dass KiTas und Schulen für die Verbreitung von COVID-19 keine wesentliche Rolle spielen.« Das bestätigten Studien der Universitäten in Leipzig und Dresden. »Der neue Rahmenhygieneplan der bayerischen Staatsregierung erfüllt uns Kinderärzte als Fachleute sowohl für Infektionskrankheiten als auch für die kindliche Entwicklung mit großer Sorge. Er steht unter der Prämisse: ›Mit der Umsetzung des Regelbetriebs in den Schulen ist weiterhin der Infektionsschutz für die gesamte Schulfamilie das oberste und dringlichste Ziel.‹« Dies widerspreche klar den Bildungszielen der bayerischen Verfassung und der Kinderrechtskonvention der *United Nations*, die von der Bundesregierung im Jahr 2010 uneingeschränkt ratifiziert wurde. Der Rahmenhygieneplan, den auch die Schüler zu beachten hätten, sieht ein Vermeiden des Berührens von Augen, Nase und Mund, den Verzicht auf Körperkontakt (zum Beispiel persönliche Berührungen wie Umarmungen) und einen Mindestabstand von einein-halb Metern vor. Die Kinderärzte schreiben: »Unbewusste Gesten wie das Berühren des eigenen Gesichtes sind schon für Erwachsene kaum zu kontrollieren – ihr Verbot führt bei Kindern, denen diese Kontrolle noch schwerer fällt, zwangsläufig zu Schuld- und Versagensgefühlen. Die verordneten Verhaltensmaßregeln bremsen Kinder in den ihnen ureigensten zwischenmenschlichen Interaktionen und in ihrer sozialen Entwicklung und bringen sie – da sie ihren natürlichen Entwicklungsbedürfnissen diametral entgegenstehen – zwangsläufig in schwere psychische und soziale Konflikte. In letzter Konsequenz nehmen sie den Kindern ihre Würde. Der schwerwiegendste Eingriff in die seelische Integrität der Schulkinder ist zweifelsohne die Maskenpflicht, die jetzt teilweise auch im Unterricht gilt. Die Wirksamkeit der sogenannten ›Alltagsmasken‹ gegen die Ausbreitung respiratorischer Viren wie SARS-CoV-2 ist weiterhin hoch umstritten und wird in Übersichtsarbeiten renommierter Wissenschaftler angezweifelt.«

Zudem zeigten Untersuchungen zu körperlichen und seelischen Nebenwirkungen der Masken, »dass diese keineswegs immer harmlos sind. Die bisher einzige Übersichtsarbeit zu Masken bei Kindern aus dem Jahr 2011 spricht von möglichen Nebenwirkungen wie erhöhtem Atemwiderstand, Wärme- und Feuchtigkeitsansammlung, CO_2-Rückhaltung, Klaustrophobie und Angstzuständen.« Gerade Kinder seien für eine zwischenmenschliche Kommunikation zwingend auf nonverbale Signale wie die Mimik des Gegenübers angewiesen. »Die Behinderung des zwischenmenschlichen Austauschs durch Verdecken des Gesichts erschwert die Verständigung, verringert die Gesprächsbereitschaft und stört die emotionalen Beziehungen. Ein normales Schulleben ist unter diesen Bedingungen nicht vorstellbar, und für viele Schüler wird der Schulalltag zur Qual. Es können weder ›Herz und Charakter‹ gebildet werden, noch können ›die Persönlichkeit, die Begabung und die geistigen und körperlichen Fähigkeiten des Kindes voll zur Entfaltung‹ gebracht werden.«

Angesichts der unwesentlichen Rolle von Kindertagesstätten und Schulen bei der Ausbreitung von COVID-19 seien die bisher ergriffenen und jetzt präzisierten Maßnahmen unverhältnismäßig. Das Recht der Kinder auf Bildung müsse uneingeschränkte Priorität haben. Und der »mehr als fragwürdige Nutzen der von Kindern getragenen ›Alltagsmasken‹ steht in keinem vernünftigen Verhältnis zu der damit verbundenen Belastung und den möglichen Risiken«, so die Münchner Kinderärzte. Daher forderten sie die Abschaffung der Maskenpflicht und Abstandsregeln sowie eine komplette Überarbeitung des Hygieneplans im Sinne der Kinderrechte.[21] Ihr Brief bewirkte nichts. Die Stadt Schongau bat sogar »die Bundeswehr um Amtshilfe« und forderte sie »für die Beaufsichtigung« der Maskenpflicht bei Schülern an. Die Situation an den Bushaltestellen sei nicht zufriedenstellend, da Schüler, Eltern und einige Lehrer dort keine Masken tragen. Ein Realschulleiter dachte zunächst an »Versteckte Kamera«, als er die Mail der Stadt bekam, in der er um seine Einschätzung gebeten wurde. »›Völlig überzogen‹ findet er den Plan. ›Man stelle sich das vor, das Panzerrohr eines Leopards an der Bushaltestelle auf die Schüler gerichtet, die das Maskentragen verweigern‹ – auch wenn dieses Bild freilich übertrieben ist«, sei schon der Ansatz daneben, die Bundeswehr gegen die Schüler einzusetzen. Bußgelder der Polizei würden ja schließlich reichen.[22]

An der hessischen Geschwister-Scholl-Schule in Niddatal erhielt ein Schüler sogar eine schriftliche Missbilligung, weil er »in der zweiten großen Pause sein am Kiosk gekauftes Getränk auf dem Schulgelände getrunken« hatte und damit gegen die Corona-Hygieneregeln der Schule verstieß. Der scheinbar von allen guten Geistern verlassene Elternbeirat hatte sich darauf geeinigt, dass die Kinder in den beiden 15-minütigen Pausen wegen Corona ausdrücklich »nicht trinken dürfen«.[23]

Auf die Studienergebnisse der Universität Dresden bezog sich dann auch die *Süddeutsche Zeitung* (SZ) im Juli 2020: »Kinder sind nicht nur keine Treiber der Corona-Pandemie – sie könnten sogar eher Bremsklötze für das Virus sein. Zu diesem Schluss kommen jetzt zumindest Wissenschaftler des Universitätsklinikums Dresden.«[24]

Auch *Die Zeit* schrieb Anfang August 2020: »An sächsischen Schulen haben sich im Mai und Juni keine Kinder mit dem Coronavirus infiziert, doch die psychischen Folgen der Corona-Beschränkungen sind erheblich. Zu diesem Ergebnis kommt eine Studie des Universitätsklinikums Leipzig. ›Die akute Ansteckung lag bei null, von 2.599 Kindern und Lehrern war keiner infiziert.‹«[25] Und die *NachDenkSeiten* kommentierten die Maskenpflicht von Schülern: »Die Vorstellung von sich im Unterricht permanent maskiert gegenübersitzenden Kindern oder auf dem Pausenhof flächendeckend maskierten Schülern, denen zusätzlich der Kontakt verboten wird, ist bizarr. Durch die fehlende wissenschaftliche Grundlage erscheinen diese politischen Vorgaben willkürlich und angesichts des Schadens für die Pädagogik unverantwortlich. Der Gipfel ist, dass aber gerade den Kritikern solcher nicht rationalen und gesellschaftlich fragwürdigen Vorschriften von Teilen in Politik und Medien ›Verantwortungslosigkeit‹ vorgeworfen wird.« In Bezug auf Medien wie die SZ oder *Die Zeit* sei es ein beunruhigender Aspekt der Corona-Episode, »dass Rationalität eben kaum noch eingefordert wird. Auch nicht vonseiten jener Medien, die nun über die Ergebnisse der Wissenschaft berichten.«[26] Übrigens kritisierten auch die *Deutsche Gesellschaft für Krankenhaushygiene*, die *Deutsche Gesellschaft für Pädiatrische Infektiologie*, die *Deutsche Akademie für Kinder- und Jugendmedizin* und der *Bundesverband der Kinder- und Jugendärzte* die Maskenpflicht in Kindergärten und Schulen. Kinder müssten weder Abstand wahren noch Masken tragen. Später passten die Forschungsgemeinschaften ihren Standpunkt folgsam an, man empfahl Kindern ab 10 Jahren dann doch noch, Masken zu tragen, jedenfalls bis die Kinder ihren Platz in der Schule erreichen würden.[26]

Und was bringen Masken außerhalb eines Krankenhauses, einer Pflege- oder Forschungseinrichtung nun Besonderes, abgesehen von einem Bekenntnis? Unter anderem Profite für die Produzenten, transportbedingte Umweltbelastung und ein gigantisches Müllproblem – allein in der Schweiz mussten 13,5 Millionen Masken wegen giftiger Schimmelpilze zurückgerufen werden.²⁷ Was auch kaum interessiert, sind die Gefahren durch die Masken. Schließlich sind einige aus Polyester und enthalten Mikroplastik. Durch Reibung löst sich Mikroplastik und wird dann direkt eingeatmet, sagt Michael Braungart, Leiter des *Hamburger Umweltinstituts*. Das sei wie mit Lösungsmitteln, die beim Einatmen viel giftiger seien, als wenn man sie schluckt. »Das, was wir verspeisen, ist im Allgemeinen nicht so problematisch. Aber das, was wir einatmen, ist besonders kritisch«, so der Professor. Außerdem enthalten manche Masken Chlorverbindungen in der Plastikschicht. Da sei nichts mehr zu recyceln. Eigentlich seien Gesichtsmasken nach dem Gebrauch kontaminierter Sondermüll und werden »einfach im Park weggeschmissen. [...] Plötzlich vergisst man in der Krise alles, was man vorher gelernt hat«, so Braungart. Zu Recht würde bei Wegwerfbechern für Kaffee auf das Müllproblem hingewiesen, bei Masken sei die Müllmenge aber deutlich größer. Das Wirtschaftsministerium errechnete einen Bedarf von bis zu 12 Milliarden Atemschutzmasken pro Jahr. Dazu komme noch ein größerer Verbrauch an Einmalhandschuhen sowie weiterer Schutzkleidung, was für ein Abfallaufkommen von etwa 1,1 Millionen Tonnen pro Jahr sorgen würde. Das seien dann zusätzlich etwa sieben Prozent der gesamten Hausmüllmenge Deutschlands, so das *Hamburger Umweltinstitut* in einer Pressemitteilung vom 18. Mai 2020. Die derzeitige Politik zeige »eine erhebliche Kurzsichtigkeit und Doppelbödigkeit«. Man dürfe den Planeten nicht krank machen, um gesund bleiben zu wollen, so Braungart.²⁸/²⁹

Zwar haben viele Länder eine Maskenpflicht eingeführt, die Evidenz für die Wirksamkeit der Masken ist aber weiterhin ziemlich schwach. Die US-Gesundheitsbehörde *Centers for Disease Control and Prevention* (CDC) schrieb im Mai 2020 zu mehreren Analysen der Jahre 1945 bis 2018 über verschiedene Maßnahmen vergangener Influenza-Pandemien und Masken: »In der gepoolten Analyse fanden wir keine signifikanten Reduktionen der Influenza-Übertragung durch die Verwendung von Gesichtsmasken. [...] Eine Studie evaluierte die Verwendung von Masken unter Pilgern aus Australien während der Hadsch-Pilgerfahrt und berichtete keinen großen Unterschied im Risiko einer im Labor bestätigten Influenzavirusinfektion in der Kontroll- oder Maskengruppe. In zwei Studien im universitären Umfeld wurde die Wirksamkeit von Gesichtsmasken als Primärschutz bewertet, indem die Inzidenz der im Labor bestätigten Influenza unter Studentenwohnheimbewohnern fünf Monate lang überwacht wurde.« Die Gesamtreduktion der auch im Labor bestätigten Fälle war in beiden Studien nicht signifikant. Sieben weitere Studien bestätigen das Ergebnis. In einer Studie »wurden Gesichtsmasken und P2-Atemschutzmasken nur für Haushaltskontakte bereitgestellt, in einer weiteren Studie wurde die Verwendung von Gesichtsmasken nur als Quellenkontrolle für infizierte Personen untersucht, und in den übrigen Studien wurden Masken für die infizierten Personen sowie deren enge Kontakte bereitgestellt«. Keine dieser Studien ergab einen signifikanten Rückgang von Influenzavirusinfektionen in der Gesichtsmaskengruppe. Das CDC schreibt: »Medizinische Einwegmasken (auch Operationsmasken genannt) sind lose sitzende Vorrichtungen, die von medizinischem Personal getragen werden sollen, um eine versehentliche Kontamination von Patientenwunden und den Träger vor Spritzern oder Spritzern von Körperflüssigkeiten zu schützen. Es gibt nur begrenzte Belege für ihre Wirksamkeit.« Die systematische Überprüfung konnte also »keine signifikante Wirkung von Gesichtsmasken« feststellen.[30] Auch im Maskenland Japan erkrankten bei der letzten schweren Grippe-Epidemie Anfang 2019 insgesamt ein paar Millionen, Tausende wurden hospitalisiert, wovon die Hälfte 70 Jahre oder älter war, und einige ältere Patienten verstarben.[31]

Deborah Cohen, Korrespondentin der *British Broadcasting Corporation* (BBC) und Gewinnerin des »British Journalism Award« 2019, erklärte am 12. Juli 2020 über *Twitter*, dass die teilweise Anpassung der WHO-Empfehlung in Bezug auf Masken nicht aufgrund neuer Evidenz erfolge, sondern wegen »politischem Lobbying«.[32] Die WHO widersprach dem nicht und erklärt in ihrem Coronavirus-Video »Questions and Answers«, also »Fragen und Antworten«, dass Masken allein nicht vor einer Corona-Infektion schützen und Masken nur in speziellen Fällen zu empfehlen sind, etwa bei Husten oder Fieber. Ohne diese Symptome brauche man keine Maske zu tragen, »weil es keinen Beweis gibt, dass sie Menschen schützen, die nicht krank sind«. Trotzdem warb die WHO in ihrem Video für Masken und empfahl Gesunden, aus Vorsicht eine Maske zu tragen. Eine in der Fachzeitschrift *The Lancet* veröffentlichte Meta-Studie der WHO, die eine deutliche Risikominderung durch das Maskentragen nachweisen sollte und zur weltweiten Maskenpolitik beitrug, wies dann auch in mehreren Punkten gravierende Mängel auf und wurde falsch interpretiert. So waren von den 29 in der Meta-Studie berücksichtigten Studien, die der Allgemeinheit zur Orientierung dienen sollten, nur drei als gemeinnützig klassifiziert, wovon eine der drei Studien auch noch falsch klassifiziert war – die Studie bezog sich auf Masken im Krankenhaus. Eine Studie zeigte gar keinen Nutzen von Gesichtsmasken und die dritte Studie ist »eine schlecht konzipierte retrospektive Studie über SARS-1 in Peking«, die auf Telefoninterviews basiert. Keine dieser Studien bezog sich auf SARS-CoV-2. Die Autoren der Meta-Studie räumten sogar ein, dass die Sicherheit der Evidenz bezüglich Gesichtsmasken gering sei, »da alle Studien Beobachtungsstudien sind und keine eine randomisierte kontrollierte Studie«.[33] Selbst der renommierte Epidemiologe Peter Jüni von der *University of Toronto* bezeichnete die Meta-Studie der WHO, auf die sich Maskenbefürworter maßgeblich stützen, als »unbrauchbar«, so der *Tagesanzeiger* in der Schweiz. Jüni selbst hält das Maskentragen dort für sinnvoll, »wo man sich länger aufhält und den Abstand nicht einhalten kann«.[34]

Der Maskenwahn nahm neben Anfeindungen auch sonst groteske Züge an. Etwa in den USA. Als im US-Bundesstaat Kansas zahlreiche »Counties« ohne Maskenanordnung geringere Infektionsraten aufwiesen als jene mit Maskenpflicht, versuchte die zuständige Gesundheitsbehörde diese Tatsache durch Manipulation der offiziellen Statistik zu vertuschen, um ein »Maskenmandat« zu rechtfertigen.[35] Und die Mitglieder der nach eigenen Angaben ehrenamtlichen Organisation *Masks4All* haben sich auf ihrer Internetseite Masken auf ihre Porträtfotos retuschiert, da man »den überwältigenden wissenschaftlichen Erkenntnissen« folgen müsse, die angeblich zeigten, »dass wir selbstgemachte Masken in der Öffentlichkeit tragen müssen, um COVID-19 zu verlangsamen«. Zwar wird keiner dieser überwältigenden Beweise genannt, aber das ist wohl egal, da die Forderung, auch in der Öffentlichkeit Masken zu tragen, ja schon von vielen Regierungen und vom »Gesundheitsführer« übernommen wurde. Auch die CDC würde jetzt Masken empfehlen, sodass man sich nun darauf fokussieren könne, Masken zu beschaffen. Zu den Gründern von *Masks4All* gehören Jeremy Howard, ein australischer Datenspezialist von der *University of San Francisco*, Berater, Unternehmer in medizinischer Datenverarbeitung und Young Global Leader des *World Economic Forum*, sowie David Keating, Präsident des *Institute for Free Speech*. Howard stieß trotz Abstandsgeboten, Quarantäne und Reisebeschränkung in der Corona-Krise auf viele offene Türen in der Politik und bei den Medien. So erklärte Howard am 1. April 2020 im *Sydney Morning Herald*, dass es im Mainstream noch gar keine Diskussion über Masken gab, als er mit einem eigenen Artikel vom 28. März 2020 in der *Washington Post* alle Amerikaner zum Tragen von gekauften oder selbst gemachten Masken aufrief.[38] Zwar erklärte auch die australische Regierung zu Beginn der Corona-Krise ganz offiziell, es würde wenige Hinweise dafür geben, dass Masken »bei gesunden Menschen die Übertragung in der Öffentlichkeit verhindert«, aber Howard hat das einfach mal infrage gestellt. Und, so der Maskenverfechter im *Sydney Morning Herald*: »Heute informiere ich eine überparteiliche Gruppe von US-Senatoren und Mitarbeiter über dieses Thema und spreche mit internationalen Politikexperten an der *Yale University*. Ich war gestern bei *Good Morning America* und habe den Leuten erzählt, wie man Masken herstellt.«[39] Über *Masks4All* informierten, fast wie auf Bestellung, noch zahlreiche weitere englischsprachige Medien wie die BBC, *The Age*, *Fox*, *Guardian*, *Wall Street Journal*, *New York Times*, MSNBC und das *Cable News Network* (CNN), um die Maskenpropaganda zu unterstützen.[40]

Eine Aerosol-Übertragung im Freien gilt im Gegensatz zur Übertragbarkeit in geschlossenen Räumen als eher unwahrscheinlich. Das Virus würde sich sonst mit einer ganz anderen Dynamik verbreiten. Außerdem sollen auch andere Faktoren bei der Übertragung eine Rolle spielen.»Der Nachweis, dass Sprechen und Husten Aerosole erzeugen können oder dass es möglich ist, virale RNA aus der Luft zurückzugewinnen, ist kein Beweis für eine aerosolbasierte Übertragung; die Infektion hängt auch vom Expositionsweg, der Größe des Inokulums, der Expositionsdauer und der Abwehr des Wirts ab. Auch die Sekundärangriffsrate für SARS-CoV-2 ist gering. Fallstudien, die enge Kontakte von Patienten mit bestätigtem COVID-19 ausgewertet haben, berichten, dass nur etwa 5 Prozent der Kontakte infiziert werden. Doch selbst diese geringe Angriffsrate verteilt sich nicht gleichmäßig auf enge Kontakte, sondern variiert je nach Dauer und Intensität des Kontakts.« Dabei wäre das Risiko bei Haushaltskontakten mit Übertragungsraten zwischen 10 und 40 Prozent noch am größten, wie das *Journal of the American Medical Association* (JAMA) schreibt. Kontakte, wie das gemeinsame Essen, seien mit Raten »von etwa 7 Prozent verbunden, während vorübergehende Interaktionen beim Einkaufen mit einer Sekundärangriffsrate von 0,6 Prozent verbunden sind«. Bei Gesundheitspersonal, das unwissentlich einen Patienten mit COVID-19 pflegen würde, während es Gesichtsmasken, aber keine Schutzausrüstung trage, sei die Rate ebenfalls gering. Studien deuten in diesen Fällen »auf weniger als 3 Prozent hin«. SARS-CoV-2 könne ständig Tröpfchen oder Aerosole produzieren, »aber die meisten dieser Emissionen infizieren« andere Menschen nicht, sondern fallen eher rasch zu Boden, anstatt stundenlang auf Gesichtshöhe in der Luft zu schweben und von jemanden in der Umgebung eingeatmet zu werden, so die Autoren des JAMA-Artikels um Michael Klompas von der *Harvard Medical School* und des *Harvard Pilgrim Health Care Institute*.[41] Doch selbst in geschlossenen Räumen dürften Stoffmasken aufgrund ihrer Größe und ungenauen Passform vor Aerosolen weniger schützen als vor Tröpfchen, wie beispielsweise der Fall des deutschen Fleischverarbeiters *Tönnies* zeigt. Und in China kollabierten und starben zwei Teenager im April 2020 innerhalb von sechs Tagen nach dem Sportunterricht, in dem sie beim Laufen Masken, etwa eine N95 Atemschutzmaske, trugen, wie internationale Medien, darunter *7News* aus Australien, die *International Business Times* aus New York und *The Korea Times* berichteten.[42/43]

Kazunari Onishi, ein Umweltepidemiologe aus Tokio, stellte nach Testung verschiedener Masken fest, dass deren Wirksamkeit auch davon abhängt, wie sie getragen werden. Einige Masken wiesen Leckraten von 50 Prozent, bei unsachgemäßem Tragen sogar von 100 Prozent auf. Sie würden eine Virusinfektion zwar nicht verhindern, aber wenigstens dazu führen, dass man mit seinen Händen nicht mehr Nase und Mund berühre. »Eine Möglichkeit ist es, andere zu bitten, die Lücken zwischen der Maske und ihrem Gesicht zu schließen«, so Onishi in der japanischen Tageszeitung *The Asahi Simbun*. Nur: Bei seinem Rat hat Onishi den einzuhaltenden Mindestabstand vergessen.[44]

Zu einem ähnlichen Ergebnis kam ein Maskentest in der Schweiz. Dort wurden Masken aus dem ganzen Land im Züricher Textillabor *Testex* auf Luftdurchlässigkeit, Spritzschutz und Filtrationseffizienz getestet. Das *Schweizer Radio und Fernsehen* (SRF) berichtete am 13. Oktober 2020: »Keine der Stoffmasken und nur ein Teil der Hygienemasken besteht.« Und: »Die Filtrationseffizienz erweist sich als Killerkriterium. Sieben von acht Masken fallen bei der Laborprüfung laut *Testex* durch und filtern Partikel der Größe eines Mikrometers (ein Tausendstel Millimeter) nur ungenügend.« Die einzige Maske, die den Test bestand, »ist aber so dicht gewebt, dass sie als einzige beim Kriterium Luftdurchlässigkeit versagt. Sprich: Das Atmen fällt mit dieser Maske sehr schwer.« Oder einfacher: Kann man gut atmen, wird nicht gefiltert.[45]

Trotzdem wird unbeirrt für Masken geworben und mit Masken Profit gemacht. Als »Ihr Schweizer Lieferant für Qualitäts-Schutzausrüstung« stellt sich das Unternehmen *Welogos* dar, das »seit Anfang 2020 Regierungen in Asien bei der Beschaffung von Schutzmaterial unterstützt und dabei ein aktuelles Netzwerk von Zulieferern geschaffen« hat und tiefe Preise garantiert. Der Hammer im *Welogos*-Angebot: Der »Baby Mundschutz (3-lagig)« von null bis drei Jahren. Für 35,14 Euro gibt es eine ganze Box mit 50 Einweg-Schutzmasken zur vollen Nasen- und Mundbedeckung der Allerkleinsten. Nachdem dieser Mundschutz, warum auch immer, vorübergehend nicht mehr verfügbar war, aktualisierte *Welogos* sein Angebot. Nun wurde das gleiche Produkt nur noch für Kinder von einem bis vier Jahren angeboten, der Preis für 50 Stück betrug jetzt 64,41 Euro und es hieß dick und fett: »Wichtig: Babys und Kleinkinder benötigen gemäß BAG und WHO keine Hygienemasken für den Schutz vor Krankheiten« und »Niemals für Kinder unter 1 Jahr verwenden!« sowie »Nicht geeignet für Babys unter 1 Jahr!«[46/47/48].

In einer »deutschlandweit ersten umfangreichen und abgeschlossenen« Studie kommt die Psychologin Daniela Prousa zu folgendem Ergebnis: »Die Tatsache, dass circa 60 Prozent der sich deutlich mit den Verordnungen belastet erlebenden Menschen schon jetzt schwere (psychosoziale) Folgen erlebt, wie eine stark reduzierte Teilhabe am Leben in der Gesellschaft aufgrund von aversionsbedingtem MNS-Vermeidungsbestreben, sozialen Rückzug, herabgesetzte gesundheitliche Selbstfürsorge (bis hin zur Vermeidung von Arztterminen) oder die Verstärkung vorbestandener gesundheitlicher Probleme (posttraumatische Belastungsstörungen, Herpes, Migräne) sprengte alle Erwartungen.« Die Ergebnisse würden deshalb »auf eine sehr zeitnahe Prüfung der Nutzen-Schaden-Relation« der Maskenverordnungen drängen, so die Studienautorin.[49]

Und eine Studie mit 158 Mitarbeitern des Gesundheitswesens zwischen 21 und 35 Jahren aus Singapore ergab zu den Auswirkungen der Maske, dass 81 Prozent Kopfschmerzen wegen der Verringerung der Sauerstoffzufuhr im Blut (Hypoxie) oder durch Erhöhung des Kohlendioxid-(CO_2-)Gehalts im Blut (Hyperkapnie) bekamen.[50] Dass das Maskentragen zu einer eher vernachlässigbaren messbaren Veränderung der Blutgase, aber erhöhten Atem- und Herzfrequenz führt und untrainierte Menschen zusätzlich negativ beeinträchtigt, bestätigt eine im *Deutschen Ärzteblatt* veröffentlichte Studie (»The impact of commonly-worn face masks on physiological paramters and on discomfort during standard work-related physical effort«). Die Studienteilnehmer berichteten über Atemnot, Kopfschmerzen, Hitzegefühle und Schwindel. Personen mit chronischen Atemwegserkrankungen sollten FFP2-Masken nur mit Vorsicht verwenden, da beim Tragen von Masken »klinisch bedeutsame Veränderungen« der Kohlenstoffdioxidwerte auftraten. Grundsätzlich sei eine ausreichende Sauerstoffzufuhr des Blutes für Energie, geistige Klarheit, Konzentration und das emotionale Wohlbefinden von Bedeutung. Ein Abfall der Sauerstoffkonzentration könne das Immunsystem hemmen, auch weil die Maskenträger bereits ausgestoßenes CO_2 wieder einatmen.[51]

Auch die *American Medical Association* plädiert dafür, dass Gesichtsmasken »nur von Personen getragen werden, die Symptome einer Atemwegsinfektion wie Husten, Niesen oder in einigen Fällen auch Fieber haben. Gesichtsmasken sollten auch von medizinischem Personal, von Personen, die Menschen mit Atemwegsinfektionen betreuen oder in engem Kontakt mit ihnen stehen oder anderweitig auf Anweisung eines Arztes getragen werden.« Gesichtsmasken sollten dagegen »nicht von gesunden Personen getragen werden, um sich vor Atemwegsinfektionen zu schützen, da es keine Belege dafür gibt, dass Gesichtsmasken, die von gesunden Personen getragen werden, wirksam vor Krankheiten schützen können. Gesichtsmasken sollten denjenigen vorbehalten bleiben, die sie benötigen.«[51]

Im *Österreichischen Rundfunk* (ORF) bestätigte der Infektiologe Franz Allerberger im August 2020, dass die Maskenpflicht, ob im Supermarkt oder in den öffentlichen Verkehrsmitteln, keinerlei messbare Auswirkungen auf die Ansteckungssituation in Österreich hatte. Der *Kurier* schreibt: »Angesichts der niedrigen Sterberate und der Erfahrungen im Frühjahr, wonach die Spitalskapazitäten in Österreich bei weitem nicht ausgeschöpft waren, sagt Allerberger, dass die Vorsichtsmaßnahmen im Frühjahr überzogen gewesen seien. Aber er gab die Verantwortung dafür nicht der Politik, sondern den Fachleuten. Damals sei die Fachwelt noch von einer Sterblichkeit von bis zu einem Drittel der Infizierten ausgegangen und habe das der Politik so weiter gegeben.« Eine Maskenpflicht im Freien, wie auf der griechischen Insel Mykonos oder in Frankreich, hielt Allerberger schon damals für »sehr sehr kritisch«.[52]

Doch der ganze Maskenwahn breitet sich stattdessen weiter aus. Nicht nur, dass Menschen trotz Attest aus Geschäften oder Zügen geworfen oder zusammengeschlagen werden, wie ein Schüler in Regensburg, auch medizinische Hilfe wird verweigert. In Dortmund zum Beispiel. Einem 50-Jährigen wurde dort trotz eines Befreiungsattests der Zutritt zu Arztpraxen untersagt.[53/54]

Ob mit oder ohne Masken, den weltweit längsten Lockdown mussten bisher übrigens die Argentinier erleiden. Dort herrscht seit dem 20. März 2020 eine Art Dauer-Lockdown. Wegen der vielen »Fälle« – trotz Lockdown! Und die Nerven der Menschen liegen »völlig blank«. Nur nicht beim Präsidenten. Präsident Alberto Fernández: »Ich bin nicht besessen von der Quarantäne, sondern von der Gesundheit der Argentinier.« Die Folge seiner Besessenheit: Die Arbeitslosenquote und die Armut sind in Argentinien deutlich gestiegen.[55/56]

Ebenfalls besessen scheint Anthony Fauci, der US-Regierungsberater, zu sein. Ihm reichen selbst Masken nicht mehr aus. Fauci: »Wenn Sie eine Schutzbrille oder ein Gesichtsvisier haben, dann verwenden Sie sie.« Man müsse auch die Augen schützen, so Fauci, der selbst nicht gerade durch das Tragen von Visieren auffiel, sondern Brillenträger ist. Visiere tragen hingegen das einfache Flughafenpersonal in Istanbul sowie die dazu genötigten Passagiere, etwa von *Qatar Airways*. Und wer hat die Evidenz von Gesichtsvisieren geprüft? Warum aber nicht gleich einen Virologenschutzanzug anlegen? Und überhaupt, wann kommt die Helmpflicht für genehmigungspflichtige Spaziergänge?⁵⁷

Jedenfalls seien Masken am besten auch in Wohnungen zu tragen und die Zügel erst einmal anzuziehen, so Bundeskanzlerin Angela Merkel. Sie sei ja auch sehr dankbar, »wenn Bußgelder verhängt werden, auch für das Nichttragen von Masken oder Ähnliches«, weil »das sind nicht einfach Bagatelldelikte«. Merkels Parteikollege, der Ministerpräsident von Sachsen, Michael Kretschmer, meinte sogar, dass es noch »ganz andere, ganz klare, autoritäre Maßnahmen des Staates« brauche, um die Haltung der Bevölkerung zu verändern, während Thüringens sozialdemokratischer Innenminister Georg Maier schon vor Anschlägen von militanten Impfgegnern warnte sowie runde dreihundert europäische Wissenschaftler und Gesundheitsexperten bedingungslosen Gehorsam mit einem »verschärften Lockdown« für den ganzen Kontinent forderten. Und da sich die Politiker in Berlin von links bis rechts so unheimlich einig sind, hat die Stadtverwaltung für den Winter nicht eine Million Euro für die Obdachlosen der Hauptstadt lockergemacht, sondern für die nächste große Corona-Marketingkampagne. Denn ohne Maskenpflicht würde womöglich bald niemand mehr an die Pandemie glauben, die wohl doch eher einem schweren Grippejahr gleicht.⁵⁸ / ⁵⁹ / ⁶⁰ / ⁶¹ / ⁶²

. . . .

1 www.rki.de/DE/Content/Infekt/Sentinel/sentinel_node.html

2 www.aerzteblatt.de/nachrichten/111008/SARS-CoV-2-erstmals-in-Sentinelprobe-nachgewiesen

3 influenza.rki.de/Wochenberichte/2019_2020/2020-36.pdf

4. www.rki.de/DE/Content/InfAZ/N/Neuartiges_Coronavirus/Situationsberichte/Sept_2020/2020-09-02-de.pdf?_blob=publicationFile
5. www.rki.de/DE/Content/InfAZ/N/Neuartiges_Coronavirus/Situationsberichte/Sept_2020/2020-09-08-de.pdf?_blob=publicationFile
6. de.rt.com/inland/106478-keine-nachweise-mehr-im-rki/
7. www.rki.de/SharedDocs/FAQ/NCOV2019/gesamt.html
8. www.rki.de/DE/Content/InfAZ/N/Neuartiges_Coronavirus/Situationsberichte/Dez_2020/2020-12-18-de.pdf?_blob=publicationFile
9. www.br.de/nachrichten/wissen/faktenfuchs-wer-wird-als-corona-toter-gezaehlt-und-wer-nicht,SGsKpEe
10. www.merkur.de/bayern/corona-bayern-muenchen-klinik-soeder-aktuell-zahlen-news-regeln-inzidenz-zr-90095418.html
11. www.rki.de/DE/Content/InfAZ/N/Neuartiges_Coronavirus/Risikobewertung.html
12. www.zeit.de/wissen/gesundheit/2020-02/coronavirus-sars-cov-2-risiko-symptome-schutz-rechte-faq#brauche-ich-eine-atemschutzmaske
13. www.zeit.de/zeit-magazin/mode-design/2020-04/mundschutz-infektionsschutz-ansteckung-gesichtsmaske-mode
14. www.zeit.de/gesellschaft/zeitgeschehen/2020-04/mundschutz-maske-coronavirus-kontakteinschraenkung-infektionsschutz
15. genexpress.de/de/standards-f%C3%BCr-pcr-und-real-time-pcr.html
16. de.rt.com/inland/110772-bereits-fruhere-hinweise-auf-interessenkonflikte/
17. www.handelsblatt.com/politik/deutschland/corona-tests-doppelrolle-von-abteilungsleiter-bringt-Robert-Koch-Institut-in-erklaerungsnot/26658242.html?ticket=ST-21366774-z4W6THWbPe4rurmaxqUx-ap4
18. www.buzzfeed.de/recherchen/exklusiv-aerzte-unterschlagen-systematisch-interessenkonflikte-90131388.html
19. www.medical-design.news/sonstige/bill-und-melinda-gates-investieren-in-biontech.169087.html
20. www.tagesschau.de/wirtschaft/boerse/hr-boerse-story-24129.html
21. www.martin-hirte.de/wp-content/uploads/2020/09/Wider-die-Maskenpflicht-1-1.pdf
22. www.merkur.de/welt/coronavirus-sti164091/schongau-bayern-soldaten-schueler-maskenpflicht-coronavirus-bundeswehr-bushaltestelle-zr-90075489.html
23. www.rtl.de/cms/hessen-trinkverbot-wegen-corona-maskenpflicht-in-schulen-junge-bekommt-abmahnung-4608072.html
24. www.sueddeutsche.de/gesundheit/schulen-kinder-sachsen-corona-normalbetrieb-1.4965841
25. www.zeit.de/wissen/gesundheit/2020-08/coronavirus-neuinfektionen-sachsen-schulen-studie

ABGRÜNDE

26 www.nachdenkseiten.de/?p=63588
   www.mwgfd.de/unsere-mitglieder/
27 corona-transition.org/schweizer-behorden-liessen-die-menschen-giftige-schimmelpilze-einatmen
28 www.epochtimes.de/gesundheit/ein-gigantisches-muellproblem-umweltinstituts-leiter-warnt-vor-mikroplastik-in-gesichtsmasken-a3292754.html
29 www.hamburger-umweltinst.org/
30 wwwnc.cdc.gov/eid/article/26/5/19-0994_article
31 www.upi.com/Top_News/World-News/2019/02/01/Millions-in-Japan-affected-as-flu-outbreak-grips-country/9191549043797/
32 twitter.com/deb_cohen
33 swprs.org/who-mask-study-seriously-flawed/
34 www.tagesanzeiger.ch/man-sollte-der-oeffentlichkeit-nichts-vorgaukeln-780632651447
35 sentinelksmo.org/more-deception-kdhe-hid-data-to-justify-mask-mandate/
36 masks4all.co/about-us/
37 www.weforum.org/people/jeremy-howard
38 www.washingtonpost.com/outlook/2020/03/28/masks-all-coronavirus/
39 www.smh.com.au/world/north-america/australian-expat-s-push-for-universal-mask-wearing-catches-fire-in-the-us-20200401-p54fu2.html
40 masks4all.co/
41 jamanetwork.com/journals/jama/fullarticle/2768396
42 www.ibtimes.com/2-chinese-boys-wearing-masks-during-gym-class-dropped-dead-reports-say-2971556
43 www.koreatimes.co.kr/www/world/2020/05/683_289061.html
44 www.asahi.com/ajw/articles/13523664
45 www.srf.ch/news/panorama/labortest-schutzmasken-im-haertetest-die-meisten-filtern-ungenuegend
46 welogos.ch/pages/uber-uns
47 corona-transition.org/produktwarnung-schweizer-firma-gefahrdet-sauglinge-mit-masken-fur-babys
48 welogos.ch/products/baby-hygienemaske
49 www.psycharchives.org/handle/20.500.12034/2751
50 headachejournal.onlinelibrary.wiley.com/doi/epdf/10.1111/head.13811
51 jamanetwork.com/journals/jama/fullarticle/2762694
52 kurier.at/politik/inland/infektiologe-allerberger-maskentragen-hatte-keinerlei-auswirkungen/401005700
   abcnews.go.com/US/dr-fauci-wear-goggles-eye-shields-prevent-spread/story?id=72059055

53 www.regensburger-nachrichten.de/news/88616-regensburg-schueler-wegen-fehlender-maske-geschlagen-und-getreten
54 www.ruhrnachrichten.de/dortmund/dortmunder-berichtet-von-rauswurf-aus-praxis-wegen-fehlender-maske-obwohl-er-davon-befreit-sei-plus-1571131.html
55 de.rt.com/amerika/108587-argentinien-230-tage-lockdown-dennoch/
56 www.dw.com/de/corona-argentinien-und-die-ewige-quarant%C3%A4ne/a-54702003
57 abcnews.go.com/US/dr-fauci-wear-goggles-eye-shields-prevent-spread/story?id=72059055
58 de.rt.com/inland/105729-merkel-waere-sehr-dankbar-wenn-maskenverweigerer-bestraft-wuerden/
59 de.rt.com/inland/110452-sachsens-ministerpraesident-fordert-klare-autoritare/
www.berlin.de/sen/web/presse/pressemitteilungen/2020/pressemitteilung.990581.php
60 taz.de/Radikalisierung-von-Impfgegnern/!5740554/
61 www.faz.net/aktuell/wissen/manifest-europaeischer-forscher-radikale-corona-eindaemmung-17109869.html
62 www.berlin.de/sen/web/presse/pressemitteilungen/2020/pressemitteilung.990581.php

32

KRITISIEREN, DEMONSTRIEREN UND VON GIPFEL ZU GIPFEL

»*Der schlaueste Weg, Menschen passiv und folgsam zu halten, ist, das Spektrum akzeptierter Meinungen strikt zu limitieren, aber innerhalb dieses Spektrums sehr lebhafte Debatten zu erlauben.*«

NOAM CHOMSKY

Die Auseinandersetzungen zwischen Befürwortern und Kritikern der Corona-Maßnahmen nehmen zum Teil bedenkliche Formen an. So hatte die US-Sängerin Alecia Moore, besser bekannt als Pink, die Idee, dass Corona-Demonstranten nach einer Infektion die ärztliche Behandlung verweigert werden sollte. Pink sah sich auch noch zu einer Hetzkampagne gegen Andersdenkende genötigt. Wer jedoch über ein geschätztes Vermögen von 185 Millionen Euro verfügt, wie Pink, dürfte sich zumindest keine Sorgen um eine medizinische Mangelversorgung machen müssen.[1/2] Ein Bruder im Geiste ist Willy Oggier, der verschiedene Krankenhäuser in der Corona-Krise berät. Oggier forderte im Schweizer *Tages-Anzeiger*: »Wer angezeigt wird, weil er die Abstands- und Hygieneregeln mutwillig missachtet, soll die Verantwortung für sein Handeln tragen. Ich schlage vor, dass diese Personen namentlich erfasst werden und im Zweifelsfall kein Intensivbett erhalten. Ganz nach dem Verursacherprinzip.« Oggier findet es fairer, wenn »selbst ernannte Corona-Rebellen das Nachsehen« hätten, sollte es in den Krankenhäusern eng werden. Und »saftige Ordnungs-Bußen, die ohne lange Verfahren ausgestellt werden können«, wolle er auch. Die Verantwortlichen der vielen Kollateralschäden des Lockdowns, besonders jene mit Todesfolge, für ihr Handeln zur Rechenschaft zu ziehen, kam Oggier bei seiner Forderung »nach dem Verursacherprinzip« nicht in den Sinn. Eine Haftung für den Lockdown-Wiederholungsfall wäre aber auch denkbar. Zu klären wären noch: Ist ein »Skeptiker« dasselbe wie ein »Leugner«, ein »Leugner« dasselbe wie ein »Kritiker« und ein »Kritiker« dasselbe wie ein »Skeptiker«? Und inwieweit ist ein Corona-Kritiker dafür verantwortlich, dass das Gesundheitssystem dezimiert, privatisiert und in den USA in einem katastrophalen Zustand ist? Sollen die dafür verantwortlichen Politiker und Berater nun auch keine Behandlung mehr bekommen? Waren Berater wie Oggier jemals nötig? Wäre das Geld für Betten und Lohnerhöhungen des Personals nicht sinnvoller angelegt? Und vor allem: Wer ist an den Streichungen Hunderter Krankenhausbetten in der Corona-Krise schuld? Und, und, und?[3/4]

Das französische Medium *Basta Mag* will bei seiner Recherche herausgefunden haben, dass die französische Regierung nicht nur 2019, sondern auch in der Corona-Krise in mehr als einem Dutzend Krankenhäusern Krankenhausbetten und Personal reduzierte und weiterhin reduziert. Auch in Gebieten mit hohen COVID-19-Fallzahlen wie in Paris oder der Provence-Alpes-Côte d'Azur. In Paris sind es etwa 200 Betten weniger. In Marseille werden bald 230 Betten fehlen. In Nantes sind seit Anfang 2020 rund 100 Betten weggefallen und in Straßburg sollen 20 Intensivbetten verschwinden. Zwischen den Jahren 2003 und 2017 sind im ganzen Land insgesamt rund 69.000 Krankenhausbetten abgebaut worden, so ein Bericht des französischen Gesundheitsministeriums.[5/6/7]

Und in Deutschland? Die Bürgerinitiative *GemeinWohlLobby* schrieb am 19. Dezember 2020: »Während und trotz der Pandemie haben 13 Krankenhäuser geschlossen, und für 19 Kliniken wurde ein entsprechender Beschluss gefasst. Es geht um 3.400 Betten und 6.000 Beschäftigte – mindestens. Und ob Kreiskrankenhaus oder Großklinik: Fast alle haben oder hatten sie Notaufnahmen, Intensivbetten, Chirurgie und innere Medizin – und haben Corona-Patienten behandelt oder den benachbarten Kliniken den Rücken freigehalten für deren Corona-Station. Während zu den nicht-medizinischen Maßnahmen wie Kontaktbeschränkungen, Maskenpflicht und Quarantäne alle zwei Wochen große Regierungs-Pressekonferenzen stattfinden, werden die fatalen Klinikschließungen still und leise vorgenommen«, was man stoppen müsse, weshalb das Bündnis Klinikrettung gegründet wurde. »Die Schließungen werden mit viel Geld gefördert: bis zu 750 Millionen Euro allein dieses Jahr.« Die Politik würde das machen, weil man »willig den Vorschlägen der Berater« folge, so die Initiative. »Im August 2019 und somit vor Ausbruch der Pandemie forderte die Bertelsmann Stiftung, mehr als die Hälfte aller deutschen Krankenhäuser zu schließen. Ist den Lobbyisten ihr Vorschlag heute peinlich? Keineswegs. Vor wenigen Tagen veröffentlichten sie zusammen mit der Robert Bosch Stiftung und dem Barmer Institut für Gesundheitssystemforschung ein sogenanntes Richtungspapier, in dem sie von ›Lehren aus Corona‹ sprechen. Gelernt hat man aber wenig, denn es wird weiter dazu geraten, Krankenhäuser zu schließen! Kleinere Krankenhäuser, so Bertelsmann und Co. sinngemäß, hätten wenig zur Behandlung von Corona-Patienten beigetragen oder sie sogar schlecht behandelt.« Deshalb sollten sie weg. Doch das sei auch für die »Leitenden Krankenhausärzte und Krankenhausdirektoren Deutschlands ›die völlig falsche Richtung‹«. Gesundheitsminister Jens Spahn sieht die stationäre Versorgung durch die Epidemie zwar kurz vor der Überlastung, die Schließungen von Krankenhäusern will er aber nicht stoppen. »Bertelsmann-Eigentümerin Brigitte Mohn sitzt im Aufsichtsrat der Rhön-Kliniken, einem der großen Profiteure von Klinikschließungen« und die Privatinvestoren stünden schon in den Startlöchern, »um das Krankenhauswesen zu kapern«. Ihr Traum seien »Megakrankenhäuser und viele orthopädische Kliniken, die mit verschiedenen Ersatzteilen schönen Profit erwirtschaften«, weshalb »unsere Gesundheit« völlig im Dienst der Profitgier stehen und die Politik nur auf Lobbyisten hören würde. Man habe zugelassen, dass sich »eine Seuche um den Globus ausbreiten konnte, die wir Finanzindustrie nennen. Dieses Monster sucht täglich nach Nahrung und zerstört alles.« Seine Geisel sei die Menschheit, seine Söldner die Politiker, die Lenker, die großen Konzerne. Für die Interessen einiger weniger müssten »fortlaufend Millionen Menschen leiden oder gar sterben!« Deshalb sei man gezwungen, das »Schicksal selbst in die Hand zu nehmen«. Das Selbstbestimmungsrecht sei »ein Naturrecht jedes Volkes«, schreibt die Initiative.[8]

In Deutschland werden aber nicht nur Krankenhäuser dichtgemacht und privatisiert. Es würden auch »mindestens 100.000 Vollzeitstellen« in der stationären Krankenpflege fehlen, so die *Hans-Böckler-Stiftung*. Zudem habe die Privatisierungswelle dazu geführt, dass es erstmals weniger öffentliche Allgemeinkrankenhäuser als private Kliniken, die zu gewinnorientierten Konzernen gehören, gebe. Und dieser Trend könnte sich in der Corona-Pandemie fortsetzen.[9]

Trotz des Abbaus von Krankenhausbetten, des schlecht bezahlten, chronisch unterbesetzten Krankenhauspersonals, vermehrter Corona-Tests an möglichst allen Patienten, kollabierte das Gesundheitssystem nicht. Das wird dann zwar gerne auf die Lockdown-Orgien zurückgeführt, hatte damit aber wohl kaum etwas zu tun, da die ohnehin wenig aussagekräftigen »Fallzahlen« ständig explodierten und sich weitere Lockdown-Orgien ansonsten erübrigt hätten. Und das nicht nur in Deutschland. Außerdem, so Christian Karagiannidis, Sprecher der *Vereinigung für Intensiv- und Notfallmedizin* (DIVI), verfüge Deutschland über eine (bei DIVI registrierte) »stille

Reserve« mit zurzeit um die 12.858 Intensivbetten, für die man allerdings Personal bräuchte.¹⁰ Der DIVI-Präsident Uwe Janssens sprach im November 2020 sogar von einem bislang vergleichsweise milden Verlauf der Pandemie. Und plötzlich hänge die Auslastung der Intensivbetten unter anderem ja noch von der kommenden Grippewelle ab. Schließlich würden Untersuchungen des RKIs nahelegen, dass die Hygienemaßnahmen »auch die Verbreitung der Grippe eindämmen«.¹¹ Wie sich zeigen sollte, aber eben nur der Grippe. Jedenfalls waren laut RKI-Lagebericht vom 18. Dezember 2020 noch 17 Prozent der 27.042 registrierten Intensivbetten in der Bundesrepublik frei.¹²

Schlechte Karten hätte bei Krankenhausberater Oggier und Sängerin Pink wohl auch das *Deutsche Netzwerk Evidenzbasierte Medizin* (EbM). Das EbM setzt sich nämlich für eine gesundheitliche Versorgung ein, »die auf bester wissenschaftlicher Erkenntnis und informierter Entscheidung beruht«. Das EbM übte in einer ausführlichen Stellungnahme am 20. August 2020 ein weiteres Mal heftige Corona-Kritik an Politik und Medien. Das Netzwerk schrieb: »Selbst in renommierten Medien wie beispielsweise der *Süddeutschen Zeitung*, im öffentlichen Fernsehen, aber auch international, etwa beim Fernsehsender der BBC oder CNN, werden Informationen über COVID-19 oft in einer irreführenden Art und Weise berichtet.« Seit nunmehr drei Jahrzehnten beschäftige sich das EbM in »verschiedenen internationalen Arbeitsgruppen mit der Frage, wie Informationen zu Gesundheits- und Krankheitsfragen präsentiert werden sollen, damit sie von einer breiten Bevölkerungsschicht verstanden werden«. Auch das *Max-Planck-Institut* in Berlin fordere eine wissenschaftsbasierte Kommunikation zu Gesundheitsthemen in den Medien. Dazu gebe es entsprechende Publikationen und Leitlinien. Die Leitmedien betrieben aber eine »irreführende Darstellung«. So wurden »zur Beschreibung des Infektionsrisikos über Monate lediglich Fallzahlen ohne Bezugsgrößen und unter Verwendung unpräziser

Bezeichnungen benutzt. [...] Dabei wird nicht zwischen Testergebnissen, Diagnosen, Infektionen und Erkrankungen differenziert. Üblicherweise handelt es sich um ›gemeldete positive Testergebnisse‹.« Dabei bleibe unklar, ob das Testergebnis eine Infektion mit SARS-CoV-2 wirklich anzeigt. Es sei »jeweils relevant, ob und wie schwer die Personen erkrankt sind. Diagnosen sind noch keine Krankheiten. Gerade für COVID-19 wäre wichtig zu wissen, wie viele Personen tatsächlich so krank sind, dass sie im Krankenhaus behandelt werden müssen.« Wer von positiven Testergebnissen berichtet, müsse auch die Anzahl der Testungen angeben. Und wenn jemand im Krankenhaus positiv auf Corona getestet wurde, bedeute das nicht, dass der Patient wegen Corona eingewiesen wurde. »Je mehr getestet wird, umso häufiger finden sich auch richtig oder falsch positiv getestete Personen. Je häufiger gesunde und beschwerdefreie Menschen untersucht werden, umso eher gibt es auch positive Ergebnisse von fraglicher Bedeutung. Die falsch-positiv Rate müsste dementsprechend erwähnt werden.«[13]

Der US-amerikanische Präsident rühmte sich am 1. April 2020 sogar damit, dass nirgendwo so viel auf Corona getestet wird wie in den USA. »Gleichzeitig überschlugen sich die Medien in der Dramatisierung der Todesfälle in den USA – nirgendwo in der Welt würden aktuell so viele Menschen an COVID-19 versterben wie in den USA. Beide Meldungen sind höchst irreführend. Eine Bewertung der rohen Fallzahlen ist nicht möglich, da Bezugsgrößen wie die Gesamtzahl der Menschen, die in einem Land leben, nicht berücksichtigt werden.« Verschiedene Medien präsentierten über Monate Ranglisten von Fällen und Grafiken von Rohdaten, ohne einen Bezug zur Bevölkerungsgröße. »Die Listen mit Fallzahlen täuschen die Leserschaft, auch wenn die Quellen genannt werden und Seriosität vermitteln sollen. Es fehlen die Nenner.« So verzeichnete Peru zum 19. August 2020 pro 100.000 Einwohner mehr Todesfälle als die USA. »Es ist nicht ersichtlich, warum dennoch eine nicht interpretierbare Darstellungsform gewählt wird. Im ARD-Fernsehen wird auch Anfang August noch behauptet, dass die am schlimmsten betroffenen Länder die USA und Brasilien wären.«

Einige Ranglisten enthielten absurde Informationen und die Fallzahlen unterlägen starken Schwankungen. Ein numerischer Anstieg von zwei auf vier Fälle bedeute eine rechnerische Zunahme um 100 Prozent. Das klinge immens viel, müsse aber eingeordnet werden. Und werde ein und dieselbe Person drei Mal positiv getestet, so würden auch genau drei neue Fälle gezählt. Ebenso führe die Nennung von Rohdaten ohne Bezug zu anderen Todesursachen zu einer Überschätzung des Risikos. In Deutschland sterben Menschen jeden Tag aus unterschiedlichen Gründen. Todesfälle durch COVID-19 müssten in ein Verhältnis zu den Gesamttodesfällen, zu akuten respiratorischen Infektionen anderer Ursache sowie zu anderen Todesursachen gesetzt werden. Die Zuordnung zu Altersgruppen müsste genauso erfolgen, fordert das EbM. »So zeigen Daten des *Statistischen Bundesamts* für den Monat April 2020 eine etwa zehnprozentige Erhöhung der Gesamtsterblichkeit [für Deutschland]. Allerdings hatte in der Vergangenheit schon eine ›einfache‹ Grippe-Welle deutlich höhere Sterblichkeitsanstiege verursacht.« Deshalb blieben Angaben zu COVID-19-Fällen im Krankenhaus ohne die genannten Vergleichsmöglichkeiten sinnentleert. »Welche Botschaft soll vermittelt werden? Welche Bedeutung hat die tägliche Nennung der bisher gemeldeten Fälle? Wir interessieren uns auch nicht für die bisher und täglich gemeldeten Fälle von Grippeinfektionen, Schlaganfällen oder Unfalltoten, auch nicht, wie viele Menschen sich von einer Grippe wieder erholt haben oder aus der Intensivstation entlassen wurden«, so die Experten des EbM.

»Ein wichtiges Kriterium einer verständlichen Risikokommunikation ist die Darstellung des sogenannten natürlichen Verlaufs einer Erkrankung« oder Pandemie. »Was würde passieren, wenn es keine Interventionen gäbe? Im Falle der SARS-CoV-2-Infektion – was wäre, wenn keine präventiven Maßnahmen umgesetzt worden wären? Zur Beschreibung des sogenannten Präventionsparadox gab es in den Medien gelungene Beispiele [...] Hochrechnungen nennen für Deutschland dazu Zahlen bis zu etwa 500.000 Todesfälle durch COVID-19, die durch die präventiven Maßnahmen verhindert werden konnten.« Diese Schätzungen bleiben »jedoch hoch spekulativ. Die Ausbreitung von SARS-CoV-2 unter natürlichen Bedingungen ist unbekannt. Theoretisch könnte das nur in einem Land analysiert werden, in dem keinerlei präventive Maßnahmen gesetzt würden und das zudem über eine vertrauenswürdige Dokumentation und Berichterstattung verfügt.« Auch Schweden eigne sich da nur bedingt als Beispiel, »da selbst dort unterschiedliche Maßnahmen zur Eindämmung der Epidemie empfohlen und umgesetzt wurden«. Die emotionsreiche Darstellung der Einzelfälle schwer Erkrankter bleibt aus Perspektive des EbM so umstritten wie die Ablenkung auf spezielle Folgeerkrankungen, beispielsweise äußerst seltene Krankheitsbilder bei Kindern. Für eine sinnvolle Einordnung seien Vergleiche notwendig. »So gibt es auch bei Grippe schwere Folgeerkrankungen, insbesondere des Herzens. [...] Insgesamt ist die Sprache in der medialen Berichterstattung oft alarmierend.«

Es scheint, als würden die Berichte die Angst in der Auswahl und Formulierung der wissenschaftlichen Daten gleich mittransportieren. Dagegen müsse man vielmehr auf die sogenannten Kollateralschäden der präventiven Corona-Maßnahmen hinweisen. Das »wäre für eine ausgewogene Berichterstattung unverzichtbar«. Niemand thematisiere ausreichend die Unsicherheit der Daten. Evidenzbasierte Medizin lebe »von einer offenen Diskussion kontroverser wissenschaftlicher Ergebnisse. Ein öffentlicher Diskurs ungeklärter Fragen wäre wünschenswert. Aktuell werden die Kontroversen aus unserer Sicht unzureichend in den etablierten Medien aufgegriffen. Die Präsentation der Daten erscheint einseitig, offene Fragen werden nicht angemessen angesprochen. Die aktuellen Daten zu COVID-19 sind mit großer Unsicherheit behaftet. [...] Die Menschen wollen ehrlich und unmissverständlich informiert werden. Evidenzbasierte Medizin sieht dies als Kernelement der Kommunikation.«

Nur so könne in einer aufgeklärten Gesellschaft langfristig eine Vertrauensbasis hergestellt sowie aufrechterhalten werden, »die ein rationales, auf wissenschaftlichen Fakten basierendes Handeln ermöglicht« und die Kooperation der Bevölkerung in einem richtigen Katastrophenfall sichere.[13]

In einem Interview mit dem *Hamburger Abendblatt* kritisierte auch der Vorstandsvorsitzende der *Kassenärztlichen Vereinigung Hamburg*, Walter Plassmann, die Medien und die Politik. Schutzmaßnahmen seien zwar wichtig, aber die Wahrscheinlichkeit, sich zu infizieren, sei »sehr gering, die Wahrscheinlichkeit, zu erkranken, hoch gering und die Wahrscheinlichkeit, schwer zu erkranken oder gar zu sterben, äußerst gering«. SARS-CoV-2 »ist kein Killervirus, das uns zwingt, im aseptischen Panikraum zu zittern, bis der Spuk vorbei ist«. Die Ausnahme werde zur Norm gemacht. Plassmann kritisierte besonders Bayerns Ministerpräsidenten Markus Söder, der ja vor einer »Corona-Schockwelle« warnte. Diese Darstellung sei »martialisch« und entspreche dem Muster, unter mehreren Möglichkeiten immer die dramatischste anzunehmen und notwendige Relativierungen als »Verharmlosung« zu verunglimpfen. Gelassenheit sei »angebracht und angezeigt«. Auch wenn das eine »Schockwelle für Söder« bedeute.[14]

»Permanenter Stress, ununterbrochene Aufgeregtheit und Angst schädigen Körper und Seele eines Menschen. [...] Wer die Gesellschaft mit immer neuen Hiobsbotschaften auf immer höhere Bäume treibt, der macht die Gesellschaft krank.« Im Unterschied zu überdurchschnittlich vielen Ärzten sähen Virologen »nur sehr kleine Teile des Menschen, Epidemiologen nur Zahlenreihen und Statistikmodelle, Anästhesisten sedierte Menschen. [...] Das wirklich wahre Leben« komme im beruflichen Alltag der Drostens oder Lauterbachs nicht vor, so Plassmann.[14] Auch die Exfrau des über Monate in sämtlichen Talkshows und Medien eindringlich vor Corona warnenden Gesundheitspolitikers Karl Lauterbach, die Epidemiologin Angela Spelsberg, forderte Ende August 2020 einen entspannten Umgang mit dem Coronavirus: »Ich finde es nicht korrekt, wenn man nach Ablauf einer derartig milden Infektion behauptet, es wäre der größte Killer und die größte Gefahr. Das sind alles Hypothesen gewesen, die darauf beruht haben, dass man gesagt hat, es ist ein neues Virus und gegen ein neues Virus haben wir keinen Schutz. [...] Ein Virus ist trotzdem für unser Immunsystem nicht neu. Und deshalb hat es Immunantworten gefunden.« Man müsse sich eben die Zeit nehmen, Daten und Zahlen zu analysieren.[15]

Aber es kam zu keinen Analysen, es kam schlimmer. Menschen, die sich nach einer »Corona-Infektion« nicht freiwillig in Quarantäne begäben, seien nun von der Polizei in Krankenhäuser unter Zwang einzuweisen. Etwa in Baden-Württemberg.[16] Und in Österreich, genauer gesagt für Kärnten, bestätigten die Behörden, mehrere Strafen (Geld- oder Haftstrafen von sechs Tagen) durch »Contact-Tracing« verhängt zu haben, weil Menschen mit ihrem positiv auf Corona getesteten Partner unter einem Dach leben. Allerdings sei dies verfassungswidrig. Außerdem sei die Voraussetzung für jede Strafbarkeit ein rechtmäßiges Alternativverhalten, so Juristen, die gegen die staatliche Corona-Willkür vorgehen. Wo aber soll der Partner hin, wenn alle Hotels geschlossen sind, man auch nicht zu Verwandten kann, weil das wegen den Corona-Maßnahmen verboten ist? Den Partner mitten im Winter einfach vor die Tür schicken und aussperren?[17/18]

Auch Bundeskanzlerin Angela Merkel fragte und warnte: »Wo kommen wir da raus? Wo kommt China raus? Wo kommt Südkorea raus? Wenn die alle mal viel besser die Masken tragen« und dort nicht so viel demonstriert wird, die einen wirtschaftlichen Aufschwung erleben? Zwar respektiere sie das Demonstrationsrecht und man wolle eigentlich »nicht die Mittel einsetzen wie China mit seinem Kontrollsystem«, aber man wendet es gemäß der Rockefeller-Empfehlung dann eben doch an. Für Merkel stören Proteste und Meinungsfreiheit offensichtlich die Wirtschaft der Konzerne. Aber Merkel kündigte ja schon kurz vor der Corona-Krise im Januar

2020 beim Vorsprechen auf Klaus Schwabs *World Economic Forum* von Konzern- und Regierungschefs in Davos an, dass neben oder zur Erreichung der Klimaziele »ja noch eine zweite Riesentransformation zu bewältigen« sei, auch mithilfe der Digitalisierung. »Ich hatte vorhin ein sehr interessantes Gespräch über die Möglichkeiten der Biotechnologie«, so Merkel. »Diese wird natürlich auch eine Riesenrolle bei der Transformation all unserer Wertschöpfungsketten spielen. Das heißt also, wir werden dramatische Veränderungen erleben. [...] Dafür müssen die staatlichen Rahmenvoraussetzungen geschaffen werden.« Außerdem müsse man jeden, auch gegen Widerstände, mitnehmen, denn das sei so in einer »Demokratie«.[19/20]

In einer »Demokratie« gibt es aber auch verfassungsrechtlich verbriefte Grundrechte. Deshalb müssten auch in Deutschland die Länder vorab prüfen, ob ihre Eingriffe verhältnismäßig sind. Das betrifft insbesondere Bayern. Wie sich im Rahmen einer Klage vor dem Bayerischen Verwaltungsgerichtshof zeigte, lagen der Söder-Regierung keinerlei Akten über wissenschaftliche Erkenntnisse oder Empfehlungen von Experten als Entscheidungsgrundlage vor. Eine Prüfung der Verhältnismäßigkeit würde so aber gemacht, so die Mainzer Rechtsanwältin Jessica Hamed: »Hat der Staat überhaupt erkannt, dass er hier abwägen muss, und wenn ja, mit welchen Belangen?« Bayern sei dem Rechtsstaatsprinzip verpflichtet und demnach seien Verordnungen auf einer sachlichen und nachvollziehbaren Grundlage zu erlassen. Von Regierungsseite hieß es dagegen nur, dass alle entscheidungsrelevanten Daten, die täglichen Lageberichte des *Robert Koch-Instituts* und des Landesamts für Gesundheit, und Presseberichte öffentlich zugänglich waren. Das müsse reichen. Demokratie ist eben auch Macht- und Ansichtssache.[21]

Der Staatsrechtler Gerrit Manssen von der *Universität Regensburg* meint: »Es folgt natürlich aus der Grundrechtsbedeutung dieser Corona-Maßnahmen und auch aus den Anforderungen einer rechtsstaatlichen Verwaltung, dass man Entscheidungsgrundlagen dokumentiert, um die Überprüfung durch die Gerichte hinterher auch möglich zu machen.« Zum Beispiel fehlte jede Evidenz, dass Schulschließungen oder das Maskentragen Gesunder sich positiv auf die Ausbreitung der Corona-Pandemie auswirke. Hamed kritisierte mit zahlreichen anderen deutschen Anwälten in einem offenen Brief der *Anwälte für Aufklärung*, dass die Regierung und das *Robert Koch-Institut* Fakten verschwiegen hätten. Die Corona-Maßnahmen seien verfassungswidrig. Das Rechtsstaatsprinzip und die im Grundgesetz verankerte Menschenwürde gebieten, dass Entscheidungen zum Infektionsschutzgesetz auf einer vollständigen, richtigen und sachlichen Darstellung beruhen müssten. Stattdessen höre die Bevölkerung seit Monaten täglich nur etwas von Infektionszahlen und erwarte daher ständig eine Katastrophe. Wesentliche Fakten und Erkenntnisse der *World Health Organization* (WHO) sowie vieler deutscher und internationaler Ärztinnen, Ärzte und Wissenschaftler würden verschwiegen, »obwohl diese Kenntnisse zur Beruhigung der Menschen und zur Entspannung der Situation beitragen würden«.[22/23]

Am 5. November 2020 listen die Anwälte unter anderem auf: »Sie verschweigen, dass ein positiver PCR-Test nichts über eine tatsächliche Erkrankung aussagt. [...] Sie verschweigen, dass nur der sogenannte Ct-Wert Hinweise eine relevante Viruslast angibt. [...] Sie verschweigen, dass bis zum heutigen Tage trotz millionenfacher Testung weniger als 0,72 Prozent aller Bürger in Deutschland positiv getestet wurden, und somit 99,27 Prozent der Bevölkerung weder positiv getestet, noch infiziert und vor allem nicht erkrankt, also gesund sind. [...] Sie verschweigen bei der Angabe der ›Infektionszahlen‹, dass lediglich etwa 5 Prozent aller positiv getesteten Menschen überhaupt Symptome des SARS-CoV-2-Virus zeigen. Bei vielen Millionen Testungen gab es bislang etwa 600.000 positive PCR-Testergebnisse. Erkrankt waren davon nachweislich jedoch nur circa 30.000 Menschen. [...] Sie verschweigen in der täglichen Berichterstattung insbesondere die Tatsache, dass die meisten dieser 5 Prozent Erkrankten nur milde grippeähnliche Symptome aufweisen. [...] Sie verschweigen, dass das Risiko einer Sterblichkeit durch Corona nach Angabe der WHO bei nur circa 0,2 Prozent liegt. Von 30.000 Erkrankten sterben also nur 60 Menschen. Dies ist keine Epidemie von nationaler Tragweite. [...] Sie verschweigen bei der Angabe der täglichen Coronatoten, dass laut *Statistischem Bundesamt* [...] jedes Jahr circa 950.000 Menschen in Deutschland sterben. Sie verschweigen, dass die angeblichen Coronatoten fast alle schwer vorerkrankt, im Durchschnitt 82 Jahre alt waren, und damit grundsätzlich ein höheres Sterberisiko hatten. [...] Sie verschweigen, dass eine Überlastung der Kliniken nie vorlag und auch nicht droht, das Gesundheitswesen vielmehr durch millionenfache Testungen und durch die gesundheitlichen und psychischen Folgen aufgrund des Lockdowns massiv belastet wird. [...] Sie verschweigen uns insbesondere die Begründung der Inzidenzzahl von 50 je 100.000 Einwohner für die Einstufung als ›Risikogebiet‹: Denn auf der Homepage des Bundesgesundheitsministeriums ist nachzulesen, dass es sich bei diesem Verhältnis um eine ›seltene Erkrankung‹ handelt.« [...] »dass in den letzten Jahrzehnten in unzähligen Studien die Unwirksamkeit von Alltagsmasken belegt wurde, selbst von der WHO.«[23]

Unter *Docs4opendebate* forderte gleich eine ganze Armada von Gesundheitsexperten die belgische Regierung dazu auf, die Corona-Maßnahmen unverzüglich zu beenden und eine unabhängige Kommission einzuberufen, die untersucht, warum freiheitsbeschränkende Maßnahmen bestehen bleiben. »Eine gründliche Untersuchung der Rolle der *World Health Organization* und des möglichen Einflusses von Interessenkonflikten in dieser Organisation« verlangen die Experten auch noch. In einem offenen Brief heißt es: »Wir sind der Meinung, dass die Politik verbindliche Maßnahmen eingeführt hat, die nicht ausreichend wissenschaftlich fundiert und einseitig ausgerichtet sind, und dass es in den Medien nicht genügend Raum für eine offene Debatte gibt, in der unterschiedliche Ansichten und Meinungen gehört werden.«[24]

Darüber hinaus stehe die strikte repressive Corona-Politik in scharfem Kontrast zu der bisherigen Minimalpolitik der Regierung, beispielsweise in den Bereichen Krankheitsprävention, Stärkung des Immunsystems durch eine gesunde Lebensweise, optimale aufmerksame Versorgung des Einzelnen oder Investitionen in Pflegepersonal. Die WHO habe eine Pandemie mit Millionen von Toten und ein hoch ansteckendes Virus vorausgesagt, gegen das es weder eine Behandlung noch einen Impfstoff gebe. COVID-19 folgte aber »dem Verlauf einer normalen Infektionswelle, ähnlich einer Grippesaison. Wie jedes Jahr sehen wir eine Mischung von Grippeviren, die der Kurve folgt: zuerst die Rhinoviren, dann die Influenza-A- und -B-Viren, gefolgt von den Coronaviren. Es gibt nichts, was von dem abweicht, was wir normalerweise sehen. Die Mortalität erwies sich als um ein Vielfaches niedriger als erwartet und liegt nahe an der einer normalen saisonalen Grippe (0,2 Prozent).« Scheinbar werde die Zahl registrierter Corona-Todesfälle noch immer überschätzt, denn »es besteht ein Unterschied zwischen dem Tod durch Corona und dem Tod mit Corona. Die Verwendung des unspezifischen PCR-Tests, der viele falsch-positive Ergebnisse liefert, ergab ein exponentielles Bild. Dieser Test wurde überstürzt durchgeführt und nie richtig getestet. Der Hersteller wies ausdrücklich darauf hin, dass dieser Test für die Forschung und nicht für die Diagnostik bestimmt sei. Da ein positiver PCR-Test nicht automatisch eine aktive Infektion oder Infektiosität anzeigt, rechtfertigt dies nicht die sozialen Maßnahmen, die allein auf diesen Tests beruhen.«

Daher handle es sich um keine zweite Coronawelle, sondern um eine erhöhte Anzahl von Tests. Der Höhepunkt sei vorbei. Auch der Vergleich zwischen Ländern mit strikter Lockdown-Politik und Ländern, »die dies nicht getan haben (Schweden, Island ...)«, zeige, dass kein Zusammenhang zwischen dem verhängten Lockdown und dem Verlauf der Infektion besteht. »Der Lockdown führte nicht zu einer niedrigeren Sterblichkeitsrate.« Inzwischen gebe es für die Menschen mit schweren Krankheitssymptomen eine »erschwingliche, sichere und wirksame Therapie in Form von HCQ (Hydroxychloroquin), Zink und AZT (Azithromycin)«. Rasch angewendet, führe diese Kombination zur Heilung und könne oft sogar einen Krankenhausaufenthalt verhindern. Kaum jemand müsse jetzt noch sterben. »Es handelt sich also nicht um ein Killervirus. Es gibt keinen Ausnahmezustand.«

Die Patienten dürften nicht als Versuchskaninchen dienen. Wenn 95 Prozent der Menschen trotz COVID-19 so gut wie symptomfrei sind, sei das Risiko einer Exposition mit einem ungetesteten Impfstoff unverantwortlich. »In den letzten Monaten schienen Zeitungen, Radio und das Fernsehen fast unkritisch hinter dem ›Expertengremium‹ der Regierung zu stehen, wo gerade die Presse kritisch sein und einseitige Regierungskommunikation vermeiden sollte. Dies hat zu einer öffentlichen Kommunikation in unseren Nachrichtenmedien geführt, die mehr einer Propaganda als einer objektiven Berichterstattung glich«, so die belgischen Experten.[24]

Nicht nur in Belgien, überall störten sich immer mehr Experten an der einseitigen und Angst verbreitenden Kampagne von Politik und Medien. Auch die in der Corona-Pandemie von Schweizer Ärzten gegründete Vereinigung *Alethia* forderte eine wahrheitsgetreue Berichterstattung durch Behörden und Medien. »Um der Bevölkerung eine selbstverantwortliche Meinungsbildung zu ermöglichen.«[25] Und in der »Great Barrington Erklärung« schrieben die Epidemiologen und Wissenschaftler Martin Kulldorff, Sunetra Gupta und Jay Bhattacharya, Professoren der Universitäten Harvard, Oxford und Stanford: »Wir kommen politisch sowohl von links als auch von rechts und aus der ganzen Welt und haben unsere berufliche Laufbahn dem Schutz der Menschen gewidmet.« Die Lockdown-Politik habe verheerende Auswirkungen auf die öffentliche Gesundheit und führe in Zukunft zu einer »erhöhten Übersterblichkeit«. Da die COVID-19-Maßnahmen der physischen und psychischen Gesundheit schadeten, empfehlen die Experten, gefährdete Gruppen gezielt zu schützen (focused Protection). »Die Beibehaltung dieser Maßnahmen, bis ein Impfstoff zur Verfügung steht, wird irreparablen Schaden verursachen, wobei die Unterprivilegierten unverhältnismäßig stark betroffen sind.« In dem Maße, wie sich in der Bevölkerung eine sogenannte Herdenimmunität aufbaue, sinke das Infektionsrisiko für alle. Auch für die gefährdeten Gruppen. »Diejenigen, die nicht schutzbedürftig sind, sollten sofort wieder ein normales Leben führen dürfen. Einfache Hygienemaßnahmen wie Händewaschen und der Aufenthalt zu Hause im Krankheitsfall sollten von allen praktiziert werden, um den Schwellenwert für die Herdenimmunität zu senken. Schulen und Universitäten sollten für den Präsenzunterricht geöffnet werden. [...] Menschen, die stärker gefährdet sind, können teilnehmen, wenn sie dies wünschen, während die Gesellschaft als Ganzes den Schutz genießt, der den Schwachen durch diejenigen gewährt wird, die Herdenimmunität aufgebaut haben.« Allein diese Erklärung wurde innerhalb der ersten sechs Wochen von mehr als 46.000 Experten sowie von über 632.000 »besorgten Bürgern« unterzeichnet.[26/27]

Das *Statistische Bundesamt* nahm aufgrund der Corona-Krise für Deutschland sogar eine Sonderauswertung der Sterbefallzahlen von Anfang 2016 bis Mitte August 2020 vor. Das Ergebnis: Die Sterberate lag bis in den Corona-Sommer 2020 so ziemlich auf dem Niveau der Vorjahre. Doch mittlerweile störten sich immer mehr Menschen an der offensichtlichen und unmissverständlichen Heuchelei im Umgang mit dem angeblichen Killervirus. Auf den Straßen und Plätzen der Städte wuchsen die Teilnehmerzahlen an den Corona-Protesten. Die wohl größten direkt gegen die Corona-Politik gerichteten Proteste fanden in Berlin statt. Aber auch in vielen anderen Städten, in London, Paris, Madrid, Stuttgart, München, Melbourne, Tel Aviv und Zürich sind die Menschen in Massen auf die Straßen gegangen, um gegen »ein Ende der medizinischen Tyrannei«, »Fake News«, Verbote, Maskenzwang sowie für Freiheit und Frieden zu demonstrieren. In Prag, Dublin, Warschau, Wien, Zagreb, Montreal, Buenos Aires, Neapel, in elf kalifornischen Städten und vielen weiteren Metropolen machten die Demonstranten ihrer Wut, Not und Verzweiflung Luft. Und in Indien kam es Ende November 2020 dann zum vermutlich größten »Streik der Menschheitsgeschichte«. Bis zu 250 Millionen Menschen beteiligten sich in der Corona-Krise an Protesten linker Gewerkschaften und Verbände, um sich gegen die Politik der nationalistischen Regierung von Narendra Modi zu wehren. Während Unsummen für Corona ausgegeben werden, fordern die Massen im von der Corona- und neoliberalen Wirtschaftspolitik der Regierung ausgebeuteten sowie von Naturkatastrophen geplagten Land einen Mindestlohn von 15.000 Rupien (rund 168 Euro) im Monat, eine Grundzahlung von 7.500 Rupien (84 Euro) für Arbeitslose, eine Sozialversicherung, den Schutz und die Rücknahme von Gesetzen gegen die Rechte von Arbeitnehmern und Bauern.[29/30] Schon am 15. April 2020 waren in Indien Massen auf die Straße gegangen, um gegen Ausgangsbeschränkungen zu demonstrieren. Die *Tagesschau* schrieb damals: »Hunderttausende Wanderarbeiter sind mittellos gestrandet. Die Angst vor Hunger treibt viele von ihnen zum Protest auf die Straße.« Drei Wochen dauerte die Ausgangssperre zu dieser Zeit in Indien bereits an und traf neben den Wanderarbeiten auch die Massen in den Slums, die »nicht wissen, wie sie ohne Geld an Essen kommen. ›Wir bekommen gar nichts von der Regierung‹, sagt Shabahz wütend in eine Kamera. ›Die Regierung hatte uns versprochen, dass sie uns unterstützen würde, auch mit Geld. Aber sie hat bislang nichts geliefert‹«, so die *Tagesschau* über einen der vielen wütenden Demonstranten, gegen die die Polizei mit Masken und Schlagstöcken vorging.[31]

Klartext, ein gegen Rassismus gegründeter Verein aus Frankfurt, schrieb noch vor dem zweiten Lockdown über die Corona-Politik und die Demonstrationen, dass »es am Anfang dieser Kampagne nur wenige ernst zu nehmende Stimmen gegen den Lockdown« gab. Im Laufe des Sommers seien es immer mehr geworden. »Sie wenden sich gegen die in der Geschichte der Bundesrepublik Deutschland noch nie so umfassenden und radikalen Grundrechtseinschränkungen, vor allem, weil sich anfängliche Entscheidungsgrundlagen immer mehr als Fehlannahmen herausstellen. Inzwischen wird eingeräumt, dass SARS-CoV-2 kein ›Killervirus‹ sei.« Dies geben vereinzelt sogar Medien des Mainstreams zu. So schrieb die *Tageszeitung,* kurz taz: »Es geht ja nicht nur um die Beurteilung der Gefährlichkeit der Pandemie, sondern auch um die Abschätzung des tatsächlichen Nutzens der Maßnahmen für die Eindämmung der Pandemie; und nicht zuletzt geht es auch um die Beurteilung der durch die Maßnahmen möglicherweise verursachten Kollateralschäden – nicht nur für die Gesundheit, sondern auch für Gesellschaft, Demokratie, Kultur, Bildung und Wirtschaft. Bis heute sind im Wesentlichen nur zwei Fachrichtungen, Virologen und mathematische Modellierer, in den Medien und von der Politik gehört worden. Die anfänglichen Modellrechnungen, insbesondere der Wissenschaftler des *Imperial College* in London waren maßgeblich für die politischen Entscheidungen zum Lockdown verantwortlich. [...] Viele nun vorliegende Studien zeigen aber, dass die Infection Fatality Rate (IFR), der Anteil der Todesfälle an allen Corona-Infektionen, in einem Bereich von 0,1 bis 0,3 Prozent liegt, also dem einer normalen Grippe.« Nun schien die *taz* allerdings Probleme mit den eigenen Aussagen und Ergebnissen der vorliegenden Studien gehabt zu haben, denn schon bald hieß es einfach so: »Artikel 5701892 nicht [mehr] vorhanden.«[32]

Am 8. September 2020 titelte Welt-Herausgeber Stefan Aust in *Die Welt*: »Denn sie wissen nicht, was sie tun.« Aust meinte, dass »nur die Maske« ständig noch an »die Gefahr« erinnere.[33] Und die *Frankfurter Allgemeine Zeitung* schrieb: »Vieles von dem, was im Frühjahr nach ›Bergamo‹ als geboten und opportun erschien, entpuppt sich heute als unnötig.« Sogar Gesundheitsminister Jens Spahn gestand vorübergehend ein, mit heutigem Wissen würde man keinen Einzelhandel mehr schließen. Und im Herbst machte er dann wieder alles dicht.[34]

»Erst wird mit dem großen Hammer der gesellschaftliche Alltag nahezu stillgelegt und hinterher erklärt, über Sinn oder Unsinn der fatalen Entscheidung zu diskutieren, sei überflüssig. Da ist etwas zutiefst faul!«, so *Klartext*. Hauptsache, man jage eine Superspreaderin in Garmisch-Partenkirchen wie bei einer Hexenjagd durch alle Medien. Angeblich hatte die US-Bürgerin auf einer Kneipentour viele Menschen mit Corona infiziert, wofür sie hart bestraft werden müsse. »Ein Superspreader macht Party«, hetzte der *Bayerische Rundfunk*. Der *Springer*-Verlag, zu dem auch *Die Welt* gehört, nannte den Vornamen der Frau und stempelte sie als »potenzielle Killerin« ab. Ob die junge Frau, die von einem Griechenlandurlaub kam, überhaupt infiziert war, sie einer Quarantäne unterlag, war gar nicht klar. Die »Vorwürfe und Forderungen waren drastisch – doch die Belege dafür dünn«, schrieb die *Tagesschau* mit etwas Abstand. Bayerns Innenminister Joachim Herrmann und Ministerpräsident Markus Söder war das alles egal. Beide forderten drastische Bestrafung. Das zuständige Landratsamt beschuldigte die Frau, Hauptquelle vieler Neuinfektionen zu sein, und die Staatsanwaltschaft München begann wegen »des Verdachts auf fahrlässige Körperverletzung« zu ermitteln. Etliche Details gingen im Eifer der Hetzjagd unter. Beispielsweise, dass in Garmisch genau bei drei der um die 1.040 Getesteten das Ergebnis positiv ausfiel. Zudem konnte die Frau auch keine »Kneipentour« unternehmen, wie »Behörden, Politiker und Medien« meinten, da »Bars, Kneipen und Betriebe des Nachtlebens in Bayern« gar nicht öffnen durften. Bislang sei jedenfalls »keine Infektion in Garmisch-Partenkirchen nachweislich auf die Frau zurückzuführen, die von Behörden, Politik und Medien seit Tagen ›Superspreaderin‹ genannt wird. Fragwürdig erscheint in diesem Zusammenhang das Verhalten des Landrats und einiger Medien«, so die *Tagesschau*.[35]

Positiv Getestete werden von den Medien ja gerne als Gefährder und irgendwie kriminell dargestellt. Was aber »verschleiert werden soll, ist die Verantwortung der Herrschenden für ›diese Zeiten‹. Die gesellschaftliche Linke – in einer nie gekannten Einigkeit mit den Parteien im Bundestag – klammert sich immer noch an die Erzählung vom ›Killervirus‹ und hilft, die nötige Angst zu verbreiten.« Angefeuert werde sie dabei »von nahezu allen mehr oder weniger links orientierten Medien, Bloggern und Prominenten« und ganz besonders vom Mainstream. Man wende sich entschieden dagegen, dass Kritiker der Regierungsmaßnahmen als Rechte und Verschwörungstheoretiker diffamiert werden und das auch von vielen Linken. Das Versagen der Linken habe den Raum für Rechte in den Reihen des Protests mit geschaffen. »Rechte wurden da regelrecht hinein geschrieben und geschrien«, schrieb *Klartext*.

Dass die Medien bei Protesten mit zweierlei Maß messen, zeigt auch ihre meist solidarische oder unterstützende Berichterstattung, wenn (nicht erträglicher) Rassismus das Thema ist oder es um die Repressionen unliebsamer, konkret der autokratischen Regierung in Belarus geht.[36] Während sie die Corona-Proteste diffamierten, äußerten die gleichen Medien bei Demonstrationen mit »insgesamt Zehntausenden Menschen gegen Rassismus« in vielen deutschen Großstädten, wenn überhaupt, nur ein paar »Sorgen« über den »Corona-Schutz angesichts der unerwartet hohen Teilnehmerzahlen«. Die *Tagesschau* zu Anti-Rassismus-Demonstrationen im Juni 2020: »Die Polizei appellierte an die Menschen, einen Mundschutz zu tragen und den Mindestabstand einzuhalten. Das habe sich angesichts der hohen Teilnehmerzahl allerdings als schwierig gestaltet. Trotzdem stellte sich auch die Polizei bereits vor Beginn des Protests hinter die Aktion.« Die *Tagesschau* lieferte zudem ein glänzendes Beispiel medialer Corona-Heuchelei. Während sie gegen die Demonstranten der Corona-Politik in Berlin anschrieben, konnte man dort zeitgleich lesen: »›8:46‹ stand auf vielen T-Shirts. So lange hatte der weiße Polizist auf George Floyd gekniet – bis der Schwarze starb. Gegen solche Fälle von Polizeigewalt demonstrieren Tausende in Washington.« Oder: »Es geht um Rassismus und Polizeigewalt: Seit Wochen wird in Portland protestiert, immer wieder geraten Anhänger und Gegner von US-Präsident Trump dabei aneinander.« Und: »In der belarussischen Hauptstadt Minsk sind erneut Tausende Menschen gegen Staatschef Lukaschenko auf die Straße gegangen.« Es ging eben gegen Trump und Lukaschenko, also war das okay.[37]

Masken, Abstandsregeln oder Versammlungsverbote waren in diesen Fällen keine Zeile wert. Dafür brachten die Medien Corona-Demonstrationen mit einer erhöhten Zahl von Neuinfektionen in Verbindung. Eine aus der Luft gegriffene Behauptung, denn schon bald stellte sich heraus, dass die Veranstaltungen keinerlei Einfluss auf das ohnehin sehr geringe Infektionsgeschehen im Sommer hatten. Der *Bayerische Rundfunk* fragte sicherheitshalber bei Behörden nach, ob es denn nicht wenigstens »Hinweise gibt, dass durch Demos die Fallzahl von SARS-CoV-2-Infizierten wächst«. Die Antwort: »Nein.«[38] Statt diese Information groß zu verbreiten, schrieben die Medien die Teilnehmerzahlen von Berlin klein. Und dem *Spiegel* fielen für seinen Hofbericht auch nur noch Minderheiten für die Überschrift auf: »Großdemo gegen Corona-Schutz: Ach so, ja, Nazis sind auch da. [...] Wieder verstießen die Demonstranten permanent gegen Auflagen. Wieder blieben sie auf der Straße. Wieder demonstrieren Menschen mit Regenbogenflaggen neben solchen in rechtsextremen T-Shirts. [...] Bis in die Nacht vorher war überhaupt nicht klar, ob es eine Demonstration geben würde – oder wenn doch, dann unter welchen Umständen. Berlin hatte unter der Woche den Aufmarsch verboten. Schon am 1. August, bei der letzten solchen Veranstaltung, war flächendeckend gegen Hygieneauflagen verstoßen worden. Das sei wieder zu erwarten.«[39] Weitere Beispiele medialer Hetze lieferte *Die Zeit*: »Demonstrationen gegen Corona-Politik: Kein Mindestabstand zu Neonazis.«[40] Und *Die Welt*: »Bei der Berliner Demonstration gegen das Corona-Regiment der Bundesregierung standen die diversen Spinner zwar vielleicht nicht im Zentrum. Sie standen aber nicht mehr hilflos am Rande, sie waren mittendrin, da und dort und überall.«[41]

Im Blätterwald wollte auch niemand etwas von Agents Provocateurs in Berlin gesehen oder gehört haben, also von Lockspitzeln der Polizei und Dienste. Keiner wunderte sich, dass Demoteilnehmer hin und wieder gerade in dem Moment ihre Reichsflaggen auspackten, als ein Kamerateam vorbeikam. Wie auf Bestellung stürzte sich der Mainstream auf eine kleine Kundgebung vor dem Reichstag von Rechten und ein paar V-Leuten (geheimer Informant der Polizei), denn von V-Leuten könne man ausgehen, so das Bundesministerium des Innern.[42] Die rechte Reichstags-Veranstaltung wurde mit der großen Corona-Demonstration in den Medien einfach mal zwangsfusioniert. Das las sich in der *Frankfurter Allgemeinen Zeitung* so: »Vorfall bei Berliner Demo: Corona-Skeptiker stürmen durch Absperrung auf Treppe des Reichstags.«[43] Die *Tagesschau* schrieb: »Protest gegen Corona-Politik: Entsetzen über Eskalation am Reichstag.«[44] Dabei geschah die sogenannte »Eskalation am Reichstag« mit Wissen und Duldung der Sicherheitsbehörden: Obwohl die Behörden laut *Business Insider* »vor Reichstag-Ausschreitungen gewarnt« wurden, blieb der Reichstag trotz eines riesengroßen Polizeiaufgebots in der Stadt so gut wie unbewacht.[45] Allerdings beschränkte sich die Erstürmung des Reichstags ja auch nur auf eine lautstarke Kurzeroberung der Außentreppen für ein pressewirksames Fotoshooting.

Das Großaufgebot der Polizei fokussierte sich an diesem Tag auf den Einsatz gegen Corona-Demonstranten. In voller Kampfmontur waren Polizisten damit beschäftigt, friedliche Protest-Teilnehmer in der Friedrichstraße einzukesseln, womit das Einhalten der Mindestabstände unmöglich gemacht wurde. Das war dann auch der passende Vorwand, um die zweite Berliner Corona-Demo aufzulösen. Wer sich ein eigenes Bild von den Ereignissen vor Ort machen wollte, musste übrigens auf den russischen Auslandskanal *Russia Today* (RT) zurückgreifen. RT zeigte einen kommentarlosen Live-Stream herumschubsender Polizisten mit frisch rasierten Kampffrisuren. Die *NachDenkSeiten* veröffentlichten ein paar Leserbriefe von Demonstrationsteilnehmern:

»Ich war am 1. August 2020 auf der Demo in Berlin dabei und mein Eindruck war, dass viele verschiedene ideologische Richtungen dort vertreten waren. Das war für mich nicht das entscheidende Problem. Alle hatten zunächst das gleiche Anliegen: Endlich Schluss machen mit dem Wahnsinn der Maßnahmen gegen das Virus. Und entscheidend war, dass es den Organisatoren gelungen war, über die gesamte Zeit einen friedlichen Verlauf zu sichern. [...] Für viele, die sich dem Protest anschließen, wird aber immer deutlicher, dass die Corona-Politik der Regierung sich gegen die Interessen der Mehrheit der Bevölkerung richtet und dass nur sehr wenige davon profitieren, dass die Medien versagen und die Demokratie noch nie so gefährdet war wie gegenwärtig.«[48]

»Als Teilnehmer vieler Demos (seit 1974, heute bin ich 68 Jahre) [...] bin ich auch an dem ›Corona‹-Problem interessiert und engagiert. Ich war an der Demonstration in Berlin am 1. August dabei, auch an einigen in Stuttgart davor. Ich möchte gerne ein paar Eindrücke schildern: [...] In der Demo laufend [...] brauchte ich irgendwann eine Pause, setzte mich, aß und trank. [...] Eine halbe Stunde später reihte ich mich wieder ein, das Ende der Demo hinter mir war immer noch nicht einsehbar. Es ging jetzt in die Nähe des Kundgebungsplatzes zwischen Brandenburger Tor und Siegessäule [...]. Die Organisatoren baten die Ankommenden am Kundgebungsplatz (Tribüne etwa in der Mitte zwischen Brandenburger Tor und Siegessäule) vorbei zu ziehen [...], um Platz für die noch Kommenden zu machen. [...] Die Veranstalter sprachen dann von 800.000. Nach einem Gespräch mit der Polizei wurde die Zahl 1,3 Millionen bekannt gegeben. Dann kam relativ schnell die Nachricht, dass die Demo aufgelöst sei [...]. Zum Schluss noch [...]: Das inzwischen inflationär gebrauchte Wort ›Verschwörungstheoretiker‹ führt mich an einen gefährlichen Punkt, [...] als Ausgleich das Wort ›Verschwörungspraktiker‹ zu nehmen und zu überlegen, wer zu diesen gehören könnte.«[49]

»Auch ich war auf dieser Demo, damit war es die erste in meinem Leben. Seitdem die Corona-Problematik in mein Leben gekommen ist, spüre ich, wie sie in der Familie und im Freundeskreis spaltet. Viel konnte ich dabei lernen: Dass ich weniger emotionsgeladen sein muss und sachlicher argumentiere, dass ich mein Gegenüber verstehe, denn es ist wirklich sehr belastend, die Maßnahmen der Kanzlerin, der Herren Spahn, Söder und Drosten kritisch zu sehen, dass ich die Ängste der Menschen ernst nehme und dass ich mich selber immer wieder kritisch hinterfrage. Von Beginn an wurde mir Verschwörung angehängt oder dass ich das Leben der Menschen nicht achte. Zur Demo bin ich gegangen, um mir eine eigene Meinung bilden zu können. Wer geht dorthin? Sind das wirklich Rechte? Sind das Spinner? Esoteriker? Coronaleugner? Verschwörer? Nun bin ich sehr glücklich, dort gewesen zu sein. Zum einen in so viele offene Gesichter blicken zu können, so viel Frieden spüren zu können, so viel Sorgen wahrnehmen zu können und eine so wundervolle Atmosphäre spüren zu dürfen. Diese Menschen sorgen sich um die Demokratie in Deutschland. Sie wollen wachrütteln. Und sie haben recht. Denn die Mainstreammedien berichten nicht korrekt von diesem besonderen Tag. Die Anzahl der Beteiligten stimmt nicht, die von Herzen kommende Stimmung wird nicht geschildert, der Respekt, der der Polizei entgegengebracht wurde, (Die Polizei wurde mit anerkennendem Klatschen gewürdigt), die Schweigeminute aller Versammelten wird nicht erwähnt, (All die Menschen legten die Hand auf ihr Herz und schwiegen für eine Minute). Stattdessen müssen wir uns jetzt und schon im Vorfeld der Demo gefallen lassen, mit Diffamierungen beschimpft zu werden. Die Regeln zu missachten. Und damit die zu sein, die vielleicht für den nächsten Lockdown verantwortlich gemacht werden. Bei den Demonstrationen gegen Rassismus ist die Polizei nicht eingeschritten. Es waren in München geschätzte 25.000 Menschen unterwegs, ebenfalls ohne Masken und nicht immer im Abstand. Sie wurden nicht abgeurteilt! Sonderbar! Und anschließend gab es keinen Anstieg von Coronafällen in der Stadt oder im Umkreis.«[49]

»Ich war live vor Ort. Was auf den Luftaufnahmen nicht zu sehen ist, ist die Tatsache, dass nach dem Fünf-Stunden-Marsch durch Berlin, bei knapp 30 Grad, viele Menschen des bunten Zugs erst einmal Erfrischung und Schatten in dem Park links und rechts der Straße des 17. Junis gesucht haben, ihre Füße im Gewässer gekühlt und sich dort mindestens genauso viele Menschen aufgehalten haben, wie auf der Straße. Das wird [...] nicht gezeigt [...]. Einige sind den ganzen Weg mit Krücken gelaufen andere mit ihrem Rollator, es war ein bunter Zug [...] Noch nie in meinen Leben habe ich ein so großes Miteinander völlig fremder Menschen und ein Wohlwollen erlebt. Ich bin immer noch tief berührt, da war keine Gewalt, ich habe keine Rechten gesehen, und ich halte die über eine Million mit den ganzen Menschen, die auf den Luftaufnahmen nicht zu sehen sind, für sehr plausibel.«[49]

Der Autor, Moderator und ehemalige stellvertretende Leiter des ZDF-Hauptstadtstudios, Peter Hahne, kommentierte die erste große Corona-Demonstration in Berlin: »Ich weiß nicht, was nach dem gestrigen, wahrhaft historischen Tag in Berlin überwiegt: Wut über den unfassbaren Niedergang des deutschen Journalismus inklusive der ganz offensichtlichen Zahlenmanipulation ›der Behörden‹ – oder die Begeisterung über die Bürger, die aus dem ganzen Land unter größtem Aufwand in die Hauptstadt geströmt sind, um einen ›Tag der Freiheit‹ zu feiern. [...] Wer gut informiert sein will, orientiert sich ohnehin längst nicht mehr an den ›Gesinnungsmedien‹. Deshalb muss man dagegen kaum noch anschreiben. [...] Und wer heute die Sonntagszeitungen konsumiert, braucht nicht zu lesen (Vorsicht, Herzinfarkt-Gefahr!) – sehen reicht! Die Bilder sprechen deutlicher als tausend Worte. Die ›Straße des 17. Juni‹ war von der Siegessäule bis zum Brandenburger Tor gefüllt von Demonstranten. Und zwar so dicht, dass das ja der angebliche Grund des Abbruchs war. Dazu Tausende in den Nebenstraßen oder dem angrenzenden Tiergarten. Das gleiche Foto, allein vom ›17. Juni‹, wurde in den letzten Jahren so beziffert: als Fußball-Fanmeile waren es 250.000 (11. Juli 2010), beim Christopher-Street-Day (CSD 2019) über eine Million, bei Obama am 24. Juli 2008 rund 215.000 – und jetzt bei denen, die schon im Vorhinein von Medien als Rechtsextreme abgestempelt wurden, oh Wunder: 17.000 bis 20.000! Wäre ich der Papst, ich würde die zählenden Beamten der Berliner Innenbehörde sofort heiligsprechen. [...]

(32)

Und ein Zweites ist bemerkenswert: Rund zwei Stunden vor dem offiziellen Abbruch der Massendemonstration meldeten die Online-Dienste vieler Medien bereits den Abbruch. Auch das ein Wunder von Hellseherei, wie es sonst nur in den Wahrsage-Buden auf Kirmes oder Schützenfest zu finden ist. Wollte man die verzweifelten und vergeblichen Versuche des SED-Regimes imitieren, die heranströmenden Menschenmassen noch zur Umkehr (!) zu bewegen? Wer gab die Anweisung, die Information, den Startschuss zu diesen Fake-Meldungen? [...] Mich erreichten noch in der Nacht rund 60 Mails von Teilnehmern, hochseriöse und in ihrem beruflichen Umfeld und Wohnort angesehene und bekannte Persönlichkeiten. Statt eines eigenen Kommentars hier eine dieser Mails [...]:

Lieber Peter Hahne! Einige Eindrücke zu später Stunde: Unvergessliches Erlebnis – das Volk war auf der Straße – so habe ich es zuletzt im November 1989 erlebt! Damals war ich angehender Pfarrer, heute 31 Jahre später bin ich mit meinen Kindern und einem Freund, einem Mönch dabei gewesen und bin zutiefst dankbar dafür! Damals – 1989 – sollen 400.000 auf dem Alex gewesen sein, heute waren es weit mehr als doppelt so viel! Ich habe noch nie so viele Menschen auf einmal gesehen! Unvergesslich! Durchweg waren die Demonstranten friedlich, gut gesonnen, konstruktiv. Hochachtung vor den Organisatoren: Exquisit, verantwortungsvoll, immer wieder zur Besonnenheit aufgerufen! Immer wieder riefen die Organisatoren auf, sich an die Regeln zu halten. Dies war schwer, denn teilweise wurden die Demonstranten durch die Polizisten in enge Räume ›gedrängt‹. [...] Wohl niemand hatte in den kühnsten Träumen mit so viel Menschen gerechnet! Alles einmalig durch die Ordner begleitet! Jede Demokratie könnte stolz und dankbar für solche Menschen sein! Zu Beginn ein langer, ich schätze zehn Kilometer führender Gang durch die Stadt, trotz Hitze alles dabei: Eine 84-jährige Oma aus Eisenach schenkte mir eine Blume, Familien, Verkäuferinnen, Ärzte, Rechtsanwälte, ein türkischer Koch, Byker aus München, Lehrerinnen, unzählige Jugendliche, Studenten, muslimische Frauen, immer wieder Ehepaare und Familien aus allen Bevölkerungsschichten – ich habe so viel nette und tolle Leute kennengelernt! [...] Geradezu witzig waren die Gegendemonstrationen, soviel ich weiß von Antifa, SPD und ›Omas gegen Rechts‹. Mir sind sie an drei Stellen begegnet. Das waren insgesamt nicht mehr als 200 Leute! Sie erinnerten mich an die bestellten Stasi-Leute im Herbst 1989. Bewegend wie friedlich der große Demonstrationszug auf die beleidigenden, flätigen Ausfälle und das Zeigen des Stinkefingers ›Nazis raus!‹ zu den Gegendemonstranten reagierte. [...] Am Rande des Umzugs beobachtete ich, wie ein *Rundfunk Berlin-Brandenburg*-Team versuchte, Menschen anzusprechen und nach den Beweggründen ihrer Teilnahme zu fragen. Die Menschen lehnten ab und ich hörte wiederholt die Begründung: ›Ihr habt uns gestern als Corona-Leugner und Rechtsradikale verunglimpft. Mit Euch sprechen wir nicht.‹ Ich ging daraufhin zu dem Team und erklärte meine Beweggründe: Dass ich im Frühjahr drei Beerdigungen hatte von Menschen, die nicht an oder mit CORONA, sondern seelisch vor Einsamkeit zu Tode verkümmert sind und dass ich das für eine menschliche Gesellschaft unwürdig halte. [...] Bereits um 14:30 Uhr meldeten die Mainstream-Medien völlig lächerliche Teilnehmerzahlen und den Abbruch der Demonstration. Tatsächlich erfolgte der Abbruch erst circa zwei Stunden später. Ich hatte das Gefühl, dass er geplant war. Man hatte Angst, dass noch mehr Menschen kommen! Völlig unnötig unverhältnismäßig erfolgte dieser Abbruch durch die Polizei (vor allem wenn ich an die Black-Lives-Matter-Demonstrationen denke, auch alles gegen die ›Regeln‹; die Polizei ordnete, aber griff nicht ein). Die Menschen ließen sich nicht durch die massenweise provokant aufmarschierende bewaffnete Polizei beirren. Ich war und bin immer ein Freund der Polizei gewesen. Ich habe im Herbst 1989 erlebt, wie sich die Polizei hinter das Volk stellte. Heute hat mich die Polizei tief enttäuscht. Dass die Demonstration nicht eskaliert ist, ist der besonnenen Lenkung der Organisatoren und der Reife der Demonstranten zu verdanken!«[50]

(32)

Der Journalist Boris Reitschuster schrieb am 20. Dezember 2020 unter »Polizei: Mit Fäusten gegen die Pressefreiheit – Wie mich die Polizei heute attackierte«: »Nach 16 Jahren Russland ist man hart im Nehmen, was die Polizei angeht. Was ich heute im Herzen Berlins am S-Bahnhof Jannowitzbrücke auf dem Weg zum Schweigemarsch gegen die Corona-Maßnahmen erlebt habe, hat mich dennoch so erschüttert, dass jetzt noch meine Knie weich sind. Immer, wenn man denkt, es könne eigentlich kaum noch schlimmer kommen, wird man in diesen Tagen vom Gegenteil überzeugt. Was die Bundespolizei da mit mir machte, hätte ich noch heute Mittag für unmöglich gehalten. Berlins Polizei haut schon mal fest zu und langt auch öfter brutal hin. Doch bei all dem hielt sie sich in meiner Erfahrung bisher an das demokratische Mindestgebot, dass man dabei freie Berichterstattung zulässt. Beamte stellten sich mir schon mal in den Weg, damit ich sie bei brutalen Festnahmen nicht filmen konnte, oder schubsten und schoben mich weg. Aber nie gingen sie mich frontal an, rissen mir mit Fausteinsatz die Kamera aus der Hand, schüchterten mich massiv ein und setzten mich fest.« Reitschusters Verbrechen: Er »filmte ein Gespräch von Bundespolizisten mit einer Frau [...], als sie die Polizei rabiat herausriss, weil sie keine Maske trug (sie hat ein Befreiungs-Attest)«. Reitschuster hatte sich »als Journalist ausgewiesen« und auch noch einen Presseausweis umhängen. »Das hinderte einen der Beamten nicht, auf mich zuzugehen und mir schnurstracks mit Fausteinsatz das Telefon zu entreißen. [...] Als ich mich beschwerte, schrie mich der Beamte im Beisein seiner Kollegen wiederholt an, und nahm mir Presseausweis und Personalausweis ab. Als ich daraufhin bemerkte, ich werde dieses Verhalten [...] bei der Bundespressekonferenz thematisieren, weil es nicht angehe, dass Journalisten die Arbeit untersagt werde, schrie der Beamte, ich würde ihm drohen. Später sagte er, ich würde ihn nötigen. Mein Hinweis, eine Ankündigung, zu seinem Verhalten bei der Bundespressekonferenz eine Frage an seinen Dienstherren zu stellen, sei keine Nötigung, sondern ein Hinweis auf meine demokratischen Rechte als Journalist, brachte den Beamten noch mehr in Rage. Er schrie mich wiederholt weiter an, ließ mich nicht ausreden, ging in Drohpose, schüchterte mich auf eine Weise ein, die ich bei der Polizei in einem Rechtsstaat für unmöglich gehalten hätte. Und die mich bis jetzt massiv aufwühlt. Keiner der anderen Beamten machte Anstalten, ihn [...] zu bremsen.«[51]

Von einer ähnlichen Erfahrung berichtete der Soziologe und Mediziner im Ruhestand, Heinz Eckel, am 19. Dezember 2020: »Gestern gab es wieder einen Spaziergang mit Grundgesetz am Rosa-Luxemburg-Platz. Dazu aufgerufen hatte der ›Demokratische Widerstand‹ [...]. Ich ging hin, um zu sehen, wie der ›Rechtsstaat‹ wohl diesmal agieren würde. Rund um den Rosa-Luxemburg-Platz: überall Polizei. Viele Dienstfahrzeuge und Gruppen von Polizistinnen und Polizisten, die offenbar den Auftrag hatten, jede Versammlung oder Demonstration der Freunde der Demokratie zu verhindern. Vor der Volksbühne eine Handvoll sogenannter ›Antifas‹, die die erwarteten Demokratie-Spaziergänger per Lautsprecher verhöhnten, indem sie auf die angeblich tollen Möglichkeiten, sich immer noch demokratisch äußern zu können, verwiesen. Der Platz um sie herum war weitläufig abgesperrt [...]. Kaum stand ich am Rande dieser Absperrung – neben mir weit und breit kein Mensch – und hatte gerade meine Kamera ausgepackt, eilte schon ein Polizist zielstrebig auf mich zu und forderte mich auf, wegzugehen. Die Infektionsschutzverordnung verbiete einen Aufenthalt ›ohne triftigen Grund‹ [...]. Ich sagte, dass ich die Aktion vor der Volksbühne beobachten wolle und zum Schutz der Demokratie da sei. Das sei kein triftiger Grund, meinte der Polizist. Als ich nachfragte, ob der Schutz der Demokratie wirklich keinen triftigen Grund für einen Aufenthalt hier darstelle, dementierte er, dies gesagt zu haben, und forderte mich ohne weitere Begründung noch einmal – diesmal schon regelrecht drohend – zum sofortigen Verlassen des Ortes auf. Zuvor hatte er allerdings noch geäußert, dass ich mich an der Kundgebung der ›Antifa‹ beteiligen könne, dies sei ja eine angemeldete Aktion. Beim Weggehen erzählte ich einem Passanten von diesem Vorfall. Der junge Mann berichtete mir seinerseits, dass er und seine Mitreisenden bei einer Bahnfahrt von Berlin nach Leipzig insgesamt sechsmal wegen der Masken kontrolliert worden seien; beim sechsten Mal hätten die Polizisten sie kurz vor Leipzig gezwungen, den Zug ›zwecks Kontrolle‹ zu verlassen, wobei sie sein Attest nicht hätten gelten lassen. Er habe schon sehr viele derartige Willkürakte erlebt, gegen die er eigentlich hätte vorgehen können. Er meinte, diese Sache werde wohl noch zehn oder zwanzig Jahre so gehen, und sterben müssten wir ja alle mal ...«[52] Und was ist mit den Medien, die andere Länder so gerne maßregeln und sturmreif schreiben, sollten gute Demonstranten auf böse Polizisten treffen?

Der ehemalige Politiker Albrecht Müller kommentierte die Berichterstattung zu den ganzen Corona-Demonstrationen so: »Auch hätte ich nicht geglaubt, dass ich das Wort Gleichschaltung unserer Medien vom *Spiegel* bis zum *neuen deutschland* einmal ohne Gänsefüßchen gebrauchen muss.«[46] Sogar die *Neue Zürcher Zeitung* (NZZ) titelte in einer Kolumne von Milosz Matuschek: »Kollabierte Kommunikation: Was, wenn am Ende ›die Covidioten‹ recht haben?« Denn, »auch mit Statistiken lässt sich trefflich lügen. Es ist unredlich, aus der Zunahme der Neuinfektionen eine derart große Gesundheitsgefahr abzuleiten, wie das derzeit vonseiten der Politik und der Medien geschieht.« Zudem verwies Matuschek noch auf leere Spitäler und eine tiefe Sterblichkeitsrate.[53] Nachdem der Artikel ein enormes Echo und Zustimmung auslöste, setzte die Zeitung Matuschek nach jahrelanger Zusammenarbeit auf die Straße. Matuschek später: »Wir müssen der Realität ins Auge sehen: Die Parlamente sind außer Kraft gesetzt, wir erleben einen beispiellosen Einschnitt in zentrale Grundrechte, die Berichterstattung zu den aktuellen Maßnahmen ist fast auf die offizielle Linie eingeschmolzen, Videos auf *YouTube* werden gelöscht, Kanäle gesperrt. Ein Geist der Spaltung, der Angst, des Denunziantentums ist in der Welt. Die Polizei kontrolliert die Einhaltung der Maskenpflicht, Militär sitzt in den Gesundheitsämtern, Politiker überbieten sich in Kraftrhetorik, bringen selbst Kontrollen in Privatwohnungen ins Spiel. Man spricht von einer ›neuen Normalität‹, die uns erwartet. Diese neue Normalität trägt bereits totalitäre Züge. Stellen Sie sich auf mehr Ausgangsverbote, mehr Überwachung, mehr Zwang hin zu tugendhaftem Verhalten im Dienste der Gesundheit ein.«[54/55]

Später beschloss die EU mit einem »europäischen Aktionsplan für Demokratie« noch sogenannte »Desinformierer« mit einer »Ko-Regulierung« zu bestrafen.[56] Und für den WEF-Gastgeber Klaus Schwab sind die sozialen, kulturellen und wirtschaftlichen Verwüstungen der Corona-Krise ohnehin nur ein »Fenster der Möglichkeit«, um auf dem Scherbenhaufen von Millionen (durch Corona) zerbrochener Existenzen eine neue Weltordnung (»Great Reset«) aufzubauen, die »grün«, »digital«, »global« sowie gewohnt neoliberal ist, die wenigen Reichen noch mächtiger macht und die »Vierte Industrielle Revolution« (»eine Verschmelzung unserer physischen, digitalen und biologischen Identität«) bringt.[57] Damit das alles klappt, sind ja schon Spezialeinheiten zur Terrorbekämpfung gegen Impf-Gegner im Einsatz. Sogar in der Schweiz können »terroristische Gefährder« ohne Gerichtsurteil bis zu neun Monate eingesperrt und Kindern Kontaktverbote erteilt werden. In deutschen Städten wie Bremen oder Mannheim werden Corona-Demonstrationen gerichtlich verboten oder wie in Bayern vom Verfassungsschutz überwacht, da man sich »vom legitimen Protest« zunehmend entferne. Das reiche »vom Ignorieren der Abstands- und Masken-Regeln« bis hin zu unterstellten »frontalen Angriffen auf den Staat«, so Bayerns Innenminister Joachim Herrmann.[58/59/60/61] Und dann belog genau dieser Staat das eigene Volk auch noch unverblümt. Die »Bundesregierung bricht ihr Versprechen der Gleichbehandlung von Geimpften und Nicht-Geimpften« und führe die Apartheid mit einer in Hinterzimmern vereinbarten neuen Quarantäneverordnung ein, wie das *Handelsblatt* zu Beginn des Jahres 2021 fast genau so berichtet, da die neuen Regeln Privilegien für Geimpfte enthalten, obwohl doch das Gegenteil beteuert wurde.⁶² Und ab wann ist die Tyrannei des Staates nun so groß, dass sie den Aufstand zum Schutz der Menschenrechte nach der Präambel der Menschenrechte legitimiert? Wenn erst gar kein Aufstand mehr möglich ist?

Aber nicht alle im Dienste der sich auf gewaltigen Abwegen des Unrechts bewegenden Staatsapparate geben sich so gefügig. So hat der Präsident Mexikos, Andrés Manuel López Obrador, zumindest angedeutet, dass Politiker, die Ausgangssperren verhängen, um COVID-19 zu begrenzen, wie Diktatoren handeln.⁶³ Und die *Bundesgemeinschaft kritischer Polizistinnen und Polizisten (Hamburger Signal)* schrieb in einer Pressemitteilung vom 6. September 2020 über die Vorgänge in Berlin: »Viele Teilnehmer der Demonstration vom 29. August 2020 in Berlin zeigen sich überrascht. Wegen der Polizeigewalt an selbst sehr jungen Menschen, Frauen und (auch) damit einhergehender Rücksichtslosigkeiten, die nur noch als verroht beschrieben werden können. Was aber viele noch ohnmächtiger werden lässt, ist die Tatsache, wie die Politik im Zusammenspiel mit den meisten Medien die Grundlagen der tatsächlichen Geschehensabläufe verdreht, Zusammenhänge herstellt, die objektiv falsch sind, und auch im Zahlenbereich so offenkundige Fälschungen vornimmt, dass auch diesbezüglich der ›Neusprech‹ von George Orwell zwangsläufig assoziiert wird. Bei George Orwell [...] werden im ›Wahrheitsministerium‹ täglich die Tageszeitungsausgaben der Jahre zuvor neu umgeschrieben, damit diese mit der häufig täglich wechselnden ›Wirklichkeit‹ in Übereinstimmung gebracht sind. Wir sind fast soweit. Selbst im Archiv der *Frankfurter Allgemeinen Zeitung* fehlen plötzlich Artikel und sogar die offiziellen stenografischen Protokolle von Plenarsitzungen des Deutschen Bundestages (!!!) werden gefälscht, damit politisch wohlgefällige Inhalte wie schmückend zu lesen sind. Abartig. Sie glauben es nicht? Die Beweise liegen vor.«⁶⁴

ABGRÜNDE

1. www.tz.de/stars/coronavirus-pink-musik-usa-protest-COVID-19-behandlung-infektion-trump-demonstration-zr-13747506.html
2. www.vermoegenmagazin.de/pink-vermoegen/
3. www.tagesanzeiger.ch/corona-skeptiker-verwirken-ihr-recht-auf-einen-intensivplatz-bei-engpaessen-229138575079
4. de.rt.com/europa/109287-schweizer-gesundheitsberater-fordert-corona-skeptikern-intensivbetten-zu-verweigern/
5. www.bastamag.net/carte-des-suppressions-de-lits-hopital-covid-reanimation-ARS-CHU
6. rapportsannuels.chuv.ch/activite/2017/1-1-evolution-de-l-activite-d-hospitalisation-et-d-hebergement
7. corona-transition.org/frankreichs-regierung-streicht-trotz-coronakrise-hunderte-von-krankenhausbetten
8. www.change.org/p/bundestag-keine-privatisierung-von-schulen-und-autobahnen/u/28245007?recruiter=false&utm_source=share_update&utm_medium=facebook&utm_campaign=facebook
9. www.boeckler.de/de/boeckler-impuls-krankenhauser-fallpauschalen-abschaffen-28850.htm
10. www.aerzteblatt.de/archiv/216577/Intensivbetten-Die-Kapazitaeten-schwinden
11. www.br.de/nachrichten/wissen/corona-und-intensivbetten-wie-ist-die-auslastung-der-intensivstationen-mit-covid-patienten,SFx4X9b
12. www.rki.de/DE/Content/InfAZ/N/Neuartiges_Coronavirus/Situationsberichte/Dez_2020/2020-12-18-de.pdf?_blob=publicationFile
13. www.ebm-netzwerk.de/de/veroeffentlichungen/pdf/stn-risikokommunikation-covid19-20200820.pdf
14. de.rt.com/inland/106798-hamburger-arzte-chef-walter-plassmann/
15. www.msn.com/de-de/nachrichten/panorama/kritik-an-lauterbachs-corona-politik-jetzt-meldet-sich-ex-frau-und-legt-richtig-los/ar-BB18v35W
16. www.dw.com/de/baden-w%C3%BCrttemberg-will-quarant%C3%A4ne-verweigerer-zwangseinweisen/a-55873865
17. kaernten.orf.at/stories/3082344/
18. www.berliner-zeitung.de/news/bei-positivem-corona-test-strafen-fuer-das-zusammenleben-mit-dem-partner-li.128462
19. www.welt.de/politik/deutschland/article221568228/Corona-Wo-landet-Europa-nach-dieser-Pandemie-fragt-sich-Merkel.html
20. www.bundeskanzlerin.de/bkin-de/aktuelles/rede-von-bundeskanzlerin-merkel-beim-50-jahrestreffen-des-weltwirtschaftsforums-am-23-januar-2020-in-davos-1715534
21. www.br.de/nachrichten/bayern/corona-beschluesse-in-bayern-keine-akten-vorhanden,SAHjUHd
22. de.rt.com/inland/106661-entscheidungen-zu-corona-massnahmen-in-bayern-nicht-aktenkundig/

23 afa.zone/wp-content/uploads/2020/11/Offener-Brief-AfA.pdf
24 docs4opendebate.be/open-brief/ ja
25 aletheia-scimed.ch/Uber-uns Schwiiz
26 gbdeclaration.org/#read
27 gbdeclaration.org/view-signatures/ Erklärung
28 de.rt.com/inland/106692-corona-doch-kein-killervirus-sterblichkeit-auf-niveau-wie-in-vorjahren/
29 www.morgenpost.de/vermischtes/article231063666/Groesster-Streik-jemals-250-Millionen-auf-Indiens-Strassen.html
30 www.globalresearch.ca/india-largest-strike-in-world-history-over-200-million-workers-and-farmers-paralyze-india/5731395
31 www.tagesschau.de/ausland/indien-proteste-107.html
32 taz.de/Streit-um-Corona-Politik/!5701892/
33 www.welt.de/debatte/plus215257850/COVID-19-Was-die-Sterbedaten-der-verschiedenen-Laender-verraten.html
34 www.faz.net/aktuell/politik/inland/spahns-corona-politik-es-gibt-schlimmeres-als-das-virus-16934906.html
35 www.tagesschau.de/faktenfinder/superspreaderin-garmisch-corona-101.html
36 www.nachdenkseiten.de/?p=63529
37 www.tagesschau.de/inland/georgefloyd-protest-deutschland-101.html
38 www.br.de/nachrichten/deutschland-welt/faktenfuchs-lassen-demos-die-corona-infektionszahlen-steigen,S6s4wOR
39 www.spiegel.de/politik/deutschland/ach-so-ja-nazis-sind-auch-da-a-7805e693-69e2-4f7e-be82-af54a01f4435
40 www.zeit.de/gesellschaft/zeitgeschehen/2020-08/corona-demonstration-berlin-rechte-ausschreitungen-reportage
41 www.welt.de/debatte/kommentare/plus214636932/Berlin-Das-ziellose-Unbehagen-der-Corona-Demonstranten.html
42 de.rt.com/inland/106156-bundespressekonferenz-zu-sturm-auf-reichstag-v-leute/
43 www.faz.net/aktuell/politik/inland/corona-skeptiker-stuermen-durch-absperrung-zum-reichstag-16928759.html
44 www.tagesschau.de/inland/corona-demo-berlin-131.html
45 www.businessinsider.de/politik/deutschland/chat-instruktionen-sturm-berlin-verfassungsschutz-sieht-gefahr-durch-corona-demonstranten/
46 www.nachdenkseiten.de/?p=64269
47 blauerbote.com/2020/08/29/ticker-zu-den-corona-demos-berlin/

48 www.nachdenkseiten.de/?p=63994
49 www.nachdenkseiten.de/?p=63599
50 www.tichyseinblick.de/meinungen/grossdemo-berlin-wieviele-teilnehmer-faire-medien/
51 reitschuster.de/post/polizei-mit-faeusten-gegen-die-pressefreiheit/
52 www.rubikon.news/autoren/heinz-eckel
53 www.nzz.ch/meinung/kollabierte-kommunikation-was-wenn-am-ende-die-covidioten-recht-haben-ld.1574096
54 insideparadeplatz.ch/2020/09/09/nzz-kickt-covid-kritiker-mit-giga-klickzahlen/
55 miloszmatuschek.substack.com/p/friebelwef
56 www.heise.de/news/EU-Kommission-will-Desinformierer-bestrafen-4979691.html
57 de.rt.com/gesellschaft/109670-transhumanismus-wef-gruender-schwab-prophezeit/
58 de.rt.com/inland/110113-gerichtliches-verbot-von-querdenken-demos-in-mannheim-bleibt-in-kraft/
59 www.weser-kurier.de/bremen/bremen-stadt_artikel,-mehrere-versammlungen-im-bremer-stadtgebiet-trotz-demoverbots-_arid,1947687.html
60 www.n-tv.de/regionales/bayern/Querdenker-in-Bayern-im-Blick-des-Verfassungsschutzes-article22224697.html
61 netzpolitik.org/2020/bnd-gesetz-ausspaehen-unter-freunden-wird-legalisiert-und-ausgeweitet/?utm_source=pocket-newtab-global-de-DE
62 app.handelsblatt.com/politik/deutschland/neue-quarantaeneregeln-im-reiseverkehr-bundesregierung-bricht-versprechen-der-gleichbehandlung-von-geimpften-und-nicht-geimpften-/26780676.html?ticket=ST-608553-HOPIGMkVAyGPiRZ5eVEM-ap4
63 www.vallartadaily.com/mexicos-president-calls-virus-lockdowns-dictatorship/
64 www.kritische-polizisten.de/wp-content/uploads/2020/09/Zwischenbilanz-Berlin29082020-06.09.2020.pdf

33

PAPAGEIEN, POPANZ, PROPAGANDA

»Die Zensur ist das lebendige Geständnis der Großen, dass sie nur verdummte Sklaven, aber keine freien Völker regieren können.«
JOHANN NEPOMUK NESTROY

Auf der Corona-Demonstration am 28. August 2020 in Berlin sprach unter anderen der US-Rechtsanwalt, Umweltaktivist und Impfgegner Robert Kennedy junior, der Neffe des früheren US-Präsidenten John F. Kennedy. Der Anwalt kritisierte in seiner Rede die Pharmaindustrie und die Politik, denn diese würden von der Pandemie nur profitieren. Technologische Entwicklungen und digitale Währungen würden genutzt, um die Menschheit in Zukunft noch umfassender zu kontrollieren. Robert Kennedy jr. warnte vor einer Totalüberwachung und attackierte in diesem Zusammenhang den *Microsoft*-Gründer, Impfinvestor und US-Philanthropen Bill Gates. Mit seiner Kritik tritt Robert Kennedy jr. in die Fußstapfen seines Onkels, der schon im April 1961 meinte: »Wir haben es mit einer monolithischen und ruchlosen weltweiten Verschwörung zu tun, die ihren Einfluss mit verdeckten Mitteln ausbreitet: mit Infiltration statt Invasion, mit Umsturz statt Wahlen, mit Einschüchterung statt Selbstbestimmung, mit Guerillakämpfern bei Nacht statt Armeen am Tag. Es ist ein System, das mit gewaltigen menschlichen und materiellen

Ressourcen eine komplexe und effiziente Maschinerie aufgebaut hat, die militärische, diplomatische, geheimdienstliche, wirtschaftliche, wissenschaftliche und politische Operationen verbindet. Ihre Pläne werden nicht veröffentlicht, sondern verborgen, ihre Fehlschläge werden begraben, nicht publiziert, Andersdenkende werden nicht belobigt, sondern zum Schweigen gebracht, keine Ausgabe wird infrage gestellt, kein Gerücht wird gedruckt, kein Geheimnis enthüllt.« Gute zweieinhalb Jahre später, am 22. November 1963, wurde Kennedy ermordet.[1/2]

Übrigens hängt der Kampfbegriff der »Verschwörungstheoretiker« mit der Ermordung Kennedys zusammen und wird seitdem zur Diffamierung missbraucht, um Regierungsnarrative nicht infrage zu stellen, damals von der mutmaßlichen Einzeltäterschaft des Kennedy-Mörders Lee Harvey Oswald. Besonders die großen Medien überführen sich durch die gezielt abwertende Verwendung des Begriffs selbst der Propaganda und des Anti-Journalismus. Auch indem sie konsequent den Spuren nicht nachgehen, die in unangenehme Richtungen führen, meist zu den eigenen Regierungen und deren Diensten. Der Begriff »Verschwörungstheoretiker« geriet im Laufe der Zeit zwar etwas in Vergessenheit, feiert seit den Terroranschlägen vom 11. September 2001 (9/11) aber ein Comeback, um kritische Denker und Aufklärer zu diskreditieren. Um Vorgänge und Verbrechen aufzuklären, werden »normalerweise« grundsätzlich Spuren gesucht und Theorien erstellt. Auch Theorien über Verschwörungen müssten eigentlich, wie jede Spur bei einem Verbrechen, mit entsprechender Sorgfalt geprüft werden, um sie entweder als tatsächliche Verschwörung zu erkennen oder als falsche Fährte und Hirngespinst zu entlarven. Wer das anders sieht, dürfte kein guter Hauptkommissar und Journalist sein. Es kann allerdings auch der Auftrag sein, auf falsche Fährten hinzuweisen, um zu verschleiern und politischen Zielen den Weg zu ebnen. Aber es ist auf jeden Fall recht bequem, mit dem Kampfbegriff Verschwörungstheorie Schutzmauern gegen teilweise komplexe Argumente, unbequeme

Ereignisse, Hintergründe und Verbindungen hochzuziehen, die das eigene Weltbild infrage stellen oder einstürzen lassen.

Nachdem also viele sogenannte Journalisten und Volksvertreter diesen Begriff gezielt missbrauchen, um Corona-Relativierer niederzumachen, ein kurzer Rückblick auf einige bekannte Ex-Verschwörungstheorien. Lagen folgenden Ereignissen nicht jedes Mal Verschwörungen zugrunde? Der Dreyfus-Affäre, dem Tonkin-Zwischenfall, der Watergate-Affäre, den vielen Mordversuchen auf Fidel Castro, dem sogenannten Hufeisenplan, der Brutkastenlüge, 9/11, der von Edward Snowden aufgedeckten globalen US-Überwachung, der Ermordung des Journalisten Jamal Khashoggi in der saudischen Botschaft von Istanbul sowie bei jedem Putsch und Putschversuch? Nicht zu vergessen sind auch zahlreiche politische Morde weltweit. Sind es keine Verschwörungstheorien, China die Freisetzung von SARS-CoV-2 oder Russland eine Manipulation der US-Wahlen zu unterstellen? Trägt ein Geheimdienst eine astreine Verschwörung nicht schon im Namen? Und wurde nicht die so eifrig nach Coronatoten suchende *Johns Hopkins University* zusammen mit der *Rockefeller Foundation* und dem *Pharmakonzern Bristol-Myers Squibb* erst vor Kurzem einer Verschwörung in den 1940-er und 1950-er Jahren überführt, die damals 775 Menschen in Guatemala das Leben gekostet hat? Es wimmelt nur so von Verschwörungen. Auf allen Seiten, vor allem in der Politik.

Und was ist mit der Corona-Krise? Dass die deutsche Bundesregierung in ihrem Szenarienpapier »Wie wir COVID-19 unter Kontrolle bekommen« eine Angst-Kampagne gegen die eigene Bevölkerung beschloss, »um die gewünschte Schockwirkung zu erzielen«, ist eine Sache. Etwas recht Ähnliches spielte sich in Österreich und in Italien ab. Aber der Reihe nach: Die Wiener Wochenzeitung *Falter* schrieb in der Ausgabe mit der Nummer 20/20 für den Programmzeitraum vom 15. bis 21. Mai 2020: »Am 23. März dieses Jahres, genau eine Woche nach dem kompletten Herunterfahren des Landes, landeten zwei Boeing-Triple-Seven-Langstreckenmaschinen der *Austrian*

Airlines (AUA) aus Xiamen, China, in Wien-Schwechat. An Bord 130 Tonnen Schutzausrüstung, darunter 1,5 Millionen medizinische Schutzmasken und 450.000 Schutzanzüge. [...] Die Aktion war ein großer PR-Erfolg, der Boulevard jubelte. ›Kurz holt 130 Tonnen Schutzkleidung‹, titelte das Gratisblatt *Österreich*. [...] Was die österreichische Regierung nicht so offensiv kommunizierte: Die Schutzausrüstung war gar nicht für Österreich bestimmt, sie war vom Südtiroler Unternehmen *Oberalp* organisiert, bestellt und bezahlt worden, die AUA flog sie als Nachbarschaftshilfe, das Bundesheer transportierte sie weiter nach Südtirol. [...] Dem Krisenmanagement der Regierung war aber vor allem eines wichtig: Die Operation ›Ernten der Früchte‹ sollte ja nicht als ›österreichisches Hilfeersuchen‹ oder ›Hilfsangebot Chinas‹ rüberkommen, sondern als Geste des Dankes des Reichs der Mitte an Österreich, heißt es in der internen ›Agenda‹-Liste des Krisenstabs. Ein nationaler Krisenstab, der sich um die Inszenierung von Masken-Hilfsflügen kümmern muss? [...] Schon vor zwei Wochen sorgte ein an die Medien gelangtes geleaktes Gesprächsprotokoll aus dem Beraterstab von Gesundheitsminister Rudolf Anschober (Grüne) für Schlagzeilen. Darin fand sich belegt [...], dass Kanzler Sebastian Kurz (ÖVP) bei der Implementierung der Maßnahmen auf die Strategie ›Gehorsam durch Angst‹ statt auf Aufklärung und Hausverstand setzte und dem Volk am Ende auch Einkommensverluste, wirtschaftlichen Schaden und Arbeitslosigkeit zumutete.« Die Corona-Strategie von Kurz war unter allen Beratern der Regierung umstritten. Aus Gesprächsprotokollen der wissenschaftlichen Berater der Taskforce Corona gehe hervor, dass alle Experten mehr oder weniger für das argumentieren, »was später als schwedischer Weg bekannt wird. Kein radikaler Lockdown, sondern kluges Risiko- und Ressourcenmanagement.« Der *Falter* fragt: »Wenn diese Experten- und Krisengremien nicht die Grundlage für die politischen Entscheidungen der Corona-Krise lieferten, wer war es dann? Auf Basis welcher Evidenz wurden die wohl folgenreichsten politischen Entscheidungen der letzten 50 Jahre getroffen? Wer hat was wann in den Tagen vor dem Lockdown [...] besprochen, abgewogen, verworfen und letztendlich entschieden?«

Kanzler Kurz hatte seine eigene Agenda. Eine Telefonkonferenz mit dem israelischen Ministerpräsidenten Benjamin Netanjahu und mehreren EU-Premiers habe ihn wachgerüttelt. »Netanjahu und sechs weitere Premiers sind es auch, mit denen Kurz sich jetzt als ›Smart Movers‹ in Sachen Corona inszeniert.« Am 12. März 2020, wenige Tage nach dem Gespräch mit Netanjahu, sitzen Kanzler Kurz und sein Vizekanzler erstmals den Experten gegenüber. Es ist das Treffen, »aus dem Kurz das Angstmotiv mitnimmt: ›Die Menschen sollen Angst vor einer Ansteckung haben, Angst davor, dass die Eltern und Großeltern sterben‹, wird im Protokoll festgehalten. ›Bald wird jeder von uns jemanden kennen, der an Corona gestorben ist‹, ›100.000 Tote‹. ›Lebensgefährder‹ und ›Lebensretter‹, das sind die Worte, die vor allem Kurz und Innenminister Karl Nehammer (ÖVP), aber auch Werner Kohler (Grüne) dann verwenden. Diese Eskalation der Angst kommt zu einem Zeitpunkt, als die Corona-Krise im Gesundheitssystem bereits überwunden war, am 30. März mit Einführung der Maskenpflicht in Supermärkten. Einige Experten sind schon zuvor nicht einverstanden mit der Krisenstrategie, ihre Bedenken bleiben jedoch meist unbeachtet. [...] Public-Health-Spezialist Martin Sprenger wird in den nächsten Wochen als Kritiker der Regierungslinie auftreten, nachdem er sich aus dem Beratergremium verabschiedet hat. Kurz nennt in dieser Phase Wissenschaftler, die nicht seiner Meinung sind, ›Verharmloser‹«, so der *Falter*. Hätte das Magazin das Ganze nicht auch konsequent eine Verschwörung gegen die österreichischen Bürger nennen müssen, um gezielt Angst zu schüren?

In der Folge korrespondierten die Wissenschaftler untereinander und wollten erreichen, dass die Botschaft eines ganz gefährlichen Virus nicht weiter verbreitet wird. Denn »SARS-CoV-2 ist für über 80 Prozent der Bevölkerung nicht gefährlich« und Kollateralschäden könnten »weit über COVID-19 hinausgehen [...]

und mehr Menschen durch diese Maßnahmen zu Tode kommen als durch das Virus selbst«. Schließlich würde es lapidar heißen: »Im Nachhinein sind alle klüger«, so der *Falter*. Tatsächlich habe Österreich aber frühere Hinweise zur Vorbereitung auf Pandemien durch Bevorratung und Notfallpläne ignoriert. »Anfang Mai startet die Regierung dann ihre Kampagne, die zeigen soll, dass Österreich es besser gemacht hat als die Skandinavier. [...] Wer in den Krisenstäben sitzt und was dort besprochen würde«, sollte geheim bleiben. Nach außen wollte man allerdings »höchste Transparenz« vorgeben.

Apropos Transparenz: Auch in Italien versuchte die Regierung, »aus Gründen der öffentlichen Sicherheit« bis August 2020 zu verhindern, dass Protokolle des italienischen Corona-Expertengremiums, vom Technisch-Wissenschaftlichen Ausschuss (Comitato Tecnico-Scientifico) veröffentlicht wurden. Dieses Gremium empfahl ebenfalls keinen nationalen Lockdown. Nur für bestimmte Regionen Norditaliens, darunter die Lombardei. Keine nationalen Schulschließungen oder Überall-Maskenpflicht. »Handeln Sie schnell, aber lokal«, so die zusammengefasste Forderung der Experten. Dennoch setzte Ministerpräsident Guiseppe Conte den härtesten nationalen Lockdown Europas durch. Niemand durfte seine Wohnung ohne einen triftigen Grund verlassen. Sport im Freien war verboten, ebenso, sich vom eigenen Zuhause mehr als 200 Meter zu entfernen. Sogar Mütter mit Kleinkindern wurden eingesperrt. Wer das Haus verlassen wollte, musste eine Selbstauskunft ausfüllen. Das alles galt sechs Wochen lang.[3/4/5]

Gegen Conte und sechs Minister wurde – veranlasst von Verwandten einiger Opfer aus Bergamo – strafrechtlich ermittelt. Der Vorwurf lautete: »epidemische Straftaten, fahrlässige Verbrechen gegen die Gesundheit, Totschlag, Amtsmissbrauch, Angriff auf die Verfassung« und Angriff auf die politischen Rechte der Bürger Italiens. 200 italienische Juristen ermahnten Conte in einem offenen Brief, dass Verfassungsgarantien kein nutzloses Lametta seien.[6/7] Selbst Polizisten schrieben: »Wir haben es satt, die Bürger verfolgen zu müssen!«³ Trotzdem gelten Wissenschaftler, die die Angemessenheit der Maßnahmen kritisieren, wie Giulio Tarro, in Italien plötzlich als »Pandemie-Leugner«. Ein Jahr vor Corona wurde Tarro als »wichtigster Virologe des Jahres« ausgezeichnet. Tarro vermutet einen Zusammenhang zwischen Todesfällen in der Lombardei und den massenhaften Grippe-Impfungen, die dort letzten Winter durchgeführt wurden, und rät von einer Impfpflicht ab. Mario Bassetti, Direktor der Infektiologie am Universitätsklinikum von Genua, erklärte am 15. August 2020 in einem Radio-Interview: »Es wird zu viel auf die Zunahme von Infektionen geachtet. Dabei entsteht eine schwerwiegende Verwirrung zwischen Infizierten und Kranken. [...] Natürlich ist auch bei den Infizierten Vorsicht geboten. Aber wir können nicht jeden Tag sagen: Wir haben 500 neue Patienten. Denn wir geben eine aus medizinischer Sicht falsche Information. Ein Student, der bei der Prüfung in Infektiologie sagt, dass jemand mit einem positiven Test krank ist, der würde damit die Prüfung nicht bestehen. [...] Täglich sterben in Italien 1.800 Menschen. Davon nur drei oder vier wegen COVID-19.« Also war auch der Lockdown in Italien willkürlich, wissenschaftlich unbegründet und man befürchtet das, worauf die *World Health Organization* (WHO) die Weltgemeinschaft intensiv einschwören möchte: Nichts wird jemals wieder wie zuvor.⁵

Am 4. Dezember 2020 forderten dann zahlreiche Abgeordnete des italienischen Parlaments, bewaffnet mit Masken, Plakaten und Parolen für Freiheit, den Rücktritt von Premierminister und »Corona-Hardliner« Conte, nachdem dessen Regierung kurz zuvor weitere Corona-Maßnahmen, etwa ein Verbot, die eigene Stadtgemeinde verlassen zu dürfen, einführte, ohne das Parlament in die Entscheidung mit einzubeziehen.⁸ Nur eine gute Woche später wurde dann auch noch bekannt, dass Italien und die WHO zu Beginn der Corona-Pandemie offensichtlich die Analyse des italienischen WHO-Wissenschaftlers Francesco Zambon verschwinden ließ, die damals Tote (womöglich Tausende) verhindert hätte.

Nachdem Zambon und zehn Kollegen aus Europa einen Bericht im Auftrag der kuwaitischen Regierung erstellten, um Informationen für von der Pandemie noch nicht betroffene Länder zu erstellen, wurde der Bericht am 13. Mai 2020 auf der WHO-Website veröffentlicht und einen Tage später wieder gelöscht. Das Pikante des Berichts: Italiens Pandemie-Plan wurde seit dem Jahr 2006 nicht mehr aktualisiert und die Krankenhäuser mussten improvisieren. Auch interessant: Der Bericht, der auf ein mögliches Behördenversagen in der Lombardei hinweist, wurde wohl auf Druck von Ranieri Guerra entfernt, der bei der WHO für strategische Initiativen zuständig und Mitglied der italienischen »Corona-Taskorce« ist. Außerdem war Guerra von 2014 bis 2017 Direktor des italienischen Gesundheitsministeriums und somit zuständig für den italienischen Pandemie-Plan. Guerra soll Zambon sogar mit Entlassung gedroht haben, würde dieser Belastendes nicht aus dem Bericht streichen. Zambon meldete den Vorgang einer zuständigen WHO-Stelle. Die WHO habe die Autoren des Berichts mithilfe des italienischen Außenministeriums gehindert, sich dazu zu äußern, so der britische *Guardian*. Zambon will sich aber äußern, laut WHO-Rechtsbüro sei er allerdings »immun«. Offiziell, so die WHO, wurde der Bericht entfernt, da es einen neuen Mechanismus gebe, der den Bericht überflüssig mache. Und das italienische Gesundheitsministerium soll den Bericht (zumindest) offiziell gar nicht erhalten haben. *The Guardian* titelte dazu übrigens: »WHO der Verschwörung mit Italien angeklagt, um belastenden COVID-Bericht verschwinden zu lassen«.[9/10]

»In der aktuellen Pandemie erhalten Verschwörungstheoretiker neuen Zulauf«, hieß es schon bei *Kontext*, einer Beilage der deutschen *Tageszeitung* (taz). Allerdings in einem ganz anderem Zusammenhang. Weil Verschwörungstheoretiker wüssten, wen und was Bill Gates so alles finanziert. »Die *World Health Organization* werde von Bill Gates finanziert. Das böse Virus stamme aus dem Reich des Bösen schlechthin, aus China. *Amazon*, Pharma und Künstliche Intelligenz (KI) wären am Ende die Sieger. Das ist platt und falsch«, verbreitet

Kontext seine eigenen Wahrheiten.[11] Nun wird die WHO, der *Kontext*-Wahrheit zum Trotz, aber noch immer kräftig von der *Bill & Melinda Gates Foundation* finanziert. *Amazon*-Chef Jeff Bezos ist einer der größten Corona-Profiteure und der Pharma-Branche werden im Kampf gegen Corona so viele Milliarden hinterhergeworfen, dass es ein Verbrechen ist, noch immer täglich Kinder verhungern zu lassen. Und dann fordert die deutsche Bundesjustizministerin Christine Lambrecht nicht etwa Geld für den Lebensunterhalt vieler Kinder, sondern für Investitionen in Propaganda. Denn Kinder müssten schon in der Schule den Umgang mit Verschwörungstheorien lernen, weshalb sie ein sogenanntes »Demokratiefördergesetz« plane.[12]

Kritisches, selbstständiges Denken oder Aufklärung, etwa über Grund- und Menschenrechte, wären in den Schulen vermutlich noch gefährlicher als SARS-CoV-2. Und nicht vergessen: dēmokratía bedeutet die Herrschaft des Staatsvolkes. Also nicht die Herrschaft einiger weniger in Parteien, Medien, Armeen und Konzernen, schon gar nicht der Milliardäre! Doch wie können Kinder die Grundsätze der Demokratie lernen? Mit Bilderbüchern für die Kleinsten wie »Die Tage, an denen alles still stand« aus Mexiko? »Ein einfaches Büchlein, das man in der Familie lesen kann: Eltern und Kinder. Ein didaktisches Werkzeug, um über die Schutzmaßnahmen und über Fragen und Ängste im Zusammenhang mit dem Coronavirus zu sprechen.« So erfahren die Kinder, dass sich die Eltern große Sorgen machen. »Sie sprachen die ganze Zeit von einer sehr ansteckenden Krankheit. Ich bekam Angst.« Wenn wir zu Hause bleiben, »können wir helfen, dass nicht so viele Menschen angesteckt werden. [...] ›Das habe ich verstanden‹, sagte ich zu meinem Papa. [...] ›Und wenn wir rausgehen müssen‹, sagte meine Mama, ›dann müssen wir zu Anderen großen Abstand halten‹.« Den Abstand von zwei Armlängen kannst du auch zu Hause üben, so der Rat. »Nach der Erklärung merkte ich, dass ich viele neue Wörter kennengelernt hatte. [...] Kannst du das Wort mit dem Bild verbinden? Risikogruppe, Virus, Epidemie, Ansteckung, Quarantäne. Mein Papa erklärte mir auch, dass wir während der Quarantäne alle zu Hause mithelfen müssen, damit es für alle einfacher ist, zusammen zu sein. Dazu gehört auch, nicht so viel Lärm zu machen. Ich sagte meiner Mama, dass ich meine Großeltern sehr vermisse, und sie antwortete mir, dass meine Großeltern mich auch sehr vermissen. Aber wir können ja telefonieren, um ihnen eine Freude zu machen.« Und: »Manchmal spreche ich auch mit meinen Onkeln, Tanten und meinen Freunden!« Aber natürlich nur noch durch das Telefon.

Am 25. August 2020 berichtete die *Universität Passau* in einer Pressemitteilung über die eigene Studie »Die Verengung der Welt« zum Thema »Corona-Berichterstattung von ARD und ZDF«. Die Forschung zweier Passauer Kulturwissenschaftler richte sich »erstmals auf die mediale Konstruktion Deutschlands in der COVID-19-Pandemie«. »In einer wissenschaftlichen Analyse der Sendungen ›ARD Extra – Die Coronalage‹ und ›ZDF Spezial‹« wurde gezeigt, wie journalistische Formate Weltbilder aufbauen. Martin Hennig, Postdoc der *Universität Passau*, zu seiner Motivation: »Angesichts der anhaltenden Ausnahmesituation seit dem Frühjahr 2020 stellte sich die drängende Forschungsfrage nach den Auswirkungen der Pandemielage auf die gesellschaftliche Selbstwahrnehmung.« Zusammen mit Dennis Gräf vom Lehrstuhl für Neuere deutsche Literaturwissenschaft hat Hennig die Sondersendungen analysiert, »da anzunehmen war, dass sich aus diesen beiden zur Hauptsendezeit ausgestrahlten öffentlich-rechtlichen Formaten mit einer Länge von teils über 30 Minuten zentrale Merkmale der Berichterstattung im Untersuchungszeitraum ableiten lassen und den Sendungen gleichzeitig eine zentrale Rolle im gesellschaftlichen Diskurs zu COVID-19 zugekommen ist«. Von Mitte März bis Mitte Mai 2020 untersuchten die beiden Wissenschaftler mehr als 90 Ausgaben der beiden Sondersendungen und konstatieren, dass die Berichte durch ihre Rhetorik die Krise aufrechterhalten. »Die aus den jeweiligen Themen resultierenden Problemstellungen würden ›auf der Inszenierungsebene im Zusammenspiel zu einer vollständig negativen

Weltsicht übersteigert, die kein primär inhaltliches, sondern ein rhetorisches Phänomen bildet‹ – und zugleich die Legitimation für weitere Sondersendungen in dichter Taktung liefere.« Außerdem dominiere das Leistungsprinzip. »Gerade in der Darstellung der Auswirkungen auf private Familiensituationen wird ein Leistungsideal betont, das um außerfamiliäre Werte wie Produktivität, Effizienz und Pflichterfüllung kreist. ›Das Familienleben in der Krise verkommt so zur Nicht-Zeit, die schon darüber abgewertet ist, dass sie nicht den üblichen gesellschaftlichen Maximen folgt‹.« Teilweise stellten Hennig und Gräf sogar Fiktionalisierungsstrategien fest. Damit sind ästhetische Prinzipien gemeint, »die ›auf die Bildwelten apokalyptischer Endzeiterzählungen verweisen‹ – zum Beispiel verwaister Orte und Geschäfte oder das ›aus Virenthrillern gespeiste Motiv des zeitlichen Wettlaufs um die Entwicklung eines Impfstoffes‹. Am Beispiel eines ZDF-Beitrags über die Situation in New York zeigt die Analyse im Detail auf, wie mit Inszenierungsstrategien gearbeitet wurde, die üblicherweise nicht in Dokumentationen, sondern eher in Hollywood-Blockbustern zu finden sind.« Insgesamt beobachteten Hennig und Gräf eine Tendenz zur Bejahung der staatlichen Maßnahmen, »eine tiefer gehende Kritik an den von der Politik getroffenen Maßnahmen bleibe aus. ›Wir sagen damit nicht, dass die Sendungen staatshörig sind, es werden ja durchaus kritische Fragen gestellt‹, so Hennig. Die grundsätzliche Annahme, dass die Maßnahmen verhältnismäßig, angemessen und zielführend seien, würden jedoch nur selten hinterfragt.«[13] Aber: Entscheiden lediglich ein paar kritische (und wie kritische) Fragen über Staatshörigkeit oder nicht?

Nach einer »lebhaften Diskussion« über die Studie sahen sich die Forscher in der Medienöffentlichkeit damit konfrontiert, »dass nicht ihre wissenschaftlichen Ergebnisse im Vordergrund stehen, sondern die Studie als grundsätzliche Kritik am öffentlich-rechtlichen Rundfunk gedeutet wird«. Daher nahmen die Autoren Stellung: Die »Studie ist nicht als Kritik am öffentlich-rechtlichen

Rundfunk zu sehen. [...] Was wir jedoch für bedenklich halten, sind mediale Äußerungen, die unseren Artikel nicht als wissenschaftlichen Beitrag, sondern als gesellschaftspolitische beziehungsweise politische Meinung verstehen wollen. Es werden dann Ergebnisse objektiv wissenschaftlichen Arbeitens mit gesellschaftlichen, durchaus emotional aufgeladenen Haltungen vermischt. [...] Wir analysieren mediale Produkte und argumentieren mit nachprüfbaren Belegen. Wissenschaft sollte als Wissenschaft akzeptiert werden, weil sie nur dann einen sinnvollen Beitrag zu gesellschaftlichen Diskursen leisten kann. Mit einer politischen Lesart können wir uns nicht identifizieren. Es muss der Wissenschaft möglich sein, mediale Produkte, egal welcher Provenienz, zu analysieren.«[14]

Damit sind wir in gewisser Weise auch bei den Papageien, die Wörter nachplappern können, bei der Propaganda und dem Popanz: Eine künstliche Schreckensgestalt von vermeintlicher Bedeutung, die Furcht oder Einschüchterung hervorrufen soll. Wir sind aber auch bei einer Form von (Selbst-)Zensur, bei Anspruch und Wirklichkeit der Presse. Der Journalist Paul Sethe fomulierte treffend: »Im Grundgesetz stehen wunderschöne Bestimmungen über die Freiheit der Presse. Wie so häufig, ist die Verfassungswirklichkeit ganz anders als die geschriebene Verfassung.« Der irische Schriftsteller und Satiriker Jonathan Swift fragte: »Was nutzt die Freiheit des Denkens, wenn sie nicht zur Freiheit des Handelns führt?« Und Michael Meyen, Autor und Professor für Kommunikationswissenschaft an der *Ludwig-Maximilians-Universität München,* schrieb im Frühjahr 2020 im *Rubikon* unter »Kniefall vor der Macht – Ein Journalismus, der öffentliche Verlautbarungen nur noch unkritisch nachplappert, ist am Ende«: »Zeitunglesen geht im Moment schnell. Zwei Minuten, wie in der DDR. Einmal blättern und man weiß, dass sich die Regierungsmeinung nicht geändert hat und die Medienlogik auch nicht. Eigentlich habe ich dazu schon alles gesagt. Ich habe letzte Woche geschrieben, wie sich Journalismus und Politik gegenseitig hochgeschaukelt haben am Imperativ der Aufmerksamkeit und dadurch eine Realität geschaffen wurde, die man jetzt nicht einmal mehr zu dritt auf der Straße erörtern kann. Das ist der Tod von Öffentlichkeit, die online nicht wiederbelebt werden kann.«[15] Und Corona zeige: »Die digitalen Plattformen mögen wichtig sein, die Realität aber wird nach wie vor von den Leitmedien gesetzt. Die Macht liegt bei denen, die es schaffen, ihre Version der Wirklichkeit in der *Tagesschau* zu platzieren, in der *Süddeutschen Zeitung*, im *Spiegel*, in der *Zeit*, in der *Bild*-Zeitung. Wir haben gesehen, was passiert, wenn die Pressemitteilungen der Regierung zur Medienrealität werden, die großen Leitartikler mit den Politikern heulen und ihre kleinen Gefolgsleute jeden Abweichler im Netz als Verschwörer und Gesundheitsfeind brandmarken. Zustimmungsraten wie in Nordkorea.« Auch Vinzenz Wyss, Professor für Journalistik an der *Zürcher Hochschule für Angewandte Wissenschaften*, sei »empört, wie sehr Journalisten in der Krise Wissenschaftler als Wahrsager darstellen. Nach Wyss sehe man jetzt auch, wie »›schwach das Immunsystem derjenigen Medien ist, die sich vorwiegend über Werbegelder finanzieren‹« würden.[16]

Als *Facebook*-Chef Mark Zuckerberg öffentlich versicherte, entschieden gegen falsche Informationen rund um das Coronavirus vorgehen zu wollen, redete er Klartext. Was richtige oder falsche Informationen sind, das entscheiden die von *Facebook* (FB) installierten Faktenchecker. Wie das im Jahr 2020 dann konkret aussieht, berichtete der Medizin-Journalist Neil Miller: »Gestern Abend habe ich auf FB Informationen gepostet, die Robert Kennedy jr. auf *Instagram* geschrieben hatte und die einen Artikel über Bill Gates zusammenfassen, wie seine Organisation mehr als 250 Millionen US-Dollar für die Kontrolle des globalen Journalismus und ›Faktenchecker‹ zahlte. Mein Post wurde mehr als 1.000 Mal geteilt und kletterte noch immer. Heute Morgen entfernten FB-Faktenchecker meinen Beitrag mit der Begründung, es handele sich um eine potenzielle Gefahr für die Gesundheit.« Und das hatte Miller im zensierten Beitrag geschrieben: »Laut Robert Kennedy jr. hat ein

Untersuchungsbericht des *Columbia Journalism Review* (CJR) [ein US-Magazin für Journalisten, veröffentlicht von der *Columbia University Graduate School of Journalism*] ergeben, dass Bill Gates die Medien und sogenannte ›unabhängige Faktenchecker‹ durch Zuwendungen und Subventionen in Höhe von mehreren Millionen US-Dollar kontrolliert.« Es folgt die Veröffentlichung von Robert Kennedy jr.: »Ein Exposé des *Columbia Journalism Review* enthüllt, dass Bill Gates zur Kontrolle des globalen Journalismus über 250 Millionen US-Dollar an die BBC, NPR, NBC, *Al Jazeera, ProPublica, National Journal, The Guardian, The New York Times, Univision, Medium,* die *Financial Times, The Atlantic,* die *Texas Tribune, Gannett, Washintgon Monthly, Le Monde, Center for Investigative Reporting, Pulitzer Center, National Press Foundation, International Center for Journalists* und eine Reihe weiterer Gruppen gelenkt hat. Um seinen Einfluss zu verbergen, leitete Gates auch unbekannte Summen über Subventionen für Verträge an andere Presseorgane weiter. Seine Pressebestechungen haben sich ausgezahlt. Während der Pandemie haben die ›bougth & brain-dead news outlets‹ Bill Gates als Gesundheitsexperten behandelt – trotz seiner mangelnden medizinischen Ausbildung oder regulatorischen Erfahrung. Gates finanziert auch eine Armee unabhängiger Faktenchecker, darunter das *Poynter Institute* und *Gannett* – die ihre Faktenchecker-Plattformen nutzen, um Kritiker zum Schweigen zu bringen und als Verschwörungstheoretiker und wegen Falschinformationen zu diskreditieren, da sie Gates anklagen, in biometrische Chips, Impfstoff-IDS, Satellitenüberwachung und COVID-Impfstoffe zu investieren. Gates Mediengeschenke, sagt CJR-Autor Tim Schwab, bedeuten, dass ›kritische Berichterstattung über die Gates-Stiftung selten ist. Die *Bill & Melinda Gates Foundation* (BMGF) lehnte mehrere Interview-Anfragen von *Columbia Journalism Review* ab und weigerte sich, mitzuteilen, wie viel Geld sie an Journalisten weitergeleitet hat.‹«[17/18] Sollten sich diese Zeilen nun tatsächlich negativ auf Ihre Gesundheit auswirken, da ich gerade wiederholt habe, was *Facebook* als eine mögliche

Gefahr für die Gesundheit zensiert hat, dann bitte ich hiermit um Entschuldigung.

Die BMGF bezuschusste das *Poynter Institute for Media Studies* im Jahr 2015, dem Gründungsjahr des *International Fact Checking Networks* (IFCN), jedenfalls mit exakt 382.997 US-Dollar.[19] Das *Poynter*-IFCN legte dann auch rasch einen Ethikkodex für faktenprüfende Organisationen fest und überwacht seitdem die globale Faktenchecker-Armee auf Einhaltung dieses Kodex. Wer die Vorgaben befolgt, erhält eine Zertifizierung. Aber nur für ein Jahr und bis zur nächsten Prüfung. *Google*, *Facebook* und ein paar andere Technologieunternehmen nutzen die *Poynter*-IFCN-Zertifizierung und prüfen oder verpflichten ihre eigenen Faktenchecker auf deren Einhaltung. Laut *Poynter Institute,* auch *CNN* und die *Washington Post* von Jeff Bezos gehören zu den Partnern des Instituts, verbreiten »Doctors for the truth«, also Ärzte für die Wahrheit, nur die Unwahrheit. So hätten die Ärzte auf ihrer Veranstaltung im Sommer 2020 in Madrid »Fehlinformationen« gestreut, »die von der Verwendung von Hydroxychloroquin zur Behandlung von Patienten mit COVID-19 bis zur vermeintlichen Nutzlosigkeit von PCR-Tests reichten«. Gerade die PCR-Tests gelten ja als Goldstandard, bilden das Fundament sämtlicher Corona-Maßnahmen und sind ein neues Heiligtum. Vom *Poynter Institute* kann man auch erfahren, dass die Wahrheits-Ärzte behaupten, »dass Masken nicht funktionieren« und der Lockdown »das Virus nicht stoppt«. Und besonders in diesem Punkt liegen die »Doctors for the truth« goldrichtig, denn hätte der erste Lockdown das Coronavirus gestoppt, so gäbe es dieses Dossier gar nicht.[20/21/22]

Ein weiteres Beispiel für von der BMGF finanzierte Faktenchecker ist die Organisation *Africa Check*. Im Jahr 2019 zahlte die BMGF der Organisation knapp 1,5 Millionen US-Dollar. Weitere Sponsoren der afrikanischen Faktenchecker sind die *Open Society*, die *Agence France-Presse* sowie die Stiftung des weißen südafrikanischen Multimillionärs Mark Shuttleworth. Aufgrund der US-Dollar von der BMGF überprüft *Africa Check* hin und wieder auch mal

Medienbehauptungen über die *Bill & Melinda Gates Foundation,* und zwar so gut wie ausnahmslos wohlwollend. Das habe aber nichts mit den Geldern der BMGF zu tun, so *Afrika Check* auf Anfrage der *Columbia Journalism Review.*[18/23]

Stimmungsmache statt Hintergründen oder Aufklärung. So läuft die Medienmaschinerie im Fernsehen, im Radio und im Internet täglich von früh bis spät. »Jeder Tag zählt«, peitschte *Der Spiegel* an. *Die Welt* titelte fleißig: »Wie hoch ist die Dunkelziffer der Infizierten wirklich?«, »Müssen wir jetzt alle Masken tragen?«, »Es sind nur ein paar Tage bis zur Ausgangssperre in Deutschland«, »Bundesregierung hat ›größere Mengen‹ von möglichem COVID-19-Medikament gesichert«, »Venedig gleicht einer Geisterstadt«. *Die Zeit* malte den Weltuntergang mit »Die letzte Mahnung aus dem Kanzleramt« an die Wand. Die *Frankfurter Allgemeine Zeitung* drohte: »Bleibt zu Hause! Wir kontrollieren euch.«, und fragte: »Drohen Millionen Coronatote im Iran?« oder »Beatmung an der Kapazitätsgrenze?« Der *Stern*-Redakteur Eugen Epp kommentierte: »An alle, die jetzt noch rausgehen: Seid ihr eigentlich komplett bescheuert?« *Microsoft News* verkündete: »21-jähriger Fußballtrainer stirbt an Coronavirus« und verrät erst im letzten Satz, dass der junge Mann an einer unerkannten Leukämie erkrankt war.[24]

Die Medienmaschinerie sorgt dafür, dass die Botschaften endlich tief in den Köpfen verankert sitzen und bereitet den Boden für faschistoide Maßnahmen. Kritische Fragen könnten dem Abbau der Bürgerrechte und der Zusammenführung von Macht im Wege stehen. In den Medien fragt keiner nach der Verhältnismäßigkeit der gigantischen Maßnahmen, will niemand die Berechnungsmethoden der Todesfälle wissen, an die unnötige Panikmache bei der Schweine- oder Vogelgrippe erinnern. Auch Profiteure der Krise bleiben ungenannt und keiner will der neoliberalen Politik die Schuld für den Abbau der Krankenhäuser geben. Wer fragt schon, warum der Schutz schwacher und kranker Menschen, Händewaschen und Hygiene nicht grundsätzlich und bei jeder starken Grippewelle wichtig sind?

⑶

Keiner fragt, ob es ausreichen könnte, die Menschen zu allgemeiner Vorsicht und Hygiene aufzurufen, sie wegen erhöhter Infektionsgefahr vor Massenveranstaltungen zu warnen. Wer fordert sie auf, gesund zu leben, ihre Immunabwehr zu stärken? Und wer setzt sich für Maßnahmen zum Schutz der Menschen in Krankenhäusern vor multiresistenten Keimen ein?

Es wäre auch die Aufgabe der Medien, Menschen aufzuklären, zu sensibilisieren. Die Politik aber müsste sie in Eigenverantwortung entscheiden lassen, ohne Existenzen zu gefährden oder zu zerstören, Freiheits- und Grundrechte auszuschalten, Massen an Kollateraltoten und Arbeitslosen zu produzieren sowie enorme finanzielle Schäden auf Kosten der Allgemeinheit anzurichten. Stattdessen machen die Superreichsten Profite und die neofeudale Vermögensungleichheit wird noch weiter getrieben, über ein längst schon unerträgliches Maß.

Wenn es aber um Propaganda und Manipulation geht, darf ein Medium nicht unerwähnt bleiben: Die rund um den Erdball berühmte und länger schon berüchtigte *Wikipedia*. Auf geistes- und politikwissenschaftlichen Gebieten ist die Meinungs-*Wikipedia* ohnehin kein neutrales und seriöses Medium mehr. Dass dies nun auch für den naturwissenschaftlichen Bereich gilt, ist zwar neu, aber nicht überraschend. Seit Corona wurden die *Wikipedia*-Einträge von Wolfgang Wodarg, Sucharit Bhakdi und vielen anderen Kritikern der Corona-Maßnahmen umgeschrieben und die Wissenschaftler in ein negatives Licht gerückt. Die *NachDenkSeiten* kommentieren: »Ein erschreckendes Beispiel für den Missbrauch der Online-Enzyklopädie als ein Werkzeug für Rufmord und interessengeleitete Meinungsmache liefert die aktuelle Kampagne gegen den österreichischen Biologen Clemens Arvay. Der hatte sich in jüngster Vergangenheit mehrfach kritisch zu den verkürzten Zulassungsverfahren bei der Entwicklung der Corona-Impfstoffe geäußert. Das gefiel einigen Wiki-Aktivisten offenbar gar nicht.« Obwohl sich Arvays Beiträge in Fachpublikationen und

Interviews inhaltlich mit der Kritik des angesehenen amerikanischen Genetikers und Molekularbiologen William Haseltine sowie des deutschen Virologen Alexander Kekulé decken, entbrannte auf der *Wikipedia*-Seite über ihn »ein sogenannter ›Edit-War‹, bei dem sich vor allem zwei Wiki-Aktivisten besonders hervortaten«. Die *NachDenkSeiten* weiter: »Generalstabsmäßig wurde eine Kampagne lanciert, deren Ziel ganz offensichtlich der Rufmord und die Zerstörung der Glaubwürdigkeit des Biologen ist, der nun laut Wikipedia noch nicht einmal mehr als ›Biologe‹ bezeichnet werden soll. Ein vollkommen absurder Vorgang, da bereits zwei anerkannte Professoren in schriftlichen Stellungnahmen [...] versichert haben, dass Arvay als Biologe bezeichnet werden kann und sogar die ehemalige Fachbereichsleiterin der Wiener Universität, die Arvays Diplomarbeit seinerzeit betreute, der Wikimedia Foundation schriftlich bestätigt hat, dass Arvay den Titel ›Biologe‹ rechtmäßig führen darf. Aber was interessieren Primärquellen die Wikipedia? Arvay wird dort immer noch nicht als Biologe, sondern als Sachbuchautor bezeichnet. Ebenso skurril ist die Begründung – er arbeite nicht als Biologe, sondern er schreibe Sachbücher, so die bestechende Logik einer Wiki-Aktivistin, die sich bei der Kampagne gegen Arvay besonders hervortat. Demnach müsste beispielsweise Hans-Werner Sinn ebenfalls als Sachbuchautor und nicht als Wirtschaftswissenschaftler geführt werden, ist er doch schon lange nicht mehr im wissenschaftlichen Bereich tätig. Die Kampagne erstreckte sich jedoch auch auf andere – aus vergangenen Vorfällen bekannte – Manipulationsmuster. So wurde schnell der berühmt-berüchtigte Begriff ›Verschwörungstheoretiker‹ in die Debatte eingebracht. Warum?« Weil die Beiträge von Arvay »in Esoterik- und Verschwörungstheoretikerkreisen kursieren« würden. Ach so, na dann. Oder? Nein, ein Totschlagargument, »das zudem dumm ist. Was hat die Verbreitung der Rezeption mit dem Inhalt zu tun? Dieses Muster kennen übrigens auch die NachDenkSeiten aus leidlicher Erfahrung. [...] So einfach ist das mit dem Rufmord.«[25]

Bei Clemens Arvay wurden »selektiv positive Presseberichte aus dem Eintrag entfernt (Begründung: ›Lobhudelei eines irrelevanten Autors in einem irrelevanten Medium‹), während einseitig kritische Berichte – von ebenso irrelevanten Autoren in ebenso irrelevanten Medien – gezielt ergänzt wurden«. Aber was nutzen Inhalte, »wenn die Wiki-Aktivisten, die sich in der Online-Enzyklopädie als Hüter der Wissenschaft aufspielen, selbst oft maximale Meinungsstärke bei minimalem Sachverstand walten lassen? Es ist ohnehin ein großes Missverständnis, wenn die Wiki-Aktivisten meinen, Wissenschaft habe etwas damit zu tun, Positionen anhand ihrer Kompatibilität zum Mainstream zu bewerten. Die meisten großen wissenschaftlichen Erkenntnisse mussten sich zunächst gegen einen Mainstream durchsetzen und wurden anfangs belächelt oder gar bekämpft. Hätte es die Wikipedia bereits in früheren Jahrhunderten gegeben, wären sicher auch Galileo Galilei, Nikolaus Kopernikus und Johannes Keppler mit Verweis auf die Meinungsartikel katholischer Theologen als ›Verschwörungstheoretiker‹ bezeichnet worden.«[25] Wissenschaft lebt vom Widerspruch und ergebnisoffenen Debatten. Mit Corona als echtem Brandbeschleuniger wird *Wikipedia* wie die Mainstream-Medien von Tag zu Tag nur noch schlechter. Wer braucht schon eine ideologisch motivierte Enzyklopädie, die nicht das Wissen der Welt, sondern die Meinung einiger Wiki-Zensoren durchsetzt?

Da passt es ganz gut, dass indirekt mit Steuergeldern geförderte Medienprojekte wie *Steady*, eine Plattform zur Unterstützung unabhängiger Medien, die Zusammenarbeit mit abseits des Corona-Mainstreams berichtenden Publikationen ohne Angabe von Gründen einfach mal kündigen. Das liest sich dann so: »Publikation von Inhalten, die Missfallen erregen, sanktionieren wir darum nicht zwangsläufig. Wir greifen möglichst wenig in die Freiheit der *Steady*-Publisher ein. [...] Es gibt für uns aber Grenzen.« Eine nicht genehme Corona-Berichterstattung womöglich? Der Journalist Boris Reitschuster schrieb dazu: »Jede journalistische Publikation, die ›kein Missfallen erregt‹, ist kein Journalismus, sondern PR beziehungsweise Werbung. [...] Wie großzügig, dass kritischer Journalismus ›nicht zwangsläufig sanktioniert‹ wird. Also nur nach Gusto. Sie greifen ›möglichst wenig in die Freiheit der *Steady*-Publisher ein‹. Was für eine grandiose Formulierung! Wenn möglich, wenig, aber wenn nötig, halt auch viel. Hauptsache, man greift im Zweifelsfall ein. Sonst könnte ja am Ende noch jeder schreiben, was er will! Wo kämen wir da hin!«[26]

Wie sagte selbst Alexander Kekulé auf die Debatte um die Äußerungen von John Ioannidis und Sucharit Bhakdi zu Corona: »Wir haben in der Wissenschaft oft Leute, die sagen, nein das stimmt nicht, was ihr da sagt. Auch bei Kongressen kenne ich das, dass es immer irgendeinen gibt, der aufsteht und sagt: Ich glaube das nicht. Und klar, die werden dann zum Teil belächelt. Zum Teil diskutiert man höflich ihre Argumente. Und ich bin ganz sicher, dass einige von denen sich dann durchsetzen und zu einem Paradigmenwechsel in der Wissenschaft beitragen. Denn nur wenn man Leute hat, die mutig sind und sagen: Mainstream, ich glaub euch nicht, dann ändert sich was in der Forschung. Das heißt, das müssen nicht die Schlechtesten sein, die, die am Anfang vielleicht ein bisschen wie Spinner aussehen.«[25]

. . . .

1 deutsch.rt.com/inland/106101-komplette-rede-von-robert-f-kennedy-auf-grossdemo-in-berlin/

2 www.heise.de/tp/features/Two-Riders-were-approaching-Der-Anfang-vom-Ende-der-deutschen-Medien-4158735.html?seite=all

3 de.rt.com/europa/102694-mit-harter-hand-gegen-corona/

4 www.repubblica.it/cronaca/2020/08/06/news/coronavirus_online_gli_atti_desecretati_del_cts_5_verbali_per_oltre_200_pagine-263901106/

5 de.rt.com/europa/106233-italien-lockdown-kein-regierungsexperte-jemals/

6 www.repubblica.it/politica/2020/08/13/news/inchiesta_coronavirus_avvisi_garanzia_conte_e_ministri-264550317/

7 www.ogginotizie.info/ogginotizie/200-avvocati-contro-conte-per-violazione-dei-diritti-costituzionali/
www.rubikon.news/artikel/die-wahrheitskommission
8 de.rt.com/kurzclips/110117-italien-abgeordnete-fordern-rucktritt-von/
9 www.n-tv.de/politik/Haben-WHO-und-Italien-etwas-verschwiegen-article22229835.html
10 www.theguardian.com/world/2020/dec/11/who-accused-conspiring-italy-remove-damning-covid-report
11 www.rubikon.news/artikel/die-wahrheitskommission
12 www.zeit.de/politik/deutschland/2020-09/christine-lambrecht-verschwoerungstheorien-umgang-schule-kinder
13 www.uni-passau.de/fileadmin/dokumente/beschaeftigte/kommunikation_marketing/Pressemitteilungen/2020/pm-studie-verengung_der_welt.pdf
14 www.phil.uni-passau.de/neuere-deutsche-literaturwissenschaft/aktuelles/
15 www.rubikon.news/artikel/kniefall-vor-der-macht
16 www.rubikon.news/artikel/das-ende-einer-ara-2
17 bretigne.typepad.com/on_the_banks/2020/08/shock-report-fact-checkers-remove-article-detailing-bill-gates-funding-of-fact-checkers.html?eType=EmailBlastContent&eId=cb7815ec-b186-4c22-b92f-548ed921fa16
18 www.cjr.org/criticism/gates-foundation-journalism-funding.php
19 www.gatesfoundation.org/how-we-work/quick-links/grants-database#q/k=poynter
20 en.wikipedia.org/wiki/Poynter_Institute#International_Fact-Checking_Network (abgerufen am 9. Dezember 2021)
21 www.poynter.org/?ifcn_misinformation=doctors-for-the-truth-make-claims-about-the-coronavirus
22 www.poynter.org/?ifcn_misinformation=a-video-shows-a-group-of-doctors-calling-itself-doctors-for-the-truth-defend-and-justify-claims-that-masks-dont-work-lockdowns-wont-stop-the-virus-and-the-flu-vaccine-spread-sars-cov2
23 en.wikipedia.org/wiki/Africa_Check#Funding (abgerufen am 9. Dezember 2021)
24 www.rubikon.news/artikel/das-corona-dossier
25 www.nachdenkseiten.de/?p=65166
26 reitschuster.de/post/mit-staatsgeld-gegen-die-meinungsfreiheit/

34

DIE NORMOPATHEN KOMMEN

> *»Wenn der Faschismus wiederkehrt, wird*
> *er nicht sagen: ›Ich bin der Faschismus.‹*
> *Nein, er wird sagen: ›Ich bin der Antifaschismus.‹«*
> IGNAZIO SILONE

»Una mattina mi son svegliato, o bella, ciao! bella, ciao! bella, ciao, ciao, ciao! Una mattina mi son svegliato, e ho trovato l'invasor.« Auf Deutsch: »Eines Morgens erwachte ich, o Schöne, tschau! Schöne, tschau! Schöne, tschau, tschau, tschau! Eines Morgens erwachte ich und fand den Eindringling vor.« So beginnt das Lied der Resistenza, die italienische Widerstandsbewegung gegen den Faschismus während des Zweiten Weltkriegs. Es wurde weltbekannt, lobt den Freiheitskampf der Partisanen und gedenkt ihrer Toten. »Bella Ciao« entwickelte sich zu einer Hymne sämtlicher Linker, Anarchisten und Freiheitskämpfer. Zum Schluss heißt es: »È questo il fiore del partigiano, morto per la libertà« – »Dies ist die Blume des Partisanen, der für die Freiheit starb«. Schon der griechische Gelehrte Aristoteles wusste vor rund zweitausend Jahren: »Wer Sicherheit der Freiheit vorzieht, ist zu Recht ein Sklave.« Und heute? Was ziehen heute sogenannte linke Kreise vor? Übertriebene (Schein-)Sicherheit statt Freiheit? Viele sprechen von Solidarität und meinen nur sich selbst, denn der Egoismus spricht nach François de La Rochefoucauld »alle Sprachen und spielt alle Rollen, sogar die der Selbstlosigkeit«.

Wo bleibt die Opposition gegen den Öko-Kapitalismus inklusive seiner Angriffskriege unter Missachtung der Völker und ihrer Rechte zur Absicherung des ganz privaten Wohlstandes etwa an afrikanischen Küsten? Gegen Rüstungswahn und Militärblöcke und für mehr Frieden? Gegen Zentralismus, Faschismus, Nationalismus und für mehr Selbstbestimmung? Gegen sich weltweit bereichernde Milliardäre und Oligarchen und für mehr Verteilungsgerechtigkeit? Gegen Arbeitslosengeld à la Hartz-IV, die Privatisierung jeder Lebensader und für freie Grundversorgung? Eine nach unten immune Stellvertreterdemokratie statt einer weisungsgebundenen Basis- oder Rätedemokratie frei von Parteien, Zwängen und Korruption? Gegen russophobes Tarnfleckgrün, Händchenhalten mit Zerstücklungsmonarchisten und für die Völkerverständigung? Wer kritisiert die Mitgliedschaft in elitären Atlantik-Brücken, bei Bilderberger-Treffen und skrupellos-imperialen Putschistenbündnissen zur Ausbeutung der Länder und fordert mehr Toleranz, Respekt und Vielfalt? Samuel Huntington kommentiert dies eindeutig: »Der Westen hat die Welt nicht durch die Überlegenheit seiner Werte erobert, sondern durch seine Überlegenheit beim Anwenden von Gewalt. Westler vergessen diese Tatsache oft, Nichtwestler nie?« Wer leistet Widerstand gegen die bedingungslose Unterstützung des Endloskrieges gegen den Terror mit viel PR-Trara, Hightech-Drohnen und gut versteckten Folterkellern? Wer setzt sich für Whistleblower wie Edward Snowden, Chelsea Manning oder *WikiLeaks* ein? Oder für sanktionierte und belagerte »linke« Regierungen in Lateinamerika und der Karibik? Oder für unterdrückte und enteignete Palästinenser? Am Ende verraten die Taten, für wen oder was man steht. Für die Mächtigen oder die Schwachen, für Oben oder Unten. Für Unrecht oder die Gerechtigkeit.

Der russische Mathematiker, Offizier, Revolutionär, Denker, Organisator und Anarchist Michail Bakunin war im 19. Jahrhundert den linken Kreisen im Jahr 2020 weit voraus: »Wir sind überzeugt, dass Freiheit ohne Sozialismus Privilegienwirtschaft und Ungerechtigkeit,

und Sozialismus ohne Freiheit Sklaverei und Brutalität bedeutet.«
Und übrigens: Viele Medien verbreiten wissentlich etwas Falsches und verwechseln ganz bewusst: Anarchie, das altgriechische »anarchía«, steht für »Herrschaftslosigkeit« und bedeutet (soziale) Ordnung ohne (Fremd-) Herrschaft. Für das Chaos steht dagegen der Begriff Anomie, für einen Zustand fehlender oder schwacher sozialer Normen, Regeln und Ordnung.

Rein strategisch ist so ein Virus also ein exzellenter Feind. Erst recht, wenn er wie Grippeviren ständig mutiert. Sogar noch besser als jeder internationale Terrorismus. Mit diesem unsichtbaren Feind lässt sich so einiges durchsetzen: Produktionen stilllegen, Schulen, Museen, Bars, Cafés und Restaurants zu Schließungen verdonnern, soziale Kontakte kriminalisieren, Versammlungen verbieten, Operationen verschieben, alte Menschen wegsperren, Abstand zu Mitmenschen verordnen, die Polizei samt Militär gegen das Volk aufmarschieren lassen, Erwachsenen und Kindern »Maulkörbe« anlegen, die Bewegungsfreiheit unterbinden, Grenzen wieder einführen und mit Maschinenpistolen sichern, Städte und Straßen leer fegen. Als Begleiteffekt werden die Menschen von dringenden Fragen, etwa von Flüchtlingsströmen, abgelenkt, werden kleine und mittelgroße Unternehmen zerstört, Selbstständige, Freiberufler und Angestellte in ihrer Existenz bedroht, die Macht der Konzerne und Oligarchen subventioniert und ausgebaut, der globale Katastrophenfall ausgerufen, um die Menschen weltweit auch noch im Schlaf zu überwachen. So ziemlich alles ist möglich – und zwar direkt von oben nach unten. Ganz einfach per Federstrich zum Notstand! Und nun? Ein Jahr später? »Jeder Mensch kann irren. Im Irrtum verharren wird nur der Tor«, meinte der Römer Marcus Tullius Cicero in analog-antiker Vorzeit. Doch scheinbar gibt es heute mehr Toren als je zuvor. In Zukunft kann man die nächsten Lockdowns und Maskeraden völlig folgenlos verordnen oder nach Belieben verlängern wie in Bayern oder in Frankreich den Gesundheitsnotstand (»l'état d'urgence sanitaire«) präventiv bis Mitte, womöglich Ende 2021. Dort spricht man schon von einem nicht enden wollenden »Regime der Ausnahme«[1/2]. Jedenfalls solange die Menschen nicht aufbegehren und sich an Revolutionen wie die Französische als historische Ereignisse erinnern. Denn: »Die Revolution ist die Notwehr des Volkes, welches in seinen heiligsten Rechten gekränkt ist«, so der Journalist, Politiker und Bismarck-Vertraute Lothar Bucher. Nur das Unrecht bemerken müsste das Volk halt, bevor das Licht ausgeht. Und Versammlungen sind ja schon verboten.

Wie zappenduster es schon im Sommer 2020 werden konnte, bewies auch eine Stellenausschreibung der *Diakonie Michaelshoven*. Diese suchte für den Standort Köln eine pädagogische Fachkraft für die »Inobhutnahme für Kinder und Jugendliche in Quarantäne«, also für Kinder, die man ihren Eltern entriss. »Das werden Sie tun: In unserer Inobhutnahme mit bis zu sieben Plätzen betreuen Sie Kinder und Jugendliche, die aufgrund eines COVID-19 (Corona) Verdachts oder aufgrund eines bestätigten Falles im nahen Umfeld unter Quarantäne stehen. Der Fokus Ihrer Tätigkeit liegt auf der Umsetzung der Quarantänemaßnahmen. Um dies zu vereinfachen und Krisen vorzubeugen, arbeiten Sie beispielsweise mit großzügigen Handy- und Medienregelungen. Für die Kinder steht hierfür unter anderem ein *Netflix*-Account zur Verfügung.«[3] Der Präsident des *Kinderschutzbund*, Heinz Hilgers, verurteilte diese Aktion in einer Pressemitteilung vom 31. Juli 2020: »Die Situation der Quarantäne ist für Familien, insbesondere für Kinder ohnehin sehr belastend. Kinder in dieser Phase von ihren Eltern und Geschwistern zu isolieren, ist eine Form psychischer Gewalt. Der Kinderschutzbund empfindet diese Maßnahmen als unverhältnismäßig und nicht hinnehmbar.«[4] Trotz der durch Studien belegten Fakten gegen den Sinn und Nutzen von Masken für die Allgemeinheit und ganz abgesehen von moralischen Einwänden dagegen forderte sogar die deutsche »Opposition« im September 2020 eine Maskenpflicht im Deutschen Bundestag und führte sie daraufhin in allen Hauptstadtbüros ein, weil man dort regiert. Wen wundert es da noch, dass ein Schulleiter in Rathenow, Brandenburg, suspendiert wurde, weil er die Maskenpflicht nicht umsetzen wollte?[5] In Sachsen kommen Quarantäneverweigerer in die Psychiatrie.[6] In Bayern vergleicht die Regierung Impfkritiker mit Terroristen, Corona mit der Pest, die in »jede Ritze« kriechen würde, und verwechselt Demokratie mit Diktatur.[7] In München wurden 21 sogenannte »Quarantäneverweigerer« gegen ihren Willen in Gewahrsam genommen und von der Polizei bewacht.[8] In der Toskana musste eine Familie eine hohe Geldstrafe zahlen, weil der arbeitslose Vater und die Mutter ihre 8-jährige, krebskranke Tochter zu einer Nachuntersuchung ins Krankenhaus brachten – den Polizisten waren drei Menschen im Auto zu viel. In Sizilien sind Hubschrauber gegen einsame Badegäste oder Familien im Einsatz, die auf ihrer Dachterrasse essen, und als ein 33-Jähriger per Megafon rief: »Es gib keine Pandemie! Die Menschen müssen wieder rausgehen und leben dürfen«, wurde er von der Militärpolizei zu Boden geworfen und fixiert, um ihn mit einer Spritze zu sedieren, obwohl der junge Mann sich ruhig verhielt. Gegen die Mafia geht man in Italien hingegen nicht annähernd so hart vor, stattdessen werden im Lockdown Dutzende Mafia-Bosse und Killer aus der Haft entlassen.[9/10] In der Slowakei werden Ausgangssperren verhängt, um die gesamte Bevölkerung unter Zwang zu testen. Großbritannien verteilt Geldstrafen von bis zu 10.000 britischen Pfund für Verstöße gegen die Quarantänepflicht. Auch dort rufen Politiker öffentlich zum Denunziantentum auf, wenn sich mehr als die erlaubten sechs Personen treffen.[11] Auf der Insel werden wie in Frankreich, Deutschland, China und den USA Drohnen zur Corona-Überwachung der Menschen oder zum Aufspüren von Infizierten eingesetzt, in Helsinki sogar Spürhunde am Flughafen.[12] In Frankreich müssen werdende Mütter bei der Entbindung im Kreißsaal Masken tragen, was die Frauen zusätzlich unnötigen Qualen aussetzt.[13] In Indonesien werden Maskenverweigerer – selbst wer mit dem Motorrad unterwegs ist und einen Helm trägt – öffentlich bestraft, indem sie die Nationalhymne singen und dabei Turnübungen machen müssen. Sie werden zur Teilnahme an einer COVID-19-Beerdigung oder in einer orangen Warnweste mit der Aufschrift »Verletzer des Gesundheitsprotokolls« zum Reinigen öffentlicher Räume gezwungen. In Ghana drohen Bürgern zwischen vier und zehn Jahren Gefängnis oder eine hohe Geldstrafe, wenn sie ohne Maske erwischt werden. In Thailand wurden ein Schweizer und seine thailändische Ehefrau zu zwei Monaten Haft verurteilt, weil sie vor ihrem Haus eine Suppe schlürften und dabei ganz vergaßen, dass ab 22 Uhr eine Ausgangssperre gilt. In Malaysia wurde ein Restaurantbesitzer, der trotz Corona-Symptomen sein Lokal weiterführte, für fünf Monate ins Gefängnis geschickt. In Singapur hat man einen Taxifahrer zu vier Monaten Haft verdonnert, weil er in einem *Facebook*-Beitrag schrieb, dass wegen des Lockdowns Läden dichtmachen werden. Das habe die Menschen, so das Gericht, zu Panikkäufen veranlasst. In Indien verprügelt die Polizei schon seit Beginn der Corona-Pandemie Straßenverkäufer, Riksha-Fahrer und Passanten ohne Maske oder lässt Touristen 500 Mal schreiben: »Ich habe mich nicht an die Ausgangssperre gehalten, und das tut mir sehr leid.«[14] In Australien erhielt ein Paar wegen eines geposteten Urlaubsfotos eine Geldstrafe von umgerechnet knapp 2.000 Euro, eine Schwangere wird wegen eines Demonstrationsaufrufs auf *Facebook* zu Hause in Handschellen gelegt und abgeführt und ein Gesetzentwurf sieht vor, dass Eltern, die ihre Kinder nicht gegen Corona impfen lassen wollen, keine wichtigen Sozialleistungen mehr erhalten.[15/16/17] In Down Under drückt eine ganze Armada von Polizisten in Kampfmontur einen Reporter zu Boden und verhaftet ihn, weil er über eine Anti-Lockdown-Versammlung berichtete. In Bolivien nutzte die später abgewählte Putschregierung die Corona-Pandemie, um Quarantäneverstöße mit bis zu zehn Jahren Haft zu bestrafen und oppositionelle Kräfte zu »bekämpfen«.[18]

In Südafrika setzen Behörden Gummigeschosse, Tränengas, Wasserwerfer und Peitschen ein, um die soziale Distanzierung durchzusetzen, 17.000 Menschen wurden dort wegen Verstößen gegen

Corona-Beschränkungen verhaftet, wobei es zu Morden und Vergewaltigungen kam. Auch die Philippinen, Peru, Honduras, Sri Lanka, El Salvador und Jordanien gehen stark militarisiert gegen die Menschen unter dem Vorwand von Corona vor. Mehr als 80 Länder hatten laut *United Nations* (UN) bereits Ende April 2020 den Corona-Ausnahmezustand ausgerufen, weshalb die UN vor einer »Menschenrechtskatastrophe« warnte.[19]

In Europa müssen Veranstalter illegaler Partys mit Bußgeldern bis zu 11.000 Euro rechnen. In Österreich drohen Haftstrafen von bis zu drei Jahren wegen fahrlässiger »Gefährdung von Menschen durch übertragbare Krankheiten« oder hohe Denkzettel auf Bewährung wegen Quarantäneverstößen.[14] »Corona-Leugnung« ist in Griechenland jetzt strafbar, was auch Journalisten hinter Gitter bringt.[20] Die Firma *Coop* nimmt in der Schweiz Produkte von Joseph Wilhelm, Biolabel *Rapunzel*, aus dem Sortiment mit dem Argument: »Kauf nicht beim Corona-Skeptiker!«[21] In Zürich legen vermummte Polizisten willkürlich Anti-Masken-Demonstranten in Handschellen, obwohl diese von der Maske befreiende Atteste vorzeigen und neben der Maskenpflicht ein Vermummungsverbot gilt. Wer eine andere Meinung hat, gilt auch in der Schweiz schon als »verrückt«.[22/23/24] In Moskau wird eine mutige Maskenverweigerin unter dem Beifall des ganzen Publikums von der Polizei noch im Theatersaal verhaftet.[25]

Die meisten Deutschen haben jetzt angeblich kein Problem mehr damit, Masken unter freiem Himmel tragen zu müssen, selbst wenn es einen Corona-Impfstoff gibt. Nicht wenige Menschen fordern in zu vielen Ländern, ob in Deutschland oder Japan, noch weitere Corona-Regulierungsmaßnahmen, kontrolliert von privaten Sicherheitsfirmen.[14/26/27] Wie schrieb der Aufklärer, Schriftsteller und einer der Wegbereiter der Französischen Revolution, Jean-Jacques Rousseau, doch einst: »Keine Unterwerfung ist so vollkommen wie die, die den Anschein der Freiheit wahrt. Damit lässt sich selbst der Wille gefangen nehmen.« Und nach Marie von Ebner-Eschenbach sind »die glücklichen Sklaven« ohnehin »die erbittertsten Feinde der Freiheit«. Aber von Freiheit redet ohnehin kaum noch jemand. Um Himmels willen, die Propaganda der Angst hat ja ganze Arbeit geleistet und uniformierte wie zivile Faschisten und Denunzianten aller Länder schlagartig unter dem Corona-Banner vereint.

Die Angst vor Mitmenschen geht um! Weil sie ein Infektionsrisiko sind? Oder weil sich manche nicht der neuen Hygiene-Hysterie, der Virus-Diktatur unterwerfen wollen? Weil sie sich nach monatelanger Panik wieder mit Freunden treffen, in die Natur gehen, Sport machen, flirten, sich engagieren, demonstrieren und eine eigene, vom Mainstream abweichende Meinung haben? Menschen frei von Angst, ohne Mundschutz, Trennwände, Mindestabstände und sonstige Schikanen leben wollen? Wer sich den angeordneten Maßnahmen widersetzt, wird ausgegrenzt und sanktioniert, am besten gleich ganz weggesperrt. Dieses Klima, diese Vorboten, Prediger und Fanatiker einer immer näher kommenden Dystopie machen Angst, viel mehr Angst, als es ein Coronavirus je könnte.

Und dann appellieren ausgerechnet die Verfechter der Ellenbogengesellschaft mit erhobenem Zeigefinger an die Solidarität, die ihnen sonst im Weg ist. Schöne neue Welt: Krieg ist Frieden und Egoismus wird zu Solidarität. Aber wie sieht es denn mit der Solidarität gegenüber Andersdenkenden, den sozial Schwachen und Minderheiten aus? Wie mit der Solidarität gegenüber den Rentnern und ihren unwürdig geringen Renten? Wo ist die Solidarität mit den Krankenpflegern bei Lohnverhandlungen? Wo bleibt die Solidarität in der Zwei-Klassen-Medizin? Wo ist die Solidarität mit zu Tode boykottierten Völkern? Wo ist die Solidarität mit den massenhaften Opfern der Corona-Maßnahmen, den Kindern, den Hungernden, den Künstlern, den Gastronomen, den Servicekräften und Taxifahrern, den Einzelhändlern oder Selbstständigen? Wen kümmern die aktuellen Sorgen der Krebs- und psychisch Kranken? Und wo ist die uneingeschränkte Solidarität mit den universellen Menschenrechten?

Von wem geht wohl die größere Gefahr für unser Gemeinwesen aus? Von Aufklärern und Freiheitskämpfern oder von Jasagern, Handlangern, Denunzianten und Oligarchen? Wer aufmerksam ist, kann sich vorstellen, wie die Stimmung im Dritten Reich gewesen sein muss. Die Masse ist ausreichend indoktriniert, ob Fußballtrainer, Popsängerin, Fernsehansager oder Nachbarschaft. Die Menschen nehmen sämtliche Einschränkungen ihres Alltags mit einer Selbstverständlichkeit hin, in der Hoffnung, dass sich dadurch das Coronavirus, von dem ja alle sagen ..., nicht ganz so schnell verbreitet. Dafür nehmen sie (fast) alles in Kauf, sogar den eigenen Ruin, und verzichten selbst auf Fußball-Events mit anderen Dauerklatschern in Mega-Schüsseln.

Klaus-Jürgen Bruder, Psychologieprofessor an der *Freien Universität Berlin*, ist entsetzt, »wie schnell und ohne Infragestellung auch in den maßgebenden Medien alle möglichen einander widersprechenden Erklärungen und Maßnahmen angenommen«, durchgesetzt und sogar »gegen die leisesten Bedenken und Kritik mit Zähnen und Klauen, unter Missachtung selbst des geringsten Respekts verteidigt werden«. Mit Blick auf die größere Zeitperspektive seit 1968 ist Bruder jedoch nicht überrascht, »wie Schritt für Schritt die Infragestellung von Herrschaft (›unnötiger Unterdrückung‹) aufgegeben worden ist (zum ›ewig gestrigen‹ geschlagen), wie das Selbstbewusstsein verschwunden ist, wie die Haltung des Abfindens mit dem Gegebenen sich breit gemacht hat«. Hinzu kommt die Angst vor dem Virus. »Die Form und Qualität dieser Darstellung ist verantwortlich für das Ausmaß und die Verbreitung dieser Angst. Es wurden ja pausenlos und in Dauerberieselung die Gefahren eingehämmert und dadurch die Angst in Panik getrieben. Die Panik zeigt sich unter anderem daran, dass andere Sichtweisen niedergeschrieen wurden, sowie an den tausend Gerüchten darüber, was alles gefährlich sein soll und was man alles machen müsse, um sich zu schützen. Angst ist nicht einfach ›natürlich‹! Hier mischt sich sogenannte Realangst mit neurotischer Angst. Angstmache wird immer wieder als Herrschaftsmittel eingesetzt.«[28]

(34)

Seit »Bekanntwerden der ›Verschlusssache‹ aus dem BMI, in dem dieses Mittel der Angsterzeugung direkt vorgeschlagen beziehungsweise vereinbart« wurde, ist dieses Herrschaftsmittel offensichtlich wieder an der Tagesordnung. Außer Angst »muss man einen anderen psychologischen Mechanismus annehmen: im Befolgen der Maßnahmen steckt Autoritarismus, weil nicht nachgefragt wird, wie sinnvoll diese Maßnahmen eigentlich sind, wie angemessen. Diesen Mechanismus kann man als den Versuch sehen, den Konflikt zwischen dem bewussten Ich, das die Kontrolle der Situation unter Wahrung der eigenen Interessen verfolgt, und dem unbewussten Überich, das die Forderungen der Vertreter der ›äußeren Realität‹ repräsentiert, zu ›lösen‹, indem das Ich sich dem Überich unterwirft. Man kann davon ausgehen, dass diese Lösung von der Stärke des Ich mitbestimmt wird: Je schwächer das Ich, desto weitergehender die Unterwerfung unter die Autorität und ihre Forderungen. Daher ist Herrschaft so stabil«, so Bruder.

Den Psychoanalytiker überrascht nicht, dass beim Kampf gegen das Coronavirus nicht von einem Krieg gesprochen werden soll. »Das Wort Krieg müssen die Herren und Damen vermeiden. Man würde ja auch andere gesellschaftliche Säuberungsmaßnahmen nicht Krieg nennen wollen.« Zurzeit wären »die Etiketten ›Fürsorge‹, ›Rücksicht‹ und ›Egoismus‹, ›Rücksichtslosigkeit‹ im Umlauf, und wie wir bereits aus der Kriegsvorbereitungspropaganda kennen: Kriege vorbereiten ist ›Verantwortung‹ und Verantwortungslosigkeit, sich nicht ›engagieren‹ wollen – immer steht das Menetekel der Gemeinschaft im Hintergrund, auch ein Wort, dessen unsägliche Bedeutung wir noch aus der unseligen deutschen Vergangenheit kennen und das diese wieder zurückholt. Überhaupt erinnert so manches an damals. Aussonderung, Sonderbehandlung bestimmter Gruppen aus der Bevölkerung, auch der Ruf nach dem Gefängniswärter ist schon ertönt.« Vielleicht liege das Totalitäre doch »im Blut (und im Boden)«.

Das Vokabular in der Virus-Bekämpfung sei selbstverständlich medizinisch, »aber die Art, wie die Medizin hier auftritt, so mit

Kommandogewalt, lässt eine zweite Bedeutung dahinter vermuten: die Abstandsregeln eignen sich sehr gut zu Disziplinierung, die Ansteckungsgefahr ist selbstverständlich auch soziologisch zu verstehen: Massen sind der bürgerlichen Soziologie wegen ihrer Ansteckungsgefahr verdächtig, die Kontaktsperre macht konspirative Treffen fast unmöglich, die gleichzeitige Beschränkung der Kommunikation auf Smartphone und Internet wird nicht mehr zurückgenommen: sie setzt die offensive, aggressive Digitalisierung aller Bereiche der Gesellschaft endlich unaufhaltsam durch: dass sie auch vom Gesundheitsministerium gepuscht worden war, wird jetzt klar, sie macht auch die Vorbereitung von Protest überwachbar, politische Äußerungen, Versammlungen, Protest werden hier ausgeschlossen«.

Weltweit sind genügend Experten der Meinung, dass Corona nicht gefährlicher als die bekannten Grippeformen ist. »Wieso werden keine Zahlen genannt, die das widerlegen? Weil es die nicht gibt, es gibt nur Zahlen, die belegen, dass es bei dieser Krankheit bisher weniger Tote gibt als bei den vorangegangenen Formen, erst recht weniger als die Millionen, die angenommen worden waren. Deshalb komme ich dazu, dass das Virus gemäß der Schockstrategie dafür herhalten muss, andere Ziele durchzusetzen: Digitalisierung aller Bereiche der Gesellschaft, Marktbereinigung, Abschaffung des Bargeldes, Überwachung der Bevölkerung, Einübung in die Niederschlagung sozialer Kämpfe, die angesichts der Wirtschaftskrisen in den nächsten Jahren noch entstehen werden.« Bruder sticht dabei auch die »Linientreue der meinungsbildenden Medien« in die Augen, wie man sie bei der Kriegspolitik kenne. Nur: »hier noch totaler, rigoros nur eine Linie zulassend, die Behandlung des Themas in immer der gleichen Richtung, Dauerbeschallung, Desinformation, Hofberichterstattung«. Nur in den sogenannten »Sozialen Medien« finde eine kritische Auseinandersetzung statt »und es kommen kritische Experten zu Wort. Die Form der Verurteilung, Diffamierung, des unsachlichen Niveaus, man muss schon sagen ›unter der

Gürtellinie‹, wenn nicht sogar von lebensbedrohlicher Einschüchterung« gegen kritische Stimmen, »erinnere an die übelsten Seiten von Religionskriegen«, so der Psychoanalytiker und Vorsitzende der *Neuen Gesellschaft für Psychologie*, Klaus-Jürgen Bruder, Ende April 2020 in der *Rationalgalerie*.[28]

In einem im März 2020 geführten Interview mit dem *Westdeutschen Rundfunk* (WDR) sah auch der Historiker René Schlott die »Demokratie« in Gefahr. Die kritische Hinterfragung wichtiger Entscheidungen gehöre grundsätzlich zu einer demokratischen Gesellschaft. Es sei schon problematisch, dass er nun als ein mutiger Mensch dargestellt werde, der sich dem Mainstream widersetze, obwohl das eine Selbstverständlichkeit sein sollte. Egal wie groß die Bedrohung sei oder welche Notlage herrsche: Keine Entscheidung sei alternativlos. Eine kritische Einstellung, das Recht zu hinterfragen und auch langfristige Folgen zu bedenken, sollten wir uns bewahren, so Schlott. Der Historiker sieht vor allem eine Gefährdung der Gesellschaft, da im Gesetz verankerte Rechte wie die Versammlungsfreiheit, die Reisefreiheit, die Gewerbe- oder Religionsfreiheit, die der Wissenschaft und Forschung und auch die Kinderrechte zwar nicht abgeschafft, aber außer Kraft gesetzt wurden. Auch die Grenzen wurden dichtgemacht und damit das Asylrecht faktisch außer Kraft gesetzt. Als alarmierendes Zeichen sieht Schlott die Willfährigkeit vieler Menschen, das alles hinzunehmen. Die Geschichte würde zeigen, wohin solche Entwicklungen führen. Alle alternativen Institutionen würden ausgehebelt und auch die Medien würden sich klar auf die Seite der Regierung stellen, alle Maßnahmen begrüßen und sogar zu weiteren Maßnahmen drängen, anstatt ihre Aufgabe als Vierte Gewalt wahrzunehmen. Erkämpfte Rechte wurden mit einem »Federstrich« beseitigt, ein Exempel sei nun statuiert. Sport, Kultur, Kunst, Wissenschaft oder Bildung, so die Botschaft, seien verzichtbar. Die Börsen lasse man dagegen offen.[29]

Menschen in systemrelevant und nicht systemrelevant zu unterteilen, sei auch massenpsychologisch problematisch, denn das würde in den Köpfen verankert. Wenn die Polizei Spielplatzbesuche ahndet und Kinder nicht als Individuen, sondern als Virenträger gelten, dann kippt die Gesellschaft. In Schweden forderte eine Zeitung, man brauche jetzt keinen Diskutierklub, sondern Führung, das aber sei nicht die Aufgabe einer Zeitung. Ganz im Gegenteil, so der Historiker, eine Zeitung müsse Diskussionen am Laufen halten. Berichte wie die der *Bild*-Zeitung, die den österreichischen Kanzler Sebastian Kurz als Knallhartkanzler heroisiert, der wenig schläft, um für sein Volk da zu sein, zeugten von einer Sehnsucht nach autoritären Strukturen. Sie seien gefährlich und sollten zu denken geben. Und sogar *Die Zeit* titelte am 16. März 2020 über die in Österreich verhängte Ausgangssperre: »Davon träumen Autokraten«.[30] Obwohl im Land zum damaligen Zeitpunkt genau drei Coronatote im Alter von 69 bis 76 Jahren zu beklagen waren, schwang sich Kurz zum jugendlichen Alleinherrscher auf. Anfang Mai 2020 meldete *Statistik Austria*, dass vom 21. bis 24. April 2020 »maximal 0,15 Prozent [...] in Österreichs Privathaushalten mit dem Coronavirus infiziert« waren.[31] Und Kurz ist ja auch nur einer von vielen, die sich in der Corona-Krise zu Autokraten aufspielen. Ob Emmanuel Macron in Frankreich oder Markus Söder in Bayern, sie alle nutzen den unsichtbaren Feind zum rücksichtslosen Machtausbau mithilfe der system- und regierungskonformen Leitmedien.

Und genau diese Leitmedien ignorieren unisono den noch immer im russischen Exil sitzenden Ex-US-Geheimdienstmitarbeiter, den Verschwörungsaufklärer Edward Snowden.[32] Snowden warnt eindringlich vor Corona-Apps und einer Architektur der Unterdrückung. Weitaus interessanter fand die *Kölnische Rundschau* dann die Meinungen der Weitspringerin Alexandra Wester und des Basketballspielers Joshiko Saibou von den *Telekom Baskets Bonn*. Für ihre Meinungen wurden beide öffentlich an den Pranger gestellt. Sie hatten sich nämlich das Grundrecht herausgenommen und an einer der großen Corona-Proteste in Berlin teilgenommen. Pardon: an der »umstrittenen Veranstaltung mit mehr als 20.000 Demonstranten, bei der die Abstandsregeln und Maskenpflicht bewusst missachtet wurden«, so die *Kölnische Rundschau*. Wester stellte sogar Fotos der Veranstaltung ins Netz, auf denen die beiden Sportler zwar Abstand hielten, aber keine Masken trugen. Den Beitrag nannten sie dann »Hashtag ›CoronaDiktatur‹. Darin fordert die Kölnerin unter anderem die Aufhebung der derzeitigen Beschränkungen und Hilfe für die Opfer von häuslicher Gewalt in Zeiten des Lockdowns. [...] Es ist nicht der erste Beitrag in dem sozialen Netzwerk der Sportlerin, der Fragen aufwirft. Ende April hatte sie ein Video mit Verschwörungstheorien gepostet. Der Deutsche Leichtathletik-Verband hatte daraufhin das Gespräch mit der Athletin gesucht.«[33] Auch *Der Spiegel* titelte eifrig: »Zwei Spitzensportler und ihre kruden Thesen«, denn die Weitspringerin und der Basketballspieler »fördern Verschwörungstheorien«.[34] Negative *Wikipedia*-Einträge ließen auch nicht lange auf sich warten. Aber vergessen wir *Wikipedia* in Zukunft doch einfach häufiger. Saibou traf es noch übler: Der Basketballspieler wurde unmittelbar nach seiner Teilnahme an der Demonstration von seinem Verein, dessen Namensgeber und Sponsor *Telekom* im Auftrag der Bundesregierung die deutsche Corona-App entwickelte, fristlos entlassen. Die Klubführung gab an, Saibou habe »gegen Vorgaben des laufenden Arbeitsvertrags als Profisportler« verstoßen und bei einer Corona-Demonstration vorsätzlich Schutzregeln missachtet. Er sei nun ein »permanentes Infektionsrisiko«. Ein wenig anders sah das der *Deutsche Basketball Bund*: »Andere Meinungen« solle man »zulassen und auch aushalten«.[35]

Die beiden Sportler sind keine Ausnahmen. Auch zwei Polizisten drohten »schwere Sanktionen«, da sie die Verhältnismäßigkeit der Pandemie-Maßnahmen öffentlich kritisierten. Ein Kriminalhauptkommissar und ein Dienstgruppenleiter, der bei der großen Corona-Demonstration am 1. August 2020 in Berlin im Einsatz war, meinten, die Teilnehmer seien von Politik und Medien verzerrt dargestellt und mit Blick auf Antirassismus-Proteste mit zweierlei Maß behandelt worden. Dies empfand der Kriminalhauptkommissar als

»Initialzündung«, er wurde vom Dienst suspendiert.³⁶ Ähnlich erging es Politikern der Grünen und der Linken. Der Kommunalpolitiker der Grünen David Claudio Siber wurde zwei Tage nach seinem Auftritt in Berlin von der Partei ausgeschlossen, da er »auf Demos von Verschwörungsfundis redet«, so der Landesvorsitzende der Nord-Grünen, Steffen Regis. Siber kritisierte die Schutzmaßnahmen der Regierung, die Medien, die eigene Partei und wie Entscheidungen in der Corona-Krise getroffen werden. »Wir haben keine funktionierende Opposition in Deutschland«, so Siber, der innerhalb der eigenen Partei schon länger vergeblich versuchte, einen kritischen Dialog zu den Corona-Maßnahmen zu führen. Dafür sei er allerdings nur stigmatisiert und ausgegrenzt worden.³⁷ Auch Andrej Hunko, langjähriges Mitglied des Deutschen Bundestags, der Parlamentarischen Versammlung des Europarates und Vorsitzender der Fraktion der Vereinigten Europäischen Linken sowie Vorsitzender der Linksfraktion, sollte auf Initiative einiger Parteimitglieder vom Fraktionsvorsitz abgesetzt werden, weil er an Demonstrationen gegen die Corona-Politik teilnahm. In einem Brief an den Parteivorstand schrieben Parteimitglieder mit »der jüngsten Verharmlosung der Demo von Rechtsextremisten und Verschwörungsideolog*innen in Berlin durch den Bundestagsabgeordneten und stellvertretenden Fraktionsvorsitzenden Andrej Hunko ist für uns ein weiteres Mal eine Grenze überschritten worden. [...] Das Verharmlosen von Verfassungsfeinden, die ein Parlament stürmen wollen, und das Absprechen des Antifaschismus bei all unseren Genoss*innen, die sich dieser Demo in den Weg gestellt haben, ist für uns nicht hinnehmbar.« In diesem Brief offenbarten einige Parteimitglieder deutlich ihr mangelhaftes Demokratieverständnis.³⁸

Ganz im Sinne der Regierung handelte auch das mit Pflichtbeiträgen der Bürger öffentlich-rechtlich finanzierte Projekt *Funk* mit dem »Game zur Krise« von *Browser Ballett*. Im Jahr 2019 erhielt das *Browser Ballett* übrigens den Grimme-Preis in der Kategorie »Kinder und Jugend«. Und 2020 sollte ein Corona-Computerspiel entwickelt werden. Heraus kam dann ein »Game«, bei dem man eine Krankenschwester spielt, die nach einer harten Schicht im Krankenhaus einkaufen geht und daran von Corona-Bösewichten gehindert wird. Die Botschaft: Die Regierungsmaßnahmen sind gut und die Bösen, die man im Spiel plattmachen muss, sind Jogger, Partypeople, Prepper oder hochinfektiöse Kinder. Pro zerquetschtem Kind erhält die Krankenschwester 150 Punkte. Außerdem jubeln ihr Zuschauer zu und feuern sie mit Bannern an wie: »Danke, dass ihr uns am Leben haltet«. Auch kann man Masken sammeln, um immun zu werden. »Kämpfe dich durch eine Armee von Vollidioten und Virenschleudern! Mach sie platt!«, heißt es im Werbevideo zum Spiel.[39/40]

Ebenso deutlich fielen die (noch nicht zensierten) Kommentare zum Werbevideo auf *YouTube* aus: »Wer in Anbetracht solch abstruser und makabrer Propaganda nicht versteht, [...] wurde schon längst von einer katastrophalen Krankheit befallen: Hirnlosigkeit.« »Habt ihr eigentlich nicht mehr alle Tassen im Schrank? Da draußen verlieren Menschen zu Zig-Tausenden ihre Jobs, alte Menschen sterben in den Heimen [...] und ihr bastelt euch ein lustiges Todesspielchen?« »Armselige Hetzer vom Öffentlich-Rechtlichen.« »Geschmacklose Verdummungspropaganda.« »Peinlich ... und so was wird mit unseren Rundfunkgebühren finanziert.« »So ein Propagandadreck.« »Öffentlich-Unrechtliche.« »Propaganda der übelsten Sorte.« »Es ist zu vermuten, dass einige noch nicht mal den Rinderwahnsinn hinter sich gebracht haben.« »ARD und ZDF – geht es noch blöder?« »Ihr habt vergessen zu erwähnen, dass die Krankenschwester, wenn sie im Supermarkt ankommt, bemerkt, dass sie sich wegen der schlechten Bezahlung nichts leisten kann.« »Mittlerweile wird wahrscheinlich selbst im nordkoreanischen Fernsehen mehr Wahrheit und weniger Regierungspropaganda vermittelt.« »Krise ist bei mir nur im Fernseher und im Radio.« »Wer dieses Spiel spielt, gehört weggesperrt. Die Krankenschwester killt kleine Kinder. Schämt euch.« Und so weiter.[40]

Doch das *Funk*-Projekt und sein kinderzerquetschendes *Browser Ballett* legten nach: »Reichstag Defender« hieß das nächste Spiel in

Anspielung auf die zu einem »Sturm auf den Reichstag« hochstilisierten, Fahnen schwenkenden Reichsbürger, Rechten und V-Männer. Bei »Reichstag Defender« spielt man einen vermummten Polizisten in Kampfmontur, der auf dem Computer die Stufen zum Reichstag mit rabiater Gewalt gegen anrennende Maskenverweigerer mit Deutschland-, Reichskriegs- und auch Regenbogenfahnen verteidigen muss. Erreicht ein Reichstagsstürmer das Ende der Treppe: »Game Over«. Das ganze Spiel: Pure Propaganda – nachdem sich die Nazis dafür interessierten, nannten es Kommunikationsspezialisten wie Edward Bernays fortan Public Relations, kurz PR, also schlicht Öffentlichkeitsarbeit.[41]

Noch en passant zu Propaganda, Netzwerken, Notständen und Punktum-Beschlüssen. Echte Demokratie wäre es übrigens, wenn das Volk, also alle Menschen, in gleichem Maße entscheiden könnten. Doch hatten die Menschen in der Corona-Krise irgendeine Wahl? Wenigstens riet der Ethikrat, dem Namen nach immerhin ein Rat, noch von einem Immunitätsausweis ab. Noch. Wenn es aber heißt: Ohne Immunitätsnachweis gelten für Sie bedauerlicherweise nicht alle Grundrechte, suchen Sie am besten rasch die nächste Impfstoffstelle auf, dann haben Sie auch noch das Recht am eigenen Körper verloren. Wie sagte der Oligarch Bill Gates: »Wir helfen dabei, sehr schnell etwas Geld für Forschung und Entwicklung für die besten Impfstoffansätze zu sammeln, und stellen dann sicher, dass, wenn wir einen Impfstoff bekommen, dieser nicht nur für die reichen Länder bestimmt ist.« Man müsse viel Volumen erzielen, sodass alle etwas bekommen, »wenn Sie gerecht verteilen, haben Sie halb so viele Tote, als wenn Sie nur den Reichen geben«. Immerhin gab seine Stiftung 650 Millionen US-Dollar zur Bekämpfung der Pandemie aus, die aus seiner Sicht wahrscheinlich 2022 beendet ist.[42] Die Abhängigkeit von Gates ist mittlerweile wohl so groß, dass sich das News-Medium *Modern Ghana* im Februar 2019 zu der Schlagzeile gezwungen sah: »Warum die *World Health Organization* Bill Gates wie einen Präsidenten behandelt«. Und in dem *Politico*-Artikel »Meet the world's most powerful doctor: Bill Gates« vom 5. April 2020 wird ein in Genf ansässiger NGO-Vertreter mit den Worten zitiert, Gates werde »nicht nur bei der WHO, sondern auch bei den G20 wie ein Staatsoberhaupt behandelt«.[43/44]

Während Gates der Welt also vorgibt, wann die Pandemie zu Ende ist, zogen die *NachDenkSeiten* am 9. September 2020 eine Corona-(Zwischen)-Bilanz: Demnach liege die Zahl der Neuinfektionen in Deutschland laut *Robert Koch-Institut* (RKI) ohnehin auf einem längst stabilen niedrigen Niveau. Die Zahl der an oder mit COVID-19 Verstorbenen sei weiter gesunken, um 98,8 Prozent gegenüber dem Höchstwert aus April 2020. Fast alle Bundesländer lägen unter dem vorgegebenen Grenzwert von 50 Neuinfektionen pro 100.000 Einwohner und Mecklenburg-Vorpommern und Sachsen-Anhalt seien so gut wie »coronafrei«. »Diese positiven Zahlen stehen im deutlichen Kontrast zum großen Teil der medialen Berichterstattung. Auffällig ist dabei, dass die Medien ihren Fokus – da es aus Deutschland zu dieser Zeit kaum etwas ›Dramatisches‹ zu berichten gibt – in letzter Zeit vermehrt auf das europäische Ausland legen.« Doch ein genauer Blick relativiere die Aufrechterhaltung der Panikmache durch eine »zweite Welle«. In Frankreich, vom RKI im Gegensatz zu Schweden als Risikogebiet eingestuft, erhöhe die extreme Ausweitung der Testungen die Zahl der »Neuinfektionen«, täglich bis zu 179.000 im Vergleich zu 8.000 Ende April 2020. »Wesentlich weniger dramatisch sieht jedoch die Zahl der an oder mit Corona Verstorbenen aus.« Wie in allen westeuropäischen Ländern liege der Durchschnitt lediglich bei einem Bruchteil der Werte aus dem Frühjahr. In Frankreich sei es ein Rückgang von 98,9 Prozent gegenüber dem Höchststand. Auch in Großbritannien, dem »Test-Europameister«, gehe die Zahl der gestiegenen »Neuinfizierten« auf einen ebenso starken Anstieg der Tests zurück, täglich bis zu 190.000 gegenüber 20.000 im Frühjahr. Die Zahl der in Großbritannien an oder mit COVID-19 Verstorbenen sank um rund 99 Prozent gegenüber dem Höchstwert im April 2020. In Italien ähneln die Zahlen der

Neuinfektionen und Todeszahlen denen in Deutschland und in Spanien. Spanien, für das RKI zu dieser Zeit ebenfalls Risikogebiet, habe zwar ähnliche Infiziertenzahlen wie im Frühjahr, aber die Todeszahlen seien dagegen um rund 96,4 Prozent zurückgegangen.

»Deutschland, Frankreich, Großbritannien, Italien und Spanien weisen somit durchaus vergleichbare Entwicklungen auf. In allen diesen Ländern gab es eine mehr oder weniger starke ›Frühjahrswelle‹, die mit einer signifikanten Zahl schwerer und tödlicher COVID-19-Erkrankungen einherging. In allen diesen Ländern ging jedoch die Zahl der schweren Verläufe und Todesfälle im Mai deutlich zurück und verharrt trotz teilweise wieder deutlich gestiegenen Neuinfektionen auf einem sehr niedrigen Niveau. In allen betrachteten Ländern liegen die Todeszahlen heute um 96 Prozent bis 99 Prozent unter den Zahlen aus dem Frühjahr und auch die Belegung der Intensivbetten mit COVID-19-Patienten liegt um 88 Prozent bis 98 Prozent unter den Frühjahrszahlen.« Die Entwicklung sei durchaus vergleichbar mit anderen west- und mitteleuropäischen Ländern wie Österreich, Irland, Dänemark, der Schweiz, den Niederlanden, Belgien, Schweden oder Portugal. Ost- und südosteuropäische Länder hätten dagegen ein anderes Muster, aber eben auch keine »Frühjahrswelle«. In Brasilien und den USA blieben die Infektions- und auch die Todeszahlen bis dahin dagegen auf »sehr hohem Niveau« und »nur leicht rückläufig«, seien im Verhältnis zu den Neuinfektionen jedoch ebenfalls »deutlich gesunken«. Allerdings lag das »Durchschnittsalter der Verstorbenen« in den »untersuchten Ländern« auch über »80 Jahre und in allen Ländern waren sowohl bei den wenigen jüngeren als auch bei den vielen älteren Todesopfern meist mehrere einschlägige Vorerkrankungen zu beobachten«. In Spanien seien zum Beispiel nur 6 Prozent der Todesopfer unter 60 Jahren und zwei Drittel älter als 80 Jahre gewesen. Außerdem könnten Mutationen des Virus womöglich dazu führen, dass das Virus zwar »ansteckender« werde, aber die Infektionen immer milder oder symptomfrei verliefen, da das Immunsystem durch vorherige Infektionen gestärkt wurde. Auch lag im Frühjahr vermutlich eine viel höhere Dunkelziffer an Infektionen vor, wobei groß angelegte Antikörperstudien aus Indien gezeigt haben, dass etwa in Mumbai bereits 57 Prozent der Bevölkerung infiziert war. Die *NachDenkSeiten* berechneten für das Land mit seinen über 1,3 Milliarden Menschen »eine Sterblichkeit, die unter einem Promille liegt«. Corona dürfte dort wegen der erreichten Herdenimmunität durch Durchseuchung bald verschwunden sein. Und die Restriktionen?[45/46]

Jens Berger von den *NachDenkSeiten* schaute am 19. Oktober 2020 noch einmal etwas genauer hin, da Neuinfektionen trotz aller Schutzmaßnahmen ja schon wieder auf Rekordfahrt waren und Monate im Lockdown folgen sollten. Aber: Die Todesrate blieb deutlich »rückläufig«, in ganz Europa. Erklärungen dafür gibt es viele. Berger kommt zu dem Schluss, »dass die echten Infektionszahlen aus dem Frühjahr sehr deutlich über den jeweils offiziell angegebenen Zahlen lagen. Die ›Frühjahrswelle‹ war also mit großer Sicherheit wesentlich massiver als die bisherigen Entwicklungen im Herbst. Anders lassen sich die niedrigen Zahlen der schweren und tödlichen Verläufe kaum erklären.« Daher müsse die Krankheit neu bewertet werden, da sämtliche politischen Bewertungen einzig auf der Zahl der Neuinfektionen fußen. Trotz der im Frühjahr angeblich wesentlich höheren täglichen Neuinfektionen wurden die Kapazitätsgrenzen deutscher Krankenhäuser nicht einmal ansatzweise angekratzt. Die starke Grippewelle in den Jahren 2017 und 2018 hatte in rund sechs Monaten »im Schnitt 138 Todesfälle pro Tag«. An COVID-19 würden aktuell durchschnittlich sehr viel weniger Menschen sterben. Bei weiteren Lockdowns und Verschärfungen müsse man also endlich die massiven Nebenwirkungen und Kollateralschäden berücksichtigen und in ein sinnvolles Verhältnis setzen.[47]

Mittlerweile dachte auch Stephan Hebel von der *Frankfurter Rundschau* selbstkritisch über die Unzufriedenheit der Leser und den Vertrauensverlust des Blattes wegen der eigenen

Corona-Berichterstattung nach und rief zum Dialog auf.[48] Ebenfalls kritisch äußerte sich der Publizist Jakob Augstein nach Monaten der Panikmache: »Eine Aussage wie, wir haben die Gefahr überschätzt, weil wir uns auf Modelle verlassen haben, die fehlerhaft waren, und dadurch vielen Menschen Schaden zugefügt, würde Politikern und Medien nur schwer über die Lippen kommen. Aber ich glaube, das ist die Wahrheit.« Bloß: Es änderte sich nichts. Nicht einmal, als der deutsche Entwicklungsminister Gerd Müller in einem *Handelsblatt*-Interview Ende September 2020 deutlich wurde: »An den Folgen der Lockdowns werden weit mehr Menschen sterben als am Virus. [...] Allein auf dem afrikanischen Kontinent rechnen wir dieses Jahr mit zusätzlich 400.000 Malaria-Toten und HIV-Opfern sowie einer halben Million mehr, die an Tuberkulose sterben werden.« Zudem habe die Pandemie »eine der größten Armuts- und Hungerkrisen ausgelöst«.[49] Kam es nun endlich zu Empörung? Nein. Christian Drosten erhielt einen Verdienstorden erster Klasse, die Schweiz änderte Vorschriften für PCR-Tests, damit die Fallzahlen weiterhin hoch blieben, Medien und Behörden manipulieren weiter, was das Zeug hält, und bei der *Funke Mediengruppe* propagierte ein Redakteur die Gesundheitsdiktatur. Seine Forderung: Wer sich nicht gegen Corona impfen lässt, dürfe an gesellschaftlichen Ereignissen nicht mehr teilnehmen.[50/51] Und medizinisches Personal sollte schon bald zu Corona-Impfungen gezwungen werden. Nur war die Impfbereitschaft selbst beim Pflegepersonal recht gering.[52/53]

Da das offizielle Narrativ dasselbe blieb, meldeten sich noch mehr kritische Mediziner zu Wort. In Deutschland »Hunderte Ärzte« am 18. November 2020: »Nach der anfänglichen verständlichen Sorge und den folgenschweren Maßnahmen blieb bislang leider das Wichtigste auf der Strecke: wissenschaftlicher Diskurs und offene Debatten, Rückschau halten, Fehler suchen – entdecken – zugeben und korrigieren. Wir wollen und können nicht mehr zusehen, wie unter dem Deckmantel einer ›epidemischen Lage nationaler Tragweite‹

und der vorgegebenen Sorge um Gesundheit und Sicherheit jegliche Grundlagen für Gesundheit und Sicherheit zerstört werden. Wir stehen auf und fordern die Regierungen und Wissenschaftler aller Länder auf, sich endlich einem wissenschaftlichen Diskurs zu stellen, statt blind vor Angst auf einen Abgrund (wirtschaftlicher, humaner und persönlicher Art) zuzulaufen und sich mit ›Notstandsgesetzen‹, die auf unbestimmt verlängert werden, dauerhaft Macht zu sichern. Mit Sorge beobachten wir, wie fast alle Medien unkritisch dieselbe Meinung wiederholen und quasi gleichgeschaltet auf allen Kanälen und in allen Zeitungen die politisch verordnete Panik und Angstmache zelebrieren. Und das, obwohl sich von Anfang an warnende Stimmen von Wissenschaftlern und Ärzten fanden und mit der Zeit immer zahlreicher wurden. [...] Mit Entsetzen beobachten wir, wie diese mutigen Einzelkämpfer diffamiert werden, ihre wichtigen, fachlich qualifizierten Einwände einfach ignoriert oder zurechtgebogen werden, bis wieder alles ins Pandemie-Panik-Schema passt.« Die Mediziner fordern, »dass die Medizin zurückgegeben wird in die Hände derer, die dafür ausgebildet sind, und dass der Arzt seinem Gewissen verpflichtet bleiben darf. [...] Dass die Medien zu ihrer eigentlichen Aufgabe der objektiven Berichterstattung zurückkehren. [...] Dass die Politiker ihre Macht nicht missbrauchen«, sondern an das Volk zurückgeben. Niemand dürfe sich die Entscheidungen über die Gesundheit und den eigenen Körper abnehmen lassen.[54] Talja Blokland, Professorin an der *Humboldt-Universität zu Berlin,* kritisierte in der *Berliner Zeitung* die nächste Runde zur Schließung von Bars und Cafés und forderte Beweise, wonach sich COVID-19 durch Party-Einschränkungen eindämmen ließe. »Für das soziale Gefüge der Stadt sind das wichtige Orte«, so die Soziologin.[55] Die *Helios Kliniken,* mit 89 Krankenhäusern in Deutschland einer der größten privaten Klinikbetreiber Europas, möchte Transparenz schaffen und begann, Zahlen zur Bettenauslastung aller *Helios Kliniken* zu veröffentlichen: In *Helios Kliniken* befanden sich am 20. November 2020 von allen Patienten auf Normal- und

Intensivstationen nur 5,5 Prozent, fast acht Wochen später knapp 13 Prozent mit einem positiven Corona-Test. *Helios*-Geschäftsführer Andreas Meier-Hellmann: »Die Zahl der Neuinfektionen allein ist noch nicht aussagekräftig darüber, ob unser Gesundheitssystem mit der Pandemie umgehen kann. Entscheidend ist die Lage in den Kliniken.«[56] Und sogar der Boulevard, die *Berliner Zeitung,* weiß: Intensivstationen waren in Deutschland auch schon vor Corona hin und wieder mal am Limit.[57]

In einem Interview nannte David Nabarro, WHO-Sondergesandter für die COVID-19-Pandemie, die Lockdowns eine »schreckliche Katastrophe«. »Schauen Sie sich nur an, was mit der Tourismusindustrie geschehen ist, zum Beispiel in der Karibik oder im Pazifik. Schauen Sie sich an, was mit Kleinbauern auf der ganzen Welt passiert ist. Schauen Sie sich an, was mit der Armut passiert ist.«[58] Sogar Hans Kluge, der Regionaldirektor der *World Health Organization* für Europa, warnte nun vor kompletten Lockdowns, da kranke Menschen weniger in Krankenhäuser gehen würden, »was zu vorzeitigen Todesfällen führen werde«. Außerdem gerieten Menschen »in finanzielle Notlagen«, wie Kluge am 30. Oktober 2020 in der *Welt* meinte.[59] Die WHO schätzte mittlerweile, dass 10 Prozent der Weltbevölkerung mit dem Virus infiziert sind, so Michael Ryan, Leiter für Notfälle bei der WHO, Anfang Oktober 2020. Zudem liege die weltweite Sterblichkeit mit allen bisher an und mit COVID-19 Verstorbenen bei rund 0,14 Prozent und somit sehr deutlich unter den im März 2020 vorausgesagten 3,4 Prozent.[60/61]

Und sogar manche Richter beurteilten Maskenpflicht und PCR-Tests anders als die jeweiligen Regierungen. So kam das Verwaltungsgericht Trier am 16. November 2020 zu dem Beschluss, dass die Maskenpflicht in der Innenstadt von Trier ohne zeitliche Begrenzung nicht verhältnismäßig sei. Die Stadt könne nicht darlegen, dass das Infektionsrisiko so hoch sei, um die Maskenpflicht ohne Einschränkung auf bestimmte Tage und Zeiten zu verordnen. Die Stadt vertrat trotzdem weiterhin ihre komplett andere Auffassung und hielt entgegen dem Gerichtsurteil an der permanenten Maskenpflicht fest. Denn, so die Stadt, viele Bürgerinnen und Bürgern würden via E-Mail ihr Glaubensbekenntnis zur Maskenpflicht als notwendiges Übel zum Selbstschutz mitteilen.[62/63/64] In Portugal befand ein Gericht im November 2020 die PCR-Tests für nicht aussagekräftig. Es sei unrechtmäßig, Menschen allein wegen eines positiven PCR-Tests zu Hause einzusperren. Das Gericht sah als entscheidend an, dass die Viruslast einer getesteten Person aufgrund der Anzahl der verwendeten Zyklen ermittelt werde. Der Beschluss des portugiesischen Gerichts: Bei einem Schwellenwert von 35 Zyklen oder höher, wie von den meisten Laboren Europas und in den USA verwendet, liege die Wahrscheinlichkeit, dass die getestete Person infiziert sei, unter 3 Prozent. Die Wahrscheinlichkeit eines falsch positiven Testergebnisses dagegen bei 97 Prozent. »Die Feststellung einer Funktionsstörung, einer Krankheit oder des Zustands einer Krankheit durch das Studium ihrer Symptome und Anzeichen und die Analyse der durchgeführten Tests ist ein grundlegendes Gesundheitsverfahren, das von einem Arzt und in jedem spezifischen Bereich von einem Facharzt durchgeführt werden muss«, so die Juristen. Es sei offen gesagt sogar »unerklärlich«, warum trotz der angeblichen Schwere der Infektion Menschen ohne medizinische Begutachtung in Quarantäne gesteckt werden. In der Begründung heißt es: »Angesichts der von Experten [...] geäußerten wissenschaftlichen Zweifel an der Zuverlässigkeit der PCR-Tests, angesichts des Mangels an Informationen über die analytischen Parameter der Tests und in Ermangelung einer ärztlichen Diagnose, die das Vorliegen einer Infektion oder eines Risikos belegt, kann dieses Gericht unmöglich feststellen, ob C tatsächlich ein Träger des SARS-CoV-2-Virus war oder ob A, B und D einem hohen Risiko ausgesetzt waren.«[65]

Dennoch blieben die umstrittenen PCR-Tests für das *Robert Koch-Institut*, die Bundesregierung, Europa und die Welt der Heilige Gral der Diagnostik und der globale Faschismus hielt unbeirrt Einzug.

Widerstand und Meinungsfreiheit bleiben bis auf unbestimmte Zeit verboten und die Corona-Pandemie und -Panik wird mit aller Macht am Leben gehalten. Der *Bayerische Rundfunk* musste sogar Berichte der Landesregierung über 114 und dann 151 beatmete Corona-Patienten, die es gar nicht gab, korrigieren: Tatsächlich waren es 55 und 71.[66] Und noch ein kleiner Auszug für mehr Hysterie und Impfbegeisterung aus der *Welt* vom 21. November 2020: 04:21 Umfrage – Angst vor einsamen Corona-Weihnachten geht um +++ 05:11 Chef der Techniker Kasse: Werden trotz Impfstoff im nächsten Winter Masken tragen +++ 05:12 Dobrindt: Weitere Verschärfungen gegen Corona nötig +++ 06:31 Uni-Klinikum verschiebt jede dritte nicht dringliche OP wegen Corona +++ 08:14 Virologen und Mediziner für längere Anti-Corona-Maßnahmen +++ 08:24 Bayern: Familie feiert runden Geburtstag und muss Bußgeld zahlen +++ 08:27 Kekulé fordert früheren Beginn der Weihnachtsferien und strengere Maßnahmen +++ 09:11 Russland meldet 24.822 Neuinfektionen – Rekordhoch +++ 10:02 Kanzleramtschef dringt auf Vorsicht vor Weihnachten +++ 10:26 Iran: Strenger Lockdown soll Anstieg der Corona-Fallzahlen stoppen +++ 10:46 2.560 neue Coronavirus-Infektionen in Japan +++ 12:18 Umfrage: Jeder Zweite hat Angst vor Krankheit an Weihnachten +++ 13:20 Polizei löst mehrere Partys auf – Verstöße gegen Corona-Auflagen +++ 13:23 Soziologe: Corona verändert Freundschaften. Und so weiter.

In einem Bericht des *Global Preparedness Monitoring Board*, einem von der WHO und der *World Bank* ins Leben gerufenen Expertengremium, hieß es: Die nächste Pandemie kommt. »Auf jeden Fall«. Und sie werde womöglich noch gefährlicher als Corona. WHO-Chef Tedros Adhanom Ghebreyesus schwor die Welt auf einer virtuellen Pressekonferenz ein: Corona sei »nicht die letzte Pandemie, nicht der letzte weltweite Gesundheitsnotstand«.[67]

»Der Ausnahmezustand, auf den uns die Regierungen seit geraumer Zeit einstimmen, ist zu unserem Normalzustand geworden. Es kam in der Vergangenheit zu schlimmeren Epidemien als der heutigen, aber niemand hatte jemals daran gedacht, deshalb einen Notstand wie den jetzigen auszurufen, der uns sogar daran hindert, uns frei zu bewegen. Die Menschen haben sich daran gewöhnt, unter Bedingungen einer ständigen Krise und eines ständigen Notstands zu leben. Dabei scheinen sie nicht zu bemerken, dass sich ihr Leben auf eine rein biologische Funktion reduziert hat und nicht nur jeder sozialen oder politischen, sondern auch menschlichen oder affektiven Dimension verlustig gegangen ist. Eine Gesellschaft, die im ständigen Ausnahmezustand lebt, kann keine freie Gesellschaft sein«, so Giorgio Agamben, Philosophieprofessor an den Universitäten in Venedig und Paris.[68] Auch der ehemalige Richter des britischen Supreme Court, Jonathan Sumption, warnt und mahnt: »Es ist in der Regel so, dass die Menschen ihre Freiheit bereitwillig aufgeben, wenn sie sich gegen eine äußere Bedrohung schützen wollen. Und die Bedrohung ist in der Regel eine echte Bedrohung, die aber meist übertrieben ist. Ich fürchte, das ist es, was wir jetzt sehen. [...] Und jeder, der die Geschichte studiert hat, wird hier die klassischen Symptome einer kollektiven Hysterie erkennen. Hysterie ist ansteckend.«[69] Und der deutsche Arzt und Autor Gerd Reuther schrieb: »Am Jahresende werden aber alle Staaten mit Wohlstand unrettbar verschuldet, alle Menschen mit materiellem Wohlstand enteignet, die mittelständische Wirtschaft dezimiert, die großen Banken dank ihrer Kredite für Staaten saniert, der sogenannte Gesundheitssektor noch aufgeblasener und Big Pharma noch reicher geworden sein. Zum Dank werden die Handlanger der Drahtzieher auf Lebenszeit in den Élysée-Palästen und Kanzlerämtern bleiben dürfen, ohne Wahlen fürchten zu müssen. Jeder wird vor jedem in Ansteckungsangst leben [...]. Es wird nicht viele Gewinner geben. Aber sehr viele Verlierer.«[70]

Dass niemand die Corona-Politik kritisieren darf, ohne angegriffen, diffamiert und aus allen Ecken mit Dreck beworfen zu werden, ist ja nicht nur mir schon länger klar. Dass die Medien der Politik nach dem Mund reden genauso. Dass die Normopathie, eine zwanghafte Form der Anpassung an vermeintlich vorherrschende und normgerechte Verhaltensweisen und Regelwerke innerhalb von sozialen Beziehungen und Lebensräumen, aber weit ansteckender als das neue Coronavirus ist, war dann doch ein wenig überraschend. In diesem Fall kann das Aufgeben der eigenen Individualität ein übersteigertes Streben nach Konformität antreiben und sich zu einem pathologischen Geschehen ausweiten, wobei die unbedingte Überanpassung an soziokulturelle Normen zur Krankheit wird. Ich halte es an dieser Stelle dann doch einmal mehr mit dem deutschen Maler Max Liebermann, der beim Anblick der Faschisten in Berlin im Jahr 1933 gesagt haben soll: »Ich kann gar nicht so viel fressen, wie ich kotzen möchte.«

. . . .

1 www.heise.de/tp/features/Ein-nicht-enden-wollendes-Regime-der-Ausnahme-5019403.html

2 www.lci.fr/politique/COVID-19-la-france-reprend-pour-un-an-supplementaire-d-etat-d-urgence-sanitaire-2174843.html

3 jobs.diakonie-michaelshoven.de/job/K%C3%B6ln-P%C3%A4dagogische-Fachkraft-%28mwd%29-in-einer-Inobhutnahme-f%C3%BCr-Kinder-und-Jugendliche-in-Quarant%C3%A4ne/601328601/

4 www.dksb.de/fileadmin/user_upload/2020-07-31_PMCoronaKinderAbsonderung.pdf

5 www.bz-berlin.de/berlin/umland/das-sagt-der-suspendierte-schulleiter-aus-rathenow

6 www.welt.de/politik/deutschland/article207198029/Coronavirus-Sachsen-will-Quarantaene-Verweigerer-in-Psychiatrien-sperren.html

7 www.welt.de/politik/deutschland/article224036408/CDU-Neujahrsempfang-Markus-Soeder-vergleicht-Corona-mit-der-Pest.html

8 www.br.de/nachrichten/bayern/zwangs-quarantaene-wegen-corona-verstoessen-in-muenchen,S9by5S7

9 de.rt.com/europa/102694-mit-harter-hand-gegen-corona/

10 espresso.repubblica.it/attualita/2020/04/21/news/capimafia-lasciano-il-carcere-coronavirus-1.347378

11 www.thetimes.co.uk/article/report-neighbours-who-violate-rule-of-six-urges-police-minister-fzzf5tk5z

12 de.rt.com/europa/107050-spuerhunde-identifizieren-am-flughafen-von-helsinki-corona-infizierte/

13 de.rt.com/europa/107784-frankreich-aktivisten-starten-kampagne-gegen/

14 de.rt.com/international/105826-von-liegestutzen-bis-knast-hartesten-corona-strafen-welt/
15 www.merkur.de/reise/corona-paar-postet-urlaubsfoto-folgt-geldstrafe-ueber-1000-euro-polizei-droht-verhaftung-zr-13653505.html
16 www.rtl.de/cms/australien-schwangere-in-handschellen-so-hart-geht-die-polizei-gegen-lockdown-gegner-vor-4608637.html
17 taz.de/Neues-Gesetz-in-Australien/!5012975&s=australien+ohne+impfung+geld/
18 de.rt.com/amerika/105992-bolivien-putschregierung-nutzt-corona-epidemie/
19 de.rt.com/international/101913-un-warnt-vor-menschenrechtskatastrophe-corona/
20 www.heise.de/tp/features/Corona-Leugnung-in-Griechenland-strafbar-4881977.html
21 www.20min.ch/story/coop-nimmt-produkte-von-corona-skeptiker-aus-sortiment-265690316494
22 www.nzz.ch/zuerich/demonstration-gegen-corona-luege-und-schutzmassnahmen-in-zuerich-polizei-traegt-teilnehmer-weg-ld.1577524
23 corona-transition.org/bei-der-stadtpolizei-zurich-gilt-die-schuldsvermutung
24 www.weltwoche.ch/ausgaben/2020-46/diese-woche/freiwilliger-maskenzwang-die-weltwoche-ausgabe-46-2020.html
25 de.rt.com/russland/108015-theaterbesucherin-will-keine-maske-tragen-festnahme/
26 www.tagesschau.de/inland/rki-corona-impfstoff-101.html
27 taz.de/Sicherheitsunternehmen-vs-Corona/!5719529/
28 www.rationalgalerie.de/gelesen-gesehen-gehoert/angstmache-als-herrschaftsmittel
29 www1.wdr.de/mediathek/audio/wdr5/wdr5-neugier-genuegt-freiflaeche/audio-demokratie-durch-corona-in-gefahr-rene-schlott-100.html
30 www.zeit.de/politik/ausland/2020-03/ausgangssperren-oesterreich-infektionsschutz-coronavirus
31 www.statistik.at/web_de/presse/123051.html
32 www.heise.de/newsticker/meldung/Corona-Massnahmen-Snowden-warnt-vor-Architektur-der-Unterdrueckung-4701418.html
33 www.rundschau-online.de/news/sport/anti-corona-demo-in-berlin-koelner-springerin-wester-bei-umstrittener-demo-37128912
34 www.spiegel.de/sport/alexandra-wester-und-joshiko-saibou-zwei-spitzensportler-und-ihre-kruden-thesen-a-00000000-0002-0001-0000-000170923527
35 www.telekom-baskets-bonn.de/presse/news/artikel/baskets-kuendigen-joshiko-saibou-fristlos.html
36 www.n-tv.de/politik/Polizist-nach-Corona-Demo-suspendiert-article21965586.html
37 deutsch.rt.com/inland/106238-wegen-rede-auf-corona-demo-gruene-schmeissen-kommunalpolitiker-aus-fraktion/

38 www.rnd.de/politik/linke-parteimitglieder-wollen-umstrittenen-fraktionsvize-andrej-hunko-absetzen-BODAQKSVCJBKXPSQIAVLCBQLVA.html
39 de.rt.com/meinung/105731-computerspiel-soll-kindern-und-jugendlichen-richtige-einstellung-beibringen-corona/
40 www.youtube.com/watch?v=hb5x-kVA0uA
41 www.reichstag-defender.de/
42 de.rt.com/international/106911-corona-philanthrop-gates-dank-impfstoffen/
43 www.modernghana.com/news/915838/why-the-world-health-organization-treats-bill-gate.html
44 www.politico.eu/article/bill-gates-who-most-powerful-doctor/
45 www.nachdenkseiten.de/?p=64554
46 www.aerzteblatt.de/nachrichten/115121/Studie-Mehr-als-die-Haelfte-der-Slumbewohner-in-Mumbai-hatte-Corona
47 www.nachdenkseiten.de/?p=65980
48 www.fr.de/politik/medien-kritik-corona-berichterstattung-krisengespraech-frankfurt-rundschau-fr-luegenpresse-glaubhaftigkeit-themen-90045742.html
49 www.handelsblatt.com/politik/deutschland/coronakrise-entwicklungsminister-mueller-an-den-folgen-der-lockdowns-werden-weit-mehr-menschen-sterben-als-am-virus/26209144.html?ticket=ST-2178516-FJeE1Qp6nPej9ELfRTbf-ap6
50 corona-transition.org/weiterhin-hohe-fallzahlen-garantiert-swissmedic-andert-vorschriften-fur-pcr
51 www.waz.de/meinung/corona-impfung-warum-dafuer-schon-jetzt-geplant-werden-muss-id229556466.html
52 www.merkur.de/politik/coronavirus-kommentar-pfaffenhofen-zahnarzt-impfpflicht-zr-90164428.html
53 www.rnd.de/politik/corona-geringe-impfbereitschaft-bei-pflegepersonal-was-tun-HSLPED3CVRDSPMTCBSYXYSCWKQ.html
54 www.lehestener-kolumne.de/hunderte-aerzte-stehen-auf/
55 www.berliner-zeitung.de/news/infektionszahlen-durch-partys-soziologin-fordert-klare-belege-li.110559
56 www.helios-gesundheit.de/qualitaet/auslastung/
57 www.bz-berlin.de/berlin/kolumne/die-intensivstationen-waren-auch-vor-corona-schon-am-limit
58 nypost.com/2020/10/11/who-warns-against-COVID-19-lockdowns-due-to-economic-damage/
59 www.welt.de/politik/ausland/article218959586/Europa-Buero-der-WHO-warnt-vor-negativen-Folgen-kompletter-Lockdowns.html
60 apnews.com/article/virus-outbreak-archive-united-nations-54a3a5869c9ae4ee623497691e796083
61 corona-transition.org/corona-nicht-schlimmer-als-die-grippe-sagt-die-who

62 vgtr.justiz.rlp.de/fileadmin/justiz/Gerichte/Fachgerichte/Verwaltungsgerichte/Trier/Dokumente/Entscheidungen/6_L_3406-20_TR_Beschluss_vom_16-11-2020.pdf
63 www.sueddeutsche.de/gesundheit/gesundheit-trier-verwaltungsgericht-keine-maskenpflicht-zu-jeder-tageszeit-dpa.urn-newsml-dpa-com-20090101-201117-99-361425
64 news-trier.de/verwaltungsgericht-maskenpflicht-in-city-unverhaeltnismaessig-stadt-trier-haelt-an-der-pflicht-fest/
65 de.rt.com/europa/109423-portugiesisches-berufungsgericht-haelt-pcr-tests-fuer-nicht-aussagekraeftig/
66 www.br.de/nachrichten/bayern/durcheinander-bei-corona-zahlen-weniger-beatmete-patienten,SF7eOLh
67 www.aerzteblatt.de/nachrichten/116503/Expertengremium-Billionenverluste-durch-Coronapandemie
68 www.nzz.ch/feuilleton/giorgio-agamben-ueber-das-coronavirus-wie-es-unsere-gesellschaft-veraendert-ld.1547093
69 www.spectator.co.uk/article/former-supreme-court-justice-this-is-what-a-police-state-is-like-
70 www.rubikon.news/artikel/die-folgen-verraten-die-absicht

Gerd Reuther

㉟

UND DIE MORAL?

> »Ein Aufruf an die Vernunft: Waffenschmieden in Brotbackstuben umrüsten.«
>
> HELMUT GLASSL

Eine Künstlergruppe wandelt in weißen Schutzanzügen, mit gesenktem Haupt, von Masken anonymisiert, mit schwarzen Hygienebandagen, apathisch in Zweierreihen im Gefangenengleichschritt durch die Abenddämmerung von Bern. Eine maschinell klingende Frauenstimme gibt in Dauerschleife und im Orwell-Sprech, abgehackt und von Pausen unterbrochen, über Lautsprecher den Takt der Gruppe mahnend vor: »Allein sterben lassen ist Nächstenliebe. Selber denken gefährdet das Allgemeinwohl. Wahre Freiheit findet in der Isolation statt. Impfung ist Nächstenliebe. Opfert alles den Unternehmen. Trennt euch von den Gefährdern. Verzichtet auf Zeugung. Verratet eure Nachbarschaft. Regelbrecher an die Wand. Gefährder in die Einzelhaft. Maskenpflicht ein Leben lang. Impfgegner entrechten. Fügt euch der Normalität. Maskenleugner ächten. Kontaminierung vermeiden. Absolute Keimfreiheit. Körperkontakt schafft Leiden. Sicher ist nur Einsamkeit. Unser Atem tötet. Sei immer gehorsam. Lass deine Liebsten allein.«[1/2]

Ein *Facebook*-Nutzer schreibt: »Beherbergungsverbot, Sperrstunden, Maskenpflicht, Abstandsgebote, Besuchsbeschränkungen, kalte Klassenzimmer, einsame Alte, maskierte Kinder, Denunzianten, Testorgien, Zahlenwillkür, Verordnungswahn, Masken-Polizeikontrollen, Bundeswehr im Innern, abgesagte Weihnachtsmärkte und so vieles mehr. Hotels, Veranstalter, Reisebüros, Markthändler,

Messebauer, Künstler, Selbstständige, Einzelhändler und viele mehr verloren ihre Umsätze und damit ihren Lebensunterhalt und den ihrer Familien. Das interessiert euch nicht im Geringsten. [...] Verordnung her und basta! Was testet der PCR-Test? Egal, ihr nennt es mal eben Coronainfektion. Sind Infizierte krank? Egal, ihr sperrt sie einfach in Quarantäne. Wovor schützt eine Maske? Egal, ihr sagt, dass sie schützt und basta! [...] Wie hoch ist die Ansteckungsgefahr im Hotel? Egal, ihr bestimmt, dass es so ist. 50 Neuinfektionen auf 100.000 Einwohner? Oder 35? Oder 60? Würfelt ihr die Zahlen aus? Ich will ja niemanden auf dumme Gedanken bringen, aber wo waren eure Restriktionen bei der Grippeepidemie vor zwei Jahren? Wo waren eure Restriktionen bei den vielen Toten durch Krankenhauskeime? Jede wirkliche Katastrophe, jedes Inferno, was über eine Gemeinschaft von Menschen hereinbricht, weckt überwiegend die besten Charaktereigenschaften. Zusammenhalt, Hilfsbereitschaft, Aufopferung. Aber ihr bringt die schlechtesten Charaktereigenschaften zum Ausbruch. Ihr bringt die Menschen dazu, andere Menschen nur noch als Infektionsrisiko zu sehen. Ihr versetzt die Menschen bewusst und gewollt in Angst und Panik. Ihr belohnt Denunziation. Ihr nehmt in Kauf, oder wollt es sogar, dass die Menschen in Isolation vereinsamen, dass Kinder nicht mehr eng miteinander spielen, tuscheln, sich raufen und kuscheln. Ihr wollt, dass alte und kranke Menschen keinen oder nur limitierten Besuch empfangen dürfen. Ihr wollt beschränken, wie viele Menschen privat zusammen feiern. Ihr wollt Kontaktverfolgung und Restriktion. Ihr seid dabei, eine Hygienediktatur zu errichten! Ich will die mir grundgesetzlich zustehende Freiheit! Die Freiheit, selbst darüber zu entscheiden, welches Risiko ich wann eingehen möchte. Die Freiheit, mich mit wem auch immer, wo auch immer, zu wie viel auch immer zu treffen. Die Freiheit, Nein zu sagen zu Bekleidungsvorschriften. Die Freiheit, Urlaub zu machen, wo ich will. Die Freiheit, mich in den Grenzen des Grundgesetzes frei zu bewegen und frei zu sprechen. Und jeder hat die Freiheit, sich selbst zu schützen, vor was auch immer. Es ist mir egal, ob jemand im Virologenschutzanzug einkaufen geht, ob jemand allein im Wald eine Maske trägt, ob jemand sich 100-mal am Tag die Hände desinfiziert, ob jemand keine Theater, Konzerte oder Gaststätten besucht, aus Angst, sich zu infizieren. Das kann dieser Jemand gern machen, wann er will, wo er will und wie lange er will. Aber es ist mir nicht egal, wenn ich dafür in Schutzhaft genommen werde und mich genauso verhalten soll.«

Corona ist eine Weltpremiere, die zeigt, was möglich ist. Unmöglich gibt es seit Corona offiziell nicht mehr. Virus heißt das Zauberwort. Max Horkheimer, der deutsche Sozialphilosoph, hatte von Corona noch keinen blassen Schimmer, aber vollkommen recht, als er sagte: »Der Kapitalismus in der Krise wird aufrechterhalten mit den terroristischen Mitteln des Faschismus. Deshalb soll vom Faschismus schweigen, wer nicht auch vom Kapitalismus reden will.« Und wenn etwas aussieht wie Faschismus, sich verhält wie Faschismus und argumentiert wie Faschismus, dann ist es wohl auch Faschismus. Der US-amerikanische Wissenschaftler und Biologe Guy McPherson gab den Kapitalisten Folgendes mit auf den Weg: »Wenn Sie wirklich glauben, dass die Umwelt weniger wichtig ist als die Wirtschaft, versuchen Sie die Luft anzuhalten, während Sie Ihr Geld zählen.« Corona ist die Erstaufführung des globalen Faschismus. Es fing erst ganz langsam an, aber dann. Und wie! Und wie? Mit der geballten PR-Maschinerie der Welteroberungsgesellschaft. Die gibt vor: »Bleiben Sie gesund.« Gleichzeitig plant sie die nächsten Hetzkampagnen zur Einnahme von Märkten und Menschen. Wer, liebe Freunde und Verfechter der Alternativlosigkeit, der Konformität und des Totalitarismus, fordert denn nun ein radikales Handeln für Frieden und zur Ausrottung von Not und Elend auf dem Planeten? Impfstoff-Verfechter Gates, Paket-Händler Bezos oder Lithium-Schürfer Musk? Biden oder Trump, Xi, Putin, Merkel, Johnson, Erdoğan oder Macron? Öl-Scheichs und andere Menschenrechtsverachter? Mafia-Bosse und Drogen-Barone? Drosten, Fauci, das RKI, ein gutes Dutzend *Hopkins*-Doktoren? Leitmedien und ihre

(35)

eingekauften Faktenchecker? Grüne SUV-Fregatten oder Salonlinke? Antideutsche, Nazis oder Reichsbürger mit V-Mann-Anhang? Vielleicht die Bilderberger? Die CIAs, die Al-Qaidas, die Weißhelme? NATO-Falken und Atlantik-Brücken? Die Pharma- oder Bankenlobby? Die Panzer- und Pistolenbauer? Oder Sie? Wenn dann doch Sie, solange man Sie lässt!

Und worum geht es wirklich? Ach, da wäre ja noch das System. Am 2. Dezember 2020 schrieb Paul Schreyer im *Multipolar*-Magazin: »Die öffentliche Debatte in Deutschland und anderswo scheint festgefahren: aus ›Fallzahlen‹ und ›Inzidenzen‹ folgen ›Sachzwänge‹ und ›Maßnahmen‹ – zumeist alternativlos. Kritiker sind ›Leugner‹, Widerspruch ›unwissenschaftlich‹. Was bleibt, ist das große Paradox, der sprichwörtliche Elefant im Raum: Die vorliegenden Daten zur Tödlichkeit des Virus, zur Übersterblichkeit, zur Intensivbettenbelegung, zur Infektiosität von Asymptomatischen und zur Aussagekraft des PCR-Tests rechtfertigen die politischen Entscheidungen nicht ansatzweise. Der Eindruck, dass es bei all dem nicht um den Gesundheitsschutz geht, verstärkt sich.« Schreyer fragt: »Was aber motiviert dann die von Regierungen in aller Welt energisch durchgesetzten Freiheitsbeschränkungen?« Und sei Corona nicht ein gigantischer (und wohl verbrecherischer) Fehlalarm?[3]

Sogar »im Herbst und Winter« liegt die Tödlichkeit des Virus noch im Bereich der Influenza, eine signifikante Übersterblichkeit (wegen COVID-19) gibt es nicht, auch nicht in den USA, sondern nur eine Verschiebung der Etikettierungen der Todesursache, was auf Täuschung der Statistik hinweist. Die Zahl der Intensivpatienten blieb »bisher ungefähr gleich«, eine Überlastung des Gesundheitssystems ist nicht in Sicht, nur die Zahl der Patienten mit positivem PCR-Test stieg, asymptomatische Übertragung ist »sehr selten«, wenn es sie denn gibt, und der PCR-Test weist noch immer keine Infektiosität nach, begründet also so gut wie gar nichts. Das alles sagen die WHO, das Statistische Bundesamt, Sachverständige und jede Menge kritischer Experten sowieso. Warum will man »nichts hören, nichts sehen, nichts berichten«, leugnen so viele Regierungen, Parteien, Leitmedien und Teile der Wissenschaft »konsequent und mit beachtlicher Ausdauer« Fakten?

Es sei nicht gerade schlüssig zu unterstellen, dass alle Akteure die Fakten nicht kennen oder verstehen würden, auch seien einige durch das »schon fast ein Jahr währende mediale Dauerfeuer verängstigt und verwirrt und vieles lässt sich auch auf Gruppendynamik zurückführen«, so Schreyer. Auf der Suche nach Orientierung beobachte man auch andere Regierungen und Medien, gleiche sich »einander an, ganz ohne Plan oder große Verschwörung«. Doch das würde nicht die politischen Impulse erklären, die mit dem Treffen des *Word Economic Forum* am 24. Januar 2020 zusammenfallen. Schreyer erinnert: »Als das WEF-Treffen der führenden Konzern- und Staatschefs in Davos zu Ende ging und in internationalen Leitmedien wie der New York Times schon große Angst vor einer neuen Pandemie und deren Auswirkungen auf die Weltwirtschaft beschworen wurde, meldete die Weltgesundheitsorganisation WHO lediglich 25 (!) Tote weltweit. [...] Die erklärte Panik und die zu beobachtende Realität passten von Anfang an nicht zusammen. Es war nicht im entferntesten logisch nachvollziehbar, weshalb 25 Tote die Weltwirtschaft bedrohen sollten und weshalb die WHO (zunächst erfolglos) am 22. Januar einen ›internationalen Gesundheitsnotstand‹ auszurufen versuchte.« Nicht immer mehr Länder weichen wegen der »gigantischen gesundheitlichen und ökonomischen Schäden durch die Freiheitsbeschränkungen« vom Einheitskurs ab. Im Gegenteil: »Ausreißer wie Schweden nähern sich der Masse an.« Der Druck komme »also politisch von ganz oben, nicht von den fachlichen Experten«. Und, so Schreyer: »Ein anderer Punkt, der noch weiterer Aufklärung bedarf, gehört ebenfalls auf den Tisch: Mehrere Politiker und Funktionäre, die sich lautstark und entschieden dem [deutschen] Regierungskurs entgegengestellt haben, starben in den vergangenen Wochen spontan und unerwartet, so wie Bundestagsvizepräsident Thomas Oppermann am 25. Oktober, Mittelstandspräsident Mario Ohoven am 31. Oktober und der Hamburger Dehoga-Chef [Deutscher Hotel- und Gaststättenverband] Franz Klein am 21. November.«

Oppermann, der »eine offene Generaldebatte im Bundestag forderte«, brach unmittelbar vor der Aufzeichnung eines ZDF-Interviews, bei dem er den Zuschauern seine Position erklären wollte, plötzlich zusammen und starb kurz darauf. Ohoven, der die Regierung öffentlich am 22. Oktober vor einem neuen Lockdown warnte und indirekt mit Klage seines Verbandes drohte, fuhr wenige Tage später »mit seinem Auto gegen einen Brückenpfeiler, nachdem er ›aus noch ungeklärter Ursache die Kontrolle über das Fahrzeug verloren‹ hatte«. Und Klein, der Klagen der Gastronomie mit seinem Verband gegen die Regierung unterstützten wollte, verstarb einfach »›plötzlich und unerwartet‹«. Zwar, so Schreyer, könnten diese »Todesfälle selbstverständlich auch harmlose Erklärungen haben«, wie wahrscheinlich das aber sei, »angesichts der Häufung und der zeitlichen Abfolge, mag jeder Leser für sich entscheiden«. Es waren ja nicht die einzigen Todesfälle: Da war noch der plötzliche »Tod des hessischen Finanzministers Thomas Schäfer am 28. März, auf dem Höhepunkt des ersten Lockdowns. Keine drei Wochen später, am 16. April, wurde damals ein weiterer ranghoher Mitarbeiter des hessischen Finanzministeriums ›leblos in seinem Büro aufgefunden‹. In beiden Fällen sprachen die Behörden von Selbstmord.« Auffällig sei dabei, dass sich die Tode der beiden Finanzpolitiker in Hessen ereigneten, dem mit der Banken- und Finanzmetropole Frankfurt zentralen Börsen- und Finanzplatz Deutschlands.

Seltsame Todesfälle in Zusammenhang mit der Corona-Krise gab es aber nicht nur in Deutschland, sondern zum Beispiel auch in China. Dort starb der 34-jährige chinesische Arzt und Whistleblower Li Wenliang unter merkwürdigen Umständen. Der Arzt arbeitete im Zentralkrankenhaus in Wuhan und versuchte, eine erste Warnung vor dem Corona-Ausbruch unter anderen Medizinern auf der Plattform *Weibo* (Chinas Pendant zu *Twitter*) auszusprechen. Hunderttausende Kommentare wurden vom chinesischen Staat deswegen zensiert und gelöscht. Der Arzt erhielt am 30. Dezember 2019 eine Warnung von der Polizei, er solle aufhören, »falsche Bemerkungen zu machen«, und die soziale Ordnung nicht weiter stören. Er war einer von acht Personen, gegen die die Polizei wegen »Verbreitung von Gerüchten« ermittelte. Li Wenliang waren sieben Fälle »eines Virus aufgefallen, das seiner Meinung nach dem SARS-Virus« ähnlich war. Zu seinem Tod gab es widersprüchliche Berichte, wie die britische BBC schrieb. Trotz seines jungen Alters soll er an COVID-19 gestorben sein.[4]

Schreyer erinnert in diesem Zusammenhang an das *Rockefeller*-Planspiel »Lock Step« und den unbedingten Willen, »den autoritären Lockdown-Weg mit aller Gewalt international durchsetzen« zu wollen. Egal, was die Fakten sagen. Und das restriktive staatskapitalistische chinesische Modell gilt dabei als Vorbild. Fakt ist aber, dass die Übungen zu Bioterrorismus und Pandemien in den letzten Jahren »wieder an Fahrt« aufgenommen haben und ranghohe Vertreter aus Politik, Behörden, Diensten und von Konzernen gemeinsam probten. Es sei spekulativ, »aber mit jeder Woche« schlüssiger, »dass es in dieser Krise nicht um den weltweiten Gesundheitsschutz geht, sondern um globale Macht und Kontrolle«. Zwar bleibe die Frage nach konkreten Akteuren offen, aber nachdem Viren ständig mutierten und sich Pandemien mit fehlerhaften, kaum »aussagekräftigen und manipulierbaren PCR-Tests, in den Händen von Regierungen« und Behörden, die mit Medien wie geplant kooperierten, leicht ausrufen ließen, baue die Oligarchie ihre globale Macht extrem aus.

Doch wieso jetzt? Denkbar, so Schreyer, sei ein weitgehend unbemerktes Börsenbeben im September 2019. *Die Zeit* schrieb am 1. Oktober 2019: »Die Krise kam über Nacht. Banken drohte das Geld auszugehen. Notenbanker pumpten Hunderte Milliarden Dollar in den Geldmarkt, bloß um das Schlimmste zu verhindern.

㉟

Das alles klingt nach dem Höhepunkt der Weltfinanzkrise vor elf Jahren – doch tatsächlich beschreibt es den Montag vorletzter Woche. Da stand ein wichtiger Teil des Weltfinanzsystems kurz vor dem Zusammenbruch, und die Öffentlichkeit bemerkte so gut wie nichts. In der Nacht zum 17. September schoss ein bestimmter Zinssatz […] ohne Vorwarnung nach oben: der Satz, der für Banken gilt, die sich kurzfristig etwas leihen wollen. Normalerweise werden Banken dort für etwa zwei Prozent Zinsen mit Cash versorgt. […] Aber plötzlich kostete Cash dort zehn Prozent. […] Das letzte Mal, dass die Notenbanker am Repo-Markt [Repo: »repurchase operation« oder Rückkaufvereinbarung (ein kurzfristiges Finanzierungsinstrument)] eingreifen mussten, war nach dem Untergang der Investmentbank Lehman Brothers 2008. Die Schieflage der Investmentbank löste damals einen Notstand in diesem Teil des Finanzsystems aus, was fast zum Kollaps der Weltwirtschaft geführt hätte.«[5]

Die Bilanzzahlen der US-Notenbank *Federal Reserve Bank* (Fed), einem System von zwölf regionalen Federal Reserve Banken, das als weder »privat noch staatlich« oder als eben beides gilt, würden diesen die Finanzmärkte erschütternden Einschnitt deutlich machen.[6] Schreyer erklärt: »Auf dem Höhepunkt der Finanzkrise im Herbst 2008 hatte die Fed eingegriffen und sehr viel ›Geld gedruckt‹ (richtiger: Staatsanleihen und Unternehmensanleihen mit selbst erzeugtem Geld gekauft). Zu diesem Zeitpunkt war das Vertrauen der Banken und großen Investoren untereinander zusammengebrochen. Das massive ›Gelddrucken‹ der Fed (die Bilanzsumme wurde binnen Wochen verdoppelt) überbrückte diese Vertrauenskrise der Händler und Spekulanten und wendete einen Systemkollaps ab. In den Folgejahren kehrte das Vertrauen jedoch nie vollends zurück, die Bilanzen wurden weiter aufgebläht, die Instabilität des Systems immer größer.« Ab Ende 2017 ließ die Fed langsam Druck aus der Blase, indem man Staats- und Unternehmensanleihen Stück für Stück zu verkaufen begann, »in der

Hoffnung, dass das Vertrauen unter den Händlern untereinander groß genug war«. Im September 2019 kam es dann zum Zusammenbruch. Der nächste, wohl noch größere Systemkollaps – ein System des ewig gierigen Wachstums, das nur (noch) künstlich am Leben gehalten wird? – stand vor der Tür und die Fed druckte im Alarmmodus massiv Geld.

Der Wirtschaftsjournalist Norbert Häring schrieb dazu am 16. Januar 2020, dass die Fed ihren Eingriff mit einer wenig überzeugenden temporären Fehlkalkulation begründe. »Man dürfe keinesfalls schließen, dass die Banken sich gegenseitig nicht mehr trauen.« Die angebliche Fehlkalkulation sei aber ziemlich hartnäckig und vier Monate später gab es Notfallkredite in noch immer ungebremster Höhe und ein Ende sei nicht in Sicht. Dabei würde die Fed die Namen der Empfänger der Kredite geheim halten, damit diese »nicht den Ruf der Bedürftigkeit bekommen«. Und, so Häring damals: »Vielleicht befindet sich der von den Notenbanken befeuerte Finanzmarktboom in der Endphase vor dem Zusammenbruch.«[7]

Außerdem wurde ab März 2020, im Schatten der Corona-Krise, in einem bisher beispiellosen Ausmaß Geld gedruckt. »Aktuell liegt die Bilanzsumme der Fed doppelt so hoch wie vor dem Börsenbeben vom September 2019«, schreibt Schreyer. Entscheidend sei dabei, dass diese »Trendwende« nichts mit dem Virus, sondern mit dem Vertrauensverlust an den Börsen im September 2019 zu tun habe.

Auch das Magazin *Capital* schrieb Anfang Januar 2021, dass sich im Schatten der Corona-Pandemie leise und schleichend ein weiteres Drama »mit enormer Brisanz für unsere Gesellschaft« abzeichnet: »Die Kreditklemme im Mittelstand. Und diese hat mitunter strukturelle Ursachen.« Bereits im März 2020 stand »das Finanzsystem kurz vor dem Zusammenbruch: die Finanzierungsbedingungen für zahlreiche Unternehmen und viele Staaten waren so schlecht, dass diese nicht die Kredite aufnehmen konnten, die sie zur Bewältigung der Krise dringend benötigten. Die Zentralbanken intervenierten mit Rettungsprogrammen, die selbst die Maßnahmen von 2008 in den Schatten stellten. So wuchs zum Beispiel die Bilanzsumme der EZB [Europäischen Zentralbank] in der Finanzkrise von 2007 bis 2010 um 813 Milliarden Euro, dieses Jahr allein zwischen Februar und Dezember hingegen um 2261 Milliarden.« Dann stabilisierte sich das Finanzsystem »und die Kreditvergabe an große Unternehmen stieg beträchtlich«. *Capital* fragt: »Doch was ist mit den kleinen Unternehmen und Mittelständlern, die das Bild unserer Gesellschaft prägen? Für sie könnte es deutlich schwerer werden, Kredite zu bekommen. Sie drohen dadurch gegenüber großen Unternehmen systematisch in Nachteil zu geraten, inklusive der Gefahr einer Übernahmewelle.« Die Ungerechtigkeit liege in der Struktur des Finanzsystems. Denn »ein kleines oder mittelständisches Unternehmen erhält seine Kredite typischerweise von der Hausbank. Größeren Unternehmen steht dieser Weg ebenfalls offen, aber sie verfügen noch über eine zweite Möglichkeit, nämlich den Verkauf von Unternehmensanleihen direkt am Kapitalmarkt. Im März drohten beide Quellen zu versiegen: Kredite werden nicht vergeben, wenn nicht klar ist, dass die Unternehmen morgen noch existieren, um sie zurückzuzahlen.« Aus diesem Grund griffen die Zentralbanken im März 2020 massiv ein, um über Anleihenkäufe und günstige Kredite für Banken die Kreditvergabe für Banken zu steigern. Aber das funktioniere bislang nicht, die Kreditvergabe an realwirtschaftende Unternehmen stagniere, die Banken verschärften sogar ihre Bedingungen, um Kredite zu vergeben. Und das, obwohl die EZB »sogar so weit geht, dass sie den Banken für aufgenommene Kredite Geld schenkt, indem sie den Kreditzins auf −1 Prozent setzt«.[8]

Da das Risiko durch die Intervention der Zentralbank auf den Kapitalmärkten zurückging, können große kapitalmarktbasierte Unternehmen dagegen günstig Anleihen ausgeben und so Kapital aufnehmen. Die ungleiche Dynamik in der Kreditvergabe sei auch auf die lasche Regulierung von Pensions-, Geld- und Hedgefonds, sogenannte Schattenbanken, zurückzuführen, die wie Banken agieren. *Capital* warnt: »Solange die Risiken von Schattenbanken unzureichend reguliert werden«, hätten große Unternehmen einen systematischen Vorteil bei Finanzierungen. »Die gesellschaftliche Tragweite könnte gerade in der Corona-Krise enorm sein: Es besteht Anlass zur Sorge, dass kleine und mittelständische Unternehmen größere Verluste in dieser Krise hinnehmen müssen als große Unternehmen, da sich diese im Schnitt leichter anpassen oder auf digitalen Vertrieb umstellen können. Wenn die Regulierer in dieser Situation obendrein akzeptieren, dass große Firmen am Kapitalmarkt leichter Kredite erhalten als kleine und mittelständische Unternehmen bei Banken, dann könnte die Konzentration im Unternehmenssektor rasant ansteigen. Die großen Unternehmen können sich sehr günstig verschulden und das zusätzliche Kapital nutzen, um kleinere zu übernehmen. Der leichtere Zugang zu Krediten am marktbasierten Finanzsystem könnte einer derart großen Übernahmewelle kleiner durch große Unternehmen Vorschub leisten, dass sich das Bild unserer Gesellschaft verändern könnte. Wir benötigen dringend strengere Regeln für das marktbasierte Finanzsystem.«[8]

Man müsse sich, so Paul Schreyer, fragen, »ob die Coronakrise seit Januar 2020 nicht ein globales Ablenkungsmanöver ist, mit dessen Hilfe die Manager des komplexen internationalen Finanzsystems Zeit gewinnen zur Absicherung ihrer Macht und Kontrolle«. Stand also eine vorerst verschobene Explosion, besser gesagt Implusion mit der Folge einer gesellschaftlichen Revolution bevor? Es könnte also »auch um eine ›Revolutionsvorbeugung‹ gehen, denn unkalkulierbare Unruhen wie die Gelbwesten-Proteste, wie sie ab Ende 2018 die Regierung in Frankreich unter Druck setzten, sind unter dem Corona-Regime nicht mehr durchzuführen. ›Social Distancing‹ verhindert den kollektiven Protest auf der Straße effektiv und nachhaltig. So bleibt alles, wie es ist. Vielleicht erscheint einigen Akteuren das als letzter Ausweg zum Machterhalt – denn der nächste, nun absehbare Finanzcrash droht einen politischen Umbruch nach sich zu ziehen, von dem eigensinnige und durch Eliten schwer zu lenkende Politiker wie Donald Trump nur erste warnende Vorboten waren.« Die politischen Vertreter der um ihre Macht bangenden »Finanzeliten« seien Hardliner wie Emmanuel Macron in Frankreich, Markus Söder in Deutschland oder Joe Biden in den USA. Um der »lähmenden Hypnose« der Politik und Medien zu entgehen, bedürfe es nun eines klaren Verstandes, Optimismus, Gelassenheit sowie »großer Umsicht« und Wachsamkeit.[3] Und das, obwohl sich die Planspieler schon darauf vorbereitet haben, wie man die Massen an den Anblick bewaffneter Militär- und Polizeipräsenz gewöhnt, Grund- und Freiheitsrechte abwürgt und wie viel Gewalt man dazu verwenden würde.

Die Macht der größten Konzerne und Oligarchen hat in der Corona-Krise bereits enorm zugenommen. Der staatsmonopolistische Kapitalismus, die Verschmelzung des imperialistischen Staates mit der kapitalistischen Wirtschaft zu einem Herrschaftsinstrument unter Führung einer Finanzoligarchie schreitet mithilfe des staatlichen Gewaltmonopols, medialer Propaganda und digitaler Überwachung der Menschheit im großen Stechschritt voran. Die Aussicht für die Menschen, das Volk in den unteren und mittleren Etagen der Gesellschaftspyramide, ist dabei eine technologische Dystopie, die den Anschein von Freiheit und ein bisschen Mitbestimmung wahrt sowie einigen bedingten Wohlstand bei Gefügigkeit zugestehen mag. Die Regierungen nennen das jetzt schon so nett die »neue Normalität«.

Auch die *Europäische Zentralbank* bereitet sich schon auf technologische Kontrolle mit einem digitalen Euro vor und schnürte in der Corona-Krise ein gigantisches Notkaufprogramm von 750 Milliarden Euro zur Rettung der Märkte. Man geht »all-in«. All-in zur Rettung großer Wirtschaftsakteure. Während die Konzerne großzügige Corona-Subventionen erhalten und Mitarbeiter auf die Straße setzen, kam es in Teilen Afrikas wegen Nahrungsmittelknappheit in der Corona-Krise bereits zu Unruhen. Auch in Asien. Und in Lateinamerika. Von Mexiko bis zum südlichsten Zipfel des amerikanischen Kontinents.[9/10] Trotz Systemversagen, Notstandsgesetzen und Maskenfetischismus: Der Mensch braucht auch noch Luft zum Atmen. Eine Studie des *Max-Planck-Instituts für Chemie* und der Universitätsmedizin Mainz zeigt, »dass Luftverschmutzung die Lebenserwartung der Menschen im globalen Durchschnitt stärker verringert als Infektionskrankheiten oder andere Herz-Kreislauf-Risikofaktoren«. Die weltweite Luftverschmutzung soll die Pro-Kopf-Lebenserwartung um 2,9 Jahre verkürzen, somit um mehr als Rauchen, HIV oder Malaria. Luftverschmutzung ist also eine der Hauptursachen für vorzeitige Todesfälle und den Verlust an Lebensjahren, ganz besonders in Europa, so die *Max-Planck-Gesellschaft*.[11]

Luft und Nahrung braucht der Mensch zum Überleben. Schon im April 2020 hatte David Beasley, der Chef des *World Food Programme* (WFP), dem Sicherheitsrat der *United Nations* zu erklären versucht, welche Pandemie der Welt als Nächstes drohen würde: »300.000 Menschen könnten jeden Tag sterben.« Aber nicht an einem Virus, sondern an Hunger. Aktuell raffe der Hunger jährlich um die 9 Millionen Menschen dahin. Das seien ungefähr 24.657 Menschen jeden Tag. Nach Angaben des Welternährungsprogramms der *United Nations* litten weltweit rund 135 Millionen Menschen derzeit an akutem Hunger, sodass sie »ohne Hilfe von außen« nicht überleben würden. Infolge der Corona-Restriktionen sei es sogar möglich, dass sich diese Zahl verdoppelt, wenn die Weltgemeinschaft nicht schnell eingreife. Es könne sogar zu »Hungersnöten von biblischen Ausmaßen« kommen. »Millionen von Zivilsten, die in von Konflikten zerrütteten Nationen leben, darunter viele Frauen und Kinder, werden an den Rand des Verhungerns gedrängt, wobei das Schreckgespenst der Hungersnot eine sehr reale Möglichkeit darstellt.« Nicht nur in Afrika, auch im Nahen Osten verschärften die Lockdowns die Armut. In Ländern wie Afghanistan, der Demokratischen Republik Kongo, dem Südsudan, Syrien, dem Jemen und Simbabwe seien »die nationalen Gesundheitssysteme bereits jetzt überfordert, mit einem alarmierenden Versorgungsmangel an Geräten, Medikamenten und ausgebildetem Personal«. Außerdem, so Beasley, gingen 1,6 Millionen Kinder und Jugendlichen wegen der Schließungen nicht zur Schule. Fast 370 Millionen Kinder würden nahrhafte Schulmahlzeiten verpassen. Und jeder könne sich vorstellen, dass ihre Immunabwehr deshalb nachlässt.[11]

»In den Ländern des globalen Südens [...] drohen weit mehr Menschen an den Folgen der Maßnahmen gegen die Corona-Pandemie zu sterben als am Virus selbst. Weil Hilfsorganisationen wie das WFP sie nicht mehr erreichen können. Weil sie aufgrund von Ausgangssperren«, kein Geld mehr verdienen, um sich zu ernähren. Weil durch Lockdowns »ganze Zulieferindustrien in den Entwicklungsländern zusammengebrochen sind. Weil Lieferketten gekappt sind. Weil Felder brachliegen und Nahrungsmittel teurer werden. Die nun drohende Hungerkatastrophe zu verhindern ist ein Wettlauf gegen die Zeit«, schrieb *Die Zeit*.[12]

Und vor einer »Menschenrechtskatastrophe« warnte die Hohe Kommissarin für Menschenrechte der *United Nations*, Michelle Bachelet, ja auch schon. Notstandsbefugnisse seien keine Waffe, »die Regierungen einsetzen können, um abweichende Meinungen zu unterdrücken, die Bevölkerung zu kontrollieren und sogar ihre Zeit an der Macht zu verewigen«.[13] Berichte bestätigten, dass es in diversen Ländern zu übermäßiger Gewalt kam, um Ausgangssperren oder Abriegelungen durchzusetzen. Die Opfer der Polizeigewalt gehörten ohnehin »zu den ärmsten und verletzlichsten Teilen der Bevölkerung«. Viele suchten nur nach dem Lebensnotwendigsten wie etwas zum Essen. Und Menschen sterben wegen der unangemessenen Anwendung von Maßnahmen und Gewalt, die doch angeblich nur zu ihrer Rettung ergriffen wurden. Verkehrte neue Welt!

ABGRÜNDE

1. www.youtube.com/watch?v=G_qD5Ca43e4&t=139s
2. corona-transition.org/krieg-ist-frieden-orwells-neusprech-fur-den-grossen-umbau-der-pandemie
3. multipolar-magazin.de/artikel/was-steckt-hinter-der-corona-politik
4. www.bbc.com/news/world-asia-china-51403795
5. www.zeit.de/2019/41/us-notenbank-zinssatz-repo-markt-finanzsystem
6. en.wikipedia.org/wiki/Federal_Reserve_Bank (abgerufen am 10. Januar 2021)
7. norberthaering.de/geldsystem/fed-mega-gewinne/
8. www.capital.de/wirtschaft-politik/finanzsystem-2020-boomende-schattenbanken-strauchelnde-banken?article_onepage=true
9. www.faz.net/aktuell/finanzen/europaeische-zentralbank-digitaler-euro-im-test-17000014.html
10. corona-transition.org/die-weltweite-nahrungsmittelknappheit-wird-real
11. www.mpg.de/14551647/gesundheitsrisiko-luftverschmutzung
12. www.zeit.de/2020/22/hungersnot-corona-pandemie-globaler-sueden
13. de.rt.com/international/101913-un-warnt-vor-menschenrechtskatastrophe-corona/

36

DIE CORONA-LEHRE

»Menschlichkeit in Aktion grenzt an Utopie.«
MANFRED HINRICH

Es ist die Zeit der großen Heuchelei. Der Satiriker und Schriftsteller Thomas Gsella schreibt:

»Quarantänehäuser sprießen,
Ärzte, Betten überall, Forscher forschen,
Gelder fließen –
Politik mit Überschall.
Also hat sie klargestellt:
Wenn sie will, dann kann die Welt.

Also will sie nicht beenden
Das Krepieren in den Kriegen,
Das Verrecken vor den Stränden
Und dass Kinder schreiend liegen
In den Zelten, zitternd, nass.
Also will sie. Alles das.«

DANKSAGUNG

Mein ganz besonderer Dank gilt meiner Lektorin Annette van Gessel. Ohne sie würde es dieses Dossier so nicht geben. Aber auch Ullrich Mies für sein Geleitwort und dem unabhängigen *Rubikon*-Verlag und -Team, nicht nur für ihren Mut, trotz aller Diffamierungen und Anfeindungen schriftlichen Widerstand zu leisten, kritisch zu bleiben und sich nicht so einfach »ausschalten« zu lassen. Und natürlich auch Jens Wernicke, dem *Rubikon*-Herausgeber, sowie den vielen mutigen, wachsamen und unabhängigen Journalisten, auf die ich mich in diesem Buch berufe und die es mit ihrer Wächterfunktion sowie der Aufklärung noch ehrlich meinen. Aber auch meinem privaten Umfeld, meinen Freunden, die mich ebenso mit Informationen unterstützt haben, kritisch geblieben oder geworden sind und die Freiheit in Solidarität schätzen.

Und zum Abschluss möchte ich ihn doch noch kurz erwähnen, Diogenes von Sinope, den exzentrischen Zivilisationsspötter und Autoritätsverächter. Geißelte er doch die Sklaverei, proklamierte Brüderschaft mit allen Lebewesen, erklärte sich zum ersten Weltbürger und wollte trotzdem nicht besser leben als ein Hund. So tauchte vor dem Fass, welches er bewohnte, der mächtige Feldherr Alexander auf. Dieser bot dem berühmten Philosophen an, sich zu wünschen, was immer er wolle. Diogenes' Wunsch: Alexander möge ihm doch bitte aus der Sonne gehen. Auf die Erleuchtung.

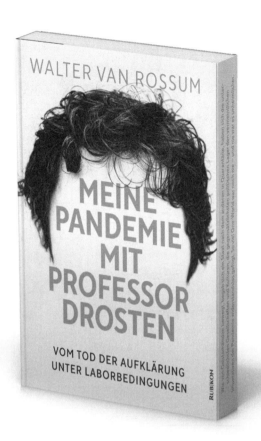

Walter van Rossum
MEINE PANDEMIE MIT PROFESSOR DROSTEN
Vom Tod der Aufklärung unter Laborbedingungen
264 Seiten, Softcover, ISBN 978-3-96789-012-9

Eine altbekannte Allianz aus Seuchenwächtern, Medien, Ärzten und Pharmalobby ist auch zu Corona-Zeiten wieder am Werk — man trifft auf erstaunliche personelle Kontinuitäten über fast zwanzig Jahre hinweg. Zum Beispiel Prof. Dr. Christian Drosten von der Berliner Charité. Ein Mann, der fast immer zur Stelle war, wenn im 21. Jahrhundert eine Pandemie aus der Taufe gehoben wurde, und dessen Warnungen sich zuverlässig als falsch erwiesen und der in das Geschäft der Seuchenwächter selbst verstrickt ist.

www.rubikon.news

Jens Wernicke
LÜGEN DIE MEDIEN?
Propaganda, Rudeljournalismus und der Kampf um die öffentliche Meinung
368 Seiten, Softcover, ISBN 978-3-86489-188-5

Der Begriff der Lügenpresse geistert durchs Land. Viele haben erkannt: Eine von Konzerninteressen, Hochglanzwerbung und politischer Agitation à la »Deutschland geht es so gut wie nie zuvor« (Angela Merkel) geprägte »Berichterstattung« hat mit ihrer sozialen Realität nichts mehr gemein. Der Medienmainstream antwortet auf Kritik üblicherweise mit Aussagen wie »Wir sind nicht gesteuert, Fehler passieren jedem«, oder er verortet die Krisenursachen mit der Behauptung »Verschwörungstheorie!« beim Publikum selbst. Jens Wernicke hat mit zahlreichen Medienexperten über die verschiedenen Facetten der Vertrauenskrise gesprochen und liefert ein unverzichtbares Kompendium der Medienkritik.

www.westendverlag.de

Ullrich Mies, Jens Wernicke (Hrsg.)
FASSADENDEMOKRATIE UND TIEFER STAAT
Auf dem Weg in ein autoritäres Zeitalter
272 Seiten, Softcover, ISBN 978-3-85371-425-6

»Das Ende der Demokratie ... wie wir sie kennen« übertitelte der 2015 verstorbene Soziologe Bernd Hamm seinen Beitrag und gab damit den Anstoß für dieses Buch. Die hier versammelten Autoren analysieren seinen Befund aus unterschiedlichen Blickwinkeln. Gemeinsam teilen sie die Überzeugung, dass sich die liberalen Demokratien, wie sie sich seit dem Zweiten Weltkrieg herausgebildet haben, im Niedergang befinden. Ihr aktueller Status ist mit dem Begriff der »Fassadendemokratie« passend beschrieben.

www.mediashop.at

Jens Wernicke und Dirk Pohlmann (Hrsg.)
DIE ÖKO-KATASTROPHE
Den Planeten zu retten, heißt die herrschenden Eliten zu stürzen
384 Seiten, Softcover, ISBN 978-3-96789-000-6

Angesichts der seit Jahrzehnten wachsenden existentiellen Bedrohung durch Umweltzerstörung und globale Erwärmung versagen Politik und Medien, ja, versagt unser Gesellschaftssystem. Rubikon, das Magazin für die kritische Masse, hat angesichts dieser Verwirrung einige der klügsten Köpfe weltweit aufgefordert, das Thema aus ihrer Sicht zu analysieren. Die Autoren beschreiben Wege abseits bekannter medialer Trampelpfade. Viele kommen zu der Schlussfolgerung: Ohne Systemwandel werden Umweltzerstörung und Klimawandel nicht aufzuhalten sein.

www.rubikon.news

Jens Wernicke, Kerstin Chavent, Isabelle Krötsch und Elisa Gratias (Hrsg.)
NUR MUT!
Wenn wir uns ändern, verändert das die Welt
304 Seiten, Softcover, ISBN 978-3-96789-004-4

S.O.S. – Save Our Souls! Die Informationsflut steht uns bis zum Hals, kein Land in Sicht, kein Horizont, wir haben die Orientierung verloren. Ohne Leuchtturm und Leitstern versinken wir in Anpassung oder Rückzug und vergessen, dass Angst der schlechteste aller Ratgeber ist. Den Schlüssel zu unserer Rettung tragen wir in uns. Rubikon, das Magazin für die kritische Masse, hat Texte zusammengestellt, die wegweisend für diese individuelle und kollektive Befreiung sind. Texte, die inspirieren, aus sich heraus den Schritt in eine bessere Zukunft zu wagen.

www.rubikon.news

Katrin McClean und Torsten Haeffner (Hrsg.)
AUFGEWACHSEN IN OST UND WEST
64 Geschichten für eine wirkliche Wiedervereinigung
400 Seiten, Softcover, ISBN 978-3-96789-008-2

Während der Teilung Deutschlands herrschten im Osten wie im Westen zahlreiche Klischeevorstellungen. Viele DDR-Bürger glaubten, im Westen herrschten paradiesische Zustände. Und nicht wenige BRD-Bürger sahen den Osten ausschließlich als Zone der Unfreiheit und politischen Verfolgung. Doch wie nahmen die Menschen in Ost und West ihre eigenen Lebensrealitäten wahr? Vierzig Autorinnen und Autoren aus allen Teilen Deutschlands schrieben ihre Erinnerungen auf.

www.rubikon.news

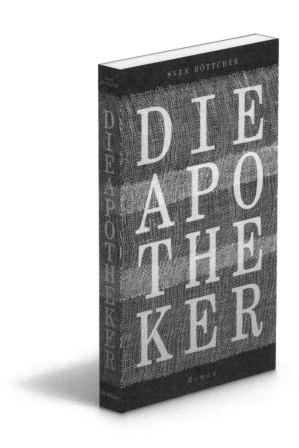

Sven Böttcher
DIE APOTHEKER
Roman , 256 Seiten, Softcover, ISBN 978-3-96789-006-8

Pharmavertreter Patrick Hillert, gemeinsamer Freund des Apotheker-Ehepaares Bea und Hannes Hertz, stirbt jäh und unerwartet mit 54 Jahren eines natürlichen Herztodes. Kein Fall für die Behörden – aber man wird doch wohl mal privat nachfragen dürfen. Denken die Apotheker. Und täuschen sich gewaltig. Denn im Lichtkegel ihrer neugierigen Ermittlungen findet sich etwas ganz anderes, als sie vermutet hatten: Freund Patrick war nicht der, der er zu sein schien. Viel gefährlicher aber ist, was sich am Rande des Lichtkegels verkrochen hat, unsichtbar und finster entschlossen, endgültig für Grabesruhe zu sorgen ...

www.rubikon.news